AF576173

Höfische Erlebnisse

PHILIPP ZU EULENBURG

Höfische Erlebnisse, P. zu Eulenburg
Jazzybee Verlag Jürgen Beck
86450 Altenmünster, Loschberg 9
Deutschland

Druck: BOD GmbH, In de Tarpen 42, 22848 Norderstedt

ISBN: 9783849679859

www.jazzybee-verlag.de
admin@jazzybee-verlag.de

INHALT:

VORWORT

Die nachfolgende Arbeit "Das Ende König Ludwigs II. von Bayern" ist zwar vom Verfasser selbst mit einer Einleitung versehen worden und bedürfte somit keiner besonderen Einführung, dennoch hielt ich es für notwendig, einige Worte über die Entstehung dieser dramatischen Aufzeichnung zu sagen, denn nur so kann deren geschichtlicher Wert richtig eingeschätzt werden.

Die Niederschrift erfolgte unmittelbar nach der aus nächster Nähe miterlebten Katastrophe, einschließlich aller damit verbundenen Krisen – also noch völlig unter dem Eindruck dieser Erlebnisse. Gedächtnisfehler sind daher ausgeschlossen. Nur einige erklärende Fußnoten und die wörtliche Zitierung aus Dr. Müllers Schrift sowie der Bericht des Friseurs sind vom Verfasser später eingefügt.

Es ergibt sich aus dieser authentischen Schilderung somit unter anderem auch eindeutig, daß der unglückliche König nicht fliehen wollte, wie später, manchmal auch noch in jüngster Zeit, behauptet wurde, sondern daß er den Tod in geistiger Umnachtung *suchte* und fand.

Doch nicht nur geschichtlich, sondern auch politisch hat diese Aufzeichnung ihre Bedeutung, denn sie gewährt Einblicke in den damals komplizierten *diplomatischen* Verkehr der Bundesstaaten untereinander, trotz des "geeinten" Reiches.

Die Tätigkeit der preußischen Vertretung in Bayern trat damals besonders in den Vordergrund. Es galt den *Reichsgedanken* gegenüber den partikularistisch-ultramontanen Sonderbestrebungen energisch aufrecht zu erhalten und zu stärken.

Daß der junge Sekretär und Geschäftsträger, dem der Gesandte freie Hand gelassen hatte, diese schwierige Aufgabe erfolgreich durchführte, geht aus dem anerkennenden Schreiben des so einflußreichen Geheimrats von Holstein vom 13. Juni 1886 wie aus dem Brief des Grafen Herbert Bismarck vom 22. Juni 1886) hervor.

Diesem ersten Briefe Holsteins folgten im Laufe der Jahre hunderte und hunderte. Daß die Veröffentlichung des umfangreichen politischen Nachlasses Philipp zu Eulenburgs (mit Ausnahme einiger kleineren Arbeiten, wie König Ludwigs II. Ende) laut letztwilliger Verfügung noch nicht erfolgen durfte, ist sehr bedauerlich, denn seine Zeitgenossen werden dies kaum noch erleben – und die neue Generation, in so viel freieren und gesünderen Anschauungen erzogen, wird nicht mehr beurteilen können, *wie weit* Ph. Eulenburg seiner Zeit vorangegangen war.

Die Aufzeichnungen des II. Teiles dieses Buches sowie des nachfolgenden zweiten Bandes sind nur als Rahmenschilderungen zu den politischen Geschehnissen zu bewerten. Ich weise den Leser hierauf besonders hin, damit er sich nicht aus diesen unterhaltenden Schilderungen ein Bild des *Politikers* und ernsten *Arbeiters* Ph. Eulenburg macht, denn dies wäre irreführend. Ph. Eulenburg war aber auch ein sehr feiner Beobachter und besaß viel gesunden Humor. Dadurch wirken alle seine Erzählungen so besonders lebendig und sind als Zeitbild nicht hoch genug einzuschätzen.

Die hin und wieder vorkommenden spöttischen Äußerungen, vielleicht verwunderlich für einen Mann der alten Tradition, werden verständlich, wenn man weiß, daß er als völlig eigenwegige Natur niemals von äußerem Prunk oder höfischem Nimbus beeindruckt war, sondern stets nur den *Menschen* im Menschen sah und beurteilte.

Wie bekannt, war er auch der *Einzige* aus der Umgebung Kaiser Wilhelms II., der diesem stets freimütig seine Meinung sagte und, wenn er es für nötig hielt, ihm auch widersprach.

Die Form, die er in politischen Briefen dazu wählte, war je den Umständen entsprechend bald sehr ernst, bald mit heiteren Erzählungen gewürzt, um die nachfolgende bittere Pille etwas schmackhafter zu machen. Ein Beispiel dieser Art finden wir in der Schilderung der Besuche in Aussee und Ischl, wo ernste und wichtige Fragen erörtert wurden und dem Kaiser vorgelegt werden mußten.

Entstanden sind diese Aufzeichnungen nicht in einem Guß, wie "König Ludwigs Ende", sondern sie wurden *nachträglich* vom Verfasser bei Sichtung seiner Korrespondenzen und Tagebücher zusammengestellt und mit verbindendem Text versehen.

Um dem Leser auch ein Bild des jugendlichen, *völlig* unpolitischen Ph. Eulenburg zu vermitteln, wurden hier die "Skizzen aus dem Orient" beigefügt.

Die Herausgeberin.

1. TEIL - DAS ENDE KÖNIG LUDWIGS II. VON BAYERN

Erlebnisse des Grafen Philipp zu Eulenburg, Legations-Sekr. bei der K. Preußischen Gesandtschaft München, im Sommer 1886

EINLEITUNG

Im Jahre 1881 war ich als Botschaftssekretär der Deutschen Botschaft in Paris zugeteilt.

Deutscher Botschafter war dort Fürst Clodwig Hohenlohe- Schillingsfürst (später Reichskanzler), Botschaftsrat: Freiherr von Thielmann (später Staatsminister und Staatssekretär des Reichsschatzamtes), zweiter Sekretär: Bernhard von Bülow (später Fürst und Reichskanzler), dritter Sekretär: ich, Attaché: Prinz Max Ratibor (später Botschafter), Militär-Attaché: von Bülow (später Kommandierender General des III. Armeekorps).

Ein seltsames Häuflein von Menschen, die Karriere gemacht haben.

Ich schloß damals eine enge Freundschaft mit Bernhard von Bülow, die für moderne Zeiten immerhin die bemerkenswerte Dauer von mehr als 25 Jahren hatte.

Aber es verband mich damals auch eine feste Freundschaft mit Graf Herbert Bismarck, der in jener Zeit der Kanzlei seines Vaters zugeteilt war.

Dieser Beziehung verdankte ich die Annehmlichkeit, daß meine Wünsche in dienstlicher Hinsicht leicht erfüllt werden konnten. So wurde mir auch, als ich den großen Schmerz erlitt, 1881 in Paris mein geliebtes ältestes Töchterchen, die kleine Astrid, ein Kind von 2 Jahren, zu verlieren, der Wunsch erfüllt, Paris zu verlassen, das mir in meinem Kummer unerträglich geworden war.

Mein Freund Herbert schlug mir den Posten des einzigen Sekretärs bei der Preußischen Gesandtschaft in München vor, den ich mit Freuden annahm.

So siedelte ich schon im Sommer desselben Jahres nach München über, wo ich bald in die besten Beziehungen zu meinem Chef, dem Grafen Georg von Werthern, trat. Er war der Herr der Grafschaft Beichlingen in Thüringen, vermählt mit Gertrud von Bülow und leitete schon eine ganze Reihe von Jahren die Münchener Gesandtschaft.

Er war im Jahre 1816 geboren, also ein Herr von 65 Jahren. Ich meldete mich, den 31 Lebensjahre von ihm trennten, bei diesem liebenswürdigen Vorgesetzten, und der Altersunterschied hinderte uns nicht, bald gute Freundschaft miteinander zu schließen, die wir nicht nur während der Dauer eines sechsjährigen dienstlichen Zusammenlebens, sondern darüber hinaus uns treu bewahrten.

Werthern war ein Original. Körperlich und geistig beweglich wie ein Jüngling, trug Kleider von seltsamem Schnitt und Hüte von merkwürdiger Form. Er war ein Mann von liberalen Anschauungen und hatte seinen Verkehr fast ausschließlich in der Gesellschaft der Münchener Gelehrten- und Künstlerwelt, zu der auch ich mich mit meinen Anschauungen, Neigungen und Anlagen gezogen fühlte.

Die sogenannte bayrische "erste" oder Hofgesellschaft war dem Grafen Werthern ein Greuel. Stark antikatholisch (sogar antikirchlich), stand er diesen Kreisen, denen er durch seine vornehme Geburt zugehörte, fast gegensätzlich gegenüber, was bei mir allerdings nicht der Fall war. Ich hatte auch in diesen Kreisen meinen Anhang, wenngleich in jenen Jahren immer noch eine innerliche Verbissenheit die aristokratischen Kreise von der preußischen Gesandtschaft trennte.

Das Gefühl einer festen *Zugehörigkeit* zu dem neuen Deutschen Reich war damals nur in jenen Kreisen der Kunst und Wissenschaft zu finden, denen sich Graf Werthern angeschlossen hatte, und zwar so fest, daß er von der Hofgesellschaft kaum mehr als ein Mitglied betrachtet wurde.

Daran war sehr wesentlich aber die Haltung schuld, die er, bald nach dem Kriege von 1866 in München zum Gesandten ernannt, dort eingenommen hatte. Seine Politik in den schwierigen Jahren nach 1866 war in Bayern so erfolgreich gewesen, daß bei dem Ausbruch des deutsch-französischen Krieges Schwierigkeiten in politischer Hinsicht in Bayern kaum noch zu überwinden waren mit Ausnahme des Königs, den zu gewinnen andere Kräfte mit Erfolg tätig waren.

Die Münchener altbayrische Aristokratie verzieh dem Grafen Werthern dieses Wirken von 1866 bis 1870 nicht, und auch um mich bewegten sich diese Kreise noch nur wie Katzen um einen heißen Brei.

Immerhin muß ich sagen, daß man mich und meine Gattin gern sah – während dieses von meinem geistvollen und gütigen Freunde Werthern nicht behauptet werden konnte.

Als der Schwiegersohn Bismarcks, Graf Kuno Rantzau, durchaus den Münchener Gesandtenposten erhalten sollte, setzte ich mich so energisch für Wertherns Verbleiben in München ein, daß die Regierung Bayerns und der Prinz-Regent für die vorläufige Erhaltung Wertherns einen Schritt in Berlin taten.

Das hat mir mein alter Freund niemals vergessen.

Noch nach seinem Rücktritt 1888 suchte er mich gern in Liebenberg auf und bewahrte mir bis zu seinem Tode 1895 seine treue Freundschaft, die mir stets wertvoll geblieben ist.

Graf Werthern nahm alljährlich zu Anfang des Monats Juni einen Sommerurlaub nach seinem schönen Beichlingen, um dort den privaten Interessen und Geschäften seines Hauses nachzugehen. Erst Anfang Oktober kehrte er nach München zurück. In der Zwischenzeit hatte ich selbständig die Geschäfte der Gesandtschaft zu führen.

Um meiner Familie die Sommerzeit in der Stadt zu ersparen, mietete ich stets in dem nahen Starnberg ein Quartier, wo wir am Ufer des herrlichen Sees glückliche Zeiten verlebten.

Der sehr tüchtige und vortreffliche Vorstand der Gesandtschafts- Kanzlei in München, Hofrat Schacht, brachte mir eilige Sachen zur Unterschrift nach Starnberg oder rief mich telegraphisch nach München, wenn meine Anwesenheit dort erforderlich war.

Das Jahr 1886 sollte jedoch in dieser Hinsicht eine bemerkenswerte Störung erfahren.

Welcher Art diese war, habe ich in den nachfolgenden Mitteilungen als eines der seltsamsten Erlebnisse meines an merkwürdigen Erlebnissen reichen Lebens aufgezeichnet.

I. AUS DEM PRIVATLEBEN KÖNIG LUDWIGS II. UND DIE FINANZIELLEN SCHWIERIGKEITEN.

Die Schulden König Ludwigs waren bis zum Frühjahr 1886 lawinenartig angewachsen. Schon im Jahre 1884 hatte der Finanzminister von Riedel, einer der klügsten Männer, die Bayern hervorgebracht hat, eine Anleihe von 7½ Millionen für die kgl. Kabinettskasse zustande gebracht, allein schon am 29. August 1885 beauftragte ihn wieder der König, eine neue Anleihe von 6½ Millionen herbeizuführen. Die Vorstellung des Ministers, in welcher er die bedrängte Lage der Kabinettskasse darstellte, zog ihm einen Verweis darüber zu, daß er es gewagt habe, sich in dieser Frage direkt "an die Majestät" zu wenden. Dieser Verweis aber wurde ihm durch einen Stalldiener überbracht.

Herr von Riedel antwortete mit seinem Entlassungsgesuch, dem sich, im Fall der Gewährung, die anderen Minister anschließen wollten – aber in einem gnädigen Schreiben bat der König Herrn von Riedel, in seinem Amte zu bleiben.

So war die Krise der Kabinettskasse immer schärfer geworden, und es standen bereits gerichtliche Klagen gegen sie in Aussicht.

Unter diesem Eindruck versuchte der König, sich auf Privatwegen Geld zur Deckung seiner Schulden zu verschaffen. Sein langjähriger intimer Vertrauter, der Marstall-Fourier Hesselschwert , mußte nach Regensburg fahren, um bei dem Fürsten Thurn und Taxis ein Anlehen von 20 Millionen aufzunehmen; dann kamen die Kaiser von Österreich und Brasilien, die Könige von Belgien und Schweden, selbst der Sultan und der Schah von Persien, diese letzteren wenigstens in Gedanken und Plan, an die Reihe. Und würden solche Anleihe-Versuche fehlschlagen, so war Befehl gegeben, Leute zu werben, die bei den Banken in Stuttgart, Frankfurt, Berlin und Paris einbrechen sollten.

Ein anderer Sendbote, aus dem kgl. Stall, war beauftragt, nach Indien zu einem gewissen Nabob zu gehen, zog es aber vor, die Reisediäten in München beim Biere zu verzehren und schließlich zu erklären, der Nabob sei vor seiner Ankunft in Indien an der Cholera gestorben.

Bei dieser öffentlich allenthalben besprochenen Kalamität gingen die Bestellungen und Aufträge des Königs ihren gewohnten Gang. Namhafte Künstler, wie Hermann Kaulbach u.a. erhielten Aufträge, Skizzen für die Ausschmückung des Schlosses Falkenstein, das auf einem fast unzugänglichen Berggipfel in Tirol gebaut werden sollte, zu liefern. Außerdem lagen Baupläne für ein chinesisches Schloß vor, die der Kgl. Baumeister Prantl entworfen hatte.

Dieser spielte in den letzten Lebensjahren des Königs eine sehr verderbliche Rolle. Er war das billige Werkzeug bei der Ausführung aller Bauten, die die wahnsinnige Phantasie des unglücklichen Monarchen ersann und wußte sich dabei geschickt in der Gunst des Königs zu erhalten, indem er diesem Vorschüsse aus seinen riesigen Einkünften bei der Leitung der Schloßbauten machte. Er bot mehrfach sogar dem König einen Kredit von 1–2 Millionen an – während er doch vor der Übernahme der

Kgl. Bauten nicht das geringste Vermögen besaß. Durch diese Art, seine "Treue" zu zeigen, war es ihm geglückt, sich bis zum Lebensende des Königs dessen Vertrauen zu bewahren. Denn noch als der König in den Tagen der Junikrise in Schwanstein über seinen Tod brütete, telegraphierte er an Prantl, ihm zu Hilfe zu kommen. Aber er ließ seinen Herrn im Stich, weil das "Geschäft" zu Ende war.

Der König beschäftigte sich nicht nur mit seinen Bauplänen, sondern besonders auch mit den Details der Ausschmückung seiner Schlösser . Das erweckte lange Zeit den Eindruck, als befasse er sich ausschließlich mit der Kunst. So entwarf er selbst den Plan für den großen Pfau in Edelsteinen, der als Mosaik den Fußboden des Prunksaales von Falkenstein schmücken und aus Diamanten, Rubinen und Smaragden bestehen sollte, während sein Wert auf mehr als 250 000 M. bemessen war. Es erregte solcher Luxus wohl Kopfschütteln; aber es war sein völlig abgeschlossenes Leben, dazu sein ausschließlicher Verkehr mit Menschen, die tief in ihrer Bildung und sozialen Stellung unter ihm standen, worüber die Bevölkerung allmählich in Unruhe geriet, ohne doch in ihrer großen Loyalität darüber laut zu werden.

Noch im Jahre 1884 hatte der König die Vorträge des Kabinettssekretärs von Ziegler ziemlich regelmäßig persönlich entgegengenommen. Dieser war ein liebenswürdiger Mann, mit dem ich häufig verkehrte. Sehr diskret. Doch hatte er nicht sein volles Vertrauen. Die Vorträge mußte er während der letzten Lebensjahre des Königs *hinter einem Schirm* halten, da der König ihn nicht zu sehen wünschte. Seine Adjutanten sah König Ludwig jedoch damals schon nicht mehr. Aber auch den Verkehr mit dem einzigen, ihm an Bildung näherstehenden Menschen hatte er aufgegeben, als Herr von Ziegler entlassen wurde und Ministerialrat Schneider an dessen Stelle trat.

Dieser spielte nur die Rolle eines Schreibers, während der Verkehr zwischen dem König und seinen Ministern sowie höchsten Hofchargen durch die Hand des Kammerlakaien Meier, des Marstall-Fouriers Hesselschwert und der Brüder Sedlmeier schriftlich, auch wohl mündlich vermittelt wurde. (Reitknechte und Fouriere.)

Kurz vor der Juni-Krise 1886 waren es der zu ihm kommandierte Cheveauxleger Weber und der Hoffriseur Hoppe, die als Vermittler bei den ernstesten Staatsgeschäften benutzt wurden.

Die Zuteilung von Soldaten zu dem Dienst des Königs war zunächst *infolge der Mißhandlungen* des Dienstpersonals durch den König vorübergehend eingetreten, denn die entstandenen Lücken in den Rechen der Lakaien waren nicht anders auszufüllen.

Der vertraute Verkehr, der sich nun aber mit ihnen entwickelte, wenn sie ihren schweren Dienst als Lakaien und selbst als Kammerdiener unter den schwierigen Formen "chinesischer Hofetikette" (zu der z. B. das Präsentieren der Gerichte mit abgewandtem Gesicht, das "Auf-dem-Boden-Kriechen" usw. gehörte) nach Wunsch versahen – war es hauptsächlich, was das Publikum verletzte und was auch schließlich den Rücktritt des Kriegsministers von Maillinger veranlaßte, der sich der "Herabwürdigung" von Soldaten zu widersetzen versuchte.

König Ludwig hatte den fortgesetzten Soldaten-Kommandierungen zugestimmt, nachdem Hesselschwert sie ihm vorgeschlagen hatte und ein Cheveauxleger seinen Vorschlag unterstützte. Das war ein Soldat, der im Frühjahr 1885 seinen im Stall des

Königs dienenden Bruder besuchte und den der König bei dieser Gelegenheit sprach. Er nahm ihn, zum höchsten Erstaunen der mitwirkenden Schauspieler, in eine seiner Separatvorstellungen im Opernhause mit und entließ ihn sodann mit einer goldenen Uhrkette und einem 1000-Mark- Schein.

Dieser Chevauxleger war damals als Bursche zu dem mir näher bekannten Rittmeister Baron Falkenhausen kommandiert, und die Baronin erzählte mir, daß er seit jenem Theaterbesuch die Pferde mit Handschuhen geputzt habe, weil der König ihm gesagt hatte, daß er seine Finger besser pflegen möge.

Der Verkehr des Königs mit den zu ihm kommandierten Chevauxlegers und Stalleuten trug einen theatralischen, phantastischen, oft aber kindischen Charakter, denn zu den Belustigungen des Königs gehörten auch die Trinkgelage in der Hundingshütte im Walde bei Linderhof, wo im orientalischen Pavillon des Linderhofs oder an anderen Orten, wo man auf Fellen oder Teppichen verkleidet gelagert, rauchte und aus großen Schalen und Humpen trank, wo auch die Soldaten und Stallbuben "Ringelstechen", "Blindekuh" und andere kindliche Spiele spielten. Zur Feier des Geburtstages des Chevauxlegers Weber, der ein sehr gewandter und dabei heiterer Mensch war, legte bei einer solchen Belustigung der König sogar die Chevauxleger-Uniform des Regiments an, zu dem Weber gehörte.

Ich schalte hier eine Aufzeichnung ein, die ich mir nach einem Gespräch mit Hoffriseur Hoppe machte, dem ich bei einer Fahrt auf dem Dampfboot bei Starnberg ein Jahr nach dem Tod des unglücklichen Königs begegnete. Die Mitteilung Hoppes wirft speziell ein Licht auf den Einfluß jenes Weber, der in den letzten Lebensjahren König Ludwigs fast maßgebend für die Entschlüsse des kranken Monarchen war. Hoppe aber, "nachdem alles vorüber war", glaubte nun auch ohne Scheu über die "Hof-Angelegenheiten" mit mir sprechen zu können.

Starnberg, den 19. Juli 1887.

Ich sprach auf dem Dampfboot den Friseur Hoppe, der seit 1881 auch mich bediente. Er erzählte voller Anhänglichkeit von König Ludwig und behauptete, daß ihn nur die unseligen Geldkalamitäten in das Verderben geführt hätten. Auch sei er nur mißgeleitet und nicht wahnsinnig gewesen. "Man hatte dem König eingeredet", fuhr er fort, "daß man ihn auspfänden würde, und davor hatte er diese Todesangst. Das waren immer die Kanaillen Hesselschwert, Maier und die Kammerdiener, die ihn ängstigten. Ich riet öfters dem König, er möge doch irgendeinen Mann, einen Adjutanten, oder etwas ähnliches wie einen Minister, zu sich nehmen, aber dann sagte er nur: "Hoppe, Sie sind immer sentimental." Die Ausdrücke, die er überhaupt hatte – auch wenn er von den Ministern sprach – sind in keinem Lexikon zu finden, die kann man gar nicht wiederholen."

Als ich Hoppe fragte, ob die zum König kommandierten Chevauxleger ihren Einfluß sehr mißbraucht hätten, sagte er. "Nein, nicht so sehr. Als Soldaten mußten sie ihrem obersten Kriegsherrn gehorchen und konnten nicht was Besonderes verlangen – auch nicht drohen, wie die anderen, die immer sagten, sie würden allerhand Verrücktes vom König erzählen, wenn sie nicht Geld bekämen. Der Chevauxleger Weber, der wußte nun allerdings darauf zu laufen – aber er war doch kein schlechter Kerl.

Ich habe niemals vom König ein Geschenk bekommen. Zuletzt hat er mir 10 000 Mark versprochen, die habe ich aber nicht erhalten als es aus war. Bei Weber ging es mit den Geschenken gar nicht zu Ende. Er war Schriftsetzer von Beruf und konnte auch stenographieren – auch ein bißchen Französisch wußte er –, er war der geborene Kammerdiener. Zuerst tat er den zweiten Dienst, nachher den ersten, und da wollte der König keinen anderen mehr. Einmal hatte er drei Monate hintereinander Dienst gehabt, Tag und Nacht; da kam er mit seiner Gesundheit ganz herunter und erklärte, er macht nun nicht mehr mit. Deswegen sperrte der König ihn 14 Tage ins Gefängnis, natürlich wurde dem König "was vorgemacht". Während dieser Zeit ließ ihm der König Wein und Bier bringen, und das sollten wieder die Gefängniswärter nicht wissen. So ging es immer. Nachher ging die Sache wieder eine Zeitlang, dann aber machte Weber einen Fehler beim Servieren, und da klemmte ihm, während er aus Angst vor Schlägen hinaussprang, der König drei Finger in der Türe fast ab. Nun war Weber krank, und der König erkundigte sich, wie es ihm ginge. Als er wieder gesund war, wollte er nicht mehr bleiben, aber da kam sein Geburtstag, an einem Tag mit der Königin-Mutter, und da schenkte ihm der König Manschettenknöpfe mit den königlichen Insignien: ein "L" in Diamanten mit s.l.A. – seinem lieben Alfons. Nun ging es wieder bis zu der Zeit, wo Weber vom Militär frei wurde. Da hatte der König nichts mehr zu befehlen, und Weber ging deshalb nach München. Aber der König hatte keine Ruhe. 40 Chevauxlegers wurden nacheinander kommandiert, aber mit dieser Bedienung ging es nicht. Weber mußte wieder kommen. Er bekam gleich als Anfang 2000 Mark bar und eine große goldene Uhr mit goldener Kette – dick wie eine Pferde-Kinn-Kette. Hesselschwert hatte dem König vorgeredet, er solle nur immer geben – später könnte man alles wieder einziehen.

Zum Schluß verschrieb der König Weber 25 000 Mark und schenkte ihm den großen goldenen Gralsbecher und den goldenen kleinen Hausaltar aus Schwanstein. Auch die Agraffe Edelweiß mit dem großen Diamanten, die der König immer am Hut trug, verschrieb er ihm. Nach dem Tode des Königs wollte man Weber nichts geben – mir auch nicht. Aber Weber gab alle Scheine vom König über alle seine Geschenke an den Rechtsanwalt. Außerdem hatte er von allen königlichen Befehlen stenographische Notizen zurückbehalten, und in den Notizbüchern des Königs hatte er viele Versprechen mit den großen königlichen Siegeln – da hat man ihm denn alles gelassen. Er hat sich jetzt eine Buchdruckerei gekauft."

Soweit die Mitteilungen des "Hoffriseurs".

Hoppe hat seiner Frau in Starnberg eine Sommerwohnung genommen, wo sie ihr rekonvaleszentes Söhnchen pflegt. Dieser Luxus eines bisher recht bescheidenen Friseurs dürfte wohl auf einige königliche Geschenke zurückzuführen sein.

Ich hatte von den mir durch Hoppe mitgeteilten Vorgängen, über die bis zum Tod des Königs tiefes Schweigen bewahrt wurde, wenig gehört. Auch hatte Hoppe mir gegenüber im allgemeinen diskret geschwiegen, so wie ich nicht in der Lage war, dem Hoffriseur indiskrete Fragen zu stellen. Erst ein Jahr nach dem Tode des unglücklichen Königs, bei jener Dampfschifffahrt, wurde er zum ersten Male "vertraulich".

Ich muß hier ausdrücklich feststellen, daß ich die Loyalität – und auch die Diskretion – des bayerischen Volkes in jenen Jahren, da der Wahnsinn des Königs immer unverhüllter hervortrat, bewundert habe.

Daß ich in verhältnismäßig breiter Form die vorstehenden Tatsachen wiedergab, hielt ich für erforderlich zum Verständnis der sich zu einer grauenvollen Katastrophe entwickelnden Ereignisse, die ganz Europa in Aufregung versetzten.

II. DAS ENTSTEHEN DER KRISE.

Im März 1886 trat ich eines Morgens in das Zimmer des Gesandten Grafen Werthern. "Soeben war der Flügeladjutant Dürkheim bei mir", sagte er. "Er legte mir drei Briefe des Königs vor, in denen er Dürkheim beauftragt, in England Geld für ihn zu beschaffen. Der Herzog von Westminster und andere seien in der Lage, die verlangte Summe vorzustrecken. Wenden Sie sich zur Vermittlung der Bekanntschaft an den Botschafter Hatzfeldt (Prussien), schreibt der König wörtlich, aber Dürkheim zieht es vor, durch meine Vermittlung an Hatzfeldt zu gehen."

Graf Werthern fuhr fort, daß er eine abweisende Antwort von Hatzfeldt besorgen wolle, da man unmöglich die Kalamitäten um eine Schuldenlast erhöhen dürfe. Über diesen Vorfall berichtete der Gesandte nach Berlin. Er hob in seinem Bericht hervor, daß der Inhalt des königlichen Briefes durchaus logisch sei, daß Graf Dürkheim von der völligen Geistesklarheit des Königs überzeugt sei und daß sich die Gerüchte über die ernstlich angegriffenen Geisteskräfte des Königs möglicherweise als böswillige Erfindung derjenigen Partei darstellten, die dem Hause des Prinzen Luitpold bzw. der ultramontanen Partei gefällig sein wollte.

Diese Meinungsäußerung des Gesandten, der ich deshalb nicht zustimmte, weil sie dem Bilde entgegenlief, das ich mir nach meinen Informationen von dem Geisteszustand des Königs machen mußte, langte zu einer Zeit in Berlin an, als Fürst Bismarck einen eigenhändigen Brief von König Ludwig selbst erhalten hatte, in dem der König den Kanzler bat, ihm einen Rat über die Art zu erteilen, wie er die Verwirrung seiner Finanzen lösen könne.

Der Fürst, unter dem Eindruck der Vernunft, die sich in dem Schreiben des Königs aussprach, die auch durch den Bericht Wertherns eine Bestätigung zu erhalten schien, aber auch mit der Absicht, ein Ende der unhaltbaren Zustände herbeizuführen, gab dem König den Rat, sich an die Kammern mit dem Auftrag zu wenden, eine Ordnung der Geldverhältnisse herbeizuführen.

Ob es dem Fürsten Bismarck bekannt war, daß der Unwille und Widerwille innerhalb der Häuser des Landtages bereits zu mächtig geworden war, um von dieser Seite einen Erfolg erhoffen zu können, und ob es ihm bekannt war, daß die Minister seit langer Zeit alles daran setzten, um die Kammern aus dem Spiel zu lassen, da sie von dieser Seite die Herbeiführung einer akuten Krise befürchteten – weiß ich nicht. Jedenfalls war der Rat nicht geeignet, die Klärung zu schaffen, die der König erwartete.

Durch den Rat des Fürsten aber, den der König sofort befolgte, wurde tatsächlich der drohende Stein ins Rollen gebracht. Minister von Lutz sagte mir: "Der Reichskanzler hat uns eine böse Sache eingerührt, ich weiß nicht, wie wir da hinauskommen werden." –

Der König befahl – wie mir Lutz vertraulich mitteilte –, es solle eine Einwirkung auf die Volksvertretung erfolgen und an diese das Verlangen gestellt werden, "zur Erfüllung der Untertanenpflicht des Volkes und um diesem wieder die Allerhöchste Gunst zuzuwenden", die Mittel, nicht nur zur Deckung der Schulden der

Kabinettskasse, sondern auch die Mittel zum Weiterführen der vom König befohlenen Bauten zur Verfügung zu stellen.

Das Ministerium trat daher mit den Kammern in vertrauliche Fühlung und Besprechung, die aber, wie zu erwarten war, ein negatives Resultat hatte, indem ein Zweifaches konstatiert wurde, "einmal, daß eine unrefundierliche Leistung von Landesmitteln an die Kabinettskasse nicht die mindeste Aussicht auf Erfolg habe, und daß zweitens auch eine Kreditvorlage, wonach der Kabinettskasse ein verzinsliches und refundierliches Darlehen vom Staate gewährt werden sollte, keine entsprechende Mehrheit in der Abgeordnetenkammer finden würde".

Wörtlich berichtet das Vorstehende das Gesamtministerium am 5. Mai 1886 in einer den furchtbaren Ernst der Lage in seiner ganzen Wahrheit darlegenden Vorstellung an den König, ihm aber auch Mittel und Wege zu den nötigen Einschränkungen und Ersparnissen zeigend und mit der Bitte schließend, "behufs persönlichen Verkehrs mit der Welt und mit den jeweiligen Trägern seiner Regierung", in seine Residenzstadt zurückzukehren und "sich selbst Ruhe und Frieden, dem Vaterlande aber Glück und Heil zu bescheren".

Ich habe diese Vorstellung bei Minister Lutz gelesen, die bei aller Devotion der Sprache zwischen den Zeilen die stärksten Anklagen gegen den König enthielten und für den Mut des Ministeriums ein glänzendes Zeugnis ablegt. Denn nicht nur ihre Stellung setzten die Minister aufs Spiel, sondern auch ihre Zukunft konnte durch den zu Gewaltakten neigenden König schwere Schädigung erleiden.

Das Ministerium blieb auf dieses letzte Wort ohne Erwiderung, aber der König diktierte Lakai Meier für Hesselschwert: "Ich habe jene Meldung verworfen, denn jenem Pack kam es gar nicht zu, sich in Sachen zu mischen, die es nicht im geringsten angehen und für die es gar nicht da ist." Und am 11. Mai schrieb der König eigenhändig an denselben Vertrauten: "Ist die Kammer verstockt, dann auflösen, andere her und das Volk bearbeiten, schnell aber! Rasch vorwärts mit dem Schlafzimmer in Linderhof, St. Hubertuspavillon und mit dem Ausbau der Burg von Herrenwörth und Falkenstein. Mein Lebensglück hängt davon ab. Ziegler soll es erschinden, durchreißen, alle Schwierigkeiten besiegen und alle Hindernisse niederreißen, und baldigst ist die Hauptsache."

Der König gab aber noch in anderer Weise seinem Zorn über das Ministerium Ausdruck. Er beauftragte einen der Brüder Sedlmaier, den Minister Lutz zu ermorden und verbannte den Finanzminister Riedel nach Amerika.

Oberstallmeister Graf Holnstein erzählte mir, daß Sedlmaier zu ihm gekommen sei, um zu fragen, wie er seinen Auftrag ausführen solle? Er habe ihm die Antwort erteilt, "die Sache auf sich beruhen zu lassen". Ebenso ließ man den König in der Wahnvorstellung, daß Minister Riedel nach Amerika abgegangen sei. In klareren Augenblicken mag wohl der unglückliche König die erlassenen Befehle völlig vergessen haben.

In jener Zeit hatte der König auch die Absicht, ein neues Ministerium zu bilden und mit der Durchführung Hesselschwert und den Friseur Hoppe beauftragt. Letzterer, eine echte, ziemlich törichte Friseurseele, fühlte sich selbstverständlich durch seine politische Rolle außerordentlich gehoben.

Ich erfuhr von diesen seltsamen Vorgängen auf direktem Wege durch Friseur Hoppe selbst. Als ich in jenen Tagen sein Geschäft besuchte und zufällig allein in seinem "Salon" war, teilte er mir (im Flüsterton) mit, "daß er dem Justizminister Fäustle seine Entlassung im Auftrag des Königs überbracht habe". "Und was sagte der Minister?" fragte ich. "Nix", sagte Hoppe und fuhr fort: "Ich habe aber seinem Herrn Schwiegersohn angeboten, die Stelle zu übernehmen".

Die freundliche Absicht des gutmütigen Hoppe, die Familie Fäustle wenigstens bis zu einem gewissen Grade schadlos zu halten, soll, wie ich nachher vernahm, von dem Herrn Schwiegersohn sehr wenig freundlich bewertet worden sein. Meinerseits hatte ich mich dem Vorbild des vortrefflichen alten Herrn von Fäustle angeschlossen. Ich erwiderte auf Hoppes interessante Mitteilung auch "nix".

Der Zustand dieser Kalamität wurde nahezu unerträglich durch Intrigen, die die ultramontane Partei nun gegen das liberale und reichsfreundliche Ministerium Lutz in Szene setzte, indem sie die Verlegenheiten und die Lähmung desselben benutzte, durch die Unentschlossenheit des *Prinzen Luitpold* , des ältesten Agnaten, der das Ministerium bewegen wollte, den entscheidenden Schritt – d.h. wohl also die Absetzung – gegenüber dem König zu tun, während dieses allein den Prinzen dafür berechtigt hielt, durch die Stellung des bayerischen Reichsrates und der Kammern, die als wichtigste Faktoren der Regierung nicht ungefragt gelassen werden konnten und die doch wiederum viele Elemente enthielten, die eine Staatsaktion von so großer Tragweite als Hochverrat erklärt haben würden, wenn sie *vor* dem *fait accompli* Kunde von der Absicht der Regierung erhalten haben würden. – Dies alles erhielt die Eingeweihten in der lebhaftesten Spannung.

Zur Beleuchtung der damals herrschenden Zustände mag hier ein Brief Platz finden, den ich an den Grafen Herbert Bismarck richtete und den dieser seinem Vater vorlegte.

Mai 1886.

"Hier hat die Königskrise einen lethargischen Charakter angenommen.

Das liegt an Prinz Luitpold, dem es an Energie fehlt und dessen Unsicherheit sich dem Ministerium mitteilt.

Während dieser Schwankungen ist Frankenstein tätig, um das Ministerium Lutz zu Fall zu bringen – nicht etwa, um sofort ein neues Ministerium zu bilden, sondern um aus einem Abenteurerministerium – denn nur ein solches würde jetzt zustande zu bringen sein – als Retter und Phönix aufzutauchen. Ein Ministerium Frankenstein aber bedeutet im Lande Bayern nichts anderes als Sieg reichsfeindlicher Interessen. Ich bin überzeugt, daß Frankenstein in Berlin die schönsten Versprechungen machen wird: er ist zu eitel, um nicht dort eine gewisse Rolle spielen zu wollen. Aber er hat noch eine zweite, persönliche oder Familien-Eitelkeit, die stets den Wert seiner reichstreuen Versprechungen paralysieren wird. Seine fürstliche Gemahlin und die durch das Band des Georgsordens mit ihm verbundene hochadelige schwarze Verwandtschaft haben in seinem Leben eine unüberwindliche Bedeutung.

Diese unlösbaren und von ihm zu einem Kultus erhobenen Familien-Verbindungen und Traditionen machen es auch unmöglich, daß er je hier als reichstreu angesehen werden kann. Auch das zufriedene Lächeln, das alle reichsfeindlichen Leute aufsetzen, wenn von einem solchen Ministerium gesprochen wird, zeigt mir nur zu klar, was für uns Frankenstein bedeutet. Rechne ich hierzu die alte und unlösbare Intimität von Windhorst und Frankenstein und gedenke ich einer übergroßen Zärtlichkeit zwischen dem französischen Gesandten Mariani und Monsignore Aiuti von der Nuntiatur, der dreimal wöchentlich mit ihm diniert und zugleich sehr gute Beziehungen zu Frankenstein unterhält, so steigen in mir allerhand Zukunftssorgen auf.

Nicht ohne Absicht haben die Franzosen einen ihrer ausgezeichnetsten Diplomaten nach München gesetzt, und dieser hat sehr richtig erkannt, wo er den Hebel ansetzen muß, um Deutschland unbequem zu werden.

Daß wir einmal unter Ludwig III. ein ultramontanes Ministerium erleben werden , ist wohl zu erwarten, aber unter der Regentschaft Luitpolds ist es noch nicht nötig. Besonders da der Prinz 100 Jahre alt werden kann – denn er hat eine eiserne Gesundheit. Lutz sagte mir, daß ihn Prinz Luitpold sechsmal das bündigste Versprechen habe aussprechen lassen, daß er für den Fall der Regentschaft das jetzige Ministerium beibehalten wolle. Ein liberales Ministerium aber bedeutet hier: unzweideutige Gemeinschaft mit dem Reiche. Alle liberalen Elemente im Lande sind gut deutsch und der Partikularismus, der hier im katholischen Lande ganz besonders bösartige Formen annimmt, wird nur durch eine liberale Regierung nachdrücklich im Zaum gehalten."

Ich suchte in jenen Tagen häufig die Gelegenheit, mit dem Minister Freiherrn von Crailsheim , dem in seiner Stellung als Minister des kgl. Hauses in erster Linie die wichtigsten Entschließungen zufielen, die Lage zu besprechen und drängte zu einer Entscheidung; denn alles Zögern enthielt eine Gefahr. Reichsfeindliche, ultramontane Elemente konnten die Zügel der Regierung ergreifen – oder gar eine Revolution konnte Bayern bedrohen.

Herr von Crailsheim sagte mir später, daß mein Drängen zu der Entscheidung insofern von großem Einfluß auf die Entwicklung der Dinge gewesen sei, als die Minister meine freundschaftlichen Beziehungen zu Herbert Bismarck kannten und in meinem Auftreten die Interessen der Reichsregierung sahen. Dieses Interesse allein habe vermocht, das Ministerium in seiner ganz außergewöhnlich schwierigen Lage zum Ausharren zu bewegen. Was aber neben der Unentschlossenst der Berechtigten die Entscheidung ernstlich hemmte, war der Umstand, daß die Aussagen, die bisher über den Geisteszustand des Königs von einigen Leuten seiner Umgebung gemacht worden waren – trotz des Gutachtens berühmter Irrenärzte, die an der Geisteskrankheit des Königs nicht zweifelten –, nicht genügend erschienen, um darauf eine Staatsaktion zu gründen. Das Ministerium mußte aber des Hochverrats schuldig sein, wenn die Beweise für die Notwendigkeit einer Aktion gegen den König nicht überwältigend waren.

Die meisten Diener des Königs verweigerten eine Aussage über seinen Gesundheitszustand. Zumeist, weil sie in einem Wechsel der Regierung ihren Stern sinken sahen, teilweise aus wirklicher Dankbarkeit und Anhänglichkeit, wie sie z.B. der Kammerdiener Meier besaß, dessen Treue trotz der unwürdigen Behandlung durch den König (er durfte sich über ein Jahr nur mit einer Maske zeigen, weil der König seine "widerwärtige Fratze" nicht sehen wollte) – eine außerordentliche war.

Kabinettsrat von Ziegler, Stallmeister Hornig und einige Stallknechte und Soldaten machten eidliche Aussagen. Letztere führten meistens als Beweis des Wahnsinns Briefe und Äußerungen der Zärtlichkeit an, was auch von anderen Seiten als Material für "Wahnsinn" beigebracht wurde. Doch wollten dieses die Ärzte merkwürdigerweise nicht in dem Gutachten verwerten, das nach der eingetretenen Absetzung des Königs der Volksvertretung vorgelegt werden sollte. Erst nach und nach erklärten sich Diener zu Aussagen bereit, die dem König näher standen, so unter anderen auch der Marstall-Fourier Hesselschwert, der sich früher Freund des Königs nannte und ihn jetzt durch Drohungen einschüchterte. Unter diesen Aussagen befanden sich nun allerdings viele, die den unzweifelhaften Beweis für den Wahnsinn des Königs beibrachten.

Der Oberstallmeister Graf Holnstein, der mir später mitteilte, daß er mit allen nur erdenklichen Mitteln den eigentlich unhaltbaren Zustand am Hofe König Ludwigs aufrechterhalten, aber bei Beginn des Jahres 1886 eingesehen habe, daß nunmehr unaufhaltsam das Ende hereinbrechen mußte, hatte sich den Ministern völlig zur Verfügung gestellt. Eine Handlungsweise, die ihm von der Partei König Ludwigs schwer verdacht wurde, da alles, was er ist und besitzt, Gnade seines Königs bedeutet. Er versuchte jetzt überall seinen Einfluß geltend zu machen, um Aussagen der Bestätigung für den Wahnsinn des Königs zu erhalten .

So hatte er auch den Versuch gemacht, den Grafen Dürkheim, Flügeladjutanten des Königs, hierzu zu bewegen. Das war in den ersten Tagen des Juni geschehen, und in denselben Tagen traf ich, im Begriff, von München nach Starnberg zu meiner Familie zu fahren, auf dem Bahnhof mit diesem zusammen.

Wir kannten uns genau. Er hatte seinen Standort im Schlosse zu Berg, wenn der König in den Bergen weilte, und gemeinsame Fahrten, Besuche des Lawntennis bei der Gräfin Almeida führten uns fast täglich zusammen. Er war sehr erregt, als ich ihm begegnete und unsere Unterhaltung wurde äußerst lebhaft, als er von König Ludwig sprach, gegen den "konspiriert" wurde.

"Sie sind genau orientiert", sagte er mir, "ich brauche nicht zu schweigen. Aber die Versuche, mich zu Aussagen gegen den König zu veranlassen, werden vergebliche bleiben. Der Kriegsminister hat mich rufen lassen: Ich habe ihm vor Beginn seiner Worte erklärt, daß, wenn er die Absicht habe, mich über den König zu vernehmen, ich diesem eine Meldung machen werde, worauf er mir vom Wetter sprach und mich entließ. Dann hat mich auf dem gestrigen Rennen Holnstein vertraulich unter den Arm gefaßt – obgleich wir keineswegs gut miteinander standen –, und hat mich bewegen wollen, Aussagen über den König zu Protokoll zu geben. Er sagte mir, "wir sollten uns eilen, um die Sache zu Ende zu bringen, damit sich nicht die ›Schweinepreußen‹ hineinmischen". Diese Äußerung, die, wie ich annehmen muß, der Wahrheit entsprach, war natürlich nur darauf berechnet, Holnstein, den er haßt, bei mir zu diskreditieren."

Als ich Dürkheim bemerkte, daß er vermutlich nichts zu sagen hätte, was den Wahnsinn des Königs bewies, fuhr er fort. "Allerdings nichts! – Aber ich habe die Pflicht, dem König den Hochverrat seiner Minister und Beamten zu melden."

"Wohin reisen Sie?" fragte ich, innerlich sehr beunruhigt.

"Nach Steingaden ."

"Und Sie wollen von dort nach Hohenschwangau hinüberfahren?"

"Ja."

Ich fühlte, wie mir das Blut in den Kopf stieg. "Wissen Sie, was dieser Schritt zur Folge haben kann?" fragte ich.

"Vielleicht die Absetzung der Minister", sagte er.

"Vielmehr als das", erwiderte ich und setzte ihm auseinander, daß, wenn der König zu gewaltsamen Handlungen provoziert würde, bei dem gegenwärtigen Stand der Dinge die Regierung in München und Prinz Luitpold zu gewaltsamen Gegenmaßregeln gedrängt werden würden. Es könnte also seine Einmischung Revolution und Blutvergießen in seinem Vaterlande bedeuten.

Dürkheim schien sich der Tragweite seiner beabsichtigten Handlung nicht bewußt zu sein, auch wurde er zahmer, als ich ihm aussprach, daß bei der Lage der Dinge unzweifelhaft die vernünftige Regierung in München gegenüber einem unvernünftigen König recht behalten werde – daß *er* aber sicherlich für die Folgen seiner Handlung verantwortlich gemacht werden würde.

Der Schluß dieser sehr erregten Unterhaltung war das Versprechen, das mir Dürkheim in die Hand gab, dem König *keine* Meldung machen zu wollen.

"Ich werde schweigen", sagte er, "solange der König mich nicht ruft."

Dieses war bei der Stimmung des Königs gegen seine Adjutanten so unwahrscheinlich, daß ich die Klausel annahm.

Als er aber später in der Tat vom König gerufen wurde, war die Katastrophe eingetreten und der wahnsinnige König ein gebrochener Mann, der nicht mehr fähig war, auf den Rat seines Adjutanten zu hören.

Graf Alfred Dürkheim, von dem in den erregten Tagen der Königskrise soviel die Rede war, ist ein starkknochiger, gewöhnlich aussehender Mensch, der nicht viel gelernt hat, aber viel natürlichen Verstand besitzt. Maßlos eitel, verstand er es stets, von sich reden zu machen, hauptsächlich durch seine Art, jungen und hübschen Frauen die Kur zu machen. Ich habe niemals jemand gesehen, der seine Verliebtheit, die häufig nur eine Komödie war, derartig zur Schau trug. Plump wie sein Wesen war auch die Art seiner Liebe: " *un Don Juan de village*." Der Ruf dieser Eigenschaft und seine Eleganz in Kleidung und Uniform hatten eine Russin, Gräfin Bobrinski, veranlaßt ihm ihre Hand mit 30 000 Rubel jährlicher Einkünfte zu geben – *par débit*, denn sie liebte meinen Freund Graf Viktor Henkel , der sie klugerweise nicht wollte.

Diese Frau, ein schönes Weib voller russischer Eigenschaften; oberflächlich, unruhig, phrasenhaft – stolz auf ihre Abkunft von der Kaiserin Katharine (aus ihrer Verbindung mit Orloff) –, hatte nach kurzer Zeit die engen Verhältnisse Münchens und den Typus ihres Mannes satt. Schon nach meiner ersten Unterhaltung mit ihr sah ich den Abgrund, an dem dieser stand. Sie suchte nicht etwa Liebe, sie wollte mit den engen Verhältnissen brechen, in die sie geraten war. Das warf einen tiefen Schatten auf Dürkheims Ehe. Da kam es im Jahre 1883 zu einer Krise. Prinz Arnulf von Bayern , der der Gräfin in rücksichtsloser und wenig ritterlicher Weise huldigte, schrieb ihr ein Billet, in dem er sie ersuchte, ihn während einer Abwesenheit ihres Mannes zu empfangen. Die Gräfin zeigte Dürkheim diesen Brief, und dieser fuhr in das Palais, um den Prinzen zu fordern. Prinz Arnulf nahm die Forderung an, aber sein Bruder Leopold hinterbrachte die Sache dem König. Dieser verbot das Duell, wies Prinz Arnulf in den schärfsten Ausdrücken zurecht, ernannte Dürkheim zum Hauptmann und machte ihn zu seinem Flügeladjutanten.

So war Dürkheim durch seine Frau plötzlich zu Rang und Würde gekommen. Der König war voller Huld für ihn, zeichnete ihn bei Galatafeln, die damals noch im Winter hin und wieder im Schlosse abgehalten wurden, aus, aber als er mit Dürkheim kurz darauf in die Berge fuhr, hieß er ihn plötzlich nachts auf der Landstraße, in einer regnerischen Novembernacht, aussteigen und fuhr davon. Es war das letzte Mal, daß er einen Adjutanten sah.

Die Gräfin hielt noch etwa ein halbes Iahr an der Seite des Flügeladjutanten aus – dann reiste sie ab und überließ dem Vater ihr kleines Mädchen und einen sehr geringen Teil ihres Geldes. Sie kehrte zu ihrer Mutter zurück, der allgemein, und wohl nicht mit Unrecht, der Vorwurf gemacht wird, ihren ersten Gemahl Bobrinski, – sie war in zweiter Ehe mit einem Grafen Kreuz vermählt – ermordet zu haben, um den Grafen Kreuz zu heiraten. Graf Bobrinski wurde als verkohlter Leichnam in seinem Bett aufgefunden, und durch Begießen mit Petroleum soll es möglich gewesen sein, eine so totale Verbrennung herbeizuführen. Wertsachen fehlten keine – die Frau war ganz allein mit ihm in seinem Schlosse auf dem Lande gewesen.

Nach diesem traurigen Ausgang seiner Ehe trat Dürkheim als *Don Juan de village* wieder in den Vordergrund, und das *air de coeur blessé*, das er sich gab, verlieh ihm in den Augen der Münchener Damen einen erhöhten Reiz.

Es zogen sich jetzt zwischen Hangen und Bangen die Tage hin. Graf Werthern und ich bangten um die Existenz des Ministeriums, die Minister verstärkten durch ihre Vernehmungen das immer noch nicht genügende Beweismaterial für den Wahnsinn des Königs. Die Münchener Gesellschaft aber, die den wahren Sachverhalt nicht kannte und in fieberhafter Spannung eine Entscheidung erwartete, griff in allen Tonarten das Ministerium an, das die "Taktlosigkeit beging, Leute niederen Standes über den König auszufragen".

Niemand machte sich klar, daß ein König staatsrechtlich die eine Sekunde noch als vernünftig, die nächste als wahnsinnig gelten mußte, daß nicht wie in Privatkreisen einem geistig erkrankten Menschen allmählich und unmerklich die Aktionsfähigkeit entzogen werden kann, sondern daß in einem gegebenen Augenblick alle Regierungshandlungen des Königs gültig bzw. ungültig sein mußten.

Im Publikum wußte man von den Vorgängen wenig. Wohl las man mit Erstaunen und Unruhe die in der Presse auftauchenden Gerüchte über einen totalen Zusammenbruch des königlichen Vermögens, aber man verstand nicht, daß die Serie von Artikeln über "die Geschichte der Königlichen Cabinettskassa" in den "Münchener Neuesten Nachrichten" eine inspirierte Vorbereitung auf den Abschluß unmöglicher und unhaltbarer Zustände an höchster Stelle waren.

Da trat in den letzten Tagen des Monats Mai, die Krise beschleunigend, ein Ereignis von weittragender, politischer Bedeutung zu den nun bereits erdrückenden Resultaten der Erhebungen über den geistigen Zustand des unglücklichen Königs hinzu.

Königin Isabella von Spanien war zur Wochenpflege ihrer Tochier Maria de la Zaz, Prinzessin Ludwig Ferdinand von Bauern , nach Nymphenburg gekommen und hatte in ihrer Gutmütigkeit wohl den Wunsch geäußert, dem König aus seiner Geldverlegenheit zu helfen. Denn sie teilte die Auffassung ihrer Kinder, daß der König noch nicht so wahnsinnig sei, wie gewisse Kreise ihn hinstellten.

Es ist möglich, daß von ihr zuerst der Gedanke angeregt wurde, von dem Hause Rothschild, dem sie durch ihre Pariser Beziehungen befreundet – (denn die Königin lebte nach ihrer Vertreibung aus Spanien in Paris)–, dem König Hilfe zu bringen. Bei den Interessen, die das Haus Orleans mit dem Bankhause Rothschild verbanden, lag es nahe, die Orleans hinter dem Angebot zu vermuten, das in der Tat durch Vermittlung des Prinzen Ludwig Ferdinand dem Könige durch die Rothschilds von Paris gemacht werden sollte. Zugleich aber erhielt der Prinz Kenntnis davon, daß der König jede beliebige Summe erhalten könne, falls er sich verpflichtete, in einem Kriege Frankreichs mit Deutschland neutral zu bleiben.

Prinz Ludwig Ferdinand, ein durchaus loyaler Mann, der dem König persönlich sehr ergeben war und wie das ganze Haus Adalbert – (schon aus Opposition gegen das Haus Luitpold) – zum König hielt, machte dem Ministerium von diesem Vorschlag Mitteilung, da er "zu seinem Bedauern" überzeugt war, daß der König sofort auf diese Bedingung eingehen würde. Er befürchtete auch mit Recht, daß noch durch andere Vermittlung als die seine König Ludwig ähnliche Vorschläge erhalten werde.

Die national-deutsche Rolle, die der König 1871 gespielt hatte, war ein geschickt, durch den Oberstallmeister Graf Holnstein in Szene gesetzter Theatercoup. Allerdings hatte König Ludwig dem König Wilhelm die Kaiserkrone angetragen – als aber der erbliche Kaiserthron der Hohenzollern entstand, verflog der künstliche deutsche Rausch, den Richard Wagner in dem Hirn des jugendlichen Königs festgelegt hatte und machte jenem Hasse gegen das preußische Königshaus und gegen alles deutsche Wesen Platz, der das Bild des unglücklichen Wahnsinnigen vor ganz Deutschland völlig zu trüben drohte. Um jedoch das Bild des trotz aller seiner Sonderbarkeiten hochverehrten Königs vor den Augen Bayerns – des unzweifelhaft königtreuesten Volkes Europas – nicht zu schädigen, wurde die Fikton seiner deutschen Gesinnung mühevoll öffentlich aufrecht gehalten.

III. DIE ENTMÜNDIGUNG DES KÖNIGS WIRD BESCHLOSSEN.

Die Gefahr, daß an den König ein neues französisches Anerbieten herantreten könne, trieb die maßgebenden Kreise endlich zu einer Aktion. Denn es war klar, daß die Franzosen, selbst auf die Gefahr hin, daß der König sein Neutralitätsversprechen im entscheidenden Augenblick nicht werde halten können, für eine, den Aufmarsch der deutschen Armee nur einige Tage verzögernde oder störende Aktion des Königs, jede beliebige Summe zahlen würden.

Man hat, wie ich oben bemerkte, hinter dem Angebot aus Paris das Haus Orleans vermutet. Ich habe meine Gründe, zu behaupten, daß die französische Regierung jenen Versuch machte, den König zu gewinnen.

Der französische Gesandte in München, Mariani, ein sehr kleiner, magerer, schielender Mann mit spärlichem schwarzen Vollbart, der Typus des geschmeidigen intrigierenden Franzosen, hatte wohl den Gedanken einer solchen "Bestechung" angeregt. Es lag dieser Gedanke nahe – und Mariani war schlau genug, um ihn praktisch zu verwerten. Königin Isabella, die selbst stets in Schulden steckte, seit sie, verbannt, das Palais Basilewsky in Paris bewohnte, schien ihm wohl eine durchaus verwendbare Mittelsperson zu sein.

Als mir Minister Crailsheim von dieser Besorgnis Mitteilung machte, drängte ich auf schleunige Entscheidung. Es durfte nicht sein, daß Frankreich auch nur für eine Stunde zu glauben berechtigt wäre, daß ein deutscher Bundesfürst überhaupt in der Lage sei, Verpflichtungen in dieser Richtung einzugehen.

Herr von Crailsheim stimmte meiner Auffassung bei, kam aber immer wieder auf die alte Ansicht zurück, daß der erste Schritt zu der Entmündigung des unglücklichen Königs durch den Prinzen Luitpold zu machen sei.

Ich erklärte ihm, daß, wenn bei einer das Ansehen Deutschlands gefährdenden Lage Prinz Luitpold zögern würde, einzugreifen, *er* die Verantwortung gegenüber den andern Bundesfürsten, d.h. gegenüber ganz Deutschland, zu tragen haben werde.

Einige Tage darauf teilte Herr von Crailsheim der Gesandtschaft das Gutachten der ärztlichen Autoritäten an der Hand eidlicher Aussagen aus der Umgebung des Königs mit.

Es war von größter Bedeutung, daß es möglich gewesen war, gerade in diesen Tagen die Beweise für den Wahnsinn des unglücklichen Königs so zu vervollständigen, daß die Agnaten und das Ministerium bei der geplanten Entmündigung des Königs vor der Volksvertretung durch das erdrückende Material, welches das Gutachten enthielt, gerechtfertigt erscheinen mußten.

Die Aussagen der obengenannten Personen – des Kabinettsrats Ziegler, des Stallmeisters Hornig, der Diener und Stalleute des Königs usw. – stellten unzweifelhaft die völlige geistige Störung des Königs fest.

Der Inhalt des geheimen Aktenstückes, das ich in Händen gehabt habe und das dazu bestimmt war, einer Kommission des Reichsrats und der II. Kammer vorgelegt zu werden, erschreckt durch die Ungeheuerlichkeiten der Handlungen und Äußerungen des Königs, erregt aber auch dadurch das höchste Erstaunen, daß seine Umgebung fähig war, durch Jahre hindurch Verhältnisse zu verschweigen, die völlig anormal und unhaltbar waren. Wohl fällt es ins Gewicht, daß die Freigebigkeit des Königs seiner Umgebung das Leben angenehm gestaltete und daß die Habgier reiche Nahrung fand. Daß aber körperliche Mißhandlungen, die in zwei Fällen den Tod des Geschädigten zur Folge hatten, daß grausame Strafen und das völlig wahnsinnige, sinnlose Leben des Königs nur als Gerüchte und in unbestimmter Darstellung in das Volk dringen konnten, spricht für eine ganz außergewöhnliche Diskretion aller Beteiligten.

In erster Linie kommt das in einem solchen Falle etwas zweifelhafte Verdienst dem Oberstallmeister Graf Holnstein zu. Der "Roßober" – wie er im Publikum genannt wurde, hatte den Befehl über das kolossale Material von Menschen, Pferden und Wagen, das der König im Gebirge brauchte. Er gab mir die Höhe seiner ihm untergebenen Stalleute auf etwa 200 an. Ihm gingen alle Klagen über den König zu. Er vertuschte, was zu vertuschen ging, zahlte und besorgte die Schmerzensgelder, expedierte unbequeme und drohende Elemente nach Amerika und hielt diesen tollen Hof, so lange er zu halten ging.

Von preußischem Standpunkt aus hatten wir uns über diesen jahrelangen Aufschub der Katastrophe nicht zu beklagen, da die reichsfeindlichen ultramontanen Bestrebungen in Bayern während der Regierung König Ludwigs stets zurückgedämmt wurden.

Es war der atheistische König, der ihnen keine Macht und keinen Einfluß ließ. Nicht etwa seine deutsche Gesinnung war der Motor dieser Politik, wie das deutsche Volk sich seit dem Jahre 1870 zu glauben gewöhnt hatte.

Der Inhalt des Schriftstückes, das den Wahnsinn des unglücklichen Königs feststellte, übertraf alles, was gerüchtweise darüber in die Öffentlichkeit gedrungen war. Die Handlungen und Äußerungen aber, die man gern als Beweismaterial für die Notwendigkeit einer Regierungsänderung öffentlich mitgeteilt hätte, konnte man nicht bekanntgeben, da sie in zu grauenhafter Weise das Bild des Monarchen, das in so idealer Form im Herzen seines Volkes eingegraben stand, zerstört hätten.

Man entschloß sich später, nur andeutungsweise Mitteilungen zu machen, wohl aber wurde der Volksvertretung von dem wesentlichen Inhalt des Schriftstückes Kenntnis gegeben.

Am entsetzlichsten berührte den Leser der Haß des Königs gegen seine Mutter, gegen seinen verstorbenen Vater. In wahnsinnigen Halluzinationen vergriff er sich an den Eltern und erzählte mit Genugtuung von seinen abscheulichen Handlungen den Leuten seiner Umgebung, dem Fourier Hesselschwert, dem Stallknecht Sedlmaier und anderen. "Heute", sagte z. B. der König, "habe ich meiner Mutter eine Wasserflasche auf dem Kopf zerschlagen, habe sie an den Haaren zu Boden gerissen und ihr mit den Hacken auf den Brüsten herumgetreten; – jetzt ist mir wohl!" Oder er erzählte. "Ich bin in der Gruft bei meinem Vater gewesen, habe den Sarg aufgerissen und ihn hinter die Ohren geschlagen. – Das geschieht ihm recht."

Dieser grauenhafte Haß steigerte sich, je mehr er sich in den Gedanken des absoluten Königtums hineinlebte, je mehr Ludwig XIV. sein Idol wurde – denn König Max war der Begründer der Verfassung, der Volksvertretung und damit der Begründer seines, des Königs Ludwigs "Elendes". Die Königin aber war die Frau des "Verbrechers". Die Schamlosigkeit des Königs ging so weit, daß er seiner Mutter vorwarf, ihn nicht aus der Ehe mit König Max empfangen zu haben!

Anknüpfend an diesen Haß gegen die Mutter muß ich eine Episode aus dem Jahre 1884 erwähnen.

Damals drang als Gerücht die Nachricht zu mir, der König habe auf seinen ehemaligen Vertrauten, den Hofstallmeister Hornig (einen höchst achtungswerten Mann), geschossen, und dieser sei nun definitiv aus dem Dienst in Ungnade entlassen. Ich konnte nicht den wahren Sachverhalt erfahren.

Jetzt erfuhr ich folgendes: Hornig, ein großer starker Mann, befand sich bei dem König in Schloß Berg. Der König ging im Zimmer auf und nieder, in unflätigster Weise seine Mutter beschimpfend. Hornig hörte in Ungeduld zu, bis ihm das Blut vor Zorn in den Kopf stieg. "Ich kann das nicht länger hören!" rief er aus, "so darf ein Sohn nicht von seiner Mutter reden."

Der König richtete sich wie ein wildes Tier zum Sprung auf, stürzte Hornig entgegen und krallte ihn tief in die Augenhöhle und Backe. Da übermannte in rasendem Schmerz Hornig die Wut. Er faßte den König unter die Arme und warf ihn mit Hünenkraft in eine Ecke des Zimmers an den Boden. Zitternd und feig begann der König um sein Leben zu flehen. "Ich gebe dir, was du willst – verlange, was du magst. Nur töte mich nicht!"

Hornig verließ den Unglücklichen und sah ihn nicht wieder. Der König wollte ihn erschießen, als er aus dem Schloß ging, fand aber keinen geladenen Revolver – dann ersann er die strengsten Strafen für ihn – bis in dem zunehmenden Wahnsinn andere Phantasien das Bild Hornigs verdrängten.

Weniger erschreckend, aber nicht weniger überzeugend für die Krankheit des Königs war seine abgöttische Verehrung für Ludwig XIV. und für die beiden ihm folgenden bourbonischen Könige. Gekleidet wie sie, ritt er in Mondnächten spazieren – bisweilen die Krone auf dem Haupt, den Hermelinmantel um die Schultern. Er hielt Hoftafel, an denen er allein als Ludwig XIV. saß, aber er unterhielt sich mit den Phantomen, die er auf den leeren Stühlen sah und denen die Diener in chinesischer Hofetikette servieren mußten.

Der Gedanke des absoluten Herrschers hatte sich ihm so sehr eingeprägt, daß ihm Bayern unerträglich geworden war. Er wollte da regieren, wo er allein über Leben und Tod zu entscheiden hatte, und darum wollte er Bayern verkaufen – an Preußen, an wen es auch immer sei. Man sollte ihm ein Land suchen, wo er schrankenloser Herrscher sein konnte.

Professor von Löhr gab sich dazu her, Reisen zu machen, um ein solches Land zu finden. Auf den Kanarischen Inseln, im Griechischen Archipel reiste er umher und schrieb dem König Berichte. Mit Recht erhob man später harte Klage gegen Löhr, der den Wahnsinn des unglücklichen Monarchen benutzte, um schöne Reisen zu machen und sich die Schilderungen von der "Augsburger allgemeinen Zeitung" zahlen zu lassen.

Vor der Büste der Königin Marie Antoinette verbeugte sich der König stets wie vor einem Heiligenbild – aber er grüßte auch mit tiefer Verehrung stets eine besondere Tanne, einen gewissen Zaun am Wege zwischen Leoni und Ammerland – und er umarmte auch stets eine bestimmte Säule im Vestibül des Linderhof.

Die Persönlichkeit, die in anderer Weise die Phantasie des wahnsinnigen Königs beschäftigte, war der deutsche Kronprinz. Seitdem die Kriegslorbeeren von 1870 als Feldherr auch der bayerischen Truppen um sein Haupt und nicht um dasjenige König Ludwigs gewunden worden waren, erfüllte unversöhnlicher Haß den unglücklichen Fürsten. Als bei dem Einzug der bayerischen Truppen im Jahre 1871 das Volk dem Sieger von Wörth und Weißenburg überschwenglich zujauchzte, während der König nur den üblichen Beifall friedlicher Tage fand, hatte sein Haß noch eine Steigerung erfahren. Jetzt, in den dunklen Stunden des Wahnsinnes, sann er auf Rache, aber der Gedanke, den Kronprinzen töten zu lassen, schien ihm nicht ausreichend zu sein. Er beauftragte Hesselschwert, eine Bande zu dingen, die den Kronprinzen aufheben und in einen Turm bringen sollte, den er sich am Ammersee hatte bauen lassen. Hier sollte der Kronprinz grausam gemartert werden. Man sollte ihm die Augen ausstechen, ihn an den Rand des Todes bringen – ihm aber das Leben lassen, damit die unaufhörliche Sehnsucht nach Frau und Kindern seine Qualen vermehre. Diese Bande sollte später auch sämtliche Volksvertreter beseitigen, um alsdann das absolute Regiment wieder herstellen zu können.

Die Gedanken des Mordes und der Gewalt beherrschten den König, sobald irgendeine Person seinen Unwillen erregte. Und er versenkte sich in solche Gedanken mit der ganzen Zügellosigkeit seiner wahnsinnigen Phantasie.

Als einst die Frau eines Mannes, der kompromittierende Briefe des Königs besaß und deshalb von Graf Holnstein nach Amerika geschickt worden war, nach Hohenschwangau kam und auf Grund jener Schriftstücke einen neuen Erpressungsversuch beabsichtigte, befahl der König, ihr zu sagen, er wolle sie spät am Abend jenseits des Alpsees empfangen. Sie solle dann unterwegs, mitten auf dem See, in das Wasser gestürzt werden.

Solche Befehle gab er mit allen Details, und in diesem Falle fuhr er wirklich an den verabredeten Punkt, voller Spannung die Ausführung seines Befehls erwartend. Man sagte ihm, die Frau sei entflohen. In Wirklichkeit aber hatten die Zahlung neuer Summen und ernstliche Drohungen die gefährliche Person bestimmt, Hohenschwangau zu verlassen.

Diese und ähnliche Vorgänge wiederholten sich von Monat zu Monat, und Graf Holnstein war an der Grenze angelangt, da es nicht mehr möglich war, durch Schmerzensgelder, Verschickungen, Versprechungen, Amtsbeförderungen und Drohungen den Schein der Vernunft des Königs zu erhalten. An allen Enden blickte die trostlose Wahrheit heraus.

Unter diesem, schließlich die ganze Umgebung des Königs belastenden Druck hatten seine Diener ihre Aussagen gemacht und war das Schriftstück entstanden, das die Handhabe zu der Entmündigung des Königs bilden sollte.

Der entscheidende Schritt aber wurde immer noch durch die Furcht der Prinzen des bayerischen Hauses vor der gewalttätigen Natur des Königs aufgehalten. Es war nicht nur die Erwägung, daß ein Schritt gegen die Majestät dem Gedanken des Königtums einen zu erheblichen Schaden zufügen könnte.

Ein Brief, den ich schon im September 1885 an Herbert Bismarck schrieb, kennzeichnete auch in dieser Hinsicht die Situation, wie sie jetzt unaufhaltsam eingetreten war. Ich füge ihn hier ein, da er durch seine Details ein getreues Bild der herrschenden Stimmung zu geben vermag.

München, September 1885.

"... Aus meinen Berichten werden Sie über die hiesigen Zustände das Nähere erfahren haben. Einiges möchte ich Ihnen privatim mitteilen.

Die Verhältnisse an dem Hofe des Königs werden immer komplizierter und die Gemüter von Tag zu Tag erregter. Ich habe mich, um orientiert zu bleiben, mit dem einzigen Mann angefreundet, der einen richtigen Einblick in die Privatangelegenheiten des Königs haben und seiner psychopathischen Entwicklung folgen kann, soweit es die Sprünge eines nicht mehr normalen Hirnes gestatten. Es ist der Kabinettsvorstand, Ministerialrat Schneider, ein ruhiger, gewissenhafter Mensch und unermüdlicher Arbeiter. Durch seine Hand geht alles, was an den König herantritt, und alles, was vom König kommt. Die persönlichen Vorträge, die noch im vergangenen Jahre Ministerialrat Ziegler, sein Vorgänger, dem Könige – hinter einer spanischen Wand stehend – zu halten hatte, haben aufgehört. Alles wird schriftlich abgemacht und durch die zur Dienstleistung bei dem König kommandierten Chevauxlegers überbracht. Schneider sieht die Situation sehr ernst an, denn seine unaufhörlichen Beteuerungen, daß der König seinen Regentenpflichten mit Weisheit und Einsicht nachkäme, lassen erkennen, daß er seinen Herrn nicht mehr für normal hält.

Die durch den König schwer gekränkten Prinzen unternehmen keinen Schritt aus Furcht vor dem Zorn des Tyrannen, der sie unzweifelhaft nach Lindau, Bamberg oder Würzburg verbannen würde, wenn sie ihm Vorstellungen wegen seiner Schuldverhältnisse machen würden. Den Mut aber, einem solchen Befehl zu trotzen und einen Bruch herbeizuführen, haben sie nicht.

Die Minister warten auf eine Klage gegen die Kabinettskasse und halten den Prinzen Luitpold für denjenigen, der Abhilfe schaffen soll.

Schneider sagt, daß die Einstellung der Bauarbeiten – wenn der Tagelohn ausgeht – oder der Eingang der Klage bedenkliche Folgen für die Sinnesart des Königs haben würde. (Er glaubt also an den Ausbruch des Wahnsinns.)

Das Leben des Königs, das immer einsamer wird, und die Art seines Verkehrs mit den Chevauxlegers, die er bald als Freunde behandelt, bald mit Ohrfeigen zur Türe hinauswirft, sprechen für Schneiders Ansicht.

Von Bedeutung für die weitere Entwicklung der Verhältnisse wird jedenfalls der Eingang einer Klage, d. h. der Moment sein, wenn die Hofkasse aufhört zu funktionieren.

Dieser Augenblick kann noch hinausgeschoben werden, wenn der König die Verwaltung der Hofkasse einem gewissenlosen Menschen überträgt, denn Prinzen und

Minister würden zufrieden sein, wenn ihnen energische Entscheidungen noch eine Weile erspart bleiben.

Von Seite des Volkes wird kaum etwas geschehen, wenn auch die Erregung eine wachsende ist. Seit den Zeiten der Lola Montez ist in Bayern keine ähnliche Stimmung gewesen, und schrieben wir 1848, so hätten wir in München schon Unruhen gehabt.

Um Majestätsbeleidigungen aus dem Wege zu gehen, werden in den Bierkneipen die bösesten Geschichten auf den Namen "Huber" erzählt. Die Chevauxlegers spielen dabei eine schlimme Rolle ..."

Die Furcht der Prinzen vor dem König wurde durch seine Rücksichtslosigkeit und sein hochfahrendes Wesen immer neu genährt.

Als noch während des regelmäßigen Winteraufenthalts König Ludwigs in der Residenz im Jahre 1882 oder 1883 die Familientafeln stattfanden, hatte einmal Prinz Luitpold seinen Herrn Neffen bei einer solchen festlichen Gelegenheit – der einzigen Gelegenheit, wo die Mitglieder der Familie den König sahen – angeredet. Nach Beendigung der Tafel erschien ein General- Adjutant des Königs bei dem alten Prinzen, um ihm im Allerhöchsten Auftrage mitzuteilen, daß es unschicklich sei, die Majestät ungefragt anzureden.

Kein Prinz und keine Prinzessin durfte ihren gegenwärtigen Aufenthalt für länger als zwölf Stunden ohne Genehmigung des Königs verlassen. Da aber Mitteilungen an König Ludwig oft tagelang in den Bergen nicht anzubringen waren, entstanden für die hohen Herrschaften bisweilen höchst ärgerliche Situationen.

Furcht aber verträgt sich selten mit Liebe, und so war denn auch die Liebe für den König im Kreise der Familie völlig erloschen. Man haßte den bösen unbequemen Herrn, der zugleich das Familienvermögen zugrunde richtete. Nur die unglücklichste aller Mütter, die Königin Marie, litt in ihrem Herzen Qualen um den verlorenen Sohn, der ihr wie ein Fremder begegnete – im ganzen Jahr ein paar Stunden –, der ihr den Befehl gab, Hohenschwangau zu verlassen, wenn seine Laune ihn in diese Gegend führte. Nur die Einfalt ihres Verstandes war die Gottesgabe, die ihr Frieden gab. Versunken in die ewigen Andachten der katholischen Kirche, der sie sich in die Arme geworfen hatte, suchte sie Trost.

Während die Entscheidung nahte, befand sich der König in Schloß Berg am Ufer des Starnberger Sees und war von hier nach dem Linderhof, sodann nach Schwanstein übergesiedelt. Er hatte, nachdem seine Bemühungen, ein neues Ministerium zu bilden, gescheitert waren, jegliche Initiative in politischer Hinsicht verloren. Es war eine Willenslosigkeit des Wahnsinns, in die er langsam versank. Er glaubte an die Ausführung seines Befehls zur Ermordung des Ministers Lutz und zur Deportierung Riedels – und er glaubte auch wieder nicht daran. Er erfuhr von der bedenklichen Stimmung im Lande durch eine Serie Artikel der "Münchener neuesten Nachrichten", die der Friseur Hoppe ihm vorlas. Als aber eines Abends in diesem Blatte ein Artikel der "Wiener Presse" abgedruckt war, der von der Wahrscheinlichkeit der Einsetzung einer Regentschaft in Bayern sprach, verbot er dem Friseur das Weiterlesen. Da dieser jedoch darauf bestand, wurde er in Ungnade für immer entlassen.

Diese letzte Energie, angewendet auf die Presse und diejenigen Elemente, die sich gegen ihn auflehnten, hatten damals vielleicht noch den König halten können. Aber er forderte nur einen Bericht von dem interimistischen Verwalter der Kabinettskasse, Klug, über "das, was man im Volke über seinen geistigen Zustand dächte" – und ließ sonst alles gehen, wie es ging. Er schimpfte und tobte vor seinen Stalleuten weiter gegen die Minister, die königliche Familie, seine Mutter, Deutschland, Kaiser und Kronprinz, von einem Exzeß der Brutalität in einen anderen fallend, dazwischen träumend und willenlos seinen Nachen dem Ende entgegentreibend sehend. Denn sein Bewußtsein war noch stark genug, um den ehernen Reif zu spüren, der um sein Leben lag und den zu zerbrechen seine Kräfte nicht ausreichten.

Den Bann der dämonischen Gewalten, unter denen seine gewalttätige Natur sich beugen mußte, vermochte er nicht zu lösen. Er lebte im Kampfe – nicht des Guten mit dem Bösen –, sondern des autokratischen Gedankens mit der übrigen Welt – und mit seiner eigenen Schwäche. Ein Ruhepunkt war in dieser Gestaltung eines Wahnsinns nicht denkbar. "Der König" war verletzt durch jede Berührung mit der feindseligen, modernen Zeit, die ihn umgab. Darum lebte er einsam. In dieser Einsamkeit aber litt der "unnahbare König" unter Ausbrüchen von Gewalttat und Sinnlichkeit.

Seine Schwäche empfand er als entsetzliches Elend und als Verbrechen gegenüber seiner "Majestät" – seiner Krone. In seinen häufigen, plötzlichen Ausrufen: "Niemals, niemals!" spiegelten sich Gedanken wider, die ihn quälten. Auch durch äußere Zeichen suchte er nach Halt. In seinem Wohnzimmer zu Berg sah ich am Tage seines Todes eine kleine Marmorsäule stehen, auf deren Sockel auf drei Seiten in Bronze die Worte stehen: *Désormais jamais!* Auf der vierten: *Souvenez vous Sire!* In seinen Tagebüchern aber, in dem traurigsten Denkmal seines Wahnsinns, verkleckst und verschmiert, in riesigen Buchstaben, steht allenthalben immer von neuem *jamais, jamais, jamais* – und drei große königliche Siegel sind darunter gedrückt.

In diesem Leben zu eigener und fremder Qual, in dieser innerlichen Zerrissenheit taumelnd von Zweifel zu Atheismus und von Begeisterung zu Gewalttat, von grauenhafter innerlicher Einsamkeit zu abstoßender Vertraulichkeit mit rohem Volk, war jede Möglichkeit einer Verständigung ausgeschlossen. Unnahbar äußerlich und innerlich mußten die Maßregeln auch außergewöhnliche sein, die der Regierung des Königs ein Ende bereiten sollten.

Es ist mir von königstreuen Bayern häufig in jenen Tagen gesagt worden, daß man einen ernstlichen Versuch hätte machen sollen, den König zur Abdankung zu bewegen. Doch nur völlige Unkenntnis der tatsächlichen Verhältnisse und der Sinnesart des Königs vermochte solche frommen Wünsche zu zeitigen. Wer hätte es wagen dürfen, dem König von der Aufgabe seiner Krone zu sprechen? Seiner Krone!

Die berühmte Tragödin Clara Ziegler erzählte, daß sie einst in einem Drama der königlichen Separatvorstellungen zu sagen hatte: "Diese Krone ist mir von Gott gegeben – und kein Mensch darf sie mir rauben." Einige Wochen später habe sie in der Nacht um zwei Uhr einen Königlichen Befehl erhalten, unverzüglich in das Schloß zu kommen.

Als die Tür zu dem großen Krönungssaal des Schlosses, in dem die goldenen Bildsäulen der bayerischen Königsahnen stehen, geöffnet wurde, stand König Ludwig in vollem Königsornat vor ihr – die Krone auf dem Haupt, den Purpurmantel um die

Schultern, das Zepter in der Hand. Er zeigte, als sie eintrat, auf die Krone, indem er die Worte aus dem Drama wiederholte. "Diese Krone ist mir von Gott gegeben – kein Mensch darf sie mir rauben" – und damit war die seltsame Audienz beendet. Die Türen schlossen sich.

Fräulein Ziegler will in diesem Begebnis eine Erklärung für die Ermordung Dr. Guddens durch den König sehen. Denn dieser habe dem König durch seine ärztlichen Gutachten die Krone genommen. Es sei der Mord ein Akt der Rache gewesen – der Rache eines Wahnsinnigen.

Sie irrt jedoch, wie aus meiner nachfolgenden Darstellung hervorgeht. Das Begebnis Clara Zieglers soll hier nur als ein Beleg zu meiner Behauptung angeführt werden, daß der König nie und nimmer zu einer Abdankung zu bewegen gewesen wäre. Denn Seine "Krone" war das Heiligtum eines Wahnsinnigen geworden, das er auch mit wahnsinnigen Mitteln verteidigt haben würde.

IV. DIE ENTMÜNDIGUNGS-KOMMISSION BEGIBT SICH ZUM KÖNIG, IHRE VERHAFTUNG UND FLUCHT.

Am 9. Juni 1886 nachmittags begab ich mich zu meiner Familie nach Starnberg, wo sie auch in diesem Jahre ihren Aufenthalt genommen hatte. Die für die Entmündigung durch den Prinzen Luitpold eingesetzte Kommission sollte denselben Nachmittag auf dem Weg über Oberndorf nach Hohenschwangau abreisen. Die Nachricht von der Entmündigung des Königs war also am nächsten Vormittag zu erwarten.

Das tiefe Geheimnis, in das sich die Regierung bezüglich ihres Schrittes hüllte, war in München nicht völlig bewahrt geblieben. Auf dem Bahnhof, bei meiner Abfahrt nach Starnberg, flüsterte mir der Zeitungsverkäufer zu. "Dort steht der Extrazug. Heute reisen sie zum König." Ich fragte, was man beabsichtige? Der Mann schwieg, er wußte es nicht. Soweit ging im allgemeinen das Verständnis. Man wußte, daß "etwas" im Werke war.

Die Kommission bestand aus dem Minister des königlichen Hauses und des Äußern Freiherr von Crailsheim, dem Oberstallmeister Graf Holnstein, dem Reichsrat Grafen von Törring-Seefeld, dem Legationsrat Dr. von Rumpler, dem Oberstleutnant a. D. Freiherrn von Washington (der dem König nach seiner Entmündigung als diensttuender Kammerherr und Begleiter zugeteilt werden sollte) und den Ärzten, Spezialisten für Psychiatrie, Dr. von Gudden und Müller. Außerdem begleiteten die Kommission vier Irrenwärter. Obermarschall Baron Malsen begleitete die Kommission bis Oberndorf, begab sich aber von hier nach der königlichen Villa Elbingeralp zu der unglücklichen Königin Mutter, um ihr von den Schritten zu berichten, die gegenüber ihrem Sohne notwendig geworden waren.

Es war nicht leicht gewesen, die Kommission zusammenzusetzen. Nicht nur gehörte persönlicher Mut zu der schwierigen Aufgabe, sondern auch der Mut, der öffentlichen Meinung zu trotzen, die die Handlungsweise der Kommission für unvereinbar mit den Pflichten treuer Diener gegen ihren König hielt, selbst wenn man den Vorgang an und für sich nicht verurteilen konnte. Jedenfalls wäre der Standpunkt einer Ablehnung, an der Kommission teilzunehmen, berechtigt und verständlich gewesen.

Herr von Crailsheim, mit dem ich zum Erstaunen von ganz München seit Jahren intim bekannt bin – denn an seinem kalten, höflichen Wesen gleiten gewöhnlich alle diejenigen ab, die ein Bestreben haben, ihm näher zu treten –, ist ein jungaussehender Mann von größerem Fleiß und größerer Arbeitskraft als irgendeiner in seinem Ministerium. Sein Verstand ist angenehm ruhig und überlegt.

Über den Oberstallmeister Graf Holnstein läßt sich mehr sagen. Denn er ist der politische Aventurier nach Art des achtzehnten Jahrhunderts, dem die geordneten Verhältnisse unseres modernen Staatslebens nicht passen, und der deshalb auch nur auf dem ungeordneten Boden des bayerischen Hofes zur Zeit König Ludwigs II. Erfolge haben konnte. Er stammt aus einer Familie , in der die Abenteuer zu Hause sind. Selbstmord, Zweikampf, Entführung usw. wechseln in bunter Folge.

Auf König Ludwig hatte er zunächst durch sein anziehendes Äußere gewirkt: er war ein blonder, frischer Mensch von munterem Wesen. Das Wohlgefallen des Königs nutzte er in weitgehendster Weise aus. Er stieg schnell zum Oberstallmeister und Oberjägermeister und hielt sich in seiner Stellung, indem er dem König einerseits durch seine Neigung zu Gewalt Furcht einflößte, anderseits ihm durch seine Gewissenlosigkeit bequem war. Der König brauchte einen Mann, der keine Schwierigkeiten kannte, aus allen Verlegenheiten Auswege wußte und ihm freundlich lächelnd seine goldenen Wagen baute. Einen Mann, der auf die höchste Alphütte goldene Möbel bringen ließ, wenn "Ludwig XIV." daselbst soupieren wollte.

Holnsteins Bedeutung für Deutschland lag darin, daß er im Jahre 1870 Ludwig II. bewegte, König Wilhelm die Kaiserkrone anzutragen. Er hätte allerdings wohl auch unter Umständen den König Frankreich in die Arme getrieben, wenn dieses Land damals in München einen Mariani zum Vertreter gehabt hätte.

Durch seine Ehe mit der einzigen Tochter der Baronin Gumppenberg (einer Tochter aus morganatischer Ehe des Prinzen Karl von Bayern) war Graf Holnstein zu viel Vermögen gekommen.

Bei allen hier ausgezählten Eigenschaften halte ich Holnstein doch für einen Menschen von nicht erloschener weicher Empfindung. Er könnte vielleicht auch als Typus eines Slawen gelten.

Ich bin völlig davon überzeugt, daß der Kampf, an König Ludwig den Judas zu spielen, ein großer in ihm gewesen ist und daß er in einem Gefühl von Dankbarkeit und Zugehörigkeit gelitten hat. Persönlich habe ich mich von ihm ziemlich ferngehalten. Seine politische Bedeutung für Deutschland und Preußen lag hinter ihm, als ich nach München kam – und menschlich hatte ich keine Berührungspunkte mit ihm.

Das dritte Mitglied der Kommission, der Reichsrat Graf Törring-Seefeld, ist ein vornehmer, langweiliger, magerer Mann von nüchternem Verstand. Das Motiv, sich der Kommission anzuschließen, lag wohl, wie bei den beiden anderen, nicht nur in der Absicht, das sinkende Schiff rechtzeitig zu verlassen, sondern auch sofort das neue Admiralschiff zu besteigen, und zwar hatte er den Wunsch, sich auf Grund einiger Urkunden in den Kreis der bayerischen Standesherren erheben zu lassen. Er wurde darin von seiner ebenso hochmütigen wie originellen Gattin – geborene Gräfin Paumgarten – eifrig unterstützt. Es ist dieses die Frau, die im Jahre 1871 mit französischen gefangenen Offizieren in ihrem Palais *"à une bonne revanche"* angestoßen haben soll.

Baron Washington ist ein großer, starkknochiger, ehrlicher und sehr einfacher Mann, der aus pekuniären Rücksichten die dornenvolle Stellung des Kammerherrn angenommen hatte, die man ihm antrug.

Legationsrat Dr. Rumpler aus dem Ministerium des Äußern trägt den Kopf mit den straffen Haaren und das bebrillte, glatte, blasse Gesicht tief in den Schultern – er gleicht einem gutmütigen Mephistopheles. Ich kenne ihn persönlich wenig. Hingegen war mir Medizinalrat Dr. von Gudden gut bekannt. Als Vorstand der "zwanglosen Gesellschaft", der ich als Mitglied angehöre, hatte ich Gelegenheit, diesen hervorragenden, liebenswürdigen und klugen Mann kennenzulernen. Er genoß als

Irrenarzt einen großen Ruf, und sein ruhiges, klares Wesen war, wie der sanfte, stete Blick seiner Augen, wohl dazu angetan, besänftigend auf seine irren Patienten einzuwirken. Er war ein sehr großer, starker, blonder Mann. Die Treuherzigkeit eines großen Hundes lag in seinem Wesen.

Sein Assistenzarzt Dr. Müller, der den seit langen Jahren wahnsinnigen Prinzen Otto, den einzigen Bruder des Königs, behandelte, war mir vor dem Eintritt der Katastrophe nicht persönlich bekannt.

Ich hatte am 9. Juni in Starnberg wenig Ruhe, denn wir standen vor einem Ereignis, das Bayern in die größte Wirrnis stürzen konnte. Die Partei des Königs war trotz seines Wahnsinns stark genug, um dem Ansinnen des Prinzen Luitpold mit Gewalt entgegenzutreten –, wenn der König die Energie finden sollte, nach München zurückzukehren und in einer Proklamation sich an sein Volk zu wenden.

Am 10. Juni, in frühester Morgenstunde, klopfte mein Diener an die Tür meines Schlafzimmers. "Herr Bahnhof-Inspektor Hartmann wünscht den Herrn Grafen einen Augenblick zu sprechen"; sagte er. Ich sprang in dem Bewußtsein, daß nur eine ernste Nachricht Hartmann bewegen konnte, so früh zu kommen, eilig aus dem Bett.

"Die ganze Kommission ist vom König eingekerkert und mit dem Tode bedroht", teilte er mir in großer Erregung mit, "der ganze Schwangau ist in Aufruhr, die Baronin Truchseß läßt in Hohenschwangau Sturm läuten –, von den Bergen strömen immer neue Bewaffnete zu. Ich habe die Depeschen, die Starnberg passierten, gelesen und teile Ihnen trotz Verbotes das Faktum mit, da die Folgen unabsehbar sind und Sie in Berlin zeitig Bescheid haben müssen."

Ich dankte dem gut deutsch gesonnenen Manne, mit dem ich seit meinem alljährlichen Aufenthalt in Starnberg in den besten freundschaftlichen Beziehungen stand, kleidete mich eilig an und fuhr mit dem nächsten Zug nach München, wo ich dem Gesandten Graf Werthern Mitteilung von dem Ereignis machte und für eine Meldung nach Berlin Sorge trug. Die Stadt war völlig ruhig – noch war kein Gerücht von der Einkerkerung der Kommission in das Volk gedrungen. Prinz Luitpold nur befand sich in seinem Palais in unbeschreiblicher Erregung.

Ich erfuhr später, daß der Prinz völlig fassungslos gewesen sei und nur schwer zu bewegen, die Proklamation von der Regentschaftsübernahme zu erlassen. Auf die dringende Vorstellung des Ministers von Lutz war dieses schließlich geschehen, so daß, als ich München nach einigen Stunden wieder verließ, die Proklamation an den Straßenecken angeschlagen wurde. Zahllose Menschen standen in Gruppen auf den Straßen, das Ereignis der Regentschaftsübernahme besprechend, dessen Tragweite sie bei Unkenntnis von der Verhaftung der Kommission nicht einmal in seiner ganzen Bedeutung ermessen konnten.

Bei aller Gefahr trug die Einschließung der Abgesandten einen unwiderstehlich komischen Zug für den nicht Beteiligten. Nachdem durch Monate hindurch in Hangen und Bangen das Ereignis der Entmündigung des Königs vorbereitet und nach allen Richtungen erwogen worden war, zogen die sieben Schwaben aus und wurden gefangen! Vielleicht gar von der Baronin Truchseß!

Wer aber war diese seltsame Dame, die im Schwangau die Sturmglocken läuten ließ?

Es ist zum Verständnis der kritischen Lage, die eingetreten war, erforderlich, daß ich von der Persönlichkeit und dem Charakter der Baronin Esperanza von Truchseß-Wetzhausen, geborene von Sarachaga y Uria, zu der ich und meine Familie in sehr freundschaftlicher Beziehung stehen, einiges mitteile, ehe ich die sich überstürzenden, fast romanhaften Ereignisse der nächsten merkwürdigen Tage niederschreibe.

Ihre Großeltern Sarachaga, den vornehmsten baskischen Familien angehörend, gerieten bei dem napoleonischen Feldzug in Spanien in die größte Bedrängnis. Der Großvater verlor sein Leben in den Guerillakämpfen, und die Großmutter, die den Schutz eines französischen Generals, eines geborenen Badensers (dessen Name mir entfallen ist) angerufen hatte, wurde von diesem mit ihren Kindern nach Karlsruhe geschickt, da Spanien für die Sicherheit der Familie keine Garantie gab. Nach Beendigung des Krieges heiratete der General die Witwe, und die Kinder Sarachaga erhielten ihre Erziehung in Baden.

Sein Sohn, der Vater der Baronin, trat in militärische Dienste und war als eleganter schöner Offizier eine bekannte Persönlichkeit in Karlsruhe. Er vermählte sich mit der Tochter des russischen Gesandten, Fürsten Lobanow, und dieser Ehe war die Baronin Esperanza entsprossen. In jenes berühmte Duell, das über Deutschlands Grenzen hinaus Aufsehen erregte, wurde auch Sarachaga verwickelt. Der jüdische Bankier Louis von Haber hatte sich öffentlich der Gunst der Großherzogin Stephanie von Baden (geb. Beauharnais- Leuchtenberg, Adoptivtochter Napoleons I. gerühmt. Zum Beweis seiner Behauptungen sollte die Großherzogin an einem bestimmten Ballabend ein Bukett tragen, das er hatte binden lassen. Als die Großherzogin den Saal betrat, hielt sie in der Tat das Bukett in der Hand. Infolge dieses Ereignisses entstand eine Reihe blutiger Duelle, die verschiedene Opfer forderten. Unter diesen befand sich auch der Vater der Baronin Truchseß, Sarachaga.

Nach seinem Tode verließ die Witwe mit den Kindern Karlsruhe, um fortan in Petersburg, im Palais ihres Vaters Lobanow, zu leben. Hier war es, wo Baron Truchseß, der bayerische Gesandte am Hofe des Zaren, Fräulein Esperanza heiratete .

Baronin Truchseß – im Jahre 1886 einige vierzig Jahre alt – ist eine anziehende Erscheinung. Ihr gutes Herz, ihr edler Charakter und ihre feine Bildung gestalten den Verkehr mit ihr sehr angenehm.

Das Unglück ihres Lebens ist ihre Kinderlosigkeit. Von dem Bedürfnis beseelt, Gutes zu tun und ihren Nebenmenschen Liebe zu erweisen, blieb ihr doch das Höchste: die Liebe zum eigenen Kinde – versagt. Unter dieser Sehnsucht litt sie, diese Sehnsucht regte sie auf. Physisch aber wurde die Kinderlosigkeit noch verderblicher für sie. Blutandrang nach dem Gehirn verdunkelte zuweilen ihr Bewußtsein, und dann nahmen ihre Gedanken einen besonderen Weg: es war eine abgöttische ideale Liebe für ihren König Ludwig, die sie während solcher Stunden krankhaft beherrschte. Vermied man es jedoch, von ihm zu sprechen, so war die Unterhaltung normal und ruhig, ohne jegliche Absonderlichkeit.

Unendlich viele erregbare Frauen waren, wie sie, dem Zauber dieses einsamen Märchenkönigs verfallen, dessen schöne Züge allenthalben im Bildnis sichtbar waren, der selbst aber nur, geisterhaft, des Nachts erschien, im Wagen vorübereilend.

Bei einer Fahrt des Königs, morgens von München auf dem Weg nach Schloß Berg, sah auch ich ihn – (das einzige Mal, das ich ihn lebend sah) – als der Kutscher an der engen Biegung der Straße bei Starnberg genötigt war, langsam, fast Schritt zu fahren. Das war im Herbst 1885. Ein schwerer Tuchmantel hing auf seinen Schultern, auf dem großen schwarzen Kalabreser-Hut glänzte die Diamant-Agraffe. Wie der "Fliegende Holländer" sah er aus, als er den Hut zum Gruß hob und die bleichen, schönen Züge, die dunklen großen Augen sich mir entgegenwendeten. Auf dem Bock saß ein Soldat eines Cheveauxleger-Regiments, die Mütze auf dem Kopf, doch ohne Säbel an der Seite. Er hielt ein Bukett in den Händen, und auf den vorgestreckten Füßen steckten buntgestickte Hausschuhe –, denn der König ertrug nicht den harten Laut des Soldatentritts in seiner Nähe.

Alle die hundert Erzählungen von der Liebe des Königs für geheimnisvolle Frauengestalten sind völlig erfunden. Eine Abneigung muß ihn von jeder Frau getrennt haben, denn es ist auch Tatsache, daß jener erste Kuß, den seine Braut, seine schöne Kusine, Herzogin Sophie von Bayern (Schwester der Kaiserin Elisabeth von Österreich und später Gattin des Herzogs von Alençon, die jämmerlich bei einem Brande in Paris 1897 umkam), ihm auf der Roseninsel im Starnberger See gab, die Veranlassung der Trennung von ihr wurde.

Wir kehren nun zu der Kommission zurück, deren Schicksal mir frühmorgens am 10. Juni von meinem Freunde Hartmann mitgeteilt war.

Der Spott und Hohn, der sich nach dem nicht mehr zu verbergenden Mißgeschick der Kommission allerorts in den nächsten Tagen über die unglücklichen Abgesandten ergoß, war dennoch nur zum Teil gerechtfertigt. Denn jene Bedingungen des Prinzen Luitpold, "daß der König als erster die Nachricht von der Regentschaftsübernahme erhalten müsse", hatte dem Staatsministerium die Hände gebunden. Das Ministerium war deshalb nicht in der Lage gewesen, durch Mitteilung an die Bezirksämter und Gendarmerie die Aktion zu sichern.

Der Vorwurf der Unachtsamkeit mußte aber dennoch, wenn auch in anderer Beziehung, die Abgesandten auf das schärfste treffen.

Ich komme darauf später zurück.

Die Lage in Bayern war durch dieses Ereignis plötzlich eine äußerst kritische geworden. Wie ich oben bemerkte, lag die Gefahr nahe, daß die Parteien des Königs und des Prinzen Luitpold in gewalttätigen Gegensatz gerieten. Sogar die Gefahr einer Spaltung in der Armee war nicht ausgeschlossen.

Da nun der Brennpunkt der kritischen Situation im Schwangau zu suchen war, erklärte ich meinem verehrten Chef und Freund, dem Grafen Werthern, ich wolle mich schnell incognito dorthin begeben, um unsere Regierung mit sicheren Nachrichten versehen zu können. Er gab mir seine Zustimmung, doch nicht ohne mich zu warnen, da der "Preuße" in dem Kreise aufgeregten Bergvolkes seines Lebens nicht sicher sei.

Ich verabredete eine Chiffre mit ihm, indem wir uns zwei gleicher Broschüren bei Absendung von Depeschen bedienen wollten. Dann verließ ich München, um mich über Peißenberg nach Hohenschwangau zu begeben. In Starnberg verabschiedete ich mich von den Meinigen.

Ein kleines Fuhrwerk führte mich von Peißenberg nach Hohenschwangau, wo ich in der Nacht einzutreffen gedachte. Der Kutscher wußte nichts von den Vorgängen in dem Schloß zu Schwanstein; aber Landleute, die uns begegneten, erzählten, daß man im Lande unruhig sei. "Es soll dem König etwas geschehen."

Der Kutscher wußte mir nur mitzuteilen, daß der junge Graf von Steingaden (Graf Dürkheim) vor einigen Stunden nach Hohenschwangau gefahren sei.

So hatte ihn also der König gerufen. Ich erinnerte mich mit Schrecken unserer Unterhaltung im Eisenbahnkupee vor einigen Tagen. Jetzt war Dürkheim in der Lage, die Rolle zu spielen, von der er träumte! Das bedeutete unzweifelhaft eine Verschärfung der Lage.

Als ich eine Zeitlang gefahren war, hörte ich auf der in Serpentinen ansteigenden Straße im Walde über mir ein Fuhrwerk, das schnell nahte, und gleich darauf bog ein großer Break von vier Füchsen gezogen und von einem königlichen Kutscher geleitet in schärfstem Tempo um die Ecke. Die Füchse, schweißtriefend, zogen den gehemmten Wagen den Berg hinunter, und zu meinem Erstaunen gewahrte ich die gesamte Kommission bleich und ernst darin. Ich hielt und begrüßte die gleichfalls haltenden Herren nicht ohne ein Gefühl der Verlegenheit, brach aber der etwaigen Annahme, daß ich als Spion auf dem Wege sei, die Spitze ab, indem ich den Herren mitteilte, wie die preußische Gesandtschaft zu eng mit den Interessen der hiesigen Regierung verwachsen sei, um sich nicht persönlich überzeugen zu müssen, welches das Schicksal der bedrohten Abgesandten sei.

Die Herren dankten mir und erzählten auf dem gemeinschaftlich zurückgelegten Heimweg die Ereignisse der verflossenen Nacht bis zu dem Augenblick ihrer Flucht.

Die Gefahr, in der sie sich befunden hatten, stand auf ihren Zügen eingegraben. Der Hunger tat das seinige dazu, um die bleichen Gesichter zu verzerren. Denn von dem Moment der Einschließung in der Nacht bis jetzt – es war sechs Uhr abends – hatten sie nichts genossen. In den Ortschaften auf dem Wege zur Bahnstation aber war es nicht möglich einzukehren, denn drohend standen die Hausbewohner an den Türen. Noch in Peißenberg traten wir mit Vorsicht in das Gasthaus in der Nähe der Bahn – in eine gewöhnliche Bauernschenke. Nur Rührei war vorhanden, aber es erglänzten die Augen der hungernden Großwürdenträger, als die dicke Wirtin das einfache Mahl gerichtet hatte.

Mit dem Genuß der Eierspeise trat eine gewisse Ruhe der Anschauung ihrer Situation ein. Bisher standen alle Abgesandten, ohne Ausnahme, unter dem Eindruck des Schreckens, den sie durchlebt hatten. Nur Herr von Crailsheim hatte tapfer, wenn auch blässer als gewöhnlich, seine alte Ruhe bewahrt.

Die Nerven der Herren waren noch so abgespannt, daß sie bei der Darstellung ihrer Erlebnisse während unserer gemeinschaftlichen Rückreise nach München mit einer Lebhaftigkeit und Offenherzigkeit vorgingen, die unter normalen Verhältnissen sicherlich nicht vor mir hätte Platz greifen können.

Auf dem Perron des Bahnhofes in Peißenberg war es auch, daß ich zum letztenmal den von mir hochverehrten, liebenswürdigen Professor Gudden sprach, der drei Tage später in so tragischer Weise sein Leben verlor. In eingehender Weise schilderte er mir den geistigen Zustand des Königs. Das Resümé seiner Mitteilung war die Behauptung, der König sei völlig zusammengebrochen, man werde ihn nach Beseitigung der äußeren Hindernisse einfach in Empfang zu nehmen haben. Er sei unfähig, sich noch einmal aufzuraffen.

Aus dieser Darstellung des Krankheitszustandes ist bereits die Auffassung erkennbar, die Gudden dazu bestimmte, zwei Tage später, an dem verhängnisvollen Abend des 13. Juni, besondere Sicherungsmaßregeln außer acht zu lassen.

Ich fuhr mit Minister Crailsheim und Graf Holnstein bei dieser merkwürdigen Heimfahrt zusammen in demselben Eisenbahn-Abteil.

Eine meiner ersten Fragen war, weshalb die Herren, nachdem sie bereits nachts gegen zwölf Uhr in Schloß Hohenschwangau eingetroffen waren, sich erst um drei Uhr früh auf den Weg nach der Burg Schwanstein zum König begaben?

"Wir waren von Oberndorf in den Hofwagen vorausgefahren", sagte Graf Holnstein, "das Gepäck aber lag auf dem Postfuhrwerk. Da wir nun durchaus in Uniform vor dem König erscheinen mußten und diese Kleidungsstücke erst zwei Stunden später mit dem übrigen Gepäck anlangten, so waren wir gezwungen, zu warten." (!)

Ich schwieg zu dieser Erklärung, denn ich fand kein Wort für eine derartige Unachtsamkeit. Nachdem man in anerkennenswert diskreter Weise den Plan zur Entmündigung des Königs wochenlang geheimgehalten hatte, – nachdem die Abreise der Kommission in Hohenschwangau und der nahen Stadt Füssen absolut unbekannt geblieben war und die Überrumpelung des unglücklichen Königs vortrefflich eingeleitet schien, fällt der ganze Aufbau des Planes zusammen, weil die Herren ihre Uniformen im Koffer haben.

Dr. Müller schildert in seiner Broschüre. "Die letzten Tage König Ludwigs II." die Art, wie dem König das Faktum von seiner Thronentsetzung mitgeteilt werden sollte.

"Gudden stellte sich dies folgendermaßen vor: Zuerst würden die Staats- und Hofbeamten vor den König hintreten und ihm die Erklärung von der durch seine Erkrankung bedingten Übernahme der Regentschaft durch den Prinzen Luitpold vorlesen; dann trete Gudden mit mir und den Pflegern ein und teile dem König mit, daß die ärztliche Behandlung nun ihren Anfang nähme; Majestät würde gebeten, in den bereitstehenden Wagen einzusteigen und mit nach dem Linderhof fahren, welcher als vorläufiger Aufenthalt ausersehen sei. Guddens weitere Vorschläge beim Souper gingen dahin: Zwei Pfleger sollten mit dem König und ein dritter auf dem Bock desselben Wagens fahren, der eine von uns Ärzten führe voraus, der andere hinterdrein. Gerade über den letzten Vorschlag wurde viel gesprochen, und es wurden Bedenken laut, ob es tunlich sei, dem König das Wartepersonal in den Wagen hinein mitzugeben, und schließlich einigte man sich dahin, der König solle allein bleiben, auf dem Bock könne ja ein Pfleger sitzen, und zur besseren Beaufsichtigung schiene es geraten, wenn während der ganzen Fahrt ein Reitknecht des Königs neben dem Wagenschlag herritte. Gudden erklärte sich mit diesen Vorschlägen einverstanden, äußerte aber, es können ja Fälle eintreten, die unvorhergesehene Maßregeln erheischten, und für diese Fälle müsse er freie Hand behalten."

Dr. Müller fährt nun fort, indem er die Versäumnis der Abgesandten – das Warten auf ihre Uniformen! – als ein beabsichtigtes Zögern darstellt. "Ungefähr um drei Uhr in der Frühe wurden wir alarmiert, wir sammelten uns im Schloßhof und fanden dort dieselben Hofwagen, die uns von Oberdorf herübergebracht hatten. Außerdem stand der für den König bestimmte Reisewagen bereit. Wir fuhren eher von Hohenschwangau ab, als vorgesehen war. Man hat mir erzählt, ein Stallbediensteter des Königs hätte ihm die Anwesenheit der Kommission verraten und so den verfrühten Aufbruch veranlaßt. Es liegt nicht in meiner Befugnis, darüber nachzuforschen, inwieweit diese Erzählung auf Wahrheit beruht."

Ich fragte während unserer Rückfahrt von Hohenschwangau nach München im Kupee den Grafen Holnstein: "Wer hat dem König Ihre Ankunft verraten?" "Ein Stalldiener", sagte er – "und die verrückte Person, die Truchseß."

Ich erfuhr später bei einem Besuch in Hohenschwangau von der dicken Wirtin des Gasthauses "Zur Alpenrose", daß der Kutscher Oberholzer die erste Nachricht von der Ankunft der Kommission dem König überbracht habe.

Oberholzer, des Königs Leibkutscher, der ihm besonders treu ergeben war, hatte, unmittelbar nach dem Eintreffen der Abgesandten, vom Grafen Holnstein den Befehl erhalten, den Reisewagen des Königs nach Angabe der Krankenwärter herzurichten. Dieses geschah, indem mit starken Stricken eine Tür und die Fenster verschnürt wurden; die andere Tür wurde aber so eingerichtet, daß nach dem Besteigen des Wagens ein Strick auch diese verschließen konnte.

Die traurige Arbeit, die Oberholzer weinend verrichtete, fand bei dem Stall unten an der Landstraße statt – so öffentlich, daß die allmählich alarmierten Bewohner von Hohenschwangau sie sehen konnten. Zugleich aber beging einer der Irrenwärter die grobe Ungeschicklichkeit, auf dem Schloßhof in Hohenschwangau eine Flasche fallen zu lassen, deren Inhalt beim Bersten einen betäubenden Geruch ausströmte.

Wie ein Lauffeuer ging es nun von Mund zu Mund, daß man nicht nur den König entführen, sondern ihn betäuben, wenn nicht gar töten wolle. Da nun aber, nach Beendigung der Vorbereitungen für den Transport des Königs, die Uniformen der Herren Abgesandten nicht angelangt waren, blieb der verschnürte Reisewagen des Königs unangespannt stehen, und Oberholzer fand Zeit, nach Schwanstein, hinauf zum König, zu laufen, um ihm das beabsichtigte Attentat auf seine Freiheit zu melden. Er drang in das Schlafzimmer des Königs ein, weckte ihn und erzählte, was geschehen war.

Sofort gab der König den Befehl, daß die Gendarmerie niemand – wer es auch sei – in das Schloß einlassen dürfe, daß sie sich einem Eindringen, wenn nötig, mit Gewalt zu widersetzen habe.

Fast gleichzeitig mit Oberholzer aber war noch eine zweite Persönlichkeit zum König eingedrungen, die an jenem Tage des 10. Juni fast allein die Schuld trug, daß die Erregung der Bergbevölkerung einen außerordentlich leidenschaftlichen, gefährlichen Charakter annahm: unsere Freundin, Baronin Esperanza Truchseß!

Sie hatte für diesen Sommer, "um in der Nähe des Königs zu sein", eine Villa bei Hohenschwangau gemietet. Ihr Aufenthalt in Leoni, am Ufer des Starnberger Sees, wo sie im verflossenen Jahre Gelegenheit gehabt hatte, den König während seiner Fahrten in der Nähe des Schlosses Berg zu sehen, genügte ihr nicht mehr. Von der drohenden

Entmündigung des Königs aber hatte sie wohl durch die Familie Dürkheim in Steingaden unbestimmte Kenntnis erhalten. Das hielt sie wach.

Fast unmittelbar nach Ankunft des Reisewagens, der die Kommission von Oberndorf brachte, war sie mit der dicken Wirtin des Gasthauses "Zur Alpenrose" nach Schloß Schwanstein aufgebrochen. Unbeirrt durch die Kette von Dienern, die den König umgab, drang sie in das Schloß und bis in das Vorzimmer des Königs.

Sie schob den diensttuenden Diener beiseite, öffnete die Tür und warf sich dem soeben angekleideten König zu Füßen.

"Mit meinem Leben werde ich Ew. Majestät schützen!" rief sie in höchster Erregung.

Der König veranlaßt sie aufzustehen, dankte ihr und sagte, daß er hoffe, sich selbst schützen zu können.

Die Baronin aber stürzte nun hinaus auf den Schloßhof und gab den Befehl, die Sturmglocken im Ort zu läuten, um die Floß- und Holzknechte, die Senner und Arbeiter aus den Bergen zu rufen.

Die Bewohner Hohenschwangaus und des Schlosses folgten dem Ruf der Baronin, deren Güte, Wohltätigkeit und Frömmigkeit weit und breit bekannt und verehrt war.

Auf das Sturmzeichen eilten nun von allen Höfen die Männer herbei, Sensen, Äxte, Gebirgsstöcke, Messer in den Händen – eine Schar wie in der Sendlinger Schlacht.

Während diese Bewegung lawinenartig anschwoll, waren endlich die ominösen Uniformen angekommen. Die Großwürdenträger legten diese an und begaben sich in Begleitung der Ärzte im Wagen zum Schloß Schwanstein hinauf.

Dr. Müller schreibt hierüber: "Gegen vier Uhr früh kamen wir in Schwanstein an. Es war eine traurige Fahrt, kalter Regen schlug uns ins Gesicht, schwere Nebel hingen über dem Wald. Es begann langsam zu dämmern. Schwanstein selbst mit seinen gewaltigen Quadern machte in dieser Waldeinsamkeit einen gewaltigen Eindruck. Aber trotz seiner Schönheit läßt es nicht verkennen, daß diese Unsumme von Türmchen und Zinnen Ausgeburten eines kranken Hirnes sind."

Als die Kommission durch das Tor an der Zugbrücke in den Schloßhof fahren wollte, standen Gendarmen mit gefälltem Bajonett davor.

Graf Holnstein, der eine militärische Uniform trug, versuchte die Gendarmen zu bewegen, die Kommission einzulassen. Es war vergeblich. Sie beriefen sich auf den bestimmten Befehl des Königs und drohten, von ihrer Waffe Gebrauch machen zu wollen, wenn die Herren darauf beständen, einzudringen. Nach einer peinlichen Stunde des Parlamentierens und Beratens, in dem Gefühl, mit ihrer bedeutsamen Mission gescheitert zu sein und in der Besorgnis, damit zugleich dem Vaterlande Wirren und Gefahren heraufbeschworen zu haben, trat die Kommission den Rückweg nach dem alten Schlosse Hohenschwangau an.

Dr. Müller schildert diesen Vorgang und die weiteren Geschehnisse folgendermaßen:

"Die Verhandlungen am Schloßportal nahmen geraume Zeit in Anspruch. In der Zwischenzeit fiel uns eine Dame auf, die fortwährend rief, sie wolle zum König, sie würde ihn retten. "Herr von Gudden, ich will meinen König schützen." Es war, wie sich bald herausstellte, eine Dame aus den besten Münchener Kreisen, die periodisch geisteskrank war und auch schon früher von Gudden behandelt worden war. Da es nicht gelang, die Dame zu beruhigen und ebensowenig, ihre Begleiterin zu veranlassen, mit ihr wegzugehen, so mußte man sie schließlich gewähren lassen. Nach etwa einer Stunde wurden die Verhandlungen abgebrochen, und die Kommission begab sich zurück nach dem alten Schloß Hohenschwangau.

Der Zweck des frühen Besuches in Schwanstein schien wohl schon teilweise bekannt geworden zu sein, denn auf dem Rückwege konnte man Bauern und Feuerwehrleute sehen, die den Berg hinaufliefen. Etwa um sechs Uhr sah ich bei einem zufälligen Blick aus dem Fenster, daß im Schloßpark kleine Trupps von Feuerwehrleuten auf- und abzogen; es kam auch ein Gendarm in mein Zimmer, der mir ankündigte, wir seien alle auf des Königs Befehl verhaftet und dürften das alte Schloß nicht verlassen.

In einem Zimmer des oberen Stockwerks traf ich Baron Washington und von Gudden und erfuhr von ihnen, Freiherr von Crailsheim, Graf Holnstein und Graf Törring seien bereits nach Schwanstein abgeführt worden. Was mit ihnen geschehen sei, wisse man nicht. Auf dem Korridor traf ich den Bezirksamtmann von Füssen, der inzwischen angekommen war und auf meine direkte Frage entgegnete, ich sei nicht verhaftet. An dem Ausgangstor des Schlosses stand ein Gendarm Wache und wehrte jedes Durchpassieren.

Gudden gestattete den Pflegern (Irrenwärtern) ins Dorf hinunterzugehen, was auch von unseren Wächtern nicht beanstandet wurde. Sie waren aber noch nicht lange fort, da wurde uns der Befehl des Königs mitgeteilt, nun sollten auch wir nach Schwanstein geführt werden. Wir erklärten uns sofort bereit und nahmen im Dorfe die Pfleger mit. Langsam ging es den Berg hinauf, vor und hinter uns Gendarmen und Feuerwehrleute als Bedeckung.

Auf halber Höhe des Berges etwa liegt ein Wirtshaus.

Schon dort sahen wir eine Ansammlung von Leuten aus der Umgebung, die uns nicht gerade freundschaftlich musterten; noch mehr aber wuchs die Anzahl des Volkes oben im Schloßhof selbst. Feuerwehrleute, Bauern, Floßknechte, sie alle waren herbeigeeilt, um dem König zu helfen. Man kann sich darum leicht vorstellen, wie sie gegen uns gesinnt waren. Es ist wohl als ein Glück zu betrachten, daß der Bezirksamtmann gleichfalls anwesend war und durch seine Autorität das Volk von etwaigen geplanten Ausschreitungen und Feindseligkeiten abhielt.

In Schwanstein wurden wir im ersten Stock des sogenannten Domestikenbaues untergebracht. In einem Zimmer fanden wir die drei schon vor uns verhafteten Herren. Bald kam der Befehl, wir sollten jeder in einem einzelnen Zimmer bewacht werden. Wahrscheinlich wegen Platzmangel kam ich mit Baron von Washington zusammen. Aber es war trotzdem nicht jeder Verkehr abgebrochen, denn Gudden kam zu uns herein und sprach auch mit den Pflegern, die draußen im Korridor bei den Gendarmen saßen, welche uns bewachten.

Die Fenster unseres Arrestlokales gingen auf den Schloßhof hinaus. Man sah, daß das Volk sich allmählich entfernte und daß ein lebhafter Verkehr, der durch einen Lakaien vermittelt wurde, zwischen dem Teil, wo der König wohnte und den Gendarmen herrschte. Dieser Lakai war es auch, der die finsteren Befehle überbrachte, die der König in seinem Zorn niederschrieb: es sollte den Verrätern die Haut abgezogen werden, wir sollten verhungern.

Wir waren ungefähr zwei Stunden in enger Haft. Es waren wenig angenehme Stunden ungewissen Wartens. Gegen ein Uhr kam Gudden wieder in unser Zimmer und sagte mir, er hätte mit dem Bezirksamtmann ausgemacht, daß er jetzt das Schloß verlassen würde. Ich fragte ihn natürlich, was mit uns geschehe und ob er keine Befehle für mich hätte, erhielt aber anfänglich keine genügende Antwort.

Mir scheint nun, daß in dieser Zeit Gudden plötzlich eine Dispositionsänderung machte. Denn während aus seinen ersten Äußerungen zu entnehmen war, daß er allein mit Hilfe des Bezirksamtmannes das Städtchen Füssen und von da aus München erreichen wolle, erklärte er, als er kurz darauf wieder in unser Zimmer kam, wir dürfen alle fort, sollten unseren Abzug aber möglichst unauffällig bewerkstelligen und in passenden Zwischenräumen das Schloß verlassen; wir würden nach München zurückkehren, dort würde sich das Weitere entscheiden.

So waren wir also aus unserer Haft erlöst.

Unten in Hohenschwangau trafen wir wieder zusammen. Dort sah ich einen Flügeladjutanten des Königs (Dürkheim), der eben angekommen war und auf dem Wege ins neue Schloß zum König war. Nach kurzer Zeit waren zwei Gefährte für uns bereit, ein vierspänniger Jagdwagen und eine zweispännige Kutsche; die Insassen der letzteren aber stiegen bald mit auf den Jagdwagen, und nun fuhren wir der Station Peißenberg zu.

Gegen Abend sieben Uhr kamen wir in Peißenberg an und fanden dort den Legationsrat Dr. Rumpler wieder, der nicht mit verhaftet worden war und auf anderem Wege die Eisenbahnstation erreicht hatte."

Die vorstehende Schilderung des Dr. Müller trägt einen Charakter objektiver Ruhe, die in direktem Widerspruch zu der ungeheuren Erregung steht, in der sich bei diesem Vorgang die zunächst Beteiligten und das Volk des Schwangaus befanden. Die Tendenz, das Vorgehen der Kommission in möglichst mildem Licht erscheinen zu lassen, ist unverkennbar. Ich habe bereits oben den Zustand der Aufregung geschildert, in dem sich die "Verräter" – so wurden sie von einem großen Teil des Volkes genannt – befanden, als ich ihnen auf der Flucht nach Peißenberg begegnete. Die Schilderungen, die ich über die Vorgänge aus ihrem Munde während der Eisenbahnfahrt, unmittelbar nach den erlebten Schreckensszenen, erhielt, lauteten wesentlich lebhafter als die Darstellung Dr. Müllers. Ich vermag daher seine Darstellung durch folgendes zu ergänzen:

Der Gendarmerie-Wachtmeister von Hohenschwangau, ein dicker Mann mit großem Schnurrbart, trat zwischen fünf und sechs Uhr zu Minister Crailsheim, Graf Holnstein und Törring. "Sie sind verhaftet", sagte er, "und sollen sofort vor den König nach Schwanstein geführt werden." Eine Widerrede blieb vergeblich. Die Herren mußten dem Wachtmeister hinunter zum Schloßhof folgen. Da stand ein Teil der Hohenschwangauer Bauern-Feuerwehr, und fortwährend strömte das Bergvolk hinzu. Die Herren machten noch auf dem Hof einen Versuch, die Gendarmen eines Besseren zu überzeugen, aber die Behauptung, daß König Ludwig wahnsinnig sei, daß Prinz

Luitpold die Regierung übernommen habe, verfehlte vollkommen die Wirkung und regte die Leute nur noch mehr auf.

"Sie sind verhaftet", wiederholte der dicke Wachtmeister unaufhörlich. "Jetzt müssen's mit nach Schwanstein." Dann aber wendete sich der Alte vertraulich zu Graf Holnstein und raunte ihm zu. "Nachher helfen's mir, Herr Oberst." Er hatte ein dunkles Empfinden, als würden schließlich die Herren der Kommission doch recht behalten.

Herr von Crailsheim war entrüstet über den Wachtmeister und behauptete, daß man gegen ihn vorgehen müsse. Ich suchte ihn zu beruhigen und wurde von Holnstein unterstützt, der so glücklich war, der Gefahr entronnen zu sein, daß er am liebsten die ganze Welt umarmt hätte.

Das Gebirgsvolk, das im Schloßhof des alten Schlosses die Herren umringte, nahm mit jeder Minute eine drohendere Haltung an. Nur der Befehl des Königs, die Herren zu ihm zu bringen, hielt die Leute von Tätlichkeiten ab. Endlich setzte sich der Zug in Bewegung. Voraus ein Trupp Bergvolk und Feuerwehr, mit Beilen, keulenartigen Stöcken und Messern bewaffnet, dann Gendarmen, dann die Gefangenen. Hinter diesen wieder Gendarmen und ein Haufen Bergvolks. Eine Szene aus den Bauernkriegen. Die Drohungen nahmen kein Ende, aber die Gefahr, der die Gefangenen entgegengingen, war eine bei weitem größere. Denn ein Wort des wahnsinnigen Königs, dessen Zorn und Aufregung sich unaufhörlich steigerte, mußte genügen, um sie in seiner Gegenwart umzubringen. Gendarmen und Volk warteten nur auf dieses Wort, um unverzüglich zu gehorchen.

So ging es die steilen Treppen vom alten Schloß Hohenschwangau hinunter auf die Landstraße und weiter den Weg nach Schwanstein hinauf. Auf halber Höhe kam ein Chevauxleger entgegengelaufen, und der Zug machte halt. Der Soldat hatte den Auftrag des Königs auszurichten, daß ihm die Verräter in Ketten vorzuführen seien. Es fand eine Beratung zwischen dem Gendarmen-Wachtmeister und dem Soldaten statt, die damit endete, daß wegen Mangels an Ketten die Gefangenen vorläufig ungeschlossen nach Schwanstein geführt werden müßten. In banger Erwartung wurde das Tor der Burg erreicht. Hier aber hatte sich das Bergvolk nach Hunderten zusammengeschart, und die Gefangenen, deren Anblick die erregten Gemüter in noch größere Aufregung versetzte, gerieten in eine äußerst bedenkliche Lage. Zu dem drohenden Gemurmel des Volkes läuteten unten die Sturmglocken, und Baronin Truchseß steigerte noch die Stimmung der Masse durch Zurufe. "Ihr habt nur einen König, das ist König Ludwig. Nur ihm habt ihr zu gehorchen. Er ist euer König von Gottes Gnaden. Dieses sind Verräter – glaubt ihnen nicht. Sie wollen euerm König Gewalt antun. Schützt ihn."

Graf Holnstein schilderte mir in lebhaften Farben den Eindruck dieser aufregenden Worte, während Herr von Crailsheim schwieg. Ich erfuhr später, daß die Baronin die bittersten Vorwürfe gegen die Gefangenen gerichtet und Herrn von Crailsheim unter anderem zugerufen habe: "Sie sind ein noch viel elenderer Minister, als Sie Tapeur sind ." Diese öffentliche verächtliche Kritik seiner künstlerischen Leistungen auf dem Klavier aus dem Munde der Dame, der er huldigte und mit der er, der künstlerisch bei weitem Überlegene, nur aus einer Art Courtoisie, vierhändig spielte, mußte den Minister allerdings tief kränken. Das Schweigen Crailsheims bei Holnsteins Erzählung und das Faktum, daß der Minister später niemals den Namen der Baronin Truchseß nannte, sprachen dafür, wie tief ihr Hieb gesessen hatte. Die große Gefahr, in der die Gefangenen tatsächlich schwebten und zugleich der Hohn der verehrten Baronin im Kreise der drohenden Bauern mag sich ihm wohl unauslöschlich tief eingeprägt haben.

Wie eigentümlich aber spielte das Schicksal auch. Noch vierzehn Tage vor diesem Ereignis hörte ich des Abends, im gastlichen Salon der Baronin, den Minister mit ihr vierhändig spielen! – und jetzt trat sie unter Sensenmännern ihrem musikalischen Partner gegenüber und bedrohte sein Leben.

Graf Holnstein war bei Schilderung dieser Szene in die größte Erregung gekommen. "Der große Kerl", sagte er, "entsinnen Sie sich seiner, Crailsheim? – der mit dem langen Stock – ein verfluchtes Gesicht." Dann fuhr er fort. "Ich habe zweimal infame Duelle ausgefochten – aber lieber noch zehn solche als eine einzige Stunde in derartiger Lage. Man ist ohnmächtig! – und sich jede Sekunde sagen zu müssen, daß man wie ein Hund totgeschlagen werden wird – das ist wahrhaftig unerträglich!"

In diesem Ton ging die Darstellung weiter, und der wohltätige Einfluß des Rühreis von Peißenberg ging unter dem weiterwirkenden Eindruck der eben durchlebten Schrecknisse allmählich wieder verloren.

In dem Schloßhof angelangt, erwarteten die Gefangenen unter den Augen jener "wilden Kerls", die Graf Holnstein so lebhaft schilderte, die Entscheidung des Königs. Diesem war die Meldung von ihrer Ankunft durch einen Diener erstattet worden. Den Gefangenen war es vollkommen klar, daß ihr Leben gegenüber König Ludwig verwirkt war, und sie erwarteten voller Bangen die Rückkehr des Dieners. In fieberhafter Aufregung sahen sie ihn endlich erscheinen und leise Worte mit dem Gendarmerie-Wachtmeister wechseln.

Der König hatte den Befehl gegeben, sie nicht vorzuführen, sondern vorläufig in den Kerker zu werfen, wo sie in Ketten seiner Befehle zu harren hätten. Fast gleichzeitig erschien ein anderer Bote mit dem Befehl, den Gefangenen im Kerker die Augen auszustechen und sie zu Tod zu prügeln. Der einfache Tod erschien dem König nicht genügend – und diese Grausamkeit ist wohl die Rettung der Gefangenen geworden. Denn aus dem entsetzlichen Befehl des Königs blickte der Wahnsinn, und die Gendarmen standen den fürchterlichen Forderungen, die der König an sie stellte, ratlos gegenüber, während sie z.B. dem einfachen Befehl des Erschießens unzweifelhaft Folge geleistet haben würden.

Man einigte sich schließlich dahin, die Gefangenen in den Zimmern des Pförtnerhauses unterzubringen. Essen wurde ihnen nicht gereicht, und auf die Anfrage, die sie früh um acht Uhr an den König richten ließen, ob sie wohl ihre Koffer erhalten könnten, erhielten sie den Bescheid, "daß für Hochverräter ihre schäbige Kleidung genügend sei". König Ludwig hatte also in diesem Augenblick wieder völlig vergessen, daß er den Befehl zu der Ermordung gegeben hatte.

Zwischen Graf Holnstein und dem Stallpersonal des Königs, das seit Jahren auf seine Befehle zu hören gewohnt war, entspann sich nun ein heimlicher Verkehr, der darauf hinzielte, den Gefangenen zur Flucht zu verhelfen. Die drohende Haltung des im Schloßhof und vor der Burg versammelten Landvolkes schien jedoch vorderhand jeden Plan vereiteln zu wollen.

Unterdessen waren auch die übrigen Herren der Kommission als Gefangene zum Schloß gebracht worden. Nur Legationsrat Dr. Rumpler fehlte. Der gütige kleine Mephistopheles mit den hohen Schultern war bei dem Transport vom alten Schloß Hohenschwangau zum Schwanstein mit katzenartiger Gewandtheit hinter einen Fels gesprungen, hatte sich zwischen den Beerensträuchern niedergeworfen und verborgen gehalten, bis der Zug der Gefangenen mit Gendarmen und Landvolk vorübergezogen war. Dann hatte er auf heimlichen Waldpfaden den Rückweg nach der Station Peißenberg genommen, wo er todmüde anlangte.

Während des Aufenthaltes der Gefangenen in den Zimmern des Torhüterhauses war Baronin Truchseß im Schloßhof geblieben. In geschäftiger Weise verkehrte sie mit dem Landvolk.

Aber auch der König war nicht untätig geblieben. Er hatte ein Telegramm an das Jägerbataillon nach Kempten gerichtet, das den Befehl enthielt, sofort nach Hohenschwangau aufzubrechen. Zugleich aber hatte er ein Telegramm an den Baumeister Prantl, ein anderes an den Flügeladjutanten Grafen Dürkheim abgesandt.

Da nun aber unterdessen die Übernahme der Regentschaft durch Prinz Luitpold in München erfolgt war, gaben die hiervon verständigten Bahnbehörden die Telegramme des Königs an die neue Regierung ab, und das Jägerbataillon blieb ohne Nachricht. Noch waren die Truppen nicht vereidet. Wäre der königliche Befehl in die Hände der Kemptener Truppen gelangt, hätten große Unzuträglichkeiten eintreten müssen.

Anders war es mit den Depeschen an Graf Dürkheim und Prantl. Beide waren an ihre Adressen gelangt. Während Prantl aber keine Antwort darauf gab, machte sich Dürkheim eilend auf den Weg zum König.

So war es bei immer gesteigerter Aufregung ein Uhr geworden. Da hatte sich das Landvolk zur Mittagsmahlzeit teils hinunter in das Dorf, teils in die Räume des Schlosses selbst begeben, wo sich auch Baronin Truchseß aufhielt, wie eine Generalin unter ihren Soldaten.

Der Bezirksamtmann von Füssen aber hatte jetzt die Nachricht von dem Regierungswechsel aus München erhalten und versuchte auf die Gendarmen einzuwirken. So war bei schließlicher Verständigung der Fluchtplan entworfen: der Vierspänner des Grafen Holnstein sollte am Fuße des Berges warten, die Gefangenen, von den Gendarmen unbehelligt, sollten einzeln vorsichtig zum Tore hinausgehen, während das Landvolk die Mittagsrast hielt und die Baronin gleichfalls ruhte.

Mit klopfendem Herzen wurde der Plan zur Ausführung gebracht, und ein Herr nach dem andern verließ heimlich und in fieberhafter Aufregung das Schloß, um unten, am Fuß des Berges, den rettenden Wagen zu besteigen. Die Gefahr war groß, von dem Bauernvolk unterwegs erkannt zu werden, und die Zeit bis zum Zusammentreffen im Wagen verstrich in peinlicher Angst.

In einiger Entfernung von Hohenschwangau begegnete den Flüchtlingen ein Zweispänner, in dem der Flügeladjutant Graf Dürkheim saß. Das Telegramm des Königs hatte ihn in Steingaden erreicht, und er war sofort aufgebrochen, um dem König zu Hilfe zu eilen. Er fuhr bei den "Hochverrätern" vorüber, ohne sie zu grüßen.

Während ich nun mit den Flüchtlingen gemeinschaftlich die Rückfahrt von Peißenberg antrat – war Graf Dürkheim auf Schloß Schwanstein angelangt.

Er erzählte mir, als er mich kurze Zeit nachher in Starnberg aufsuchte, folgendes über seinen letzten Aufenthalt bei König Ludwig.

"Ich ließ mich nach meiner Ankunft auf dem Schloß dem König melden, daß ich zu seinem Befehl sei. Er befahl, mich in sein Arbeitszimmer zu führen und empfing mich sehr freundlich. Er sagte mir: ›Helfen Sie mir aus meiner Verlegenheit; ich wurde in der Nacht plötzlich mit der Nachricht geweckt, daß mehrere Herren gekommen seien, mich mit Gewalt fortzuführen. Ich habe sie natürlich nicht in das Schloß hereingelassen und nachher ihre Festnahme befohlen. Dann kam zu meiner größten Verwunderung und außer sich vor Erregung Baronin Truchseß in mein Zimmer gestürzt, um mich zu schützen – ich habe ihr gesagt, daß ich das selbst tun werde, daß ich nicht die Hilfe einer Frau in Anspruch nehmen würde. Was beabsichtigt man mit mir? Man kann mich doch nicht als einen Wahnsinnigen behandeln? Das Ganze ist nur eine Geldfrage. Wenn mir jemand hier auf den Tisch ein paar Millionen Mark legte, wollte ich sehen, ob man mich für wahnsinnig halten würde!‹

Der König war völlig klar und sprach mit mir eingehend über das, was zu tun sei. Ich machte ihm den Vorschlag, sofort anspannen zu lassen und mit mir nach München zu fahren, um sich dem Volke zu zeigen; alles würde ihm zujubeln. Der König aber erklärte, daß er müde sei, daß die Luft in der Stadt ihm nicht bekäme, – kurz, er wich meinen Vorschlägen aus.

Ich sagte dem König, wenn er nicht nach München fahren könne, so möchte er anspannen lassen und sich mit mir über die Grenze nach Tirol begeben. In einer Stunde sei er frei. Das Schloß von Schwanstein sei völlig in seiner Gewalt, er könne schalten und walten, wie er wolle, aber unzweifelhaft würden in kurzer Zeit von der neuproklamierten Regierung in München Vorkehrungen getroffen werden, die ihn in seiner freien Bewegung hemmen würden. Jetzt oder niemals sei ein Entschluß von ihm zu fassen.

Der König antwortete auch auf diesen Vorschlag ausweichend: ›Ich bin müde; ich kann jetzt nicht fahren; was soll ich in Tirol machen?‹

Ich fragte Dürkheim, ob er kein Symptom des Wahnsinns an dem König bemerkt habe?

"Keines", sagte er, "nur seine totale Entschlußlosigkeit fiel mir auf. Er hatte meine Hilfe und meinen Rat verlangt, ich schlug ihm das einfachste und das durchaus Mögliche vor – aber er war nicht imstande, darauf einzugehen. Sonst war er absolut logisch in seinen Worten, besonders auch, als ich ein Telegramm vom Kriegsminister erhielt, wonach ich mich unverzüglich nach München zu begeben hatte. Ich ging mit dieser Depesche zum König und bat ihn, eine Entscheidung zu treffen. Er sagte mir, ich möge ihn nicht verlassen, er habe keinen Menschen auf der Erde mehr, dem er trauen könne. Es war mir unendlich schmerzlich, die Not des Königs zu sehen. Ich telegraphierte zurück, daß ich den König nicht verlassen könne. Bald darauf erhielt ich ein Telegramm von dem Kriegsminister, der mir den Befehl des Prinzen Regenten Luitpold übermittelte, mich angesichts dieser Aufforderung nach München zu begeben, widrigenfalls ich als Hochverräter angesehen werden würde.

Ich mußte von diesem Telegramm dem König Kenntnis geben, und sein Bitten, ihn nicht zu verlassen, war herzerschütternd. Aber er sagte auch. ›Ich sehe ein, daß Sie zurückkehren müssen, sonst ist Ihre Karriere und Zukunft verloren.‹ Dann verlangte er Gift von mir und kam trotz meiner Ablehnung immer wieder darauf zurück. Wo solle ich das Gift hernehmen? sagte ich — wenn ich überhaupt die Hand zu einem solchen Verbrechen reichen wollte. Der König antwortete; ›Aus der nächsten Apotheke – überall gibt es Gift – und ich kann nicht mehr leben!‹

Es waren fürchterliche Momente. Endlich reiste ich ab – ich sah, daß nichts zu machen war."

Graf Dürkheim wurde bei seiner Ankunft in München auf dem Bahnhof verhaftet, in das Militärgefängnis gebracht und wegen Hochverrates vor ein Kriegsgericht gestellt.

Die Regierung des Prinzen Luitpold vermochte nicht anders zu verfahren. Sie verfuhr aber auch korrekt, indem sie den Grafen nach seiner Verurteilung sofort begnadigte und ihn von München, wo eine in jenen Tagen starke Partei — die Partei der Königin-Mutter – an ihm hing, nach Metz versetzte.

Die Gefahr, die durch Dürkheims Anwesenheit in Schwanstein der neuproklamierten Regierung erwuchs, war, wie aus seiner mir gemachten Erzählung hervorging, eine große. Wäre nicht der geistige Zusammenbruch des Königs erfolgt, den mir Gudden in Peißenberg voraussagte, und hätte der König noch die Kraft gehabt, Dürkheim nach München zu folgen, so wäre ein Bürgerkrieg unvermeidlich geworden. Aber tatsächlich, auch ohne ein solches Faktum, war Dürkheim schuldig. Denn *er* war es, der Depeschen des Königs nach dem eine Stunde entfernten Reutte in Tirol durch Boten schickte und damit eine Umgehung der bayerischen, für den König gesperrten Linien vornahm.

So war es möglich, daß eine Depesche an den Fürsten Bismarck, mit der Bitte um Hilfe, gelangte, auch daß der König an die Kaiserin von Österreich telegraphierte und daß er den Präsidenten des bayerischen Reichsrates, den Freiherrn zu Frankenstein, berief, um eine Neubildung des Ministeriums vorzunehmen. Dürkheim allein war die Veranlassung zu der Absendung dieser Depeschen, die viel Unruhe verursachten.

Er war es auch, der, ein Werkzeug der ultramontanen Partei, die allgemeine Wirrnis benutzen wollte, um den Führer der Ultramontanen ans Ruder zu bringen.

Als Frankenstein aus Marienbad in München anlangte, war bereits der vorletzte Akt des Trauerspiels beendet und der König "entmündigt". Er ging deshalb zu dem neuen Regenten, um ihm seine Dienste anzubieten. Aber dank der Unterstützung, die das Ministerium Lutz infolge meiner Bemühungen von Berlin aus erhalten hatte, fand Frankenstein die Tür verschlossen.

Das war die Episode Dürkheim.

Niemand wird es dem Flügeladjutanten zum Vorwurf machen, der seinem König in der Stunde der Gefahr beizustehen versuchte, aber niemand kann auch die Gefahr verkennen, die der Regierung des Prinzen Regenten Luitpold durch sein Verhalten erwuchs.

Ein lebhaftes Interesse hatte sich ihm in jenen Tagen allgemein zugewendet, und selbst seine von ihm getrennte und ihn verabscheuende Gattin sandte ein Telegramm an Minister Crailsheim mit der ziemlich törichten Frage: "Wo ist mein Mann?"

Mit diesem letzten Aufflackern eines Interesses für das romanhafte und zugleich mannhafte Auftreten ihres "Alfreds" versank sie wieder in Schweigen.

V. DER KÖNIG WIRD IN SCHWANSTEIN DURCH DR. GUDDEN IN ÄRZTLICHE OBHUT GENOMMEN UND NACH BERG GEBRACHT.

Nach der Abreise Dürkheims war der König sich völlig selbst überlassen. Ein entsetzlich qualvoller Zustand war über ihn gekommen: das Bewußtsein seiner Krankheit und der Lähmung seiner Aktionsfähigkeit.

Das Gespenst des Selbstmordes, das ihn durch Jahre verfolgte, das – wie mir der ehemalige Kabinettssekretär von Ziegler erzählt hatte – häufig stundenlang das Thema der Unterhaltung zwischen dem König und ihm gebildet hatte, tauchte angesichts der Thronentsetzung, der entgegenzuwirken er nicht mehr die moralische Kraft besaß, mit zwingender Gebärde vor ihm auf. Aber die Furcht vor dem Tode hielt ihn von dem entscheidenden Schritt zurück.

Es schien ein neronisches Ende zu nehmen. Der Cäsar vermag nicht zu leben, wenn er nicht Cäsar sein kann, aber versunken in bodenlose moralische Schwäche, vermag er sich nicht mehr zu der "Tat" des Selbstmordes aufzuraffen. In der Furcht vor dem ihn ereilenden Schicksal flehte er in den Gärten des Sallust den Sklaven an, ihn zu töten.

König Ludwig bittet seine Freunde, seine Diener um Gift – aber keiner erbarmt sich seiner Not. Da faßt er den Gedanken, sich von dem kleinen Turm, der über dem Abgrund der Pöllachschlucht steht, hinabzustürzen – den Gedanken, daß der Sturz aus jedem Fenster seiner Gemächer ihm unfehlbar Tod bringen muß, weist er zurück. Es muß der Turm sein – es lag wohl ein Reiz in dem Gedanken, den höchsten Punkt zu erreichen vor dem Abgrund.

Aber er hat auch ein dunkles Gefühl, als werde ihn auf der Höhe des Turmes der Mut verlassen, und darum muß er seine Nerven stärken, seine Furcht betäuben.

Er bestellt sich Kognak und Arrak. Dann erst verlangt er den Schlüssel zum Turm.

Der Kammerdiener Meier ahnt die Absicht seines Königs und behauptet, der Schlüssel sei verlegt, ratlos bespricht er mit seinen Kameraden, was zu tun sei.

Der König aber trinkt ein Glas Kognak nach dem andern – leert eine ganze Flasche. Dann beginnt er heißen Punsch zu trinken – er leert allmählich auch diese Flasche, und die Spirituosen beginnen zu wirken. Es scheint der Mut für die "Tat" zu wachsen, und er verlangt immer drohender den Schlüssel zum Turm.

Der unglückliche Kammerdiener Meier weiß nicht mehr, was er tun soll. Er versteckt sich selbst, und die Diener des Königs suchen nun ihn, der den Schlüssel haben soll.

Da – nachts um zwölf Uhr am 11. Juni – treffen Gudden und Dr. Müller mit den Krankenwärtern wieder in Schwanstein ein, und Meier wendet sich nun hilfesuchend an die Ärzte. Gudden läßt sich die Situation schildern und entwirft seinen Plan.

Die Ausgänge werden besetzt. "Jetzt geben Sie dem König den Schlüssel", sagt er zu Meier, und dieser führt den Auftrag aus.

König Ludwig aber tritt seinen Todesgang an. Hochaufgerichtet, wahnsinnig, betrunken, den Selbstmordentschluß in den gläsernen, großen, braunen Augen.

Er schreitet durch die Tür seines Zimmers zum Korridor – und Gudden steht vor ihm...

Ich lasse den nüchternen Wortlaut der Müllerschen Darstellung folgen. Sie ist in allen Einzelheiten wahr. Nach dem Tode des unglücklichen Gudden ist Müller jetzt der einzige Mann höherer Bildung, der als Augenzeuge jenen entscheidenden Stunden in König Ludwigs Leben anwohnte.

Ohne jedes Hindernis waren die beiden Ärzte bis Schwanstein gelangt. Die bisherigen Gendarmen waren bereits auf Befehl des neuen Regenten im Lauf des Tages durch andere ersetzt worden, und der König befand sich seit diesem Wechsel in seinem Schlosse als ein Gefangener.

Die Gefahr für Bayern aber schien seit diesem Augenblick abgewendet zu sein, und aufatmend erhielt die neue Regierung in München die Nachricht von der Ablösung des Gendarmerie-Kommandos.

Mit Zittern und Zagen hatte bis dahin General von Freyschlag, der alte Adjutant des Prinz-Regenten Luitpold, jeden Brief und jede Depesche erbrochen – immer die Schreckensnachricht erwartend: König Ludwig hat das Schloß verlassen und befindet sich auf dem Weg nach München.

Ich machte alle Phasen dieser Besorgnis in München mit, wohin ich mich, von Peißenberg mit der flüchtenden Kommission zurückgekehrt, begeben hatte.

In welche Lage mußte der Regent geraten, wenn tatsächlich König Ludwig nach München zurückkehrte. Das Haus Luitpold ist in München nicht beliebt, auch der alte Regent, eine verhältnismäßig wenig bekannte Persönlichkeit, der das ganze Jahr in der Provinz zubringt, um zu jagen. Seine Söhne sind ziemlich hochmütige Herren ohne warmen Zusammenhang mit Gesellschaft und Volk. Nichts band die Truppen an den neuen Regenten, weder Liebe noch militärisches Gefühl. Er war sein Leben lang kein Soldat gewesen. Wohl hatten sie dem neuen Herrscher den Eid geschworen – aber dem eigentlichen König auch, der noch lebte.

Der arme alte Regent ging durch bittere Stunden der Sorge an dem ersten Tag seiner Macht. Nur den Ministern gegenüber hatte er ein gewisses Gefühl der Genugtuung, das Gefühl: seht Ihr! Ich hatte meine Gründe, wenn ich Euerem Drängen nicht nachgeben wollte.

Erst die Übernahme des kranken Königs durch die Ärzte vermochte ein Gefühl definitiver Sicherheit in ihm zu erwecken. Er ahnte nicht, welche neue Prüfungen ihm bevorstanden.

Dr. Müller schildert den Vorgang dieser Übernahme folgendermaßen:

"Gegen zwölf Uhr nachts kamen wir in Schwanstein an. Der Stallmeister Leefeld hatte uns schon in Hohenschwangau verlassen, und mit ihm hatte man ausgemacht, daß in der Frühe um vier Uhr der Wagen des Königs und die für uns bestimmten Wagen im Schlosse Schwanstein bereit stehen sollten. Kaum aber waren wir in Schwanstein ausgestiegen, da stürzte uns der Kammerdiener Meier, ein langjähriger treuer Diener des Königs, entgegen und beschwor uns, wir sollten sofort in die Gemächer des Königs gehen. Wenn wir nicht sofort hinaufgingen, dann würde sich der König, der in großer Aufregung sei, zum Fenster hinausstürzen: Er wisse, daß etwas gegen ihn im Werke sei und habe ausgesprochene Selbstmordgedanken. So habe er schon verschiedene Male den Schlüssel zum Turme verlangt, wahrscheinlich, um von da in die Tiefe zu springen. Man habe ihn damit hingehalten, daß man ihm sagte, der Schlüssel sei verlegt, und man suche eifrigst nach ihm.

Hier galt kein langes Zaudern. Der Wagen war zwar erst um vier Uhr bereit, aber man mußte bis dahin den König vor sich selber schützen. Und Gudden war auch rasch entschlossen. Durch eine Reihe nur mit Brettern belegter Korridore kamen wir an eine Wendeltreppe, die in ihrer Fortsetzung auf den ominösen Turm führte. Etwa in der Mitte derselben schloß sich an sie ein Korridor an, der direkt in die Zimmer des Königs mündete. Dort machten wir halt. Ein Teil der Pfleger ging nach oben und schützte so den Zugang zum Turme, die anderen Pfleger mit uns und einer Reihe von Gendarmen, gingen wieder einige Stufen rückwärts. Dadurch wurde der Raum vor dem Korridor frei, und der König sah beim Verlassen seiner Zimmer bzw. beim Verlassen des Korridors niemand von uns. Darauf basierte der ganze Plan. Der Kammerdiener Meier sollte zum König hineingehen und ihm den Turmschlüssel geben. Kam dann der König heraus, dann wollte ihm Gudden erklären, daß er geisteskrank sei und daß die Behandlung sofort ihren Anfang nehme.

Der Kammerdiener ging mit dem Schlüssel hinein zum König, und für uns, die wir außen warteten, waren es Augenblicke höchster Spannung und großer Erregung. Ich selbst hatte ja den König überhaupt noch nie gesehen.

Plötzlich hörten wir feste Tritte, und ein Mann von imposanter Größe stand unter der Korridortür und sprach in kurzen, abgerissenen Sätzen mit einem in tiefster Verbeugung dastehenden Diener. Die Pfleger von oben und unten, zugleich wir gingen gegen die Türe zu und schnitten ihm den Rückweg ab. Mit großer Schnelligkeit hatten die Pfleger den König an den Armen untergefaßt, da trat Gudden vor und sprach: "Majestät, es ist die traurigste Aufgabe meines Lebens, die ich übernommen habe; Majestät sind von vier Irrenärzten begutachtet worden, und nach deren Gutachten hat Prinz Luitpold die Regentschaft übernommen. Ich habe den Befehl, Majestät nach Schloß Berg zu begleiten, und zwar noch in dieser Nacht. Wenn Majestät befehlen, wird der Wagen um vier Uhr vorfahren."

Der König stieß nur ein kurzes, schmerzliches "Ach!" aus und sagte dann immer wieder. "Ja, was wollen Sie denn? Ja, was soll denn das?"

Die Pfleger führten ihn nun in das Schlafzimmer zurück, aus dem der König gekommen war. In dem Vorzimmer roch es stark nach Arrak, den der Kranke vorher in ziemlicher Menge zu sich genommen hatte. Dies merkte man auch, als der König im Schlafzimmer, wo die Pfleger rasch die Fenster (jeder einzelne hatte ein Fenster zu bewachen) sicherten, frei dastand. Er schwankte leicht nach vorne und hinten und nach den Seiten, auch an der Sprache zeigten sich gewisse kleine Unsicherheiten. Es darf nicht vergessen werden, daß der Kranke durch das Mitgeteilte naturgemäß bis ins Innerste getroffen war, und man kann ja auch dieser Erregung einen Teil der Schuld an den eben geschilderten Symptomen geben.

Im Schlafzimmer des Königs begann nun eine Reihe von Verhandlungen. Gudden stellte uns einzeln vor. Dabei bemerkte Gudden, er hätte schon im Jahre 1874 die

Gnade einer Audienz gehabt, worauf die Antwort kam: "Ja, ja, ich erinnere mich genau." Nachdem der König sich noch nach verschiedenen Einzelheiten in der Behandlung des Prinzen Otto erkundigt hatte, wobei man ihm anmerkte, wie er sich nur mühsam beherrschte, begann er plötzlich: "Wie können Sie mich für geisteskrank erklären, Sie haben mich ja vorher gar nicht angesehen und untersucht?"

"Majestät, das war nicht notwendig; das Aktenmaterial ist sehr reichhaltig und vollkommen beweisend, es ist geradezu erdrückend."

"Und wie lange wird die ›Kur‹ wohl dauern?"

"Majestät, in der Verfassung steht: ›Wenn der König länger als ein Jahr durch irgendeinen Grund an der Ausübung der Regierung gehindert ist, dann tritt die Regentschaft ein, also würde ein Jahr vorläufig der kürzeste Termin sein.‹"

"Nun, es wird wohl rascher gehen, man kann es ja so machen wie mit dem Sultan, es ist ja leicht, einen Menschen aus der Welt zu schaffen."

"Majestät, darauf zu antworten, verbietet mir meine Ehre."

Darauf wandte sich der König zu mir, den er für einen Bruder des gleichnamigen damaligen Oberregierungsrates, jetzigen Polizeidirektors von München hielt, und fragte mich in ähnlicher Weise nach dem Zustand des Prinzen Otto aus. Er erwähnte, daß ich Berichte an ihn eingeschickt habe, er habe dieselben immer gelesen. (Tatsächlich lag auch auf des Königs Schreibtisch ein ärztlicher Bericht über den Prinzen, den ich am 15. Mai 1886 von Fürstenried aus eingesandt hatte.)

Nun kamen die einzelnen Pfleger daran und berichteten auf Fragen über ihre Personalangelegenheiten. Nahezu regelmäßig schloß die Unterredung mit jedem mit der Frage: "Warum gehen Sie denn nicht aus dem Zimmer? Ich möchte allein sein; es ist doch zu unangenehm." Und ebenso regelmäßig erwiderten die Leute: "Der Herr Obermedizinalrat hat es so angeordnet."

Darauf sprach der Kranke von seinem Aufenthalt in den Bergen, wo es doch schöner sei als in der dumpfen Stadt. Die Luft sei rein, das Wasser so frisch. Man könne es doch niemand verargen, wenn er gerne in den Bergen lebte.

Nun verließen wir beide, Gudden und ich, das Schlafzimmer auf den Wunsch des Königs hin, die Pfleger aber blieben zurück. Die einzige von innen nicht besetzte Tür war vom Vorzimmer aus bewacht. Dort befanden sich mehrere höhere und Subalternoffiziere der Gendarmerie, ferner hohe Regierungsbeamte und endlich eine Reihe von Gendarmen. – Von hier aus kam man auch unmittelbar in das Schreibzimmer des Monarchen, das feenhaft eingerichtet war, wie überhaupt Schwanstein mit seinen Wandgemälden, den zentimeterhohen Goldstickereien auf blauem Samt, überhaupt dem ganzen Prunk einen unvergleichlichen Eindruck machte.

Dort im Schreibzimmer war es, wo ich meinen Bericht auf dem Tische liegen sah; im Korridor hatte ich auch Gelegenheit zu beobachten, nach welchem Zeremoniell die Diener des Königs handelten. Der eine von ihnen kam auf uns zu in tiefer Verbeugung: der Oberkörper war im Becken geradlinig abgebogen, so daß man beim Herannahen nur die Kopfhaare sah. Nachdem der Lakai in dieser Stellung seinen Auftrag ausgerichtet hatte, ging er ebenso gebückt, ohne kehrtzumachen rückwärts und visierte nur vorsichtig, daß er die Ausgangsöffnung richtig fand.

Nach kurzer Zeit ging Gudden wieder in das Schlafzimmer des Königs zurück; von der weitergeführten Unterhaltung verstand ich nur einzelne Sätze, solange ich an der Türe stand. Die Hin- und Gegenreden wurden gehalten, bis der auf vier Uhr in der Frühe bestellte Wagen vorgefahren war.

Hier mag der Platz sein, wo ich zum ersten Male mein Urteil über den König abgebe: Ich hatte ihn mir anders vorgestellt, ebenso wie ich mir die Szene, in der er von der Erklärung, er sei krank, erfuhr, ganz anders gedacht hatte. Es ist wahr, nach den Bildern, die man in München sah, hätte man den König sofort erkannt. Er war ja noch der große, stattliche Mann mit dem mächtigen Körper, er blickte noch mit so großen Augen seine Umgebung an, aber aus diesen Augen war das Selbstbewußtsein geschwunden und an dessen Stelle eine deutliche Unsicherheit getreten. Er konnte gewiß bei einer Audienz noch jemand so anschauen, daß dieser verwirrt zu Boden sah, aber hier hielt er den fixierenden Blick nicht mehr aus. Seine Züge waren verschwommen, das bleiche Gesicht etwas aufgedunsen, die Sprache hastig, durch häufige Wiederholungen unterbrochen, die Bewegungen unsicher.

Ich hatte mir gedacht, daß dieser König mit seinen Ansichten von Herrscherwürde und Herrschermacht durch die Mitteilung, daß er nun nicht mehr Herrscher sei, entweder gebrochen zusammensinken würde oder sich in wilder Explosion Luft verschaffte. Aber keines von beiden trat ein. Er war zwar anfänglich erschüttert, aber bald begann er mit denen, die er naturgemäß hassen mußte, zu verhandeln, sie auszufragen, seine Zurückgezogenheit gewissermaßen zu entschuldigen, und immer und immer wieder kamen seine Verfolgungsideen zum Vorschein, die sich in so kleinem Kreise bewegten. Mit kurzen Worten: ich hatte mir den König noch nicht so schwerkrank vorgestellt, als er es in Wirklichkeit war; darum reagierte er auch anders, als ich vorher gedacht.

Wer natürlich nur den für geisteskrank hält, der entweder in tiefer Melancholie am Boden kauert oder in wilder Tobsucht seine Umgebung bedroht oder endlich so blödsinnig geworden ist, daß er kein verständiges Wort mehr reden kann, dem können meine Erzählungen, wie und was der kranke König sprach, am Ende gar noch Zweifel verursachen; aber dann soll er daran denken, daß es auch Geisteskranke gibt, die zwar noch denken, aber falsch denken; die noch Willensregungen haben, aber nur solche, die auf verkehrtem Boden wachsen und zu verkehrten Zielen führen; die endlich in einer Welt voll Argwohn und Verfolgungsangst leben. Und ein solcher war der König.

Gegen vier Uhr, als der Wagen angekommen war, sagte Gudden: "Wenn Majestät befehlen, fortzufahren, der Wagen ist jetzt bereit."

"Ja, ja, dann fahren wir."

Nachdem der König sich reisefertig gemacht hatte, ging er in unserer Begleitung hinunter in den Schloßhof; dort standen drei Wagen bereit. Als der Kranke mit Gudden die Freitreppe hinabstieg, hätte es nur eines Stoßes bedurft, und Gudden wäre hinuntergestürzt. Aber der König schritt vorwärts, ohne eine Handbewegung zu machen.

Im Schloßhof sprach er noch geraume Zeit mit dem Kammerdiener Meier, er hatte, wie dieser mir später erzählte, Zyankali von ihm verlangt bzw. befohlen, Meier solle es besorgen. Nach längerem Hin- und Herlaufen konnte der Befehl zum

Aufbruch gegeben werden: im ersten Wagen fuhr ich mit dem Kammerdiener und zwei Pflegern, dann kam der Wagen des Königs, der von innen durch Hinwegnahme des Drückers nicht geöffnet werden konnte. Der Kranke war allein im Wagen, auf dem Bock saß der Oberpfleger, nebenher ritt ein Stallbediensteter, der den Auftrag hatte, scharf in den Wagen zu sehen und bei dem geringsten verdächtigen Symptom ein Zeichen zu geben. Im dritten Wagen befand sich Gudden mit dem Gendarmeriehauptmann und zwei weiteren Pflegern. Es war bestimmt worden, daß, sobald der Stallbedienstete ein Zeichen gäbe, die Wagen sofort zu halten und wir uns insgesamt am Wagen des Königs zu versammeln hätten.

Aber das wurde nicht notwendig, die Fahrt verlief ohne jede Störung. Unterwegs wurde dreimal umgespannt. Bei der letzten Relais-Station – in Seeshaupt am Starnberger See – verlangte der König von der Wirtin Wasser. Nachdem er getrunken hatte, gab er das Glas zurück und sagte dreimal. "Danke!"

In den Zeitungen sprach man damals davon, der König hätte vor seinem Abschied in Schwanstein eine Ansprache gehalten. Das ist unrichtig. Auch die Episode in Seeshaupt, wo jetzt noch das betreffende Glas gezeigt wird, beschränkte sich auf das oben Gesagte."

Soweit die Schilderung Dr. Müllers.

Gegen Morgen am 11. Juni 1886 war der König in Schloß Berg eingetroffen. Noch gingen die Wellen der Erregung in München hoch, aber die ruhig gehaltene Proklamation, die im ganzen Lande verbreitet worden war, hatte ihre Wirkung nicht verfehlt. Unter einer Art Schrecken standen die Bürger. Sie hatten sich nicht klar gemacht, wohin der Wahnsinn des Königs führen mußte, und die Entscheidung machte einen lähmenden Eindruck. Aber man verstand schließlich in den Städten und auf dem flachen Lande die Maßregel. Anders war es im Gebirge, wo die Bewohner der einsamen Täler von den wahnsinnigen Passionen des Königs lebten. Der Bau der Schlösser und Straßen, die Instandhaltung der Wege im Sommer und das Schneeschaufeln im Winter auf meilenweite Entfernung warf guten Verdienst ab. Darum war der König dort nicht wahnsinnig und der Prinz-Regent ein Rebell. Bis nach dem Starnberger See hin machte sich diese Auffassung geltend und konnte ich dort eine gewisse Spaltung unter den Bewohnern wahrnehmen.

So war es kein Wunder, daß schon in der Nacht, als der König von Schwanstein nach Berg transportiert wurde, Komplotte zu seiner Befreiung geschmiedet worden sind.

Unter diesen ist in erster Linie die auf die Befreiung des Königs gerichtete Tätigkeit der Kaiserin Elisabeth von Österreichs zu zählen, welche seit Jahren, und auch zu jener Zeit, in Feldafing am Starnberger See, in Strauchs Gasthof, weilte, um ihren greisen Eltern, dem Herzog und der Herzogin Max in Possenhofen , nahe zu sein.

Die etwas sehr eigentümlich angelegte, sehr begabte Kaiserin hatte stets mehr Verständnis für ihren Vetter gehabt als andere Sterbliche. Wenn sie stundenlang in ihrem Salon in einer Art Zirkuskleidung am Trapez arbeitete, oder plötzlich – nur mit einem langen Regenrock über Trikotkleidung angetan – von Feldafing nach München zu Fuß ging, eine Strecke von etwa 5o Kilometern (mir begegnete sie in dieser Kleidung einmal), so ist es begreiflich, daß sie die Extravaganzen ihres Vetters, deren schlimmste Auswüchse wohl sicherlich nicht zu ihrer Kenntnis gelangt waren, "erklärbar" fand.

Sie gehörte deshalb der Partei an, welche die Entmündigung des Königs für einen Gewaltakt des Prinzen Luitpold und des Ministeriums hielt und daher ernstlich an die Befreiung des Königs dachte. Wie Frauen aber nur selten einen logisch durchdachten Plan fassen können, so scheiterte die Absicht der Kaiserin schon am ersten Tage durch ihre Unvorsichtigkeit und Phantasterei. Heimlich hatte sie durch einen Boten Briefe an den König gelangen lassen, welche die Aufschrift trugen: "Die Seemöve an den Seeadler." Die Umgebung des Königs hatte diese Briefe öffnen müssen und daraus die Absichten der Kaiserin erkannt.

VI. DER KÖNIG IN SCHLOß BERG UND DIE KATASTROPHE.

Schloß Berg, in welchem der König im Verlaufe des Sommers eine Zeitlang zu residieren pflegte, war von Dr. Gudden zum Aufenthalt bestimmt worden, weil im Linderhof in den Bergen die Bevölkerung in größter Verehrung an dem König hing, der ihnen reichlich Verdienst gab und man sich deshalb auf einen Gewaltstreich der Leute hätte gefaßt machen müssen. Die ungeschickte Art, mit der die Kommission verfahren war, hatte das ihrige dazu getan und den Wechsel in Guddens Entschlüssen wohl wesentlich beeinflußt.

Weshalb aber Gudden unter allen Schlössern Berg wählte – obgleich er mir selbst von der Selbstmordmanie des Königs sprach und hinzugefügt hatte, daß gegen die raffinierte Schlauheit, mit der ein Wahnsinniger sein Ziel zu erreichen strebe, kaum die ganze Überlegenheit eines vernünftigen Arztes oder Aufsehers ausreiche – ist mir völlig unbegreiflich.

Das Schloß liegt nur etwa dreißig Schritte vom Ufer des Sees entfernt, der die Selbstmordgedanken des unglücklichen Königs mit unwiderstehlicher Gewalt anziehen mußte. Wohl hatte man die Absicht, den Park nach der Seeseite in seiner ganzen Länge mit einem Eisengitter abzuschließen, aber dieses Gitter war noch nicht einmal bestellt, als der König eintraf.

Zu der Gesellschaft des Königs Ludwig gehörte nach seiner Ankunft in Berg Baron Washington und Dr. Müller, der als Arzt stets in seiner Nähe bleiben sollte. Für den ersten Tag, den 11. Juni, war Dr. Gudden auch in Berg geblieben, um den König zu beobachten. Als Bedienung waren die vier Pfleger angestellt. starke, große Menschen, die für den Fall eines Tobsuchtsanfalles Erfahrung und Kräfte genug besaßen, um den König zu fesseln. Im Stall befanden sich einige Pferde, unten im Schloß wohnte ein Kastellan. Vor dem Schloß hielten zwei Gendarmen Wache.

Der unglückliche König empfand es außerordentlich peinlich, daß an allen Türen Öffnungen angebracht waren, um ihn zu beobachten. Diese unaufhörlich auf ihm ruhenden Blicke erregten begreiflicherweise seinen Unwillen. Auch waren überall elektrische Glocken eingerichtet, um sofort Hilfe herbeirufen zu können, wenn solche notwendig werden sollte. Sonst war an der Einrichtung der Zimmer nichts geändert. Die kleinen Kinder-Theater mit Szenen aus Wagners Opern standen an ihrer Stelle, an den Wänden hingen gleichfalls noch die Darstellungen aus Wagners Opern in Aquarellfarben, höchst mangelhaft ausgeführt, und überall standen kleine Porzellanschwäne herum – allerdings sehr unvollkommen (um nicht zu sagen lächerlich) an Lohengrin erinnernd. Auch die sehr geschmacklosen Möbel aus den Tagen König Max' II. und der Königin Marie waren geblieben: eine Serie Salons in schreiender, blauer Seide und entsetzlicher Vergoldung.

Die Einteilung des Tages war durch Dr. Gudden festgestellt worden. Vor allen Dingen war wieder der Tag zum Wachen und die Nacht zum Schlafen bestimmt. Der König nahm seine Mahlzeiten allein, oder wenn er es wünschte, in Gesellschaft von Baron Washington oder einem der Ärzte um ein Uhr und um acht Uhr ein. Messer durfte er dabei nicht gebrauchen, sondern nur Löffel und Gabel. Nach Belieben konnte er Spaziergänge in Begleitung unternehmen.

Der König, der zuerst die neuen Bestimmungen über seine Lebensweise mit einem starken Widerwillen, ja einer Art Auflehnung annahm, schien sich auffallend schnell in die Lage zu finden. Es hat dies unzweifelhaft mit dem plötzlich gefaßten Entschluß Zusammenhang, durch Ruhe und Gelassenheit seine Begleitung zu täuschen und so bald als möglich in dem See sein Ende zu suchen.

Die Nachrichten, welche mir in dem Schloß Berg gegenüberliegenden Starnberg zugingen, lauteten durchaus befriedigend. Es hieß, der König habe trotz allen Wahnsinns seine Lage erkannt, und eine Art Zusammenbruch sei erfolgt, der es leicht mache, mit ihm zu verkehren und ihn zu behandeln.

Ich war am 11. Juni zu meiner Familie von München nach Starnberg gefahren. Nach einer wahren Überschwemmung von Berichten und Depeschen, die zwischen der Preußischen Gesandtschaft und dem Auswärtigen Amte in Berlin gewechselt wurden, war eine allseitige Ermüdung eingetreten. Die Nerven, an die während der letzten vierzehn Tage ungewöhnliche Anforderungen gestellt worden waren, ließen nach. Die Krisis schien überwunden zu sein, und ein jeder suchte die Ruhe.

Am 12. Juni war am Starnberger See schlechtes Wetter eingetreten, das während des 13. Juni anhielt. Fast niemand kam mit den Münchener Zügen an. Von dem Turm der Villa Cäcilia, die ich damals mit meiner Familie bewohnte, blickten wir bisweilen durch ein Fernglas hinüber nach dem kleinen weißen Schloß Berg, das sich hell aus dem dunklen Grün des Parkes hob. Es lag stumm und einsam wie sonst, und auf dem freien Platz davor war niemand sichtbar.

Der 13. Juni, ein Sonntag, brachte verstärkten Sturm und Regen. Bisweilen lag so viel Nebel auf dem See, daß das Ufer bei Berg unsichtbar wurde. Der See warf hohe Wellen, und die Schiffer hatten ihre Schiffshütten abgeschlossen, weil kein Mensch von München zu erwarten war, um als Sonntagsvergnügen eine Bootsfahrt zu unternehmen. Bei gutem Wetter hätten zahllose Boote das Ufer bei Berg besucht, um den königlichen Gefangenen zu erspähen.

Die Einsamkeit auf dem See aber hatte wohl auch dazu beigetragen, den Todesplan, den der König für sich entworfen hatte, schon so bald zur Ausführung zu bringen.

Das Wetter war gegen Abend heller geworden. Ich machte etwa um acht Uhr mit meiner Frau einen Spaziergang am Seeufer. Wir blickten hinüber zum Park von Berg und stellten unsere Betrachtungen über das Schicksal des Königs an.

Zu derselben Zeit hatte er, gleichfalls das bessere Wetter benutzend, mit Dr. Gudden das Schloß verlassen, um noch vor dem Abendessen, das nach acht Uhr stattfinden sollte, einen Spaziergang im Park zu machen.

Vor dem Schloß führt ein Weg, auf dem drei Personen bequem nebeneinandergehen können, hinunter zum Seeufer und läuft in einer Entfernung von einigen Metern vom Wasser, bald näher herantretend, bald zurückweichend, durch den ganzen Park bis zum hohen Gartentor an der Seite von Leoni. Dieses Tor ist in etwa 20 bis 25 Minuten zu erreichen. Der Weg zieht sich meist unter schattigen Buchen hin. Hie und da steht eine Bank am Wege.

Auf diesem Wege schritten der König und Dr. Gudden hin, während ein Gendarm in einiger Entfernung folgte. Das war von Dr. Gudden, dem volle Gewalt in seinem schweren Amte gegeben worden war, angeordnet worden.

Der Gendarm erzählte mir später, daß der König, der rechts von Dr. Gudden an der Seeseite ging, sich einige Male umgesehen und dann, etwa hundert Schritte vom Schloß entfernt, etwas zu Gudden gesagt und auf ihn, den Gendarm, gewiesen habe. Hierauf sei Gudden stehengeblieben und habe ihm energische Zeichen gemacht, zurückzubleiben. Er sei darauf stillgestanden und habe den Spaziergängern nachgeblickt, bis sie im Schatten der Bäume verschwunden waren.

Dieser Befehl Guddens, der so verhängnisvolle Folgen haben sollte, ist als eine unverantwortliche Nachlässigkeit, als ein unerhörter Leichtsinn bezeichnet worden. Ich stimme dem zu, aber als Erklärung für den Entschluß Guddens vermag ich folgendes anzuführen. Gudden hatte durch den jahrelangen, erfolgreichen Verkehr mit Irren eine reiche Erfahrung in der Behandlung derselben. Niemals war er durch Irre angegriffen worden. Einmal nur hatte ein Irrsinniger einen Revolver gegen ihn erhoben – aber auch in diesem Falle hatte sein merkwürdig ruhiger und bestimmter Blick genügt, um ihn zu entwaffnen. Auf diesen Blick verließ sich der Arzt. Er kannte ihn als nie versagendes Besänftigungsmittel, und ihm glaubte er allein die Ruhe zu verdanken, die so schnell in dem Wesen des Königs eingetreten war. Er mochte sich auch sagen, daß er leicht imstande sein würde, einen unerwarteten Ausbruch des Königs zu besiegen.

Unbekannt aber war es vielleicht Dr. Gudden gewesen, daß König Ludwig schon vor seinem Wahnsinn eine ebenso auffallende Fähigkeit besaß, sich zu verstellen, als Menschen für sich zu gewinnen. Der König hatte davon selbst volles Bewußtsein und bezeichnete diese Anlage seinen Freunden gegenüber mit dem Worte "Einseifen". Unzweifelhaft hatte der König den unglücklichen Arzt an jenem verhängnisvollen Tage in noch raffinierterer Weise "eingeseift", als er es früher zu tun fähig war. Sein wahnsinniger Selbstmordplan war hierzu die Triebfeder – jene außerordentliche Fähigkeit des Wahnsinnigen, einen Gedanken konsequent durchzuführen, von der mir Gudden selbst gesprochen hatte und die der unglückliche Arzt nun, im Augenblicke höchster Gefahr, unbeachtet ließ.

Das Verhalten Guddens ist um so verwunderlicher, als er unter dem starken Eindruck eines Traumes stand, durch den er in der letzten Nacht vom 12. zum 13. Juni gequält worden war. Er hatte diese Nacht in seinem Hause in München zugebracht, nachdem er mit mir auf der Flucht aus Schwanstein nach München zurückgekehrt war.

Er war bleich und verstört des Morgens zum Frühstück gekommen. Seine Frau fragte ihn, was ihm sei, und er antwortete lachend, daß er einen törichten Traum gehabt hätte, der ihm die ganze Nachtruhe geraubt habe. Er sei unaufhörlich im Kampfe mit einem Mann im Wasser gewesen. Sie hätten fürchterlich, unablässig miteinander gerungen.

Ich möchte fast annehmen, daß Gudden in seiner kraftvollen Art den Gendarm fortschickte, gerade *weil* er einen solchen Traum hatte, der die Seinigen entsetzt hatte und seine Freunde und Bekannten merkwürdig berührte, als sein Schicksal sich in dieser Weise entschied.

Er haßte den Aberglauben und hielt jeden Zusammenhang einer jenseitigen Welt mit uns für einen Unsinn. Er sprach mir völlig überzeugt aus, daß seine ganze Erfahrung ihn lehre, jedwede sogenannte übernatürliche Erscheinung oder Empfindung nur als eine besondere Form des Wahnsinns zu betrachten. Das außergewöhnliche Selbstbewußtsein Guddens wird sich daher auch hier in einem Augenblick der Entscheidung über ein etwaiges Nachgeben gegenüber Aberglauben oder Furcht aufgelehnt haben.

Der Gendarm war der Letzte, der seinen König lebend neben Gudden schreiten sah. Kaum eine Stunde später, hinter jenen Bäumen, unter denen sie verschwanden, spielte sich der Schlußakt des Trauerspiels ab, das ganz Europa in Aufregung versetzte und eine unerschöpfliche Quelle für Legenden und Sagenbildung wurde.

Ich erzähle den entsetzlichen Vorgang, wie ich ihn aus eigener Wahrnehmung und aus der mir von den zunächst beteiligten Personen sofort nach der Katastrophe gemachten Schilderung kenne:

Gegen Morgen am 14. Juni wurde ich, wie damals, als die Kommission von König Ludwig eingekerkert war, durch den Bahnhofs-Inspektor Hartmann geweckt. Notdürftig bekleidet trat ich aus dem Schlafzimmer, da die bebende Stimme Hartmanns, der mich zu sehen verlangte, einen ganz besonders ernsten Vorgang anzukündigen schien.

"Der König und Gudden sind im See ertrunken!" rief er mir zu.

"Das ist unmöglich", erwiderte ich entsetzt, "wer gab Ihnen diese Nachricht?"

"Aus Berg ist soeben ein Wagen gekommen, der eilend Dr. Heiß holte. Man hat in seinem Hause gesagt, daß der König und Gudden tot im See gefunden seien."

Ich zog mich in größter Hast an, während ich mit Hartmann den unerklärlichen Vorgang besprach. Wie war es möglich, daß die beiden ertranken? Was war vorgegangen? Ich mußte mir so schnell als möglich Gewißheit schaffen.

Gegenüber der Villa Cäcilia stand das Haus des Fischers Ernst. Sein Sohn Jakob ruderte mich seit Jahren bei allen Fischfängen und Spazierfahrten. Ich eilte hinüber, weckte die Fischerleute und bestieg nach zehn Minuten mit ihm das Boot.

Wie phantastisch war diese Fahrt im dämmernden Morgen! Nebel lagen auf dem See, kein Boot war sichtbar weit und breit – nur unser Ruderschlag war hörbar. Drüben aber lag als bläulicher dunkler Streifen der Park von Berg, aus dem der weiße Schloßturm herausragte. Es schien mir undenkbar, daß Gudden allein mit dem König gewesen war. Ein Dritter, oder gar mehrere Personen, mußten in das Drama verwickelt sein. Ich erinnerte mich zu lebhaft meiner letzten Gespräche mit Gudden vor zwei Tagen, seines Urteils über die raffinierte Schlauheit des Wahnsinnigen.

Jetzt legten wir in Berg an. Niemand war sichtbar, niemand hielt mich auf – alles stand offen.

Ich schritt eilend zum Schloß und trat ein. Im Flur hörte ich Tritte. Ich ging dem Laut nach – und es standen zwei Gendarmen vor mir, der eine war der mir wohlbekannte Gendarm aus Starnberg, derselbe, dem Gudden am vergangenen Abend zurückzubleiben befahl.

Der Mann war kreideweiß. Ich fragte ihn. "Wie ist das Unglück geschehen?"

Er vermochte nicht zu antworten, er zeigte nur hinauf, während er tonlos die Lippen bewegte. Ich eilte weiter.

Die Türen zu den blauseidenen Salons im ersten Stock standen offen, und ich trat ein.

Da stand ich allein vor der Leiche Guddens, die dort soeben auf ein Bett oder einen Diwan niedergelegt worden war.

Jetzt aber vernahm ich in dem zweiten Zimmer daneben ein leises Geräusch, wie Tritte von Menschen, die hastig, aber leise durcheinander gehen, und trat durch die Tür. Da stand ich vor der Leiche König Ludwigs, die nur mit einem Hemd bekleidet auf sein Bett gelegt war, das mitten in das Zimmer gestellt war. Einige Diener standen an der Tür. Aber jeder sah bleich aus, wie der tote König selbst, und niemand fand ein Wort des Grußes oder der Erklärung.

Ich habe niemals größere Erstarrung, größeres Entsetzen in den Zügen lebender Menschen gesehen. So stand denn auch ich stumm dabei, bis die blauseidene Bettdecke über den König gebreitet war und alle sich entfernten.

Ich betrachtete nun in großer Bewegung den Toten genau. Wirr hingen die dunklen Locken um die weiße Stirn. Der Tod hatte das aufgeschwemmte Gesicht des Königs straff gezogen, und die ganze Schönheit seiner edlen Züge war wieder erschienen. Nur ein merkwürdiges, unheimliches Lächeln umspielte seine bleichen Lippen. Ein Lächeln, das ich vielleicht wahnsinnig nennen könnte. Verletzungen trug die Leiche keine.

Als ich mich aber zurück zu dem armen toten Gudden begab, gewahrte ich an seiner Stirn Hautabschürfungen, die den Charakter von Wunden trugen. Das Antlitz des Toten war schmerzlich verzerrt und, aufmerksam durch die Verletzungen an der Stirne gemacht, betrachtete ich den Kopf der Leiche näher. Da gewahrte ich an seinem Halse deutlich Flecke, wie Eindrücke von Nägeln.

Es wurde mir klar, daß der unglückliche Mann einen gewaltsamen Tod erlitten haben mußte, und ich begann, den Zusammenhang zu enträtseln.

Unten, im Zimmer des Gefolges, fand ich Dr. Müller und Graf Törring wieder. Ich trat mit der Frage auf sie zu: "Wissen Sie genau, wie das Unglück geschah?"

Beide waren tatsächlich nicht fähig, mir zu antworten, sondern stammelten nur wenige unverständliche Worte. Ich wollte mich an Baron Washington wenden – dieser aber hatte sich, halb besinnungslos vor Erregung, auf ein Sofa geworfen und befand sich in einem Zustand völliger Unzurechnungsfähigkeit.

So hielt ich mich denn an die Gendarmen, den Verwalter und die Pfleger, und erfuhr folgendes:

Als der König und Gudden um neun Uhr noch nicht zum Essen zurückgekehrt waren, begann man im Schlosse unruhig zu werden, und es begaben sich einige der Angestellten in den Park, um auf dem Wege nachzusehen, den die Vermißten gegangen waren.

Unterdessen wurde es dunkel, und die Angst steigerte sich. Baron Washington und Dr. Müller verteilten die Leute des Schlosses mit Fackeln in den Park und schlossen sich der Suche an.

Am See war in der Dämmerstunde nichts bemerkt worden. Man hatte auch weniger die Gedanken auf einen möglichen Unglücksfall als auf die Flucht des Königs gerichtet.

Darum begab man sich an die Tore und entdeckte dabei vor dem großen Holztor an der Seite von Leoni bei Fackelschein eine Wagenspur, die, von Leoni kommend, beim Tor umgewendet war und sich darauf auf einem Feldweg fortsetzte, der nach Aufkirchen steil hinauf steigt, d. h. zu der Chaussee; die weiter nach Wolfratshausen bzw. zum Gebirge führte.

Sofort wurden berittene Stalleute auf die Spur gesetzt. Sie kehrten jedoch im Laufe der Nacht erfolglos heim.

Diese frische Wagenspur hat niemals Aufklärung erfahren. Die Überzeugung einer Flucht des Königs, wobei Gudden gewaltsam mitentführt worden wäre, nahm im Gedanken an die Wünsche der Kaiserin Elisabeth so feste Formen an, daß die Untersuchung der Felspartien im Garten, wo ein Absturz des Königs immerhin denkbar gewesen wäre, nur oberflächlich vorgenommen wurde und man glaubte, die Flucht des Königs sei gelungen.

Da fand plötzlich ein Diener den großen schwarzen Filzhut des Königs mit der Diamant-Agraffe bei dem Wege, ganz in der Nähe des Wassers, im Schilfe liegend.

Das lenkte mit Schrecken die Aufmerksamkeit auf den See. Man fand auch den Rock des Königs im Wasser, nicht allzu weit von dem Hut, und der Fischer Liedl von Berg (der mir die folgenden Mitteilungen selbst machte) bestieg ein Boot, um suchend an dem Park entlang zu fahren.

Es mochte ein Uhr in der Nacht sein, als er plötzlich eine menschliche Gestalt dicht am Ufer im See, und kaum über den Wasserspiegel heraussehend, in kauernder Stellung gewahrte. Der Kopf war vornüber gesunken.

Es war die Leiche Guddens.

Mit größter Mühe hob er den toten Körper in das Boot, denn die Beine steckten bis an die Knie tief im lehmigen Boden des Sees.

Kurz darauf – nicht weiter als etwa 20 Fuß entfernt, gewahrte er nun einen zweiten Körper im See treibend, mit dem Kopf nach unten.

Es war der König, den er mit äußerster Anstrengung gleichfalls in das Boot zog. Hierbei waren ihm einige Leute aus dem Schloß behilflich, die unterdessen mit Booten angelangt waren.

Die Leichen wurden an das Ufer gebracht, und Dr. Müller machte sofort Wiederbelebungsversuche.

Er war jedoch so erschüttert, daß er das Gefühl hatte, unfähig hierzu zu sein, und eilends einen Wagen nach Starnberg schickte, um den Bezirksarzt Dr. Heiß, meinen Hausarzt, zu holen.

Dieser sagte mir, daß auch er fast unfähig gewesen sei, die Versuche anzustellen. Er habe immer wieder bei dem Horchen nach einem Herzschlag sein eigenes, stark klopfendes Herz gehört und sei zwischen Hoffnung und Zweifel hin- und hergeworfen worden, bis er schließlich die Vergeblichkeit seiner Arbeit habe einsehen müssen.

VII. MEINE FESTSTELLUNG DER VORGÄNGE BEI ENTDECKUNG DER SPUREN DES KAMPFES.

Ich beschloß nun an der Unglücksstelle, die mir genau bezeichnet worden war, selbst nachzuforschen, um den Tatbestand des Vorgangs nach Möglichkeit festzustellen.

Unterdessen war es heller Tag geworden, es mochte vier Uhr gewesen sein, und die hervorbrechende Sonne ließ durch das klare Wetter den Seegrund am Ufer genau erkennen. Da aber ein frischer Wind wehte, so war Eile nötig. Die Bewegung in dem Wasser mußte die Spuren auf dem Grunde bald verwischen.

Der Fischer Ernst ruderte mich an die Stelle, wo eine Bank vom Wasser aus sichtbar war. Hier hatten der König und Gudden am Abend gesessen. Von hier aus mußte sich der König in den See gestürzt haben, denn das Schilf und das niedere Weidengebüsch, das zwischen dem Weg, an dem die Bank steht, und dem Strande wächst, war niedergedrückt. Hier hatte der Hut gelegen. Der Rock des Königs, den er in Guddens Händen ließ, als dieser den Versuch machte, ihn zu halten, lag etwas weiter im Wasser.

Zur Situation muß ich bemerken, daß der Strand des Sees unmittelbar hinter dem niedern Gebüsch und Schilf aus einem Streifen von Kieselsteinen besteht, der etwa fünf Fuß Breite hat. Dann beginnt das Wasser. Aber es zieht sich von dort ab der Seegrund ganz allmählich flach, aus gelbem, lehmigem Sand bestehend, wohl 20 Fuß hin, ehe er plötzlich, fast senkrecht, zu sehr großer Tiefe abfällt. Ein Mensch kann also in dem See etwa 8–10 Schritte machen, ehe das Wasser ihm zur Brust reicht. Alsdann vermag man noch einige Schritte zu gehen, ehe der Grund unter den Füßen verschwindet.

Ich verfolgte vom Boot aus die durch das klare Wasser im hellen Sande noch genau sichtbaren Fußspuren des Königs und Guddens. Ein Irrtum war in dieser Hinsicht nicht möglich, da die Leichen durch Fischer Liedl und die in Booten zur Hilfeleistung gekommenen Schloßdiener aus dem See direkt in die Boote gehoben und sodann bis zu dem Landungssteg am Schloß gefahren worden waren. An der Unglücksstelle war niemand, bevor ich kam, in den See gegangen. Hut und Rock des Königs lagen dicht am Ufer im seichten Wasser. Es ergab sich nach meiner Feststellung folgendes Bild:

Von dem Wege oder der Bank aus zeigte das geknickte Schilf den Weg, den der König nahm, während Gudden ihm folgte. Im Wasser erreichte Gudden den König und faßte ihn am Rock.

Hier waren die Fußeindrücke auf einem Raum von etwa vier Fuß im Durchmesser ganz durcheinander sichtbar. Der König hat sich hier unzweifelhaft gegen Gudden gewehrt und ihm wohl die Wunden an der Stirn beigebracht.

Als der König nun, um sich von Gudden frei zu machen, seinen Rock fallen ließ, machte er einige Schritte tiefer in das Wasser, während Gudden ihm folgte.

Es liefen hier zwei Fußspuren nebeneinander her – nicht weiter als etwa sechs Schritt.

Dann wurden wieder zahllose Fußspuren auf einer Stelle von ungefähr fünf Fuß im Durchmesser sichtbar: in der Mitte davon befanden sich zwei Löcher.

Hier hatte Gudden geendet.

Der König mußte sich seiner entledigen, wenn er fliehen oder sich das Leben nehmen wollte, und in diesem Bewußtsein hatte er den ihm auf den Fersen folgenden Arzt am Halse gefaßt und ihn unter das Wasser mit so dämonischer Gewalt gedrückt, daß der große, starke Mann bis an die Knie im Lehmboden versank.

Die Strangulationsmarken hatte ich an seiner Leiche gesehen. Unter dem Wasser mag die Erstickung schneller erfolgt sein, als es auf festem Boden möglich gewesen wäre.

An dieser Stelle hat das Wasser den Kämpfenden etwa bis an den Gürtel gereicht.

Von hier ab führte die Fußspur des Königs, der sich nun "frei" fühlte, in senkrechter Stellung zum Ufer, in den See. Mit großen Schritten, fast wie diejenigen eines Menschen, der läuft, war der König in das tiefe Wasser gegangen.

Der letzte Eindruck war hart am Rande sichtbar, wo der Grund steil – wohl an hundert Fuß – abfiel. Und schon da, wo dieser Eindruck sichtbar war, hat selbst ein großer Mann keinen Grund mehr.

Es muß sich also der König gewaltsam unter das Wasser gedrückt haben. Er wollte nicht schwimmen – sonst wäre dieser Eindruck nicht gewesen; er wollte auch nicht fliehen – sonst hätte er leicht nach der Ermordung Guddens das Tor von Leoni erreichen und Hilfe bei den dortigen Fischern erlangen können.

Die vielfach noch jetzt übliche Annahme, der König, welcher ein ausgezeichneter Schwimmer war, habe sich durch Schwimmen retten wollen und sei dabei ertrunken, ist falsch. Die Eindrücke seiner Füße führten senkrecht vom Ufer weg an Stellen, wo er keinen Grund hatte. Dieses Faktum schließt jede andere Annahme als den beabsichtigten Tod absolut aus. Eine wahnsinnige Willensstärke gehört dazu, als guter Schwimmer im Ertrinken unter Wasser zu bleiben und nicht die Oberfläche mit ein paar Stößen zu erreichen!

Ich stand so sehr unter dem Banne dieser merkwürdigen, sprechenden Fußspuren, daß ich einige Stunden später noch einmal an die Stelle mit dem Boot zurückkehrte, um nochmals den merkwürdigen Anblick zu haben – aber das Wasser hatte bereits die unheimliche Schrift verwischt, und so hatte denn niemand außer mir in diesem merkwürdigen Buche gelesen. Der Schrecken, das Entsetzen hatte alles gelähmt, was in Berg war. Als ob das Schloß, die Umgebung, der Park, mit dem König gestorben waren. Nichts rührte sich, als ich lange Zeit dort umherwandelte. Es war genau, als sei alles ein langer, unwahrscheinlicher Traum gewesen.

Ich fand auch keine Seele bei der traurigen Stätte am See, weder als ich das erste Mal dort frühmorgens die Besichtigung vornahm, noch auch das zweite Mal.

Von München trafen erst mittags die ersten Beamten ein –– völlig kopflos aus der Residenz kommend, wo der vortreffliche General von Freyschlag, der langjährige Adjutant des Prinzen Luitpold, seinem Herrn die Nachricht von dem gewaltsamen Tode seines königlichen Neffen bringen mußte.

Er schilderte mir diesen Augenblick als den härtesten in seinem Leben, denn der bejahrte Prinz, der schon den Ereignissen bei der Entmündigung des Königs kaum gewachsen war, brach unter der Wucht dieses tragischen Ausganges völlig zusammen.

Ich fand München am Nachmittag dieses denkwürdigen Tages in größter Aufregung. Die unheimlichsten und unglaublichsten Gerüchte durchschwirrten die Stadt. Graf Holnstein sollte sich das Leben genommen haben oder sollte von einer wütenden Volksmenge gelyncht worden sein, die Königin-Mutter hätte der Schlag gerührt–, so ging es weiter in bunter Folge von Stunde zu Stunde.

Es ist nicht zu leugnen, daß nicht nur der Hof, sondern auch die Minister sich in einer geradezu verzweifelten Lage befanden.

"Königsmörder" wurden nicht nur der Prinz-Regent Luitpold, sondern auch seine Ratgeber genannt –, und diese Bezeichnung blieb besonders in den Bergen haften, wo sich der freigebige König eine dauernde Anhänglichkeit gesichert hatte.

Ich sprach den Ministern – Lutz und Crailsheim in erster Linie – Mut zu. Sie konnten sich auf die preußische Regierung verlassen, die bereit war, jeden Schutz zu gewähren, falls eine schwierige oder gar ernste politische Lage eintreten sollte.

Dazu kam es nicht. Als Abschluß des Dramas hatten die Truppen dem neuen König Otto ohne Widerspruch den Eid geleistet – und Bayern hatte einen neuen, hoffnungslos wahnsinnigen König, der auf die Anrede "Majestät" in seinem kleinen Schloß zu Fürstenried in blödes Lachen ausbrach und läppische Fragen stellte, um es wieder zu hören.

Wahrhaftig, ein Shakespeare hätte keinen groteskeren, schauerlicheren Abschluß für ein Königsdrama in seiner Dichterphantasie erfinden können.

VIII. UNTERREDUNG MIT DEM DEUTSCHEN KRONPRINZEN UND EIN UNHEIMLICHES WIEDERSEHEN.

Zum Begräbnis war der deutsche Kronprinz in München eingetroffen. Er wohnte in der Residenz und ließ mich am Abend seiner Ankunft noch zu später Stunde holen, um von mir Näheres über die Katastrophe zu hören. Denn es war ihm bekannt, daß ich in alle Ereignisse tief eingeweiht war. Er befand sich mit dem eben gleichfalls angelangten Großherzog von Baden allein in seinem Zimmer. Das Fragen und Erzählen nahm kein Ende. Es war wohl zwei Uhr nachts, als er mich entließ.

Ich aber verfehlte den Weg auf den ganz schwach erleuchteten endlosen und völlig verlassenen Gängen der Residenz.

Vergeblich sah ich mich nach einem Diener um. Ich öffnete eine Tür, vor der ich mich am Ende eines langen, völlig dunklen Ganges befand – und prallte entsetzt zurück. Ich stand am offenen Sarge des Königs in der Georgskapelle, oben auf der Galerie.

So hoch war der Katafalk, auf dem die Leiche des Königs in der Tracht der Georgsritter ruhte, daß sie den Rand dieser Galerie erreichte.

Schauderhaft verzerrt war das rot und weiß geschminkte Totenantlitz, auf dem der Widerschein der gelben Kerzen sich spiegelte!

Doch nun gewahrte ich unten einige alte Leibgardisten, die dort Wache hielten und den Eindruck von Wachsfiguren machten. Ich schritt eine kleine Treppe hinab und gelangte hinaus, noch den Schauder in allen Gliedern spürend.

Bei der Sektion, die an der inneren Hirnschale knochenartige Auswüchse ergab, war der ganze Schädel durchsägt und jetzt künstlich wieder zurechtgelegt worden. Darum war auch die seltsame Aufbahrung erfolgt. Der unglückliche tote König sollte dem Anblick der Menschen möglichst entzogen werden.

Die Wellen der Aufregung legten sich sehr langsam. Der Besuch des Fürsten Bismarck , mit dem ich interessante Stunden in der Preußischen Gesandtschaft verlebte, wo er abgestiegen war, und der Besuch , den später auch Kaiser Wilhelm, auf der Durchreise nach Gastein, von der Mainau kommend, auf dem Bahnhof in München dem Prinz-Regenten Luitpold abstattete, trugen nicht wenig dazu bei, die Lage zu festigen und dem deutschen Einheitsgedanken neue, kraftvolle Form zu geben. Das Ministerium Lutz fand auch auf dieser Basis einen Halt wieder, den es unter dem Druck der schweren Ereignisse fast verloren hatte.

ANHANG. EINIGE BRIEFE DEN TOD KÖNIG LUDWIGS II. UND DIE BAYRISCHE REGIERUNGSKRISE BETREFFEND

Berlin, 13. Juni 1886.

Geheimrat Fritz von Holstein an Graf Philipp zu Eulenburg.

Geehrter Graf, Herbert Bismarck hat mir neulich Ihren Brief über Bayrische Verhältnisse gezeigt; gestatten Sie mir Ihnen zu sagen, daß ich ohne jenen Verhältnissen näher zu stehen, instinktmäßig Ihre Ansicht für die richtige halte. Der Prinz-Regent, von dem ich höre, daß er ein ehrenswerter Herr ist, würde angesichts dieser Stimmung nichts Unpraktischeres tun können, als wenn er die jetzigen Minister, die mit ihren Fehlern und Eigenschaften dem deutschen Volk bekannt sind, durch Leute ersetzte, die dem Zentrum angehören oder angehört haben, d.h. derjenigen Gruppe, die nach dem Motto handelt: "Des Reiches Verlegenheit ist unsere Gelegenheit". Der Hauptpunkt ist nur dieser:

Ich bin überzeugt, daß der Prinz-Regent diesen Wechsel, den er vielleicht wünscht, nicht ohne Ermutigung von Berlin eintreten lassen wird.

Lerchenfeld – das ist eine Vermutung in bundesrätlichen Kreisen – ist beauftragt, diese Ermächtigung zu beschaffen. Wie er das anfangen wird, weiß ich nicht genau, aber er ist in den Sachen, die nicht zum eigentlichen Geschäft gehören, recht geschickt, und ohne unnützigen Ballast von Skrupeln.

Ich habe in den letzten 24 Stunden konstatieren können, daß die Beunruhigung in reichsdeutschen Bundesratskreisen rasch wächst. Infolgedessen schrieb ich an Herbert, er möge Ihre Briefe, falls Sie ihm noch welche schreiben, direkt und persönlich an seinen Vater schicken ...

In dem Gefühl, daß wir, ohne uns näher zu kennen, in dieser nationalen Frage in ein Horn tuten, grüßt Sie bestens

Ihr aufrichtig ergebener (gez.) Holstein.

Hanau, 13.6.86.

Graf Herbert Bismarck an Graf Philipp Eulenburg

Mein lieber Phili, Ihr freundlicher Brief, den ich am Vorabend meiner Abreise von Berlin erhielt, hat mich sehr erfreut und interessiert. Inzwischen ist die Bombe ja bei Ihnen geplatzt! Das muß ich aber sagen, daß sie recht ungeschickt geworfen war: die Einfädelung der Ausführung macht einen geradezu peinlichen Eindruck. Daß ein Systemwechsel sehr unerwünscht wäre, ist auch meine Ansicht, was kann man aber tun, um ihn zu verhütend Es würde mich interessieren, Ihre Meinung zu hören.

In 2 bis 3 Tagen siedle ich nach Homburg über, wo mich ein postlagernder Brief sicher erreicht. Ich mußte Berlin schließlich verlassen, weil die Luft mich dort bedrückte und ich immer unter dem Titel der Freundschaftsbesuche zu den Geschäften mit herangezogen wurde. Das griff mich an und machte mich nervös. Jetzt habe ich nun 8 Wochen Urlaub und hoffe in der Zeit wieder auf den früheren Standpunkt zu kommen.

Für Franzensbader Bäder, die Sie empfehlen, bin ich jetzt wohl noch zu matt. Da dieselben nach Ihrer Ansicht aber solche Wiederherstellungskraft besitzen, werde ich Ihren guten Rat jedenfalls im Auge bebalten. Leben Sie wohl und möge es Ihnen recht gut gehn.

In steter Treue Ihr

(gez.) H.B.

Starnberg, 13. Juni, früh 1886.

Graf Philipp Eulenburg an Graf Herbert Bismarck.

Lieber Herbert, ich beeile mich, Ihnen über das unerhörte Ereignis, das sich hier zugetragen hat, einige Worte zu schreiben, denn ich nehme an, daß Sie die Details von Berlin aus erst in einigen Tagen erhalten werden.

Ich war gestern abend spät nach Starnberg gefahren, um meine Frau zu sehen, und wurde heute früh um 4 Uhr mit der Nachricht geweckt, daß der König und Gudden tot im See gefunden seien.

Ich nahm ein Boot und fuhr hinüber nach Schloß Berg. Gendarmen bewachten den Eingang zum Schloß, und man führte mich, da ich den Leuten bekannt war, zu dem toten König, den man soeben in seinem Bette, bis auf das Hemd entkleidet, niedergelegt hatte. Zwei Zimmer davon lag Gudden. Die Leichen waren nicht entstellt. Nur Gudden trug Zeichen eines stattgehabten Kampfes auf seiner Stirn und Strangulationsmarken am Hals. Dr.Müller (zweiter Arzt) und Graf Törring waren im Nebengebäude. Sie machten mir folgende Angaben. Der König war gestern abend um ¾7 mit Gudden allein ausgegangen. Gudden hatte die Meinung, daß der König, nachdem er sich auffallend ruhig von Hohenschwangau hatte hierher bringen lassen, besonderer Bewachung nicht bedürfe. Als um 8 Uhr zum Abendessen niemand kam, begann das ganze Schloßpersonal zu suchen. Man fand erst gegen 11 Uhr bei Fackelschein am Seeufer den Hut des Königs. Gleich darauf die Leiche des Königs und Guddens im Wasser.

Ich ging zu der Stelle und konstatierte, daß in dem Weidengebüsch, hart am Seeufer, ein Kampf stattgefunden hatte. Alles war niedergedrückt und eine Menge Fußspuren, bunt durcheinander, waren im Sande abgedrückt. Die Spuren ließen sich bis in das seichte Wasser verfolgen. Hier muß der König Gudden überwältigt haben, der dabei ertrank, denn von dieser Stelle sieht man zwei einzelne Fußspuren, wie von einem laufenden oder weit ausschreitenden Menschen, der Tiefe entgegen, abgedrückt ...

Hier herrscht eine allgemeine und tiefe Betrübnis und Tausende von Menschen stehen vor der Residenz. – Leider auch tauchen unaufhörlich Anklagen gegen die Regierung auf, die einen nicht wahnsinnigen König abgesetzt und ihn dann jämmerlich habe zugrunde gehen lassen. Da heute früh die Truppen König Otto (!!!) den Eid geleistet haben und hierbei für den Kriegsfall der Kaisereid nicht vergessen wurde, ist in der Hauptsache alles in Ordnung.

Daß eine Erschütterung des Ministeriums stattgefunden haben sollte und sich dieses für alle Vorkommnisse der letzten Tage verantworten mußte, glaube ich nicht, da der Regent hinter ihnen steht. Aber bei den nicht ausgehenden Intrigen Frankensteins und seiner Partei, ist alles möglich. Vorläufig klammert sich Luitpold an

Lutz und er schenkt seinem alten Jagdgenossen unbedingtes und volles Vertrauen. In diesem Vertrauen wird er auch durch seine Adjutanten Freischlag und Wolfskeel, die beide evangelisch sind, unterstützt. Auch Holnstein arbeitet momentan gut deutsch.

Ich war, als am 10. die Kommission in Hohenschwangau gefangen war, schleunigst dorthin gefahren und benutzte die gemeinschaftliche Rückfahrt mit den Herren, um auf Kosten ihrer, durch die Gefahr und ihre Angst, gänzlich erschlafften Nerven, bayerische politische Studien zu machen. Holnstein versicherte mir, daß Prinz Luitpold eine große Verehrung für den Kaiser, aber ein tiefes Mißtrauen gegen den Kronprinzen habe – wegen Äußerungen, die dieser in seiner uns bekannten Weise hier gemacht hat. Holnstein stände dafür ein, daß der Prinz absolut loyal deutsch dächte, er habe allerdings einen sehr beschränkten Gesichtskreis. Wenn man so viel Einfluß auf den Prinzen gewinnen kann, daß er das deutsche Ministerium Lutz beibehält, so wird uns der beschränkte Gesichtskreis nichts schaden. Dieser wird nur bedenklich, wenn Frankenstein regiert. Ich schrieb Ihnen schon letzthin, weshalb ich Frankenstein fürchte. Es ist stets, und in verstärktem Maße seit einigen Jahren, von der ultramontanen Partei gegen Preußen und Deutschland geschürt worden und wenn ich auf meinen Bergspartien Äußerungen hörte wie. "Dumm sein mir g'wesen, daß mir mit den Preußen gegen die Franzosen geschlagen haben" oder "die Preußen sind halt unser gefährlichster Feind" – so weiß ich genau, auf welchen Ursprung solche Meinungen zurückzuführen sind. Von dem Augenblick an, wo Frankenstein das Ministerium übernimmt, fühlt sich der schlimmste Partikularismus Sieger und jene Hetzereien nehmen einen ganz andern, selbstbewußten Charakter an. Dazu der enge Luitpold, mit seiner österreichischen Verwandtschaft.

Der Regent wird gar nicht übel sein, wenn ihm der absolut sichere Lutz und der, trotz seines weichlichen Händedrucks ganz sichere Crailsheim sagen, was er zu tun hat. Wenn man in diesem Sinne auch Holnstein dirigiert, der momentan auf ganz gutem Wege ist, und dem Prinzen durch seine Dreihörigkeit imponiert, so fährt Deutschland gewiß gut dabei.

Wir stützen uns allerdings dabei auf die liberalen Elemente Bayerns, und unsere konservativen Parteien in Norddeutschland werden es schwer begreifen, aber das ist wohl einerlei, wenn Deutschland nur gut dabei fährt.

Es ist mir persönlich erst seit 1½ Jahren gelungen, ganz intim in die ultramontanen Kreise zu dringen. Ich habe dort sonderbare Dinge erlauscht und traue politisch keinem einzigen von ihnen, selbst nicht – verzeihen Sie mir – Ihrem Freunde Lerchenfeld. Den vornehmen Adel Bayerns können wir erst brauchen – wenn der deutsche Kaiser katholisch wird, – und ich denke, das hat gute Wege.

Mein Schreiben nimmt kein Ende. Da Sie in Homburg sind, haben Sie vielleicht Zeit, es zu lesen. Der Gedanke regt mich auf, daß Deutschland aus dieser bayerischen Krise einen Schaden erwachsen könnte und die gemeinschaftlichen Diners von Mariani mit Monsignore Aiuti gehen mir auch nicht aus dem Sinn.

Leben Sie wohl, mein lieber Herbert, und gebrauchen Sie Ihre Kur mit Vorsicht und Energie. Das sind übrigens zwei Dinge, die in allen Verhältnissen besonders zu empfehlen sind, und deren Nichtachtung uns hier das traurige Schauspiel der letzten Tage verschafft hat.

In alter Treue Ihr

(gez.) P. Eulenburg.

München, 18. Juni 1886.

Graf Philipp Eulenburg an Graf Herbert Bismarck.

Mein lieber Herbert, nach allem, was ich höre, wird in der allernächsten Zeit, unter dem Eindruck der tragischen Ereignisse, die sich hier abspielten, von der antinationalen Partei keine energische Aktion gegen das Ministerium Lutz unternommen werden. Die Partei begnügt sich damit, die Animosität gegen die Minister im Volke, das einen Sündenbock sucht, rege zu halten.

Meine klerikalen Freunde sprechen in haarsträubenden Ausdrücken von den Ministern und von Holnstein. Ich gebe zu, daß, der süddeutschen Gemütlichkeit entsprossen, unerhörte Nachlässigkeiten vorfielen. Aber ich halte daran fest, daß wir nie und nimmer ein Ministerium haben können, dessen nationale Gesinnungen tüchtiger wären.

Es würde jetzt darauf ankommen, den Regenten so zu beeinflussen, daß er den nach Beruhigung der Gemüter eintretenden Sturm der Antinationalen abschlägt. Momentan ist er noch sich er, und ich hoffe, daß der Kronprinz, dem er tief mißtraut, dieses Mißtrauen durch Liebenswürdigkeit vertreiben wird. Dies wäre von großer Bedeutung. Ich will den Kronprinzen morgen nach seiner Ankunft informieren.

Später würde es notwendig werden, durch Werthern auf den alten Freyschlag einzuwirken, an den der Regent mit Liebe hängt. Werthern ist gut mit Freyschlag bekannt, und letzterer schenkt ihm volles Vertrauen.

Sehr wichtig ist Holnstein, der sofort im Regenten den Gedanken einer Reise zum Kaiser erweckte.

Holnstein liegt moralisch jetzt ganz darnieder. Der tragische Ausgang seiner Mission, und das Odium, das er, der König Ludwig alles verdankt, damit auf sich lud, macht ihn weich, und wir können alles mit ihm machen. Er fühlt sich von den Partikularisten, wegen seiner Akiion mit dem Ministerium Lutz, verlassen. Aber er ist geschickt genug, um als Gegengewicht gegen gewisse alte Freunde des Regenten ausgespielt werden zu können.

Prinz Luitpold macht regelmäßig eine Partie bei der alten lahmen Gräfin Otting, mit Perglas und andern Jesuiten. Er wird das nicht aufgeben, und hier wird der Herd antinationaler Bestrebungen zu Hause sein. Bei einem Einfluß, den wir etwa ausüben wollten, werden wir, mit der Angst, die man vor uns hat, viel ausrichten, wenn wir andeuten können, daß der Regent durch seinen offiziellen Übergang in das klerikale Lager, kleines – großes – ungeheures Mißtrauen – je nachdem! – in uns erwecken würde.

(gez.) P. Eulenburg.

München, 21. Juni 1886.

Graf Philipp Eulenburg an Graf Herbert Bismarck.

Lieber Herbert, gestern abend verließ der Kronprinz München. Sein Aufenthalt verlief leidlich gut. Er kam und reiste in bayerischer Uniform ab und folgte dem Sarge als preußischer Marschall. Mit dem Regenten war der Kronprinz aufrichtig liebenswürdig und rücksichtsvoll. Alle andern Prinzen (Prinz Ludwig eingeschlossen) wurden mit einer gnädigen Geringschätzung behandelt, die das Haus Wittelsbach nicht vergessen wird. Für Lutz, Crailsheim und Holnstein hatte der Prinz besondere Freundlichkeit.

Die Stimmung im Lande ist immer noch innerlich unruhig und wird kaum anders werden, ehe nicht das Beweismaterial für den Wahnsinn des Königs zum Teil der Öffentlichkeit übergeben wird.

Prinzessin Therese , die die arme Königinmutter in Elbingeralp besuchte, mußte eilig durch Hohenschwangau durchfahren, da die Bauern den Königlichen Wagen mit Drohungen begleiteten.

Die Hofdame der Königin, Gräfin Olga Dürkheim, hat ihren Bruder nach Elbingeralp kommen lassen, und diese Umgebung peinigt die arme Frau, durch ihre Behauptungen, daß der König nicht wahnsinnig gewesen sei. Der sehr eitle Alfred Dürkheim spielt seine Rolle als letzter Ritter des Königs bis zur Lächerlichkeit. Man hat ihn auf Ehrenwort aus seiner Untersuchungshaft entlassen.

Mit besten Wünschen für gute Kur

(gez.) P. Eulenburg

Nachschrift.

Daß der Kronprinz beim Zuge rechts von Kronprinz Rudolf ging, soll korrekt gewesen sein, da unser Kronprinz in Vertretung, der andere nur im Auftrag hier war (!). (Nunancen von berauschender Feinheit!)

Mir wäre es lieber anders gewesen, denn schließlich ist der deutsche Kronprinz auch in Bayern zu Haus, und Kronprinz Rudolf der Gast.

(gez.) P. E.

Homburg, 22. Juni 86.

Graf Herbert Bismarck an Graf Philipp Eulenburg.

Mein lieber Phili, haben Sie besten Dank für Ihre verschiedenen interessanten Briefe, deren letzten ich heute früh erhielt. Die beiden vorletzten habe ich direkt an meinen Vater gesandt, und Ihre Reflexionen sind mithin an maßgebender Stelle gewürdigt worden. Mein Vater wünscht auch das jetzige Ministerium zu halten und hat nur die Sorge, daß es an seinem eigenen Ungeschick zu Grunde geht.

Hier ist immer noch niederträchtiges Wetter, ich kann infolgedessen nicht so viel im Freien sein, als wünschenswert. Trotzdem bekommt mir die Luft ganz gut.

Leben Sie wohl. In steter Treue

Ihr H. B.

Liebenberg, 13. Juli 1886.

Graf Philipp Eulenburg an Geheimrat von Holstein.

Je mehr die Frage einer Neubesetzung des Münchener Preußischen Gesandten-Postens erörtert wurde, je mehr ist mir die Bedeutung desselben klar geworden. Eine unrichtig gewählte Persönlichkeit kann uns großen Schaden zufügen.

Ich nähme z. B. an, ein neuer Gesandter verlöre die Sympathie der Deutschnationalen, was durch rauhes Wesen – ja schon durch lauten preußischen Verkehrston – sofort eintreten kann: er befände sich von diesem Augenblick politisch in der Luft und ohne jeden Rückhalt, da der ehrliche Anschluß an den ultramontanen Adel niemals erreicht wird. Ich habe mich selbst – nach 4 Jahren – endlich in diese

Kreise hineingesungen und wertvolle politische Freundschaften gewonnen. Ich gebe mich aber durchaus keinen Illusionen hin und weiß, daß mich dennoch eine Kluft von jenen Leuten trennt, wenn sie mir auch gestattet haben, mich stets zum Frühstück und Mittag bei ihnen anzusagen.

Von derselben Empfindlichkeit gegen gewisse norddeutsche Art und Weise ist das bayrische Ministerium, sei es nun liberal-konservativ, wie jetzt, oder werde es ultramontan.

Diese äußerste Empfindlichkeit uns gegenüber macht die Leute von dem Augenblick an, daß sie sich verletzt fühlen (und sie fühlen sich sehr leicht verletzt), den Einflüsterungen derjenigen Elemente zugänglich, deren alleinige Aufgabe es ist, den preußischen Einfluß in Bayern zu bekämpfen. Das sind der Nuntius, der französische und der russische Gesandte. Auch unser Bundesgenosse, der Österreicher und der Sachse, wie es sich von selbst versteht. Alle diese Leute aber haben ihren Anhang bei den Ultramontanen – sie sind völlig bei ihnen zu Haus, da ihre Sympathien sich politisch völlig mit den Bestrebungen dieser Diplomaten decken.

In ruhigen Zeiten würde eine unsympathische Persönlichkeit auf dem preußischen Gesandten-Posten, nach meiner Meinung, die antideutsche Minierarbeit unfreiwillig unterstützen, und das in politischem dienstlichen Verkehr zwischen Preußen und Bauern allmählich entstehende Geplänkel würde sich bis zu Ungelegenheiten im Bundesrat zuspitzen. Sobald aber eine große politische Katastrophe als Prüfung über Deutschland hereinbräche: Unglück im Kriege, gefährliche feindliche Bündnisse etc., würde die unrichtig gewählte Persönlichkeit des preußischen Gesandten direkt auflösend wirken, während der von der Sympathie der bayerischen Regierung und der nationalen Partei getragene Gesandte fähig wäre, sogar die bedeutsamste Rolle zu übernehmen. Ich führe hier die Bedeutung Wertherns im Jahre 1870 für die Kriegserklärung Bayerns an Frankreich an.

Wollen wir Bayern herausfordern, so wird Preußens Vertreter leicht zu instruieren sein.

Mit großer Vorsicht aber hat die Wahl zu geschehen, wenn wir eine friedliche Verschmelzung aller deutschen Gaue anstreben – wenn wir etwa sogar wollten, daß das Haus Wittelsbach schließlich wie die Merovinger, von Ochsen gezogen auf der Oktoberwiese erscheint, während die Hohenzollern Pipine die Armee inspizieren.

Ich habe Ihnen, ohne jeglichen Gedanken an eine bestimmte Persönlichkeit, die vorstehenden Betrachtungen mitgeteilt – lediglich im Interesse der Sache selbst, die mir sehr am Herzen liegt.

"Freundliche Energie" schwebt mir als Losungswort für innere deutsche Politik vor, und die in dieser Politik stehenden Männer sollten durch Charakter und Arbeit dem Sinn dieses Wortes entsprechen.

(gez.) P. Eulenburg.

2. TEIL - HISTORISCHE BEGEGNUNGEN

SKIZZEN AUS DEM ORIENT (1871/72)

DIE KÖNIGIN VON PALMYRA.

Damaskus, 21. November 1871.

Wunderbar herrlich war das Bild, als wir die letzten öden Felskuppen des Antilibanon auf den uralten Kamelpfaden überschritten hatten und tief unter uns, in der weiten gelben Wüste abgezirkelt in einer großen grünen Oase, von blauen Kanälen des Barada durchzogen, das schneeweiße Damaskus lag.

Wir ritten, angestaunt von der Bevölkerung, in die Stadt hinein, denn Europäer in größerer Anzahl sind immer ein seltener Anblick. Auf der Straße begegnet man stundenlang keinem Europäer – nur Arabern, Beduinen und Türken. Es ist Ramadan, der neunte Mondmonat der Moslem. Bis Sonnenuntergang muß in dieser Zeit gefastet werden – nachher befindet sich die ganze Bevölkerung in einem Rausch von Vergnügungen, und es herrschte ein Leben in den Bazars wie bei Illuminationen in Berlin. Die Cafés am Abend, wo man mit den Leuten an der Erde hockt und Kaffee trinkt, während eine Musikbande von fünf Kerls einen Lärm verursacht wie schreiende Kinder bei uns – dazu Tamburinbegleitung –, das "Caraeosa": ein Schattenspiel in diesen Lokalen, wo die dümmsten Sachen von dem dankbaren Publikum mit Entzücken betrachtet werden, das Herumziehen der Derwische auf den Straßen mit Geschrei und Tanz, das Probieren der gekauften Pferde durch Beduinen – alles das ist viel zu bunt und merkwürdig, um es in einem Briefe zusammenfassen zu können.

Doch von dem reizenden Hotel Dimitri, wo wir wohnten, muß ich Euch erzählen. Der Hof hat wie alle Häuser, die ich hier gesehen habe, in seiner Mitte ein schönes großes Bassin mit sprudelndem Wasser. Das Pflaster des Hofes besteht aus weißen und schwarzen Marmorplatten, aus denen hohe Zitronen- und Myrtenbäume hervorwachsen, die ihre obersten Zweige in die Stäbe der um den Hof laufenden Veranda strecken. Zu der Limonade, die man zur Kühlung gewiß zwölfmal täglich trinkt, werden die Früchte jedesmal von dem Baum gebrochen, und die Zitronen sind so süß, daß man keinen Zucker dazu nimmt.

Der italienische Konsul, Mr. Castelli, war sehr liebenswürdig und lud uns zum Tee. Er vertritt hier die preußischen Geschäfte, denn Deutschland hat kein Konsulat in Damaskus. Wiedebach, Bonin, Gutschmid und ich waren geladen, und wir fanden dort die Konsuln von Rußland und England. Madame Castelli ist eine sehr nette kleine Frau.

Gestern ging ich mit Baron Gutschmid, der wie ich Madame Digby El Mesuel – "die Königin von Palmyra" kennenlernen wollte, zu ihr, um der berühmten Frau unseren Respekt zu vermelden. Sie nahm uns in ihrem entzückenden Heim auf dem Marmorhofe an, in dessen Mitte am Brunnenbassin ihr Mann, der Scheich El Mesuel (der in der Wüste das Glück hat, noch mehrere andere Frauen zu besitzen), nach orientalischer Art an der Erde sitzend, mit den Fingern seine Mahlzeit einnahm. Sie stellte ihn uns vor, und er reichte uns mit einer europäischen Verbeugung seine braune, klebrige Hand.

Oben auf dem Balkon, wo wir uns niederließen, brachte in gewohnter Weise ein junger Araber Kaffee in silbernen, türkisenbesetzten Tassen und die Narghile.

Madame El Mesuel steht nunmehr in den sechziger Jahren, ist aber von einer so ungewohnten Schönheit, wie ich es bei einer alten Frau bisher nicht für möglich gehalten habe. Sie war halb europäisch, halb orientalisch gekleidet. Mit der größten Liebenswürdigkeit erzählte sie von den jetzigen politischen Verhältnissen der Beduinenstämme, dabei nur von "wir" redend. Sie zeigte uns einige von ihr gemalte, wahrhaft künstlerische Bilder – Landschaften aus der Gegend von Palmyra – und zuletzt ihren Stall mit den Vollblutarabern, deren jeder einzige von jedem Beduinen bis Bagdad hin bekannt ist. Dabei erzählte sie, durch welche Leistungen bei Verfolgung und in Kämpfen diese Tiere sich ihren Namen erworben hätten.

Sie machte uns einen Vorwurf wegen unseres kurzen Aufenthaltes und wollte uns gern Empfehlungen an die gewaltigen Scheichs der Wüste, über Palmyra hinaus, geben, die noch heutigen Tages jedem ihrer Worte gehorsam sind. Beim Abschied, als ich sie bat, mir zu erlauben, meinen Besuch, falls ich noch einmal Damaskus besuchen sollie zu wiederholen, sagte sie: "Wenn ich nicht in der Wüste bin, will ich alles tun, um Sie mit unserem Lande bekannt zu machen".

21. November 1871.

Heute nehme ich nochmals von ihr Abschied! – Die Königin hatte "es mir angetan!"

Ich schließe an meine kurze Mitteilung des Besuches bei der Gattin des Beduinen-Scheichs El Mesuel (die sich selbst in Damaskus Madame Digby El Mesuel nennt, von aller Welt aber nur "die Königin von Palmyra" genannt wird) eine kurze Betrachtung des Schicksals dieser Dame, deren abenteuerliches Wesen und Leben nicht wie gewöhnlich mit einer Katastrophe oder einem materiellen, gesellschaftlichen oder sittlichen Untergang abschloß, sondern einen so seltsamen Erfolg darstellt, daß man wahrhaftig in Verlegenheit ist, welchen Charakter man einer solchen Persönlichkeit beilegen soll.

Das Leben der Madame Digbry El Mesuel ist, in großen Zügen gezeichnet, folgendes:

Sie war die Tochter eines englischen Lords Digby of Sherborne. (Der Titel eines Earl war sogar dieser Familie verliehen worden.) Ihr Vater war Admiral, ist sonst aber wohl nur durch seine unerhört schöne und vor Jahren ganz Europa beschäftigende Tochter Jane bekannt geworden. Lady Jane heiratete sehr jung den Earl of Ellenborough, der wohl "ein großes Tier" war, aber die junge Frau langweilte. Sie liebte zu reisen und hatte in Deutschland den reichen Freiherrn von Venningen kennengelernt, der in Württemberg, Bayern und Österreich Güter besaß. Sie fand ihn angenehmer als Lord Ellenborough und heiratete ihn deshalb im Jahre 1832. In München erregte ihre Schönheit, ihr Kunstsinn, ihre Originalität allgemeine Bewunderung, besonders auch bei dem kunstsinnigen König Ludwig I., der für seine berühmte Schönheitsgalerie das herrliche Porträt malen ließ, das jetzt noch eine Zierde dieser Sammlung bildet. Doch sie fand auch Herrn von Venningen langweilig, und da sie immer noch gern reiste, so fand sie in Italien einen Grafen, der anscheinend nicht so langweilig wie Venningen war, denn sie heiratete ihn schon nach einigen Jahren ihrer Venningenschen Ehe. Da sie aber Griechenland nicht kannte, wollte sie – hellenisch angehaucht und durch Lord Byron begeistert – auch diese heiligen Gefilde kennenlernen und fand dort einen Hellenen, der noch weniger langweilig war als der italienische Conte .

In dieser griechischen Ehe aber war sie "europamüde" geworden. Die Freiheit des Orients hatte sie bei einer Reise in Syrien kennengelernt, und der ganze Zauber der orientalischen Welt nahm sie gefangen. Seit ihrer Jugend an "das Pferd" gewöhnt, eine kühne, unerschrockene Reiterin, dazu reich und mit ganz ungewöhnlicher Energie begabt, hatte sie sehr bald nun auch den Hellenen langweilig gefunden und sich bei weiten Ausflügen im Gebiet des Libanon, des Hauran, bis in die Wüste bei Palmyra von Beduinen begleiten lassen, die in ihr eine Art übernatürliches Wesen sahen. Eine Frau von strahlender Schönheit, wie eine Königin befehlend, jedes Pferd bändigend und zugleich für den Stamm, dem sie sich anschloß, sorgend, Heilmittel in Krankheit anwendend, die den Wüstensöhnen fremd waren, sich der Weiber und Kinder annehmend – da konnte es nicht wundernehmen, daß sie in den Geruch einer Heiligen, einer Prophetin, einer Herrscherin kam, die bei jedem Stamm, mit dem sie in Berührung trat, unbedingten Gehorsam fand.

So geschah nach einigen Jahren das Wunder, daß die untereinander sich bekämpfenden und dadurch sich als Gesamtheit schwächenden Beduinenstämme zu einer Einheit zusammentraten und den Befehlen der "Königin" folgten. Auf dem weiten Wüstengebiet Syriens, bis hin nach Bagdad, erwuchs der türkischen Regierung eine Unbequemlichkeit. Die Paschas von Beirut und an den syrischen Küsten empfanden eine Bedrohung – und der Sultan sah sich veranlaßt, die englische Regierung zu ersuchen, seine Untertanin (die nach allen Scheidungen ihrer europäischen Ehen wiederum Engländerin geworden war) wegen Beunruhigung seiner syrischen Gebiete nach England zurückzurufen.

Das aber war nicht Lady Janes Sache. Der Orient gehörte ihr. Was sollte sie in England? – in Europa? Sie wollte in Syrien bleiben und fand auch hierzu das Mittel – ein Mittel, das ihr jedenfalls weder neu noch fremd war: sie heiratete den großen Scheich El Mesuel und wurde Untertanin des Großherrn in Stambul. Aber sie versprach auch, zu El Mesuels Harem zu gehören und nicht andere Stämme beherrschen zu wollen. Und dieses Versprechen hielt sie – ohne doch ihren Einfluß zu verlieren. In den Ruinen von Palmyra schlug der Scheich El Mesuel seinen "festen" Wohnsitz auf (soweit solches Beduinen überhaupt möglich ist).

Als aber Madame Digby El Mesuel älter wurde, zog sie stets für einige Monate in den Palast, den sie in Damaskus besaß, da war es doch etwas ruhiger als in den Ruinen von Palmyra. Da ließ ihr auch der Scheich "europäische Freiheit" – und die andern Damen seines Harems blieben in der Wüste. Er scheint ein rücksichtsvoller Herr zu sein, der sich wohl selten den Wünschen seiner "ersten Gattin" widersetzt haben dürfte. Das ist allerdings gegenüber Lady Jane überhaupt schwierig gewesen, denn als ich mit ihr den Stall in Damaskus betrat, wo etwa 25 Pferde standen und zahlreiche arabische Diener dabei, bemerkte ich in ihren Zügen einen merkwürdigen Ausdruck von Hoheit, den ich besser mit "Gewalt" bezeichnen will. Wie sie sich aufrichtete, die damals 62jährige Frau, wie es "in die Diener fuhr" und wie die Pferde unruhig wurden! – es lag etwas in dieser Gestalt, diesem königlichen Haupt, diesen Blicken, das fast auch "in mich fuhr".

Lady Digby El Mesuel hatte sich in ihrer Kleidung "ungefähr" der arabischen Tracht angepaßt. Zu ihrem dunklen Haar, den großen braunen Augen und fast schwarzen Augenbrauen (das alles durchaus nicht an England erinnerte, wie auch nicht die sehr weiße Gesichtsfarbe) stand ein kleines orangefarbenes Tuch von Wolle gut, das sie ganz eigenartig – fast wie eine Mütze – auf ihrem Kopfe drapiert hatte. Und als Zeichen ihres "Arabertums" befand sich an ihrer linken Schläfe und rechts am Rand ihres energischen Kinns ein ganz kleiner blauer tätowierter Stern. Sie trug auch eine weite Jacke von braunem Wollenstoff, wie sie die türkischen Frauen tragen, doch keine Pumphosen, sondern einen bis auf die Füße reichenden einfachen braunen europäischen Rock, dazu rote, spitze Lederschuhe; auf den Fingern aber wundervolle Ringe. Als sie mir oben in ihrem "europäischen" Salon ihre Bilder und entzückenden Kunstsachen von großem Werte zeigte, flimmerten die Edelsteine an ihrer Hand derartig, daß ich ganz zerstreut wurde. Sie war glücklich, mit mir über Malerei und Kunst sprechen zu können. "Es ist so selten, daß ich hier jemand finde, der mich versteht", sagte sie sehr warmherzig.

Unvergeßlich bleibt mir aber die Wendung, die unser Gespräch nahm, als ich die Bemerkung machte, daß sie das Entbehren der Kunst doch wohl bisweilen nach Europa zöge. "Der Anblick eines Fiakers oder der Pfiff einer Lokomotive würde mich töten!" sagte sie mit einer Betonung von Haß und einem Blick, der mir den ganzen Abgrund öffnete, der diese merkwürdige Frau von der europäischen Kultur trennt. Sie liebte zweifelsohne ihren "Salon", doch so wie jemand in Europa seine Sammlung orientalischer Fayencen lieben kann. Sie war vollkommen die "Königin von Palmyra" geworden, das hatte ich in ihrem – Stall bemerkt. Ob sie wohl bisweilen ihre Sklaven – denn ihre Diener waren tatsächlich nach dem Gesetz des syrischen Landes ihre Sklaven – prügelte? Ich leugne nicht, daß ich es für sehr möglich halte. Aber daß ihr Herr und Gebieter, der Scheich, es wagen würde, seine schwere braune Hand gegen sie zu heben, möchte ich bezweifeln. Und doch will ich nicht darauf schwören. Vielleicht ist sie nur bei diesem fünften Gatten geblieben, weil er es gewagt hatte. Denn es ist diese Dame in keiner Weise mit einem Maßstabe zu messen, der die Maße der europäischen Staaten anzeigt. Sie interessierte mich ganz außerordentlich. Ich glaube besonders, weil etwas in der schroffen Trennung von allem Zwang europäischer Art in mir anklang: meine Verzweiflung, als ich in den Zwang des militärischen Rockes geraten war. Nach Palmyra auszuweichen vermochte ich damals natürlich nicht. (Schon deshalb nicht, weil ich keine Lady Jane war, die ihre Familie im Stich ließ.) Aber als ich mich aus dem "ersten und elegantesten Regiment der Christenheit", dem Regiment der *Gardes du Corps* plötzlich in das kleine, verschneite Städtchen Weilburg a.d.Lahn vor zwei Jahren vergrub und (unter Qualen!) Griechisch, Lateinisch und Mathematik wieder bei langweiligen Professoren lernte und das Abiturium machte, da haben viele "ein starkes Bestreben, sich zu bilden" darin zu erkennen geglaubt – aber sie irrten: es war eine Auflehnung gegen einen Zwang äußerer Formen, die innerlich zu einer Unerträglichkeit geworden waren. Auch ich machte mich frei, doch wie ein Mann es vermochte. Sie ging ihren Weg – ihren sehr seltsamen Weg, denn in ihrer Natur verflochten lag das, was die Griechen δαιμον nennen. Wir haben es etwa mit "dämonisch" bezeichnet.

Nachschrift.

Eine sehr dumme Redensart ist, wenn sich zwei Menschen in fernen Orten begegnen oder weitliegende Anknüpfungspunkte zwischen sich entdecken: "Wie klein ist doch die Erde!" Dem lieben Gott mag sie allerdings klein erscheinen, aber für uns dumme Menschen ist sie gerade groß genug. Immerhin kann man bisweilen durch fernliegende Zusammenhänge seltsam berührt werden – und deshalb will ich folgendes Begebnis hier verzeichnen.

Ich war im Herbst 1873 zum Besuch bei lieben Verwandten und Freunden in Schlesien. Kurz vor dem Essen war ich angelangt; wir saßen etwa acht Personen um den Tisch. Ich saß zwischen der Hausfrau und ihrem Bruder, meinem Freunde Eberhard Dohna, der mich im vergangenen Jahre so treulich während meiner schweren Erkrankung in Kairo gepflegt hatte. Zwei Herren an dem Tisch waren mir fremd, man hatte uns kurz vor Beginn des Diners einander flüchtig vorgestellt.

Die Unterhaltung wendete sich im Lauf des Essens dem Orient zu, und ich erzählte mit gewohnter Lebhaftigkeit allerhand lustige Begebenheiten von meiner Reise – und zwar laut, allein sprechend. Ich sprach auch zufällig das Wort "Damaskus" aus und erhielt dabei plötzlich von meinem guten Eberhard einen auffallenden Stoß unter dem Tisch. Irgend etwas Besonderes mußte ihn dazu bewogen haben, und ich brach die Erzählung unauffällig ab. Sofort flüsterte er mir leise und eindringlich ins Ohr: "Sprich um Gottes willen nicht von der 'Königin von Palmyra'! – rechts neben Toni sitzt ihr Sohn."

Ich hielt Eberhards Bemerkung für einen Scherz – aber er sah so tiefernst aus, daß ich vorzog, von Damaskus zu schweigen. Der Nachbar Tonis war der Baron Heribert von Venningen, der Verwandte eines Laskowitzer Vetters, den dieser zur Jagd hierher mitgenommen hatte. Tatsächlich der 1833 geborene Sohn der "Königin"!

"Wie klein ist doch die Erde!" – hätte ich fast gesagt.

ABD EL KADER.

Damaskus, 23. November 1871.

Hatte ich von der Existenz der "Königin von Palmyra" erst in Damaskus selbst etwas vernommen, und hatte mich dieses allerdings in eine wohlberechtigte Neugierde versetzt, so befand sich doch meines Wissens noch eine andere Persönlichkeit in Damaskus, deren Heldentum in meiner Kindheit in aller Munde war. Es war darum mein stiller Wunsch, diesen fast sagenhaft umwobenen Helden zu sehen. Abd el Kader, den Führer und Herrscher über viele Araber- und Kabylenstämme in Algier, der nach der nominellen Eroberung Algiers durch die Franzosen 1830 – noch unter der Regierung König Karls X. von Frankreich – seit 1832 einen kühnen Guerilla-Krieg führte, der es den Franzosen nicht ermöglichte, "ihr" Algier unter französische Verwaltung zu stellen. Abd el Kader hatte sogar 1836 einen Sieg erfochten, der die gesamte Franzosenherrschaft in Algier in Frage stellte. Das Unglück traf ihn erst 1844. Er wurde in einer Schlacht geschlagen und 1847 gefangen. An alle diese Ereignisse knüpften sich die sagenhaften Erzählungen, die mich als Knaben entsetzlich aufgeregt hatten.

Abd el Kader war bis 1852 in Frankreich gefangen gehalten worden. Dann ließ man ihn frei – und er zog in das Paradies aller Araber, nach Damaskus. Darum war fast meine erste Frage an den freundlichen italienischen Konsul Castelli: "Ist Abd el Kader in Damaskus? – lebt er noch?" – *Certainement*", war die Antwort, – "aber leider ist er, wie ich höre, verreist." Ich war sehr niedergeschlagen und mußte nun wohl meinen Helden in meiner Erinnerung begraben, ohne ihn gesehen zu haben.

Da ließ mir am Vorabend des für unsere Abreise bestimmten Tages, am 22. November, Konsul Castelli sagen, "Abd el Kader sei zurückgekehrt; er (Castelli) habe geglaubt, mir einen Gefallen zu erweisen, indem er eine Anfrage an ihn gerichtet habe, ob er mich empfangen wolle und habe die Antwort erhalten, er würde sich freuen, mich – einen preußischen Offizier – morgen nachmittag zu empfangen". Ich umarmte in Gedanken Mr. Castelli – und seine hübsche kleine Frau – und begab mich nach meinem Abschiedsgesuch bei der "Königin von Palmyra" in das Haus Abd el Kaders.

Alle Türen, die in Damaskus von der Straße in ein Haus (d. h. in den schönen großen, mit Wasser beplätscherten Hof) führen, sind so niedrig, daß man fast hindurchkriechen muß. (Sicherheitsmaßregel gegen Überfall.) Ich kroch also, sehr würdig von meinem Dragoman Elias Abbas begleitet, durch die Tür, wo mich mit vielen Salams mehrere Araber empfingen und mich unter unaufhörlichen Verbeugungen in ein zu ebener Erde an dem Marmorhof gelegenes großes Gemach geleiteten, in dessen Mitte der alte "Brigand" – wie ihn die Franzosen nannten – stand und mir bei meinem Eintritt unter den üblichen arabischen Begrüßungsformen entgegen ging. Er lud mich ein, mich neben ihn zu setzen (sehr unbequem auf einem Divan am Boden) und wir begannen, uns in französischer Sprache, die er leidlich fließend beherrschte, zu unterhalten.

Der alte, noch sehr rüstige Mann von etwa 65 Jahren glich durchaus den vielen Bildern, die ich von ihm kannte. Er war völlig in Weiß gekleidet und sah mit seinem fast weißen, langen Bart und seinen dunklen, großen, fragenden Augen, die unter dem grünen Turban glühten, imposant aus.

"Sie haben den Krieg in Frankreich mitgemacht? Bei welchem Regiment? Kennen Sie Moltke und Bismarck? Waren Sie in Paris? Wie steht es dort aus? Was sagte man in Deutschland, als der Kaiser gefangen wurde? Schlugen sich die Franzosen gut? Worin waren Sie ihnen hauptsächlich überlegen? Glauben Sie, daß Sie den Franzosen genug mit dem Elsaß weggenommen haben? Weshalb nicht mehr?" – so gingen die Fragen und meine Antworten hin und her. Unleugbar war es ihm eine große Befriedigung gewesen, den Erbfeind geschlagen zu sehen. Aber zu meinem Erstaunen sagte er, als wir von Sedan sprachen. " *Pauvre homme! – au fond c'est un honête homme!*" (Mir fiel dabei ein, daß ihm Napoleon nach der Gefangenschaft von fünf Jahren 1852 die Freiheit geschenkt – wenn auch nicht die Erlaubnis erteilt hatte, nach seiner Heimat zurückzukehren.) "Man hat in Deutschland ein falsches Bild von dem Kaiser Napoleon", sagte er. "Er soll ein Verschwörer, ein politischer Intrigant sein – weiter nichts. " *Mais je vous dis*", schloß er, " *c'est un homme instruit, un homme, qui a écrit l'histoire de César lui-même.*"

Ich war starr! – Das war der große Räuberhauptmann und Halsabschneider, der kühne Feldherr und verschlagene Bandenführer, der durch seine Hinterlist und Schlauheit, durch seinen persönlichen Mut ganz Frankreich während mehr als zehn Jahre in Schach gehalten hatte? Er hatte wohl gar zum Schluß noch Sympathien für Frankreich? – Das war allerdings nicht der Fall. " *Les Français n'ont pas un bon caractère, ils sont trop orgueilleux pour être bons et raisonable*", sagte er. " *Les Allemands sont plus droits et plus simple – je préfère les Allemands*", schloß er mit einer orientalischen, lächelnden Verbeugung, die ich ihm ebenso höflich zurückgab.

Ich kann nicht leugnen, daß Abd el Kader mich in namenloses Staunen versetzt hatte. Er war absolut jemand anders als ich erwartete – aber dennoch erschien er mir als die bedeutende Erscheinung, die er in der Geschichte darstellte. Ich glaube, man vergißt zu leicht, daß ein Haudegen nur wirklichen Erfolg haben kann, wenn er auch Geist besitzt.

Nachdem ich zahllose Tassen Kaffee aus reizenden kleinen Täßchen getrunken und an der infamen Nargileh aus Höflichkeit gesogen hatte, bis mir speiübel war, empfahl ich mich von dem berühmten Abd el Kader, der mich bis zur Tür am Hof begleitet hatte. Mein Eindruck war, wie gesagt, ein anderer, als ich erwartet hatte. Aber wie er fragte, wie er antwortete, wie er gerecht die Dinge abwog – das alles imponierte mir, und ich war eitel genug, zu hoffen, daß er mich nicht für einen jungen Schafskopf gehalten habe.

Wer weiß?

Ich hatte noch vor dem Aufbruch von Damaskus Gelegenheit, Konsul Castelli zu sehen und sagte ihm offen, daß Abd el Kader mir durchaus nicht den Eindruck des Kabylenhäuptlings gemacht habe.

"O nein", sagte Castelli, "er ist ein Mann von hoher Intelligenz und Bildung. Er stammt aus einem Priestergeschlecht und hat sogar ein Buch geschrieben, das in der arabischen Welt Aufsehen gemacht hat. Ich besitze die Übersetzung davon. *"Rappel à l'intelligent, avis à l'indifferent"*.

Das war das Letzte, was mir der gute Castelli sagte. Kurz darauf ritten wir zum Jerusalemer Tor hinaus, wo auf einer endlosen grünen Wiese mindestens zweihundert Kamele grasten, alte und junge. Ein junges Kamel begann bei dem Anblick der Karawane plötzlich zu springen – aus Vergnügen oder Übermut, und zwar mit allen vier Füßen zugleich. Dieser Ausdruck der Freude wirkte auf alle 200 Kamele ansteckend – und alle folgten dem Beispiel. Der Anblick war so grotesk komisch, daß wir halten blieben und wohl eine viertel Stunde ohne Pause lachten, bis uns die Tränen über die Backen liefen.

ABSCHIED VOM HEILIGEN GRABE

8. Dezember 1871.

Frühmorgens, lange ehe unsere braven Rosse vor dem Hospiz standen und Elias Abbas mit seiner unnachahmlichen Würde seine Morgenverbeugung gemacht hatte, war ich zu der Grabeskirche gegangen, um noch zum letztenmal den Zauber dieses heiligen Ortes zu empfinden – für den meine braven Landsleute absolut nicht zu gewinnen sind. Sie fühlen sich durch das "Äußerliche", das in der Kirche und am heiligen Grabe hervortritt, "verletzt", weil sie die Bedeutung der Anbetungsformen so vieler Konfessionen, die sich hier zusammenfinden, nicht kennen – und nicht einmal kennen wollen – und besonders, weil sie auch die Grabesstelle nicht anerkennen – mit anderen Worten "alles für Humbug" erklären. Ich stehe auf einem absolut anderen Standpunkt. Wenn irgendein "biblischer Ort" echt und begründet in dem heiligen Lande ist, so ist es die Stelle des Grabes Christi. Als Christus am Kreuze starb, war seine Gemeinde begründet. Sie ist niemals aus Jerusalem – jedenfalls nicht aus Palästina – verschwunden, und die Stelle, wo der Heiland begraben wurde, war und blieb ein Heiligtum, das nicht in Vergessenheit geraten konnte. Nur periodenweise fanden Christenverfolgungen statt, niemals aber während der Dauer von Jahrhunderten. Während der Herrschaft der Moslems ist das Grab Christi ebensowenig zerstört worden, wie das Grab Abrahams in Hebron (das wohl zu weit von der christiichen Zeitrechnung entfernt ist, um authentisch sein zu können), denn Abraham ist den Moslems ein Heiliger und Christus ist ihnen ein "Prophet" – wenn ihnen auch die Völker, die sich nach ihm nennen, "Christenhunde" sind, Feinde ihres Propheten Mohammed, nicht ihres Gottes Allah. So wenig wie das Grab Mohammeds von dem Jahre 632 an bis jetzt nicht vergessen ist, so wenig kann die Grabesstelle Christi vergessen worden sein.

Anders wird es sich mit der Kreuzigungsstelle verhalten, die sich gleichfalls unter demselben Dache der Grabeskirche befindet, kaum weiter als 26 bis 30 Schritte, und das ist denn doch mehr als unwahrscheinlich.

Daß nun aber vor der großen Tür der Grabeskirche ein türkischer Soldat mit einigen Kameraden Wache hält und abends die Tür wie ein "Hausmeister" verschließt, ist ein Sultans-Herren-Recht, der im übrigen jeglichem christlichen Bekenntnis die Ausübung seiner kirchlichen Gebräuche gestattet. Ich meine, daß, wenn die Grabeskirche z. B. im Besitz des russischen Zaren sein würde, kaum den Katholiken und Kopten ihre Zeremonien am Grabe des Heilands gestattet sein würden.

Mich hat alles das nicht gestört. Auch nicht diese große byzantinische Kirche mit ihren Nebenkapellen, durch Gold, Bilder, Ampeln, Leuchter fast erdrückt, denn alles ist in ein schimmerndes Dämmerlicht getaucht, aus dem in feierlichem Gange unablässig die Prozessionen der Gläubigen der ganzen Christenheit zu der Grabkapelle in der Kirche wandeln, leise Gebete murmelnd, die Räuchergefäße schwingend; phantastische ernste Gestalten von wunderbarer priesterlicher Schönheit, wie die Armenier und Griechen – in goldstrahlenden Gewändern der römisch-katholischen Priesterschaft –, und dazwischen, seltsam singend, Riesen in schneeweißen Gewändern und weiße Turbans auf den Köpfen über den schwarzen Negergesichtern: die Kopten und Abessinier. Alles zieht zu dem engen Raum der Grabeskapelle, wo der Stein, der das Grab deckt, nicht zu sehen ist unter Blumen und goldenen Kränzen, und wo die brennenden goldenen Ampeln aus alter und neuer Zeit so eng den Raum erfüllen, daß nur das matte gelbe Licht der Ölflämmchen und Wachskerzen, die über dem Grabe schweben, funkeln.

Aber alle, die an die breite Öffnung der Tür treten, erfüllt ein tiefer Ernst, und sie verharren in Schweigen – wie ich – und beugen die Knie und das Haupt.

Man sagt, daß die vereinigten Gedanken vieler Menschen eine Kraft darstellen. Nun, hier vereinigte sich seit Jahrhunderten ein Strom von gleichen Gedanken. – Doch welcher Gedanken? Liebe? Dank? – oder Wunsch? Ich glaube, daß, wenn sich alle Gedanken, die hier zu Gott und dem Heiland aufsteigen, zu einer einzigen Kraft vereinigten, es die Kraft eines gewaltigen Wunsches ist; denn stärker als alles, was das Herz erfüllt, wenn es zu Gott spricht, ist der Wunsch nach Erfüllung dessen, was das gequälte Herz des einzelnen beseelt – mehr irdische als ewige Dinge –, doch wohl in seinem Grundton Wunsch nach Frieden für das Herz.

Der hier in diesem Grabe, an dieser Stelle ruhte und die Pforten des Grabes sprengte, sprengte sie mit seinem Frieden – und er verhieß uns auch den Frieden der Seele.

Ist aber das, was ich hier als eine durch gemeinsame Gedanken wirkende starke Kraft empfand, tatsächlich der Wunsch der pilgernden Menschheit nach Frieden der Seelen? Es war alles in allem mehr der Eindruck einer Klage-Kraft, den ich hatte – der aber ein dem Heiligen Grabe entströmender Liebesgedanke eine unbeschreibliche Weihe verlieh.

Niemals werde ich das Heilige Grab vergessen. Die Äußerungen des Unwillens, Ärgers, Mißverstehens, selbst aus geistlichem Munde von Persönlichkeiten, die mir wert sind, können mir nicht den innerlichen Eindruck rauben, den ich von dem Heiligen Grabe bei meinem Abschied von Jerusalem mit mir nahm.

EIN GEFÄHRLICHER AUSFLUG

Kairo, Dezember 1871.

Ich lernte hier einen jungen Marquis Castrillo aus Xeres kennen, mit dessen Bruder Duc de St. Lorenzo und Freund Marquis Alventos ich im Herbst 1869 in Biarritz viel verkehrt hatte. Er ist passionierter Jäger, und wir verabredeten eine *Partie de chasse* mit einem arabischen Jäger nach Fayum. Dieser Abenteurer, der sich für einen arabischen Dragoman ausgab, hatte uns vorgelogen, in zwei Tagen könnte man gut eine Hyäne oder einen Wolf erlegt haben und nach Kairo zurückgekehrt sein.

29. Dezember 1871.

Wir hatten uns daher keine Provisionen mitgenommen und brachten zunächst einen ganzen Tag auf der Eisenbahn nach Fayum zu. Auf einer Station blieben wir sogar 4 Stunden liegen, das war am Nil, dessen Ufer dort dicht mit Palmen bestanden sind. Wir benutzten die Zeit, um ein Dutzend wilder Tauben zu schießen, die zu Tausenden auf den grünen Feldern waren. (An den folgenden Tagen waren diese, ohne Salz geröstet, unsere einzige Nahrung.) Vor Fayum, in der Wüste, wurde ein Wolf durch den Zug verscheucht und unsere Jagdlust durch dieses unglückselige Tier, das wir hätten aus dem Fenster des Kupee erledigen können, erreichte ihren Höhepunkt.

Am Abend wanderten wir durch die Stadt, die zirka 50 000 Einwohner, Araber, aber keinen Gasthof hat. In einem verlassenen arabischen Hause ohne Fenster und Türen breiteten wir unsere Decken am Boden aus und versuchten zu schlafen, woran uns jedoch 500 Flöhe, Wanzen und Käfer, die man krabbeln hörte, verhinderten.

30. Dezember 1871.

Am nächsten Morgen bestiegen wir die uns von dem Dragoman beschafften Esel, nachdem uns auch dieser (der sich Hassan nannte) noch einen alten Ibrahim, der vizeköniglicher Forsthüter ist und zu seiner Legitimation einen Strick mit zwei Dutzend aufgefädelten Wolfsohren vorgezeigt hatte, engagiert hatte. Die Esel hatten kein Zaumzeug und als Sattel lagen unsere Decken lose auf ihren Rücken. Mit der Flinte vor sich nahm man einen etwas wackligen Sitz ein, und bei dem Passieren der zahllosen kleinen beweglichen Strauchbrücken stürzten wir natürlich alle Augenblicke zu Boden oder in grundlosen Schlamm. Bald hatten wir die mit Baumwolle und Zuckerrohr bestellten Felder passiert, und in den sumpfigen Wiesen, dicht am Rande der Wüste, erlegten wir nun die unglaublichsten Sumpfvögel. Weiße Reiher, Schnepfen-Arten, sonderbare Strandläufer. Von wilden Tieren war aber weit und breit nichts zu sehen. Dagegen begegneten wir so unheimlichen Banditengestalten, bewaffnet bis an die Zähne, daß wir stutzig wurden. Der Dragoman kannte, wie sich herausstellte, nicht die Gegend, aber befand sich im engsten Einverständnis mit dem sogenannten Forstaufseher Ibrahim, der ein noch größerer Halunke zu sein schien als Herr Hassan. Sie hatten unaufhörlich miteinander zu tuscheln und sich Zeichen zu geben.

Es wurde Abend – und wir ritten immer noch weiter, auf unseren Eseln, die übrigens große, stattliche Tiere waren, balancierend, an den steilen, gelben, spärlich mit grünem Kraut bewachsenen Bergwänden der Wüste entlang, die die weiten Sumpfflächen der Landschaft Fayum begrenzten. Aber weit und breit zeigte sich kein Wolf, keine Hyäne. Hingegen bemerkte ich zweimal, daß oben auf der Höhe zwischen den gelben Steinen braune Gesichter mit Kopftüchern, wie sie die Beduinen tragen, zu uns hinunterspähten, allerdings nur für Augenblicke. Ich teilte es Castrillo mit und sagte ihm, er möge aufpassen, aber er hatte nur Augen für den Sumpf und war so aufgeregt, wie Südländer stets auf der Jagd, daß er mir erklärte, ich müsse mich getäuscht haben. Schließlich wurde ich selbst zweifelhaft an meiner Beobachtung.

Da es mittlerweile zu dunkel wurde, machten wir halt, um uns für die Nacht einzurichten. Das war greulich. Die gerösteten, angebrannten Tauben ohne Salz waren ekelhaft. Aber es gelang doch zu schlafen, denn wir waren totmüde nach dem Balancieren auf den Eseln.

31. Dezember 1871.

Als ich im Dämmerlicht erwachte, schnarchte Castrillo neben mir --- aber Hassan und Ibrahim waren nicht zu sehen. Ich wurde sofort sehr wach und sprang auf: tatsächlich, wir waren allein, und es war noch so dunkel, daß man kaum um sich sehen konnte. Ich weckte Castrillo, der sich aufsetzte, die Augen rieb und hastig fragte. " *Où sont-ils?*" (Er meinte natürlich die Hyänen, Wölfe – oder gar die Löwen, die er auch hier erwartet hatte.)

"Ja, das weiß ich natürlich nicht", sagte ich, "aber daß die beiden Schurken irgend etwas im Schilde führen, ist jetzt ganz klar. Vielleicht schon in den nächsten Augenblicken. Ich sagte Ihnen, daß wir von Wegelagerern beobachtet würden, was Sie mir nicht glauben wollten – nun wird wohl mit diesen ein Rendezvous stattfinden, und wir tun gut, uns vorzusehen."

Castrillo hatte endlich begriffen, um was es sich handelte. Er spannte den Hahn seiner Büchse und sah wild um sich. Aber es war in der Dämmerung nichts zu erkennen. "Kommen Sie", sagte ich, "wir wollen unsere Decken hinlegen, als lägen wir noch darin, und uns hinter jene Steine postieren, um abzuwarten, was nun geschehen wird."

Bald sahen wir zwei dunkle Gestalten heranschleichen, die sich mit äußerster Vorsicht unserem Lagerplatz näherten.

Wenn es Hassan und Ibrahim waren, was wollten sie? Ganz in der Nähe unserer Decken stutzten sie. Augenscheinlich hatten sie entdeckt, daß wir unsere Schlafplätze verlassen hatten. " *Ne boujez pas*", rief ich, die Büchse an der Backe, " *si vous boujez, je fais feu!*" Wir sprangen vor mit den erhobenen Gewehren – und beide warfen sich auf die Knie. Sie schworen bei den Propheten und Allah, "der sie blind machen solle, wenn sie nicht die Wahrheit sagten", daß sie nur gegangen seien, Hyänen zu suchen. Das war eine offenbare Lüge, denn in der Dunkelheit war keine Hyäne zu sehen – und hätten sie uns etwa zu Schuß bringen wollen, so mußten sie uns geweckt haben, um mit ihnen zu gehen.

Aber was hatten die Kerls getan? Das war die Frage. Wollten sie sich überzeugen, ob wir schliefen und dann ihren Spießgesellen ein Zeichen geben, um uns zu überfallen oder hatten sie für den kommenden Tag eine Verabredung getroffen?

Wahrscheinlich war Ibrahim die Mittelsperson, Hassan hingegen der Anstifter des Unternehmens, denn er kannte augenscheinlich nicht die Gegend. Aber Castrillo, der lange in Algerien unter den Arabern gelebt hatte und arabisch sprach, erklärte mir, wir müßten unbedingt den Scheich des nächsten Dorfes um Gastfreundschaft bitten, um nicht in der hereinbrechenden Dunkelheit des nun angebrochenen Tages unter die Beduinen zu geraten.

Wir machten uns, sobald wir um uns sehen konnten, auf den Weg. Das war ein unheimlicher Ritt. Die beiden "Führer" schritten voraus, wir ritten mit gespannten Büchsen hinterher. Bei dem ersten Zeichen, das sie geben würden, bekämen sie eine Kugel durch den Kopf – das hatten wir ihnen auch bei Allah geschworen.

Im Dorfe Nbaschi ritten wir nach etwa acht Stunden zum Erstaunen der Bevölkerung direkt in den Hof ihres Scheichs Ali und verlangten diesen zu sprechen. Der Scheich, ein älterer Mann mit einem tollen Galgengesicht, erschien, und wir sagten, daß wir vornehme, jagende Herren seien, die in Europa viel zu sagen hätten. Wir überreichten ihm mit vielem Salaam unsere hübschen Taschenmesser, Ledergurte und einige Goldstücke als Gastgeschenke. Er führte uns darauf – Gott sei Dank! – in ein Zimmer, das nach Süden hin offen war und in dessen Strohmatten (auf denen wir auch die Neujahrsnacht zubringen sollten.) wiederum die Plage des Orients, Tausende von Flöhen hausten. Castrillo führte die Unterhaltung auf arabisch, während wir Kaffee tranken und Nargileh rauchten, und so bot uns der Scheich denn endlich ein Essen an. Wir aber hatten damit unser Ziel erreicht, denn ein Fremder, der im Hause des Arabers eine Mahlzeit einnimmt ist gefeit gegen jegliche Gefahr.

Aber es fanden sich im Laufe der nächsten Stunden etwa zwanzig Beduinen ein, die ringsum schweigend an der Erde Platz nahmen. Phantastische, wilde, schöne Menschen mit eisenharten Augen. Ich sprach Bedenken gegen Castrillo aus, der mich jedoch beruhigte und mir sagte, daß diese wilden Kerls nur gekommen seien, um die hohen Gäste ihres Freundes zu ehren.

Bald erschienen nun auch zwei Neger, die einen kleinen Tisch in der Höhe eines Stuhles vor uns stellten, und auf diesen wurde ein enormes Tablett mit einer Hammelkeule, Suppe und einer nicht zu beschreibenden Dégoutance – einer klebrigen Masse – gestellt. Wir nahmen um den Tisch Platz, arabisch am Boden mit gekreuzten Beinen sitzend, und mir knackten die Knie. Der Scheich schlug die Ärmel zurück, ein schwarzer Diener brachte Wasser, in dem wir unsere Finger abspülten, mit denen wir essen sollten, und das Mahl begann. Der alte Ali zerriß eine Zitrone und preßte den Saft in die Bouillon; jeder ergriff einen Holzlöffel und gemeinsam wurde das fürchterliche Gepansch aufgegessen.

Jetzt fiel der Scheich über die Hammelkeule her und riß mit den Nägeln die Fleischstücke herunter, die er lächelnd in Häufchen vor uns auf den Teller legte, und die wir in unserem Heißhunger – denn wir hatten während unseres Rittes von acht bis neun Stunden nichts gegessen – wirklich verzehrten. Ein gleiches geschah mit Reis und Rosinen und der vorhin erwähnten klebrigen Masse. Ich hatte einige Anwandlungen von Übelkeit, bezähmte mich jedoch und unterwarf mich schweigend den Gebräuchen der Moslem.

Die Unterhaltung bestand aus Schmeichelreden, die man sich gegenseitig hielt. der andere war vornehmer, mächtiger als man selbst, die Sitten der Europäer, der Araber waren vorzuziehen. Am wirksamsten war jedoch mein Wort, als ich den alten sechzigjährigen Banditen für dreißig Jahre hielt. Endlich war die Mahlzeit beendet und ich reckte meine armen Knie. Der Scheich aber brachte uns selbst – eine unerhörte Höflichkeit! – das Wasser zum Reinigen der Finger, an denen Reis und Fleischreste klebten, die meist unter die Nägel gekrochen waren.

Nachdem der Kaffee getrunken war, wickelten wir uns in unsere Decken, um einer entsetzlich flohreichen Nacht entgegenzugehen.

Doch waren es nicht allein die Flöhe, die mich störten, es war das unheimliche Gefühl, mich in der Gewalt einer Räuberbande zu befinden. Was mochten Ibrahim und der verruchte Hassan für Pläne geschmiedet haben? Vielleicht doch schließlich noch eine Verschwörung mit Scheich Ali – trotz aller arabischen Gastfreundschaft?

Durch das offene Fenster des nicht großen Raumes mit seinen Divans, die aus Strohsäcken bestanden, über die Teppiche gelegt waren, schien der Vollmond herein. Er beleuchtete tageshell den weißen kleinen "Schloßhof", der von Lehmgebäuden eingefaßt war. Durch das weiße Tor, durch das wir geritten waren, als wir Schutz suchten, gingen langsam in ihrer weißen Kleidung mit den endlos langen Flinten auf dem Rücken hohe Gestalten hin und her. Ihr blauschwarzer Schatten wandelte, sich grell abzeichnend, an den Wänden mit ihnen. Bisweilen sprachen zwei, auch drei von ihnen lange und leise miteinander. Was mochten sie reden?

Ich hielt meine Uhr in der Hand und erwartete Mitternacht. Ich hielt sie in der linken Hand, denn die rechte hielt immer den Revolver. Ebenso wie die Rechte des spanischen Granden, der deshalb wohl auch nicht allzu fest an die von ihm verkündete arabische Heiligkeit des Gastes zu glauben schien. Dafür war er aber allerdings fest eingeschlafen, was mir nicht glückte. Doch nicht etwa aus Angst. Meine Gedanken weilten daheim bei den geliebten Eltern, die bei den Geschwistern in Straßburg im trauten Kreise der stillen Häuslichkeit das neue Jahr erwarteten – sie konnten nicht ahnen, welche Neujahrsnacht ich durchlebte, welche romanhafte, phantastische Mondscheinnacht in der tiefen Einöde der riesigen Sümpfe des Fayums, aus denen das "Castell" Alis sich über dem Dorfe Nbaschi auf einer fast kreisrunden Berghöhe erhob. Niemals werde ich je eine solche Neujahrsnacht wieder erleben! – so hoffte ich, wenn auch meine langgehegte Sehnsucht nach einem "wirklichen" Abenteuer glänzend dadurch befriedigt wurde.

Der Scheich hatte uns versprochen, Wächter aufzustellen, die uns die etwaige Ankunft von wilden Bestien der Wüste am Wasser melden sollten – doch wir wurden nicht gerufen, und ich geriet am frühen Neujahrsmorgen über diese neue verfehlte Jagdpartie in so großen Ärger, daß ich mit Castrillo beschloß, direkt nach Kairo zurückzukehren.

1. Januar 1872.

Noch vor Sonnenaufgang um 6 Uhr brachen wir auf. Scheich Ali hatte uns Pferde gegeben – wir ihm je einen Napoleon für seinen Leibsklaven feierlich überreicht – und eskortiert von zehn prachtvollen Beduinen ritten wir zum Tor hinaus.

Um ½ 7 Uhr ging die Sonne blutrot hinter Palmen auf. Nach einem Ritt durch die Sümpfe und am Wüstenrand entlang von annähernd zehn Stunden, der wieder reich an Unfällen aller Art war, langten wir in der Stadt Fayum gegen Abend an. Der Zug nach Kairo war aber bereits abgegangen, und wir waren gezwungen, bis zum nächsten Morgen dort zu bleiben. Unseren Bemühungen gelang es jedoch, den einzigen Europäer, einen Franzosen, Mr. Lombard, aufzutreiben und ihn um Gastfreundschaft zu bitten. In reichem Maße wurde uns diese zu teil. Seine nette Frau kochte uns mit der Negersklavin ein Abendessen und, nachdem noch sein Bruder, der in der Nähe der Stadt ein Landgut und Baumwollenfelder besitzt, gekommen war, tranken wir mit Rotwein auf ein glückliches neues Jahr.

Wir erzählten Lombard unsere Schicksale in Nbaschi und wunderten uns über die plötzliche ernste Miene, die er annahm. "Scheich Ali ist der erste Brigand des Landes!" rief er aus. "Vor zehn Jahren hat er aus Rache eine Frau mit drei Kindern und einen Diener ermorden lassen; seine Helfer wurden gefangen, er entzog sich durch Bestechung der Gerechtigkeit. Vor drei Jahren wurden zwei Europäer ermordet, im vergangenen Jahr ein Türke. Das Gouvernement hat ihm darauf die Würde eines Regierungs-Scheichs verliehen, um ihn durch seine offizielle Stelle an neuen Schandtaten zu verhindern – hierzulande ein ganz gewöhnliches Mittel. Daß er sie nicht zur Jagd in der Nacht wecken ließ, war zu Ihrer Sicherheit, die ihm, nachdem Sie gemeinsam in seinem Hause gegessen hatten, heilig sein mußte." Das war allerdings eine leidlich überraschende Mitteilung! Der Gedanke, daß dieser scheußliche Kerl mir Hammelstücke mit seinen blutbefleckten Händen abgerissen und auf den Teller gelegt hat, ist grauenhaft.

2. Januar 1872.

Nachdem ich bei Lombards, auf dem Fußboden auf Decken liegend, wiederum eine wanzenreiche Nacht verbracht hatte, führte uns endlich der Zug dem heimatlichen Kairo zu; auch dieses Mal mußten wir vier Stunden in der bewußten Station am Nil sitzen. Jetzt aber vertrieb uns ein arabischer Sänger die Zeit, der vom Sultan sang, der seine Schätze verläßt, um sich die Liebe eines Gallas-Mädchens zu erwerben.

In Kairo fand ich Herrn von Bonin, einen guten Bekannten von mir, meinetwegen sehr beunruhigt vor, weil er zufällig im Hotel von einem Herrn Kauffmann, der schon viele Jahre in Kairo ein Geschäft betreibt, gehört hatte, daß unser "arabischer Jäger" Hassan gar kein Araber sei, sondern ein übelberüchtigter Malteser, der mit dem Verschwinden zweier europäischer adliger Herren, von denen einer ein ungarischer Graf gewesen sei, im Zusammenhang gestanden haben sollte. Diese Herren seien von einer Jagdpartie im Fayum nicht zurückgekehrt. Ich ging infolgedessen zu Herrn Kauffmann und fragte ihn nach Hassan. Er sagte mir, daß wir wohl nur unserem schnellen Entschluß, nach der "Höhle des Löwen" Ali geritten zu sein, unser Leben verdankten, um so mehr, als dieser, kürzlich zu einem vizeköniglichen "Beamten" ernannt, es doch wohl nicht gewagt haben würde, wieder durch einen Mord von sich reden zu machen.

Ich war wütend, dem Schurken Hassan nicht an den Hals kommen zu können. "Prügel", sagte Herr Kauffmann lakonisch, "haben Sie niemand zur Hand?"

Mir fiel mein riesengroßer Neger Mahmud ein, der mich in meinem Zimmer seit meiner Ankunft bediente. Er verstand einige Worte französisch, und mein Gebärdenspiel dazu genügten vollkommen, daß er ein schönes blankes 5 Frank-Stück lachend und verständnisvoll in die Tasche seines langen weißen Hemdes steckte und als er ging, grimmig mit den Augen rollte und seine Faust ballte. Nach einigen Tagen trat er frühmorgens an mein Bett und führte mir so lebendig vor, wie und wohin er Hassan verhauen hatte, daß mir geradezu Angst wurde, er werde, um ganz deutlich zu sein, die Prozedur an mir selbst auch noch vornehmen. Aber er schöpfte nach Abschluß seiner Schaustellung tief Atem, holte sein 5 Frank-Stück aus der Tasche und verließ grinsend das Zimmer.

Hassan war verschwunden. Nach der bösen Tracht Prügel, deren Provenienz ihm durch das Erscheinen Mahmunds aus dem *Hotel du Nil* klargeworden war, dürfte er Verdacht geschöpft haben, daß noch weiteres auf sein schuldbeladenes Haupt gehäuft werden könnte.

VIZEKÖNIG ISMAEL VON ÄGYPTEN UND DIE PERLEN DER COUNTEß OF DUDLEY

Kairo, Januar 1872.

Ich war nach einer abenteuerlichen Seefahrt von Syrien nach Alexandrien und nach einem Quarantäneaufenthalt in der dortigen Cholerastation von acht höchst fatalen Tagen endlich am 23. Dezember 1871 in Kairo eingetroffen. Dort hatte ich mir ein Rendezvous mit meinem lieben Jugendfreunde, Vetter und Regimentskameraden, Grafen Eberhard Dohna, gegeben. Er langte daselbst am 5. Januar 1872 an.

Da wir die Absicht hatten, uns einige Zeit dem Zauber Ägyptens hinzugeben, hielten wir es – zwei Nobiles sehr vornehmen Namens und nicht nur preußische Offiziere, die den soeben verflossenen Krieg gegen Frankreich mitgewonnen hatten, sondern sogar dem "ersten Regiment der Christenheit", dem Regiment der *Gardes du Corps* in Potsdam, angehörten – für "passend", Ismael Pascha (wenn er auch nur ein "Vizekönig" war) unsere Aufwartung zu machen. Denn er hatte immerhin unlängst (1869) den Suezkanal durchstochen (was ihm viel Geld gekostet, aber ihm zugleich auch unermeßlich viel Geld einbrachte). Er hatte auch halb Europa mit seinen Souveränen und Notabilitäten zu der Eröffnung des Kanals geladen und, durch seinen orientalischen Glanz geblendet, sogar die Kaiserin Eugenie als seinen Gast dabei bewirten dürfen.

Der deutsche Generalkonsul, Herr Jasmund, machte dem Vizekönig Ismael unsere Absicht kenntlich, und wir erhielten ein außerordentlich höfliches Schreiben des Hofmarschalls, der uns mitteilte, daß " *son auguste maître*" sich freuen werde, uns am 9. Januar zu empfangen.

Der Vizekönig residierte im Palais Abdin zu Kairo. Die schwarze nubische Wache in ihrer roten pumphosigen Pracht trat ins Gewehr, als wir in unserem sogenannten "eleganten" Wagen des *Hotel du Nil*, den Kawassen des Generalkonsulates auf dem Bock, vorfuhren. Mit jener uns so fremden Höflichkeit des Orientalen (die mir doch aber immer wie "wirkliche" Höflichkeit erschienen ist) wurden wir empfangen. Diese Höflichkeit empfindet der Europäer von subjektiver Charakteranlage "dienerhaft", der objektive Europäer (zu dem ich mich rechne) als einen Ausdruck edler Volksgesinnung und traditioneller guter Form, nämlich Ehrung des Gastes; der ein Haus von guten Sitten betritt, Anerkennung der Würde, die ein Ausfluß der von Allah dem Begnadeten verliehenen Macht ist.

Ich habe mir oft im Orient gesagt: für welche Barbaren müssen uns diese Moslems halten; wenn wir, scheußlich angezogen, neugierig umhertretend, und ohne Begrüßung in Häuser und Läden hineinschreiten. Die Moslems haben sich, angesichts der europäischen Kanonen, das alles gefallen lassen – müssen, nur eins allerdings duldeten sie nicht: das Betreten ihrer Gotteshäuser, der Moscheen, mit Stiefeln. "Man tritt in kein Heiligtum mit dem Schuhwerk, das den Straßenschmutz berührt" – hier hatten sie tatsächlich ein Veto eingelegt, das jenen Zug des Fanatismus trug, der auch eine Schönheit edler Tradition sein kann, weil er hier für "das Ewige" kämpft. Aber hier hatte auch der Europäer klug "gestoppt" – er zog die Stiefel aus oder dicke Moscheen-Filzpariser über die Stiefel. (Doch nur aus Angst: denn er würde Prügel "besehen".)

Kurzum, der Zeremonienmeister, Hofmarschall Seiner Hoheit des Vizekönigs, Ceki Bey, schritt nach unzähligen Salams neben uns her und hinein in den Palast, mit der Hand (sich immer dabei verneigend) den Weg weisend, denn um Allahs willen, er hätte nicht vorausschreiten dürfen!

Die Tür Sr. Hoheit, vor der bei unserem Nahen zwei als französische Kammerdiener verkleidete braune Ägypter mit träumerischen braunen Augen standen, wurde aufgerissen.

Ismael Pascha, aus dem Stamm des großen (verruchten) Mehemed Ali, stand mit dem roten Fez vor uns, in dem bekannten schwarzen, einreihigen, bis zum Hals zugeknöpften türkischen "Gesellschaftsrock", unter dem die leise gekrümmten orientalischen O-Beine herausragten und die anscheinend sehr neuen und sehr engen Pariser Lackstiefel drückend leuchteten. Er hatte ein blasses, dickliches, doch intelligentes Gesicht, ein schwarzes Schnurrbärtchen über den etwas schwülstigen Lippen und kluge, braune, unruhige Augen. Er machte, obgleich er die "50" überschritten hatte, einen noch frischen Eindruck.

Nach einem angedeuteten orientalischen Salam reichte er uns mit liebenswürdigem Lächeln die dickliche Hand zum europäischen Gruße, hieß uns in geläufigem, durchaus eleganten Französisch willkommen und bat uns Platz zu nehmen.

Der nicht große Empfangssalon war ringsum von sehr niedrigen, sehr breiten Divans eingefaßt, die den Eindruck riesiger Kissen machten; gegen die Wand lehnten schwellende weiche Kissen, alles mit prachtvollen orientalischen Seidenstoffen bezogen. Am Boden lag ein Smyrnateppich, so weich, daß man glaubte einzusinken. Die weißen Wände, in Stuck mit edelsten maurischen Arabesken bedeckt, zeigten zwischen diesen Linien matte Vergoldung. Bilder kennt der Orientale nicht (irgendein Koranspruch spricht dagegen), darum machen die Wohnräume des Orientalen dem Europäer stets einen kahlen Eindruck – wenn nicht Spiegelglas hilft, in dem man sich erfreut erblickt.

Wir nahmen Platz, und in demselben Augenblick öffnete sich wieder die Tür. Drei Sklaven von brauner Hautfarbe erschienen. Schöne, sanft dareinblickende Gestalten, rot pumphosig bekleidet mit fast durchsichtiger weißer Jacke über reich mit Gold gestickter Weste und Leibgurt, den arabischen Fez mit der dicken, dunkelblauseidenen Quaste auf dem schwarzen Haar. Jeder der drei trug einen langen Tschibuk (arabische Tschibuks, wohl um eine Kopfhöhe länger als die langen Kerls selbst) und in der linken Hand ein goldenes Tellerchen. Ich habe es nicht für möglich gehalten, daß es so lange Weichselrohre gibt. Sehr sorgsam wurden diese, als wir saßen und der angezündete Pfeifenkopf – recht weit von uns – auf dem goldenen Tellerchen ruhte, uns entgegengehalten und das lange Bernsteinmundstück, das von drei, mit herrlichen Diamanten besetzten Ringen umschlossen war, mit tiefer Verbeugung in die Nähe unserer Lippen geführt.

Ich ergriff das Marterwerkzeug mit Todesverachtung, denn ich würde eine unerhörte Unhöflichkeit begangen haben, wenn ich Ismael Pascha mitgeteilt hätte, daß ich "Nichtraucher" sei. (Es würde ungefähr den Eindruck gemacht haben, als würde ich behaupten, daß ich niemals die natürlichsten Bedürfnisse befriedige.) Der Rauch, der durch ein derartig langes Rohr hinaufgesogen werden muß, erkaltet unterwegs, wenn auch nicht so sehr, wie in der entsetzlichen Nargileh, immerhin aber genügend, um den Eindruck zu erwecken, den man in Nase und Mund empfindet, wenn man morgens in ein nichtgelüftetes Zimmer tritt, in dem bis Mitternacht viele Studenten rauchten.

Die Unterhaltung begann mit jenen, Teilnahme andeutenden Fragen, woher man kam, wohin man reise – und die Antworten: wie zauberhaft Ägypten sei, wie liebenswürdig die Bevölkerung (worauf eine höflich dankbare Neigung des vizeköniglichen Hauptes erfolgte). Dann natürlich der Krieg: Wie und wo, zu Pferde, zu Fuß, verwundet? – Nein (eine Handbewegung des Vizekönigs nach oben – Allah sei gelobt). Wir beide lächelnd dankend. Und Bismarck. *Ah quel homme*!! – Kennen Sie Bismarck? Ja, unsere Familien befreundet – viel im Hause bei ihm. Wie interessant. Die Gefangenschaft Napoleons – welches Schicksal! Die Kaiserin noch vor so kurzer Zeit hier – *avec tout son charme*! (Ismael Pascha schüttelte langsam den Kopf, schnalzte mit der Zunge und hob einen Arm in die Höhe.) "Und ich sah dann die Tuilerien brennen!" "Ist es möglich! – *quel spectacle! – une abomination*! – ja das Volk – das Volk!!" (Er runzelte die Stirn – eine Pause.)

"Mein Vetter", ich zeigte auf Eberhard, "war bei Sedan und assistierte der Gefangennahme Kaiser Napoleons", und Eberhard sah mich entsetzt an, denn das war eine Unwahrheit.

In diesem Augenblick kam einer der fürchterlichen Tschibukbringer hinter einem geheimnisvollen Vorhang hervorgestürzt und setzte meinen Tschibuk wieder in Brand, der zu meinem Entzücken ausgegangen war. Ich hätte den Kerl prügeln können!

" *Ah, ce pauvre Empereur*!", sagte der Vizekönig – und ich machte mich bereit, Eberhard zu Hilfe zu kommen, als mit einer unbeschreiblich tiefen Verbeugung der Hofmarschall eintrat und die Meldung machte, "daß der Earl und die Counteß of Dudley soeben vorgefahren seien, um Sr. Hoheit einen Besuch zu machen."

Ismael erhob sich, reichte uns sehr herzlich die Hand, bedauerte, die so interessante Unterhaltung jetzt nicht fortsetzen zu können ..., bald wiedersehen ..., eine Dame nicht warten lassen ... und wir verließen zusammen den Salon.

Eberhard stellte mich wegen meiner Behauptung zur Rede, daß er den Kaiser Napoleon gefangen genommen haben sollte. Ich erwiderte, daß ich solches nicht behauptet habe. "Ich wollte nur gewaltsam die Schleusen deiner Beredsamkeit öffnen – und hören, in welcher Form du dich aus meiner kleinen Unwahrheit herauslügen würdest. Weshalb griffst du nicht öfter in die Unterhaltung ein? Das ärgerte mich. Du bist doch sonst so beredsam."

"Hast du denn nicht bemerkt, daß ich fürchterliche Bauchschmerzen habe?" sagte er, mich tief vorwurfsvoll anblickend. "Ich sagte dir schon während der Fahrt, daß ich mich nach dem süßen Gelee, die der Kerl in der Muskie ausbot, schlecht fühlte."

"Von diesem Zeug etwas zu sich zu nehmen, bist aber wirklich nur du imstande." rief ich aus. "Ich habe noch die Cholera-Quarantäne von Alexandrien im Magen und du frißt Rachatlucum! – oder wie sonst das fürchterliche Zeug heißt. Ich würde mich wahrhaftig nicht wundern, wenn du die Cholera bekämst."

Eberhard wurde sehr schweigsam – aber als wir in unserem *Hotel du Nil* anlangten, wieder bezaubert durch den Palmengarten, in dem unser Eßsaal lag, als die bewegliche phantastische orientalische Welt sich um uns breitete, hatte er die Gefangennahme Napoleons und seine Bauchschmerzen völlig vergessen.

Er besaß den besten Magen, den jemals ein Mensch besessen hat.

Mein guter Eberhard schrieb fast täglich an seinen alten Vater – seine Mutter hatte er bereits in früher Jugend verloren. War er auch nicht das, was man einen "feinen Stilisten" nennt, so besaß er doch in hohem Maße die Gabe einer lebendigen Darstellung, wie er denn auch glänzend und fein beobachtete und zu erzählen verstand.

Ich lasse darum als Schilderung der auf unsere Audienz bei dem Khediven folgenden Tage einiges aus seinen Briefen im Wortlaut folgen.

Kairo, 12. Januar 1872.

"... *Mesdames les princesses* sollen sehr schön sein, doch hat kein europäischer Sterblicher ihr Antlitz geschaut, es wird also immer ein mystisches Dunkel darüber schweben. In den Wagen sieht man zuweilen eine weiße Hand und ein Paar, durch weiße Schleier blitzende Augen.

Vorgestern sahen wir in der italienischen Oper "Othello", den "Mohren von Venedig"; gestern im französischen Theater eine höchst komische Vorstellung, bei der die Schauspieler zum Teil in den Logen saßen und von da mitspielten.

Es waren in der königlichen Loge, die das Wappen des Khediven trägt, Kinder des Vizekönigs. Ein zehnjähriger Sohn und eine ebenso alte Tochter, *la princesse Fatimé*, mit einem sehr blassen Gesicht. Das Kind hatte ein sehr großes Medaillon mit riesenhaften Brillanten und eine ebensolche Brosche. Als Begleiterin war eine reizende neunjährige Kaukasierin bei ihr, eine Sklavin mit schönem, offenem Haar. Prinzessin Fatimé trug ein schwarzes Samtkleid mit weißen Straußfedern garniert.

Mehrere Logen sind mit weißem Tüll, worauf große Blumen gestickt sind, besponnen, dahinter die Damen des Harems. Im französischen Theater ist statt dessen ein feines Goldgitter, aber undurchdringbar.

Für Vergnügungen jeder Art ist hier gesorgt. Wir fahren jetzt gleich auf den Korso und abends zu dem Hippodrom.

14. Januar 1872.

Der Großherzog von Mecklenburg ist vorgestern, d. h. am 12. Januar, hier angekommen. Wir hatten bereits gestern früh 9 Uhr Audienz bei ihm, er war ungemein liebenswürdig und gütig zu uns. Wir klopften an seine Tür und baten, direkt hineinfragend, um Audienz, da wir die Ehre hatten, von ihm genau gekannt zu sein. Tags darauf, am 14., lud uns der Großherzog zum Diner zu sich ein, wo wir uns herzlich amüsierten. Er hatte nette und komische Araber-Offiziere bei sich, die ihm als Ordonnanzoffiziere vom Khediven beigegeben waren. Die Großherzogin dinierte im Harem, doch bewunderten wir vorher ihre schöne Toilette und ihre vielen Juwelen, die sie zu dieser Gelegenheit angetan hatte. Den folgenden Tag dinierten wir wieder bei den großherzoglichen Herrschaften. Wir wußten viel von unseren Erlebnissen, Jagdgeschichten und Einkäufen in den Bazars zu erzählen.

Gestern, Sonntag, den 13. Januar, war das berühmte Wettrennen in der Wüste. Es war ein recht belustigendes Fest. Wir waren in das herrliche Zelt des Vizekönigs eingeladen, wo wir alle nur denkbaren Delikatessen und frappierten Champagner bekamen. Als der Vizekönig mit dem Großherzog und der Großherzogin herausgefahren kam, wurde überall "Hoch" geschrien. Sie fuhren vierspännig mit Postillionen vom Sattel, nach dem Modell der Pariser Kaiser-Equipage. Die Postillione, verwegen aussehende Araber, schlenkerten mit den Armen und knallten mit ihren kurzen Peitschen – sehr elegant. Vor den Equipagen her ritt eine Leibgarde, aus etwa hundert Reitern bestehend, wild im gestreckten Galopp durcheinander jagend. Lauter dunkle Beduinen mit fliegenden weißen Gewändern und mit Waffen aller Art überladen. Sie sahen wahrhaft imposant aus, und jeder hatte einen stattlichen Sitz zu Pferde; die langen Tigerdecken als Schabracken hoben sich auf den reizenden Schimmeln vorteilhaft ab.

Es waren nachher mehrere recht interessante Rennen. Zuerst ein Kamelrennen. Nachher liefen einige entzückende Araber-Schimmelhengste. Sie zeigten eine Grazie wie Rehe und flogen über den tiefen Sand dahin, als ob es ihnen ganz egal wäre!

Lebe wohl! Tausend Grüße an alle Lieben daheim. Wie immer Dein

(gez.) Eberhard."

In dem Zelt des Khediven traf bald nach uns in einem vizeköniglichen Wagen, da sie Freunde und Gäste des Khediven waren, der Earl und die Counteß of Dudley ein. Ich war sprachlos, als Lady Dudley aus dem Wagen stieg, denn eine so blendende Schönheit hatte ich wohl kaum jemals gesehen. Groß, schlank, blond, dunkle Augenbrauen über veilchenblauen Augen, einen roten, merkwürdig schön geformten Mund und im Lächeln wunderbar weiße Zähnchen zeigend, ein klassisches Profil und ein charaktervolles Kinn – und alle diese Schönheit in einer duftigen rosa Sommertoilette mit leichtem weißen Umhang, einen weißen Strohhut mit Rosen im Haar und einen riesengroßen weißseidenen Sonnenschirm mit ihren in lange, rehbraune Handschuhe gesteckten Händen haltend.

Ich bat den überhöflichen Hofmarschall des Khediven, Ceki Bey, der auch heute wieder in dem prachtvollen, reich mit bunten Stickereien bedeckten Zelt die Gäste empfing, uns der schönen Lady vorzustellen, die wie lauter Sonnenschein lächelte und sagte, sie wisse alles. "daß wir den Krieg mitgemacht, bei der Gefangennahme Napoleons gewesen seien (o weh.), Bismarck genau kennen – und daß wir ihr ganz genau davon erzählen müßten ." – (Also hatte ihr am letzien Mittwoch, unmittelbar nach unserer Audienz, Ismael Pascha alles geklatscht.)

Doch wurde unsere Unterhaltung durch die Ankunft des Khediven und der großherzoglichen Herrschaften von Mecklenburg unterbrochen und bald durch die buntfarbigen Rennen auf andere Dinge gelenkt.

Den würdigen Earl of Dudley lernten wir selbstverständlich auch kennen – (wenn ich auch dazu behaupten muß, daß es mir wahrscheinlicher sei, daß Lady Dudley den Earl und nicht den Dudley geheiratet habe). Er sah ziemlich seltsam aus, dieser ältliche, merkwürdig coiffierte Mann, der sich zwei lockenartige Gebilde, über den Ohren hängend, arrangiert hatte. Doch muß ich sein Geheimnis verraten, denn dieses Geheimnis ist wert verraten zu werden.

Lord Dudley war einst ein gefährlicher Herzensbrecher und man behauptet, er sei schön gewesen (o, wie werde ich dann einmal aussehen, wenn ich alt bin!). Er hatte in Konstantinopel als junger Herr eine kaukasische Haremsdame im kaiserlichen Wagen und auch zufällig bei Promenaden an den "süßen Wassern" gesehen. (Wohl wenig mehr als ihre Zauberaugen und die Form des herrlichen Kopfes durch den weißen Schleier.) Gewohnt "bemerkt" zu werden, glaubte er, daß die Schönheit sich in ihn, den blonden Nordländer, verliebt habe. Sehr reich und an Abenteuer gewöhnt, fand er mit englischen Pfunden den Weg zu dem entsprechenden Haremswächter und schlich in einer dunklen Nacht an der Hand des Verräters durch die Gärten von Dolmabagtsche in das Paradies des Großherrn. Freunde, denen er sich anvertraut hatte, warnten ihn dringend, doch vergebens, obgleich auf das Betreten des Harems durch einen Unberufenen Todesstrafe stand. So konnte er dem Himmel auf den Knien danken, daß man ihm (aus Angst vor England) nur beide Ohren abschnitt. Daher die merkwürdige Lockenfrisur des Earls, die allerdings das Vorhandensein seiner Ohren vortäuschte. (Ich vermochte leider nicht nachzusehen, ob die Geschichte wahr sei. Doch hörte ich von allen Seiten das Faktum glaubwürdig bestätigen.) Jedenfalls sah der Earl of Dudley infolge seiner Coiffüre so sonderbar aus, daß der stutzerhaft gekleidete Mann kaum auf den Gedanken dieser schauderhaften Schmachtlocken verfallen sein konnte, wenn ihm nicht tatsächlich die Gehörmuscheln auf grausame Weise entrissen – und vielleicht der schönen Kaukasierin zum Frühstück in Butter geröstet und paniert serviert worden wären.

Der Vizekönig hatte bei seinem Besuch in England eine Zeitlang bei Jagden und allerhand Belustigungen in Dudley castle, Himley Hall, Witley court usw. – auf den zahllosen Schlössern und Landsitzen des Earls – zugebracht. Als einer der reichsten Grundherren der vereinigten Königreiche besaß der Earl die Mittel, um selbst einem Herrscher über Ägypten – bis zu einem gewissen Grade zu imponieren. Doch am meisten dürfte ihm die Counteß of Dudley imponiert haben, die wohl als Eindruck seinen ganzen Harem über den Haufen geworfen hatte.

Das Ehepaar Dudley hatte selbstverständlich ein höchst elegantes Palais in Kairo von dem Khediven als Quartier erhalten – mit orientalischer Bedienung, vizeköniglicher Equipage und Aufmerksamkeiten ohne Ende für den Aufenthalt in Ägyptens Hauptstadt und die Nilfahrt –, auch war sein sehr eleganter Ordonnanz-Offizier, der auch als Adjuiant figurierte, Masur Bey, dem Ehepaar während seines Aufenthaltes in Ägypten als Begleiter "attachiert" worden.

Nach einem recht lange hingezogenen Aufenthalt rüstete sich nun die schöne Counteß zur Abreise. Die duftigen Toiletten für alle Tageszeiten, für große, mittlere und kleine Feste und Diners, für Gardenparties und Pyramidenbesteigung, Rennen usw., usw., waren in Koffern, die zwei Wagen füllten, sorgsam verpackt, und das Ehepaar, das zusammen nur zwei Ohren besaß, nahm von dem Personal Abschied, das sie in ihrem eleganten Palais bedient hatte. Beide schritten die Treppe hinab, unten tönten laute Rufe. "Platz – der Khedive!" Ismael war in seinem Phaeton erschienen, nochmals Lebewohl zu sagen, nochmals der schönen Lady die Hand zu küssen. (Mohammedanisch eine ganz unwürdige Handlung.) Man stand an dem Wagen bei dem Portal.

Plötzlich erscheint, die Treppe fast hinabstürzend, schreckensbleich die Kammerfrau der Counteß.

"Ich hatte den Schmuckkasten mit den Perlen oben im Vorzimmer auf den Tisch gelegt – das Vorzimmer nicht verlassen – zog mir nur die Handschuhe an – habe mich wohl einen Augenblick abgewendet, nur einen Augenblick. Doch als ich die Tasche ergreifen will – ist sie verschwunden!"

"Oh." – sagte der Earl of Dudley und schien aus alter Gewohnheit eines seiner verlorenen Ohren fassen zu wollen. Auch die schöne Counteß sagte "Oh!". Doch schien der Khedive durch diesen unangenehmen Zwischenfall, der sich in der Eile der Abreise nicht aufklären ließ (denn der Extrazug nach Alexandrien wartete bereits dampfend, und der große Ostindienfahrer, auf dem die besten Plätze für Alexandrien - Bordeaux belegt waren, wartete – nicht), weniger impressioniert zu sein als Lady Dudley.

"Es waren sehr schöne Perlen, wie ich mich erinnere", sagte er in bedauerndem Tone, "doch", setzte er in höflich-chevalereskem Tone hinzu, "gehört es zu den Pflichten des Hausherrn, der für die Taten seines Personals gegenüber so verehrten Gästen verantwortlich ist, für den Ersatz zu sorgen." Er machte gegenüber der schönen Counteß eine ritterliche Verbeugung.

"Oh!" sagte der Earl auffallend abwehrend, "es ist ein alter Familienschmuck, den man in England kennt, von sehr großem Wert. Ein Ersatz ist daher nicht möglich. Und schließlich der Diebstahl – der wäre in London und unterwegs ebenso zu erwarten als hier."

"Man kennt den Schmuck in England?" rief der Khedive lebhaft aus,"das ist mir sehr angenehm. So werde ich davon eine Abbildung erhalten können – und der Größe der Perlen glaube ich mich zu erinnern ...."

Masur Bey – mit seinen traurigen braunen Taubenaugen – trat, sich tief verbeugend, zu der Gruppe. "Es ist unmöglich, den Schmuck vor der Abreise wiederzufinden, aber, ich muß leider darauf aufmerksam machen: es ist die höchste Zeit, den Wagen zu besteigen, wenn die Herrschaften noch den Anschluß in Alexandrien erreichen wollen." ...

"Oh ja", sagte Lady Dudley unruhig und sah nach der Uhr, "das ist absolut nötig."

"Die Polizei ist bereits benachrichtigt", fuhr der schöne Masur fort, "eine sehr hohe Belohnung ist ausgesetzt, ich zweifle nicht, daß es gelingen wird, den Schmuck zu finden."

"Er wird gefunden", sagte der Khedive mit starker Betonung, "wenn ich auch leider Mylady bitten muß, sich zu gedulden."

Unter dem Eindruck, den Zug nicht versäumen zu dürfen, des gestohlenen Schmuckes, der weinenden Kammerfrau, der orientalischen, nicht endenwollenden Freundschafts-, Abschieds-, Bedauerns- und Höflichkeitsbeteuerungen wurde der würdevolle Earl einigermaßen ungeduldig – nur Mylady nicht. Als habe sie niemals einen Schmuck besessen, nahm sie so gütig, ruhig und mit einem Zauber von Grazie Abschied von Ismael, daß Masur Bey – dem ich alle diese Mitteilungen verdanke – sich in anbetender Bewunderung gar nicht zu fassen vermochte. Noch weniger aber wohl Ismael, der Khedive, dessen gesamter Harem in Tränen über die befürchtete

Treulosigkeit des Herren und Gebieters geschwommen haben wird, der sich an eine Giaur (Ungläubige) fortgeworfen habe. Denn es wird nirgends auf der ganzen Erdoberfläche soviel geklatscht als in den Harems der Großen des Orients.

Grüßend war der Khedive in seinem Phaeton mit den vor- und nachreitenden, wild galoppierenden roten Gardisten kaum entschwunden, als auch der Earl und die Counteß of Dudley ihren Wagen mit Masur Bey bestiegen.

Die beiden Sais, die auf ihren Stab gelehnt, der Abfahrt warteten, sprangen flüchtig wie Rehe vor die Pferde und schrien, als im Galopp die Fahrt begann, voraneilend ihr " *schimalek!*" "*jaminek!*" "*reglek*!" (rechts – links – geradeaus!) den entgegenkommenden Fuhrwerken, Reitern zu Pferde oder Esel, Kamelen mit Lasten und Menschen aller Art und Farben entgegen, ihnen damit befehlend, nach welcher Seite sie auszuweichen hätten. Der Wagen der laut schluchzenden Kammerfrau (die der Kammerdiener des Earl neben ihr in sehr auffallender Weise zu trösten suchte) folgte der bestohlenen Herrin zum Bahnhof.

Das Ehepaar Dudley war – entsprechend dem Charakter des edlen Volkes, dem es entsprossen war – ruhig, doch zu ruhig für Masur Bey, dem dieser Diebstahl weniger Eindruck gemacht hatte als die Bemerkung seines Herrn und Gebieters, "daß dieser (der Khedive) sich für die Verschuldung seines Personals haftbar fühle und daher die Familienperlen der Dudleys ersetzen werde". Denn wer war "das Personal"? Hatte er, Masur, nicht den Auftrag erhalten, für die Freunde seines Herrn das Palais instand zu setzen, das Personal zu bestimmen usw.? So werde denn er wohl "das Personal" sein, das dem Khediven haftbar war. Allah, der ihm sein "sauer" (?) erworbenes Vermögen gab, wolle es ihm gnädig erhalten! Über die Art, wie er es sich vielleicht erhalten könne, grübelte er auf der Rückfahrt, was sich äußerlich dadurch dokumentierte, daß er oft an seine schöne Nase faßte. Denn dieser prominente Gegenstand scheint, mehr als der Mensch ahnt, im Zusammenhang mit unserer Gedankenwelt in ernsten Stunden zu stehen.

Ich aber folge nun dem edlen Dudley, der "sich zu Schiff nach Frankreich begab" (siehe Schiller "Maria Stuart", letzter Akt, letzte Szene), zunächst in den Salonwagen, den er, allein mit seiner Gattin, bestieg.

Allerdings bin ich nicht in der Lage, eine Unterhaltung wiederzugeben, die bei geschlossenen Türen und ratternden Bahnrädern zwischen zwei Ehegatten stattfand. Doch bin ich in der Lage, im Interesse derjenigen, denen dieses Erinnerungsblatt gewidmet ist, den Inhalt der Unterhaltung anzugeben, auch ohne daß ich körperlich hätte lauschen können. Ich bin durch die Entwicklung, die der Diebstahl später nahm, rückschauend durchaus fähig, die Unterhaltung zwischen dem Earl und der Counteß Dudley ungefähr zu konstruieren.

Der Earl, als die Tür des Waggons sich schloß und der letzte winkende Gruß mit Masur Bey und einigen sich tief verbeugenden braunen Kammer-Sklaven ausgetauscht war, ließ sich in einen der Fauteuils fallen und sagte mit starker Betonung: " *What a dreadful matter*!" – und die Gattin bemerkte mit einem durchaus nicht resigniertem Seufzer: "– *and what a dreadful croaking*!" Beide aber hatten recht mit diesem Klagelaut, denn ich will nun mein Geheimnis verraten:

Die Perlen waren unecht!...

Das Ehepaar war mit der Entdeckung des Diebstahls und der zugleich erfolgten Erklärung des Vizekönigs, vollen Ersatz durch einen ebensolchen (natürlich echten!) Perlenschmuck zu leisten, in eine außerordentlich peinliche Lage geraten. Denn:

1. konnten sie nicht in dem Augenblick des Bekanntwerdens des Diebstahls (was in Gegenwart des Khediven und verschiedener anderer Personen eintrat) öffentlich erklären, daß die Counteß of Dudley, eine der ersten Damen Englands, die als Gast des Vizekönigs in einem Palais desselben wohnte, erklären, daß sie falschen Schmuck trage.

2. Die Sitte, eine Nachbildung des echten Schmuckes zu tragen und den echten Schmuck daheim in einem eisernen Safe aufzubewahren, war eben erst in England und Frankreich erfunden worden – nachdem ein ganz berühmtes Haus in Paris Fabrikate an Schmuckimitation lieferte, die tatsächlich täuschen konnten.

3. Öffentlich zu erzählen, daß der echte Schmuck zu Hause in einem "Safe" ruhe, würde rettungslos als eine Lüge gelten – zum Lachen! Aber auch:

4. Wenn Mylady nun an den Vizekönig schriebe, daß dieses tatsächlich der Fall sei – würde er es glauben? Orientalischen, so reichen Herrschern wie dem Khediven, würde der Gedanke höchst sonderbar erscheinen – ja unwürdig und unpassend für eine vornehme Dame –, sich wie eine Almée, eine nubische Tänzerin, mit Glasperlen zu behängen. Nein! – dieses Eingeständnis würde einen höchst fatalen Abschluß des glänzenden Aufenthaltes in Kairo bilden: einen lächerlichen, schäbigen Abschluß – unwürdig der Counteß of Dudley und ein Spott durch ganz England. –

5. Der Earl neigte mehr dazu, dem Khediven zu schreiben. Er war trotz seines Reichtums Geschäftsmann. Weshalb sollte ein Finanzmann sich nicht gegen Diebstahl großer Werte schützen? Das "Wie" war einerlei.

6. Mylady meinte etwas spöttisch. "Das ›Bankhaus‹ Dudley werde sich im Ausland übel diskreditieren, wenn es bekannt werde, daß die Gattin des Chefs nicht einmal riskieren könne, echte Perlen zu tragen, die man stehlen könnte."

7. Der Earl replizierte, "daß das Akzeptieren des Ersatzes des falschen Schmuckes durch echten – jedenfalls unmöglich sei. Man dürfe sich nicht, um die Toiletteneitelkeit Myladys zu schonen, auf Kosten eines ›Khediven‹ bereichern. Auch werde es durch die Pariser Firma, welche die Imitation lieferte, bekanntwerden, daß die Perlen unecht seien, denn es sei nicht ausgeschlossen, daß bei der engen Verbindung Kairos mit Paris der Diebstahl dort in den Journalen gemeldet werde. Es frage sich doch, ob das Ansehen des ›Bankhauses‹ Dudlev (wie Mylady beliebt habe, *the castle of Dudley* zu nennen!) weniger litte, wenn man eingestehe, daß die Perlen unecht waren, als wenn es bekannt würde, daß der Khedive der Counteß of Dudley einen echten Perlenschmuck von großem Wert gewidmet habe."

8. Mylady boudierte, indem sie durch das Fenster auf die weiten Wiesenflächen hinausblickte, wo allerhand auf der Landstraße, die sich neben der Bahn Kairo - Alexandrien hinzieht, zu sehen war. Züge von lasttragenden Kamelen, seltsame Fuhrwerke mit Büffeln bespannt, reisende Araber mit verschleierten Frauen zu Pferde usw. – nicht die riesigen Schwärme von wilden Tauben, Enten, Gänsen zu vergessen und die durch den Zug aufgescheuchten Reiher, Kraniche, Pelikane, die sich

schwerfällig auch entschlossen hatten, die Flucht zu ergreifen. Mylady war verstimmt. "Man müsse vor allen Dingen warten, ob der Diebstahl etwa entdeckt und sie mit ihrer ›Imitation‹ für die sie sich nur auf Drängen Mylords entschlossen habe. – für alle Zeit an den Pranger gestellt werden würde." sagte sie.

Mylord zog nur seine Schultern in die Höhe und las, ohne weitere Bemerkungen, in der "Times" weiter, hinter deren ungeheuren Blättern er fast gänzlich verschwunden war.

"Und wenn durch die möglichen Nachrichten der Pariser Journale ganz Kairo erführe, daß der Schmuck Myladys ›falsch sei‹ – äußerte, ziemlich ungeduldig in die Reflexionen Myladys einfallend, der Gatte.

" *You are very unkind*" – bemerkte noch Mylady recht bitter, legte ihren schönen Kopf gegen die Polsterung des Fauteuils und schloß die Augen.

Nach dieser Expedition meiner Gedanken zu dem Earl und der Counteß of Dudley, die ich willkürlich in die Form eines Zwiegespräches gekleidet habe, weil ich mir einbilde, die Gedanken, die das edle Ehepaar bewegten, in solcher Form am eindrucksvollsten schildern zu können, begebe ich mich wiederum zurück in die Realität meiner eigenen Erlebnisse nach Kairo.

Ich war in der Woche, die auf die von Eberhard geschilderten Pferde- und Kamelrennen in der Wüste folgte, schwer an einem Fieber erkrankt, das sich zu einem bösen Typhus entwickelte. Meine Eltern hatten die weite Reise nicht gescheut, um in meiner Nähe zu sein, mich zu pflegen und den treuen Eberhard abzulösen, der bis zu ihrer Ankunft über mir wie ein Mittelding zwischen Engel und Wartefrau in rührender Weise nicht von meinem Bette gewichen war.

Die Teilnahme an meinem Ergehen war eine allgemeine, was ich ehrlich genug bin, nicht dem Werte meiner jugendlichen Persönlichkeit zuzurechnen, die den Machthabern über Ägypten und den Generalkonsulaten europäischer Großmächte völlig "schnuppe" war, sondern der bereits erwähnten Nachfrage "Bismarcks" verdanke, sowie der Tatsache, daß der Bruder meines Vaters, Graf Fritz Eulenburg, als Minister des Innern Bismarcks "rechte Hand" sein sollte.

Erst Ende März konnte ich Kairo verlassen – halb geröstet in der Glut der ägyptischen Sonne, der die Europäer schon im Februar entfliehen.

Während meiner langen Rekonvaleszenz war unser deutscher Generalkonsul, Herr von Jasmund, und seine Gattin ein angenehmer Verkehr, doch erschien auch feierlich Ceki Bey, um Erkundigungen einzuziehen, und Masur Bey saß oft bei mir, nachdem ich das Bett verlassen durfte und mich, lang hingestreckt auf einer Art Chaiselongue von Strohgeflecht, auf der Veranda unter dem Palmendach des Gartens erholen konnte.

Ich fragte ihn auch bisweilen nach dem berühmten Halsband der Lady Dudley – aber er zog immer bedauernd die Schultern in die Höhe und sagte mit jenem kummervollen Ausdruck in seinen großen braunen Augen, die den Eindruck eines unendlich gütigen Kindes machten. " *Ah – très triste – pas trouvé!.*"

Dieser Masur Bey war, wie mir Herr von Jasmund erzählte, Armenier von Geburt und als armer Knabe, verwaist, bei der Dienerschaft eines vornehmen ägyptischen

Hauses untergekommen. Seine große Intelligenz und sein schönes Äußere hatten ihn emporgehoben; er war in die Armee eingetreten und schnell befördert warden. Durch Protektion von verschiedenen Seiten (man behauptet, besonders von weiblicher Seite) hatte er es bis zum Ordonnanz-Offizier des Khediven gebracht. Im Palais nun auch von Ceki Bey protegiert, war er während der Feierlichkeiten bei Eröffnung des Kanals von Suez 1869 bei dem Verkehr mit ausländischen Notabilitäten verwendet worden. Er sprach leidlich französisch und auch englisch.

Eines Tages, da ich mich wunderte, daß Masur Bey eine ungewöhnlich lange Pause in seinen Besuchen hatte eintreten lassen, erzählte mir Herr von Jasmund, es kursierten abenteuerliche Gerüchte über ihn, die anscheinend aus dem Abdin-Palast stammten. Er sei verhaftet und "fortgebracht" worden. – Dieser Ausdruck trug hier einen vieldeutigen Charakter. Bisweilen bedeutete es Verbannung nach den nubischen Provinzen, bisweilen Kerker, auch Ketten *(travail forcé)*, bisweilen auch Transport aus dieser Erde hinaus – durch einen sanften Erstickungstod (ein sehr beliebtes Mittel, um "eine Reise anzutreten").

Erst kurz vor meiner Abreise von Alexandrien, wo ich mich eine Zeitlang mit meinen Eltern aufhielt, um an dem Meeresufer in dem großen schönen deutschen Krankenhause Kräfte für die Seefahrt nach Korfu zu sammeln, erfuhr ich Näheres. Wir hatten vom Khediven die Erlaubnis erhalten, uns in seinen dortigen schönen Gärten zu ergehen und von den Orangen- und Mandarinenbäumen nach Belieben zu naschen. Hier erfuhr ich bei einem Spaziergang "Näheres" von Masur durch Herrn von Jasmund: Die Perlen der schönen Counteß of Dudley waren sein Verhängnis geworden!

Die raffinierte Abenteuerlichkeit dieses Diebstahls wäre wert, in einem Kriminalroman verwertet zu werden. Sie spricht allerdings nicht für den Charakter des liebenswürdigen Masur Bey, wohl aber für seinen Verstand und mehr noch für seine armenische Schlauheit.

Masur Bey hatte bei den "großen Gelegenheiten", da Lady Dudley ihren Perlenschmuck anlegte, diesen mit Recht bewundert. Von dem Khediven beordert, für die "Agrements" seiner Gäste zu sorgen und die Aufsicht über das kleine Palais zu übernehmen, hielt er sich dort viel auf. Er hatte speziell auch die ägyptische Dienerschaft unter seinem Befehl. Ein ihm völlig ergebener, vertrauter Diener (der zu den seltsam schleichenden, unhörbar sich bewegenden Gestalten gehörte, wie man sie nur im Orient sieht) war – angestiftet durch Masur – der unglücklichen Kammerfrau unbemerkt nachgeschlichen und hatte ihr die Tasche mit dem Schmuck in dem Augenblick der Abreise ihrer Herrschaft geraubt.

Hatte er nun zunächst nur die Absicht gehabt, den Schmuck der Counteß of Dudley an sich zu bringen, so ergaben sich für ihn jedoch aus dem Diebstahl allerhand seltsame, nicht vorauszusehende und schwer zu überwindende Komplikationen. Armenier sind jedoch das Volk, das an Schlauheit – und Gewissenlosigkeit – alle anderen übertrifft. Als Stufenleiter nennt man hier: 1. Juden, 2. Griechen, 3. Malteser, 4. Armenier – "aber die Armenier sind die größten unter ihnen".

Ich gebe zu, daß ich auch bei mir zu Hause erlebte, daß Leute mit Taubenaugen, denen die Herzensgüte von dem Antlitz strahlte, – gestohlen haben. Doch dürfte es, wie ich zur Ehre meiner Landsleute annehmen will, nicht so häufig sein als in Armenien. Jedenfalls aber war ich sprachlos, daß es gerade Masur Bey sein mußte, der die Perlen stahl!

Was ergab sich nun, als er nach der Bergung seines "Schatzes" entdeckte, daß er falsch sei?

Der kluge Masur entwarf sofort, nachdem ihm (infolge "der grausamen Härte des Schicksals", daß die Perlen der Lady Dudley unecht waren) das Geschäft durch die Finger geglitten war, einen neuen Schlachtplan, der darauf basierte, daß der Khedive der schönen Engländerin einen Ersatz zugesagt hatte, der selbstverständlich echt sein mußte. Niemand wußte bis zu dem Augenblick, da Masur den Schmuck in den Händen hatte, daß Lady Dudley unechte Perlen trug.

Er kalkulierte in seinem schlauen armenischen Hirnkasten folgendermaßen:

1. Tiefes Schweigen muß walten, bis nach etwa drei Monaten der tatsächliche Verlust der Dudleyschen Perlen angenommen wird und der Khedive den Befehl gibt, einen Perlenschmuck aus großen Perlen zusammenzustellen.

2. Die Möglichkeit, diesen Schmuck an sich zu bringen, kann jedoch nur bewerkstelligt werden, wenn Masur die Postsendung zu besorgen erhält, die sicherlich von Alexandria aus durch die englische Post erfolgen werde. Und zwar mußte dieses ihm ein Leichtes sein, da er stets für extraordinäre Aufträge des Khediven in Anspruch genommen wurde. Bliebe jedoch die Empfangsanzeige von der Londoner Post aus und langte kein Brief von Lady Dudley an, so müßte sich der Verdacht auf ihn allein lenken, da er der Einzige war, der das Versprechen des Khediven gehört hatte. Das aber würde er in den Kauf nehmen, wenn er lediglich den Schmuck des Khediven für sich haben und unmittelbar nach dem "Erwerb" desselben hätte verschwinden wollen. Doch beabsichtigte er keineswegs seine Stellung aufzugeben. Es müsse daher die englische Dame von dem Khediven tatsächlich eine Sendung erhalten. Diese könnte aber nur in der Imitation eines Perlenschmuckes bestehen – denn die schöne Engländerin kann glauben, auf irgendeine Weise sei bekanntgeworden, daß ihr Schmuck falsch war und der Khedive sende ihr deshalb nun auch eine Imitation.

Je schöner aber die Imitation wäre, um so länger würde die Lady getäuscht werden und um so länger hätte auch er Zeit, den echten Schmuck zu verwerten, ohne daß Unruhe entstünde. Er hätte dann auch Zeit, für alle Fälle seine Flucht vorzubereiten. Denn würde z.B. durch einen Brief der Lady Dudley dem Khediven bekannt, daß eine Imitation in London eingetroffen sei, nicht aber sein echter Schmuck, so lenke sich wohl in erster Linie der Verdacht auf ihn, falls er – worauf er rechnete – die Sendung nach Alexandria gebracht haben sollte.

Sobald Masur diesen Plan erwogen hatte, bestellte er einen, dem Perlenschmuck der Lady Dudley ähnlichen Schmuck in Paris, und zwar bei derselben vorzüglichen Firma, die die Imitation für die Lady angefertigt hatte – denn der Name der Firma befand sich in dem Etui. Einige Perlen der Imitation hatte er (selbstverständlich ohne seinen wahren Namen zu nennen) nach Paris gesandt, mit dem Auftrag, die Perlen der anzufertigenden Imitation größer zu machen – ebenso wie das Schloß von Diamanten und Saphiren in Straß-Steinen.

So war denn etwa zu der Zeit, da der Khedive der Meinung war, den an die Counteß of Dudley versprochenen Ersatz zu leisten, auch die Pariser Imitation in Masurs Händen.

Der "echte" Ersatzschmuck des Khediven war den Vorräten des Harems und dem "Schatz" des Vizekönigs entnommen und das Kollier hergestellt worden. Bei dem ungeheuren Luxus, der an diesem Hofe – wohl einem der reichsten der Welt – mit Edelsteinen und Perlen getrieben wurde , machte das keine Schwierigkeiten. (Es bedarf keines Hinweises, daß der Besitz dieses Schmuckes dem Inhaber ein recht ansehnliches Vermögen bedeutete – und dieser Erwägung hatte sich auch Masur angeschlossen.)

Es handelte sich also nun für ihn darum, die Sendung nach London zu vertauschen, was ihm nicht die geringsten Schwierigkeiten bereitete, da der Schmuck durch eine zuverlässige Persönlichkeit (d. h. Masur Bey) bis auf den Indian-Steamer nach Alexandria gebracht und dort der Wert versichert werden sollte. Der Earl of Dudley aber war benachrichtigt worden, das Schmuckstück in Liverpool in Empfang nehmen zu lassen.

So kehrte denn Masur Bey sehr befriedigt von Alexandria zurück ...

Der Abschluß dieses geradezu "großartig" fein erdachten "Spieles" fand in einer alle Teile sehr überraschenden Form statt.

1. Der Earl of Dudley Castle bekam einen hochroten Kopf und kratzte sich da, wo er einstens zwei Ohren hatte. Er übergab mit einem unzweideutigen "grimmen" Blick Mylady das Etui, die es öffnete – und einen Ruf des Erstaunens ausstieß, so herrlich funkelte dieser Pariser Schmuck ihr entgegen: " *Splendid indeed!*" Mylord fragte nur kurz, was nun zu geschehen habe? Mylady bemerkte, "daß ihr irgendeine Antwort einfallen werde".

Nach einigen Tagen trat Mylady in einer Art verschleierter Verlegenheit zu ihrem Gatten, der dazu sein Pincenez abgenommen hatte. Sie sagte: "Ich vermute, daß die Perlen unecht sind; sie sind zu gleichmäßig schön."

"Imitation!" bemerkte der Earl wegwerfend – (doch wohl sehr erstaunt).

" *O yes: fancy pearls!*" sagte Mylady, ärgerlich auflachend, und erklärte, sie werde sofort anspannen lassen und zu Emanuel fahren (ihrem Juwelier), um ihn zu fragen.

Sie hatte sich nicht geirrt: der Schmuck war eine vorzügliche Pariser Imitation. Überdies verletzte sie, daß er an die Adresse der Counteß of Dudley nur "im Auftrage Sr. Hoheit des Vizekönigs" gesandt worden war – daß also kein "persönlicher Brief" als Begleitung eingetroffen war. Der unechte Schmuck und der fehlende Brief – auch auf den letzteren hatte Mylady einige Zeit vergeblich gewartet – verstimmte sie sehr.

Mehr jedoch den Earl, der die ganze Sendung "unfair und impertinent" fand. Wäre der Schmuck des Khedive echt gewesen, so war er längst entschlossen, denselben zurückzuschicken und ihm zu schreiben, "daß die Imitation der Perlen seiner Gattin auf seinen ausdrücklichen Wunsch angefertigt worden sei: das Original aber in seinem Safe ruhe". Das würde der Khedive begreifen und höchst verwundert sein, warum man ihm nicht eher mitteilte, daß der gestohlene Schmuck falsch war. Aber – Launen der Frauen würde ein orientalischer Herrscher noch eher verstehen als ein Europäer, da er deren mehrere besitzt.

Was aber nun schreiben? Sollte man die Sendung der Imitation als einen Scherz behandeln? Vor allen Dingen mußte Mademoiselle Adèle (die "Kammerfrau") auf ihr Gewissen gefragt werden, ob sie in Kairo irgend jemand verraten habe, daß Myladys Schmuck unecht sei. Doch Mademoiselle schwor bei den Augen " *de sa pauvre mère* und bei allen Heiligen", sie habe niemals verraten, daß der Schmuck unecht sei. Wie aber konnte dann der Khedive darauf kommen, eine Imitation zu senden? Das war völlig unverständlich! – Jedenfalls würde es ein sehr schlechter – sogar ordinärer – Witz sein, wenn man einen echten Ersatz vorher angekündigt, d. h. versprochen hatte.

Während die Stimmungen und Überlegungen des Ehepaares aus dem englischen Hochadel ohne Zweifel diesen Charakter trugen, befand sich Masur Bey, lächelnd wie immer und alle weiblichen Wesen mit seinen halb träumerischen, halb brennenden Augen bezaubernd, im Besitz des herrlichen Schmuckes, der dem Harem entnommen und bei dem ersten Hofjuwelier in Kairo "montiert" worden war. Er hielt den Zeitpunkt nun für gekommen, den Schmuck in bares Geld umzusetzen, wagte jedoch nicht, durch einen Verkauf einzelner Perlen die Aufmerksamkeit auf sich zu ziehen. Auch diese Schwierigkeiten hoffte er jedoch durch seine geistigen Auskunftsmittel bald zu überwinden, denn es gab ausländische Händler aus allen Weltteilen, die "ohne Nachfrage" auch die wertvollsten Schmuckstücke in Kairo kauften.

Hingegen besaß solche armenischen Auskunftsmittel der aalglatte braune junge Mensch, der auf seinen nackten Füßen hinter Mademoiselle Adèle hergeschlichen und ihr den falschen "Familienschmuck der Dudleys" gestohlen hatte, nicht. Er hatte, trotz Masurs Warnung, einen solchen Verkauf vorgenommen, nachdem er durch seinen Herrn für seine Beihilfe mit einigen größeren Perlen belohnt worden war. Sein Unglück wollte es, daß er bei diesem Verkauf von einem Offizier des Khediven betroffen wurde und nach einem Verhör zur Bestrafung kam, "weil er über die Provenienz der Perlen nicht einwandfreie Auskunft gab". Bei der Bastonade gestand er zu allgemeinem Erstaunen heulend, daß Masur Bey ihn dazu angestiftet habe, den Schmuck der schönen Dame aus England zu stehlen.

Die schmerzhafte Prozedur war auf einem der Höfe des Palais Abdin vollzogen worden – und noch ehe der gelenkige junge braune Mann sein erstaunliches Bekenntnis machte, schritt der kluge Masur Bey schon, gemächlich eine Zigarette rauchend, zu dem Hauptportale hinaus, wo die beiden großen Neger von der Leibgarde vor ihm straff die Gewehre präsentierten. Er stieg auch gemächlich in einen auf dem Platz haltenden Fiaker – flüsterte dem Kutscher etwas zu, worauf dieser wild auf die beiden Pferde einhieb und in dem Gewirr der ungezählten schmalen Gassen Kairos verschwand.

An der Ecke einer dieser Gassen sprang Masur hinaus und eilte durch einige Höfe in ein gewisses kleines Absteigequartier, das er wohl für die Zwecke seiner Liebesabenteuer gemietet hatte. Dort suchte man ihn, fand jedoch nur seine Uniform – und nicht die Perlen des Khediven!

Herr von Jasmund aber erzählte mir auch, daß kurz vorher ein Brief der Counteß of Dudley an den Khediven angelangt sei, dessen Inhalt er Ceki Bey mitgeteilt habe. Ceki wiederum erzählte Herrn von Jasmund, daß an Lady Dudleys "Dank" für die

Sendung die Bemerkung geknüpft sei, "sie habe nicht gewußt, daß Se. Hoheit ein so genauer Kenner falscher Perlen sei". Weder er noch der Khedive verstünden, was diese Bemerkung sagen solle? Da der echte Perlenschmuck des Khediven in London sei, so habe die Bemerkung der Lady keinen Sinn.

Doch hatten diese Worte der schönen Counteß einen Stachel in dem Herzen und ein Fragezeichen in dem Kopfe des Vizekönigs zurückgelassen.

Nachdem nun aber auf den Brief Myladys keinerlei Antwort des Khediven baldigst erfolgte, die um eine Erklärung der Äußerung Myladys gebeten hätte, war der Verdruß Mylords so sehr angeschwollen, daß dieser Zustand zu einer Explosion führen mußte. Durfte sich so ein hellbrauner Pyramidenmensch gegenüber einer der ersten Damen des vereinigten Königreiches erlauben, ihr einen falschen Perlenschmuck zu schicken? – denn der Khedive konnte nicht wissen, daß der gestohlene Schmuck eine Imitation war, und hatte einen Ersatz zugesagt, der sich auf einen echten Schmuck bezog. So mußte er denn auch einen echten Schmuck schicken, den er, der Earl of Dudley Castle, sofort mit einer Erklärung der Sachlage zurückgesandt haben würde – oder der Pyramidenherr hätte nichts schicken sollen; damit würde man sich gern abgefunden haben, denn mit einem Versprechen nähmen es "Wilde" wohl noch weniger genau als Europäer. Kurzum: der Earl of Dudley Castle setzte sich an seinen Schreibtisch (ohne Mylady davon zu sagen) und teilte dem Khedive mit, "daß der Familienschmuck der Dudleys in seinem Safe zu London, Carlton gardens, ruhe, und er, den Khedive, bäte, ihm baldigst mitzuteilen, weshalb er seiner Gattin eine Pariser Imitation gesendet habe, deren Anschaffung der Counteß of Dudley nach keiner Richtung hin die geringsten Schwierigkeiten verursacht haben würde".

Die Konsequenz, die sich aus diesem "ziemlich" geharnischten Briefe des Earls im Palais Abdin ergab, war ein maßloses Erstaunen Sr. Hoheit. Der Familienschmuck ruhe in Sicherheit in London? Er selbst habe eine Imitation geschickt? Lady Dudleys Schmuck war aber doch in Kairo gestohlen worden? Stand etwa diese unfaßliche Geschichte mit dem Geständnis seines Dieners in Zusammenhang – etwa mit Masurs Flucht? Welche Perlen hatte jener Diener verkauft, wenn Lady Dudleys Perlen im Safe zu London ruhten? – Und er selbst sollte Imitationen nach London geschickt haben??

Ein dunkles Ahnen zog durch seine ägyptische Seele, die nach einem gesegneten Alter von 55 Jahren (er war 1816 geboren) so manches in dem Schatten der Pyramiden am heiligen Nil erlebt hatte, – so manches, von dem man nicht gern spricht.

Wo ist Masur? – das war jetzt die Frage. "Ich werde diejenigen, die ihn laufen ließen, hängen lassen" – dürfte er bei sich beschlossen haben. Said Pascha war sehr böse. Ceki Bey hatte viel Ungelegenheiten und fühlte sich selbst nicht mehr sicher. Herr von Jasmund, der in Ceki einen Vertrauensmann wegen seiner dienstlichen Berichterstattung nach Berlin besaß, empfand den eingetretenen Zustand gleichfalls recht peinlich. Die Depeschen, geheime Sendboten aus dem Palais Abdin flogen, gingen und ritten nach allen vier Himmelsrichtungen, die vizeköngliche Polizei von ganz Ägypten war mobilisiert, auch Konstantinopel telegraphierte an die Hauptstädte und Grenzen des großherrlichen Reiches – wo ist Masur??

Masur war, mit dem herrlichen Perlenschmuck aus dem Schatze des Khediven in den Falten eines persischen Leibgurtes, bei einer Karawane von Mekkapilgern an den

Ufern des Roten Meeres gesehen worden – das war die letzte Nachricht. Dann kam noch ein Gerücht, mit dem man sich wohl für immer genügen lassen mußte: "er sei zu Schiff nach Indien".

IN ALTEN SCHLÖSSERN

JAGD UND SPUK.

I.

Bebenhausen, November 1891.

Als ich 1890 zum Gesandten in Stuttgart ernannt wurde und dem etwas seltsamen König Karl sowie seiner unbeschreiblich schönen, hoheitsvollen und liebenswürdigen Königin Olga – Tochter des Kaisers Nikolaus I. von Rußland – vorgestellt worden war, begrüßte mich auch der Neffe des kinderlosen Königspaares, Thronfolger Prinz Wilhelm von Württemberg.

Er hatte, gleichaltrig mit mir, in den Jahren 1868 und 1869 in Potsdam bei den Gardehusaren seine freundschaftliche Gesinnung zu dem Hause Preußen als Leutnant dokumentiert, während ich zu jener Zeit dem Regiment der *Gardes du Corps* als Leutnant angehörte. Das hatte uns damals bisweilen zusammengeführt. Er aber, in Erinnerung jener glücklichen Zeiten, begrüßte mich nun als alten "Kameraden" überaus herzlich, und ich fühlte mich in dem Verkehr mit dieser schlichten, offenen und liebenswürdigen Natur ebenso wohl, als mich seine reizende und gütige Gattin anzog. Sie ist eine Prinzessin von Schaumburg-Lippe, geboren 1857, und zwar seine zweite Gemahlin, nachdem er die erste, eine Prinzessin von Waldeck, 1862 durch den Tod verloren hatte – ebenso wie einen kleinen Sohn aus dieser Ehe. Die Gerüchte, daß er vergiftet sei, wollen nicht verstummen, denn die zweite Ehe des Prinzen ist kinderlos, und aus der ersten Ehe hatte er nur eine Tochter. Die Ehe König Karls war gleichfalls kinderlos, und so mußte die Krone Württemberg einst an die katholische herzogliche Linie fallen. Jesuiten sollten bei dem Tode des kleinen Prinzen die Hand im Spiel gehabt haben, um dieses alte deutsche Fürstenhaus der römischen Kirche zu gewinnen. Quälen den armen Prinzen Wilhelm auch solche Gedanken? Einen überaus scharfen Gegensatz zu der katholischen Kirche habe ich allerdings bei ihm konstatiert.

Am 6. Oktober 1891 war König Karl gestorben und Prinz Wilhelm König geworden.

Der "hoch"selige König Karl war niemals Jäger gewesen. Abstammend von einem überaus waidgerechten Fürstenhause, dessen kapitale Hirsche und Hauptschweine der unsterbliche Riedinger in seinen weltberühmten Kupferstichen alle verewigt hat, war es König Karl sein Leben lang völlig gleichgültig gewesen, wieviel "Enden" ein Hirsch auf seinem Kopfe trug. Darum lag die hohe Jagd in den berühmten Forsten von Bebenhausen völlig darnieder. Es handelte sich nur darum, die Erträge daraus nach Möglichkeit zu steigern, und die Wahl des Forstpersonals erfolgte lediglich nach "botanischen" Grundsätzen.

Prinz Wilhelm hatte, ebenso wie seine Gattin, die Prinzessin Charlotte, Interesse für die Jagd, und Hofmarschall von Plato, ein Korpsbruder des Prinzen, liebte die Jagd bei weitem mehr noch als sein prinzlicher Herr. Er hatte diesem den Gedanken suggeriert, ihn zu seinem Oberjägermeister zu machen, wenn dem König Karl die letzte Stunde geschlagen haben würde.

Ich war im Frühjahr 1891 zum Gesandten in München ernannt worden. Dort erhielt ich bereits im November eine Einladung zu einer "Hofjagd" in Bebenhausen.

Mir konnte es nur recht sein. Denn es wurde mir dadurch die große Freude zuteil, "das junge Königspaar", dem ich herzlich zugetan war, baldigst wiederzusehen.

Ein nachfolgender heiterer Brief, den ich an Kaiser Wilhelm richtete, gibt von der guten Stimmung Kunde, in die mich die "Hofjagd" des Herrn Oberjägermeisters von Plato versetzt hatte.

München, 24. November 1891.

Ew. Majestät melde ich untertänigst, daß ich von Bebenhausen und Stuttgart wieder heimgekehrt bin. Der König hatte mich zum 19. eingeladen, und ich traf in Gesellschaft des Oberhofmarschalls Wöllwarth mittags in Tübingen ein, wo wir im Gasthof "Zur Traube" – dem Sammelplatz der Studenten – ein Mittagsmahl einnahmen, das aus zentnerschweren "Spätzle" und Rindfleisch mit Mostrich bestand. Der dicke, stets betrunkene und derart ungewaschene Wirt, den man nur mit Grauen betrachten konnte, setzte sich uns gegenüber und redete, soweit seine Trunkenboldenhaftigkeit dieses gestattete, im wildesten Schwäbisch auf uns ein. Wöllwarth fand das alles nicht merkwürdig, da er in Tübingen studiert hat.

Auch König Wilhelm hatte in Tübingen studiert. Im vergangenen Jahre, als ich mit ihm einen Ausflug nach Tübingen machte, hatte ich in dieser selben Kneipe des "Corps der Schwaben" mit ihm im Kreise der alten Kommilitonen einen "Salamander" gerieben – und auch schon damals hatte mir die "ungewaschene" Höflichkeit des Schwabenwirts einen tiefen Eindruck gemacht.

Nach dem Essen fuhren wir durch ein weites bucheneingefaßtes Tal nach Bebenhausen. Wie ein Bild aus dem Mittelalter stieg nach halbstündiger Fahrt der wunderbare Gebäudekomplex des alten Klosters, sich etwas über die grüne Talsohle erhebend und von verschiedenen Türmen aller Art gekrönt, vor uns auf. Zwischen den Gebäuden windet sich im Kreise die Straße hinauf, bis man vor den niedrigen Türen aus gotischer Zeit hält, die zu den Refektorien, Gängen und Klosterzellen führen. Der verstorbene König, der gelegentlich eines Ausflugs bei schlechtem Wetter in Bebenhausen übernachtet hatte, beschloß, das merkwürdige Bauwerk vor dem Verfall zu schützen und begann die Restauration, die während zwanzig Jahren fortgesetzt wurde. Es läßt sich nicht alles Wunderbare aufzählen, das das Kloster enthält, und es ist schwer zu sagen, ob das Sommer-Refektorium, das täuschend dem neurestaurierten Saal des Marienburger Hochschlosses gleicht, ob das Winter-Refektorium, die Kirche, der Speisesaal oder der Klostergarten mit seinem gotischen Säulengang, der ihn im Viereck umschließt, das Merkwürdigste ist.

Ich zog mich, darüber nachzudenken, in meine Zelle zurück, als der König bei mir eintrat, der mit der Königin und dem Riesenkind, Prinzessin Pauline, direkt von Stuttgart nach Bebenhausen im Wagen gefahren war. Es waren erst wenige Wochen seit dem Tode des Königs Karl vergangen, seit dieser hier in Bebenhausen schwer erkrankte, aber König Wilhelm, der nur einmal flüchtig das Kloster als Gast seines

Onkels sehen durfte, nahm mit der Königin ohne Sentimentalität davon Besitz, um die Hirsche des Reviers mit Krieg zu überziehen.

Die Königin, in ihrer liebenswürdigen Natürlichkeit und Einfachheit, sah sich das wunderbare Haus wie ein Kind an, dem man zum Geburtstage etwas aufbaut, freute sich über Teller, Messer, Gabeln und alte Kästen, Waffen, Majoliken und Geweihe, ohne den Gedanken zu haben, daß sie vielleicht zu hoch stände, um soviel Erstaunen zu zeigen, oder daß sie in zu tiefer Trauer sei, um sich so laut freuen zu können.

Nach dem Diner in dem prächtigen, waffengeschmückten Eßsaal wurden so unmenschlich viel Zigarren geraucht, daß ich bei der Nachttoilette sogar mein Unterjäckchen zum Fenster meiner Klosterzelle in die naßkalte Novembernacht hinaushängen ließ, um es zu lüften. Denn von dem Entsetzen, das ein Nichtraucher am nächsten Morgen beim Geruch kalten Rauches in den Kleidern empfindet, kann sich ein Raucher keine Vorstellung machen. Das kommt gleich nach den Düften einer Leimfabrik.

Ehe sich die Majestäten zur Ruhe begaben, wurde ein Rundgang durch die Säulengänge und den Garten gemacht, der durch elektrische Beleuchtung ein märchenhaftes, ganz unwahrscheinliches Aussehen erhält. Der König war, wie alle, entzückt und sprach mehrfach die Hoffnung aus, Bebenhausen Ew. Majestät einmal zeigen zu können. Ich aber versprach dem König, Ew. Majestät eine begeisterte Schilderung zu entwerfen und habe nun dieser, um nicht mit Baedeker verglichen zu werden, die Worte "märchenhaft" und "unwahrscheinlich" beigefügt.

Am nächsten Morgen vereinigte das erste Frühstück die Jagdgenossen im kleinen Eßzimmer der Äbte. Lauter liebenswürdige schwäbische Männer in verschiedenen Hosen, worunter der baumgroße, mit studentischen "Abfuhren" bedeckte Forstassessor von Bebenhausen, Herr von G., meinem Gefühl nach in der langen schwarzen Tuchhose mit spinatgrüner Bise und Strippen am zweckmäßigsten für die Jagd und am geschmackvollsten bekleidet erschien. Als wir nachher zwischen zwei Trieben 1-1/4 Stunde lang einen aufgeweichten Lehmberg hinaufschritten, wobei unsere Tritte im Erdreich Saugetöne hervorriefen, schwitzte der Forstassessor wie ein Braten, da er wegen der Strippen nur ganz langsam die Beine wieder aus dem Lehm herausbekam. Dadurch zurückbleibend, erhielt er den letzten Platz und so die Gelegenheit, an dem einzigen geweihten Hirsch vorbeizuschießen, der den ganzen Tag über gesehen wurde.

Ich saß in dem schönen Buchenwald mit einer fortwährend gesteigerten Unruhe, irgend etwas zu Gesicht zu bekommen. Die Hoffnung, etwas zu schießen, hatte ich bald aufgegeben – aber meine Hoffnung, Wild zu sehen, schrumpfte schließlich in den Wunsch zusammen, wenigstens einen Vogel, einen Käfer – wenn auch nur eine kleine Baumwanze – zu erblicken. Ich hätte das Tier wirklich liebgehabt. Aber nichts regte sich in der Totenstille des Waldes – bis auf den Forstassessor, der in einiger Entfernung auf seinem Stand mit einer jungen Buche, die er entwurzelt hatte, den Versuch machte, den Lehm zwischen den Strippen und den Stiefeln herauszubohren.

Erst gegen Ende der Jagd, am Abend, waren zwei Schüsse gefallen, und es machte sich eine gewisse Unruhe bemerkbar. Dann ging es wie ein Lauffeuer von Stand zu Stand. "Der Erbgraf Quadt hat etwas geschossen!" Ich bemerkte geschwenkte Hüte und freudige Bewegung und sah bald den Grafen stehen, der eine Art Gratulationscour entgegennahm. Vor ihm ruhte das Opfer: ein armes Alttier mit zwei Schüssen "im Bauch".

Abends zum Souper hatte der König den "neuen Jagdanzug" befohlen, die Nachbildung eines Kostüms, das bei Herzog Philipp von Württemberg in Gmunden üblich war. Ich hatte von dieser Anordnung nichts vorher erfahren und konnte darum die Überraschung ganz auf mich wirken lassen. Die Herren erschienen in kurzer, spinatgrüner Jacke mit gleichfarbigen Samtaufschlägen, hoher grüner Weste mit Hirschhakenknöpfen, schwarzer Krawatte, hellgelben Kniehosen, grünseidenen Strümpfen und Schnallenschuhen, dazu hatte der Oberjägermeister von Plato ein lila Gesicht mit hellblauem Kneifer und graumelierten Igelhaaren. Ich war tief erschüttert durch diesen Anblick und die sieben Schwaben, die sich außerdem noch in dieser Tracht befanden, denn sie entwickelten die abenteuerlichsten Beinformen. Südamerikanische Wellensittiche mit gestutztem Schweif sehen so aus. Der Gedanke war ja nicht übel, aber zu einem so gewagten Kostüm gehört ein eleganter Habitus und ein eleganter Schneider. Beides war erschreckend abwesend.

Am zweiten Jagdtage wiederholten sich die Bemühungen des Forstassessors von Bebenhausen, die Lehmberge mit seinen Strippenhosen zu erklimmen, und das einzige lebende Wesen, das ich dieses Mal zu Gesicht bekam, war zu meinem höchsten Erstaunen ein Achtender, der mit Windeseile einen Berghang hinabtobte und dem ich nun zum höchsten Erstaunen der Nachbarn – und auch meines eigenen – eine Kugel mitten auf das Blatt setzte. Die Gratulationscour, die jetzt begann, kann ich nur mit den Glückwünschen vergleichen, die ich zu meiner Hochzeit erhielt. Spät am Abend trat ich die Heimreise über Stuttgart an – bei bester Stimmung und voller Dankbarkeit für die liebenswürdigen Majestäten, deren Güte, Natürlichkeit und Herzlichkeit jedermann gewinnen müssen.

Wenn ich es mir nicht versagen konnte – bei meiner unwiderstehlichen Neigung, mich an der Komik des Lebens zu erfreuen –, Ew. Majestät die heiteren Seiten dieses Bebenhausener Aufenthaltes zu schildern, so möchte ich auch nicht den leisesten Schein von Undankbarkeit erwecken, die gewiß nicht zu meinen Eigenschaften gehört, und bitte deshalb Ew. Majestät alleruntertänigst, diese Schilderung höchstens im intimsten Kreise – und ohne Hinzuziehung von Untertanen König Wilhelms erwähnen zu wollen.

(gez.) Philipp Eulenburg.

Es führte mich mein Weg im Herbst des folgenden Jahres von München wiederum zur Hofjagd des Oberjägermeisters von Plato nach Bebenhausen.

Ich entnehme meinen Tagebuchnotizen die folgende Darstellung:

30. November 1892, Stuttgart.

Ich besuchte vormittags meine Freunde; Baronin Reitzenstein und Gatten, und freue mich, die liebenswürdigen Menschen wiederzusehen. Ebenso den guten Fürsten Karl Urach, der sehr erfreut über dieses Wiedersehen ist. Nachher spreche ich bei Okoliczani vor, der mir wieder vorjammert, daß er als österreichischer Gesandter in dem elenden Stuttgart seine Begabung eintrocknen lassen muß. Bei unserem

Gesandten Saurma frühstückte ich und fahre um 1 Uhr nach Tübingen, von dort im königlichen Wagen nach Bebenhausen. Auf der Bahn treffe ich zu meiner Freude den Fürsten Hohenlohe Langenburg und den kommandierenden General von Lindequist, den ich recht gern habe. Beide sind, wie ich, zur Jagd nach Bebenhausen geladen.

Der König begrüßt mich in dem herrlichen Schlosse voller warmen Freundschaft, und wir versinken sofort in allerhand interessante Gespräche. Dann begebe ich mich zum Diner um 7 Uhr. Danach lange Unterhaltung mit der Königin, Prinzessin Pauline und ihrer reizenden Hofdame Gräfin Degenfeld. Ich werde zum Flügel geschleppt und muß endlos meine Balladen und Lieder singen.

Bebenhausen, 1., 2. und 3. Dezember 1892.

Die Jagden beginnen morgens um 1/2-9 Uhr bei stetig gutem Wetter. Zum Jagdfrühstück kommen die Königin mit Hofdame Degenfeld und Prinzessin Pauline. Die Königin bezaubert durch ihre schönen Züge, doch mehr noch durch ihr einfaches, natürliches Wesen, das niemals würdelos wird. Ihre Freude an Musik und anregender Unterhaltung, die sich auf andere Gebiete erstreckt, als auf die Realitäten eines königlichen Hofes, ist sehr wohltuend. Überhaupt ist dieses Königspaar ohne jegliche Faxen und Gebärden eine Wohltat. Daß ich jeden Abend nach dem Diner und der immerhin recht ermüdenden Jagd viel musizieren muß, ist eine Art "Arbeit", die ich aber gern verrichte, da ich der guten Königin unendliche Freude damit mache. Das männliche Publikum in seiner papageiartigen Jagd-Hoftracht steht abseits, bespricht die Jagderlebnisse und findet mich jedenfalls unbequem mit meinen Geräuschen am Klavier.

Zwei Abenteuer erlebte ich. Ein sehr reales und ein sehr geistiges. Das reale am ersten Jagdtag, das geistige am zweiten.

Wir frühstückten um die Mittagszeit im Walde in einem Zelt. Die Königin und Gräfin Julie Degenfeld hatten sich dazu eingefunden und wollten den Schluß der Jagd erleben; die Königin war so liebenswürdig, mich auf meinen Stand zu begleiten.

Wir standen einsam auf einem schmalen Fahrweg, der an einer mit Niederwald bewachsenen Berglehne entlang führte. Vor uns stieg das Terrain auf, bedeckt mit Buchengebüsch in Manneshöhe. Ich hatte meinen Leibjäger sich vor mir mit meiner Munition an der Berglehne in dem Buschwerk setzen lassen. Ich stand dicht neben der Königin, die Büchse gespannt in der Hand. Wir sprachen ganz leise miteinander, um das nahende Wild nicht zu vertreiben. Das Signal war gegeben, der Trieb hatte begonnen, der sich uns entgegenbewegte. Nichts war zu hören – es sollte nur auf Hirsche geschossen werden.

Ganz leise fragte mich die Königin. "Ich hörte oft von ›Kugelpfeifen‹ sprechen, was versteht man darunter?, ist das ein Ausdruck des Jägerlateins?"

"Nein", antwortete ich, "das Wort beruht auf dem Geräusch, das die fliegende Kugel macht. Schlägt sie an einen Stein oder prallt sie von einem harten Gegenstand ab, so saust sie in hohem Bogen weiter, eine Art leise heulenden Ton erzeugend. Das sind ungefährliche Kugeln. Gefährlich sind die Kugeln, die dicht bei uns vorbeisausen und deren Geräusch, wenn sie uns fast berühren, ein ganz kurzer Ton ist, der leise so lautet, als wenn wir mit den Lippen kurz ›ps‹ sagen."

Ich hatte kaum diese Erklärung gegeben, als, gleichsam wie eine Bestätigung der Richtigkeit meiner Worte, der verräterische kurze Laut in Verbindung mit einem Schuß, der weit vor uns fiel, deutlich vernehmbar war: "ps!"

Wir fuhren auseinander, und ganz entsetzt sprang mein Leibjäger aus dem Gebüsch zu uns hervor.

"Nun", sagte ich, "da wir noch lebendig sind, so wollen wir in Ruhe das Weitere abwarten. Ich denke, daß nicht jede Kugel wieder zu uns herübersausen wird! Aber ich muß gestehen, daß ich die Sache ziemlich ›merkwürdig‹ finde!"

Die arme Königin war sehr blaß geworden, und unsere Unterhaltung wollte nicht recht wieder in Gang kommen. Ich schäumte innerlich vor Wut über Herrn von Plato, der die Anordnung der Triebe und die Anstellung der Schützen besorgt hatte.

Ich malte mir den ganzen Tag die schrecklichen Möglichkeiten aus, die sich durch einen "Treffer" hätten ergeben können: die Königin erschossen neben mir! – Wer hat sie erschossen? Weshalb stand sie allein neben mir? Ein furchtbares Drama für ganz Deutschland – für Württemberg, für den König! Ich empfinde jetzt, da ich dieses niederschreibe, bis zum größten Unbehagen wieder diese Gedanken.

Nach dem Abblasen des Triebes wanderten wir zu dem angesagten Rendezvousplatz, vermieden aber, von dem Vorfall zu sprechen, um nicht unliebsame Erörterungen hervorzurufen. Doch versagte ich es mir nicht, im strengsten Vertrauen dem Herrn Oberjägermeister davon Kenntnis zu geben, um zu verhindern, daß der betreffende Schütze künftig wieder mit der Kugel in den Trieb hineinschießt. Wenn es Herrn von Plato möglich gewesen wäre, noch blauroter zu werden, als die Natur sein Angesicht bereits gefärbt hätte, so wäre es sicherlich bei meiner Mitteilung geschehen. Ich ersuchte ihn in sehr deutlicher Form, den Schützen sofort festzustellen und zu verwarnen.

Das zweite Abenteuer war ein geistiges, da man einen Spuk nicht gerade als materiell bezeichnen kann. Dieser Spuk war gottlob recht harmlos und entschieden angenehmer als der Spuk von Sigmaringen, der mir 1890 die ganze Nachtruhe störte .

Das uralte Kloster Bebenhausen enthält verschiedene Höfe. An seiner Innenseite befinden sich im ersten Stockwerke lange Gänge mit großen Fenstern nach der Hofseite, beziehungsweise nach den reizenden Gärtchen, zu denen die Höfe umgestaltet sind. Die Türen führen zu den einzelnen Zellen, die untereinander keine Verbindung haben. Diese Zellen sind jetzt als Gastzimmer hergerichtet. Auf meinem Gang befand sich, einige Zellen von der meinen entfernt, auch das Zimmer meines Leibjägers.

Es war im Schummerlicht, nach der Rückkehr von der Jagd, als ich mich ausziehen wollte, um etwas zu ruhen. Ich trat aus meiner Tür auf den Gang, der völlig leer war, um Emanuel zu rufen, als ich am Ende des Ganges eine schwarze Gestalt bemerkte, die langsam auf mich zugeschritten kam. Es lag mir so fern, an einen Spuk zu denken, daß ich mir den Kopf zerbrach, ob die langsam schreitende Gestalt ein Mann oder eine Frau sei. In einer der Türen, in nicht großer Entfernung, verschwand die Figur in dem Augenblick, als Emanuel aus seiner Zelle trat, um zu mir zu kommen. Ich hatte plötzlich ein eigentümliches Empfinden, ging ihm entgegen bis zu der Tür, vor der die Gestalt verschwunden war, und fragte ihn, ob er hier jemand gesehen habe. Er sagte, daß er im Augenblick des Hinaustretens einen schwarzgekleideten Menschen gesehen habe, doch sei dieser plötzlich verschwunden gewesen. Ich wollte nicht eine Geschichte aus meiner Beobachtung machen und schwieg. Doch merkte ich mir die Tür der Zelle, durch die anscheinend die Gestalt verschwunden war. Ich sagte Emanuel, er möge anklopfen und fragen, "wo der Fürst Hohenlohe" wohne, und ging zurück. Er meldete, daß niemand geantwortet habe und die Tür verschlossen sei.

Abends, nach dem Diner, saß ich mit der Königin und Gräfin Degenfeld allein auf einem Etablissement bei dem Flügel. Ich begann sehr vorsichtig (da ich mich nicht blamieren wollte) von den Klostergängen zu sprechen und speziell von dem meinen: ob da außer mir noch andere Gäste wohnten? Das wurde verneint. An der Stelle, wo der Gang an der Ecke des Hofes sich wendete, habe die Königin zwei Zimmer.

Plötzlich fragte die Königin, mich mit einer gewissen Neugierde betrachtend. "Weshalb erkundigen Sie sich nach den Bewohnern Ihres Ganges? Haben Sie dort jemand gesehen?" Ich lachte und meinte, es sei wohl irgendein Dienstbote gewesen, den ich in eine Zelle treten sah, sonst habe ich niemand erblickt.

"Wahrscheinlich schwarz", sagte die Königin zu meinem Erstaunen. "Können Sie mir die Zelle bezeichnen, in die die schwarze Gestalt ging? – Ich will Ihnen offen sagen, daß ich weiß, wen Sie gesehen haben."

"Wer war es?"

"Ich weiß es nicht", antwortete die Königin ziemlich belustigt. "Ich weiß eben nur, daß diese Gestalt vorhanden ist, denn ich sah sie öfters, sogar einmal mit meinem Bruder zusammen, denn sie trat in mein Zimmer, dort bei dem Gang, wo Sie wohnen, und verschwand plötzlich vor unseren Augen."

Ich fragte weiter, ob die Königin und ihr Bruder die Gesichtszüge der Gestalt erkannt hätten? Die Königin erklärte, es habe wie schwarzer Schleier ausgesehen, während die Kleidung wohl die eines Mönches gewesen sei.

Das stimmt allerdings genau mit dem überein, was ich gesehen hatte. "Was ist denn aber in jener Zelle, vor der ich mit meinem Jäger stand?"

"Nichts. Die Tür ist stets verschlossen. Altes Gerümpel liegt darin, und einen Ausgang hat die Zelle nicht. Wir sind nicht die einzigen, die jene Gestalt sahen, und man hat Wache gestanden vor der verschlossenen Tür, bis eilig der Schlüssel geholt war. Aber man konnte natürlich nichts entdecken. Wir haben uns längst daran gewöhnt, und niemand spricht jetzt mehr von der Gestalt. Sie ist uns gleichgültig geworden, da sie harmlos ist und nur hin und wieder das Gespräch sich ihr zuwendet. Aber der König liebt nicht, daß man davon spricht. Ich finde nichts dabei. Glauben oder Nichtglauben, darum handelt es sich, und jeder kann das halten, wie er mag."

Ich hatte auch nichts dagegen einzuwenden, schlief in meiner Zelle vortrefflich und ohne jede Störung.

II.

Sigmaringen, 26. November 1890.

Minister Mittnacht ladet mich zu der Eröffnung der Bahn von Stuttgart nach Tuttlingen-Sigmaringen ein, und ich fahre morgens mit ihm und den Ministern bei vielem politischen und nichtpolitischen Geschwätz ab. Frühstück auf dem Bahnhof in Tuttlingen.

In Sigmaringen habe ich mich bei dem Fürsten zum Besuch angesagt und werde sehr freundlich von ihm im Schlosse aufgenommen. Großes Diner mir zu Ehren. Die Fürstin (geb. Prinzessin von Portugal) ist nicht anwesend, jedoch lerne ich die völlig taube Mutter des Fürsten kennen. Sie interessiert mich, weil sie die einzige noch lebende Schwester Kaspar Hausers ist. (Tochter des Großherzogs Karl von Baden und Stephanie Beauharnais, Adoptivtochter Napoleons).

Fürst Leopold ist im Gegensatz zu seinem Vater, dem Fürsten Anton, der seinerzeit als preußischer Ministerpräsident eine politische Rolle spielte und 1885 starb, eine etwas weiche Natur. Solche pflegen liebenswürdiger zu sein als die harten, und in der Tat ist Fürst Leopold, dem ich in Berlin und Potsdam öfters, doch nur oberflächlich, begegnete, ein äußerst liebenswürdiger Mensch – zugleich der aufmerksamste Wirt, den man sich denken kann. Es machte ihm Freude, mir die schönen Räume und Kunstschätze des großen, alten Schlosses zu zeigen, und er geleitete mich, nachdem wir endlos nach dem Diner über brennende politische Fragen geredet hatten, freundlich zu meinem Quartier, das mir einen sehr behaglichen Eindruck machte.

Leider wurde das Behagen, das ich beim Betreten des Zimmers empfand, bald gestört, und zwar in so eigentümlicher Weise, daß ich es für wert hielt, mir auf der Heimreise am folgenden Tage die Vorgänge aufzuzeichnen, die in mir – ich will es nicht leugnen – einen starken Eindruck hinterlassen haben.

An einem langen Gang in einem der Flügel des uralten, in vielen Winkeln gebauten Schlosses lagen die Zimmer, die ich bewohnte. Eine Tür führte von dem Gang in meinen Salon, von diesem eine Tür in mein Schlafzimmer, das keine Tür zu dem Gang besaß, sondern nur die Tür zu dem Salon und eine, die zu dem danebenliegenden Zimmer meines Leibjägers Emanuel Bartsch führte. Da wir ganz allein in dem Flügel, oder in der ersten Etage, wohnten, so gab ich Emanuel den Auftrag, sowohl seine Tür als die Tür, die von dem Salon auf den Gang führte, zu verschließen und die Schlüssel im Schloß steckenzulassen.

Ich legte mich müde zu Bett. Emanuel schlief in der Nebenstube. Auf meinem Nachttischchen standen zwei silberne Leuchter, die ich angezündet hatte, und Schwefelhölzer in einer Metallbüchse. Ich las Zeitungen und löschte, als ich die Blätter durchgesehen hatte, die Lichte.

Kaum war dieses geschehen, hörte ich Tritte in meinem Salon, zu dem die Tür offen stand, und es trat jemand in mein Zimmer, den ich bei tiefer Dunkelheit nur hören, nicht sehen konnte. Ich rief, ziemlich erschreckt, doch in der Meinung, daß Emanuel die Tür zu dem Salon zu verschließen vergessen oder doch versehentlich nicht vollkommen abgeschlossen habe. "Wer ist da? Was wollen Sie?"

Keine Antwort. Ich wiederholte bei der vollkommenen Stille ziemlich dringend die Frage, hatte dabei die Zündholzschachtel ergriffen und machte Licht – doch alles war leer, kein Mensch vorhanden.

Einigermaßen erstaunt und in der Meinung, daß vielleicht irgendein Schall aus einer anderen Etage den täuschenden Laut hervorgerufen habe, stand ich doch auf, ging in das Nebenzimmer und untersuchte das Schloß. Die Tür war vollkommen und gut verschlossen, der Schlüssel steckte in dem Schlüsselloch. So legte ich mich denn ziemlich ärgerlich von neuem ins Bett und ergriff wiederum die Zeitungen, da ich vollkommen wach geworden war.

Doch nachdem ich wieder das Licht ausgelöscht und mich umgewendet hatte, um nun endlich zu schlafen, wurde ich abermals durch Tritte gestört – und zwar dicht neben meinem Bett. Ganz besonders aber wurde ich dadurch erschreckt, daß sich jemand, seltsam klappernd, scheinbar an meinen Leuchtern und den Zündhölzern zu schaffen machte. Ich zauderte, ob ich danach fassen sollte und rief, recht arg beunruhigt, laut. "Wer ist da! – Was wollen Sie?" Da aber hatte ich auch die Zündhölzer gefaßt, und die Flamme leuchtete auf. Ich hatte ein Gefühl des Schreckens, als müsse ich nun irgendeine unerklärliche Gestalt neben mir stehen sehen – doch nichts, absolut nichts war sichtbar. Das Zimmer unberührt, alles stand an seinem Platze.

In einem feigen Gefühl, daß sich jemand in irgendeinem Winkel des Zimmers oder hinter einer Gardine könnte verborgen haben, rief ich laut. "Emanuel.", und sehr verschlafen erschien mein Leibjäger in der Tür.

"Hast du deine Tür nach dem Gang verschlossen?" fragte ich.

"Jawohl."

"Hier höre ich zum zweitenmal Schritte, die aus dem Salon kommen. Es kann irgendeine Katze, ein Marder oder eine Ratte sein. Mir ist es lieber, du legst dich in den Salon aus ein Sofa, ziehe dir deine Kleider an, damit du nachsehen kannst, sobald ich rufe oder du etwas vernehmen solltest."

Der treue Emanuel untersuchte jeden Winkel des Zimmers und legte sich auf das große grüne Samtsofa in dem Salon nieder.

Ich löschte meine Lichter aus. Dasselbe tat er in dem Salon, und ich legte mich nun in etwas gemütlicherer Stimmung auf das Ohr. – Plötzlich hörte ich im Salon laut Emanuels Stimme.

"Halt. Wer ist da?" – dann wurde ein Licht angesteckt, während ich wieder neben mir Schritte am Bett fühlte und hörte, die ich für Emanuels Schritte hielt, doch sobald der Lichtschimmer durch die Tür fiel, war alles neben mir still, und kurz darauf kam dieser entsetzt in meine Stube gestürzt.

"Durch die Tür kam es gegangen", rief er, "an mein Sofa – als wollte es den Tisch fortziehen – und dann ging es hier hinein –, wer war es denn?"

"Die Tür zum Gang war doch sicher zugeschlossen?" fragte ich, ziemlich unangenehm berührt durch seinen Schreck.

"Fest verschlossen."

"Nun"; fuhr ich fort, "so will ich etwas anderes versuchen. zünde alle Lampen an, die in dem Salon, in meinem Schlafzimmer und in dem deinen stehen, damit wir den Kerl sehen, wenn er kommt – oder uns doch überzeugen können, daß das Geräusch von anderer Stelle herrührt."

Das geschah. Bei hellem Lampenlicht schlief ich allmählich ein. Emanuel gleichfalls auf seinem großen grünen Samtsofa, und alles unheimliche Gehen, Rühren und Klappern war verstummt – Geister, die das Licht scheuen.

Am folgenden Morgen früh mußte ich meine Rückreise antreten. Ziemlich verschlafen und übernächtig trank ich meinen Kaffee, als mich der Hofmarschall abholte, um mich zu dem Wagen zu geleiten, der mich zu der Station fahren sollte. Wir sprachen von diesem und jenem, aber ich war rücksichtsvoll genug, den Spuk nicht zu erwähnen. Als wir hinaustraten, blickte ich zu dem Schloß hinauf, den hohen Bau nochmals betrachtend.

"Dort erkenne ich meine Fenster, in dem grauen Flügel. Mit dem hohen Dach sieht er eigentlich ganz aus, als müsse dort ein Spuk hausen", sagte ich lachend.

"Sie haben gar nicht so unrecht", antwortete Herr von Buddenbrock. "Es geht dort die ›böse Landgräfin‹ um, wie man behauptet."

"Eine böse Landgräfin?" fragte ich neugierig. "Was hat sie verbrochen?"

"Sie soll ihren Gatten vergiftet haben. Mit Kompott."

"Mit Kompott?" fragte ich heiter. "Weiß man denn das so genaue"

"Ja, deshalb soll sie sich jetzt immer in der Gegend der alten Speisekammer zu schaffen machen, die dort an dem Gang liegt, wo Sie wohnten. Sie klappert mit Porzellan herum, wie die Reinemachefrauen behaupten, die erklärt haben, unter keinen Umständen in die Speisekammer zu gehen und auf den Gang, da sie dieselbe sogar gesehen haben. Faktum ist, daß die Speisekammer ›verboten‹ ist. Doch das war vor meiner Zeit."

Ich bestieg den Wagen um eine Erfahrung reicher – und doch stark beeindruckt durch die böse Landgräfin. Denn an meinem Spuk war kein Zweifel möglich, und die Landgräfin trat nun unheimlich dazu. Das Klappern an meinem Nachttisch hatte eine verteufelte Ähnlichkeit mit Porzellan, das sich nicht auf dem Tischchen befand, denn Leuchter und Zündholzbehälter waren von Metall.

III.

Sigmaringen, 27. November 1890. (Caspar Hauser.)

Ich vermag nicht von Sigmaringen zu scheiden, ohne mich nochmals der alten, stocktauben Fürstin Josephine zuzuwenden. Als Tochter der berühmten Stephanie Beauharnais, Adoptivtochter Napoleons, hat diese badische Fürstentochter ebensoviel napoleonische Tradition dem Hause Hohenzollern-Sigmaringen zugeführt als der Großvater des Fürsten Leopold, Fürst Carl, der die Tochter Murats heiratete. Erst durch die Ehe des Fürsten Leopold mit einer Prinzessin von Portugal hat die napoleonische Tradition andere Wege beschritten, doch immer noch für ein Haus Hohenzollern recht exotische.

Was jedoch mein besonderes Interesse bezüglich der alten Fürstin erregte, war der Umstand, daß mir ein Porträt des Caspar Hauser, das sich im Besitz der alten Baronin Wendelstadt befand, lebhaft wieder in Erinnerung gebracht wurde, als ich vor der alten Fürstin stand. Es waren dieselbe Stirn, dieselben Augen, dasselbe Kinn. Ich wurde tatsächlich durch diesen Eindruck in meiner Auffassung sehr bestärkt, daß der unglückliche Caspar Hauser der geraubte Prinz von Baden war. Ich lasse darum die kurze Aufzeichnung, die ich von einer seltsamen Episode, Caspar Hauser betreffend, machte, hier folgen – unter dem Eindruck, seiner Schwester die Hand geküßt zu haben.

Ich darf wohl im allgemeinen voraussetzen, daß die Geschichte von Caspar Hauser – eine der seltsamsten, die in diesem Jahrhundert spielten – in großen Zügen bekannt ist.

Sie begann damit, daß ein junger Mensch, gesund, gut gewachsen, 1828 vor den Toren Nürnbergs erschien, der nicht sprechen gelernt hatte, daher keine Angaben machen konnte, woher er kam, auch nicht die Fragen zu verstehen schien, die man an ihn richtete. Er war dürftig gekleidet und benahm sich wie ein Kind von vier bis fünf Jahren. Die Stadt übernahm ihn, gab ihn einem Bürger zur Pflege und verlieh ihm den Namen Caspar Hauser.

Bald stellte sich heraus, daß der junge Mensch, der etwa vierzehn Jahre zählen mochte, als er erschien, durchaus gesunden Verstand hatte, leicht lernte und nach etwa einem Jahr fähig war, Mitteilungen über seine Vergangenheit zu machen. Er schien bei Bauersleuten, völlig getrennt von anderen Menschen, aufgewachsen zu sein, erinnerte sich aber auch, einmal in ein Schloß gebracht zu sein.

Das Mysterium erregte allgemeine große Aufmerksamkeit, und es begannen Forschungen, um bei den deutschen Fürstenhöfen etwaige verschwiegene Geburten oder ein sonstiges Verbrechen zu entdecken.

Der sächsische Hof wurde zunächst verdächtigt, ohne irgendeine Wirkung damit zu erzielen.

Bald nachdem man den badischen Hof verdächtigte, wurde jedoch auf Caspar Hauser ein Mordanschlag in Nürnberg verübt. Ein solcher wiederholte sich und gab nun Veranlassung, daß der unglückliche junge Mann nach Ansbach in sichere Verwahrung dem bekannten Kriminalisten Feuerbach übergeben wurde, der sich mit größter Liebe Caspars annahm.

Am 14. Dezember 1833 wurde Caspar Hauser im Schloßpark zu Ansbach tödlich verwundet und starb drei Tage darauf.

Die Aufmerksamkeit war in immer verstärktem Maße auf das Haus Baden gelenkt worden, und zwar, weil der Großherzog Carl (1806 vermählt mit Stephanie Beauharnais) nur zwei Töchter besaß, während der Erbprinz gleich nach der Geburt 1812 gestorben sein sollte.

Durch diesen traurigen Fall waren nunmehr, da der Großherzog keinen Bruder hatte, ebensowenig wie die Brüder seines Vaters Kinder besaßen, erbberechtigt geworden die Söhne des Großherzogs Karl Friedrich († 1811) aus dessen zweiter nicht ebenbürtiger Ehe mit Freiin von Geyer (zur Gräfin Hochberg erhoben). Es folgte demgemäß deren ältester Sohn Karl Leopold Friedrich (geb. 1790, † 1852) als Großherzog nach dem Tode seines Stiefbruders, des Großherzogs Karl, 1818.

Diese Thronbesteigung trat also infolge des Todes des kleinen, bei der Geburt gestorbenen Sohnes der Großherzogin Stephanie ein, und die Nachkommenschaft der Gräfin Hochberg war dadurch regierungsfähig geworden. Es war aber bekannt, daß diese Dame Hochberg zu den intrigantesten, bösartigsten Geschöpfen ihres Geschlechtes gehörte.

Sollte es ihr etwa gelungen sein, den unglücklichen kleinen Erbprinzen zu beseitigen? Es hatten sich tatsächlich allerhand merkwürdige Vorgänge bei der Geburt des Prinzen abgespielt, und die Mutter war überzeugt, daß man ihr das Kind geraubt habe.

Die sehr anrüchige Figur eines Hauptmanns von Hoininger wurde dann genannt. Vielleicht hatte der Anschlag der Gräfin, deren Werkzeug Hoininger war, auf Tod des kleinen Erbprinzen gelautet – und Hoininger hatte es vorgezogen, das Kind zu verstecken, um es als Erpressungswaffe zu benützen. Mit dem Augenblick aber, da die Aufmerksamkeit ganz Deutschlands sich auf Baden richtete, hatte er, da er sich bedroht fühlte, zu der Mordwaffe gegriffen.

Zu der Zeit, als sich die Tragödie im Schloßpark zu Ansbach 1833 abspielte, befand sich der kürzlich verstorbene Württembergische Premierminister Freiherr von Varnbüler (Vater meines Freundes Axel) als Student in Berlin.

Von ihm persönlich vernahm ich die folgende Erzählung, als ich einst in Hemmingen das Gespräch der unaufgeklärten Geschichte des unglücklichen Caspar Hauser zuwandte.

Der Minister hatte sich zu seiner Studentenzeit bei Beginn der Weihnachtsferien von Berlin nach Hemmingen mit der Fahrpost begeben, die oberhalb Ansbachs bei der Poststation an der Landstraße eine Rast machte. Varnbüler benutzte diese Zeit zu einem kleinen Gang auf der Landstraße und setzte sich bei einem Feld in den Graben, wo man einen weiten Überblick bis zu der Stadt und dem Schloßgarten hatte, der unten an die Felder grenzte. Plötzlich sah er einen Menschen auf einem zum Teil an den Abhängen verborgenen Fußweg hinauf in der Richtung zu der Landstraße laufen, und zwar so schnell, daß sich Varnbüler Gedanken darüber machte. Der Mann hatte ihn nicht gesehen, da nur Varnbülers Kopf über den Grabenrand hinausragte.

In dem Augenblick, als der Mann ganz in der Nähe Varnbülers an den Graben trat, bemerkte er, daß er den Menschen kenne, doch sich nicht erinnere, wer er sei. Dieser richtete den Kopf zur Seite und trug, als er ihn wieder gegen Varnbüler hinwandte, völlig veränderte Züge. Hierauf schritt der sonderbare Mensch auf ein nahes Dorf zu. Gleich darauf mußte Varnbüler sich für die Weiterfahrt an die Poststation begeben und setzte die Reise nach Stuttgart und Hemmingen fort.

Einige Tage später brachten die Zeitungen die allgemein große Aufregung hervorrufende Nachricht, daß der arme Caspar Hauser im Schloßpark zu Ansbach ermordet worden sei.

Selbstverständlich fiel Varnbüler der mysteriöse "Läufer" ein, immer noch ohne sich erinnern zu können, an wen ihn dessen Züge erinnert hatten. Erst nach längerer Zeit, als bei gewissen geheimen Untersuchungen des Falles die Persönlichkeit des Hauptmanns von Hoininger genannt wurde, fiel ihm plötzlich ein, daß dieser die Persönlichkeit gewesen sei, an die ihn der laufende Mann in Ansbach am Tage des Mordes erinnert habe. Varnbüler hatte viel in Karlsruhe verkehrt, einigemal den Hauptmann gesehen und ihn auch flüchtig kennen gelernt, der im allgemeinen wegen seines Wesens und allerhand mysteriöser Geschichten gemieden wurde. Auch erinnerte er sich, damals gehört zu haben, daß dieser eine große Gabe der Verstellung besaß.

Die Untersuchungen in Karlsruhe führten jedoch zu keinem greifbaren Abschluß. Darum hielt es auch Varnbüler nicht für angezeigt, eine Mitteilung zu machen, die schließlich doch auf einem Irrtum beruhen konnte.

Die bis in die heutige Zeit fortgesetzten Publikationen über Caspar Hauser wurden auffallenderweise stets von unbekannter Seite aufgekauft. In denen, die ich mir anschaffen konnte, wurde nicht nur der Raub des Erbprinzen in einwandfreier Form dargestellt, sondern jedesmal auch der Hauptmann Hoininger als "der große Unbekannte" bezeichnet, der allein in Frage kam, das Verbrechen begangen zu haben. Auffällig war die Haltung, welche die badische Regierung gegenüber Hoininger einnahm, der schließlich unter einer Art Schutz derselben lebte.

Daß die Mitglieder des von mir so verehrten Hauses Baden bei den andauernden Verlusten in der Familie und dem augenscheinlichen Zusammenschmelzen ihrer Mitgliederzahl unter dem Bann der Gedanken an eine Schicksalsverfolgung stehen, ist erklärlich. Ich wünsche von ganzem Herzen, daß dieser Druck sich im Laufe der Jahre verlieren möge.

IV. BEGEGNUNG MIT GRAF ZEPPELIN.

Hemmingen, 29. Dezember 1890.

Sehr lustige große Hasenjagd bei meinem Freunde Axel von Varnbüler.

Mein Nachbar während eines langen Triebes ist General Graf Zeppelin, den ich vom Kriege 1870 in Straßburg kenne. Er hatte sich damals durch einen waghalsigen Rekognoszierungsritt berühmt gemacht. Heute erschreckte er mich in seiner aufgeregten Weise durch die genaue Schilderung eines lenkbaren Luftschiffes, das er erfunden haben wollte.

Er hatte sich vor Beginn des Triebes auf meinen Stand begeben und begann sofort, bis in die Details gehend, mir die Konstruktion auseinanderzusetzen, die zu der Lösung des Problems eines lenkbaren Luftschiffes führen müsse. Vor lauter Schrauben, Rädern und Steuervorrichtungen in geheimnisvollen technischen Ausdrücken, die ich natürlich nicht verstand, schwindelte mir – wohl schon aus dem Grunde, weil ich bereits als Knabe gegen jedwede Maschine mit Ölgestank eine tiefinnerliche Abneigung empfand und mich auch später mein Schicksal sehr abseits von Maschinen führte.

Jetzt aber wurde mir plötzlich unheimlich zu Mut. Zeppelin rollte merkwürdig mit den Augen und zeigte mir mit seiner geladenen Doppelflinte allerhand Linien und Richtungen, die sich auf das Luftschiff bezogen, was mir plötzlich nicht etwa den mythologischen Ikarus, sondern den Besuch eines Irrenhauses bei Leipzig in Erinnerung brachte, wohin mich, leider, ein Studienfreund geführt hatte, der dort einen "vollkommen ruhigen" Onkel besuchen wollte. Der Aufsichtsarzt hatte mir bei dieser Gelegenheit zwei Verrückte gezeigt, die eifrig an einem "Luftschiff" bauten, und dazu bemerkt. "Gerade dieser Wahnsinn kommt oft vor."

Zeppelin war weit davon entfernt, mich an den "ruhigen" Onkel in Leipzig zu erinnern. Mit rollenden Augen und der als Metermaß verwendeten geladenen Doppelflinte schien meine Lage andauernd bedroht. Die beiden emsigen

Luftschiffbauer in Leipzig aber erschienen mir im Vergleich mit Zeppelin als reine Engel.

Unterdessen waren einige Schüsse auf dem rechten Flügel gefallen. Sollte ich wagen, Zeppelin in seiner Beschreibung der inneren Gewichtsverteilung des Luftschiffes zu unterbrechen? Er würde mich vielleicht ohne weiteres totschießen.

Da erschien wie ein Götterbote des Himmels – ein Hase, und zwar nahm dieser die Richtung auf den von Zeppelin verlassenen Stand. Man sah ihn die Berglehne, unbeirrt durch das Geschrei der Treiber. "Gela! Gela", in gerader Linie hinauf eilen.

Ich faßte Mut und Zeppelin an den Arm. "Sehen Sie! – der Hase. – genau die Richtung auf Ihren Stand ." rief ich.

"Wer?" – fragte Zeppelin, wild um sich blickend.

"Ein Hase."

"Wo?"

"Vor Ihrem Stand."

"Donnerwetter!" rief Zeppelin, faßte waidgerecht seine Flinte, stürzte fort und schoß an dem Hasen vorbei.

"Donnerwetter!" murmelte ich nun still für mich, "wenn Zeppelin Miene macht, zu mir zurückzukehren, schützte ich Bauchschmerzen vor und verschwinde." Aber er kam nicht.

"Sage mir um Gottes willen, Axel", redete ich nach beendetem Triebe meinen Freund an, "ist Zeppelin verrückt – oder was fehlt ihm?"

"Ach", erwidert Axel in seiner langsamen eindringlichen Art und mit jenem, ihm eigentümlichen melancholischen Augenaufschlag von unten nach oben, "hat er dir auch ... ..."

"Von dem Luftschiff."

"Ja. Es ist fürchterlich. Wir müssen alle heran."

"Ist er denn närrisch geworden?"

"Ach, weißt du – wer ist nicht verrückt? Wenn ich hier meine Nachbarn mit Zeppelin vergleiche – –"

"Bauen die auch Luftschiffe?"

Axel lachte.

"Ich will dir sagen, Axel: mehr oder weniger bauen wir alle Luftschiffe. Aber mit einer geladenen Doppelflinte erscheint mir Zeppelins Tätigkeit doch – zu eindrucksvoll."

– – Einige Jahre später, es war in dem Jagdhaus Rominten, saß ich neben Kaiser Wilhelm II. in kleinem Kreise an der Abendtafel. Der Kriegsminister hatte vormittags Vortrag gehalten und war wieder abgereist. Ich hörte von den Adjutanten den Namen Zeppelin aussprechen.

"Ja, Zeppelin", sagte der Kaiser, als ich fragte, ob von ihm seitens des Kriegsministers die Rede gewesen sei, "das ist eine üble Sache. Immer wieder hat er einen Beitrag vom Kriegsministerium für seine Versuche beantragt und erhalten. Das hat nun ein Ende. Die Versuche des Kriegsministeriums sind viel aussichtsvoller. Zeppelin ist ja halb verrückt mit seinem Projekt. Er tut mir leid – aber immer wieder für eine, durch das Kriegsministerium als völlig aussichtslos erklärte Sache Geld zahlen, ist Unsinn."

Ich schwieg. Zeppelin tat mir auch leid. Mir fiel wieder Leipzig ein. Der "ruhige Onkel" meines Studienfreundes Burghard war entschieden glücklicher als Zeppelin. Was sollen wir Menschen auch in der Luft machen? Wir gehören auch nicht zum Wasser, denn wir haben weder Flossen noch Flügel, sondern Beine und Arme. – Doch Zeppelin schien anderer Ansicht zu sein.

Zwölf Jahre später.

Es erübrigt sich, von Zeppelins Erfolgen zu sprechen. Daß ich ihn nicht bei der Hasenjagd in Hemmingen "erkannte", verzeihe ich mir. Mir fehlt der Sinn für Mechanik. Ich bin ein "Naturmensch" – wenn auch kein Wilder.

AM HOFE VON ENGLAND

TAGEBUCHNOTIZEN.

27. Juli 1893.

Ich treffe um ½9 Uhr früh in Kiel ein und begebe mich sofort auf die "Hohenzollern" und begrüße den Kaiser. Um 11 Uhr geht die Fahrt an. Der Tag ist schön, die See ruhig. Es wird auf Deck promeniert, und ich spreche viel den Kaiser. Die für Cowes mitgenommene Matrosenkapelle spielt zu den Mahlzeiten.

In der Reisegesellschaft haben sich einige Veränderungen gemacht: die Adjutanten Seckendorff und Hülsen sind durch Arnim und Helmuth Moltke abgelöst. Dazu ist Kapitän Siegel gekommen.

Die Kaiserin war abends vorher nach Wilhelmshöhe abgereist.

Die Fahrt geht durch den kleinen Belt zwischen den dänischen Inseln hin. Die hübsche Landschaft bei sonniger Beleuchtung, die Städte und Orte am Ufer bieten ein abwechselndes, anziehendes Bild. Später geht die Fahrt an der Küste Jütlands hin. Abends wird eine große Zitherpartie mit dem Kaiser arrangiert. Ich spiele das Harmoniflüte dazu.

28. Juli 1893.

Um 5 Uhr kommt Emanuel an mein Bett, da es stark schaukelt. Ich bleibe noch bis 7 Uhr liegen und stehe dann auf. Der Kaiser ist auf Deck. Es war ihm auch nicht wohl. Wir wanderten auf und nieder, und ich legte mich dann auf eine der vielen Chaiselonguen von Rohr, wo ich stundenlang liegenblieb. Um 1 Uhr frühstückte ich auf Deck mit dem Kaiser und Görz. Nachmittags wurde es mir langsam besser, so daß ich schließlich am Abendessen um 8 Uhr teilnehmen konnte. Fast alle litten an der schwankenden Bewegung des Schiffes. Die Bewegung war um so fataler, als eigentlich kein Seegang war. Wir hatten nur an der Nordspitze von Jütland Wellen. Später, als wir die ganze holländische Küste entlangfuhren, war nur geringe Dünung. Der Abend mit Mondschein bei klarem Himmel und mit den zahllosen Leuchtfeuern in Holland wäre herrlich gewesen, wenn nicht das ewige Ankämpfen gegen Übelkeit schließlich die Nerven ganz heruntergebracht hätte.

29. Juli 1893.

Ich erwache nach einer herrlich ruhigen Nacht. Das Schaukeln hatte nachgelassen. Beim Aufstehen ließ der Kaiser sagen, daß die englische Küste sichtbar sei. Ich ging auf Deck und sah Dover in seiner malerischen Lage auf den Kreidefelsen, vom alten Castle überragt. In der Nähe auf einer Sandbank blickten drei Masten eines gescheiterten Schiffes aus dem Wasser. Das Wetter war ruhig und ein wenig nebelig. Von Dover langten auf einem Kutter Botschafter Graf Hatzfeld und Legationsrat Graf Metternich an. Wir frühstückten und promenierten bei den Klängen der Marinekapelle an Deck mit dem Kaiser. Der Kurs ging an der englischen Küste entlang. Folkestone, Brighton wurden sichtbar. Um 1 Uhr wird gefrühstückt. Um 3 Uhr fahren wir zwischen zahllosen Schiffen und Yachten bei Osborne vorüber, das auf der Höhe der Insel Wight liegt, nach Cowes, wo wir vor Anker gehen. Die deutschen Kriegsschiffe salutieren. Es ist ein herrlicher Anblick – die schöne grüne Insel mit allen Fahrzeugen davor.

Bald nach der Ankunft erscheinen der Herzog von Connaugh und der Prinz von Wales. Der Kaiser empfängt sie, als englischer Admiral angezogen, und stellt uns vor. Im Lauf des Nachmittags kommen allerhand Engländer zur Meldung an Bord. Der Kaiser fährt zur Königin. Ich fahre mit August Eulenburg und einigen Herren ans Land, um uns einzuschreiben. Die Insel ist reizend. Es liegen zahllose Landhäuser im Grünen. Am schönsten aber ist der Park von Osborne und der des Landsitzes des Herzogs von Bedford Noris Castle.

30. Juli 1893.

Herrlicher Tag und festliche Beleuchtung. Um 1/2 11 Uhr ist Gottesdienst an Bord, den der Kaiser abhält. Die Musik spielt dazu Choräle.

Dann segeln wir bei ziemlich starkem Wind mit dem "Meteor", der sehr hübsch, mir aber für den Kaiser zu unsicher scheint.

Um 1 Uhr frühstücken der Herzog von Connaught und die Herzogin (Tochter des Prinzen Friedrich Carl von Preußen), Prinz Christian von Holstein (Schwiegersohn der Königin) und dessen Tochter bei uns.

Später fahre ich an Land und besuche den geistreichen Botschafter Hatzfeld, der leider recht elend ist.

Zum Diner bin ich mit dem Kaiser und dem Prinzen von Wales auf der Yacht "Osborne". Der Herzog von Connaught, Prinz Eduard Sachsen-Weimar und Prinz Heinrich Battenberg nehmen daran teil. Die Prinzessin von Wales ist noch nicht hier.

Ich sitze neben Prinz Weimar und einem englischen Lord, mit dem ich mich recht gut unterhalte. Der alte Eduard Weimar, Oberstkommandierender a. D., ist ein vortrefflicher, alter und braver General, der kaum mehr deutsch versteht. Der Prinz von Wales ist sehr liebenswürdig zu mir.

Connaught ist ganz charmant und bei weitem der netteste der männlichen Königsfamilie.

Nach dem Diner spielt die Kapelle der "Hohenzollern" auf der "Osborne".

Eine Depesche aus London, durch Sir Ponsonby, den Sekretär der Königin, an den Prinzen von Wales gebracht, fällt wie eine Bombe in die Gesellschaft: Frankreich scheint England den Krieg erklären zu wollen. Ich befand mich sofort mit Wales in sehr schlimmer politischer Unterhaltung. Wir kehren nach der "Hohenzollern" zurück und halten mit dem Kaiser bis 2 Uhr nachts Rat. Metternich (erster Sekretär der deutschen Botschaft), Kiderlen und ich. Ich schlafe wenig. Alles sieht sehr ernst aus.

Memorandum zum 30. Juli 1893.

DIE BRENNENDE POLITIK.

Der Kaiser ging sogleich nach der Rückkehr auf die "Hohenzollern" mit mir in seinen Salon und hatte völlig die Nerven verloren. Ich habe ihn eigentlich niemals so fassungslos gesehen und mußte alle Gedanken zusammennehmen, um ihn mit vernünftigen Argumenten zu beruhigen. Es war nach dem Besuch der französischen Flotte in Kronstadt der zweite große Choc, der sich infolge der Nichterneuerung des Geheimvertrages mit Rußland einstellte.

Das Vorgehen der Franzosen in Siam, die Besetzung des Mekong-Ufers durch sie, die Stellung des Ultimatums an Siam kann nur bedeuten, daß Frankreich seine Machtsphäre in Hinterindien ausdehnen will, und zwar in Anlehnung an Rußland, das Indien im Norden bedroht, während Indien hier von Süden her bedroht erscheint.

Der Kaiser erklärte, "daß Englands Flotte schwächer als die Flotten von Frankreich und Rußland zusammen sei. Auch mit Hilfe unserer kleinen Flotte bliebe England schwächer. Die Franzosen wollten jetzt nun Rußland zu einer Aktion treiben, was bei der feindlichen Haltung Kaiser Alexanders gegen ihn glücken könne. Unsere Armee sei nicht stark genug, um gegen Frankreich und Rußland zu fechten. Die Franzosen hätten sich den Zeitpunkt geschickt ausgesucht. Untätig abzuwarten, daß die Wellen einem über den Kopf zusammenschlügen, sei unmöglich. Das ganze Prestige Deutschlands ginge verloren, wenn man nicht eine führende Rolle übernähme – und ohne eine Weltmacht zu sein, sei man eine jämmerliche Figur. Was soll man tun?"

Ich sagte dem Kaiser, daß in diesem Augenblick die Krankheit Hatzfelds ein Pech sei, weil man nicht mit ihm beraten könne, aber es sei immerhin kein Grund vorhanden, um zu verzagen. Besonders weil ich in der Lage gewesen sei, die Wirkung der bedrohlichen Nachrichten auf sehr maßgebende Persönlichkeiten, wie den Prinzen von Wales, beobachten zu können, nicht minder als auf den Zügen Ponsonbys, der geradezu erschüttert ausgesehen habe – von den anderen allen gar nicht zu reden. Danach sei ich der Meinung, daß England nicht kämpfen, sondern abwarten wird. Vorderhand seien wir Zuschauer, und glückte uns eine solche Rolle im Kriege der anderen Mächte, so würden wir nicht schlecht dabei fahren. Vor allen Dingen solle der Kaiser sich nicht hier für irgend bindende Erklärungen einfangen lassen, sondern möglichst schweigsam die Äußerungen der Engländer mit einem wohlwollenden Lächeln anhören.

Im übrigen dürfte ich wohl jetzt Kiderlen und Metternich holen. Ich zweifele nicht daran, daß sie, ohne daß ich mit ihnen gesprochen, auf meinem Standpunkt stehen würden.

Das geschah. Kiderlen blies in meine Flöte und Metternich (englischer als alle Engländer, die ich heute sprach) glänzte durch absolutes Schweigen sowie durch eines der "bedeutendsten" Gesichter, die er bei solchen Gelegenheiten zu machen in der Lage war.

Als sie gingen, schien der Kaiser ruhiger. Aber er sah miserabel aus – blaß und nervös an den Lippen kauend. Er fühlte sich, mit seinem großen Schriftstrara hier angelangt, plötzlich in eine bescheidene Enge getrieben und politisch ausgeschaltet.

31. Juli 1893.

Ich fahre um 10 Uhr mit dem Kaiser und Admiral von Senden auf die neue Segeljacht des Prinzen von Wales "Brittania". Die Yacht ist etwas größer als der "Meteor". Das "Race" begann gegen fünf Yachten gleicher Größe. Drei blieben bald zurück, und die "Brittania" kämpfte mit Lord Dunravens "Valkurie" und einem Amerikaner. Fünfzig Seemeilen wurde gefahren, und die "Brittania" siegte.

Die Aufregung solcher "Segel-Races" ist außerordentlich groß. Aber ganz erstaunlich ist die Geschicklichkeit des Manöverierens der Mannschaften. Das ewige Umlegen des Segels, das schnelle Überlegen des Schiffes von einer Seite zur anderen macht den Aufenthalt an Bord nicht bequem, und ich habe mich um den lebhaften Kaiser so geängstigt, daß ich mehr tot als lebendig nach 4 Uhr wieder an Bord anlangte. Es ist eine schwere Verantwortlichkeit, die Senden auf sich lud, als er den Kaiser zu dieser Segelei brachte.

An Bord der "Brittania" war nur Wales, Mr. Jung (der eine Nordpolexpedition machte, ein alter Herr), ein Spiritusfabrikant, Mr. Jameson (der geschickteste Segler Englands, aber ein anrüchiger Mann, über den die Aristokratie außer sich ist), Adjutant Fortescua, der Kaiser und ich.

Der Kaiser blieb immer oben, und da Wales von 10 bis 4 Uhr unaufhörlich frühstückte, mußte ich stundenlang *tête-à-tête* mit ihm sitzen. Ich habe ihn gründlich kennengelernt. Ein kluger, liebenswürdiger, aber sehr verschlagener Mensch mit ganz üblen Verbrecheraugen – nicht unser Freund. Die Politik spielte eine große Rolle in unserer Unterhaltung. Die Aufregung über die drohende Kriegsgefahr mit Frankreich hatte sich nicht gelegt. Gott sei Dank traf bei der Ankunft in Cowes ein Brief von Lord Rosebery ein, der die Lösung brachte.

Um 8 Uhr fuhren wir zu der Königin nach Osborne Castle – in Gala. Wagen mit alten verbrauchten Pferden fuhren uns durch den schönsten Park der Welt auf der Allee entlang, die aus Araukarien, Zedern, Steineichen und Zypressen bestand. Im Schloß Versammlung in einem Salon mit der zahlreichen englischen Königsfamilie. Meine Vorstellung bei den Prinzessinnen erfolgt durch Battenberg und durch Connaught. Lange Unterhaltung mit der Herzogin von Connaught.

Die Königin erscheint in der Tür, macht einen Knix, den alles erwidert – und verschwindet. Wieder Unterhaltung.

Ich erhalte mein Placement und den Auftrag, die schöne *Marchioness* of Ormonde, Tochter des Herzogs von Westminster, zu führen und neben Prinz Christian von Holstein zu setzen, der, wie alle Schwiegersöhne der Königin, den Hosenband-Orden trägt .

Man wandert durch drei Säle in den indischen Speisesaal. Decke und Wände aus weißem Stuck, von Indern gearbeitet. Elektrisches Licht in den goldenen Tafelaufsätzen – sehr prächtig.

Ich sitze zwischen Lady Ormonde und der Hofdame der Königin, Lady Mac Haviel – zwei höchst liebenswürdigen und schönen Damen.

Es wird von gepuderten Dienern in roten Röcken und weißen Strümpfen serviert, dazu vier Inder und vier Schotten in Nationaltracht. Vortreffliches Dessert. Die Königin im schwarzen Samtkleid mit dem blauen Band des Hosenbandordens, weißem Schleier und prachtvollen Diamanten, auch kleinen Diamantlilien in dem weißen toupierten Haar. Sie steht auf und sagt. " *I propose to drink to my dear grandson.*" Alles steht auf und murmelt: " *The german Emperor.*" 5 Takte (!) "Heil dir im Siegerkranz" werden gespielt, und man setzt sich.

Sofort steht der Kaiser auf, sagt " *The Queen.*" Alles steht auf, jeder murmelt für sich. " *The Queen*" – und setzt sich wieder.

Als sich das Essen zum Ende neigt, verschwinden zwei Schotten von der Dienerschaft und kehren mit dem Dudelsack unter dem Arm zurück. Einer hinter dem anderen marschierend, in genauem Takt, fürchterlich kreischende Töne spielend. Sie marschieren dreimal um die Tafel, gehen hinaus und kommen zurück, um das Dessert weiter zu servieren.

Man steht auf. Der Kaiser reicht der Königin den Arm. Sie ist nicht größer als ein Kind von dreizehn Jahren. Sehr dick, sehr rot, stützt sich auf einen Stock. Sie reicht dem Kaiser, der englische Admiralsuniform trägt, bis an die Brust.

Man geht in den Salon zurück, wo sich die Königin auf einen kleinen Fauteuil am Kamin setzt, der auf einer Erhöhung steht. Um sie herum, auf der Erhöhung und daneben, waren hohe grüne Gewächse, Lorbeer und dergleichen, aufgestellt. Die Erhöhung war so hoch, daß die kleine dicke Dame sitzend mit ihrem Kopf sich etwa in der Höhe des Kopfes des mit ihr Sprechenden befand. Ihr schwarzes Samtschleppkleid hing ein wenig herab, so daß man den Eindruck einer gewissen Größe empfand.

In großem Kreise steht alles herum. Lady Ampthill (Tochter des Herzogs von Bedford, die frühere Botschafterin in Berlin, jetzt Oberhofmeisterin) tritt an die Königin und flüstert ihr den Namen desjenigen zu, der mit ihr sprechen sollte. Ich bin in langer Konversation mit der Herzogin von Connaught begriffen, die einen herrlichen indischen Schmuck von Smaragden und Perlen trägt. Lady Ampthill holt mich, und ich mache der Königin mein Kompliment, wie auf dem Theater stehend. Die Natürlichkeit und die Leichtigkeit, mit der sie nach der äußerst höflichen Verbeugung die Unterhaltung begann, überraschte mich. Sie begann mit den sehr höflichen Worten, daß sie viel von mir gehört habe. Sie sprach deutsch wie eine Deutsche – und unleugbar liebenswürdig.

Sie sprach von des Kaisers Interessen für die Marine, seiner Yacht – natürlich auch von meiner Musik (sehr beliebtes Thema von Prinzessinnen), von München, von der schönen Natur. Ich pries die herrliche Lage von Osborne. Sie sagte, ich müsse den Park gründlich sehen, den sie selbst angelegt habe – auch die Insel Wight. Sie sagte auch, daß die Kaiserin Friedrich ihr viel von mir gesprochen habe usw.

Wir sprachen "ganz gemütlich", und doch lag in der Art der Königin zu sprechen eine gewisse Herbheit, eine Betonung, die mir das Gefühl erweckte, daß mit ihr nicht gut Kirschen essen sei.

Die kleine dicke, leidlich böse Frau ging mich gar nichts an und stellte sich mir daher nur als solche dar – und allerdings als das Phänomen, daß alles um sie herum vor ihr zitterte, tatsächlich alles, besonders ihre gesamte weitausgedehnte Familie und Verwandtschaft. Das aber erregte in mir bei ihrem Anblick eine gewisse Komik.

Ich hatte keine Veranlassung, mich vor ihr zu ängstigen, wie alles um sie herum. Ich war in der glücklichen Lage, sie lediglich menschlich zu betrachten, lediglich menschlich mit ihr zu sprechen. Und ich glaube, daß sie das empfand, denn sie unterhielt sich lange mit mir, zu lange, so daß ich die Ungeduld der Hofschranzen hinter meinem Rücken fühlte. Natürlich war die ganze anwesende Gesellschaft (einige dreißig Personen) daraufhin grenzenlos liebenswürdig und höflich mit mir, und ich mußte lachen, daß mich alle Herren auf meinen Orden anredeten, dessen schlichtes schwarzes Band zum silbernen Nordstern ihnen gewaltig imponierte.

Die Engländer haben nur Geschmack in bezug auf ihre Kleidung, daher spielt diese auch bei den Herren eine so überaus große Rolle. Uns deutschen Männern fehlt dieser Geschmack, doch gemeinsam mit dem Engländer haben wir das Gefühl dafür, uns "ordentlich anzuziehen". Letzteres erhält hier in England aber seinen Ausdruck durch eine merkwürdige Uniformität der Mode und spielt nun auch eine, den Deutschen in Erstaunen setzende Rolle.

Während des Diners machte ich die Beobachtung, daß der Kaiser – sonst so frisch und munter und stets die Unterhaltung führend – neben der alten Königin in seinem Wesen, seiner Haltung, seinem Gesichtsausdruck mindestens wie ihr kleiner Enkeljunge aussah und auch in seiner Art zu antworten (denn die Königin anzusprechen, schien er gar nicht zu wagen), eine Art kindlicher Devotion zeigte, die mich fast rührte (wenn sie mich nicht geärgert hätte).

Es war doch wohl die gewisse "Familienangst", von der ohne Ausnahme der ganze Clan Koburg beherrscht war, und ich begreife es bis zu einem gewissen Grade, wenn ich mir einen eisig-harten Blick vergegenwärtige, der stets eintritt, sobald die Königin aufhört zu sprechen und um sich blickt, und ich mir die Machtfülle zugleich vorstelle, die diese kleine dicke Dame in sich verkörpert. Machtfülle bezüglich Stellung- und Ehrenausteilung und Machtfülle des großen Geldbeutels, aus dem die ganze englische Königsfamilie und das Heer der Hofchargen gespeist wird – des Geldbeutels, den sie sofort zuschnürt, wenn eine von ihr abhängige Persönlichkeit ihr Mißfallen erregt oder sich ihre Sympathie verscherzt.

Mein Freund Lecomte, der bei der französischen Botschaft nun schon seit einer Reihe von Jahren arbeitet und genau durch private Beziehungen bei Hofe orientiert ist, erzählte mir, daß mit Zittern und Zagen jeden Morgen um 11 Uhr die ganze Familie der Königin am Fenster steht oder sitzt, um zu sehen, ob etwa ein gewisser bekannter Lakai der Königin mit einem Billett erscheint – oder ob der Kelch vorübergeht. Denn zwischen ½10 und ½11 Uhr schreibt die Königin ihre Billetts, in denen sie mitteilt, was ihr am vergangenen Tage "unangenehm aufgefallen‹ sei – und woran sich kleine Strafen knüpfen, die bisweilen sehr fühlbar sind. In diesem Frühjahr hatte der Herr Schwiegersohn, Prinz Christian von Holstein, Gatte der Prinzessin Helene, der mit dem Titel eines Gouverneurs und Jägermeisters in Windsor-Park das dazu gehörige Haus Cumberland-Lodge bewohnt, die Königin durch irgend etwas geärgert. Sofort entzog sie ihm die Wagenpferde – und da dieses Ehepaar vollkommen materiell von der gestrengen Mama abhängig war, so mußte es nun zu Fuß gehen, und das dürfte sogar noch jetzt andauern.

Während ich bei dem Diner meine Beobachtungen anstellte, bemerkte ich auf einmal, daß meine schöne Nachbarin, die *Marchioness* of Ormonde, während sie mit mir sprach, fast immer zu der Königin hinüberschielte und einmal mitten im Satz die Unterhaltung plötzlich abbrach, Messer und Gabel wie erstarrt auf den Teller sinken lassend. Ich folgte ihrem vergeisterten Blick und entdeckte, daß die harten Augen der Königin, die uns schräg gegenübersaß, auf Lady Ormonde ruhten. Ich bin überzeugt, daß die Königin nichts Tadelnswertes an meiner ebenso vornehmen wie liebenswürdigen Dame finden konnte, die überdies allgemeine Achtung genoß, aber es war eben die Angst, "das Schicksal", das sich in diesem Blick ausdrückte, wie die *paura* der Italiener, die nicht als eine Feigheit, sondern als eine Art berechtigte körperliche Erscheinung angesehen wird. Lady Ormonde als unabhängige *Peeress* und Herzogstochter brauchte schon deshalb nicht einen etwaigen Zorn der Königin zu fürchten. Ich verbiß mir die sehr naheliegende Bemerkung, "daß es doch wohl nur ihre Schönheit sei, die die Königin bewundert habe", mußte aber konstatieren, daß die schöne Frau mindestens während zehn Minuten noch zerstreut meiner Unterhaltung folgte, und ich mußte zu meinem Erstaunen auch meine linke Nachbarin, die reizende Lady Mac Haviel, in Zerstreutheit ertappen, wohl nur aus Angst, daß der Blick der Königin von Lady Ormonde nun zu ihr hinübergleiten werde!

Als Erscheinung hatte die Königin allerdings an der Tafel in dem schwarzen Samtkleid mit dem blauen großen Band des Hosenbandordens, dem strahlenden Diadem und dem weißen Spitzenschleier etwas Imposantes, denn sie saß auch hier höher als die anderen, und hinter ihr standen regungslos zwei alte bärtige Inder in buntseidenen Gewändern und Turban mit Agraffe, die den Rang von "wirklichen Geheimen Räten" haben und zur Betonung der Würde einer Kaiserin von Indien nicht fehlen dürfen – Erscheinungen mit blitzenden Augen und stolzen Zügen. Neben ihnen noch zwei alte Hofbediente in goldgestickten Uniformen, die gleichfalls nichts zu besorgen hatten, als den Ausdruck ihrer Würde strahlen zu lassen. Dieser gesamte Aufbau erinnerte bis zu einem gewissen Grade an eine Sultanerscheinung, und rechne ich die allgemeine Angst dazu, so bewundere ich schließlich doch diese kleine dicke Frau mit den Hängebacken, die oft genug den entscheidenden Sitzungen des Ministeriums präsidierte und ihre Meinung entscheidend in die Wagschale großer politischer Fragen warf.

TAGEBUCH.

1. August 1893.

Der Lord-Kommandant der Flotte von Portsmouth, der sehr liebenswürdige Earl of Clanwilliam, hat uns ein Torpedoboot zur Verfügung gestellt, mit dem wir früh um 7 Uhr von der "Hohenzollern" nach Southampton fahren. August Eulenburg, Görz und ich. In London, wo wir nach einer Fahrt von zwei Stunden durch hübsches grünes Land eintreffen, empfängt mich der gute Lecomte, der noch erster Sekretär bei der französischen Botschaft ist, unverändert nett und sehr erfreut über meinen Besuch.

Wir essen zusammen in einem Restaurant und fahren spazieren, besuchen dann die unbeschreiblich schöne Westminster -Abbey mit ihrem Wald von Denkmälern und merkwürdigen Erinnerungen und fahren zum Abend in einen Vergnügungspark, wo die Bastille in natürlicher Größe mit der davorliegenden Straße aufgebaut ist.

Es wird dann die Flucht eines Gefangenen dargestellt, der sich von oben aus dem Fenster hinabläßt, woran sich ein Kampf und sodann die Erstürmung anschließt –- mit anhaltendem Schießen.

Nach dieser wirklich interessanten Schaustellung gingen wir zu einem großen Bassin, aus dem ein schräger Berg (den Niagarafall vorstellend) aufsteigt, in der Höhe eines mindestens dreistöckigen Hauses. Von dieser Höhe, zu der man auf schwindelnden Treppen hinaufsteigt, rollen kleine Boote auf Rädern mit toller Geschwindigkeit hinab in das Bassin. Durch das Aufschlagen der Boote auf das Wasser entstehen hohe Wellen, auf denen das Boot wie in wilden Galoppsprüngen in einer Wolke von Schaum vordringt und zum Ufer schwimmt. Echte Indianer in Nationaltracht lenken die Boote hinunter mit wildem Kriegsgeheul. Ich habe selten etwas Amüsanteres gesehen und niemals etwas Verrückteres, aber es war ein Hauptvergnügen hinunterzufahren. Diese Fahrt ist jetzt der große Sport der englischen Gesellschaft und besonders aller Damen (!!), wenn sie auch naß werden von oben bis unten.

Erst um 12 Uhr nachts kehrte ich nach Hause zurück, denn es war auch sehr lustig, am Ufer des Bassins die vor Aufregung verzerrten Fratzen der englischen Sporting-Misses mit ihren offenen Mäulern und Raffzähnen zu sehen. Die meisten von ihnen schrien wie am Spieß – wiederholten aber immer von neuem die Indianerfahrt, die übrigens einer großen Geschicklichkeit des steuernden Winetu oder Chingakgok bedurfte, um beim Aufschlagen des Bootes nicht umzuwerfen.

2. August 1893.

Ich machte früh einen Gang in den Hydepark, an dem mein Hotel liegt, und amüsierte mich über die mittelmäßigen Pferde, schlampigen Reiter und Reiterinnen in ihren ganz beliebigen, kaum für das Reiten adjustierten Anzügen, also völlig anders als was in Deutschland für englisch gilt.

Um 12 Uhr holte mich Lecomte ab, um die herrliche, nur auf besondere Einladung zugängliche Gemälde- und Waffensammlung von Sir Richard Wallace (dem illegitimen Sohn und Erben des sehr reichen Lord Hertford) zu sehen. Wallace starb vor einigen Jahren. Seine Witwe wird die Sammlung an Paris (wo er auch ein Palais besaß) und an London geben. Alle berühmten Meister der Alten sind in herrlichen Bildern vertreten. Dazu die berühmtesten modernen Meister (unter anderen zwanzig *Meissoniers*). Der Reichtum der Waffensammlung ist geradezu fabelhaft.

Wir trafen dort einen Lord Sommerset-Beauford, einen sehr vornehmen und sehr reichen Junggesellen, und die *Marchioness* of Shrewsbury, die Witwe des "ersten" Grafen Englands, eine Frau, die einst die Schönste von England genannt wurde, von der aber leider nur die Koketterie übrigblieb. Sie ist die Mutter der Lady Londonderry (der Gattin des reichsten Lords Englands), die nun auch die schönste Frau Englands sein soll. Ich finde es allerdings durchaus nicht. Ich lernte sie in Osborne kennen mit einem Diamantenschmuck, der einen Wert von mehreren Millionen darstellte.

Lord Sommerset lud uns und Lady Shrewsbury mit ihrer reizenden kleinen Enkelin von siebzehn Jahren zum Frühstück in sein sehr elegantes Haus. Dazu kam noch Oberst Slade von der englischen Botschaft in Rom. Es war recht lustig und angenehm – und höchst originell in dem vollkommenen *sans gène*, trotz neuer Bekanntschaft.

Gegen Abend fuhr ich zur Westminster-Abbey, die mich in dieser matten Beleuchtung von neuem entzückte.

Um 8 Uhr machte ich mit Lecomte, Görz, Cuno Moltke und Hülsen eine Partie in die Earlscourt Exhibition, wo wir von Lecomte zum Essen geladen waren.

Nachher wurde wiederum die Erstürmung der Bastille gesehen und die tolle Niagara-Indianer-Wasserfahrt gemacht. Erst um Mitternacht kehrten wir nach Hause zurück. Das Wetter ist immer herrlich.

3. August 1893.

Ich fahre morgens in den Tower, den ich nicht kannte. Die Fahrt bis dort durch die City war sehr mühsam wegen ewigen Encombrements von Wagen. Der Tower enttäuschte mich. Nur das Bewußtsein, an so unendlich erinnerungsreicher Stelle zu sein, war mir etwas wert. Die Kronjuwelen aber interessierten mich, da ich Edelsteine liebe.

Um 1 Uhr fahren wir: Lecomte, Görz, Cuno Moltke und Georg Hülsen, nach Windsor mit der Bahn. Wir haben eine besondere Erlaubnis von dem Kammerherrn der Königin und werden entsprechend honoriert und überall eingelassen.

Wir besuchen zuerst die St. Georges-Chapel, ein großes Meisterstück alter Gotik mit den Wappen aller Ritter des Hosenbandordens an den Wänden. Sodann die Grabkapelle des Prinz Consort Albert, eine von Pracht und schlechtem Geschmack strotzende Kapelle. Nachher findet die Besichtigung des Schlosses von Windsor statt.

Es ist ein sehr uraltes Castle – wohl aus der Römerzeit stammend – und wurde von Wilhelm dem Eroberer als festes Schloß bewohnt. Es befand sich völlig in Verfall, als die Königin Viktoria und ihr *Prince Consort* den Beschluß faßten, es zu ihrer Residenz und zum Sommersitz auszubauen.

Dieser innere und äußere Ausbau gehört keinem Stil an, bis auf das äußere Bild, in dem der beliebte Tudorstil festgehalten wurde, den bereits die festungsähnliche Anlage Windsors darstellte. Keinem Stil gehört der Um- und Ausbau deshalb an, weil die Epoche, die (französisch gedacht) Louis Philippe und Second Empire, d. h. etwa die Jahre 1835 bis 1860 umfaßt, ein nichtssagendes Konglomerat von Stilen darstellt. Man kann in der Ausgestaltung und dem Mobiliar der Räume alles finden: Biedermeier, Rokoko, Gotik – verarbeitet zu sonderbaren Mischungen großer Scheußlichkeit, doch bequem. Die großen Sofas, Fauteuils und Stühle waren immerhin gemacht, um darauf zu sitzen. Genau in den genannten Jahren, d. h. hier 1840 bis 1860, könnte man also diesen Stil Queen Viktoria- and Albert-Stil nennen, denn hier feierte die Geschmacksrichtung dieses jungen Ehepaares (es hatte 1840 geheiratet) seine Triumphe. Mit den denkbar größten Geldmitteln wurde die Burg Wilhelms des Eroberers (Herzogs von der Normandie, der sich 1066 in Westminister zum König von England krönen ließ) ausgebaut, hergerichtet und – was das Schlimmste ist: möbliert.

Hierzu möchte ich nur nennen. die Bibliothek, bestehend aus gelben Schränken mit leichter Verzierung, in die alle vorhandenen kleinen Originalporträts von Holbein der gesamten englischen Aristokratie aus der Zeit Heinrichs VIII. eingelassen sind. Rücksichtslos auf Farbe und Stimmung der herrlichen Porträts, die durch das glatte rötlich-gelbe Holz geradezu vernichtet sind – ganz abgesehen davon, daß alle ursprünglichen Rahmen tatsächlich vernichtet wurden.

Noch ein anderes Kuriosum ist hier zu schildern, das nach sehr vielen Richtungen sehr sonderbar ist. Zunächst will ich bemerken, daß wohl sehr wenige Menschen eine lebensgroße Marmorgruppe zweier Figuren in einem Mahagonischrank gesehen haben dürften. Man tritt in Windsor-Castle in das große Vestibül – die Vorhalle –, aus der eine große Marmortreppe in das obere Stockwerk führt. Neben der Sohle der sich hinaufwindenden Treppe steht ein riesiger, sehr opulent ausgestatteter Mahagonischrank, dessen Zweck nicht sofort erkennbar ist. Jedenfalls habe ich niemals in einem Schloß mitten auf dem Flur, und zwar von Blattpflanzen umgeben, einen Mahagonischrank gesehen. "Was ist da?" fragte ich, und der ernsthafte Führer schritt mit einem Schlüssel darauf zu, schloß die beiden Türen auf – und zu meinem maßlosen Erstaunen saß eine zierliche weibliche weiße Marmorfigur in griechischer dürftiger Gewandung auf einem Postament und eine große männliche Figur, gleichfalls in griechischer Gewandung, sehr wenig bekleidet, hatte zärtlich den Arm über die junge Dame gelehnt und das schöne Haupt über sie gebeugt. " *Her Majesty the Queen and the prince Consort*", sagte der ernsthafte große Schloßbeamte, machte die Türen des verdächtigen Mahagonischrankes wieder zu, schloß ab und steckte den Schlüssel bedächtig in die Tasche. Ich war sprachlos. "Wer hat den großen Schrank ...?", fragte ich bescheiden. " *Her Majesty*", sagte der ernste Beamte, als ob das alles ganz selbstverständlich sei. Die arme alte dicke Königin! So hat sie allerdings wohl niemals ausgesehen, so niedlich (wenn auch vielleicht so zärtlich): eine junge Nymphe, ein wenig traurig. Ich glaube, daß es etwa bedeutet Hektors Abschied von Andromache: "Will sich Hektor ewig von mir wenden" – dazu ist aber Andromache nicht traurig genug. Es kann eher heißen: ein großer junger Grieche will eine kleine Venus küssen, die er irgendwo gefunden hat.

Jedenfalls hat " *Her Majesty*" diese Porträtdarstellung später einmal "zu intim" gefunden und deshalb – einen Mahagonischrank bestellt. Abgesehen von diesem, immerhin erfreulichen Vorgang einer durch Mahagoni ausgedrückten Sittsamkeit bleibt die Aufstellung der Schloßbesitzer in dieser zärtlichen Stellung und in griechischer Kleidung (soweit von Kleidung die Rede sein kann) im Haupteingang eines alten Castles von Wilhelm dem Eroberer eine Groteske. Der Ideengang, das Griechentum – und zwar in dieser zärtlichen Form – in Verbindung mit Wilhelm dem Eroberer zu bringen, kann eigentlich nur durch eine historische Verwechslung erklärt werden. (Vielleicht 1000 Jahre vor und nach Christi Geburt.) Aber ganz abgesehen von den erschütternden historisch-stilistischen Irrtümern bleibt doch der Gedanke entzückend. als Hausherr und Hausfrau die eintretenden Gäste sofort in Marmor, griechisch, zu begrüßen und ihnen damit anzudeuten, wie innig das Familienleben in diesem Hause ist.

Ich habe niemals in meinem Leben etwas ähnliches erlebt. Es ist ein ganz einzig dastehender Vorgang, von welcher Seite man ihn auch betrachten möge. Er wird mir immer wieder von neuem allerhand köstliche Anregungen geben, denn er liegt so erfrischend ganz außerhalb der Gedankenmöglichkeiten, in denen wenigstens ich mich bisher zu bewegen imstande war.

Ich habe es deshalb für nicht ganz unangebracht gehalten, diesem Vorgang bei meiner Rückkehr nach Liebenberg eine längere Betrachtung zu widmen, als sie der

Form und dem Umfang dieser, an meine Mutier gerichteten Tagebuchbriefe aus England entsprechen. Ich meinte, daß der Vorgang, auch abgesehen von allen überraschenden Gedanken und Empfindungen, die darin zum Ausdruck kommen, der Erwägung Raum gibt, daß man nach England reisen muß, um derartiges zu sehen – oder besser gesagt: zu erleben.

Es mag auch diese Betrachtung als ein Beleg für meine bereiis gemachte Bemerkung gelten, daß den Engländern völlig der Sinn für das abgeht, was wir mit Geschmack bezeichnen, daß sie nur den Geschmack für Kleidung und Parkanlagen haben, für andere Dinge, die der Welt der Kunst angehören, mit ganz geringen Ausnahmen nicht. Sie haben den Sinn für Kunstsammlungen, dies wohl aber, weil damit ein materieller Wert verbunden ist.

Windsor ist wirklich scheußlich. Wir gingen während zwei Stunden durch die Säle und Galerien – hin und wieder herrliche Gemälde, meistens Porträts, bewundernd, sonst aber ganz verzweifelt über den Anblick dieser hellgelben Gotik aus den vierziger Jahren – wirklich unerträglich. Nur der Blick von der Terrasse, den Söllern und Balkonen auf den riesigen Park ist unvergleichlich schön: der Eindruck einer herrlichen grünen Landkarte mit riesigen Alleen, Wiesenflächen und der sich schlängelnden, hier so lieblichen Themse.

4. August 1893.

Um 1 Uhr treffe ich auf der Bahn mit Görz und Cuno Moltke zusammen, um nach Cowes zurückzufahren. Sie wohnten im Hotel Albemarle, ich im Alexander-Hotel, um näher von Lecomtes Wohnung zu sein, der sehr beschäftigt ist, denn Siam ist im Gange.

Bei heftigem Sturm fuhren wir von Southampton nach Cowes hinüber, wo alle buntbeflaggten Schiffe und Jachten auf grünem Meer mit dem Hintergrund eines stahlgrauen Himmels einen entzückenden Anblick gewährten.

Ich meldete mich bei dem Kaiser, der höchst lustig und wohl ist, zog mich um und fuhr allein mit ihm zum Diner bei dem Prinzen von Wales auf der Yacht "Osborne" Ein Diner *en famille* – und daß ich allein mit dem Kaiser Gast war, war ziemlich auffallend. Ich führte Prinzessin Maud (Tochter des Prinzen) und saß neben der bildschönen und liebenswürdigen Prinzessin von Wales, mit der ich mich vortrefflich unterhielt, wenn sie auch sehr taub ist. Es ist unglaublich, daß sie Mutter erwachsener Kinder ist, denn sie sieht wie ein junges Mädchen aus.

Die Herzogin von York (geb. Teck, eben, seit 6. Juli verheiratet) ist gleichfalls bildhübsch und nicht minder Prinzessin Maud; dazu sind die Damen sehr elegant, so daß das Gesamtbild außerordentlich angenehm wirkte. Die Prinzessin von Wales, die in einem dunkellila Samtkleid mit herrlichen Perlen erschienen war, erinnerte sich sehr genau meines Schwiegervaters , von Helsingborg her, wo sie als dänische Königstochter in Kopenhagen Nachbarin war – auch Augustas.

Der Prinz von Wales war wieder sehr vertraulich mit mir, und die Politik spielte natürlich eine Rolle in unserer Unterhaltung.

Nachmittags fand in dem reizenden Salon des Schiffes die Vorführung von entzückenden japanischen Hunden und eines schrecklichen alten Pudels statt sowie des Lieblings der Prinzessin, eines chinesischen Hundes.

Dann zog ich mich schnell in einer Kabine um und fuhr mit dem Kaiser und Wales zum Klub, von wo aus wir das Feuerwerk besehen wollten, das den Abschluß der Cowes-Woche bildet. Es war zauberhaft schön. Alle Schiffe illuminiert bis über die Masten, und dazu das Feuerwerk, das etwa 200 000 Mark kostete! – eine wahre Sünde! – aber ein herrlicher Anblick auf dem glitzernden Meer.

Im Klub lange Unterhaltung auf der Terrasse mit der *Marchioness* of Ormonde-Westminster und der *Marchioness* Londonderry-Shrewsbury, den bekannten Schönheiten Londons, denen Wales sehr huldigt. Dann entdeckte ich unter der Damenmenge plötzlich im Pavillon Mrs. Helyard mit Mrs. Cotton. Ich arrangierte ihnen die Besichtigung der "Hohenzollern" für den nächsten Tag.

Nach einer Stunde Aufenthalt im Royal-Klub endlich Rückkehr auf die "Hohenzollern", die bei Mondschein in elektrischem Licht herrlich strahlte.

5. August 1893.

Ich hatte mich mit Görz beurlaubt, um die Insel Wight zu sehen. Wir fuhren mit der Bahn von Cowes nach Ventnor. Die Insel ist im Innern nicht bemerkenswert, an der Küste jedoch herrlich. Wir nahmen in Ventnor einen Wagen und fuhren auf die steilen Höhen des Ufers, die von Kreidefelsen, wie bei Saßnitz, gebildet sind. Am Abhang des Randes liegen hübsche Miethäuser in grünen Gärten. Allenthalben wachsen Steineichen und immergrüne Büsche und wuchern Efeu und große Sträucher von blühenden Fuchsien, die hier zu Haus zu sein scheinen.

Ventnor selbst macht einen südlichen Eindruck, etwa wie ein Ort am Mittelländischen Meer. Wir fuhren über das reizend im Grünen gelegene Bernchurch mit poetischer Kirche und Friedhof nach Shanklin, einem anderen Badeort, der ähnlich wie Ventnor liegt. Hier verließen wir den Wagen und wanderten durch den Shanklin- Chine, eine Schlucht, die zum Strande führt. Mit ihren Ranken und immergrünen Bäumen, den großen Farren und Schlinggewächsen macht diese Schlucht fast einen tropischen Eindruck. Da wir aber leider nur wenig Zeit für die Partie hatten, mußten wir zum Zug eilen. Den sonnigen Strand entlang, bei den Badehütten vorüber, liefen wir den Weg zu der Station hinauf. Görz vergoß Ströme von Schweiß und war ganz außer sich. Der Zug hatte glücklicherweise Verspätung, und so kamen wir rechtzeitig zu der Abfahrt.

In Cowes trafen wir dann um 4 Uhr ein. Um 5 Uhr fand große " *party*" auf der "Hohenzollern" statt. Das Deck war hübsch mit Fahnen dekoriert. Fünf bis sechs Tische (mit Blumen in schönen Silbervasen) standen bereit für den Tee. Man war im Überrock und trug die blaue Klubmütze. Es erschienen Herzog und Herzogin von Connaught, Herzog und Herzogin von York (die Neuvermählten), Prinz und Prinzessin Battenberg, Prinz Eduard von Sachsen, Prinzessin Louise mit ihrem Gemahl *Marquess* of Lorne, *Marquess* und *Marchioness* Ormonde, geb. Westminster, Lady Gerard, Earl of Clanwilliam mit Frau, kommandierender General, Töchter und Sohn Lord Guilford, der soeben von der bei Tripolis in Syrien am 23. Juni untergegangenen "Victoria" kam – wie durch ein Wunder gerettet.

Er war Ordonnanzoffizier bei dem Chefadmiral Tryon. Das große Panzerschiff überschlug sich nach einer gewaltigen Kollision mit dem Panzer "Camperdown". Er sah es über sich stürzen, wurde in einen Strudel hinabgerissen, plötzlich emporgeschleudert, geriet in einen Haufen Matrosen, mit denen er wieder versank und wurde dann durch den Luftdruck eines unter dem Wasser explodierenden Kessels wieder hinaufgeschleudert und gerettet. Admiral Tryon (gerühmt und bewundert) war ein gefährlicher Säufer sein Leben lang. Sein besoffenes Kommando verursachte die Katastrophe. Er mit 22 Offizieren und 238 Mann kamen um. Lord Guilford gestand es mir, zitternd vor Erregung.

Weitere Gäste waren Lord und Lady Waterfort, Marquis und Marquise Martinengo, aus Sizilien mit ihrer Yacht hier angelangt, Bekannte des Kaisers aus Rom. Die Marquise ist Palastdame der Königin von Italien, eine hübsche, sehr elegante Frau, Fürstin Doria, Tochter des Herzogs von Newcastle, eine kleine einfache blonde Frau, sehr angenehm und nett. Sie gab bei Anwesenheit des Kaisers in Rom das große Fest in ihrem berühmten Palazzo Doria.

Ich saß mit den Prinzessinnen Louise und Beatrix (Battenberg) an einem Tisch und unterhielt mich vortrefflich, besonders mit der charmanten Prinzessin Louise, die künstlerisch sehr gut veranlagt ist. Sie schuf das Denkmal der Königin, das vor dem Kensington-Palace steht. Ich muß hierzu in Paranthese eine kleine Geschichte erzählen.

Es ist kein Geheimnis, daß die alte Königin geizig ist. Sogar sehr geizig – nehmen wir an im Interesse ihrer vielen Kinder. Prinzessin Louise hatte den Erben des Herzogs von Argyll geheiratet – der alte Herzog aber wollte durchaus nicht sterben. So wurde denn der *Marquess* of Lorne alt, Prinzessin Louise blieb nicht jung – und das Ehepaar lag auf der Tasche der Königin, fast so schwer wie die Ehe Christian von Holstein (Prinzeß Helene). Während sechs Jahren war der *Marquess* of Lorne Vizekönig von Kanada. Da half das glänzende Gehalt. Aber weil er nicht ewig in Kanada bleiben konnte, entstand nach der Heimkehr wieder der alte Druck auf den großen Pompadour der Königin.

Eines Tages entdeckte die Gemeinde von Kensington in London, daß die Königin, da sie im Schloß zu Kensington geboren war, noch immer kein Denkmal im Kensington-Park habe. Man sammelte; ein schönes Geld kam ein, und man übergab der Königin die Summe mit der Bitte, den Künstler zu bestimmen. Da fiel der Königin ein, daß ihre Tochter Louise sehr gut malt, wahrscheinlich auch modelliert, denn sie war unleugbar genialisch. So nannte die Königin den Künstler. Louise, *Marchioness* of Lorne, und diese ging hurtig an die Arbeit. Das Denkmal, das sie zuwege brachte, war durchaus nicht schlecht.

Der Schlußakt dieses Dramas aber scheint mir fast noch besser zu sein als das Denkmal. Die Königin händigte der Prinzessin Louise die ausgesetzte Summe ein – gab ihr aber während zwei oder drei Jahren keine Zulage. Allerdings hatte die Prinzessin die Freude der Arbeit gehabt, auch die Freude einer Anerkennung. Was aber der *Marquess* of Lorne gesagt hat, weiß ich nicht. Jedenfalls hat er nicht den alten Herzog von Argyll totgestochen, um sich zu retten – denn der lebt immer weiter.

Ich kehre nun zu der " *party*" auf der "Hohenzollern" zurück. Die Damen erschienen in kurzen Promenadekleidern, weiß oder marineblau, mit kurzen Paletots in gleicher Farbe oder in gelblichem Tuch. Sie trugen fast alle Matrosenhüte mit buntem Band. Gegen 8 Uhr war das Fest zu Ende.

Der Hauptmoment, der Clou des Festes, bestand in dem Erscheinen der Königin auf der Yacht "Alberta". Sie wollte die "Hohenzollern" sehen, kann jedoch nicht die Treppen hinaufsteigen und umkreiste uns deshalb dreimal. Es wurde auf den deutschen Kriegsschiffen geschossen. Die Musik spielte: " *God save the Queen*" und die Matrosen riefen Hurra. Die Königin saß in einem schwarzen Kleide, ein weißwollenes Tuch um die Schultern und einen großen schwarzen heruntergeklappten Strohhut auf dem Kopfe, auf Deck und grüßte freundlich hinüber. Ich gäbe viel darum, zu wissen, ob sich die Inder so ihre Kaiserin vorstellen! Beatrice Battenberg mit ihren Kindern war von Bord der "Hohenzollern" gegangen, um die Königin zu begleiten. Auf dem Hinterdeck der "Alberta" standen Offiziere in roten gestickten Uniformen, salutierend, dazwischen Inder und Schotten. Es war ein hübsches, festliches Bild. Die Engländer, die ihre Königin fast niemals sehen, waren sehr aufgeregt und präokkupiert.

Der Kaiser fuhr gegen 8 Uhr zum Familiendiner bei der Königin. Nach 10 Uhr kehrte er auf die "Hohenzollern" zurück, wo ich noch eine Stunde mit ihm zusammensaß.

Es war Nacht geworden. Wir tranken, bei spärlicher Beleuchtung auf den bequemen großen Rohrsesseln sitzend, ein Glas Bier, während die unvermeidliche Erörterung der politischen Lage erfolgte, die trotz der Mitteilung Lord Roseberys, daß eine momentane Entspannung eingetreten sei, immer noch nicht geklärt erschien und dem Kaiser Kopfzerbrechen verursachte. Mehr als mir, denn ich sah momentan keinen europäischen Konflikt vor mir. Bei einer in kolonialen Fragen sich abspielenden Interessenpolitik Englands, Frankreichs und Rußlands, deren Mittelpunkt in Indien lag, sah ich – gottlob – keine Bedrohung unserer Interessen.

Vor allen Dingen wollen wir doch einmal, nach unserer glücklich unter Dach gebrachten Militärvorlage, die Armee verstärken und reorganisieren – dann läßt sich ja nachher meinetwegen auch einmal über Siam sprechen. Aber wenn zugleich und zu dem "sich in den Armen liegen in Cowes" der verdrehte Senden eine Kriegsflotte baut, so möchte ich wirklich wissen, mit was ich den Kaiser politisch beruhigen soll – und schließlich, womit ich *mich* noch beruhigen soll.

Es ging hin und her bei der Unterhaltung, und es war mir recht unangenehm, daß die Herren aus der kaiserlichen Umgebung, hin und wieder zu uns hinüberlugend, nicht stören wollten. Ich konnte sie natürlich nicht rufen.

Nun kam aber die Unterbrechung, wenn auch von anderer Seite. In der Dunkelheit zwischen den Yachten aus aller Herren Länder – viele Hunderte –, die in Form von langen Straßen vor Anker lagen, hörte man fast unaufhörlich Ruderschlag oder das stoßweise Dampfen der kleinen Pinassen, die späte Bordbewohner in ihre Kombüsen brachten. Plötzlich erhob sich in einiger Entfernung ein fürchterliches Schimpfen und Lärmen. Dazwischen das Dampfen einer Pinasse. Dann wieder verstummte alles. Nach kaum fünf Minuten wiederholte sich dasselbe an einer anderen Stelle. Nach weiteren fünf Minuten wieder noch an anderer Stelle – dazwischen tiefes Schweigen. Da es weiter so fortging, wurden wir unruhig und der Kaiser schickte eine Pinasse mit einem Offizier, um zu hören, was es gab. Nach einiger Zeit kehrte dieser zurück – und das sonderbare plötzliche Lärmen war verstummt.

Der Offizier meldete, "es sei von unserem deutschen Kreuzer ein Seekadett mit zwei Mann der Besatzung der Pinasse an Land gewesen. Bei der Rückfahrt sei ein kleiner Defekt an der Maschine eingetreten, der die Gefahr einer Explosion zeigte. Darauf seien die beiden Heizer über Bord gesprungen und von fremden Schiffsleuten aufgenommen worden. Der Kadett, der steuerte, habe nun versucht, zugleich auch noch die Maschine in Gang zu halten, soweit das möglich war. Hierbei sei er unter das Bugspriet einer Yacht geraten und der Schornstein habe sich dabei umgelegt und ihn eingeklemmt. Nun sei die Pinasse ohne Steuerung weitergefahren, habe verschiedene Schiffe angerannt, und da niemand ihn verstanden habe, sei die Pinasse mit Stangen und Haken von den Schiffsleuten fortgestoßen. Natürlich habe die Pinasse, weil keine Steuerung vorhanden war, zugleich die Feuerung aber funktionierte und der Kadett sich nicht rühren konnte, verschiedene Schiffe angerannt – bis zufällig ein deutsches Ruderboot die Lage des Kadetts entdeckte und die Pinasse zu ihrem Kreuzer gebracht habe."

Der Kaiser war begeistert. "Der Bengel ist wirklich großartig! – Er muß sofort eine Belobigung von mir erhalten – auch die Medaille. Natürlich müssen die beiden anderen Leute eingesperrt werden, sobald sie sich wieder melden. Aber das muß ich sagen: eine solche Courage, ein solcher Schneid, wie ihn der Bengel hatte, bei der Gefahr der Explosion zu versuchen, erstens die Feuerung in Gang zu halten, zweitens auch noch steuern zu wollen, um die Pinasse nach Hause zu bringen – das muß hier bekanntwerden. Clanwilliam wird Augen machen!"

Der Offizier stand immer stramm. "Na also: – die Belobigung. Gute Nacht!" Der Kaiser begrüßte die neugierig herbeigeeilten Fahrtgenossen und ging mit jenem Schritt, der seine gute Stimmung kennzeichnete, zu Bett.

Auch ich begab mich zur Ruhe, war jedoch noch nicht ausgezogen, als an meine Kammertür geklopft wurde und ein paar Herren vom Gefolge eintraten. "Das ist eine schöne Geschichte!" tönte es mir lachend entgegen – und doch lag eine gewisse Unruhe in den Zügen.

"Es kam eben", so lautete die Mitteilung, "von dem Kreuzer ein Leutnant, der Senden sprechen wollte. Das Pinassen-Abenteuer hat sich anders aufgeklärt. Der Seekadett und die beiden Leute hatten sich an Land schwer besoffen. Bei der Heimfahrt steuerte der Kadett und fuhr unter ein Bugspriet, der Schornstein legte sich um, der Kadett war aufgesprungen, stolperte und wurde unter den umgelegten Schornstein geklemmt. Die Feuerung geriet in Unordnung, der Dampf schlug an verkehrter Stelle hinaus und die beiden anderen Leute, schwer betrunken, sprangen aus Angst vor einer Explosion über Bord. Das wurde durch die Aussage des einen, der sich eben wieder an Bord des Kreuzers gemeldet hat, festgestellt. Natürlich hat die Pinasse, die wie ein wildes Tier ohne Steuerung gegen die verschiedenen Yachten antobte und mit Stangen und Rudern fortgestoßen wurde, allerhand Schaden angerichtet, der noch Ersatzansprüche zur Folge haben wird. Denn die Pinasse führte zum Überfluß auch noch die Kriegsflagge am Heck! – trotz der Dunkelheit! – und es war von den angerannten Dampfern festzustellen, wer das wilde Fahrzeug war."

Ich kann nicht leugnen, daß mir die Sache fatal war. Mir tat der Kaiser leid, denn sein Flottenstolz hatte angesichts des "heldenhaften" Kadetten freudig aufgeleuchtet.

Die Komik der Geschichte war allerdings groß, aber die Enttäuschung für den Kaiser doch wohl noch größer. Da ich von Sendens Seite (an den diese veränderte Meldung soeben gelangt war) nur immer das Ungeschickteste erwarten konnte, zog ich schnell meinen Rock an und eilte zu ihm. Er war natürlich im Begriff, dem Kaiser, der womöglich schon im Halbschlummer lag, das Ereignis zu "melden". Ich machte Senden darauf aufmerksam, daß folgendes vorlag: 1. falsche Meldung des Kommandanten des Kreuzers, 2. die falsche Meldung, überbracht von unserem Hohenzollern-Leutnant, 3. die Verantwortlichkeit für die falsche Meldung seitens des Admirals Senden, der über den Kommandanten des Kreuzers stand, 4. die falsche Meldung des Kadetten, 5. die Besoffenheit der Pinassenbesatzung, 6. die Beschädigung an kaiserlichem Marine-Eigentum, 7. die Beschädigung fremder und "befreundeter" Fahrzeuge, 8. die Führung der Kriegsflagge bei einem besoffenen Abenteuer, 9. die Führung der Kriegsflagge bei Nacht – –

"Ach, lieber Eulenburg", unterbrach mich der unglückliche Senden, "hören Sie bitte auf. Es hilft ja nichts – ich muß es eben doch an Se. Majestät melden!"

"Nein, lieber Senden", erwiderte ich sehr bestimmt, "daß werden Sie nicht tun, denn der Kaiser hat sich eben niedergelegt und wird die ganze Nacht nicht schlafen, wenn Sie kommen. Ich schlage Ihnen vor, sofort einen Brief an den Kommandanten des Kreuzers zu schreiben und diesen zu beauftragen, Ihnen die Meldung schriftlich zu machen. Dann können Sie morgen nach dem ersten Frühstück, wenn der Kaiser sein Beefsteak verzehrt hat, ihm den Brief übergeben. Das ist der beste Augenblick, denn die Ordensverleihungen und Belobigungen des armen Kadetten (der wohl einen Tag eingesperrt werden dürfte), die der Kaiser noch etwa vor dem Frühstück beschließen wollte, gehen durch Ihre Hand und können sistiert werden."

Senden sah mich mit seinen großen braunen schielenden Augen verdächtig an – zögerte etwas und ging dann schweigend schlafen. Eine halbe Stunde später war die ganze "Hohenzollern" nach dem "unerhört mutvollen" Ereignis in tiefen Schlaf versunken. Der Kaiser erwähnte den Vorgang niemals wieder.

6. August 1893.

Sonntag. Ich habe morgens mit dem Kaiser wieder ein langes mühsames politisches Gespräch. Er ist glücklich, daß ich "in die Intimität" seiner englischen Verwandten kam und behauptet, daß ich "den Vogel abgeschossen habe". Das sei ihm sehr wichtig und erfreulich. Jedenfalls waren für mich diese Begegnungen interessant, aber ich kann nur sagen, daß ich den heutigen Tag begrüße, der der letzte sein wird, die hohe Verwandtschaft zu "genießen". Jeden Tag zu Hause oder in Liebenberg genieße ich mehr. Auch über das Interesse an der "historischen" Persönlichkeit bin ich durch mein Leben in "historischen" Kreisen längst hinaus, und die Menschen in königlicher Gestaltung müssen doch immer erst den Beweis erbringen, daß sie auch würdig und angenehm sind. Da aber macht man doch manchmal recht sonderbare Erfahrungen!

Um 11 Uhr ist Gottesdienst, den der Kaiser abhält. Dann fahre ich allein mit ihm an Land zu dem Botschafter Hatzfeld, der noch immer krank ist. Dort interessante politische Gespräche. Um 1 Uhr fahre ich wieder allein mit dem Kaiser auf die Yacht zu *Marquess* und Lady Ormonde, wo wir frühstücken. Es sind nur Ormondes, die

Schwester der Lady (jüngste Tochter des Herzogs von Westminster), Lady Gerard (eine immens reiche, vornehme und angestrichene Lady mit schönen Zügen – aber nicht so schön wie Lady Ormonde), ein junger Lord Winchester und ein Lord Wincroft dort. Wir essen ein, nach englischen Begriffen, sehr gutes Luncheon in der reizenden Eßstube der schönen Yacht.

Beim Kaffee erhalte ich einen Brief von Prinzessin Louise (Lorne), die mich zu sich einladet, um mir den, allen Sterblichen verschlossenen Park von Osborne zu zeigen. Ich verabschiede mich und fahre zur Landungsstelle, wo mich ein Wagen erwartet, der mich zu dem entzückenden Haus der Prinzessin fährt, in dessen Garten sie mit unendlich viel Verstand und Geschmack waltet. Sie zeigt mir selbstgemalte, auffallend gute Aquarelle, Darstellungen aus Kanada, wo ihr Gatte während sechs Jahren Vizekönig war. Nachher fahre ich mit ihr und Lorne im Park spazieren, der wirklich herrlich ist. Auf der Terrasse gehen wir spazieren und haben eine überraschende Begegnung mit der Königin in einem Rollfauteuil. Sie hat wieder den großen runden Hut auf, ist auffallend freundlich, spricht von ihrem geliebten Park, von Malerei, fragt nach München und meiner Familie und hat einige gute Worte für den Kaiser (ohne bösen Blick).

Der Park ist dadurch merkwürdig, daß er nur immergrüne Bäume und Büsche enthält. Alles aber ist wuchernd gewachsen: riesige Tujas, Steineichen, Korkeichen, Pinien, Lorbeer, Myrten usw. An den großen Mauern der Terrasse ist Tulpenbaum als Spalier gezogen. Es führte zu weit, die Schilderung dieses wunderbar schönen Parkes zu geben, der sich in sanften Abhängen vom Schlosse zu dem Meer hinzieht – und alles von der Königin gepflanzt und geschaffen!

Die liebenswürdige Prinzessin war unermüdlich, mir jedes zu erklären und zu zeigen. Der *Marquess* of Lorne ist ein sehr angenehmer und gebildeter Mann. Er lebt jetzt als Privatmann, da er wegen Kränklichkeit seines alten Vaters, des Herzogs von Argyll (dessen Erbe er ist) an die Geschäfte der Güter gebunden ist.

Um 5 Uhr mußte ich zurück sein, da Familie Wales zum Tee erscheinen sollte. Sie kam vollzählig mit zwei Töchtern und Yorks, dazu Connaughts. Ich saß mit Wales und der Herzogin York zusammen. Die junge schöne Frau ist herzlich langweilig (hoffentlich nicht dumm, denn ihr Vater, der Herzog von Teck, ist zwar ein "guter Kerl", doch reichlich beschränkt) , aber sie ist freundlich und nett, und die Lieblingsnichte meiner lieben alten Großherzogin von Strelitz, geb. Cambridge.

Um 7 Uhr trennte man sich. Der Kaiser fuhr zur Königin zum Essen, nur mit dem Adjutanten vom Dienst, was zufällig Cuno war, der nach dem Essen der Königin vorgespielt hat und große Begeisterung erregte.

Ich wollte zu Hatzfeld, der aber wieder elend wurde und mir absagen mußte. Die Herren von der Botschaft: Graf Metternich, Rücker-Jänisch, Erbprinz Hohenlohe-Langenburg und Herr von Eckardtstein aßen mit uns an Bord. Dann kam der Kaiser und wir blieben bis ½1 Uhr zusammen.

7. August 1893.

Wir gehen früh um 8 Uhr in See mit Kanonensalut und üblichem Lärm. Die Fahrt ist bei herrlichem Sonnenschein still und ruhig, und wir fahren sanft an der lieblichen grünen englischen Küste hin. In Dover verläßt uns der Lotse. Die französische Küste wird sichtbar, gegen Abend Holland. Der Tag vergeht in Gesprächen und Beschäftigungen aller Art. Abends ist wieder Zitherkonzert mit dem Kaiser. Briefe und Depeschen für den Kurier, den wir am folgenden Tage treffen sollen, werden erledigt und viel von Politik mit dem Kaiser gesprochen.

8. August 1893.

Nach einer ideal stillen Nacht langen wir früh um 9 Uhr vor Helgoland an. Die Admiräle Hollmann, von Valois und Mensing kommen an Bord. Um 11 Uhr gehen wir an Land, von den Badegästen stürmisch begrüßt. Die neuen Befestigungen werden besichtigt. Man fährt in einem Tunnel auf die Höhe der Insel, und es findet das "Anschießen" einer großen, oben aufgestellten Kanone statt. Das Geschoß fliegt 15 000 Meter, d. h. über 1-1/2 deutsche Meilen, und braucht unendlich lange Zeit, bis es auf dem Meer aufschlägt.

Nach zwei unangenehm dröhnenden Schüssen gehen wir durch die Kasematten zum Haus des Gouverneurs Admiral Mensing. Es findet ein Essen um 1 Uhr statt. Man bleibt bis 1/2-5 Uhr zusammen und wandert alsdann durch die Stadt zum Strand. Rudolf Lindau und Begas, der jetzt am Reiterstandbild Kaiser Wilhelm I. arbeitet, werden zu Tisch geladen, sie sind zur Kur auf Helgoland.

Aus Berlin sind allerhand Nachrichten eingegangen, die viel Arbeit mit dem Kaiser machen. Er ließ mich sogar aus dem Bad herausholen.

9. August 1893.

Herrliche Fahrt auf der spiegelglatten Nordsee. Kein Land sichtbar, wir steuern auf Skagen zu. Der Tag wird erzählend, schreibend, essend und ruhend verbracht. Es ist einer der seltenen stillen Tage auf offener See, wo mich keine Bewegung belästigt.

10. August 1893.

Ich erwache vom Stillstehen des Schiffes. Wir sind im großen Belt in Nebel geraten und müssen abwarten, bis alles klar ist. Das dauert zwei Stunden. Es wird viel geläutet und gepfiffen, um Aufmerksamkeit zu erregen. Nach dem Frühstück geht es weiter.

Um 11 Uhr begegnen wir (natürlich sehr absichtlich) der Flotte, die leider ein Angriffsmanöver mit fürchterlichem Schießen macht, so daß einem die Ohren gellen. Admiral Schröder kommt an Bord zum Essen und die üblichen unerträglichen Marinegespräche beginnen. Wir fahren langsam mit der Flotte nach Kiel. Kein Lüftchen regt sich. Nachmiitags 4 Uhr trafen wir im Kieler Hafen ein. Prinz Heinrich, der das Panzerschiff "Sachsen" kommandiert, kam an Bord und erzählte entsetzliche Details von der Explosion des Geschosses an Bord der "Baden". Wir aßen im Kreise der Marine. Es herrscht große Hitze an Land.

Am 14. August morgens erfolgt die Ankunft in Berlin mit dem kaiserlichen Sonderzug.

Am 16. August kehre ich nach Liebenberg zurück, wo ich bis zu meiner Rückkehr nach München am 23. August einige glückliche Tage im Kreise meiner Frau und Kinder verlebe und mich eifrig der Verwaltung und Beaufsichtigung der Bauten annehme. Der Wiederaufbau der durch Blitz zerstörten Kirche und die großen Veränderungen und notwendigen Anlagen von Straßen und Wegen, die durch den Bau der Chaussee nach Bahnhof Löwenberg bedingt sind, erfordern meine größte Aufmerksamkeit. Es sind Änderungen, die wohl durch Generationen hindurch die Gestaltung Liebenbergs bestimmen werden.

AUSSEE UND ISCHL 1895

(Fürstin Maria Hohenlohe. Carmen Sylva.)

Ich war am 29. Juli 1895 abends von einer vierwöchentlichen Reise mit Kaiser Wilhelm aus Schweden zurückgekehrt, endlich im Kreise meiner Familie in Liebenberg wieder angelangt, und wollte dieses Glück nun in Ruhe genießen, das mir mein unruhiges dienstliches Leben immer störte.

Zwei Tage waren vergangen. Am 1. August 1895 trifft das folgende Telegramm von dem Reichskanzler Fürsten Hohenlohe aus Aussee im Salzkammergut an mich ein:

Minister Graf Goluchowski wird mich am Sonntag, 6. August, hier besuchen. Sind Sie der Meinung, daß ich durch Sie Information erhalten würde, die mir für meine Unterredung mit Goluchowski wertvoll wäre, so würde ich Sie bitten, vor Sonntag hierherzukommen. Können Sie heute, Donnerstag, von Berlin abfahren, so sind Sie Freitag abend oder Sonnabend früh hier."

Allerdings hatte ich ihm wichtige Information zu geben. – Und meine ersehnte Ruhe, mein Glücksgefühl im Kreise der Meinen schwand wieder wie ein Phantom vor meinen Augen dahin ...

AUS BRIEFEN AN DEN KAISER.

Hallstadt (am Hallstadter See), 4. August 1895.

... Der Kanzler holte mich gestern mittag auf dem Bahnhof in Aussee ab, während alle Berge voll Wolken hingen. Er sah sehr frisch und wohl aus und hat während seines hiesigen Aufenthaltes drei Pfund zugenommen, an welcher Stelle, konnte ich nicht sehen. Leider hustet er noch und hat vor einiger Zeit einen recht bedenklichen Asthmaanfall überstanden. Geistig war er äußerst regsam, und wenn man sich momentan einbildete, er sei altersschwach, zerstreut, abwesend, so bewies er durch seine Antwort, daß er dann erst recht scharf aufgepaßt hatte.

Er wohnt in einem ehemaligen Bauernhaus, das die Fürstin durch ländliche rote Kattunbespannung und eigenhändige Jagdtrophäen – von Bärenpranken und Elch bis zur Gemse — ausgeschmückt hat. Dazu wimmelt es, gackert es und girrt es ringsherum von Hühnern und Tauben, die ihr aus der Hand fressen, obgleich sie dabei ein bitterböses Gesicht macht. Sie eilt treppauf, treppab und stürzt alle fünf Minuten in das Arbeitszimmer des Fürsten. Sie unterbricht unsere Unterhaltung über Dardanellen, Rußland und Salisbury durch französische Fragen, die sich auf Frühstück, den dicken Bastard von Wachtelhund und Dachs, namens Zanker, beziehen oder in ein scharfes Klagegebelfere über die Russen ausartet, die sie nach wie vor beim Verkauf ihrer Güter betrügen. Schweigsam wie immer läuft die dicke Tochter Elisabeth hinter ihr her. Wenn der gute Fürst unter solchen Umständen trotzdem drei Pfund zugenommen hat, so muß er wohl eine Vitalität haben, die anscheinend größer ist als diejenige von Eurer Majestät und mir zusammengenommen.

Ich habe die allerhöchsten Aufträge neben dem Schreibtisch des Fürsten sitzend und trotz der französischen Unterbrechungen durch die Fürstin richtig ausgeführt.

... Anderes, was der Reichskanzler und ich miteinander verhandelt haben, hat wenig Interesse für Eure Majestät, ebensowenig als eine vergiftete Wurst, welche ich auf dem Wege nach Aussee, von Hunger getrieben, verzehrt hatte. Noch vertieft in bulgarische Mordtaten, wurde ich bei dem Mittagsmahl von unerhörten Koliken mit Schüttelfrost ganz plötzlich überfallen und flüchtete mich mit dem unangenehmen Gefühl ins Bett, unter den Fittichen der Fürstin und bei dem unaufhörlichen Girren der Täuberiche an meinem Fenster sterbenskrank zu werden. Der Vorteil, den mir dieser Zustand dadurch brachte, daß ich die Abendstunden am Kamin bei den Klageliedern der Fürstin vermeiden konnte, wog nicht die Unannehmlichkeit auf, lästig zu werden und mich krank in einem fremden Hause zu befinden.

Der gute Fürst begleitete mich die Treppe hinauf zu meinem Zimmerchen. "So leid es mir ist, daß Sie erkrankten, möchte ich Ihnen doch zu Ihrer Beruhigung sagen, daß meine Frau glücklich ist, wenn sie jemand kurieren kann", sagte er mit dem sarkastisch-freundlichen Lächeln, daß ich so gern an ihm sehe.

Die Fürstin fand sich auch sofort an meinem Bette ein. Hinter ihr her trugen zwei Dienstboten eine Art verdeckte Bundeslade, die sie am Fußende meines Schmerzenslagers niedersetzten. " *Voilà*", sagte sie nur, und begann dann ein Verhör über meine Zustände, das an Gründlichkeit einem Leibarzt Ehre gemacht haben würde. Sie war rührend in ihrer mütterlichen Sorgfalt.

Die Nacht war grauenvoll, da die Tauben der Fürstin auf dem kleinen Balkon meines Zimmers ihr Hauptquartier aufgeschlagen hatten und ich immer zweifelhaft war, ob das Girren, das ich hörte, auf dem Balkon oder in meinem Bauch stattfand.

Schon früh am Morgen trat mein Leibarzt wieder an mein Bett. " *Guéri?*" fragte sie mit einer Zuversicht, die mich stärkte.

" *Oui, guéri.*" sagte ich. Denn tatsächlich war die Macht der giftigen Wurst an den Mixturen der guten Fürstin gescheitert.

"Ich wußte es", fuhr sie fort. Es sind Kräuter, die hier die Landleute gebrauchen. Wenn man so dumm ist, einen Stadtdoktor zu konsultieren, stirbt man jedesmal. *Je connais ça*"

In der Nacht um 2 Uhr war die Besserung eingetreten, und ich konnte heute früh unter den Segenswünschen der Fürstin abreisen, welche mir alle diejenigen Nahrungsmittel mitgeben wollte, mit denen man allenfalls auch eine Kanone laden könnte.

Ich fuhr sehr eilend davon, weil ich nicht mit Graf Goluchowski zusammentreffen wollte, der seinen Besuch für heute angefagt hatte. Es erschien mir richtiger, die Phantasie der Hundstagspresse durch meine Anwesenheit bei dieser Entrevue nicht noch mehr anzuregen, als es bereits der Fall ist.

Morgen um ½ 1 Uhr empfängt mich Kaiser Franz Joseph, nachher werde ich bei ihm essen.

6. August 1895.

An den Kaiser.

... Nach meiner Ankunft in Ischl begab ich mich in die kaiserliche Villa –ein mit Jagdtrophäen des Kaisers geschmücktes einfaches Landhaus in sehr hinter Bäumen versteckter Lage am Fuße eines bewaldeten Berges, der zum Park gehört und auf dem die Kaiserin als *perpetuum mobile* spazierengeht. In der Villa rüstete man sich zum Empfang der rumänischen Herrschaften, die zu meinem Schrecken gleichzeitig mit mir in Ischl eintrafen. Politisch war mir der Konflux von Österreich, Rumänien und dem Vertreter Eurer Majestät zu auffällig – privatim war mir die Begegnung mit der Königin (wegen eines von mir nicht beantworteten Briefes!) sehr fatal – er stellte wenigstens meine gesellschaftliche Routine auf die Feuerprobe.

Der Kaiser empfing mich in seinem Arbeitszimmer so sehr ohne Zeremoniell, daß ich nach Beendigung der Audienz nicht einmal einen Lakaien fand und deshalb auf einen falschen Gang geriet, durch den ich in das Turnzimmer der Kaiserin gelangte. Gott sei Dank hing ihre apostolische Majestät nicht mit dem Kopfe nach unten am Reck – das Zimmer war leer, und ich kam ungesehen hinaus.

Der Kaiser war unendlich freundlich, gütig und vertraulich. Er sprach auch so offenherzig über alle Fragen mit mir, daß es mich beglücken mußte.

...Ich war am Tage des Empfanges zur Hoftafel geladen. In dem kleinen Eßsaal konnte die Gesellschaft höchstens aus zwanzig Personen bestehen, und so waren nur die notwendigsten Hofchargen befohlen. Man versammelte sich in einem winzigen Vorzimmer. Die Kaiserin erschien jugendlich schlank, graziös, lächelnd, das schöne braune Haar ohne eine Spur ihres Alters und ihres Schicksals. Sie trug ein kurzes schwarzes Kleid ohne Schmuck. Die hohe Frau schritt sofort auf mich zu und sprach in ihrer flüsternden Sprache über die Dichtungen von Carmen Sylva, die sie unendlich hochstellt. Der Kaiser, Prinz und Prinzessin Leopold von Bayern, Erzherzog Ludwig Viktor, Erzherzog Franz Ferdinand und Erzherzogin Valerie waren anwesend, dazu das rumänische Gefolge sowie Generaladjutant Graf Paar, Oberhofmeister Graf Bellegarde, Hofdame Gräfin Mikes und Graf Goluchowski. Jetzt wurden die Türen geöffnet, und König Karl mit der Königin traten ein. Die Königin mit ihrem stark geröteten Gesicht, den glänzend weißen Zähnen und dem sonnenstrahlartig von dem Kopf aufstrebenden, kurz beschnittenen grauweißen Haar, dazu ein hellila Seidenkleid mit Spitzen, das eine kurze Taille hatte (*à l'enfant*, glaube ich, nennt man das), war so absolut genau das Bild der Marquise de Pompadour im Affenthater – des großen weißen Pudels, dem der kleine, scheu um sich blickende Affe die Schleppe trägt –, daß ich meine Fassung erst wieder fand, als sie zärtlich von den langen Armen der Kaiserin umschlungen wurde. Aber kaum war diese zärtliche Zeremonie beendet, so setzte die Königin herausfordernd ein Pincenez auf, grüßte freundlich das Gefolge und schritt direkt auf mich zu, mit hörbarem Ruck stehenbleibend. Wurde sie noch röter oder wurde sie blau – das weiß ich nicht. Aber es war eine grelle Farbe, die vor meinen Augen war, als sie mit einem entzückend weichen Organ sagte: "Wir kennen uns lange – Sie wissen von mir, und ich singe Ihre Lieder." Ich machte eine sehr triviale Verbeugung und eine noch trivialere Phrase. Ich hasse es, absichtlich eine geistreiche Bemerkung zu machen, und wollte es auch durchaus vermeiden, innerhalb der ersten Minute unserer Bekanntschaft, mit Carmen Sylva auf dem Pegasus zu reiten. Leider fand dieses dennoch annähernd statt. Die Königin war krampfhaft geistreich empfindsam – wegen eines Briefes, den ich nicht beantwortete, von dem sie nicht wußte, ob ich ihn erhielt, wonach sie andererseits auch nicht fragen konnte –, eine starke Verlegenheit, die andere Menschen verstummen läßt, führte sie; der jeder Ausdruck jeden Moment zu Gebote steht, eigentümlich gewaltsam hinaus aus dem Konventionellen der Situation. Ich muß gestehen, daß mich dieses "zurhandsein" eines wirklich geistreichen Materials in einer nicht leichten Minute in große Bewunderung versetzte. Nur eine hochbegabte Frau ist imstande, in einem solchen Augenblick und von jedermann beachtet, ein solches Feuerwerk von Gedanken abzubrennen, die wirklich Gedanken waren und völlig natürlich, ungekünstelt zutage traten. Das einzig Unbemessene war die Dauer. Ich sah Kaiser und Kaiserin unruhig werden, den Haushofmeister die Türen zum Eßsaal öffnen – da bemerkte sie meinen zerstreut werdenden Blick und brach ab; so wie eine schnell ausgegossene Karaffe plötzlich leer wird. Sie begrüßte nun mit eigentümlicher Grazie die Erzherzoginnen, und man ging zum Essen. Die Kaiserin und die Königin sich freundschaftlich umschlungen haltend wie zwei Pensionsfreundinnen, die sich beobachtet fühlen – denn man führte sich nicht.

Bei der Tafel saßen die beiden hohen Frauen zusammen in der Mitte, Kaiser Franz Josef und König Karol daneben, dann die übrigen Herrschaften. Ich hatte die rumänische Obersthofmeisterin Madame Mavrogeni neben mir, eine Tante des Königs von Serbien, eine wirklich vornehme Dame, die, wahrscheinlich, um dem Hof ein gutes Air zu geben, stets auf Reisen mitgenommen wird. Zu Hause tut sie keinen Dienst. Die erste Hofdame der Königin, Madame X., ist eine liebenswürdige, gut aussehende Dame, die viel lacht, um ihre guten Zähne zu zeigen. Nach den Lokalzeitungen soll ich ihr den Hof gemacht haben, aber sie dürfte hiervon nichts gewahr geworden sein. Man nennt sie in Rumänien "die Mutter des Kabelkindes". Das hat folgende Bewandnis: Ihr Mann ließ sich in einer hohen Stellung verleiten, eine Kasse anzugreifen, die nicht ihm gehörte. Er ging deshalb für einige Jahre nach Amerika. Nach einer Trennung von eineinhalb Jahren erhielt er eine Depesche seiner Gattin des Inhalts: "Ich habe die Freude, dir mitzuteilen, daß ich Mutter geworden bin." Als korrekter Gatte antwortete er: "Ich hoffe zur Taufe unseres Kindes zurück zu sein." Was auch geschah. Die Ehe soll sehr glücklich sein. Von der Kasse spricht kein Mensch mehr.

Abends wurde in dem kleinen Theater, das mit Tannenzweigen und roter Seide allerliebst dekoriert war, das Lustspiel "Zwei glückliche Tage" gegeben. Man saß wie auf dem Präsentierteller und wurde von einem erschreckenden Bataillon von Judenweibern begafft, die hier in Sommerfrische sind. Diese selben zweihundert fetten Judenweiber begrüßten "als Überraschung" in der obersteierischen Tracht den Kaiser und die Herrschaften an der Promenade, als am folgenden Tag ein Ausflug auf den Schafberg gemacht wurde. Es war ein Anblick, um Steine zu erweichen. Besonders wenn man sich vorstellt, daß sie alle von Koschat sangen "Verlassen, verlassen, verlassen bin i". –

Am folgenden Tage hatte ich bei den rumänischen Majestäten um eine Audienz gebeten, wurde aber von jedem der Majestäten besonders empfangen. Die Königin war ganz allein – wieder *à l'enfant* in hellila –, und ein neues geistreiches Feuerwerk wurde abgebrannt. Ich kann nicht leugnen, daß der Zauber der merkwürdigen Frau ein ganz eigener ist, und daß ich soviel Begabung bewundern muß.

Friederike Kempner sagt einmal:

"Im Schatten der Palme dort riesengroß
erblühet die Wundermimos'"

davon hat die Königin etwas. Sie ist eine "Wundermimose".

Nach einer Unterhaltung, in der ich alle geistigen Vorgänge erfuhr, welche die Königin von der ersten Konzeption eines Gedichtes bis zu seiner Fertigstellung durchzukämpfen hat, wollte sie mir vorlesen, aber es waren nur zwei Missales da, die sie selbst geschrieben und selbst gemalt hatte. Sie malt seit ihrer Krankheit, und zwar erstaunlich phantasievoll und begabt, so wie wohl alles von Begabung zeigt, was sie beginnt. Aber der Mangel an Technik ist zuweilen erschreckend, und ich begreife wohl das Urteil der Maler, welche ihr sagten. "Wir kritisieren nicht, weil wir die Kindlichkeit stören würden." Es ist nämlich manches schauderhaft.

Erzherzog Ludwig Viktor unterbrach unsere Unterhaltung für einen Augenblick, dann setzte die Königin ihren Vortrag weiter fort. Der Erzherzog war ganz hingerissen: " *C'est magnifique!* – wie deliciös! *Ah, mais quel talent!* Eure Majestät sind bewunderungswürdig – welcher Farbensinn – *oh, c'est magnifique!*"

Jetzt schickte der König nach mir. Er hatte über die Länge der Audienz die Geduld verloren.

Was wir sprachen, habe ich Eurer Majestät bereits untertänigst gemeldet.

Mit diesem Tag war meine offizielle Aufgabe erfüllt.

Der Eindruck, den mir die neue Bekanntschaft der Königin brachte, war interessant, aber nicht angenehm. Die maßlose Eitelkeit der hohen Frau verletzt. Diese beherrscht sie ganz, was auch wieder Friederike Kempner so wirkungsvoll ausspricht:

"Die gelben Blätter der Geschichte fallen,
das eine, Prinz, es ist ganz voll von Dir!"

Ich besuchte nun meine alte Freundin, die Fürstin Dietrichstein, sprach lange mit Goluchowski und anderen Leuten, horchte hier und dort und verließ Ischl, nachdem ich noch der Baronin Kiß, alias Frau Schratt, einen längeren Besuch abgestattet hatte. Sie sieht täglich beide Majestäten, auch die Erzherzoginnen. Es schien ihr mein Besuch zu schmeicheln, und sie begann in ihren Mitteilungen vertraulicher zu werden. Es ging aus ihren Erzählungen hervor, daß das ausschließliche Thema der Konversation Ferdinand von Bulgarien und die Lage in Sofia ist. Diese Nachbarschaft ist in der Tat unendlich unbequem geworden.

(gez.) Philipp Eulenburg.

DIE MAJESTÄTEN VON BERLIN UND ROM IN VENEDIG 1896

TAGEBUCHBLÄTTER.

Venedig, 11. April 1896.

Nachdem ich mich im Palazzo Reale bei den eben eingetroffenen Majestäten von Italien eingeschrieben und einen Haufen Visitenkarten für die Umgebung gelassen hatte, erhielt ich – sehr aufmerksamerweise – sofort eine Einladung zum Frühstück. Ich begab mich mit Bülow in den Palazzo, und Bülow stellte mich den Anwesenden vor. Dann erschienen die Majestäten. König Umberto begrüßte mich fast zärtlich als guten Freund, indem er zugleich die Augen wild über den großen Schnurrbart rollte, und stellte mich der Königin Margaritha vor, die mich sofort bezauberte. Wir setzten uns an die mit herrlichen Blumen dekorierte Tafel. Mein Platz war neben der Königin, und es dauerte nicht fünf Minuten, so waren wir in ein großes Gespräch über Kunst, Musik und Poesie so sehr vertieft, daß ich fast vergaß, zu essen. Die Königin ist die geistvolle Tochter des Herzogs von Genua und der Prinzessin Elisabeth von Sachsen, Tochter König Johanns, der durch seine Übersetzung der *Divina Comedia* des Dante sich einen bekannten Namen in der deutschen Literatur erworben hat. Sie spricht deutsch wie eine Deutsche und hat die Seele ihres Großvaters Johann, den ich als Knabe 1861 auf der Schule in Dresden noch auf Paraden gesehen habe. Seine Enkelin hat einen unleugbar schönen Kopf. Die Nase erinnert allerdings ein wenig an den Großvater. Ich stehe vollkommen unter dem Charme dieser Königin, ihrer Unterhaltung, ihrer Liebenswürdigkeit, ihrer Grazie und ihres schönen geistvollen Kopfes.

Kaum war ich nach Schluß des Dejeuners mit meiner Gondel zum Hotel gefahren, erschien in schleunigem Tempo eine königliche Gondel, die mir den Brief des liebenswürdigen Adjutanten des Königs überbrachte, in dem er mir mitteilt

" *Excellence, j'ai l'honneur de Vous annoncer que le Yacht Impérial est en vue et qu'il arrivera à Venise vers les 2½ heures. Vous pourriez Vous trouver au Palais quelques minutes au paravant. De votre Excellence le tout dévoué. Georgio Voglia.*"

Ich fuhr sofort in der Gondel des Adjutanten zum Palazzo – doch war die Eile nicht so groß. Meine königliche Gondel ließ ich im Hotel für meine Mutter , damit sie bequem zum Giardino publico gelangen konnte, um die Einfahrt der "Hohenzollern" zu sehen. Ich fuhr mit Bülow. Etwa um ¼4 Uhr setzten wir über, nachdem das Salutschießen vorüber war, freudig von den Majestäten und dem ganzen Gefolge begrüßt.

Nach der Begrüßung durch König und Königin auf der "Hohenzollern", die kurz nach meiner Ankunft erfolgte, fuhren unsere Majestäten zum Palazzo reale und kehrten dann nach der "Hohenzollern" zurück. Alles ging an Land. Ich machte eine Gondelfahrt mit dem Kaiser, die jedoch ziemlich mißglückte. Man wurde derart von neugierigen Gondelleuten verfolgt und mit Evivas angeschrien, daß wir es aufgaben. Danach fuhr ich zum Hotel, mußte mich jedoch bald zum Diner im Palazzo reale umkleiden, das um 20 Uhr – d. h. 8 Uhr – stattfand. Es war sehr elegant, hielt sich aber mehr im Charakter der "Familiarität" – nicht das ganze italienische Gefolge aß mit an der Tafel.

Nach dem Diner war allgemeine und sehr lebhafte Unterhaltung in den angrenzenden Räumen bei offenen Fenstern. Der Blick auf den erleuchteten Markusplatz war bezaubernd. Eine laute Menge wogte darauf hin und her, bisweilen in Eviva ausbrechend, wenn die Majestäten sich an einem Fenster zeigten.

12. April 1896.

Für den heutigen Abend war große Paradetafel angesetzt mit Beleuchtung und Serenade.

Der italienische Hof ist berühmt "elegant". Die Freude des Italieners an Äußerlichkeiten erhält natürlich bei dem reichen Hofe und dem Wunsch zu imponieren einen ganz besonders raffinierten Ausdruck. Mir war (wie immer!) die große goldbedeckte Botschafteruniform sehr unbequem, die sich mit dem Großkreuz und dem breiten, leuchtenden grünen Bande des italienischen Mauritius- und Lazarusordens höchst prächtig ausnahm. Aber die Freude, mit der mich meine Mutter betrachtete, machte schließlich doch auch mir Freude – weniger das Anstarren der Hotelgäste und des Personals, das hinter mir herlief.

Die lange Prunktafel im Palazzo reale war sehr entzückend: ein Blumenteppich, auf dem goldene Prunkgefäße standen mit zierlich durchsichtigen Buketts. König Umberto saß zwischen der Kaiserin und Frau von Bülow, ihm gegenüber Königin Margaritha zwischen dem Kaiser und mir. Bülow hatte darauf gedrungen, daß ich den Rang vor ihm während dieser Tage einnehmen solle, der ihm als akkreditierter Botschafter am hiesigen Hofe zukam. So hatte ich die Freude, neben der Königin zu sitzen und während der langen Festtafel mich herrlich mit ihr unterhalten zu können. Sie entzückte mich von neuem durch ihren Geist und ihre Kenntnisse. Meinetwegen hätte die lange Speisefolge noch länger andauern können. Ich lasse sie hier folgen und füge auch den Wortlaut der feierlichen Einladung bei, die ich empfing.

EINLADUNG.

Il Gran Maestro di Ceremonie (Graf Gianotti) e la Dama d'Onore della Regina (Marquise Villamarina) d'ordine delle Loro Maestà hanno l'onore d'invitare S. E. il Conte *Eulenburg* Ambassadore di S. M. l'imperatore di Germania al pranzo di Corte per il giorno di.

Domenica 12. Aprile 1896 alle ore 20.

In caso d'impedimento si prega darne avviso. (in uniforme)

DINER DU 12. AVRIL 1896.

MENU.

Huîtres.
Potage-Consommé à l'Impérial

Darne de saumon, sauce Béharnaise
Filet de boeuf à la Cussy
Poulardes du Mans à la Périgord
Epigrammes de gibier à la Talleyrand
Suprêmes de fois-gras à la Benvenuto
Punch à la Romaine
Asperges en branches, sauce Maltaise
Faisans rôtis. Salade à la Brunswich
Buiscuit Vénitien aux abricots
Dessert
Glace – Créme à l'Italienne.

GRÄFIN MOROSINI.

Der Kaiser behielt mich den ganzen Tag bei sich. Ich konnte nur für ganz kurze Zeit nachsehen, wie es meiner Mutter ging, die sich mit ihren 72 Jahren nicht überanstrengen durfte, was bei der Lebhaftigkeit ihres Geistes, ihrer Eindrucksfähigkeit, ihrer warmen Empfindung und hohen Begeisterung für alles Schöne gerade in diesen Tagen und in dieser Umgebung zu befürchten war.

Die leidige, jetzt so unerquickliche innere Politik, die andauernden Ministerkrisen und widerlichen Machenschaften aufgeregter und intriganter politischer Persönlichkeiten veranlaßten den Kaiser zu langen Aussprachen mit mir. Auch die unerträgliche Affäre Kotze, die gerade in diesen Tagen durch das Duell, in dem Kotze Schrader erschoß, eine aufregende Wendung erhielt, tat das Ihrige dazu. Es war daher eine Erholung, als der Kaiser mir sagte, er wolle mit mir der Gräfin Morosini einen Besuch machen. Eine Gondel wurde herbeigerufen, und ohne von dem lauernden Publikum erkannt zu werden (denn wir stiegen die Treppe an Backbord, nicht die mit rotem Teppich belegte Kaisertreppe an Steuerbord hinab, die von allerhand Publikum in Gondeln belagert wurde), fuhren wir auf Umwegen durch dunkle, malerische Kanäle und Canalettis zu dem Palazzo Morosini am Canale grande.

Es ist soviel von den Huldigungen geredet worden, die der Kaiser dieser herrlich schönen Frau zuteil werden ließ – Huldigungen, die auch nicht die liebe gütige Kaiserin vollkommen innerlich zu überwinden vermochte –, daß ich hier einmal einige Worte von der Gräfin und dem Kaiser sagen will. Zunächst will ich feststellen, daß die Gräfin Palastdame der Königin Margaritha ist, in glücklicher Ehe mit dem Grafen Morosini lebt (der dem berühmten Dogen-Geschlecht Venedigs entsprossen ist) und daß ihrem Rufe nicht das Geringste anhängt.

Man hatte telefoniert, daß der Kaiser kommen werde. Der Gatte war nicht zu Hause. (Ein rötlichblonder Mann von freundlichem Wesen, der Venedig nicht liebt und dem Rennsport (!!) auf seinen Besitzungen im Lande huldigt, statt sich mit Segelsport zu befassen.) Aber der Vater der Gräfin war anwesend und begrüßte uns unten an den breiten Stufen des Palazzos, die in den Kanal münden. Ich kannte ihn bisher nicht – den Senatore Balbo von Genua –, dem ich gern einen purpurfarbenen Damastmantel umgehangen hätte, wie wir sie auf Tizians Gemälden kennen. Denn eine hohe, vornehme Gestalt stand vor uns, mit fast weißem, lockigem Haar, schwarzem, kurzgehaltenem Vollbart und kühnem, schwarzem Schnurrbart. Weißgelbliche Hautfarbe hatten seine edlen Züge und roten Wangen. Unter der hohen Stirn leuchteten zwei dunkle Imperator- Augen. Der edelste Typus einer Longobardenfürstengestalt. Wir schritten mit ihm die weißen Marmorstufen hinauf, und oben stand allein, lächelnd, die Gräfin. Sie machte, als der Kaiser nahte, eine tiefe Verbeugung, doch so ungezwungen, als mache eine Königin der anderen ihre Reverenz, denn sie ist das als Frau, was der Vater in seiner Erscheinung als Mann ist, eine königliche Frau; fast groß zu nennen mit breiten Schultern und freiem Hals, auf dem sich in weicher Grazie der herrliche Kopf mit dem energischen und doch zart geformten Kinn in wundervollem Ebenmaß des Ovales aufbaut. Die leicht gebogene Nase schmiegt sich in reizender Form an die klare Stirn, auf die in geradezu zauberhafter Linie die dunklen Augenbrauen gezeichnet sind. Und doch meint man nur die wunderbaren hellbraunen Augen zu sehen, die ebenso freundlich lächeln, wie die roten Lippen, die beim Sprechen lauter Perlenzähne zeigen. Ich habe in meinem Leben sehr selten ein so vollkommenes Bild weiblicher Schönheit gesehen. Viel aber sprach der Eindruck mit, daß die Lieblichkeit des Ausdruckes dieser Züge das Gefühl zugleich erweckten, diese königliche Gestalt mit der königlichen Haltung des Kopfes werde von einem Augenblick zum anderen sich aus der Lieblichkeit zu tragischem Ernste, zu einem niederschmetternden Zorne wandeln. Das war ungefähr die berühmte Gräfin Morosini, so wie ich sie sah und wohl viele andere auch. Niemand aber vermochte sich wohl je dem Eindruck ihrer Schönheit zu entziehen. Darum waren auch die weiblichen Zungen allerorts in unablässiger Tätigkeit, sie zu schmähen, ihr "etwas anzuhängen", denn nichts verzeihen Frauen so schwer als Schönheit einer anderen, und darum lag es auch nahe, einem kaiserlichen Besuch, einer noch so harmlosen Huldigung der "Schönheit als solcher" unlautere Motive beizulegen und Geschichten zu erfinden, die lächerlich wären, wenn sie nicht soviel Bosheit enthielten.

Wir saßen, wie im vergangenen Jahre, an dem kleinen Teetischchen, die Gräfin, der Senator (aus der Zeit des großen Doria von Genua!), der Kaiser und ich. An dem großen Fenster stand das Tischchen, und man sah in den Garten hinaus auf Zypressen. An den Wänden hingen alte Ölgemälde, rotseidene Möbel standen auf dem großen persischen Teppich.

Der Kaiser erzählte von Taormina, von dem Ätna und der Seefahrt. Wie wenig ihm Ragusa gefallen habe und die berühmte Bocca di Cattaro, von der Kunst, mit der "Hohenzollern" in Venedig zu landen – kurzum, die Unterhaltung war maritim. "Ah" und "Oh" sagte die Gräfin öfters und lachte herzlich wie ein Kind, wenn der Kaiser eine lustige Episode von "bewegter See" erzählte. Aber sie sprach wenig: der Kaiser hatte das Wort. Man sprach französisch. Die Gräfin wie eine Französin, der Senator wie ein Genueser – wenn er überhaupt sprach.

Man lobte den Tee, die guten kleinen Kuchen. Ich erlaubte mir zu fragen, ob das Kleid aus London oder aus Paris sei, denn Farbe und Schnitt machten mich zerstreut. Darüber lachte sie reizend und sagte: "Aus Paris." Und sie behauptete, sie habe gleich bemerkt, daß ich immer das Kleid betrachtet habe – was ich natürlich bestritt. Ich sagte aber, daß ich das ungeheure Raffinement dieser Einfachheit bewundere, worüber sie noch mehr lachte. Man redete weiter, scherzte über solchen und anderen "Unsinn", versprach bald wiederzukommen, und hatte sich schließlich und im Grunde gar nichts gesagt, weder die Gräfin, noch der Kaiser, noch der Senator, noch ich. Aber alles war befriedigt, und man trennte sich nach dem üblichen Handkuß, als wären wir alle alte Freunde.

Das war einer jener Besuche Kaiser Wilhelms bei der Gräfin Morosini, über die sich abenteuerliche Gerüchte wie lauter Spinnweben breiteten. Einer jener Besuche, wie sie alle ohne Ausnahme waren; und ich schrieb dieses in einer müßigen Stunde nieder, um den Kaiser zu zeichnen, wenn er einer schönen Frau huldigt.

13. April 1896.

Ich mußte mich schon vormittags auf die "Hohenzollern" begeben, um eine Fahrt in der Gondel mit Kaiser und Kaiserin zu machen, die ziemlich geräuschvoll verlief, da die Majestäten oft erkannt wurden.

Um 1 Uhr fand ein sehr elegantes Frühstück auf der "Hohenzollern" zu Ehren der Italiener, doch in ganz kleinem Kreise statt. Der König erschien nur mit Graf Gianotti und einem Adjutanten und die Königin mit der Marquise Villamarina, dazu auch Rudini.

Natürlich machte es dem Kaiser besondere Freude, nach dem Essen den Italienern das Schiff von oben bis unten und von vorn bis hinten zu zeigen. Blitzblank und herausgeputzt, ein freundlicher Anblick – besonders für Italiener, bei denen die Dessous der Dinge unter allen Umständen "schmudlich" sind. Nach meinem Gefühl paßte das große weiße Ungetüm der "Hohenzollern" wenig nach Venedig. Jede Gondel war mir sympathischer – und sollte es schon ein Kaiserschiff sein, dann wäre eben nur der Bucentaur der Dogen am Platze. Trotz alledem war es gemütlich, und die liebenswürdigen Gäste taten auch so, als schmeckte ihnen das Dejeuner (bei dem ich unaufhörlich Konserven witterte). Über das deutsche Menü amüsierte sich meine Nachbarin, die es natürlich verstand, wenn sie auch über die "Kraftbrühe mit Einlage" stolperte.

Nach dem Essen erhielt der Kaiser ein Telegramm mit der Meldung, daß Kotze Schrader im Duell erschossen habe ! Herzschuß. Große Aufregung.

Am Nachmittag fand ich noch Zeit, im Hotel zu packen und Abschied von meiner Mutter zu nehmen, die in merkwürdiger Frische diese bunten schönen Tage verlebt hatte.

Abends fahre ich im Sonderzug mit den Majestäten nach Wien.

DIE ERÖFFNUNG DES "EISERNEN TORES" SEPTEMBER 1896

DAS EISERNE TOR.

September 1896.

Eines der bedeutendsten Ereignisse auf dem Gebiet europäischer Wirtschaftspolitik – man kann wohl sagen auf dem Gebiet der Weltwirtschaftspolitik – war der Durchbruch durch die in der Donau liegenden Klippen bei Orsowa, die den freien Verkehr auf der Wasserstraße der Donau bis zum Schwarzen Meer hinderten.

Es war eine Arbeit vieler Jahre, dieses Hemmnis zu beseitigen, das schließlich durch Sprengung eines Kanals neben diesen in der Donau liegenden Klippen herbeigeführt wurde.

Die Eröffnung dieses Weges wurde in das Jahr des tausendjährigen Bestehens des ungarischen Reiches verlegt und stellte tatsächlich ein Ereignis dar, das erlebt zu haben, zu den größeren Eindrücken in einem Menschenleben gerechnet werden kann.

Der in Szene gesetzte Apparat war auch der Bedeutung entsprechend, und um so eindrucksvoller, als die Freude an Prunk, sowohl der Ungarn als der Rumänen und Serben, zu einer fast übermäßigen Entfaltung kam.

Die Öffnung des Eisernen Tores berührte in erster Linie die drei Monarchien, deren Grenzen bei Orsowa sich fast berührten. Da aber die Donau Anspruch erheben kann, auch ein deutsches Gewässer zu sein, konnte die deutsche Regierung nicht bei den Feierlichkeiten fehlen, und so war ich, als Deutschlands Vertreter in Österreich-Ungarn, ausdrücklich zu den Feierlichkeiten delegiert worden.

Mein guter unentbehrlicher Sekretär Kistler und mein treu mich pflegender Leibjäger Emanuel Bartsch begleiteten mich.

Um aber auch wieder einmal eine Reise (wenn sie auch von kurzer Dauer war) mit meinem, seit unserer Kindheit treuen Freunde und Vetter, dem Grafen Eberhard Dohna zu machen, der mich 1871/72 nach Ägypten und 1884 nach Spanien begleitete, hatte ich ihm den Vorschlag gemacht, die Feierlichkeiten in Orsowa mit mir zu erleben – als Zuschauer. Denn meine offiziellen Funktionen traten doch nur zu gewissen Stunden und Zeiten der beiden "Eröffnungstage" in Erscheinung.

Ich hatte Eberhard den Vorschlag gemacht, um in größerer Ruhe die Reise von Wien nach Orsowa zu machen und zugleich seine liebe anregende Gesellschaft besser ausnützen zu können, das Dampfboot von Budapest aus zu nehmen, nicht den Kurierzug bis Orsowa zu benützen, der in diesen Festtagen unerträglich gewesen wäre. Allerdings brauchte man zu der Dampfbootfahrt zwei Nächte und fast zwei Tage.

Dafür aber hatte man schöne Ruhe und ein volles Genießen der Donau, die uns Deutschen immer noch recht fremd und meist nur als "die schöne blaue Donau" bei Wien bekannt ist.

TAGEBUCHNOTIZEN.

22. September 1896.

Nachdem sich am gestrigen Tage Eberhard Dohna in Wien eingefunden und ich nach Erledigung einer Flut von Arbeit mit ihm den Abend im Burgtheater angenehm verlebt hatte, traten wir heute früh um 9 Uhr die Reise nach Pest in der Bahn an.

Wir stiegen im Hotel "Hungaria" ab, und ich begab mich sofort zum Ministerpräsidenten, Baron Bánffy, mit dem ich allerhand politische Fragen zu besprechen hatte. Er ist ein mehr "gerissener" als kluger Mann. Ein Ungar des blonden Typus, ohne das aristokratische "Air" der vornehmen Magyaren, das sehr besticht. Da er in Gala sich einen himmelblauen Seidendamast zu dem rotsamtenen Mantel gewählt hat, nehme ich an, daß er unter dem Pantoffel seiner Gattin steht, die für ihren geliebten dicklichen Gemahl mit dem schlau-lächelnden, runden, blassen Gesicht und dem spärlichen, blonden, straffen Haupthaar dieses bezaubernde Gewand gewählt haben dürfte, denn ein Mann käme nicht darauf. Ich habe jedenfalls noch niemals einen Ministerpräsidenten in Himmelblaudamast gesehen – könnte mir auch z. B. den alten kleinen Reichskanzler Hohenlohe nicht recht darin vorstellen.

Nachdem ich noch bei verschiedenen Granden des Reiches Ungarn, die sich fast ohne Ausnahme auf ihren Landsitzen befanden, Karten abgegeben hatte, aß ich mit Eberhard und Kistler im Hotel, und es fand sich der liebenswürdige junge Graf Laslo Szápáry dazu, der sich zufällig im Hotel aufhielt.

Um ½10 Uhr abends wanderten wir zu dem Dampfboot, wo uns bereits Emanuel erwartete, der unsere Kabinen behaglich hergerichtet hatte. Der Kapitän hatte uns seine besten Kabinen reserviert und begrüßte uns "untertänigst", als wir seinen Dampfer betraten.

Dann begann die Fahrt. Von Mondlicht umflutet, stand die hohe Burg gegen den Sternenhimmel, und an beiden Ufern der Donau spiegelten sich tausende Lichter in dem unruhig glitzernden Wasser, das von den stolzen Bogen der mächtigen Brücke, die Pest mit Ofen verbindet, überwölbt ist. Solange wir uns in der Nähe der Stadt bewegten, konnten wir uns nicht von dem zauberhaften Anblick trennen. Dann aber sanken die Ufer in Nacht; man hörte nur noch den mir von den vielen Seefahrten so bekannten Schiffslärm, und wir zogen uns recht müde in unsere Schlafkammern zurück.

23. September 1896.

Ich hatte nicht gerade gut geschlafen, aber es ging doch an, vor allem erwartete mich ein herrlich ruhiger Tag; keinerlei Störung, Depeschen oder sonstige politische Überraschungen vermochten mich hier zu erreichen, ein Gefühl, das allein schon wie Balsam auf die Nerven träufelt.

Wir frühstückten sehr gemütlich um 8 Uhr in dem "Salon" auf Deck und schwatzten vergnügt. Die übrigen Passagiere waren zumeist Ungarn, die in die Provinz fuhren. (Pustaartige Leute mit gewichstem Schnurrbart und Frauen, die nicht einmal den Versuch gemacht hatten, für "vornehm" gehalten zu werden.)

Das Wetter war schön und die Luft prachtvoll, die Fahrt auf der breiten Donau interessant und abwechselnd. Städte mit niederen weißen Häusern, überragt von sehr hohen weißen Kirchen im Jesuitenstil, weite, grüne Wiesenflächen mit Viehherden, Fahrzeuge aller Art, viel Bauholztransporte, hin und wieder ein Schloß mit Park, auch Wälder, und in der weiten Ferne lichtblaue sanfte Bergketten.

An den Landungsplätzen sieht man viel interessantes Volk in malerischen Trachten, und Eberhard machte herrliche Bemerkungen dazu, die Charakteristik in seiner eindringlichen Art hervorhebend. So gab es viel zu lachen, und der Tag verfloß in angenehmster Weise.

Das Diner war nicht gerade hervorragend, aber Eberhard aß alles auf. Dann machten wir einen sehr geruhsamen Nachmittagsschlaf, nachdem wir noch an der Station Vucovar unsere Briefe abgegeben hatten.

Das ist die ungarische Herrschaft, die dem Vater des jungen Grafen Eltz gehört, der als Attaché zu meiner Botschaft in Wien kommandiert ist.

Erzählend, schwatzend, betrachtend und hin und wieder Kaffee trinkend, floß der Tag so ruhig hin wie die Donau, die uns sanft und freundlich trug.

Doch hätten wir gegen Abend fast einen " *accident*" gehabt. Es war bereits dämmerig geworden. Die Donau war an dieser Stelle nicht übermäßig breit. Ein Dampfer kam uns entgegen, und unser Kapitän stand auf seiner kleinen Kommandobrücke, von der er seine *ungarischen* Steuerbefehle hinabrief.

Der Kapitän hatte nicht bemerkt, daß der Dampfer, der uns entgegenkam, etwa vier mit Holz beladene große Kähne hinter sich herschleppte, die genau in Linie hinter ihm schwammen und durch den Körper des Dampfers verdeckt waren. Plötzlich, schon in der Nähe unseres Schiffes, machte jener Dampfer eine Seitenbewegung, um auszuweichen, und natürlich blieben die an langen Seilen hinter ihm hergeschleppten Lastkähne noch in gerader Fahrt, so daß wir, da wir schnell fuhren, auf diese aufgelaufen wären, wäre nicht im kritischen Augenblick das *deutsche* Kommando "Donnerwetter, rechts!" erklungen.

Wir konnten uns bald zur Ruhe begeben. Ich erinnere mich nur, daß ich einmal erwachte, weil der Dampfer hielt und am Ufer eine lebhafte Unterhaltung stattfand, aus der ich das Wort "Papusch" öfters heraushören konnte. Morgens sagte mir der Kapitän auf meine Frage, daß es in Belgrad gewesen sei, wo eine große Ladung serbischer Schuhe ausgeladen wurde. Also weiß ich nun, woher das Wort "Papuschen" stammt, mit dem mein seliger Vater stets die Morgenschuhe oder Pantoffeln bezeichnete.

24. September 1896.

Ich lag noch gänzlich verschlafen in meinem schmalen Bett, als ich laute Stimmen vor meiner Tür hörte und dann das norddeutsche Organ unseres deutschen Gesandten am Hofe zu Belgrad, Herrn von Wäcker-Gotter, erkannte, der mich zu sprechen wünschte. Mein Himmel! – dachte ich bei mir – also auch hier Depeschen und Politik! Aber als auf das Anpochen der, leider stets pikierte, aber kluge Mann, den ich recht gern hatte, eintrat, verklärte sich mein Blick, denn er brachte mir einen Riesenkorb voller herrlicher Trauben.

"Ich werde Sie doch nicht durch Semendria fahren lassen, das zu meinem serbischen Gebiet gehört, ohne Ihnen Semendria-Trauben zu bringen, die berühmtesten der ganzen Erde!" sagte er.

"Das ist ja rührend liebenswürdig! – aber wann sind Sie denn aufgestanden?" fragte ich.

"Früh!" sagte er lachend, "was tut das? Ich wollte doch zeigen, daß ich Ihrer gedacht habe."

Ich zog mich eilend an, rief Eberhard durch die Holzwand zu, schnell aufzustehen, man habe uns eine Delikatesse gebracht, die man nur hier essen kann – und in zehn Minuten saßen wir mit dem braven Wäcker draußen auf Deck, sprachen eiligst von den wichtigsten Dingen und aßen Trauben von einer Güte, wie ich sie tatsächlich niemals in meinem Leben vorher oder nachher aß.

Doch bald tönte die Schiffsglocke, und der gütig- pikierte Wäcker-Gotter verließ uns, seinen Hut noch am Ufer schwenkend.

Boshaft war er jedenfalls nicht – wie das "liebenswürdige" Auswärtige Amt behauptet.

Einige Stunden später legten wir in Basiasch an, wo ich im Oktober 1871 auf dem Wege nach Konstantinopel, mit der Bahn von Pest kommend, auf das Dampfboot zwei Tage wartete, das mich nach Rustschuk bringen sollte: ein trauriges ödes Nest.

Dann aber passierten wir die herrlichen hochragenden Felsen des Passes von Kasan, durch die sich die wahrhaft blaue Donau eine Straße "durchgewaschen" hat, die zu den schönsten Wasserwegen gehört, die ich kenne und die sich nur mit den herrlichsten engen Fjorden Norwegens vergleichen läßt.

Ach, wie schwindet dagegen der arme Rhein bei der Lorelei, die als "wildromantische" Gegend von der deutschen Jugend gerühmt wird!

Nachmittags langten wir vor Orsowa an, nachdem wir die kleine – noch vor wenigen Jahren türkische – Insel Adah-Kaleh passiert hatten, wo 1871 noch türkische Soldaten Wache standen. Jetzt sah es friedlicher, aber nicht weniger bunt dort aus, und ich beschloß, von dem berühmten Herkulesfürdö (Herkulesbad), wohin wir uns zur Nacht begeben wollten, einen Ausflug nach der Insel zu machen.

Orsowa, das schon im Flaggenschmuck wegen der bevorstehenden Festlichkeiten prangte, liegt hart an der Donau, die hier zwei Felsberge durchschneidet. Der Bahnhof liegt etwa zwanzig Minuten von dem Landungsplatz entfernt, und nach halbstündiger Bahnfahrt, die sich in einem anscheinend fruchtbaren Hügelland zu dem Gebirge von mittlerer Höhe auf dem linken Donauufer hinzieht, gelangt man zu der Station Herkulesbad. Von hier hat man noch eine Wagenfahrt von etwa einer halben Stunde zu machen bis zu dem engen Tal, in dem das Bad liegt.

Wir wurden an der Station von dem obersten Badekommissar, einem Herrn von Vest, empfangen, der mich in seinem Wagen als "offizielle Notabilität" zu der für mich bestimmten Wohnung geleitete. Die von Wien aus von mir bestellten Zimmer in dem großen Hotel hatte er nicht für mich passend erachtet und führte uns in ein höchst gemütliches Privathaus in der Nähe der großen Kurpromenade, wo wir das Parterre bezogen.

Unser erster Gang führte uns zu der Kurpromenade, den Badehotels und dem Kurhaus, die alle, fest eingezwängt, in dem engen Felstal liegen, durch das ein schmales Flüßchen fließt. Die Höhen der Felsen sind bewaldet, und es führen dort, nachdem man auf Treppen und steilen Wegen die Höhe erklommen hat, anmutige Promenadenstege durch die Wälder.

Das Bad ist unzweifelhaft eines der schönsten, das ich kennenlernte.

Herr von Vest, ein Schweizer, der in Ungarn die Staatsangehörigkeit erwarb, ist ein gebildeter, sehr angenehmer Mann, der sich in der liebenswürdigsten Weise unserer annahm und uns durch manche interessante Badeerlebnisse unterhielt.

Ein Erlebnis, das ihn sehr entrüstete, unterhielt mich so sehr, daß ich es zur Erinnerung an Herrn von Vest hier wiedergeben will. Es betraf den bekannten großen Pariser Schwindel-Unternehmer Arton, der im Zusammenhang mit Mme. Humbert stand, die halb Paris betrogen und sich ungezählte Millionen erworben hatte, bis sie entlarvt wurde.

Mr. Arton hatte sich beizeiten von Paris entfernt und war unter einem falschen Namen und mit einer Pseudo-Gattin in Herkulesbad gelandet. Er wollte durch Stauung des Flusses einen großen Teich am Kurhaus schaffen und die Konzession für den Bau einer Spielbank durch Bestechung erlangen. Bei der Lage des Bades an den Grenzen dreier gern und viel spielender Reiche mußte diese Bank eine Quelle von Verdienst werden.

Eines Nachmittags ging Mr. Arton allein spazieren – und kehrte nicht wieder. Die "Gattin", am Abend sehr beunruhigt, meldete dieses den Behörden, doch jedes Forschen blieb vergebens. Da meldete sich ein Revierjäger, der behauptete, einen Dachshund zu besitzen, welcher den Verschwundenen sicherlich aufspüren werde, – doch müsse der Dachshund irgendein Kleidungsstück vorgelegt bekommen, das der Verschwundene auf dem bloßen Leibe getragen habe. Mme. Arton suchte, fand jedoch nur ein Paar unbeschreiblich schmutzige Unterhosen des dicken Mr. Arton.

"Die sein schön!" rief der Jäger begeistert aus, und der Hund Schnupperl wurde angefeuert, sich mit den Unterhosen zu beschäftigen – was er zunächst mit einigem Widerwillen ablehnte. (Der brave Schnupperl!) Dann aber wurde Schnupperl gewaltsam in die Unterhosen hineingesteckt, was ihm nach einiger Zeit zu behagen schien, denn er kratzte viel herum und legte sich dann darin zur Ruhe. (Pfui Schnupperl!) "Dös is recht!" sagte sein Herr. "Nun is er halt in seiner Nosen so ang'füllt mit denne Schweiß von dem Herrn, daß er ihn überall spüren tut – und wär' er im Himmel beim lieben Herrgott!"

Herr von Vest, der diesen Operationen beiwohnte, war noch ganz erschüttert, nicht minder von Schnupperls Tätigkeit, als von der Wäsche des Mr. Arton – "der sonst auffallend elegant gekleidet gewesen sei".

Nun aber geschah es, das Schnupperl, der sich zunächst knurrend widersetzte, als man ihn aus der Hose herausziehen wollte, sehr unruhig draußen auf den Wegen hin- und herlief, die Nase stets am Boden hielt und, nachdem eine der Brücken überschritten war, plötzlich eilend davonstürzte. Da es dunkel geworden war und nur der Jäger eine Laterne trug, war es unmöglich, dem Hunde zu folgen.

"Er wird scho laut werden", sagte der Jäger und blieb hin und wieder stehen, um zu lauschen.

Plötzlich vernahm man die Stimme des bellenden Hundes – in weiter Ferne.

"Dös is mei Schnupperl!" rief der Jäger und eilte mit seiner Laterne voran, einen der Treppenwege hinauf zum Wald, während die anderen langsam folgten. Doch blieb Schnupperl unentwegt bei seinem Bellen, und man vermochte dem Laut nachzugehen, da er anscheinend an derselben Stelle verblieb.

Endlich hatte man Schnupperl erreicht, aus dessen Gebell ein klägliches Geheul geworden war. Er stand oben abseits von dem Weg, der durch den Wald über die Schlucht führte. Der Jäger hatte ihn entdeckt, hart am Abgrund – und Schnupperl war von der Stelle nicht abzubringen.

"Der Herr is abstürzt", sagte der Jäger, "er wird wohl drunten im Wasser liegen."

Aber Mr. Arton war nicht abgestürzt – man fand die Leiche nicht.

So verging die Nacht. Man wollte am nächsten Morgen weitersuchen – aber der kleine Dachshund war nicht von der Stelle zu bringen, denn er stand so hart an dem Rand des Felsens, daß man nicht wagen konnte, an den Hund heranzutreten.

Am nächsten Morgen wurde das Geheimnis offenbar: Mr. Arton hatte sich wohl oben im Walde verirrt und war allerdings in die Schlucht gestürzt. Doch war er auf halber Höhe in den Zweigen einer starken Tanne hängengeblieben, die, sehr buschig gewachsen, aus einer Felsenspalte herausragte. Dort hing er – anscheinend tot. Leute hatten am Abend in der Ferne Geschrei gehört.

Nach unsäglichen Mühen wurde der dicke Mr. Arton aus seiner schrecklichen Lage befreit. Der Revierjäger, ein ungewöhnlich starker Mann, ließ sich selbst an ein Seil anschnüren und holte ihn hinauf, auch rief der anwesende Arzt ihn bald wieder ins Leben. Mr. Arton hatte eine bedeutende Kopfwunde, war sonst aber heil.

Ganz Herkulesbad sprach natürlich von dem Herrn, der in der Tanne hing, und das war selbstverständlich dem "Ehepaar" höchst unangenehm. Einige Tage darauf war es sehr heimlich abgereist.

Doch hatte Mr. Arton dem tapferen Jäger ein Andenken hinterlassen. Die Wirtsleute sollten ihm das versiegelte Päckchen und ein zusammengeschnürtes Paket geben.

Der Jäger fand in dem versiegelten Päckchen eine Uhr – von Nickelmetall! etwa im Wert von drei bis vier Gulden! – und in dem Paket die bewußten – Unterhosen!! mit einem Zettel: "In dankbarer Erinnerung an den treuen Hund."

Herr von Vest wurde bei diesem Schluß der Erzählung rot vor Wut. "Dieser hundsgemeine Jude!" rief er aus. "Daß man diesen elenden Schuft nicht auf der Tanne hängen ließ, ist wahrhaftig eine Sünde! – und der Hohn mit der Unterhose, dafür allein schon sollte er gehenkt werden."

Ich teilte allerdings die Wut des vortrefflichen Vest, doch mehr bezüglich der Gemeinheit, drei Gulden in Form einer Uhr zum Lohn für eine schwierige und mit Gefahren verbundene Lebensrettung zu stiften, als bezüglich der Hose.

"Wieso?" fragte der empörte Herr von Vest.

"Weil der geizige Jude eine verhältnismäßig neue Hose für ein Wertobjekt ansieht, das einem Jäger aus dem Ungar-Volke imponieren könnte, da dieser keine Unterhosen trägt."

"Und der Schmutz?"

"An den hat vielleicht Mr. Arton gar nicht gedacht. ›Schmutz – wie haißt! – Schmutz?‹ würde er wohl geantwortet haben, wenn man ihn deswegen interpelliert hätte. Die Ansichten über Schmutz sind sehr geteilte."

"Das ist mir allerdings nicht in den Sinn gekommen", schloß Herr von Vest, "aber – wenn ich es mir überlege: Sie mögen recht haben!"

Nachmittags mußte uns Herr von Vest, den wir zum Essen eingeladen hatten, die Unglücksstelle zeigen. Zunächst von unten, sodann oben – ein schauderhafter Gedanke, an der Tanne über dem Abgrund zu hängen! –, und dafür drei Gulden und eine alte Unterhose als Belohnung für die Rettung, wenn man Millionen (gestohlen) hat und eine internationale Spielbank erbauen will !

Nach der Rückkehr besichtigten wir das Bad. Das große Bassin ist in seinen Hauptbestandteilen noch altrömisch. Es finden sich an den Steinen sogar noch einige Skulpturen aus jener Zeit, wie z. B. die Figur eines Herkules.

Daß mein Freund, der Kaiser Trajan, hier in diesem Bassin gebadet hat, erfreute mich besonders. Er regierte von 98 bis 117 und unterwarf die Dacier, die hier lebten; in die Felsen an der Donau hat er bei Orsowa eine Straße meißeln lassen und eine Gedenktafel in den Stein gesetzt, die seine Taten verkündet.

Daß ich den Kaiser Trajan, diesen bedeutenden und vortrefflichen Mann, meinen Freund nenne, hat seine eigene Bewandtnis, und so will ich mir aus diesen Tagebuchblättern den Sprung hinaus in Form einer Paranthese gönnen, um diese Freundschaft zu erklären.

Mein lieber alter Freund Fritz von Farenheid, der 1885 starb, Herr des herrlichen Beynuhnen in Ostpreußen, in dem er seine berühmte Sammlung von Gemälden und Skulpturen aus der Blütezeit italienischer Malerei und der klassischen Zeit der Plastik aufbewahrte, hatte mich besonders warm in sein Freundesherz geschlossen. Als ich einst mit ihm die herrlichen Räume durchwanderte, entdeckte ich eine Marmorbüste, den Kopf eines alten Mannes unter einem Tisch, gewissermaßen versteckt.

"Weshalb", fragte ich Farenheid, "hast du diese Büste so sehr versteckt, daß man kaum erkennen kann, wer es ist?"

"Ach", sagte er seufzend, "das ist eine Originalbüste des Kaisers Trajan, die ungezählte Jahrhunderte in einem Wasser gelegen hat, das eisenhaltig war: der Kopf ist mit braunen Flecken bedeckt, die sich leider nicht entfernen lassen – ich habe mein Möglichstes versucht, es ist alles vergebens."

"Willst du mir erlauben, auch meinerseits einen Versuch zu machen?" fragte ich, "ich weiß in München einen Mann, einen Chemiker, der alle Flecken der Welt – mit Ausnahme der Flecken, die dem Menschen auf seiner Seele haften – entfernt."

"Nun", antwortete lachend mein alter Freund, "wenn du diese Flecke fortbringst, kannst du die Büste zur Belohnung behalten!"

"Das will ich nicht." erklärte ich kategorisch, "denn es wäre mein Stolz, etwas für Beynuhnen geleistet zu haben."

Einige Tage später reiste ich nach München zurück, den Kaiser Trajan in einem Kistchen als Gepäck.

In München hatten vor einiger Zeit boshafte Schüler des Polytechnikums nachts das weiße Marmorstandbild des berühmten Justus Liebig mit einer ätzenden Säuren begossen, und ganz München seufzte unter dem Druck dieser Bosheit. Das Denkmal erhielt nun eine Holzhülle, und darunter operierten monatelang chemische Gelehrte, um Herr über diese, anscheinend tief eingedrungene Säure zu werden. Eines Tages aber wurde die Hülle abgenommen – und der alte Liebig erglänzte wie eine weißgewaschene Jungfrau fröhlich und stolz wiederum im Sonnenlicht auf den Promenadenanlagen der guten Stadt München.

Wer aber war der Fleckaufsauger, der Säurevertilger, der Reiniger Justus Liebigs und der beschmutzten Stadt München? – Pettenkofer, "unser" Pettenkofer.

Ich ging also zu dem berühmten Pettenkofer, den Kaiser Trajan im Arm. Er schüttelte ernst das liebenswürdige Haupt, doch schwebte schließlich ein verheißungsvolles Lächeln über sein Antlitz, als er mit einem Vergrößerungsglase die roten und braunen Flecke wie ein Arzt examiniert hatte.

Es vergingen wiederum einige Monate – und Pettenkofer bat mich zu sich. Auf dem Tisch stand das alte Gesicht des Kaisers Trajan, ohne jeglichen bösen Hautausschlug – ernst und würdig.

Bald darauf erhielt ich den Besuch meines lieben Farenheid in München, und triumphierend zeigte ich ihm mein gelungenes Werk. Er war begeistert. – Aber unter keinen Umständen wollte er den alten Kaiser Trajan nach Beynuhnen zurücknehmen.

"Du hast ihn ›neugeboren‹ – ich habe mein Versprechen gegeben, daß er dein Eigentum sein solle, wenn du ihn von der Schmach befreien würdest, die auf seinen Zügen lag – ich nehme ihn nicht zurück und bin glücklich, wenn du eine Freude an ihm hast."

So kam es, daß der alte Trajan mein Freund wurde. Er erinnert mich an meinen guten alten Farenheid – an glückliche Zeiten in München, und er gab mir Ursache, mich mit seiner Geschichte näher zu beschäftigen, die mich um so mehr mit Hochachtung erfüllte, je tiefer es mir vergönnt war, Vergleiche zwischen ihm und den vielen anderen Herrschern ziehen zu können, deren geistige Berührung in mir schließlich doch leider nicht jenen Hauch der Andacht zu erwecken vermochte, der sich um "Majestäten" wie ein Dunst von Hoheit breiten soll. (Dazu ist es nämlich nötig, daß man sie aus einer gewissen Entfernung schaut!)

Doch ich kehre nun zu dem Herkulesbade zurück, wo ich vor meinen geistigen Augen den alten Kaiser Trajan in dem großen Bassin allein baden sah, während ihm von seiner langen großen Nase das Wasser abtropfte, in das er untergetaucht war – obgleich ihm sein Badearzt entschieden abgeraten hatte, es zu tun. Aber der alte Trajan hatte einen sehr festen Willen und wollte untertauchen.

"Sie wissen doch", sagte ich zu Herrn von Vest, "daß der Kaiser Trajan hier gebadet hat?"

"Nein", erwiderte Herr von Vest erstaunt, "das wußte ich nicht, aber es interessiert mich sehr."

Es war ein herrlicher Abend; eine Feststimmung in Erwartung der Feierlichkeiten der nächsten Tage lag ausgebreitet über dem schönen Ort, seinen Wäldern und Wassern, seinen mit tausenden von Blumengirlanden geschmückten Gebäuden.

Daß ich mir in meinem hastigen, unruhigen Leben diese Ruhetage in Gesellschaft meines treuen Jugendfreundes Eberhard gegönnt hatte, empfand ich wie ein Geschenk. Und da man sich Geschenke nicht selbst zu machen pflegt, dürfte diese Gabe wohl gütige Gedanken geweckt haben, über deren Ursprung zu grübeln müßig ist.

Wir soupierten diesen Abend allein. Eberhard, Kistler und ich. Es wurde geschrieben, geschwatzt und zeitig zur Ruhe gegangen, denn wir wollten morgen früh nach Orsowa und Ada-Kaleh fahren.

25. September 1896.

Die kleine Felseninsel Ada-Kaleh liegt schräg gegenüber dem Städtchen Orsowa mitten in der Donau. Flach wie ein großes schmales Floß scheint sie zu sein, doch trägt sie an den beiden Spitzen Erhöhungen: kleine, spitze, halbzertrümmerte Bastionen, wie Lünetten des Vaubanschen Systems, die aus der türkischen Zeit stammen. Diese Lünetten sind stromaufwärts sowohl als Schutz bei Hochwasser, wie auch als Emplacement von Kanonen gedacht, stromabwärts nur als Verteidigung. Die Insel wird in etwa acht Minuten auf der Längsseite zu durchschreiten sein, in kaum vier Minuten auf der Querseite.

In der Mitte liegt ein kleiner, aus wenigen Häusern bestehender Ort, an dem sich schmale grüne Gärtchen lehnen. Auch gibt es in dem kleinen Ort sogar eine Straße – und einen Basar. Über den Türen sind Veranden, über und über mit Weinranken bezogen; doch das Seltsamste sind einige himmelhohe Balsampappeln, die auf der Insel stehen, als wollten sie über das kleine Zeug unter ihnen spotten. Seltsamer aber noch erschien es mir, daß sich Weinranken bis hinauf in die himmelhoch das winzige Dörfchen überwölbenden Kronen der Pappeln zogen und herrliche große Trauben – Semendria- Trauben – an dem Stamm und in den Blätterkronen hingen; unerreichbar den Bewohnern Ada-Kalehs, die mit ihrem roten Fez und ihren Pumphosen mit übergeschlagenen Beinen vor den Häusern ihre Tschibucks rauchten und uns bei dem kleinen Basar eine Tasse Kaffee anboten, auch kleine bunte Sachen, Perlstickereien und häßliche Täßchen.

Dafür saß aber oben in den Kronen ein Schwarm unruhiger Dohlen, die sich an den Beeren der herrlichen, unerreichbaren Trauben delektierten und sich darum mit schrillem Geschrei zankten.

Es war außer uns niemand von Orsowa zu der Insel auf dem Boot übergesetzt. So empfand ich auf diesem, von der blauen Donau umrauschten, lieblichen, stillen Eiland ein ganz merkwürdiges Gefühl von Zufriedenheit – einen Wunsch, hier bleiben, wohnen zu dürfen, schreibend und komponierend, im stillen, behaglichen Kreise meiner Lieben alle!

Törichte Wünsche – ausgelöst unter der Last meiner erdrückenden Arbeit, meines mühe- und verantwortungsvollen Berufs und einer durch das Übermaß dieses Lebens schwankend gewordenen Gesundheit.

Eberhard verstand mich in meinem Entzücken und mit meinen Wünschen, aber er behauptete, daß keine Köchin hier zu halten wäre, wenn sie für jedes Kotelett auf einem Boot durch die gefährlichen Strudel der Donau nach Orsowa übersetzen müßte. Auch sei es bei Hochwasser nicht gerade angenehm, auf die Pappeln flüchten zu müssen – trotz der schönen Weintrauben.

Wir kehrten zu Mittag nach Mehadia zurück.

Nachmittags machten wir schöne Spaziergänge, schrieben viel und wollten uns angesichts der zu erwartenden Festlichkeiten einen stillen, behaglichen Abend gönnen. Doch wurden wir durch Musik einer marschierenden Truppe gestört und traten neugierig hinaus. Im Dämmerlicht sahen wir eine Kompanie ungarischer Fußtruppen mit ihren engen blauen Hosen und hohen Mützen im Geschwindschritt vorüberziehen. Noch während wir in der Tür standen, trat Herr von Vest zu uns.

"Es ist wirklich, um aus der Haut zu fahren!" rief er aus. "Man muß doch hierzulande bisweilen an jeglicher Vernunft zweifeln!"

"Was läßt Sie denn aus der Haut fahren?" fragte ich. Der Gute war tatsächlich sehr erregt.

"Wenn es den Herren recht ist, so gehen wir hinein", sagte er. "Nicht für jedermanns Ohren eignet sich die Veranlassung meines Ärgers."

Wir nahmen in unserem behaglichen Wohnzimmer Platz.

"Ich will Ihnen im strengsten Vertrauen mitteilen", begann Herr von Vest, "daß Meldungen von der Geheimpolizei eingetroffen sind, die von einem geplanten Attentat auf die drei Monarchen sprechen. In welcher Form, ist nicht bekannt. Man soll auf die Möglichkeit von Sprengungen achtgeben, daher auf den Kursaal ein Auge richten und diesen beizeiten bewachen. Ich suchte den Hauptmann auf, der die während der Feierlichkeiten nach Herkulesbad kommandierte Kompanie befehligt, und machte ihn im Vertrauen auf die eingegangenen Meldungen aufmerksam – erwähnte dabei, da er sich nicht recht vorzustellen fähig war, wie der Kursaal, der an einem Anberg erhöht und frei gelegen ist, bedroht sein könnte, daß es immerhin auch möglich sei, auf unterirdischem Wege hinzugelangen und Sprengmaterial zu befördern. ›Unterirdisch?‹ sagte der Herr Hauptmann in höchstem Erstaunen, ›ein Tunnel??‹ – ›Ja‹, erwiderte ich, ›es könnte immerhin möglich sein, einen Schacht – oder nennen Sie es auch einen Tunnel – anzulegen.‹

Vormittags hatte der Hauptmann einige 20 Mann in der Nähe des Kurhauses aufgestellt – sehr auffallend. Das mag noch gelten. Jetzt aber, da es Abend wird, marschiert die ganze Kompanie mit klingendem Spiel in die Quartiere.

Ich höre die Musik, eile herbei – halte den Hauptmann auf und frage, weshalb jetzt, gerade wo eine Wache wichtig erscheint, die Soldaten die Gegend des Kurhauses verlassen? – Wissen Sie, was der Mensch mir antwortete?: ›Bei Tag kann man wohl einen Tunnel graben – aber bei der Nacht?? – Servus! Hob' die Ehr'!‹ – und er marschiert weiter; dreht sich nur noch einmal im Gehen nach mir um und pocht sich dabei mit dem Finger an seine Stirn! – so ein ..."

Ja, ich begriff allerdings den Ärger des armen Herrn von Vest, der als oberster Leiter des Bades verantwortlich für den ungestörten Verlauf der

Monarchenversammlung ist und durch die keineswegs angenehme Mitteilung der Geheimpolizei unruhig geworden war.

Wir begleiteten ihn bei herrlichem Mondschein durch den dunklen, geheimnisvoll schattenhaften Kurpark bis zu seinem Büro. Er wollte, wenn man auch hier "bei der Nacht" anscheinend keinerlei gefahrdrohende Unternehmungen zu befürchten hatte, doch die ihm verfügbaren Leute als Wachen patrouillieren lassen, während der Hauptmann mit seiner Kompanie in den Kantonnements den Schlaf der "Gerechten und Weisen" schlief.

26. September 1896.

Es war ein schöner Gebirgs-September-Morgen, den wir nach unserem Frühstück während eines Ganges an dem Ufer des kleinen Flusses genossen. Die Sonne stieg leuchtend über die Waldberge, und überall glitzerte Tau im Grase. Die Landleute trugen ihre Sonntagskleider, und die Kurgäste sahen neugierig aus.

Im Kurhause wurde an den Wänden des Festsaales rotseidener Damast befestigt, um ihn zum Prunkgemach für drei Könige umzugestalten, die morgen dort Reden halten werden. Es gingen mehrere Soldaten mit geschultertem Gewehr vor dem Kurhause auf und nieder, da vielleicht ein "Tunnel" gegraben wird, denn es ist jetzt heller Tag.

Nach dem Frühstück zog ich meine große goldgestickte Botschafteruniform an, und mein Leibjäger in Gala mit Federhut und sonstiger Pracht geleitete mich feierlich zu dem Wagen, der mich zum Bahnhof bringen sollte. Meine offizielle Tätigkeit begann, und ich empfand mich in dieser Verkleidung draußen in Gottes herrlicher Natur als ein wandelnder Mißklang. Die Natur verträgt einen nackten Menschen – nicht aber einen einzelnen glanzvoll ausstaffierten. Eberhard und Kistler begleiteten mich, und wir trafen in Orsowa ein, kurz bevor Kaiser Franz Joseph anlangte.

Wir hielten uns in der Nähe des Bahnhofs in unserem Wagen auf und sahen den feierlichen Empfang des "Königs von Ungarn". Mit dem Oberzeremonienmeister Grafen Hunyadi (für den einst die Kaiserin Elisabeth sehr "schwärmte"), dem Oberküchenmeister Grafen Wolkenstein und den beiden alten Flügeladjutanten, Graf Paar und Baron Bolfras, stieg der Kaiser als ungarischer General in prächtiger roter, goldgestickter Uniform aus dem Salonwagen.

Solche Empfänge sind immer dieselben und zeigen immer dasselbe neugierige Publikum. Sie sind – um nicht gerade zu sagen "eine Affenkomödie", doch wohl aber damit geistesverwandt, und ich gestehe, daß ich jedesmal "sittlich leide", wenn ich, in einem goldenen Rock, dazugehöre.

Nur eine Ausnahme gibt es, das sind große Empfänge und Festlichkeiten im Auslande, und daher boten auch hier die Volkstrachten im Feierkleide der Südungarn, Serben und Rumänen ein interessantes, buntes Bild, umrahmt von den Felsen und der Waldlandschaft am Ufer der Donau.

Eberhard und Kistler, die sich in Zivil bewegen konnten, waren begeistert. Ich weniger, da ich, in meinem Wagen sitzend, von dem Leibjäger Emanuel mit dem Federhut bewacht, den Charakter einer "Sache" trug, die auch besehen wurde.

Der Kaiser war bei seiner Ankunft empfangen worden von dem gesamten ungarischen Ministerium, von Deputationen des ungarischen und österreichischen

Reichsrates, von den Bischöfen und der Geistlichkeit, von den Militärbehörden, den Zivilbehörden von Orsowa, den Vertretern der Bauleitung der Regulierung des Eisernen Tores, von den Deputationen des Komitates Krasso-Szöreny, zu dem Orsowa gehört – auch der Stuhlrichter des Komitates fehlte nicht –, usw. usw.! – und alle diese Menschen mit wichtiger Miene und bunt gekleidet sprach der gütige alte Kaiser an, wenn er auch nur sagte: "Freut mich, Sie zu sehen", "Schöner Tag heute", "Hoffentlich regnets nit morgen" und ähnliches, so hatte er doch einen jeden beglückt und niemand vergessen.

Eine große Monarchentugend ist es, wenig, aber allen etwas zu sagen. Auch wenn dieses Lexikon von Gemeinplätzen hundert Bände umfaßte. Denn drei geistvolle Sachen zu sagen und zehn Leuten nichts, ist durchaus nicht geistvoll, sondern dumm – *notabene*: seitens eines Monarchen. Einem anderen Sterblichen würde ich hingegen dringend dazu raten.

Ich brauchte mich nicht an diesem Empfang zu beteiligen, weil der Kaiser mich nach Einkehr in seinem Quartier, dem großen, sehr hübsch in einem Garten gelegenen Forsthause, "separat" empfangen wollte – und nachher die etwa anwesenden Diplomaten der anderen Staaten gemeinsam.

Es verging einige Zeit, ehe sich die kaiserliche Equipage (unter so lautem, großen "Eljén!" der Völkerschaften, daß sämtliche Pferde wild wurden) in Bewegung setzte. Ich folgte langsam, um dem armen alten Herrn Zeit zu lassen, sich etwas am Waschtisch zu erholen.

Unsere Unterhaltung bewegte sich, abgesehen davon, daß der Kaiser meine besondere Delegierung als Vertreter Deutschlands liebenswürdig begrüßte, durchaus in unpolitischen Formen, und da der Kaiser nicht politisch wurde, war ich froh, ihm die Geschichte von Herrn Arton und Schnupperl erzählen zu können, was ihn sichtlich erfrischte.

Als ich heraustrat und durch die versammelten Großwürdenträger im Vorzimmer schritt, machte ich allerdings ein Gesicht, als ob Österreich beabsichtigte, Konstantinopel zu besetzen.

Dann aber bestieg ich meinen Wagen, traf an der Bahn Eberhard und Kistler und fuhr in behaglicher Stimmung mit ihnen nach Herkulesbad zurück. Unterwegs war es sehr heiß in dem Kupee. Ich zog mir die Uniform aus, setzte mir den Dreimaster mit Federn quer auf den Kopf und lehnte mich, als der Zug langsam eine Station verließ, mit gekreuzten Armen in Hemdsärmeln und einem sehr bösen Gesicht zum Fenster hinaus.

Eberhard (für den ich diesen Scherz inszeniert hatte) rief ganz entsetzt aus. "Du bist doch immer noch so kindisch wie früher. Was müssen nun die Leute von dir denken?"

Aber er verstummte, als er sah, daß der Stationschef salutierte, alle Leute sehr ernst grüßten und ein Posten das Gewehr anfaßte. Es wurden ja soviel Könige erwartet.

"Siehst du wohl, Eberhard", konnte ich ihm erwidern, "nur so imponiert man. Du hast nun kennenlernen, was ›Mache‹ ist. Auf der nächsten Station werde ich, in Uniform und den Federhut ordnungsmäßig auf dem Kopf, freundlich und sehr sichtbar am Fenster sitzen. niemand wird mich grüßen."

Ich gewann die Wette glänzend, und Eberhard sagte nur: "Du hättest aber ebensogut das vorige Mal Prügel bekommen können."

"Darin liegt eben das Geheimnis der Mache", erwiderte ich auf seine durchaus treffende Bemerkung, "daß man eben nicht Prügel bekommt. Die Menschen dürfen nicht merken, daß es Mache ist – sie müssen dem Bluff unterliegen, darauf kommt es an. Und ich will dir verraten, daß das Geheimnis guter Politik im Bluffen liegt, bzw. daß man fein unterscheidet, was Bluff und was Ernst ist. Der Stationschef, der salutierte, darf z. B. niemals in die Diplomatie aufgenommen werden. Ebensowenig wie der gestrige Hauptmann, der die Ansicht vertritt, daß ›bei der Nacht kein Tunnel gebohrt werden kann‹. Ich werde morgen, wenn ich Goluchowski spreche, als treuer Bundesgenosse Österreichs, ihn vor diesen beiden Herren warnen."

Eberhard konnte so herrlich lachen wie kein anderer. Aber schließlich sagte er doch in seiner drollig-ernsten Art: "Ich gebe dir mein Wort, daß, wenn du noch ein einziges Mal den Federhut quer aufsetzt, ich keine Reise jemals mehr mit dir unternehme."

Ich versprach ihm Besserung, und wir verlebten einen sehr gemütlichen Abend in Herkulesbad mit Herrn von Vest, der allerdings angesichts der morgigen Verantwortung im Kurhause hin und wieder in ein plötzliches Nachdenken verfiel. Besonders auch, weil es seit unserer Rückkehr nach Mehadia in Strömen regnete.

27. September 1896.

Das Wetter hatte sich gottlob wieder aufgeklärt, und heute ist also der große Tag, der den Verkehr auf der Donau mit großen Dampfern bis zum Schwarzen Meer der Schiffahrt ermöglicht. Das Hemmnis des Eisernen Tores – die Felsensperre – ist beseitigt, und das oft mit großen Schwierigkeiten verbundene Umladen der Waren in kleinere Schiffe, dem das erneute Verladen wiederum in größere Schiffe folgen mußte, ist beseitigt. In der Tat ein großer Tag für die Donau-Monarchien.

Die Könige von Rumänien und Serbien sind morgens in Orsowa eingetroffen und von Kaiser Franz Joseph empfangen worden.

Ich lasse hier das offizielle, mir übergebene Programm für die Festlichkeiten folgen.

PROGRAMM FÜR DIE FEIERLICHE ERÖFFNUNG DES SCHIFFAHRTS-KANALES AM EISERNEN TORE

1896

Sonntag, den 27. September.

10 Uhr vormittags:

Abfahrt des Schiffes Sr. k. u. k. apostolischen Majestät. – Bis zur Mündung des neuen Schiffahrtskanals am Eisernen Tor fährt als Lotsenschiff der Dienstdampfer der technischen Bauleitung voraus. Demselben folgt als erstes das Ihre Majestäten an Bord führende Schiff; an dieses reihen sich in Intervallen von je zehn Minuten die Dampfer mit den übrigen Festteilnehmern und Gästen. (Fahrtdauer bis zum Kanal fünfzehn Minuten.)

Vor der Mündung des Kanals bleibt das Lotsenschiff zurück, und das Ihre Majestäten an Bord führende Schiff fährt, nachdem es die über den Kanal gespannte, mit Blumengirlanden gezierte Sperrlinie durchrissen hat, als erstes in den Kanal.

Von diesem Augenblick an bis zur Beendigung der Talfahrt durch den Kanal hat die Salut-Batterie Kanonenschüsse abzugeben.

Während dieser Zeit nimmt der Bischof von Csánad unier Assistenz der übrigen Bischöfe mittels kurzen Segensspruchs die Weihe des Kanals vor. Se. k. u. k. apostolische Majestät geruhen sodann, den Kanal für eröffnet zu erklären und auf das Gedeihen des Werkes einen kurzen Toast zu sprechen.

Sr. k. u. k. apostolischen Majestät sowie Ihren Majestäten, dem Könige von Rumänien und dem Könige von Serbien werden hierzu vom k. ungarischen Handelsminister für diesen Anlaß angefertigte, mit Champagnerwein gefüllte Goldpokale überreicht.

(Dauer der Durchfahrt des Kanals in der Talfahrt vier Minuten.)

Nach erfolgter Durchfahrt des Kanals wenden die Schiffe und treten wieder durch den Kanal in gleicher Ordnung wie beim Eintritt in denselben die Bergfahrt an, während welcher Zeit die von Ihren Majestäten gewünschten Aufklärungen über das Regulierungswerk erteilt werden.

(Dauer der Wendung des Schiffes und der Bergfahrt im Kanal zirka 20 + 30 = 50 Minuten.)

Über den Kanal hinaus setzen die Schiffe die Bergfahrt bis zum oberen Ende der Kasan-Enge fort, woselbst sie wieder wenden.

(Dauer der Fahrt 2 + 1 = 3 Stunden.)

Um 11 Uhr:

Während der Fahrt Dejeuner am Schiffe Sr. k. u. k. apostolischen Majestät.

Um 2 Uhr nachmittags:

Landung in Orsowa an der Abfahrtstelle. Von hier Fahrt mittels Wagen zum Orsowaer Bahnhofe.

Gegen 9 Uhr früh hatte ich mich (wieder in der beliebten Gala) nach Orsowa und an Bord des Dampfers "Ferencz Jószef" begeben, wo ich die drei Monarchen an Deck promenierend und sitzend fand, eifrig mit den ungarischen und österreichischen Staatsmännern konversierend. Diese hattten sich fast vollzählig eingefunden. Mein Freund Goluchowski, als auswärtiger Minister im Vordergrund aller, in eifriger Unterhaltung mit König Carol von Rumänien, bei dem er vor seiner Ernennung zum Minister mehrere Jahre als Gesandter akkreditiert war. Ihn begleiteten der Sektionschef Graf Scéçsén, der ein kluger und langweiliger Mann ist, und Karriere machen wird, sowie der Sektionschef Herr von Doczi, Ungar (Jude gewesen), liberal und "gerissen", wohl der einzige wirklich sehr begabte Beamte des Ministeriums (ob zuverlässig, lasse ich dahingestellt, dafür äußerst witzig und unterhaltend). Auch war der kluge, ruhige und überlegte gemeinsam österreichisch- ungarische Finanzminister Benjamin von Kálley anwesend, ein Ungar, geborener Staatsmann von Bedeutung, den ich besonders auch im persönlichen Verkehr schätzte, ferner der Minister des Innern, Graf Badeni, der kluge, glatte Pole, der auf dem politischen Parkett trotz aller Gewandtheit ausrutschen dürfte, auch der Kriegsminister Graf Welsersheim, ein vortrefflicher, liebenswürdiger Mann, Minister Herr von Gautsch, sehr elegant, liberal und klug (doch wohl kaum über die Grenzen Österreichs hinaus). Die ungarischen Minister waren vollzählig anwesend: der kluge, blonde Ministerpräsident Baron Bánffy in seinem blauen Staatskleid, die Minister Perzel, Josika, Erdely, Lukas, Wlassics, Daniel und Fejervary bilden jedenfalls eine Gruppe von Staatsmännern, die ernst zu nehmen sind – Köpfe, die schnell verstehen und niemals eine Antwort schuldig bleiben, wenn auch einige stark nach der Pußta riechen. Baron Josika ist ein ungewöhnlich liebenswürdiger und gebildeter Mann, der Kriegsminister Baron Fejervary sieht wie ein Held aus mit seinen kühngeschnittenen Zügen und bezaubert jeden, mit dem er spricht, denn er ist nicht nur ein Held, sondern auch liebenswürdig und klug zugleich.

Mit König Carol hatte sich auch der österreichische Gesandte Baron Ährenthal eingefunden, einer der klügsten und gebildetsten Diplomaten, die Österreich besitzt. Er war lange Zeit Botschaftsrat bei der Botschaft in Berlin und Petersburg, und ich kenne ihn genau. Auch weil er meine Freundin, Gräfin Mimi Wolkenstein, verwitwete Gräfin Schleinitz in Berlin (Gattin des bekannten Hausministers) anbetet. Er ist politisch sehr russisch und in seinen Deduktionen doch eher gelehrt als nüchtern praktisch. Jedenfalls ein Mann der Zukunft. Seine Art erinnerte mich zu sehr an österreichische Hofräte, und mir ist der österreichische "Kavalier" doch lieber.

Dem serbischen König Alexander hatte sich der österreichische Generalkonsul in Belgrad, Baron Schießl, angeschlossen. Ein höchst liebenswürdiger, verständiger und kluger Mensch, der überall seine Stelle gut ausfüllen wird, ohne gerade als Adler sich schließlich auf dem Sessel eines Ministerpräsidenten niederlassen zu können.

Von dem diplomatischen Korps waren die Chefs eingeladen, soweit diese sich zu dieser Zeit in Wien befanden. Mein Freund Graf Nigra von Italien – alle weit überragend an Verstand und Bildung, eine historische Figur –, von England Sir E. Monson, langweilig, doch eigentlich sympathisch und freundlich, wenig aktiv, friedlich, alt. Von Rußland, den Grafen Kapnist vertretend, Graf Benkendorf, Bruder der Fürstin Natalie Hatzfeld-Trachenberg, Deutschenfresser – so wie Juden, die Christen wurden, Judenhasser werden –, ein Mann, vor dem man sich in Deutschland hüten soll, wenn es zu Konflikten kommt. Falsch und hochmütig, eine böse Mischung. Frankreich war nicht vertreten.

Nigra zog sich, wie alle Großwürdenträger, aus der geheiligten Nähe der drei Monarchen bald zurück. Er sagte mir in seiner feinen sarkastischen Weise als er ging: *"L'Allemagne est la mère du Danube – tachez de railler vos enfants sous les ailes maternelles! J'ai proposé à nos collègues, de nous retirer dans notre cabines, pour épargner l'aspect de figures impénétrables aux jeunes mariés hongrois-balcaniques."*

So blieb denn ich als bevollmächtigte "deutsche Mutter der Donau" bei den "anliegenden" drei Königen mit Goluchowski und dem rumänischen Ministerpräsidenten Demeter Sturdza. Der serbische Finanzminister, der den äußeren Dienst vertrat, Popovics, ein verlegener Mann, hatte sich aus irgendeinem Grunde gedrückt.

Goluchowski, der sonst bei festlichen Gelegenheiten in dem goldbestickten Ministerrock, den so gut gepflegten, blondgrauen Backenbart sorgsam zur Seite gebürstet, mit den großen veilchenblauen Augen die ganze Umgebung lächelnd zu beglücken pflegte, sah merkwürdig ernst aus, als ich mich auf dem "Ferencz Jószef" einfand. Ich trat nach den erledigten Formalitäten der Vorstellung und Begrüßung mit der Frage auf ihn zu, ob er sich unwohl fühle?

"Ihre Frage erleichtert mir die Bitte, die ich Ihnen eben aussprechen wollte, lieber Freund", sagte er. "Kommen Sie mit mir in meine Kabine, ich muß Sie sprechen."

Also es ging etwas Ernstes vor. Das war mir klar, und ich fragte nicht weiter. Als wir die Kabine betreten hatten, schloß er die Tür ab und setzte sich neben mich auf das Sofa.

"Ich bin nicht imstande, länger allein zu tragen, was ich eben erfuhr." begann er. "In dem Augenblick, als ich das Dampfboot betrat, meldete mir der Chef der Geheimpolizei, daß er soeben erfahren habe, es seien zweihundert Kilo Dynamit verschwunden, die von Vorräten zurückgeblieben waren, welche man zu den Felssprengungen in der Donau brauchte. An welchem Tage diese Masse Dynamit gestohlen wurde, ist nicht festzustellen.

Es können vierzehn Tage seitdem vergangen sein. Wohin dieses Dynamit gebracht, wie es verwendet worden ist, ist gleichfalls unbekannt. Sie begreifen ..."

"Ja, ich begreife vollkommen!" unterbrach ich ihn. "Wir können in einer kleinen halben Stunde in die Luft fliegen – oder auch schon eher. Daß Sie so gütig sind, mich auf mein Ende vorzubereiten, ist eine Freundestat – aber schauderhaft ist die Sache allerdings, und ich verstehe, daß Sie nicht gern ohne Ansprache bleiben wollen."

"Was, um Gottes willen, soll ich tun? – Ich trage eine entsetzliche Verantwortung: entweder melde ich dem Kaiser die Sache in der Hoffnung, daß er das Schiff verläßt – was er aber nicht tut – oder wir fliegen in die Luft, und ich trage die Schuld, weil ich nichts meldete und Hunderte von Menschenleben opferte."

"Wer sagt Ihnen denn", wendete ich ein, "daß der Kaiser, wenn er an Land geht, nicht auf dem Wege zum Bahnhof oder nach Herkuslesbad oder sonstwo in die Luft gesprengt wird? Ich meine, wir behalten die Sache für uns – und warten ab. Es ist immer noch die Möglichkeit vorhanden, daß das Dynamit zu anderen Zwecken gestohlen ist, als zu einem Attentat."

"Lieber Freund, das finde ich naiv." sagte Goluchowski ärgerlich. "Ich möchte wirklich wissen, wie man auf den Gedanken kommen könnte, zweihundert Kilo Dynamit zu stehlen, ohne die Absicht zu haben, ein Attentat zu verüben."

"Ich gebe zu". erwiderte ich, "daß, wenn ich Anarchist wäre, mich drei Monarchen auf einem Schiff in eine fieberhafte Aufregung versetzen würden! – Aber ich frage nun auch. Was sollen wir tun? Es ist eine infame Situation. Denken Sie auch an die internationale Blamage, wenn die Monarchen nicht die Eröffnung vornehmen, alles verängstigt an das Ufer strömt und nachher – sich gar nichts ereignet! Oder wollen Sie diese Verantwortung auf sich nehmen?"

"Das ist es ja!" rief Goluchowski aus. "Sie verstehen nun, weshalb ich mit Ihnen reden wollte: es ist eben nichts zu machen – aber unter dem Druck dieser infamen Explosionsmöglichkeit zu schweigen – das war nicht möglich. Einem meiner Landsleute mich anzuvertrauen, wagte ich nicht, ich wäre seiner Verschwiegenheit nicht sicher gewesen, denn wo würde dieser Landsmann seine ›Pflicht‹ gesucht haben?"

Jetzt entstand eine gewisse Unruhe draußen an Deck. Es schien, daß die Abfahrt des Dampfers vorbereitet wurde, und wir erhoben uns.

"Können Sie schwimmen?" fragte ich Goluchowski.

"Ja", antwortete er. "Weshalb?"

"Ich bin ein absolut sicherer Schwimmer. Das Wasser trägt mich besser als irgendeinen anderen. Wir wollen uns jetzt möglichst nahe bei dem Kaiser aufhalten. Bei einer Explosion ist immer noch die Möglichkeit gegeben, nicht direkt in den Himmel zu fliegen. Aber das Schiff kann schnell sinken. Wenn wir beide darauf vorbereitet sind, werden wir vielleicht noch in der Lage sein, den Kaiser aus der Donau zu retten."

"Gut", sagte Goluchowski. "Es ist wenig, aber doch etwas! Man hat das Gefühl, doch irgend etwas tun zu können. Also gehen wir!"

" *Ut aliquid fecisse videatur*, sagt der Lateiner", fügte ich hinzu, mich zu einem Lächeln zwingend, als wir hinaustraten.

Und wir begaben uns schleunigst an den Bug des Dampfers, wo wir uns ganz in der Nähe des Kaisers aufstellten.

Ich machte eine recht zerstreute Unterhaltung mit König Carol, in die sich auch der Kaiser mischte. So stand er mir denn sehr nahe – und ich überlegte, wie wichtig es sei, ihm im Wasser den schweren Umhang seiner ungarischen Husarenuniform abzureißen. – Ich entdeckte zugleich bei diesem Gedankengange, daß ich doch wohl nervös geworden sei. Wer aber wäre es in meiner und Goluchowskis Lage nicht geworden? Die Gedanken springen unwillkürlich von den äußeren Dingen auf die innerliche Bewegung.

König Carol hatte mich schon vorher, sobald er mich sah, sehr freundschaftlich begrüßt, und ich freute mich, ihn demnächst in aller Ruhe, während der Fahrt durch den herrlichen Kasan-Paß, genießen zu können. Das wird nun aber eine sonderbare Ruhe werden.

Dem Serben-König hatte mich Goluchowski vorgestellt. Der arme Junge schwatzte jetzt nun auch plötzlich allerhand gleichgültiges Zeug in mich hinein, und ich sah mich hilfesuchend nach seinem Popovicz um, der jedoch verschwunden blieb.

Nun setzte sich der "Ferencz József" langsam in Gang – ich sah Goluchowski an, der ziemlich nervös töricht lächelte.

Wir standen ganz vorn am Bug, dazu hatten sich noch der ungarische Handelsminister und die Repräsentanten der Donau-Dampfschiffahrtsgesellschaften: der Österreicher Baron Banhans, der Ungar Graf Emerich Széchényi und zwei andere Herren gesellt, um die nötigen Erklärungen zu geben. Doch handelte es sich in erster Linie nur um den feierlichen Akt der Eröffnung des Kanales.

Hierzu erschienen wie Götter aus der Märchenwelt plötzlich die, wohl in dem unteren Schiffsraume versteckt gehaltenen Bischöfe. Und zwar der römisch-katholische Bischof von Czásnad (zu dessen Diözöse Orsowa gehört), der griechisch-orthodoxe Bischof von Temesvar, der griechisch-rumänische Bischof von Karansebes und der griechisch-katholische Bischofsverweser von Lugos. Alle in ihrem kostbaren Ornat, die Mitra auf den ehrwürdigen, weißbärtigen Köpfen, strahlende Edelsteinkreuze an der Brust und rotgekleidete Chorknaben mit Weihrauchgefäßen voran – ein wunderbar malerischer Anblick.

Die drei Monarchen taten sehr fromm, als sich die alten Bischöfe vor ihnen verneigten und der römisch-katholische Bischof von Czásnad an die äußerste Spitze des Dampfers trat.

Jetzt verlangsamte das Schiff noch mehr die Fahrt, denn dicht vor uns zeigte sich die Einfahrt in den von hohen Steinmassen begrenzten Kanal, an dessen Eingang sich zwei weiße, nach oben spitz zulaufende Türme erhoben, auf denen die ungarische Standarte wehte. Die Türme aber waren mit einer breiten Rosengirlande – selbstverständlich künstlicher Riesenrosen – verbunden, die das Schiff mit seinem Bug zerriß, während Kanonendonner am Ufer ertönte, der an den Felswänden widerhallte.

Da sowohl mein Freund Goluchowski als auch ich den Ort für eine Explosion am geeignetsten an dieser engen Stelle gehalten hatten, wirkte der plötzliche Knall der Kanonen nicht gerade beruhigend; doch wurde die Aufmerksamkeit zu sehr auf die Zeremonie der Weihe gerichtet, um durch das momentane Erschrecken bedenkliche Folgen an unserem Leibe gespürt zu haben.

Der würdige römisch-katholische Bischof von Czásnad (der einzige ohne weißen Vollbart, aber mit merkwürdig durchgeistigten Gesichtszügen) erhob die Hände mit den lilaseidenen Handschuhen und dem blitzenden Bischofsring zum Segen und sprach mit lauter Stimme ein paar Worte ungarisch dazu, die klangen, als fluchte er Gott und uns allen.

Die Rosengirlande zerriß – und aus den weißen Türmen erscholl ein ohrenzerreißendes "Eljen" von lauter menschlichen Köpfen, die plötzlich durch die Wände der Türme durchbrachen.

Das war nun allerdings nicht in dem Programm vorgesehen.

Die Türme aber waren innerlich ein Holzgerüst und dieses mit weißangestrichener Pappe bekleidet. So war es begreiflich, daß die Arbeiter im Innern emporgeklettert waren und sich mit ihren Messern die für ihre Köpfe erforderlichen Löcher hineingeschnitten hatten, um an der Eröffnungsfeierlichkeit teilzunehmen.

Zur Türkenzeit sah wohl hin und wieder ein Tor bei dem Einzug eines siegreichen Paschas in eine eroberte Stadt so aus – doch schrien damals die armen Köpfe nicht.

Sehr erschüttert waren die anwesenden Veranstalter dieses Aufbaues über diese Enthüllung, die ein grausames Bild von Humbug gab, doch war ich recht zufrieden mit der lustigen Wendung der Dinge in einem Augenblick, der allzu traurig hätte enden können.

Wohl war die Fahrt durch den schmalen Kanal erst begonnen. Es verflossen noch bange Minuten während der Durchfahrt und der kurzen Eröffnungsrede des Kaisers, die dadurch eine besondere Weihe erhielt, daß der ungarische Handelsminister, als "Oberster über alle Veranstaltungen bei der Feier der Eröffnung des größten Handelsweges der Donaumonarchie", dem Kaiser einen prunkvollen goldenen Deckelpokal, mit Ungarwein gefüllt, überreichte, aus dem er bei diesem großen Akte einen Schluck trinken sollte. Das geschah – sodann trank König Carol daraus, dann König Alexander, der ihn mir reichte, als der "deutschen Donau- Mutter", wie Nigra sagte.

Aber das ging nicht ohne Konvulsionen ab, und zwar folgendermaßen:

Der arme König Alexander (der etwa wie ein junger Ladengehilfe aus Berlin-Osten namens Isaak Jacobsohn aussieht) war als serbischer Husarengeneral sehr prunkvoll bekleidet. Gelbe Stiefel, rote Hosen, blaue Uniform mit Dolman über der linken Schulter, hohe Tartarenmütze von weißem Lammfell mit glänzender Agraffe und Reiherfeder, krummer goldener Türkensäbel mit goldenem Wehrgehäng (der gelegentlich – und auch jetzt – zwischen die dem Säbel nahe verwandten Beine geriet), ein Kneifer an Gummiband auf der Knorpelnase, der bei dem Schluck Ungarwein in den Pokal fiel, eine erschreckte dicke Hand in engem Glacéhandschuh, die den ihm zur Betrachtung gereichten Deckel des Pokals an den Boden schleuderte, während der Säbel ihm, da er sich eifrig und höflich bückte, um ihn aufzuheben, wiederum zwischen die Beine geriet – das waren ungefähr die Konvulsionen, unter denen ich nun meinerseits auf das Wohl des deutschen "Kindes": die Donau, trinken sollte.

Unter Assistenz von vier Bischöfen in Ornat, acht Chorknaben, einem Kaiser und einem König gestaltete sich die "Darbietung" des jungen Alexander außerordentlich wirksam.

Besonders im Hinblick auf den Umstand, daß wir alle in einem solchen Augenblick hätten in den Himmel fliegen können. Der liebe Gott würde sich schön gewundert haben.

Aber noch während dieses "Intermezzos" hatte der "Ferencz József" den Kanal glücklich passiert. Er machte nun eine langsame Wendung, kehrte denselben Weg zurück und begann die "Bergfahrt", um die Herrlichkeiten der Donau, wo sie sich den Paß bei Kasan geschaffen hat, zu bewundern.

Je weiter wir uns von Orsowa entfernten, um so mehr schwanden die Explosionsgefahren. Es war doch wohl unwahrscheinlich, in dieser Gegend Minen oder sonstige "Überraschungen" in der Donau anzubringen, wo der Strom verhältnismäßig schmal und die Schifffahrt belebt ist.

Goluchowski und ich setzten uns daher vorderhand einmal aufatmend an den kaiserlichen Frühstückstisch in Gesellschaft von etwa vierzehn Personen. Es wurde von Lakaien aus der Wiener Burg serviert.

Nach den überstandenen Aufregungen war bei mir eine Reaktion eingetreten, die sich in Heißhunger äußerte, und ich bemerkte, daß Freund Goluchowski sich in der gleichen Lage befand. Er saß dem Kaiser gegenüber, der von den beiden Königen flankiert wurde, neben denen wiederum die beiden größten ungarischen Würdenträger saßen. Ich befand mich zwischen Goluchowski und dem Ministerpräsidenten Graf Badeni sehr gut plaziert. Zwischen zwei Polen wird man sich niemals langweilen (und noch weniger zwischen zwei Polinnen). Polen aus dem hohen Adel, die in Paris zu Hause sind, wie z. B. Goluchowski, der sogar mit einer Prinzessin Murat verheiratet ist; besitzen immer eine glänzende Gabe der Konversation. Zu Hause bei sich ist der Unterschied zwischen dem Glanz ihrer Schlösser und ihres Lebens gegenüber der entsetzlichen Armut der Bevölkerung, für die nichts getan wird, so entsetzlich, daß ich z. B. von dem berühmten Schloß Lançut, das dem Grafen Potocci und seiner berühmten Gattin Betka, Prinzessin Radziwill, gehört, geradezu empört und degoutiert heimkehrte. Und doch war ich glänzend und liebenswürdig dort aufgenommen worden.

Die Fahrt von annähernd drei Stunden durch den Paß von Kasan und zurück war leidlich ermüdend, denn meine langen Unterhaltungen mit dem Kaiser und König Carol führten rettungslos in die große Politik. Doch interessierte mich auch vieles.

In dieser Hinsicht besonders eine sehr eingehende Aussprache mit dem rumänischen Ministerpräsidenten Demeter Sturdza, der in Heidelberg studierte und seinen Sohn in Berlin erziehen läßt.

Es geht klar daraus hervor, wie fest Sturdza, der seit der Übernahme des Thrones von Rumänien durch den damaligen Prinzen Karl von Hohenzollern bis jetzt, die treueste Stütze des Königs ist. Deutsch bis in die Knochen, und ein bedeutender Staatsmann, mit dem sich reden läßt, ohne daß man über vorgefaßte Meinungen stolpert oder befürchten muß, mißverstanden zu werden.

Mit König Alexander kam ich nicht vom Fleck. Erst als ich auf Ronacher überging, taute er auf. Dort hatte er sich stets ausgezeichnet unterhalten. "Ja, wenn es in Belgrad einen Ronacher gäbe! – Aber es ist nicht leicht, so oft nach Wien zu fahren, als man möchte. Hin und wieder glückt es ja", setzte er, vertraulicher werdend, hinzu, " *mais vous savez – Mr. Simitsc il est un homme serieux. Il a sa police à soi et ce n'est pas facile de le tromper.*"

Der junge, sehr elegante Adjutant, den er bei sich hatte, Capitain Maschin , dürfte allerdings eher sein Vertrauter bei seinen Eskapaden nach Wien gewesen sein, als der brave Simitsch, der nicht nur *un homme serieux*, sondern auch ein recht gescheiter, angenehmer und gebildeter Mann ist. Mir war er nur deshalb etwas lästig geworden, weil ich ihm durchaus eine deutsche Prinzessin als Gattin für den jungen Alexander besorgen sollte – und ich sehr wohl wußte, daß sich nicht so leicht eine Dame aus guter Familie dazu hergeben würde.

Wie oft wanderten meine Gedanken in dem Paß von Kasan bei den herrlichen steilen Felswänden, an denen die blaue Donau mild vorüberrauscht, zurück zum

Herbst 1871, als ich mit Begeisterung diese gewaltige Natur schaute. Damals, 24 Jahre alt, lag das Leben schleierhaft vor mir. Mein Hoffen und mein Sehnen war die Kunst. Was würde ich damals gesagt haben, wenn mir jemand prophezeit hätte: "Das nächstemal wirst du mit einem Kaiser und zwei Königen als Botschafter des deutschen Reiches hier fahren, und du sorgst dich um den Verbleib von zweihundert Kilo Dynamit." Ich würde doch nur gesagt haben. "Mein Herr, reden Sie nicht solchen Unsinn."

Das Dynamit kam mir leider heute immer noch nicht aus dem Sinn.

"Hier sind wir nun ziemlich sicher", sagte ich zu Goluchowski. "Aber ich kann nicht leugnen, daß mir Herkulesbad heute abend nicht ganz geheuer ist."

"Inwiefern ist Ihnen Herkulesbad unheimlich?" fragte Goluchowski, schnell aufblickend.

"Der Direktor des Bades, Herr von Vest, muß irgendwie von dem Diebstahl etwas läuten gehört haben. Er war sehr beflissen, für die Sicherheit des Festsaales zu sorgen, und die Anlage eines unterirdischen Zuganges zu der Basis des Saales schien ihm immerhin möglich."

"Und das erzählen Sie mir jetzt erst?" sagte Goluchowski ziemlich unruhig.

"Hatten Sie denn nicht genug mit der Sorge einer Sprengung im Kanals Was konnte Ihnen Herkulesbad damals sein, da wir doch dachten, im Kanal in die Luft zu fliegen?"

"Nun, jedenfalls bitte ich Sie", sagte Freund Goluchowski sehr eifrig, "mir sofort bei Ankunft in Herkulesbad Herrn von Vest zu zeigen."

Mit diesem neuen Alpdruck trafen wir auf der Station Herkulesfürdö ein, nachdem die Landung in Orsowa ohne jeglichen Zwischenfall glücklich und sehr geräuschvoll vor sich gegangen war.

Es war ½4 Uhr, als wir dem Sonderzug entstiegen, um den Weg von der Station zum Bade im Wagen zurückzulegen, was eine kleine halbe Stunde in Anspruch nimmt. Der Weg führt durch ein mit Mais und anderen Feldfrüchten bestelltes Gelände zu der Bergschlucht von Mehadia. Die Chaussee ist mit schönen hohen Ebereschen besetzt, aus derem dunklen Laub feuerrot die Früchte leuchteten. Es war eine endlose Wagenreihe; ich saß mit Goluchowski in einer offenen Halbchaise.

Schon unmittelbar hinter der Station beginnend, stand hinter jedem zweiten Baum auf der rechten Seite des Weges ein Infanterist mit den ungarischen engen blauen Hosen, die hohe blaue Mütze auf dem schwarzen Haar und das Gewehr bei Fuß. Die Bäume deckten natürlich nicht den Mann, aber sobald ein Wagen sich näherte, schlichen die Soldaten vorsichtig auf die andere Seite des Baumes und lugten mit dem braunen Gesicht hervor, während natürlich ein Bein, ein Arm, ihre Rückseite und das Gewehr auf der Kehrseite der schmalen Eberesche sichtbar wurde. Ich erkannte in dieser Maßnahme sofort die geistvolle Anordnung meines Hauptmannes aus Herkulesbad mit dem "Tunnel bei der Nacht". Er hat für die Sicherheit der Straße zu sorgen gehabt, "ohne daß Se. Majestät es gewahr werde", und daher den Befehl erlassen, "jeder Mann hat sich hinter den Baum derart zu postieren, daß ihn Se. apostolische Majestät und das Gefolge nicht ›derschauen‹ kann – bei fünftägigem Arrest". Ich aber habe auf dem ganzen Wege nicht einen einzigen Baum "derschauen" können, der nur annähernd den Umfang gehabt hätte, auch nur einen zehnjährigen Knaben zu verbergen. Und doch war ich dem Herrn Hauptmann dankbar für seine geistvolle Anordnung, denn die um den Baum herumlugenden braunen, halb neugierigen, halb scheuen Zigeunergesichter waren ein ebenso kostbarer Anblick, als auf der anderen Seite des Stammes die kunstvollen Bemühungen der blauen Beine, sich zu verbergen.

Wir langten, dank der gelungenen "Sicherungen", sehr heiter im Bade an, und ich fuhr mit Goluchowski zu dem Festsaal, wo wir Herrn von Vest trafen, der uns glaubte die Versicherung geben zu können, daß ein Dynamit-Attentat wohl kaum zu erwarten sei. Er machte jedoch die Andeutung, daß ihm von einem gewissen "Diebstahl" durch die Geheimpolizei Nachricht zugegangen sei, was ihn sehr beunruhigt habe – und noch beunruhige. Er werde erst zufrieden sein, wenn er die Nachricht erhalten habe, daß der Kaiser glücklich in Wien wieder eingetroffen sei.

Nach dieser Aussprache begab ich mich in mein Quartier, wo ich von Eberhard und Kistler freudig begrüßt wurde. Sie hatten, dank der Bemühungen des liebenswürdigen Herrn von Vest, mit dem sie nach Orsowa gefahren waren, vom Ufer aus die Durchfahrt des Kaiserschiffes zwischen den weißen, mit menschlichen Köpfen geschmückten Türmen gesehen und durch ihre guten Gläser sogar die Monarchen und Bischöfe beobachten können.

Die freie Zeit bis zu dem Festmahl um 6 Uhr benutzte ich, nach Ablegung meiner goldgestickten Löwenhaut, um mich bequem auf dem Sofa auszustrecken – in dem behaglichen Gefühl, daß ich wohl kaum mit diesem in die Luft fliegen würde.

Wenn es nun auch von meiner Wohnung bis zu dem Festsaal nicht weit war, benutzte ich doch gegen 6 Uhr einen Wagen. Denn, wie ich bereits bemerkt habe, war es nicht mein Fall, in voller goldener Pracht und den federgeschmückten Dreimaster auf dem Haupte, durch eine neugierige Menschenmenge zu schreiten.

Schon aus diesem Grunde wäre ich völlig ungeeignet, ein Herrscher zu sein; denn daß die meisten Herrscher behaupten, es ebenfalls nicht zu lieben, sich öffentlich als solche zu zeigen, ist doch nur bis zu einem gewissen Grade der Wahrheit entsprechend. Fast allen solchen Herren ist es sehr fatal, "nicht beachtet" zu werden. Für das berühmte "incognito" sind sie wirklich im Grunde nur dann eingenommen, wenn sie irgend etwas unternehmen, was ein elender Staatsbürger auch gern incognito unternimmt.

In dem prunkvollen Kursaal mit seinen roten Seidendamastwänden und der mit herrlichen Blumen in kostbaren, kaiserlichen, silbernen Prunkgefäßen geschmückten Tafel fand ich alles in Gala versammelt, bis auf die drei Herrscher, die kurz nach mir erschienen.

Der Kaiser nahm wieder den Platz in der Mitte des Tisches zwischen den beiden Königen ein. Ich saß neben König Carol, zu meiner besonderen Zufriedenheit, einen so klugen und liebenswürdigen Nachbar während der langen Sitzung zu haben, die uns rettungslos Reden bescheren würde, die ich wegen der großartigen Selbstverständlichkeit ihres Inhaltes hasse. Links neben dem Kaiser saß nicht, sonderen krümmte sich im Hinblick auf seine Rede der unglückliche Alexander mit seiner vor Angst erblaßten Knorpelnase.

Gegenüber dem Kaiser saß Goluchowski – auch etwas blaß seit den Mitteilungen des Herrn von Vest über einen möglichen Tunnel. Rechts von ihm Sturdza, links der arme Popowicz, der mit nervösen Blicken seinen erschütterten Monarchen musterte, der sich aus Aufregung die Bissen immer neben den Mund stieß.

Nach dem " *Zéphyr de poulardes à la Rossini*" erhob sich der Kaiser und alle mit ihm. Einer der beiden hinter ihm stehenden Hoflakaien (die für diesen Dienst speziell abgerichtet sind) legte ihm die mit sehr großen Buchstaben aufgeschriebene Rede auf den Teller, auf die der Kaiser durch seinen, hierzu aufgesetzten Kneifer hinabblickte. Sobald das (wegen der großen Buchstaben nur wenig enthaltende) Blatt abgelesen ist, zieht der links stehende Lakai dasselbe mit affenartiger Geschwindigkeit fort und der Lakai rechts schiebt mit der gleichen Schnelligkeit das zweite an dieselbe Stelle.

Der Kaiser ließ die Nachbarn von der Donau leben.

Sofort danach erhob sich König Carol, ein Meister der Rede, der vorher nicht im mindesten "gemaikäfert" hatte, sondern in völliger Ruhe, ohne jede Präokkupation, seine Konversation mit dem Kaiser und mir machte. Er sprach glänzend in meisterhaftem Französisch und Sturzda, dem ich leise zunickte, erwiderte verständnisvoll lächelnd den Gruß. Dem König aber sagte ich mit Wärme Schmeicheleien – die eben keine Schmeicheleien waren, sondern zu wahr, um dem gütigen König nicht Freude gemacht zu haben.

Dann aber nahte die Schreckensstunde für Alexander – die Folterkammer, das Alpdrücken, das Hals- und Beineabschneiden. O, armer junger Alexander, wenn ich dich hätte retten können – aber du warst hier König an der Donau und nicht bei Ronacher in Wien, du mußtest reden.

Er stand auf. (Popowicz erbleichte wie der Tod.)

" *Votre Majesté Imperiale*" begann Alexander Milanowitsch, " *Votre Majesté – daigna, – Votre*" – (aus. Pause).

" *Ce – solonel, – ce solonel*" – (aus. Pause).

Votre Majesté! – (aus. Pause). Popowicz flüstert ziemlich laut über den Tisch: " *à la santé de Sa Majesté* –").

Popowicz wiederholt eiwas lauter: " *à la santé de Sa Majesté.*"

Alexander schweigt.

Popowicz (noch lauter). " *à la santé de* –".

Alles blickt stumm auf die Teller. Ich fühle, daß mir übel wird.

Alexander (mit flehenden Blicken zu Popowicz). " *à – la – santé de Sa Majesté l'Empereur et Roi!*"

Alles ruft in einem Erlösungston: "Hurra! Hurra! Hurra!" Aber alles sinkt auch erschöpft auf die Stühle zurück, und Popowicz, ganz über seinen Teller gelehnt, schlingt sofort mit solchem Eifer ein (glücklicherweise!) ihm noch von dem "Zephir" der Poularde auf dem Teller verbliebenes Stück mit Hilfe von Messer und Gabel hinunter, daß man glauben könnte, es ginge ihm die ganze Rede und der ganze Alexander gar nichts an, als sei er nur unbeschreiblich hungrig. Und ich hielt das auch durchaus für möglich, denn vor der Rede hatte er vor serbischer National-Todesangst kaum "einen Happen" gegessen.

Nach dieser fürchterlichen Anspannung der gesamten Festversammlung lag einen Augenblick Todesstille über der hohen, hier vereinigten Gesellschaft – dann aber brauste eine derartige, krampfhafte Unterhaltung los, daß der alte Kaiser erstaunt um sich sah. Er war das an seiner Tafel nicht gewohnt, wo eine Langeweile und Stille zu herrschen pflegte, die an Begräbnisse erinnert.

Ich begrüßte es wie eine Erlösung, als der alte gütige Kaiser mit einer "allgemeinen" Verbeugung das große Fest beschloß. Er reichte mir gütig die Hand, als er bei mir vorüberschritt, König Carol drückte sie mir innigst, und der arme Alexander vergaß es.

Ein Lied, daß ich in jungen Jahren dichtete und sang, endigt: "Ich habe schier vergessen, wo Erd' und Himmel sind."

Das wird wohl ungefähr der Zustand des armen Alexanders vor, bei und nach seiner Rede gewesen sein.

Um 8 Uhr verließen die drei Monarchen im Wagen Herkulesbad, und um ½9 Uhr eilten sie in ihren Sonderzügen mit ihrem großen Gefolge den drei Residenzen zu.

Als ich in meine Wohnung zu Eberhard und Kistler gekommen war, legte in stürmischer Eile mein guter Emanuel die Wahrzeichen meiner Würde in den Koffer, während Herr von Vest mir mit feierlicher Miene im Namen der Kurverwaltung ein prächtiges Album mit kostbarem Einband, enthaltend eine Sammlung großer Photographien von Herkulesbad, überreichte, das eine Bereicherung der Liebenberger Bibliothek bilden wird.

Meine Reiseroute stellte sich nach Kistlers Entwurf folgendermaßen dar: Sonntag, 27. September 1896, abends 9 Uhr, Abreise von Herkulesbad. Nach ununterbrochener Reise Ankunft Mittwoch, 30. September 1896, nachmittags 2 Uhr, in Rominten.

Doch sollte diese Fahrt nicht in dieser Weise verlaufen. Ich erkrankte unterwegs an einer bösen Ruhr und mußte mehrere Tage in Wien liegen. Am 1. Oktober traf ich in Liebenberg ein mit den Berichten, die ich am 4. Oktober dem Kaiser in Hubertusstock abstattete, und damit hatte meine Mission nach dem "Eisernen Tor" ihren Abschluß erreicht.

(gez.) Philipp Eulenburg.

NACHSCHRIFT 1903.

Das Verschwinden der zweihundert Kilo Dynamit blieb immer ein Rätsel. Wahrscheinlich ist ein Teil nach Konstantinopel gewandert, wo in der Folge die entsetzlichen Massakers gegen die Armenier durch Sultan Abdul Hamid veranlaßt wurden. Damals fanden Sprengungen in armenischen Banken und Häusern durch Dynamit statt. Eine andere Version besagt, daß tatsächlich eine Mine in dem Kanal am 27. September 1896 gelegen habe, aber durch die starke Strömung fortgeschwemmt worden sei. (Oder sollte die Gefahr durch den Segensspruch des Bischofs von Czánad beseitigt worden sein, dessen Flammenaugen an einen Propheten erinnerten, der Wunder verrichtet?)

Der arme König Alexander von Serbien, geb. 1876, wurde am 29. Mai 1903 ermordet.

An der Spitze der Mörder, die den unglücklichen König auf wahrhaft bestialische Weise mit seiner Gattin umgebracht hatten, stand Oberst Maschin, Vetter der Königin Draga Maschin. Es war der gleiche, der den jungen König als Adjutant 1896 zum "Eisernen Tor" begleitet hatte und als Militärattaché in Wien in meinem Hause verkehrte. Sogar bei Tisch saß er einmal neben meiner Gattin!

In jener Mordnacht hatte sich das Königspaar, nach Entdeckung des geplanten Anschlages, in einem Wandschrank versteckt – Maschin fand die Unglücklichen dort und brachte sie eigenhändig durch Revolverschüsse allmählich um.

Die Mordgesellen warfen sodann die Leichen zum Fenster hinaus in den Garten, wo sie morgens früh noch Lebenszeichen gaben, ohne doch nochmals zur Besinnung gekommen zu sein.

ZWEI KAISER UND EIN KÖNIG AUF DEM WASSER

ABBAZIA UND VENEDIG 1894.

Ich war im März 1894 zum deutschen Botschafter in Wien ernannt worden, hatte jedoch noch nicht meinen Posten angetreten, als ich von dem Ministerium in Berlin den Auftrag erhielt, die Regierung bei dem Kaiser während seines Aufenthaltes in Abbazia zu vertreten, wo sich die kaiserliche Familie eine Zeitlang zur Erholung aufhalten sollte.

Kaiser Wilhelm wollte mich daselbst auch dem Kaiser Franz Joseph vorstellen, der einen Besuch der Kaiserin und seines Bundesgenossen in Aussicht genommen hatte, und so begab ich mich von meinem bisherigen Posten, München, nach Abbazia, wo ich am Ostermontag, am 26. März 1894, eintraf.

TAGEBUCHNOTIZEN.

Abbazia, 26. März 1894.

Meine Villa Laura liegt hoch, und ich sehe über die darunterliegenden Gebäude auf die große weite Bucht von Abbazia und auf Fiume in der Ferne. Der Charakter der Landschaft erinnert an die Riviera, doch ist es keineswegs so warm wie dort, es weht unaufhörlich ein kalter Wind.

Ich ging gegen 10 Uhr hinunter in die Kaiser-Villa, wo Hofprediger Frommel Gottesdienst hielt. Er ist mein alter Freund von Straßburg her, 1870, da ich als Leutnant und Adjutant des Gouverneurs und er als Garnisonpfarrer nach Übergabe der Stadt amtierte. Ich meldete mich bei den Majestäten und begrüßte das Gefolge. Um 10 Uhr fuhren wir im Yachtanzug auf die "Cristable" (eine englische Privatyacht, die Senden mietete). Die Majestäten, Gräfin Keller, Plessen, Senden, Leuthold, Lippe und ich nahmen an der Fahrt teil. Es wehte ein recht frischer Wind, aber das Schiff machte keine schlimmen Bewegungen, und der Kaiser erzählte mir alles, was ihn in der letzten Zeit in Berlin geärgert und gequält hatte.

Um 2 Uhr fand ein sehr heiteres Frühstück in dem Decksalon statt, das der englische Koch der Yacht bereitet hatte. Wir fuhren an den Küsten der Inseln entlang, die recht öde sind.

Nach 2 Uhr trafen wir wieder in Abbazia ein. Um 5 Uhr hielt ich dienstlichen Vortrag beim Kaiser. Um 8 Uhr Souper im Frack und schwarzer Krawatte, die Damen halb dekolletiert. Die Kaiserin in hellgelber Seide mit Perlen.

Nach dem Abendessen hatte ich *à trois*, mit dem Kaiser und Frommel, eine Unterhaltung von 1½ Stunden, die durch Frommels reizende poetische Art und durch des Kaisers lebhafte Klugheit außergewöhnlich interessant war.

29. März 1894.

Kaiser Franz Joseph traf früh um 9 Uhr in Matuglie ein, wo ihn der Kaiser mit den Adjutanten empfing. Um 10 Uhr kam er zum Besuch der Kaiserin nach Villa Amalie, und wir standen alle in "kleiner Uniform" zum Empfange bereit, die Prinzchen und das kleine Prinzeßchen mit Blumensträußen; die Kleine lief immer hin und her und gab jedem die Hand.

Kaiser Wilhelm stellte mich vor, und Kaiser Franz Joseph sagte mir, "daß er sehr glücklich über meine Ernennung nach Wien sei, daß ich dort sehr gut aufgenommen werden würde und daß er mich bäte, in Aufrichtigkeit die Freundschaft zwischen den beiden Ländern zu pflegen".

Um 1 Uhr aßen die Majestäten allein, wozu Erzherzog Josephs, die bei Fiume eine Villa bewohnen, mit Tochter und Sohn Ladislaus kamen. (Die Mutter ist eine Schwester der Herzogin Max Emanuel von Bayern .) Das Gefolge aß mit den Prinzen in der Nebenvilla.

Um ½3 Uhr fuhren die Kaiserin, die beiden Kaiser, Familie Erzherzog Joseph, Fräulein von Gersdorff, Admiral Senden, ich und die drei österreichischen Herren (Graf Paar, Oberst von Lonvay und von Buttlar) zur "Cristable", mit der bei herrlichem Wetter und spiegelglatter See eine schöne Fahrt an der Küste gemacht wurde.

Daß ich in meinem Leben gerade mit Kaiser Franz Joseph in persönlichem Verkehr treten würde, ließ ich mir allerdings in meiner Jugend nicht träumen, als er die Idealfigur meiner Kinderphantasie war. Mein liebster Freund war während meiner ganzen Kindheit mein gleichaltriger Vetter (unsere Mütter waren Schwestern), Fritz Heß-Diller, Adoptivsohn des ruhmgekrönten Feldmarschalls Baron Heß und Sohn meines Onkels Baron Diller, des Vertrauten und Flügeladjutanten des Erzherzogs Franz Karl, Vater des Kaisers Franz Joseph, der erst 1878 starb, denn er verzichtete 1848 zugunsten seines Sohnes auf den Thron, den Kaiser Franz Joseph (geb. 1830) mit 18 Iahren bestieg. Der alte Erzherzog war somit durch 30 Jahre "Untertan" seines Sohnes.

Das österreichische Milieu der Familien Diller und Heß, die in Wien eine Rolle spielten (denn der alte Feldmarschall Heß war einer der bedeutendsten Männer, die Österreich besaß), bildete in meiner Phantasie eine Art interessanter Märchenwelt, in die ich 1857 als 10jähriger Knabe bei einer Reise nach Reichenhall, Salzburg und Wien einen Einblick gehabt hatte, der mich begeisterte. Damals galt die österreichische Armee, nach den ruhmvollen Siegen 1848 und 1849 in Italien, als die Quintessenz aller militärischen Tugenden – und Eleganz. Und alles war geschart um die junge Heldengestalt Kaiser Franz Josephs, seines berühmten Feldmarschalls, des alten Radetzky und dessen Generalstabschefs Heß, – dem schon als jungen Offizier Napoleon 1805 persönliche Anerkennung zollte. Eine Welt von glücklicher Kindheit und Jugendphantasie ging nun vor mir auf – und darum konnte keine Persönlichkeit auf der Erde, unter allen Potentaten und Berühmtheiten, denen ich in persönlichem Verkehr begegnete, eine so eigenartige, innerliche Empfindung in mir wachrufen als dieser, jetzt so ehrwürdig gewordene Kaiser.

War es wohl ein Hinüberwallen solcher Empfindung, daß der alte, wortkarge, stille und gütige Mann mir merkwürdig zutunlich bei unserer ersten Begegnung entgegentrat und auf der langen Fahrt zwischen den phantastischen Inseln so viel, so eingehend mit mir sprach, daß alles darüber staunte? Vielleicht war es nur, weil er fühlte, daß ich auch mit "hohen" Menschen immer nur als Mensch sprach, daß ich ihm von meinem ersten

Besuch in Wien, vom alten Heß, vom Prater, von der Donau erzählte, Kindergeschichten aus Reichenhall, über die er herzlich lachte, – kein Wort Politik, keine leise Andeutung davon.

Neben dieser ehrwürdigen Figur fiel die Familie Joseph sehr ab. Der Erzherzog, Sohn des berühmten Erzherzogs "Palatinus von Ungarn", deutete durch seinen, mit ungarischer Bartwichse spitz neben der Nase wie zwei Stacheln in die Höhe aufgeschwänzten Schnurrbart an, daß er Ungar, nur Ungar sei. Er sprach auch ungarisch-deutsch – wenn er überhaupt sprach. Sein Schweigen war vielleicht weise Einsicht der eigenen Geistlosigkeit. Dafür sprach die Gattin zuviel, neugierig, uninteressant, und alles langsam durch die große, gebogene Nase der Mutter Orleans, Clementine, der hundertfach "gerissenen" Tochter des schlauen französischen Königs Ludwig Philipp.

Ihre Tochter Dorothea gefiel mir noch weniger. Das Merkwürdigste aber war der junge Ladislaus, noch langsamer als die Eltern sprechend, ungarisch-deutsch. Ich fragte ihn, in welcher Garnison sein Regiment stehe? Er sagte: "Ich – stehe – bei – der Infonterie. Ober ich werd' mich – zu – der – Kovallerie – transferieren – lossen. Denn – bei – der – der – In–fonterie muß man – laufen, und – bei – der – Kovallerie – reitet mon."

Er war dabei sehr ernst geworden. Später, vor der Insel Veglia, wo viel Adler horsten (und Kaiser Wilhelm natürlich eine Jagdpartie plante), fragte ich den armen Ladislaus, ob er schon einen Adler geschossen habe? (denn Josephs bewohnen zeitweise, wie ich bereits sagte, eine große Villa bei Fiume, ihr eigentlicher Wohnsitz ist Pest und Alcsut).

"Nein", erwiderte der arme junge Ladislaus, "denn – mit – dem – Stutzen - hat – man – eine Kugel, – die fliegt – holt immer – vor – bei. Und – mit der – Flinten - hot's viele, – sser kloane – Kügerln – ober – die fliegen – holt net – hoch – gnug."

"Ja", sagte ich, "daß ist halt sehr traurig". Er nickte sehr ernst. Man begegnet nicht alle Tage jungen Leuten, die so gottvoll dämlich sind wie der kleine Ladislaus .

Nach der Heimkehr um ½6 Uhr begab man sich hinüber auf das Schiffsjungen-Schulschiff "Moltke", das reizend dekoriert war – wie ein großer Salon von Flaggen und Blumen. Dort war eine große Gesellschaft aller hier anwesenden notabeln Österreicher und Ungarn mit ihren Damen geladen.

Die Majestäten waren sehr liebenswürdig, und ich lernte viele Menschen kennen. Um 7 Uhr hatte man reichlich genug. Die Majestäten verließen das Schiff, und während noch alles an Bord war, liebenswürdig kausierend und lächelnd – wurden plötzlich etwa 50 Kanonenschüsse abgefeuert! Salut für Kaiser Franz Joseph, der von Bord ging. Die Damen rannten wie die Wahnsinnigen hin und her und natürlich immer dahin, wo gerade wieder geschossen wurde, denn abwechselnd fiel ein Schuß an Steuerbord und einer an Backbord. Ein ganzer Haufen Damen lief sogar nach oben auf die Kommandobrücke des Kapitäns. Natürlich war aber doch alles "entzückt" und "geschmeichelt" – denn bei solchen Gelegenheiten sind selbst 50 Kanonenschüsse zu vertragen.

Zu Hause zog man sich um und erschien zum Souper bei den Majestäten.

Die Unterhaltung war keine sehr lebhafte, da der Kaiser Franz Joseph einsilbig ist.

Die Kaiserin trug bei dem Souper ein mattrosa Kleid mit Samtpuffärmeln – dazu sehr hohe Frisur, und den Schmuck, den ihr Kaiser Franz Joseph als Pate von Prinz Joachim geschenkt hat: eine große Schleife von Rubinen und Diamanten.

Um 1/2-9 Uhr erfolgte die Abreise. Kaiser Wilhelm brachte seinen Gast bis Matuglie. Alles andere ging schlafen.

30. März 1894.

Ausfahrt mit den Majestäten auf der "Cristable" um die Insel Veglia, von früh 3/4-11 bis abends 1/2-7 Uhr. Eine zauberhafte, schöne Fahrt! Nachmittags landeten wir an der dalmatinischen Küste bei der kleinen Stadt Zenk. Ich ging mit der Kaiserin und den beiden Damen an Land, wo die ganze Bevölkerung auf dem hübschen Marktplatz zusammenlief. Es war wie auf dem Theater, so unwahrscheinlich malerisch. Die Kaiserin führte 8 barfüßige Jungen in einen Schuhladen und kaufte ihnen rote Lederschuhe, verteilte auch Brot und Orangen. Sie war so gut und heiter dabei!

Gegen Abend kehrten wir heim. Die Küste ist merkwürdig öde und tot. Aber schön sind die Farben der Felsen und des Wassers.

Ich hatte unterwegs leider allerhand Politik mit dem Kaiser zu besprechen. Es geht immer der furchtbarste Ernst zwischen den bunten Eindrücken spazieren.

31. März 1894.

Morgens stets Vortrag beim Kaiser und viel Arbeit. Nach dem Essen um ½4 Uhr großes "Tennis". Ich spiele gegen den Kaiser und eine Komtesse Pálffy, die vortrefflich spielt. Daneben die Kaiserin mit den Prinzen.

Die Kaiserin geht um 10 Uhr zu Bett. Wir Herren bleiben bis 11 Uhr zusammen. Unbequem ist es für mich, daß ich etwa 5 Minuten zu meiner Villa Laura zu gehen habe. Alle Augenblicke kommen Depeschen, die ich oben erledigen muß, dann wieder muß ich zum Kaiser und dazwischen mich umziehen. Morgens: Promenaden-Kostüm, zum Frühstück: schwarzer Überrock. Geht man zur Yacht: Yachting-dreß, geht man zum Tennis: Tennis-dreß, zum Abendessen: Frack und schwarze Krawatte. Es ist häufig alles so eilig, daß ich, während ich mich wasche, Kistler oder Hofrat Taege die wichtigsten Depeschen in die Feder diktiere.

POLA

6. April 1894.

Wir hatten uns gestern abend auf die "Tristable" begeben und saßen mit dem Kaiser, Bier trinkend, noch eine Stunde zusammen. Lyncker, Leuthold, Plessen und ich. Vor Tagesanbruch fuhren wir nach Pola. Vorher noch war der Kaiser hinüber auf die "Moltke" gefahren, um als Admiral auf der Kommandobrücke des "deutschen Kriegsschiffes" all den Kanonendonner als Salut in gehobener Stimmung in Empfang zu nehmen, mit dem sich wahrhaftig die Marine bisweilen lächerlich macht. In Pola war es nahezu unerträglich. Ging Se. Majestät an Bord der "Moltke": 25 Schuß. Nun Besichtigung aller im Hafen liegender Kriegsschiffe. Sobald er ein Schiff bestieg: 25 Schuß. Ging er von Bord dieses Schiffes: 25 Schuß. Mit einer Pinasse zu dem nächsten Schiff: 25 Schuß – von Bord: 25 Schuß usw., usw. So ging es den ganzen Tag. Warum in aller Welt nicht Salut bei Ankunft der "Moltke" und Salut bei Abfahrt von Pola? Wäre das nicht genug?? Ich sah mir währenddessen die Stadt an, die malerisch und interessant ist mit dem Tempel aus der Römerzeit und dem berühmten, gut erhaltenen Amphie-Theater. Auch schöne Brunnen waren zu sehen – aber sobald man sich über etwas Schönes freute: 25 Schuß! Das war wirklich um toll zu werden. Dazu mußte ich auch noch allerhand dienstliche Sachen auf der "Cristable" erledigen, und sobald ich einen komplizierten Satz zu schreiben anfing: 25 Schuß. Natürlich war der Satz weg!

Endlich schwieg die Kanonade. Die große Festtafel im Marine-Kasino begann: der Kaiser hatte bald die gesamte österreichische Marine davon überzeugt, daß die Zukunft Österreichs auf dem Wasser läge. Admiral Baron Sterneck, neben dem ich gegenüber vom Kaiser an der Tafel saß, hatte mit Tegetthof 1866 die berühmte Seeschlacht bei Lissa gegen die Italiener gewonnen und höchst eigenhändig das Flaggschiff des italienischen Admirals in Grund gebohrt oder geschossen. Auch hatte er (mit Payer und Graf Wilczek) die Nordpolexpedition geführt und Franz-Joseph-Land in Besitz genommen. Sterneck war also der Seeheld, der sich gern sagen ließ, daß die Zukunft Österreichs auf dem Wasser liege. Jedenfalls war Sterneck in gehobenster Stimmung, und die Unterhaltung mit Sr. Majestät über den Tisch hinüber wäre ganz besonders interessant gewesen, wenn Sterneck sich am Nordpol nicht ein Ohr erfroren hätte und darauf taub war. Aber er war doch begeistert.

Mich begrüßte er besonders warm als neuen Botschafter in Wien. "Ich sei musikalisch. Er habe eine Freundin, Baronin Türck-Rohn, die sänge nichts als meine Rosenlieder. Sie habe eine großartige Stimme und sei sehr schön, sehr schön. Jetzt sänge sie in Leipzig." "In einem Konzert?" fragte ich. "Nein, in etwas anderem", – er habe vergessen, was es sei. "In einer privaten Aufführung?" – "Nein. Es ist halt – ich hab' den Namen vergessen – sehr eine große Sache, eine berühmte Sache, von –". "Nun", sagte ich, "Exzellenz meinen vielleicht ein Oratorium?" "Ja!" – rief er glücklich – "ein Oratorium, von – von" – "Etwa von Haydn?" - "Ja, von Haydn!" – "Vielleicht die Jahreszeiten?" "Nein – nein! – jetzt hab' ich's: die Götterdämmerung!" Ich griff schnell nach einem Glas Champagner und verschluckte mich absichtlich, denn es war nicht möglich, bei dieser Götterdämmerung nicht zu lachen.

Das Beste des großen Festes war die Militärmusik, die Kapelle, die im wesentlichen aus Streichinstrumenten bestand und von einem begabten jungen Kapellmeister vortrefflich dirigiert wurde. Ich ließ ihn nach dem Essen rufen und bedankte mich. Sein Name war Léhar!!

Erzherzog Stephan ist ein liebenswürdiger Mensch ohne besondere Bedeutung.

Ich war recht froh, als wir uns endlich um 10 Uhr auf die "Cristable" begaben, denn das Fest war langweilig. Da mich Schiffe nicht interessieren, so ermüdet mich eine jede Marine-Konversation. Die Götterdämmerung war wenigstens eine Erholung, und Léhar dirigierte ausgezeichnet. Leider war mein Schlaf trotz ruhiger Fahrt diese Nacht miserabel. Ich glaube, daß das infame Salutschießen mich nervös gemacht hatte. Für eine Seeschlacht scheine ich mich nicht zu eignen.

VENEDIG.

7. April 1894.

Morgens, nach dem Frühstück, siedelten wir nach unendlichem Signalisieren von der "Cristable" auf die "Moltke" über. Es war ein schöner heller Tag. In der Ferne waren die Berge der Küste sichtbar, dann tauchten auch die Türme Venedigs aus den blauen Fluten auf, zuerst der göttliche Campanile. Als wir uns Malamocco näherten, das mit einem Fort auf Lagunen Venedig vorgelagert ist, zeigten sich allerhand kleine Dampfer und Segelschiffe, die augenscheinlich die Ankunft des Kaisers erwarteten. Darunter befand sich auch eine Pinasse, die Bülow brachte, der zu unser aller Freude glücklich die "Moltke" bestieg, wo dann sofort hundert Fragen an ihn gestellt wurden und die Politik, die unvermeidliche, ihren Dunst entwickelte. Dann aber begann der Salut von den kleinen Forts am Eingang der Fahrrinne nach Venedig und von einigen italienischen Kriegsschiffen. Der aber machte einem anderen Geräusche Platz, das denn doch jeder Beschreibung spottete: Eine ganze Reihe von kleinen Dampferchen, Kopf an Kopf mit neugierigen Venezianern besetzt, hatte ein jedes ein Musikkorps an Bord und jedes Musikkorps dieser Dampferchen, die wie ein Flug schwarzer Krähen die weiße "Moltke" begleiteten, spielte "Heil dir im Siegerkranz" und die galoppschnelle italienische Hymne. Jedes für sich, durcheinander, Musik und Takt wie einen grauenvollen Salat zusammenwirbelnd – ich hörte niemals Ähnliches, hatte mir auch nicht gedacht, mit solchen Mißklängen der göttlichen Piazetta entgegenzudampfen, vor der im Angesicht des Dogenpalastes die "Moltke" vor Anker ging.

Fast in demselben Augenblick hatte sich eine königliche Gondel, von sechs in rote Livree gekleideten Gondolieren geführt, mit König Umberto von dem nahen Palazzo reale in Bewegung gesetzt. Die Gondel flog auf die "Moltke" zu. An dem Fallreep hatte der Kaiser sich mit uns aufgestellt, und eilig schritt König Umberto hinauf, um den Kaiser zu umarmen. Unter ihm wurde die erste Salut-Kanone abgeschossen, und zwar in dem Augenblick des Monarchen Kusses.

Nun erfolgte die Vorstellung: " *Voilà mon ami, l'ambassadeur Comte d'Eulenburg*" – Bum! – " *L'admiral de Senden*" – Bum! – " *Le général de Plessen*" – Bum, Bum! – usw. Sehr eindrucksvoll.

Was mir aber bei dem ersten Schuß jede würdevolle Haltung raubte, war die Wirkung auf zahllose Gondolieri, die, um die Monarchenbegegnung aus nächster Nähe zu sehen, mit ihren schwarzen Gondeln sich an den weißen Schiffsleib der "Moltke" angelehnt hatten. Bekanntlich rudern die Gondolieri hinten auf dem Heck der Gondeln hoch stehend. Sie ahnten nicht, daß geschossen werde. Plötzlich dröhnte der erste Schuß dicht über ihre Köpfe hin, und wie mit einem Schlage sah ich wohl 10-12 Gondolieri von dem hohen Stand in die Gondel fallen, mitten zwischen die Insassen. Ein fürchterlicher Schrei erscholl, – ungeheures Gelächter folgte.

Nach der Begrüßung und Vorstellung des Schiffskommandanten und der ersten Offiziere begaben sich der König mit dem Kaiser und dem Gefolge in Gondeln und Pinassen zum Palazzo reale.

Der Palazzo, mit seinem grünen Vorgarten auf einer Terrasse, liegt am Eingang des Canale grande, neben der Piazetta. Die Gebäude, die gegenüber der St. Markuskirche an der Piazetta liegen, sind die berühmten Prokuratien, in denen früher die Senatoren und höchsten Beamten der Republik wohnten. Der Palazzo reale ist somit ein Teil der Prokuratien. Er nimmt den Raum zwischen dem Markusplatz und dem Canale grande ein.

Der Hofmarschall führte die Majestäten und uns zu den Wohnräumen. Der Kaiser bewohnte die Zimmer im ersten Stock, wo die Prokuratien die Ecke der Piazetta und des Canale grande bilden. Ich hatte mein Quartier daneben, zwei Salons, ein Schlafzimmer und Dienerzimmer. Daß ich jemals an der göttlichn Piazetta wohnen sollte, gegenüber St. Marco, der in tausend Sonnenlichtern glänzte, den herrlichsten Platz der Erde zu meinen Füßen, mit dem Blick zum Meer, auf dem sich Hunderte von Gondeln und Schiffen in festlichem Kleide und festlicher Bewegung tummelten, das hatte ich nicht erwartet und nahm es dankbar als eine ganz besondere Freundlichkeit des Himmels entgegen, der sich dazu auch wohl meinen gütigen Wirt, König Umberto, als Vermittler ausgesucht hatte, – den freundlichen, liebenswürdigen Sohn des durchaus weder freundlichen noch gütigen *Re galantuomo* Vittorio Emanuele.

Um 1 Uhr wurde ein Frühstück auf dem Zimmer serviert. Der König fand sich dazu bei dem Kaiser ein. Ich begab mich nach dem Frühstück hinüber und fand beide gemütlich rauchend auf einem riesengroßen grünseidenen Sofa in dem prächtigen Salon mit der göttlichen Aussicht sitzend. Ich mußte Platz nehmen, eine Zigarette anstecken und in die Unterhaltung tauchen, bei der man sich politisch in den Armen lag: schöne Worte wie bei Geburtstagen und Neujahr. – Mit Österreich ginge es nicht so leicht, – aber mit Nigra werde ich alles in schönstem Gleichgewicht halten, – vor Kaiser Wilhelm liege ganz Italien auf den Knien, *on l'aime comme un dieu*, usw ... (Man kennt das. Aber dem guten Kaiser ging es doch glatt hinunter.)

Nachher schlief der Kaiser, und ich machte mit Bernhard Bülow einen langen Spaziergang auf der Riva dei sciavoni, bei dem leider nicht die rosige Stimmung wie oben in den Prokuratien herrschte. Die unerträgliche Lage in Berlin ging hinter uns her wie eine knurrende Dogge. Selbst der vielgewandte Bernhard wußte keine Medizin dafür. Er war doch nicht auf alles gefaßt, was ich ihm zu erzählen hatte.

Um 4 Uhr mußte (unvermeidlich!) ein italienisches Kriegsschiff besichtigt werden, worüber Plessen eine derart echte Freude heuchelte, daß ich mir denn doch Gedanken über seine berühmte Ehrlichkeit machte. Ich jedoch hatte die Stirn, Se. Majestät zu bitten, mich zu beurlauben, da ich San Marco "hübscher" fände als ein Kriegsschiff. Das fand der Kaiser berechtigt und ließ mich laufen. Bernhard hatte zu telegraphieren, ich setzte mich in eine Gondel und fuhr den Canale grande entlang – herrlich! Ich nahm auch Kistler und Emanuel mit, an deren Begeisterung ich mich noch besonders freute. Wie schön ist es doch, alte Freunde wiederzusehen, und da standen sie alle noch aufgereiht: Maria della Salute, die Ca' d'oro, die Rialtobrücke und alles Herrliche.

Bei einem Antiquar, der mit Marmorsachen handelte, stieg ich aus und kaufte für Liebenberg einen hohen, runden Wassertrog mit Figuren in Relief aus spätrömischer Kaiserzeit und einen kleinen Brunnen von rötlichem Marmor.

Der Kaiser hatte mich um 1/2-6 Uhr ins Arsenal bestellt. Ich fuhr mit ihm und dem König in der offiziellen Gondel zum Palazzo reale und von dort in einer schwarzen Privatgondel von einer "inoffiziellen" Treppe aus mit den beiden Majestäten allein durch lauter kleine Canalettis inkognito durch die Stadt. Der Kaiser wollte gern einmal Venedig "privatim" wiedersehen, und das ließ sich, da die kleinen Kanäle keine Fußsteige an den Häusern haben, leicht bewerkstelligen.

Neugierige, die am Canale grande in der Nähe des Palazzo reale standen und wohl die Könige erkannt hatten, vermochten nicht zu folgen. So war denn das Unternehmen wirklich gut geglückt. Der Kaiser in seinem Yachting dreß, der König mit "Interimsmütze" und einfacher Offiziers-Uniform, ich in Zivil. Der König wurde nur einigemal erkannt, wenn wir eine Brücke passierten. Man sah uns kommen, irgendeiner schrie: *"Eviva! eviva il re!"*, alles klatschte wie toll in die Hände und hing sich über das Geländer, – stürzte zu der andern Seite, wenn wir die Brücke passierten, hing sich wieder über das Geländer, so daß wir die klatschenden schmutzigen Hände dicht über unsern Köpfen sahen. Dann aber ging es weiter auf den stillen, menschenleeren Wasserstraßen, an verfallenen Palästen, herrlichen Details von Architektur, malerischen Winkeln und an einem verlassenen kleinen Gärtchen neben einem Palazzo vorüber, wo eine einsame hohe Zypresse wie ein Wunder von Schönheit in ihrer Gestalt und Farbe neben dem Schimmer verwitterter Mauersteine stand.

Einmal fiel einem zu arg klatschenden und *"Eviva il Re!"* schreienden Bengel die Mütze von der Brücke in die Gondel, – ich habe niemals ein solches Gekreische vor Vergnügen gehört als bei diesem Ereignis. Wir mußten halten. Der Gondoliere reichte dem Bengel die Mütze wieder und einen 10 Lire-Schein, den ich schnell aus der Tasche zog. Nun wurde bei diesem Halt aber auch der Kaiser erkannt, und da ging das *"Eviva l'imperatore"* an, mit dem Gekreisch, das man eigentlich nur aus den Kehlen von italienischen Weibern in solcher Schärfe zu hören bekommt, – es mag in der Sprache oder in der Konstruktion südlicher Gaumen liegen. Aber es flogen bei diesem Halt auch Fenster an den alten, steilen hohen Häusern auf. Überall zeigten sich ungekämmte Weiberköpfe, und man schrie, schwenkte mit Windeln und schmutzigen Tüchern, halb nackte kleine Kinder wurden zum Fenster hinausgehalten, um auch die Bambini teilnehmen zu lassen, was sie redlich von oben und unten besorgten, die armen Dinger. Noch weit entfernt von der ominösen Mütze hörten wir das begeisterte *"Eviva"* und lachten uns halbtot über alles, was da zu sehen war. Auch König Umberto machte es Spaß, – weil es uns Spaß machte. Denn ihm waren derartige Ergüsse von Enthusiasmus als Italiener keine Neuigkeit.

Der König gefiel mir stündlich besser. Ich habe niemals einen so wild aussehenden Mann von solcher Gutmütigkeit gesehen. Uber dem großen, kühn zur Seite gestrichenen grauen Schnurrbart, der die zusammengekniffenen Lippen bedeckte, blitzten zwei große, braune Augen, von dunkeln, dichten Brauen beschattet, und wenn er sprach, stieß er immer zwischen den Worten ganz kurz und hart "A" hervor. Doch alles, was er sagte, seine Gedanken, seine Empfindungen, trugen den unverkennbaren Charakter größter Güte, – fast Schwäche. Der wilde Ausdruck war eine ihm zur zweiten Natur gewordene Pose. Er wollte auch der macht- und kraftvolle Mann und König sein, wie sein Herr Vater, und äußerlich war es ihm fast geglückt. Ich sah diesen

Vater auch einmal in meinem Leben: das war 1872 in Rom in der Villa Doria Pamphili. Er fuhr Schritt in dem Park spazieren. Rotgeschminkte Backen, böse Augen, kohlschwarz gefärbter breiter schwarzer Schnurr- und Knebelbart, unförmlich dick. Neben ihm die berühmte Gräfin Mirafiori (d. h. auf deutsch etwa "Wunderblume") – seine Gattin "zur Linken" mit einer Vergangenheit, die auf ihrem dicken aufgedunsenen Gesicht ausgebreitet wie eine Anklage lag. Sie war genau wie der *Re galantuomo* angestrichen.

Wenn der Vater Umbertos Italien – das ganze Italien – mit *dem* Gesicht einigte, so kann man ungefähr verstehen, daß der Sohn an diesen Vater zu erinnern wünschte. Wir kehrten nach 7 Uhr von der reizenden Fahrt zurück und machten Toilette zu der großen Tafel, die um 8 Uhr im Saal des Palazzo reale stattfand. Ich saß rechts neben dem König, links Bülow, der Kaiser gegenüber mit den obersten Italienern von Marine und Militär.

Nach der Festtafel, an der etwa 30 Herren teilgenommen hatten, wurde lange rauchend *"gecerclet"*. Plötzlich erstrahlen alle Fenster des Saales in hellem Glanze: in geradezu feenhafter Beleuchtung waren San Marco, der Dogenpalast, die Piazetta, alle Säulengänge, die Architektur der Dächer mit Tausenden von elektrischen Flammen besetzt, während bengalisches Licht an den unwahrscheinlichsten Stellen merkwürdige Effekte gab. Es war wie ein phantastischer Traum.

Dann zogen sich die Majestäten zurück in die Zimmer des Kaisers, wohin Bülow und ich zitiert wurden. Da ging denn wieder die Politik an, – und ich bewunderte Bülow, wie glänzend er die italienischen Fragen behandelte, und freute mich, wie der berühmte Engelbrecht (der als Flügeladjutant des Kaisers auch nach Venedig zitiert war) – die *bête noire* Bülows, – dabei ins Hintertreffen geriet.

Wir saßen wohl bis ½12 Uhr zusammen, und ich verlängerte den Abend noch durch eine lange Zwiesprache mit Bülow in meinem Zimmer, die wohltuend auf mich wirkte, da nichts auf Erden so beruhigend ist als die Möglichkeit einer völlig offenen Aussprache in schwierigen Lagen des Lebens. Es war bald 1 Uhr, als Bernhard ging.

Sonntag, 8. April 1894.

Als ich erwachte, wurde ich von dem seltsamen Gefühl erfaßt, tatsächlich in einem Gemach der Prokuratien zu liegen, in demselben Raum, in dem zu der Zeit der Größe und des Ruhmes Venedigs einer der Ersten des Staates gelebt, gedacht, geliebt und gehaßt hatte, – einer der "Ersten der Republik", - denn nur diese Räume empfingen ihr Licht von der Piazetta, und nur von hier konnte man überblicken, was sich an Festtagen, bei großen Ereignissen des meerbeherrschenden Venedigs vor San Marco abspielte, von hier sah man den Dogen auf dem goldenen Buzentaur zum Meer hinausfahren, um Venedig dem Meere zu vermählen, den Ring von dem goldenen hohen Bug hinabzuwerfen, – von hier sah man, wie die Landesverräter zwischen den beiden Säulen der Piazetta hingerichtet wurden (ein häufiges, gern gesehenes Schauspiel, zu dem der Senator wohl seine schönen Freundinnen lud) – hier, in diesen Räumen hatte wohl oft genug der große Tizian geweilt, dem ein Leben von über 90 Jahren beschieden war. Ganz überwältigt von solchen Erinnerungen war ich aus dem Bett gestiegen und hatte mich an das Fenster gestellt, ganz versunken in die Herrlichkeit und den Zauber dieser Piazetta.

Da wurde ich höchst unangenehm durch meinen Leibjäger gestört, der mir meldete, daß der Oberst von Engelbrecht fragen ließe, ob ich ihn empfangen könne? – Welcher Gedankensturz!

Also Engelbrecht. "Ich lasse den Herrn Obersten bitten, im Salon zu warten."

Im Salon stand das Frühstück: englisch mit allerhand Fleisch. "Was verschafft mir die Ehre dieses frühen Besuches?"

Engelbrecht mit seinem süßen Lächeln und seinem beweglichen Rücken, den dunkeln Haaren und der Hyperhöflichkeit glich einem gewissen Kommis bei Gerson in Berlin, der immer meiner Mutter die Honneurs des Geschäftes machte, wenn ich sie dorthin begleitete, um ihr bei der Auswahl von Mänteln behilflich zu sein. Engelbrecht sagte, daß ihm der Gedanke gekommen sei, der Kaiser wolle vielleicht der Kaiserin irgendein Geschenk als Überraschung mitbringen, und da habe er etwas gefunden, was großartig sei, einzig in seiner Art.

"Und weshalb wollen Sie die Sache nicht dem Kaiser zeigen?" "Ja", antwortete er und holte ein großes Etui von Leder hervor, "ich glaubte, daß Ew. Exzellenz vielleicht besser als ich den Kaiser überreden könnten, das Geschenk zu kaufen."

Engelbrecht sagte mir, es sei ein Gelegenheitskauf. Ein großartiges Geschäft. Ich hätte wohl von dem Bankrott des Fürsten Borghese in Rom gehört? Allerhand Kunstwerke seien jetzt in den Handel gekommen. Durch seine ausgezeichneten Verbindungen mit allen großen Häusern in Rom habe er auch einen Schmuckgegenstand in die Hände bekommen, der höchst interessant und ungemein preiswert sei. Es handle sich um ein Diadem der berühmten Fürstin Borghese, Schwester Napoleons, was man "unter der Hand" verkaufen wolle. Er öffnete nun das Etui und zeigte ein sehr schönes Diadem. Diamanten und große Smaragden im reinsten Empire-Stil gefaßt, es sollte zwischen 30 und 40000 Francs kosten. Übermäßig teuer fand ich es nicht, – aber ich sagte sehr rücksichtsvoll, daß die Kaiserin den ganzen Kronschmuck Preußens trage, der ganz auffallend schön und reichhaltig an Diademen jeglicher Art sei. Engelbrecht fing nun an, das Diadem zu preisen. "Abgesehen von der Schönheit der Steine und Form, habe es noch den großen historischen Wert, daß es die berühmte Schwester Napoleons getragen habe." Nun aber fühlte ich, daß mein Ärger zu groß wurde, um höflich abzulehnen. "Kennen Sie die Fürstin Borghese?" fragte ich. – "Wie meinen Exzellenz? – Die jetzige Fürstin?" – "Nein", sagte ich, "die Fürstin Pauline Borghese, die ›berühmte‹ Schwester Napoleons, habe ich das Vergnügen zu kennen, und ich habe sie ganz nackt gesehen, denn sie hat sich von Canova – so viel ich mich erinnere, nur mit einem Diadem bekleidet, – vielleicht mit diesem – in Marmor modellieren lassen. Sie fand sich selbst nackt zauberhaft schön, das fanden fast alle, jedenfalls sehr viele Herren. Besonders auch ihr Bruder Napoleon. Wenn Sie das Diadem Sr. Majestät anbieten, Herr Oberst, – da ich leider nicht unter diesen Umständen in der Lage bin, es zu tun, – so könnten Sie vielleicht dem Kaiser von dieser meiner Bekanntschaft mit der schönen Pauline Mitteilung machen."

Er wußte natürlich ganz genau, wer Pauline Borghese war, und ganz genau, daß der Kaiser nicht gerade wünschen könne, daß seine Gattin, die deutsche Kaiserin,

Paulinens Diadem trüge. Deshalb ließ er es darauf ankommen, ob ich vielleicht, ohne eine Ahnung von Paulinen zu haben, dem Kaiser das Diadem anschwindeln könnte.

Und das war der Engelbrecht, für den der Kaiser sich so sehr einsetzte, als seitens des Auswärtigen Amtes Klagen wegen seiner Intrigen einliefen, um sich zum Botschafter in Rom aufzuschwingen! Der Kaiser schrieb mir damals ganz erregt: Daß er sich die Angriffe gegen Engelbrecht verbäte, denn Engelbrecht sei sein Kamerad und sein Flügeladjutant!!

Gott weiß, wie leid mir der Kaiser in seinem totalen Mangel an Menschenkenntnis tut! Es ist rührend, wie er für die Leute eintritt, die seine Adjutantenschnüre tragen.

Ich lud Engelbrecht nicht ein, mit mir zu frühstücken, sondern war noch rücksichtsvoll genug, ihm zu sagen, "ich bedauere es in seinem Interesse, daß er das Geschäft nicht abschließen könne", und machte ihm eine Verbeugung, die er richtig so verstand, daß ich nun allein zu frühstücken wünsche.

Ich ließ alles Fleisch und alle Eier stehen und trank zur Beruhigung eine Tasse Tee, – die mich aber auch nicht beruhigte. Dem Kaiser gegenüber schwieg ich natürlich von dieser Diadem-Geschichte. Was wäre dabei herausgekommen? Bülow ist ja nun Botschafter und klug genug, um Engelbrecht im Zaume halten zu können.

Um 10 Uhr sollte Gottesdienst auf der "Moltke" sein, zu dem der Kaiser und die militärische Begleitung fuhr. Ich hatte mich dispensieren lassen, da ich viel Depeschen und dienstliche Sachen erledigen mußte – nicht zum wenigsten aber auch, weil es der letzte Tag mit Bernhard Bülow war, mit dem ich noch manches zu bereden hatte. Wir frühstückten um 12 Uhr gemütlich zusammen in meinem Salon.

Die gestrige Gondelpartie hatte den Kaiser derartig begeistert, daß sie heute wiederholt werden mußte, unter dem denkbar größten Inkognito. Das gelang auch leidlich gut – bis auf das bekannte Händeklatschen und ein unerhörtes *Evviva*, als wir in einen größeren Kanal einbogen. Ob sich doch vielleicht die Nachricht von der Spazierfahrt verbreitet hatte, oder ob der Gondoliere dort Freunde hatte, weiß ich nicht. Jedenfalls wurden wir nun von einigen Gondeln verfolgt, und es galt, dieser Gesellschaft zu entfliehen, die nach allen Fenstern hinaufschrie: "Ecco l'imperatore!" Eine richtige Jagd fand statt, aber es glückte unserem Gondoliere, plötzlich in einen kleinen Seitenkanal einzubiegen und in einem winzigen Hafen an einem alten Palazzo zu verschwinden, er sprang von seiner hohen Stellung herab und ließ mit Genugtuung die anderen Gondeln vorüberfahren. Sobald diese aber von dem Kanal in einen anderen einbogen, verließ er unsern Standort und fuhr eilends den Weg zurück, auf dem wir gerudert waren, – um alsdann eine andere Gegend der Stadt aufzusuchen. Das war ein Versteckspielen für die Majestäten, die sich göttlich dabei amüsierten. Wir hatten wieder Herrlichkeiten und soviel Wunderbares gesehen, daß ich noch lange an diese Fahrt denken werde.

Einmal fiel es mir plötzlich ein: was würde mein seliger Vater gesagt haben, wenn ich als Jüngling ihm 1860 einen Traum erzählt hätte, "daß ich mit dem deutschen Kaiser und dem König von Italien allein in einer schwarzen Gondel in Venedig spazierengefahren sei". Abgesehen davon, daß er uns Kindern stets verboten hatte, Träume zu erzählen, "weil sich Kinder dabei das Lügen angewöhnen", würde er mit Recht bemerkt haben: "So ein Unsinn!"

Das würde allerdings 1860 ein besonderer Unsinn gewesen sein, da es damals weder einen deutschen Kaiser noch einen König von Italien gab, sondern nur einen König von Preußen und einen König von Sardinien. Aber das Sonderbare war, daß, wenn ich erst vor zehn Jahren dasselbe geträumt haben würde, ich es selbst ais einen dummen Traum bezeichnet hätte, denn ich kannte damals noch nicht einmal den Prinzen Wilhelm persönlich.

Bisweilen überfällt mich eine höchst überflüssige Betrachtung der Dinge und Vorgänge und verfolgt mich eine ganze Weile. So auch hier plötzlich in einem kleinen schmutzigen Kanal. Es erschien mir als Situation unwirklich. Was hatte ich eigentlich mit diesen beiden Königen, der Gondel und dem schmutzigen Kanal zu tun? Schicksal! – pflegt man zu sagen. Und mir fiel dabei das Sprichwort ein: "Den Dummen gibt's der Herr im Schlaf." Andrerseits hielt ich mich weder für dümmer noch für klüger als andere, - doch aber für anders als andere. Denn ich hatte stets bei außergewöhnlichen Erlebnissen, merkwürdigen Konstellationen, eigenartigen Begegnungen das Gefühl, daß mich das alles gar nichts anginge, ich fühle mich immer, wie gesagt, anders als die andern. Ohne jeglichen Ehrgeiz in der Form, die die andern quälen und beherrschen, – und dann kommt mir der Gedanke, daß vielleicht gerade deshalb, weil mich meine Sehnsucht lediglich nach Liebenberg zog, in meine stille Heimat, zu meiner Musik, meiner Malerei, zu meinen Büchern, zu meiner Mutter im Kreise meiner Augusta und der lieben Kinder, – instinktiv sich hochgestellte Personen auf allen Gebieten gern an mich anschlossen, weil sie vielleicht empfanden, daß ich tatsächlich nichts von ihnen will, – (und allerdings empfinde ich daneben den Neid so vieler, die alle der Überzeugung leben, daß ich viel will, daß es mir durch Schlauheit und Niedertracht geglückt sei, hohe Persönlichkeiten für mich zu gewinnen!). Bisweilen kommt mir wahrhaftig der Gedanke, daß sich das Schicksal hin und wieder einen schlechten Witz mit der Lebensführung eines Menschen erlaubt.

So war denn also auch diese sonderbare Gondelfahrt auf dem schmutzigen kleinen Kanal mit einem Kaiser und einem König – und das Unterschlupfen in einem kleinen Stinkhafen eines verfallenen Palastes wahrscheinlich ein schlechter Witz, eine Unwirklichkeit in einem wirklichen Leben.

Abends um 8 Uhr war wieder Festtafel, und ich saß wieder neben König Umberto. Wir waren ganz vertraulich geworden. Ich sprach kein Wort Politik. Ich erzählte allerhand überflüssige, harmlose Geschichten: was ich alles in Italien liebe. Rom, Neapel, die Städte, die ich wie meine Tasche kenne. Turin, wo ich bei Scarampis und Robilants als junger Mensch ein paar Wochen gelebt habe, die meine lieben Freunde seien und wo ich mit ihnen im Salon einer Dame gewesen sei (nachts 1 Uhr, bei einem roten Lampenschirm, die ich für 35 bis 40 Jahr gehalten habe, die jedoch 85 Jahre gewesen sei). Ich erzählte von Mailand, wo ich sechs Wochen 1864 gewesen sei, weil meine arme Mutter dort an den Pocken erkrankte, daß ich dort für die unerhört schöne Herzogin Litta geschwärmt habe, die jeden Nachmittag auf dem Corso in einer prachtvollen Equipage spazierengefahren sei, – und daß mein kleiner Bruder nicht habe die berühmte Arena sehen wollen, weil er behauptete, "Diarena" sei irgend etwas Schmutziges. Ich fühlte, daß sich der König bei diesem harmlosen Geschwätz gut unterhielt. Vielleicht gab er mir deshalb das Großkreuz des Mauritius- und Lazarus-Ordens mit einem prächtigen grünen Band, das ich wohl selten tragen werde!

Robilant die schönste war, und der König Carlo Alberto (der Großvater König Umbertos) sehr gehuldigt hatte. Sie hatte zwei Kinder. Ihr Sohn war General und italienischer Botschafter in Wien (vor Graf Rigra), verheiratet mit Gräfin Edmée Clary, Tochter des Fürsten. Die Tochter der Gräfin Robilant hatte den Marchese Scarampi di Brunei in Turin geheiratet und mit ihm zwei Söhne, Alberto und Maurizio, mit denen die Großmutter mehrere Wochen 1868 in Kreuznach zur Kur war, wo ich, unzertrennlich von ihnen, mich herrlich unterhielt und von der alten schönen und liebenswürdigen Gräfin als ›Vetter‹ sehr verwöhnt wurde. So kam es, daß ich 1869 einen langen Besuch in Turin machte, um meine Freunde Alberto und Maurizio wiederzusehen. Ich wohnte im Palais Scarampi, wo in dem großen Salon mit den rotseidenen Möbeln und Vorhängen ein Heiligenbild hängt. Ein blasser, unrasierter Mönch, der mit einer unbeschreiblich traurigen Miene eine Apfelsine besieht, die er in seiner krallenartigen Hand hält. Unter dem Bilde steht mit großen Buchstaben: *Sanctus Scarampus.* Alberto und Maurizio kümmerten sich wenig um diesen heiligen Onkel. Eher die Mutter, die recht fromm war und Protestanten verachtete. Doch hatte sie mich gütig aufgenommen, weil die alte gütige Gräfin, ihre Mutter, behauptete, ich sei ein Engel.

9. April 1894.

Wir fuhren heute früh unter Kanonendonner und endlosen Evivas von der Piazetta auf der "Moltke" ab. Bernhard Bülow zu verlassen wurde mir schwer. Ich fühle mich angesichts der Lage in Berlin recht einsam und in Aufgaben verwickelt, die allein zu lösen mühevoll und ein sehr undankbares Geschäft sind, da ich unmöglich allen es recht machen kann, und sich so viele Menschen, die ich gern habe, in feindlicher Haltung gegenüberstehen. Stiergefechte! – und lauter rote Tücher!

Abbazia, 11. April 1894.

Gestern fand ich eine große Menge Arbeit vor, – aber was half es: ein Vortrag, bei dem im Galopp die Sachen mit dem Kaiser erledigt wurden (die man hübsch im Schritt erwägen müßte!). Dann Essen, Tennis, "Tristable" usw. Ich mußte daher auch wieder, während ich mich wusch und anzog, Staatsdepeschen diktieren und die halbe Nacht Berichte und Briefe schreiben.

Heute kam der Kaiser auf den glücklichen Gedanken, nach der Insel Therso mit der "Tristable" zu dampfen. Ich hatte ruhige Stunden in meiner Kabine für Arbeit und die Erledigung von allerhand mehr oder minder fatalen Angelegenheiten, an denen es ja in der Wilhelmstraße niemals fehlt. Der Kaiser macht zum zweiten Male dieselbe Jagdpartie auf den Felsen mit dem bewußten Führer und Jäger, und wieder sah man Geier über dem Rest des toten Pferdes schweben. Der Kaiser kam mit einem großen Geier zurück. Bei dem herrlichen Wetter und der göttlichen Beleuchtung war die Fahrt schön. Auch hatte ich sehr angenehme lange Gespräche mit der Kaiserin und amüsierte mich viel mit den lustigen Prinzen.

12. April 1894.

Abends große Abreise in dem kaiserlichen Sonderzug von Matuglie nach Wien. Der Tag war gräßlich! Arbeit, Abschied von zahllosen Menschen, die alle etwas wünschten. Fast jeder will einen Orden haben. Ich wußte nicht, wo mir der Kopf stand – und dabei die hohe Familie! – als ob es gar keine Abreise gäbe. Dasselbe Tagesleben, Tennis usw. – beneidenswert! Nicht einmal eine Handtasche selbst einpacken und niemals ein Billett nehmen – Halbgötter!

Daß nun die Tennis-Partien aufhören, tut mir nur wegen der reizenden Lilli Metternich und wegen der braven Linschi Pàlffy leid. Sie gibt sehr scharfe Bälle und warf noch zum Abschied der Kaiserin einen solchen mitten auf den Magen. "Siehste wohl!" rief nur der Kaiser, während die Arme ganz blaß aufstand und Linschi puterrot wurde. Er hatte allerdings schon öfters gesagt, die Kaiserin solle sich nicht immer auf einen Stuhl ganz in der Nähe setzen, um sein Spiel zu beobachten, es könne ihr doch einmal ein Ball an den Kopf fliegen, – nun war er an den kaiserlichen Magen geflogen und wohl nicht weniger schmerzhaft gewesen.

So lustig auch bisweilen das Spiel war, das ich sehr gern spiele, so hatte der Platz doch einen unseligen Fehler: es lagen daran drei dreistöckige Häuser, aus deren Fenstern die ganze Zeit mit Ferngläsern "zugeguckt" wurde, – und ebenso leicht konnte ein guter Schütze mit einer kleinen Büchse den Kaiser von dort aus erschießen.

Das war um so fataler, als zweimal schon durch meinen Geheimpolizisten, Herrn von Tausch von Berlin, der mir seine Beobachtungen mitteilen mußte, die Meldung an mich gelangt war, es seien italienische Anarchisten auf dem Wege nach Abbazia. Einmal kam sogar ein österreichischer Geheimpolizist (man nennt solche Leute hier "Vertraute") von Triest gereist, um uns mitzuteilen, daß "ganz a gefährlicher Russ" unterwegs sei. Ich ließ ihn kommen und mir erzählen. "Woran ist der Mann kenntlich?" fragte ich ihn. "Er tragt halt einen Zylinderhut." "Und hat er nicht etwa auch eine Reisemütze in der Tasche?" fragte ich den Vertrauten. "Wann der Excellenz-Herr befehlen, werde ich Genaueres zu ergründen suchen." "Nein, lassen Sie das nur sein, – aber wie sah denn der Mann im übrigen aus, also ohne Zylinderhut?" fragte ich nun. – "Grauslich!" antwortete mit kraus zusammengezogener Stirn der Vertraute, den ich aber entließ, – nicht ohne Herrn von Tausch zu sagen, daß er sich bemühen solle, derartige Schafsköpfe nicht vorzulassen.

Dennoch – ich muß es zu meiner Schande gestehen – habe ich, wenn ich mit dem Kaiser ging oder Tennis spielte, öfters um mich gesehen, ob etwa ein Mann mit einem Zylinderhut in der Nähe sei. Auch habe ich bisweilen die Leute, die mir begegneten, genau angesehen, ob sie nicht etwa ganz besonders "grauslich" ausschauten. Aber es gab leider deren zu viele, so daß ich es aufgab. Ich fand schließlich, daß alle grauselich aussahen, wenn man sie genau anschaute, – mit Ausnahme von der kleinen Lilli Metternich, die sogar hübsch blieb, wenn sie schwitzte.

Herrn von Tausch aber beglückte ich sehr, als ich ihm einen kleinen Franz-Joseph-Orden bei der Abreise überreichen konnte. Er hatte tatsächlich den ganzen Sicherheitsdienst in Abbazia allein besorgt. Die hiesigen Lokalbehörden versagten vollkommen.

ICH TRETE MEINEN BOTSCHAFTERPOSTEN IN WIEN AN UND BESUCHE MEINE KOLLEGEN

(TAGEBUCHNOTIZEN.)

17. Mai 1894.

Ankunft in Wien, Abend.

18. Mai 1894.

Ich melde meine Ankunft dem Grafen Kálnoky.

19. Mai 1894.

Besuch beim Grafen Kalnoky. Er empfängt mich mit außerordentlicher Liebenswürdigkeit. Die Besprechung der Lage im Mittelmeer bezüglich der Meerengen habe ich in meinem Bericht Nr. 102 dargestellt.

Bezüglich der Unterhaltung über die etwas schwierige Situation, die sich aus Wünschen des Grafen Kálnoky ergibt, mit Frankreich in guten Beziehungen zu sein, habe ich in meinem Briefe an den Kaiser vom 19. Mai ausgesprochen.

Besuch bei dem italienischen Botschafter Grafen Nigra und dem russischen Botschafter Fürsten Lobanow. Beide empfangen mich sehr kollegial, beide suchen mich in der Richtung hin zu beeinflussen, daß ich den Ausführungen des Grafen Kálnoky unbedingt vertraue. Besonders ist es Graf Nigra, der in dieser Richtung zu wirken sucht. Es sind entweder Einflüsse meines Vorgängers, oder Graf Kálnoky hat selbst eine Demarche bei ihnen gemacht, was ich jedoch als das unwahrscheinlichere ansehe. Bezüglich Serbiens äußerte sich Fürst Lobanow in ähnlicher Weise wie Graf Kálnoky. Dieser faßte die Lage ernst auf, ohne doch im geringsten anzunehmen, daß daraus eine Komplikation entstehen könne, welche die Nachbarstaaten in Mitleidenschaft zöge. Lobanow sagte mir, daß auch Rußland nicht die Absicht habe, die serbische Lage zum Ausgangspunkt für eine politische Aktion zu machen.

20. Mai 1894.

Besuch beim englischen Botschafter Monson, in dem ich einen der seltenen Engländer finde, die lebhaft sind, ich spreche nicht Politik. Ebensowenig bei dem französischen Botschafter Lozé, bisher Polizeipräsident von Paris, der absolut keine diplomatischen Manieren hat. Abends Diner von Lichnowsky im Jockey-Club. Es nimmt daran teil Finanzminister von Plener, bisher der Führer der Deutsch-Liberalen Österreichs; er ist sehr gescheit, aber nicht übermäßig sympathisch. Wir unterhalten uns über englische Politik.

21. Mai 1894.

Feierlicher Empfang beim Kaiser Franz Joseph. Spanische Etiquette! Abholung im Galawagen durch Kämmerer Graf Karl Kinsky. Die Wache tritt ins Gewehr. Die Leibwachen von Österreich und Ungarn in Gala präsentieren oben im Vorsaal, die ganzen Hofstaaten in Gala, ich werde allein zum Kaiser eingelassen, nachher stelle ich meine Herren von der Botschaft vor, die in zwei Galawagen folgten. Es ist bei solchen Gelegenheiten wirklich schwer ernst zu bleiben! Ich sage dem Kaiser in meiner Anrede, daß ich es für meine heiligste Pflicht halten werde, die bestehende

Freundschaft zwischen den beiden Monarchen und Ländern zu pflegen, und daß ich die friedliche Tendenz, die ich in meinen bisherigen Stellungen verfolgt und zum Ausdruck gebracht habe, in besonderem Maße hier in Österreich werde gelten lassen. Der Kaiser äußerte mir sein besonderes Vertrauen in sehr liebenswürdigen Worten. Im Laufe der Unterhaltung über äußerliche Dinge wendete sich das Gespräch auf die "Strikes" in Mähren. Der Kaiser sah sehr schwarz in bezug auf die sozialen Verhältnisse und stimmte mir bei, daß eine Entscheidung durch Waffengewalt und vereinbarte Gesetzgebung der Monarchie gegenüber der Sozialdemokratie allein nur Klärung in die soziale Frage zu bringen vermöge.

22. Mai 1894.

Besuch des Prinz-Regenten von Bayern bei Augusta. Er ist voller Anhänglichkeit, und ich habe mich bemüht, ihm darzutun, daß die landwirtschaftlichen Kalamitäten Bayerns sich durchaus nicht mit den Verlegenheiten messen könnten, welche in Preußen auf die innere Lage drückten. Auch er sprach besorgt über die sozialen Verhältnisse und war erschreckt über die Maifeier, an welcher sich 25000 Sozialdemokraten beteiligten.

Besuch beim Grafen Kálnoky. Ich lerne im Vorzimmer den türkischen Botschafter Zia-Pascha und die Gesandten von Serbien, Portugal und Belgien kennen.

Graf Kálnoky sprach in viel zuversichtlicherer Weise über eine demnächst glückliche Erledigung der Ehegesetzgebung in Ungarn als die meisten andern Politiker, deren Urteil ich hörte. Ich nehme an, daß es dem Grafen erwünscht ist, nicht bei mir den Schein zu erwecken, als sei seine Stellung im geringsten durch die Lage in Ungarn berührt. Tatsächlich aber ist Graf Kálnoky in Verlegenheit. Finanzminister Herr von Plener äußerte vertraulich sogar, daß Graf Kálnoky "zurückgehe".

Die Behauptung des Grafen, daß das Ehegesetz durch eine "Verzettelung" der Magnaten, welche bisher gegen das Gesetz gestimmt hätten, sichere Annahme finden würde, wird durch die Anschauung anderer Persönlichkeiten, welche Einblick in die bestehenden Verhältnisse haben, widerlegt.

Der Kaiser hat sich zu Herrn von Plener in einer Weise geäußert, daß an dem Wunsch des Monarchen, das Ehegesetz zu verhindern, nicht zu zweifeln ist. Das sind offenkundige Gegensätze zwischen dem Kaiser und Kálnoky.

Besuch beim Nuntius Agliardi, der mich sehr warm und freundschaftlich begrüßt und auf die Fortsetzung unserer guten Beziehungen in München rechnet. Er scheint sich in Wien nicht übermäßig wohl zu fühlen. Danach Besuch beim bayerischen Gesandten Grafen Bray, der bald 90 Jahr alt und total taub ist.

Ich mache mit Augusta bei der französischen und bei der englischen Botschafterin Besuche. Nachher mit Ratibor und Lichnowsky zum Rennen gefahren. Viel Bekanntschaften gemacht. Abends 8 Uhr nehme ich von dem Prinzregenten Abschied auf der Bahn.

FÜRSTIN GABI HATZFELDT

Bei dem Ordnen meiner spärlichen Tagebuch-Notizen lese ich einige Worte, die meinen ersten Besuch in Schloß Leipnick (Mähren) bei meiner alten lieben Freundin

Hatzfeldt im Jahre 1894 schildern, und es leuchtet dabei zu vollem Bewußtsein wieder in mir auf, wie groß und wertvoll meine Freundschaft mit dieser originellen, vortrefflichen und klugen Frau nicht nur rein menschlich für mich war, sondern auch zu welcher Bedeutung diese Freundschaft für meine, mir in Österreich gestellten dienstlichen Aufgaben wurde.

Ich verdanke ihr sehr wesentlich jenes schnelle Eindringen in die maßgebenden Kreise Österreichs, die immer noch in dem Hochadel zu suchen sind, weil dieser als eine Einheit fest geschart um die "Burg" steht und das Eigentliche der kaiserlichen Regierung darstellt. Nur im engen Zusammenhange mit dieser Kaste wird man in der Lage sein, zu beurteilen, wie der Wind im Lande Österreich weht. Und was vielen deutschen Vertretern erst nach Jahren – oft überhaupt nicht – gelang, wurde mir, dank der Freundschaft Gabi Hatzfeldts, in wenigen Wochen zuteil.

Man darf in Wien nicht vergessen, daß der deutschösterreichische Liberale heute noch von der herrschenden Kaste – die auch deutsch spricht wie er – mehr gehaßt wird als alle anderen, unter dem kaiserlichen Zepter vereinigten Nationalitäten: "denn diese, die zu den deutschen Kreisen Österreichs gehören, schielen hinüber zu dem deutschen Reich als Abtrünnige und Hochverräter."

So denkt "die Burg". Und darum wird es immer für den deutschen offiziellen Vertreter eines gewissen Taktes bedürfen, einerseits die deutschen Liberalen Österreichs freundlich zu behandeln, andererseits durch das Benehmen ihnen gegenüber nicht "die Burg" zu verletzen.

In allen solchen und vielen anderen Fragen konnte ich mich stets auf das kluge und sichere Urteil meiner Freundin verlassen. Sie orientierte mich – als treue deutsche Bundesgenossin - über alles, was in gewissen hohen Kreisen vorging, denen sie durch ihre äußerst vornehme Geburt angehörte, und ich war dadurch in der glücklichen Lage, öfters sowohl Mißverständnisse, wie auch ernstere Machenschaften, die dem deutsch-österreichischen Bündnisse hätten schädlich werden können, auszugleichen, ehe sie öffentlich in Erscheinung traten.

Bei dieser Bedeutung, die der Verkehr mit meiner alten Freundin, und ihrem, von mir hochverehrten Gatten, während der Dauer meiner amtlichen Tätigkeit in Wien, in den Jahren 1894 bis 1902, hatte, will ich hier Mitteilungen aus einer Aufzeichnung wiedergeben, die in einer meiner familiengeschichtlichen Arbeiten "Die Nachbarin" enthalten sind; sie lauten wie folgt:

Die Mitglieder der Hatzfeldt-Wildenburgschen Linie, die mir in meinen späteren Lebensjahren liebe teuere Freunde geworden sind, waren der Chef der zweiten Linie des Hauses Hatzfeldt, Fürst Alfred von Hatzfeldt-Wildenburg (geb. 1825) und seine Gattin Gabriele (Gabi), geborene Gräfin von Dietrichstein, Tochter des letzten Fürsten von Dietrichstein (geb. 1825).

Fürst Alfred hatte das typische, häßliche, bartlose Gesicht dieser Linie Hatzfeldt, rötliche Hautfarbe und helles, straffes, blondes Haar, kaum Augenbrauen, da sie zu lichtblond waren, um bemerkt zu werden, dazu graue, etwas matte Augen. Doch rührte mich seine freundliche, angenehme Sprechweise, und begeisterten mich immer sein phänomenales Gedächtnis und sein Verstand. Uber allem ausgebreitet lag ein rührender Zug von Ergebenheit in sein Schicksal, das durch die Lebensführung seines einzigen Sohnes traurig gestaltet war.

Dieser, Prinz Franz (Franzi), geb. 1853, war mein Studienfreund von Straßburg aus den Jahren 1874 und 1875. Er glich dem Vater auf ein Haar, doch leider nur äußerlich. Unleugbar war er klug, doch unklug in seinen Sportgelüsten und anglomanen Neigungen. Als er in Aachen das Gymnasium besuchte, hielt er sich, ohne Wissen seines Vaters, Rennpferde und ritt selbst in gelber Jockeybluse und schwarzer Kappe unter dem Namen Captain Yellow. Sein Vater, der sich für Pferderennen soweit interessierte, als er die Berichte in den Zeitungen las, gewann Interesse für die Erfolge eines gewissen, ihm unbekannten Engländers Captain Yellow. Da der Schüler Franzi aber beichten mußte, daß er 100000 Mark Schulden gemacht habe, führte er zu seiner "Entschuldigung" an, daß er Captain Yellow sei. Leider führte der Reichtum der Eltern und die Leidenschaft des Sportes den Captain Yellow immer tiefer in Schulden, die schließlich phantastische Formen annahmen. Er war so vollkommen Engländer geworden, daß er sich nur in England wohl fühlte, sich in London niederließ und sich 1889 mit der sehr hübschen und recht angenehmen Adoptivtochter des amerikanischen Eisenbahn-Milliardärs Huntington, Clara Huntington, vermählte. Sein Fürstenhut dürfte ihr wohl besonders gefallen haben, denn was darunter saß, war schließlich – sonderbar. Für pathologisch konnte es allerdings eine Amerikanerin nicht halten, während ich die Anglomanie, wenn sie in den Formen wie bei Franzi auftritt, unbedingt dazu rechnen muß.

Das Ehepaar Franzi mietete den Landsitz Draykothouse, wohin das sehnsuchtsvolle Herz der Mutter Gabi diese bisweilen hinzog, obgleich sie England und die Engländer aus tiefster Seele verabscheute.

Ich sah Franzi nach langen Jahren wieder. Wir feierten ein gutes Wiedersehen im Schlosse Talcum, nahe Düsseldorf, bei seinen Eltern, und er war froh und freundlich. Als ich aber am Tage unseres Wiedersehens vor dem Essen Franzi in seinem Zimmer aufsuchte, fand ich ihn fast blaurot im Gesicht mit gläsernen Augen und lallender Zunge: er war total betrunken. Er hatte in England leider auch den Sport des Whiskytrinkens den Engländern abgelauscht – und war zu einem hoffnungslosen Säufer geworden. Ich litt entsetzlich unter diesem Eindruck in Gegenwart der unglücklichen Eltern. Wir schwiegen alle drei. Aber auf den Zügen der beiden Alten lagerte ein Kummer, dessen Eindruck heute noch auf mir lastet.

Die interessanten Erzählungen des alten Fürsten Alfred werden mir unvergeßlich sein. Besonders wenn er von seinen Erlebnissen aus dem Jahre 1848 sprach, wo er übrigens nur dank der Beziehungen seiner seltsam berühmten Mutter Sophie zu Ferdinand Lassalle, mit dem Leben davonkam. Das geschah in Berlin bei den Straßenkämpfen. Das Gedächtnis des Fürsten erregte stets meine Bewunderung. Aber er lachte mich aus, wenn ich davon sprach. "Das ist nur Übungssache", sagte er, "und ein jeder ist in der Lage, für ein gutes Gedächtnis zu sorgen."

Dennoch weiß ich sehr genau, daß nicht ein jeder den ganzen Faust, den ganzen Hamlet und auch noch Romeo und Julia auswendig lernen würde.

Stets sah ich den guten Alten in seinem langen dunklen Paletot, ein dickes, weißes Tuch um den Hals und einen kleinen schwarzen Hut über dem schmalen, roten

Gesicht mit den weißen Haaren, morgens in den Gärten von Schloß Taleum, Schloß Schönstein oder Schloß Leipnick umherwandern und sich – ganz versunken in irgendeinen Akt dieser herrlichen Werke – einzelne Szenen daraus hersagen.

Selten hat mich eine geistige Errungenschaft in größeres Erstaunen gesetzt, es schlug auch niemals eine Probe fehl, die ich mit ihm anstellte. Nur einen Mann kannte ich außer ihm, der allerdings "nur" den Faust vollständig auswendig wußte und berühmte Szenen aus Shakespeares Werken: das war Professor Bernays, ein fürchterlich schielender Jude mit einem klaffenden Maul, aus dem die herrlichen Goetheschen Verse mir nach den braunen, hohlen Zähnen zu riechen schienen, die er scheußlich fletschte, wenn er als schmachtender Faust, Gretchen kosend anredete.

Selten aber hat mich auch eine Unterhaltung über Tagesereignisse und Politik mehr angezogen, als wenn ich solche Fragen mit Fürst Hatzfeldt erörterte. Er war vielleicht nicht so genial wie sein Bruder Paul, der bekannte Botschafter in London, doch hatte er auch dessen klaren Blick und das seine Abwägen der Dinge.

Mit seiner Gattin Gabriele Dietrichstein hatte der Fürst sich 1852 nicht nur eine treue, kluge, gewissenhafte und herzensgute Frau erheiratet, deren Ehrlichkeit bisweilen vielleicht weh tun konnte, zugleich aber auch eine reiche Erbin, die darum imstande war, die Millionen zu zahlen, die ihr geliebter Franzi auf dem Altar des Sportes mit so vielen anderen Affen niedergelegt hatte.

Fürstin Gabriele war eine der vier Töchter des unermeßlich reichen letzten Fürsten Dietrichstein, der ohne männliche Erben 1858 starb. Seine Töchter waren die Gräfin Therese Herberstein (die kurz nach meinem Amtsantritt in Wien starb), Gräfin Clothilde Clam- Gallas, Gräfin Aline Mensdorff (die den Titel einer Fürstin Dietrichstein mit dem Besitz von Nikolsburg erhielt), und schließlich Fürstin Gabriele Hatzfeldt-Wildenburg, Herrin der Herrschaften Leipnick und Weißkirchen in Mähren, – meine alte Freundin.

Wir hatten uns schon in Berlin kennengelernt und zwar in den siebziger Jahren, als bei der Fürstin Stolberg-Wernigerode in ihrem Palais in der Wilhelmstraße eine Theateraufführung durch Mitglieder der Hofgesellschaft stattfand. Es war in dem schönen alten Palais, wo ich stets so glückliche Ostertage als Kind verlebte, wenn die damalige Besitzerin, Gräfin Sophie Schwerin, geb. Gräfin Dönhoff, die bildschöne alte Dame und intime Freundin meiner lieben Mutter, uns Kindern in ihrem Garten ein großes Eiersuchen veranstaltete. Das war in den Jahren 1854-1858.

Bei der Stolbergschen Theatervorstellung gab Fürstin Gabi Hatzfeldt meisterhaft die Rolle einer rothaarigen, dicken Schustersfrau, deren Äußeres (ich muß es leider gestehen) von täuschender Echtheit war. Mit Graf Ferdinand Harrach (meinem liebenswürdigen, unvergeßlichen Freunde, dem berühmten Maler) war ich Arrangeur, Souffleur und Regisseur.

Hatzfeldts besaßen in Berlin am Wilhelmsplatz ein Palais, das sie einige Jahre nach ihrer Verheiratung, die 1852 erfolgte, kauften und glänzend, auch für großen, gesellschaftlichen Verkehr geeignet, herrichteten. Wer in Berlin ein Palais besitzt, wird hochgeachtet, er mag ein Engel, ein Scheusal, ein Lumen mundi oder ein Rindvieh sein. Das lag an der, bis zu dem Ende der siebziger Jahre in Berlin noch stark in Erscheinung tretenden Kleinstädterei und einem Snobismus, der dem Preußen merkwürdig anhaftet. Ich zerbreche mir immer noch den Kopf darüber, ob es der stark slawische Einschlag in dem preußischen Blute ist, oder ob es immer noch Nachklänge aus der Prügelzeit unter den Hohenzollern bis zu der Regierung Friedrich Wilhelms II. sind.

Zu einem Fest bei Hatzfeldts geladen zu werden, galt daher als eine "Bevorzugung", die man in gehobenem Tone mitteilte, wo und wie es irgend angängig war.

Bei Hatzfeldts verkehrte auch viel der Berliner Hof, und die Einfälle und Bemerkungen der Fürstin Gabi erregten an dieser hohen Stelle Sensation. Ihr scharfer Verstand und die Urwüchsigkeit ihrer Bemerkungen wurden hier so hoch geschätzt, weil man derartiges in Berlin vor alleruntertänigster, in Demut ersterbender Dienerei der Hofgesellschaft durchaus nicht gewohnt war und "höchst belustigend" fand. Weniger fand man der Fürstin Gabi Bemerkungen in der Berliner "Hofgesellschaft" belustigend. Wohl machten ihre Äußerungen "Spaß", aber im allgemeinen fand man sie hochmütig, "da sie glaube, sich alles herausnehmen zu dürfen."

Der Fürstin Verkehr im Hause Bismarck und die sonstigen Begegnungen mit dieser Familie trugen den "ungenierten" Charakter, der beide Teile auszeichnete. Doch erlitten diese Beziehungen ernstliche Störungen, je mehr zwischen Österreich und Preußen in den sechziger Jahren Verstimmungen Platz griffen.

Bismarck roch stets und überall Feinde. Nicht nur des Staates, sondern besonders seiner eigenen Person: und er hatte wohl auch alle Veranlassung dazu. Immerhin wäre es nicht nötig gewesen, eine Art System daraus zu machen, in dem seine gesamte Familie sich bewegte.

Gabi Hatzfeldts Schwester Aline aber war die Gattin des Ministers des Auswärtigen in Wien, des Generals Grafen Mensdorff. "Demnach" war Fürstin Gabi eine Spionin. (So sagte Bismarck.) Arme, ehrliche Gabi!

Graf Mensdorff, von Mutterseite (Prinzessin von Coburg) mit Intrige stark behaftet, führte die Politik Österreichs in der bekannten Weise. Je mehr sich aber Bismarck (in der Rolle, die er spielte, von Österreich bedroht zu sein), sich aufzuregen für nötig erachtete (da in seinem Kopfe der Entschluß längst gereift war, mit Österreich den Kampf um die Vorherrschaft zu wagen), um so mehr wurde Fürstin Gabi für "bedenklich und spionenhaft" geschildert, wenngleich gerade diese Frau mit ihren merkwürdig offenen Augen gegenüber den Schwächen ihrer Landsleute eher dazu neigte, die österreichische Politik für ungeschickt zu halten.

Doch was sich einmal in dem Kopfe unseres großen Meisters Bismarck bezüglich "Mißtrauen" festgesetzt hatte (mochte es eine Art "Selbsthypnose", begründet oder unbegründet sein), führte immer zu einer Katastrophe. So ging es auch 1866 mit Fürstin Gabi nicht anders: es wurde ihr nahegelegt, Berlin zu verlassen, was sie und besonders den deutschen Fürsten Alfred mit Recht kränkte, doch mit jenem Humor und jener Offenkundigkeit von ihr in Szene gesetzt wurde, die sie in allen Situationen ihres Lebens auszeichnete.

Doch war es weder dem Fürsten Alfred noch ihr übelzunehmen, daß sie in den Jahren nach 1866 ihr Palais in Berlin der dortigen Gesellschaft verschloß und ihren Schwerpunkt nach den rheinischen Besitzungen ihres Gatten verlegte, – bis sie es vorzog, das Palais zu verkaufen und sich ihrerseits für die Winterzeit wiederum in Wien zu etablieren.

Als ich nun nach langen Jahren der Trennung 1894 meinen Botschafterposten in Wien antrat, wurde ich von der alten Freundin mit wahrhaft rührender Güte in ihrer prächtigen Wohnung am Parkring empfangen. Mit alter Lebendigkeit und neu aufflammendem Interesse lancierte sie mich nun als "zu ihr gehörig".

So betrat ich denn ohne weiteres alle jene Salons, an deren Wänden immer noch das Jahr 1866 mit der Schlacht von Königgrätz zu kleben schien. Besonders in dem "Olymp", dem sogenannten Palais am Minoritenplatz der Fürstin Aline Dietrichstein, Gabis Schwester, Witwe des bereits von mir erwähnten Ministers des Äußeren, Grafen Mensdorff, der 1866 seine Rolle ausgespielt hatte. Jeden Abend "empfing" die Fürstin, und ich war schnell bekannt, indem ich versuchte, die unendlich vornehme Langeweile dieses Teetisches durch harmlose Heiterkeit zu vertreiben.

Fürstin Aline, in deren Schloß Nikolsburg 1866 der Friede zwischen Preußen und Österreich geschlossen wurde, während ihr Gatte als grollender Minister des Äußeren in Wien regierte, fand mich "sehr angenehm", wie mir Gabi mitteilte. Ich konnte leider nicht von Fürstin Aline dasselbe sagen. Sie hat mich immer höchst liebenswürdig empfangen und mir gern zugehört, aber ich liebte niemals Damen, die vor Hochmut platzen. Interessant war dort aber die stereotype Versammlung von antideutschen Verschwörern am Teetisch, die sich alle einbildeten, ich durchschaue sie nicht. Ich muß allerdings behaupten, daß sich in diesem "Olymp" eine höchst seltsame Götterversammlung befand! Wenn meine Gedanken dorthin eilen, so tauchen zunächst die politischen Köpfe vor mir auf. Der Kopf des grämlichen Ministers des Äußeren, Grafen Kaxlnoky, der vor allen Dingen und vor aller Politik zu dem "Hochadel" gerechnet werden wollte, was ihm jedoch nicht gelang. Sodann die Köpfe meiner Kollegen, des ungewöhnlich schlauen russischen Botschafters (späteren Ministerpräsidenten) Fürsten Lobanow, ferner des von mir sehr verehrten Freundes, des italienischen Botschafters Grafen Nigra mit seinem spärlichen, so mühsam zurechtgelegten Haar und seinen geistvollen Augen, der nach der Katastrophe von Sedan 1870 die Kaiserin Eugenie in einer Droschke aus den Tuilerien rettete. Sodann die Köpfe einer Serie von besonders unbedeutenden, ganz vornehmen alten Damen und Herren des Namens Liechtenstein, Trauttmansdorff, Kinsky, Schwarzenberg, Schönburg und andere mehr, von denen man beim Hinlauschen zu ihrem Gespräche nur immer die Namen Tini, Toni, Poldi, Rudi, Resi, Pepi, Lintschi hörte, weiter nichts. Alles Verwandte, deren Schnupfen, Halsschmerzen und "mit wem eine Verlobung in Aussicht sei", die unerschöpfliche Quelle der Aussprache bildete.

Sehr anders und sehr viel wohltuender war der Salon der zweiten Schwester, meiner guten Freundin Gabi, der bildschönen, 1828 geborenen Gräfin Clothilde Clam-Gallas. Ihr Palais, das einem Landhaus, in einem großen Garten gelegen, glich (und zwar mitten in der Stadt), enthielt luftige, helle Salons zu ebener Erde und während des ganzen Winters stets eine solche Fülle herrlicher blühender Azaleen und Kamelien, daß man glaubte, in Italien einen Frühling zu erleben. Darin empfing diese sehr liebenswürdige und schöne Frau von hoher Gestalt und meist in schwarzen Samt gekleidet, zwischen den Blütenbäumen sitzend, ihre Besuche. Stets werde ich mich ihrer mit lebhafter Sympathie erinnern, wie eines schönen Bildes, das unendlich viel Liebenswürdiges zu sagen vermochte.

Ihr Gatte war jener General Graf Clam-Gallas, der im Feldzug 1866 als kommandierender General in Böhmen recht unglücklich manövrierte, ein Nachkomme jenes Generals Clam-Gallas, der nach mannigfachen Schicksalen *pro* und *contra* Wallenstein schließlich nach dessen Sturz als Belohnung die große Herrschaft Friedland in Böhmen, Wallensteins Eigentum, erhielt, die jetzt noch den 32000 Hektar großen Besitz des Sohnes der schönen und gütigen Gräfin Clothilde Clam bildet.

Meine Freundin Gabi Hatzfeldt bewohnte die erste Etage des großen Colloredo-Mannsfeldschen Palais am Ring, wo sie zur Winterszeit nachmittags zwischen 2 und 4 Uhr stets Besuche empfing. Abends gab sie mehrfach große Soireen, zu denen sich die ganze Wiener "erste" Gesellschaft drängte.

Der Grund dieser sehr eifrigen Besuche und dieses lebhaften Verkehrs bei ihr war ein höchst merkwürdiger: man kam aus Angst zu ihr. Man wollte sich nicht durch Versäumnis irgendeiner gesellschaftlichen Pflicht ihren Zorn zuziehen. Wer aber mit ihr befreundet war, ihr goldenes, edles Herz kannte, ihren ehrlichen Charakter und ihren scharfen Verstand, mußte wahrlich über diese Angst der Wiener lachen. Was sich vor ihr fürchtete, war eben nur die in Wiens hohen Kreisen und Verwandtschaften leider herrschende Torheit und mangelnde Bildung, die sich vor Gabis sehr ehrlicher Aufrichtigkeit und Furchtlosigkeit völlig hilflos und stetig bedroht fühlte.

Sie wußte allerdings mit einer Komik und Derbheit allerhand törichte Geschichten aus den Kreisen ihrer Verwandtschaft zu erzählen (und sie war mit der gesamten vornehmsten Gesellschaft Wiens verwandt), die außerordentlich unterhaltend und nicht eben rücksichtsvoll und schonend waren. Das lag in ihrer Natur. Ich aber habe ihr nur für ihren lieben, geraden, aufrichtigen Sinn, für ihre treue Freundschaft von Herzen zu danken.

Besonders originell und zugleich voller Aufmerksamkeit war sie, wenn ich sie auf ihrer großen Herrschaft Leipnick in Mähren oder in dem Schlosse Calcum bei Düsseldorf, besonders aber in der alten Hatzfeldtschen Burg Schönstein, hoch über der Sieg im Rheinland gelegen, besuchte, wo kein Zimmer ohne eine besondere Treppe zu erreichen war und sie, mit ihren armen alten Beinen recht wacklig, über jede Stufe schimpfte.

Ich schreibe diese Erinnerungen mit Wehmut nieder. Der Verkehr, die Freundschaft mit Gabi Hatzfeldt in Wien, auf ihren Schlössern und wo ich ihr sonst begegnete, gehört zu meinen besten Erinnerungen, an die völlig in Ruhe und in abgeklärter Dankbarkeit zu denken ich immer noch nicht alt genug bin. Denn um in Erinnerung schwelgen zu können, muß man sehr glücklich sein, und dazu trage ich zu viel Leid in der Seele.

Fürst Alfred von Hatzfeldt-Wildenburg starb 1911. Fürstin Gabriele Hatzfeldt-Dietrichstein, starb 1909.

Ihr Sohn Franz starb kinderlos 1910, und der große, mütterliche Besitz fiel ihrer Tochter, der Gräfin Antoinette Althann, zu. Der Fürstentitel und die Hatzfeldt-

Wildenburgschen Fideikommißgüter gingen in den Besitz des Neffen des Fürsten, des jetzigen Fürsten Hermann, Sohn des bekannten Botschafters Paul Hatzfeldt, über.

FRAU MALWINE VON DUTSCHKA

Eine Persönlichkeit, die neben der sogenannten "vornehmen Gesellschaft" steht, zu der jedoch sich aus dieser exklusiven Welt einige begeben, die etwas anderes suchen als Hof- und Gesellschaftsklatsch, ist Frau Malwine von Dutschka, eine geborene Russin deutscher Herkunft, nicht mehr jung, als ich sie kennenlernte, doch immer noch eine sehr schöne Frau. Ihr Gatte gehört den Wiener Finanzkreisen an. Ich hatte das Glück, durch unsere gemeinsame Freundin, Marie Bülow ihre Bekanntschaft zu machen, und kann wohl sagen, daß mein Verkehr im Salon Dutschka meine stete Erholung war, wenn ich durch Politik oder den Zwang der Formen der Gesellschaft, zu der ich nun einmal durch Geburt und Rang gehöre, in jenen Zustand geistigen Übelbefindens geriet, der mich häufig völlig "umwarf".

Bei Frau von Dutschka verkehrte alles, was geistige Welt und Welt der Kunst in Wien vorstellt. Bedeutende Männer, wie der Kultusminister Hartel und der geistvolle Professor Baron Berger waren die Hausfreunde. Und nicht das allein: jeder in Wien auftretende namhafte Künstler suchte Frau von Dutschka auf. Niemals kehrte ich heim aus diesem Kreise ohne das Gefühl eines wirklichen Genusses, einer wirklichen, meiner Natur völlig homogenen Freude empfunden zu haben.

Frau von Dutschka war tatsächlich der künstlerischen Wiener Welt würdiger, kluger, gütiger Mittelpunkt. Niemand vermochte sich dem Zauber dieser edlen, hochgebildeten Frau zu entziehen. So wird ihr Bild auch immer leuchtend vor meinem Geiste und in meinem Herzen stehen, voller Dankbarkeit in Erinnerung dessen, was sie mir, was sie meinem ganzen Hause an hoher, edler Anregung gab, und es erfüllt mich mit Glück, daß die Güte, die sie meinen Kindern, besonders meinem Sigwart und seiner Begabung in Freundschaft erwies, auch noch weiterklingen wird, wenn ich nicht mehr auf dieser mühevollen Erde wallen werde.

Bei dem Durchblättern der kurzen Aufzeichnung, die ich ihr widmete, stieg das Bild ihres Salons, der herrlichen Abende, die ich dort verlebte, in Lebendigkeit vor mir auf. Ich sah die Künstler vor mir, – den alten berühmten Leschititzki am Klavier, der sich bis zu seinen 80 Jahren alle drei Jahre von seiner Gattin scheiden ließ, um eine neue Schülerin zu heiraten, und immer zu Geburtstagen die "vergangenen" Frauen mit Handschuhen, Konfitüren oder Bonbons beschenkte, – ich sah zwei Wunderknaben aus Galizien, Violinist und Pianist, die erst 8 Jahre alt waren und entzückend spielten, nachher aber unter ein Sofa krochen, wo sie sich, heulend, gegenseitig die Haare ausrissen, – ich sah so viele reichbegabte jugendliche Gestalten, die dort die "große Welt" nach langem Studium zum erstenmal betreten sollten, und ich lernte dort auch die unsterbliche große Darstellerin der Fides im "Propheten", der Ortrud im "Lohengrin", der Kundri im "Parzival", Marianne Brandt kennen, die von der Bühne geschieden, in Wien junge Talente für die Bühnen-Laufbahn vorbereitete.

Marianne Brandt sagte mir eines Tages, daß unter allen Schülerinnen, die sie jemals unterrichtet habe, eine junge Dame sich jetzt befände; die durch ihre herrliche Stimme, ihre schauspielerische Begabung und ihr auffallend schönes Äußere die ganze Welt in Entzücken setzen werde, – bei Frau von Dutschka wolle sie mir dieses "Wunder" vorführen, – wenn die junge Dame hierzu "die Nerven" fände, denn sie werde von einer entsetzlichen Schüchternheit, Verlegenheit, Ängstlichkeit vor fremden Menschen erfaßt.

Nach längerer Zeit teilte mir Frau von Dutschka mit, daß es endlich ihr und Marianne Brandt gelungen sei, das Fräulein zu bewegen, in kleinem Kreise eines Abends in dem Salon Dutschka zu singen.

An diese "Vorführung" knüpft sich ein Ereignis, dem sich meine Gedanken plötzlich zuwenden, denn es ist mir tief eindrucksvoll geblieben.

Die totenbleiche, herrlich edle Erscheinung mit ihren unergründlich dunklen Augen trat – unnahbaren Wesens – an den Flügel, an dem der Pianist Platz genommen hatte, der ihren Gesang begleiten sollte.

Sie sang die große Arie der "Elisabeth" im "Tannhäuser", sie sang sie so ergreifend schön, wie ich sie niemals singen hörte! In ihren Augen, in ihren edeln Zügen, in ihrer Stimme lag ein unnennbarer Zauber. Ich war so ergriffen davon, daß ich kein Wort fand, als ich ihr die Hand drückte. Alle Anwesenden traten lebhaft zusammen, den starken Eindruck gemeinsam empfindend. Die junge Dame aber war durch die Tür bei dem Klavier in das Nebenzimmer getreten, von dort hinausgeeilt und heimgegangen.

Zwei Tage darauf trat Frau von Dutschka in meinen Salon der deutschen Botschaft, sehr blaß und ernst. Ich sprach sofort von dem tiefen Eindruck, den mir die junge Sängerin machte, – ich fragte, wie ihr der große Erfolg bekommen sei?

"Sie ist tot!" – sagte die Freundin mit Tränen in den Augen.

"Tot!" – rief ich entsetzt.

"Wir haben sie heute begraben". Sie hatte in der Nacht nach ihrem Gesang Gift genommen. Es sei ihr, wie sie zu ihren Angehörigen äußerte, klar geworden, daß sie niemals das Entsetzen vor einer Zuhörerschaft überwinden werde – und doch sei ihre Kunst ihr eine Lebensnotwendigkeit, seelisch und materiell. Sie hatte den Ausweg des Todes aus diesem Dilemma gesucht.

Dieses Ereignis hatte so stark auf mich gewirkt, daß ich es nicht von der Erinnerung an den Salon Dutschka zu trennen vermag.

Es drängt sich mir auch mit seiner tragischen Erschütterung wie ein verwandter Ton auf, wenn ich an Malwine von Dutschka denke: an das, was sie mir künstlerisch in tiefer Freundschaft gab, – und was auch wie mit einem schrillen Klange endete, als schwere Krankheit meinen Wiener Aufenthalt für immer beschloß.

NACHSCHRIFT.

Liebenberg, April 1918.

Die Augen unserer Freundin Malwine von Dutschka haben sich für immer geschlossen! Wir sahen sie zuletzt in Liebenberg, kurz vor Ausbruch des fürchterlichen Weltkrieges 1914, der unheilbare Wunden auch unserem glücklichen Familienleben schlug .

Die Mutter meiner lieben Schwiegertochter Marie, Gräfin Mathilde Stubenberg, war eng mit Malwine von Dutschka befreundet. Sie hat ihr einen Nachruf gewidmet, der so sehr auch unsere Gedanken wiedergibt, daß ich einen Auszug daraus obigen Worten beifüge, die ich vor Jahren in Wien Malwine von Dutschka widmete.

AUS DEM GEDENKBLATT VON MATHILDE ZU STUBENBERG.

... Die rückschauenden Gedanken zaubern ein unvergeßbares Bild vor meine Seele, ein Bild, das ich in dankbarem Erinnern immer festhalten werde.

Ein traulicher Raum – von einer breitbeschirmten Hängelampe erleuchtet, welche ihr helles Licht über einen ovalen, weißgedeckten Tisch strahlen läßt, der zu einer gemütlichen "Alt-Wiener Kaffee-Jause" gedeckt ist ... Ein Kreis plaudernder Menschen hat um jenen Platz genommen – und wie verschieden sie in ihrer Lebensstellung, ihrem Charakter, Schaffen und Streben, ja, in ihrer ganzen Veranlagung sein mögen – hier an dieser Tischrunde findet sich alles ganz selbstverständlich zusammen: Literaten, Politiker, Kunstfreunde, Staatsmänner, Künstler, Männer der Wissenschaft u. a. m. Da sieht man alte und junge, fröhliche, nachdenkliche und ernste Gesichter, eifrige Sprecher und stille Zuhörer ....

Wenn je eine Menschenseele den Begriff "Freundschaft" in seiner idealsten Auffassung – gelebt hat, so ist es Malwine von Dutschka. Vor Jahren, da sie an der Seite ihres sie in allen künstlerischen und geistigen Interessensphären vollkommen ergänzenden Gatten in Wien ein gastliches Haus führte, wurde der Salon Dutschka der Mittelpunkt eines nicht nur kunstliebenden, sondern auch kunstverständigen Kreises, in welchem neben bester Musik auch Literatur und Konversation in des Wortes feinsinnigster Bedeutung gepflegt wurden. Nach dem Tode ihres Mannes, und weiter nach dem Verluste ihres einzigen Sohnes – verstummten im Hause Dutschka die ernsten und frohen Klänge, die geistvollen Gespräche für manches Jahr. Als sich die Pforten wieder öffneten, gewährten sie nur mehr einem kleinen Kreise besonders Erwählter Einlaß.

Diesem Freundeskreise aber lebte die einsame Frau fortan mit einem stetig gütevollen, fördernden, aufbauenden Interesse, mit einer Aufopferung und Selbstlosigkeit, die wenig ihresgleichen haben ....

Wieviel junge, unbekannte Talente hat sie erfolgreich gefördert, wie viele Gemüter bereichert, in wie viele mutlosen Seelen wußte sie Licht und Freudigkeit zu bringen. Eine Spezialität ihrer Eigenart war das – wie sie es scherzweise nannte - "Menschen schenken". Wenn sie mit dem seinen Tastsinn ihrer Seele in ihrem Freundeskreise verwandte Geister zu entdecken glaubte, die sich noch fremd gegenüberstanden, war es eine ihrer größten Freuden, solche Menschen allmählich zu befreunden, und diese "Geschenke" wurden, wie oft für die Beteiligten, zu Lebenswerten, für welche sie der klugen Geberin ewig dankbar blieben.

An Malwine von Dutschkas Tischrunde gab es keine Mißhelligkeiten, keinen Stadtklatsch, keine zweideutigen oder den lieben Nächsten zerpflückenden

Gesprächsthemen. Kam es vor, daß ein neuer Gast, in Unkenntnis des Milieus, etwa von dieser sich ganz selbstverständlich ergebenden Gepflogenheit abwich, wußte die Hausfrau stets mit feinfühligem Takt dem Gespräch eine andere Wendung zu geben.

In der Friedenshelle, welche die breitbeschirmte Hängelampe über die Anwesenden ergoß, wurde stets das Herz so weit – der Geist so klar! Die Freude, nicht im Sinne lauten Jubels und Trubels, sondern in dem tiefbewußten Empfangen von Gaben, die nur wahre Herzens- und Geisteskultur zu spenden vermag, erfüllte jeden, dem es vergönnt war, inmitten des hastenden, so wenig wahre Befriedigung gewährenden Lebens der Großstadt ein "Plätzchen Welt" zu finden, wo hoher Sinn und edles Menschentum ihm eine Heimstatt der Freundschaft und des Lichtes bereitet hatte.

Nun ist auch dieser traute Kreis der Mölkerbastei, welchen der stets mehr und mehr verdämmernde Geist edelsten Alt-Wienertums verklärte, nur noch – eine liebe Erinnerung!

ERZHERZOG ALBRECHTS TOD UND EIN KAISERBESUCH

Erzherzog Albrecht war am 18. Februar 1895 gestorben – wohl der grimmigste Feind, den Preußen besaß. Er war 1817 als ältester Sohn des berühmten Erzherzogs Karl geboren, der für sich das Verdienst in Anspruch nehmen konnte, als der ebenbürtigste Feldherr gegenüber Napoleon genannt zu werden, wenigstens in Österreich. Er besaß unleugbar militärischen Geist, vielleicht auch Talent, jedenfalls aber hatte er "Pech", was vor allem ein Feldherr nicht haben darf. So verlor er den Feldzug 1866 und wollte 1870 Rache nehmen, indem er durchaus mit den Franzosen gegen uns Deutsche losschlagen wollte. Doch fand er den loyalen Kaiser Franz Joseph in seinem Wege.

Der Erzherzog aber grollte sich still durch sein Leben, teils militärisch-wissenschaftlichen Interessen lebend, teils Reichtümer ansammelnd, was ihm als Herzog von Teschen nicht schwer wurde. Er hatte nur ein einziges Kind, eine Tochter, die den Herzog Philipp von Württemberg heiratete (Vater des Herzogs Albrecht, Thronfolger in Württemberg). Wenn diese auch selbstverständlich "eine gute Partie" war, so fielen doch das Majorat Teschen und das sehr große Barvermögen seines Hauses an seinen Neffen Erzherzog Friedrich, der leider nicht auch den Geist des Onkels erbte, dafür aber auch nicht den Preußenhaß desselben. Er "tat" wenigstens immer deutschfreundlich. Besonders auch mit mir, doch war es vielleicht recht unfreundlich von mir, daß ich in dieser Hinsicht von allen Mitgliedern des Hauses Österreich nur dem alten Kaiser unbedingt traute.

Als ich mich bei meinem Antritt in Wien bei den Erzherzögen meldete, war ich nicht darauf gefaßt, von dem alten Albrecht empfangen zu werden. Doch geschah das Wunder, und ich weiß heute noch nicht, welcher Geist den grimmigen Hasser beseelte, als er mir sagen ließ, "er werde sich freuen (?), mich zu sehen".

Ich fand zu meinem Erstaunen statt eines schnurrbärtigen, stirnerunzelnden, innerlich grunzenden Generals einen mageren Professor mit einer Brille, spärlichem grauen Haar und Bart in einer lose sitzenden Generalsuniform ohne Orden.

Freundlich - wenn auch nicht warm. Ich brachte so schnell wie möglich das Gespräch auf die Albertina – auf die berühmte Kupferstichsammlung, die alle Dürerschen Stiche enthält, die der große Meister jemals auf Kupfer zeichnete. Da taute der alte Professor der Kriegswissenschaften auf, dem die Familienschätze sehr am Herzen lagen. Wir saßen uns schließlich ganz vertraulich gegenüber, und die Adjutanten im Vorzimmer werden kaum begriffen haben, weshalb der Empfang gar so lange dauerte. Bisweilen war es mir, als zupfte mich ein kleines Teufelchen am Ohr und riet mir zu fragen: "Machen Sie eigentlich immer noch Stänkereien gegen Deutschland?" Aber ich schluckte die Frage herunter.

Wie mir meine alte Freundin Hatzfeldt erzählte, habe der grimme Erzherzog seiner Kusine, der Erzherzogin Rainer, die eine Jugendfreundin der guten Gabi Hatzfeldt ist, gesagt, "ich sei ein sehr angenehmer Mensch".

So weit ging nun allerdings nicht mein Urteil. Ich hatte nur das Gefühl, daß ich mit der "Albertina" einen glücklichen Griff getan hatte.

DIE TAGE DER BEISETZUNG DES ERZHERZOGS ALBRECHT.

(Aus Briefen an Gräfin Alexandrine Eulenburg [Mutter].)

Am 25. Februar abends hatte ich die anwesenden deutschen Fürsten mit Begleitung und ihrem österreichischen Ehrenkommando zu mir gebeten. Es kamen:

Prinz Arnulf von Bauern,
Prinz Georg von Sachsen,
Erbgroßherzog von Baden,
Erbgroßherzog von Luxemburg,
Herzog Nikolaus von Württemberg,
Prinz Friedrich von Meiningen,
Fürst zu Schaumburg-Lippe mit zwei Söhnen.

Dazu die Militärdeputationen, die deutschen Gesandten, auch Graf und Gräfin Ludwig Lerchenfeld, die hier auf der Durchreise nach Ägypten waren. Eine Riesengesellschaft.

Wir waren zuerst im Blauen Salon, wo Tee präsentiert wurde. Dann in meinem Empfangssalon, wo man rauchte und Bier trank, im Eßzimmer ein sehr glänzendes Büfett.

Es waren sonderbarerweise so viel taube Menschen dabei, daß man aus Versehen alles anschrie. Um 12 Uhr war es aus. Damen waren außer Augusta nur anwesend Gräfin Wallwitz , Gräfin Montgelas , Gisela und Maja und Gräfin Lerchenfeld-Bray. Es wurde ganz heiter gesprochen. Die Fürsten waren alle sehr beflissen und liebenswürdig – selbst Prinz Georg von Sachsen.

Am Büfett erlebte ich folgenden Spaß:

Auf meiner letzten Fahrt von München nach Wien war ich mittags in den Speisewagen gegangen und hatte mich an einen kleinen Tisch am Fenster gesetzt, einem fremden Herren gegenüber. Ich bestellte mir eine halbe Flasche Rotwein. Mein *vis-á-vis* hatte vor sich auch eine halbe Flasche Rotwein stehen. Vertieft in eine große Zeitung schenkte ich mir, ohne genau hinzusehen, hin und wieder ein Glas Rotwein

ein. Plötzlich bemerkte ich, daß ich meine halbe Flasche ausgetrunken hatte - und bereits (wohl zum zweitenmal) im Begriff stand, mir aus der Flasche meines *vis-á-vis* mein Glas vollzuschenken. Das war mir höchst fatal. Ich bat den Herrn sehr um Entschuldigung und rief den Kellner, um dem Fremden eine andere halbe Flasche Wein bringen zu lassen. "Nein", sagte dieser, "ich danke sehr, ich habe genug getrunken, bitte bemühen Sie sich nicht." "Verzeihen Sie", erwiderte ich, "Sie werden begreifen, daß es mir peinlich ist, Ihnen Ihren Wein ausgetrunken zu haben!" "Mir aber durchaus nicht", sagte verbindlich der Herr, während er aufstand, mir eine leichte Verbeugung machte und verschwand. Ich kann nicht leugnen, daß ich mir sehr dumm vorkam.

Am Büfett in der Botschaft stehend, tritt der alte taube Fürst zu Schaumburg von Nachod auf mich zu und stellt mir einen gut aussehenden Offizier in Husarenuniform vor. "Ich möchte Ihnen meinen Sohn vorstellen", sagte er in seinen sehr höflichen Formen, "der etwas verspätet hier eintraf."

Der Sohn und ich sehen uns beide erstaunt an. Plötzlich dämmert es in mir auf: "Sind Sie nicht der Herr, dem ich vor einigen Monaten seinen Rotwein ausgetrunken habe?" "Ja", sagte der Prinz, "nun fällt es mir ein! – Ich zerbrach mir den Kopf, wo ich Sie gesehen haben konnte!"

"Gottlob", rief ich aus, "daß ich nun doch meine Schuld bezahlen kann, die mich solange drückte!" und ich goß ihm selbst ein Glas Champagner ein.

Meine Unterhaltung mit dem Prinzen Georg von Sachsen, dem künftigen König, war weniger angenehm. Wir saßen zusammen auf dem Sofa am Kamin – allein, da alles am Büfett stand und sich auch leider niemand traute, unsere Unterhaltung zu stören. Prinzen aus regierenden Häusern, die ihrem Throne nahestehen, sind meist gekränkt. Sie fühlen sich fast immer zurückgesetzt und beleidigt und schütten dann gern ihr gequältes Herz aus. Dieser Erguß einer bitter-salzigen Seele ging über alle Grenzen. Ganz Europa hatte ihn beleidigt, und der Ausdruck dieser Kränkung in sich stetig steigernder sächsischer Mundart nahm Töne an, die eben nur in einem national-sächsischen Munde zurechtgeknetet werden können – von keiner anderen Kreatur.

Es war mir doch eine Art Erlösung, als nun der Erbgroßherzog von Luxemburg kam, seinem gekränkten Herzen Luft zu machen, denn Prinz Georg war ihm entschieden "über".

Am 26. fuhr ich früh 9 Uhr mit Hülsen und der österreichischen Begleitung des Kaisers, Fürst Lobkowitz (Korpskommandeur in Pest), Oberst Ströhr (Regiment Kaiser Wilhelm) und Baron Buttlar (Flügeladjutant Kaiser Franz Josephs) bis Gänserndorf. Nach einer viertel Stunde traf der kaiserliche Zug ein. Ich mußte, nachdem die Herren sich gemeldet hatten, zum Kaiser in den Salon kommen, wo wir sofort sehr eifrig allerhand zu besprechen hatten. Der Kaiser war etwas blaß nach der Grippe, die er eben überstanden hatte. Er hatte zwei Tage zu Bett gelegen. In Wien auf dem Bahnhof war großer Empfang. Kaiser Franz Joseph und alle Erzherzöge. Die Mitglieder der deutschen Botschaft. Große Begrüßung. Ich fuhr nach der Burg mit August Eulenburg und nach Besprechung mit Lucanus in die Botschaft zurück. Im Gefolge des Kaisers waren:

Generaloberst von Loë,
General von Hahnke,
General von Plessen,
Generalarzt von Leuthold,
Vetter August Eulenburg,
Exzellenz von Lucanus,
Admiral von Senden,
Flügeladjutant von Scholl,
Flügeladjutant von Arnim (Marinier).

Ich hatte nun bis zum Abend frei, weil das Begräbnis und Familiendiner in der Burg war.

Um ½3 Uhr fuhren wir mit den Kindern ins Opernhaus, wo man uns zwei Fenster reserviert hatte. Das Begräbnis war sehr großartig. Der goldene, mit Purpur ausgeschlagene Wagen, von sechs Schimmeln gezogen, sah wie ein Märchenwagen aus. Die beiden Kaiser schritten dahinter. Unsere Kinder waren begeistert.

Um ½9 Uhr hatte der Kaiser sich bei uns angesagt. Er wollte meine alte Freundin, Fürstin Gabi Hatzfeldt- Wildenburg, wiedersehen, mit deren Kindern er als Knabe viel verkehrt hatte, und Fürstin Pauline Metternich persönlich kennenlernen, mit der er über die Wiener Musik- und Theaterausstellung korrespondiert hatte. Von mir war dazu Baron Berger in Vorschlag gebracht. Generaloberst Walter von Loë (einen alten Verehrer der Metternich) hatte ich gleichfalls geladen, auch Prinz Lichnowsky und Fritz und Gisela gebeten. Der Kaiser kam (gottlob!) ohne Adjutanten. Erst begrüßten ihn die Kinder, mit denen er sich lange unterhielt. Dann gingen wir in mein Arbeitszimmer und setzten uns an das Kaminfeuer. Es gab Tee, Bier, Champagner, Punsch und Faschingskrapfen. Man rauchte, die alten Fürstinnen sogar große Zigarren.

An derselben Stelle am Kamin saßen wir ohne Unterbrechung von ½9 bis ¼1 Uhr! Es war eine unerhört interessante Unterhaltung. Berger übertraf sich selbst. Es wurde philosophiert, über Kunst, Theater gesprochen, und die beiden alten Fürstinnen hatten eine so frappante Art, der Unterhaltung eine originelle Wendung zu geben, daß es ein in tausend Farben schillerndes Bild gab. Der Kaiser beteiligte sich lebhaft in seiner ungezwungenen, reizenden Art und trennte sich ungern, nachdem ich ihm ein leises Zeichen gab. Er sagte mir, daß er sich nie in seinem Leben so gut unterhalten habe! Und er hatte vollkommen recht, als er meinte, es sei der Inbegriff dessen gewesen, was man "Konversation" nenne. Etwas, das eigentlich verlorengegangen sei. "Und dazu muß man nach Wien reisen! – in Berlin gibt es das nicht!" - setzte er hinzu.

Ich erwiderte ihm, daß es allerdings für den Landesvater schwieriger sei, so vertrauliche Unterhaltung daheim zu führen, aber daß es auch geistreiche Elemente in Berlin gäbe.

27. Februar 1895.

Ich ging schon früh um 9 Uhr zum Kaiser in die Burg und fand ihn beim Frühstück. Wir unterhielten uns eine Stunde, dann machte er "Visiten". Ich hatte mit Lucanus zu sprechen, bei dem ich Generalarzt Leuthold traf.

Dieser erzählte mir von dem Resultat der Untersuchung des guten Perlet durch Stabsarzt Ilberg in Liebenberg. Das trostlose Resultat erschütterte mich, und es gehörte viel Aufwand an Selbstbeherrschung dazu, um den Kaiser zu Hause in der Botschaft mit heiterer Miene zu empfangen.

Das heißt, er empfing mich. Er war schon fast eine Stunde auf der Botschaft, als ich kam, und saß mit Augusta und dem Fürsten Lobkowitz in ihrem Salon. Ich rief nun die Kinder, die in großer Aufregung waren. Die kleine Tora durfte heute auch kommen. Der Kaiser war rührend freundlich mit ihnen. Dann zog sich Augusta zurück, und Lobkowitz blieb im nordischen Zimmer, das dem Kaiser sehr gefiel. Der Kaiser setzte sich in meinem Schreibzimmer an den Schreibtisch, las einige dienstliche Eingänge und ging dann rauchend mit mir an den Kamin, alles besprechend, was ihn bewegte. Es gab viel zu sagen und zu erzählen: Politik, Familie, Kunst.

Nachher kamen einige der Herren. Wir gingen ins nordische Zimmer, wo sich die Kinder ebenfalls einfanden. Sigwart spielte Klavier, seine neueste Komposition, ein langes sonatenartiges Ding, voller Gedanken und so wunderbar gespielt, mit so merkwürdiger Fertigkeit und mit so tiefem Gefühl, daß der Kaiser ganz außer sich vor Erstaunen war. Er sagte mir ernsthaft: "Lasse dich nicht darauf ein, den Jungen jemals etwas anderes als Musik studieren zu lassen. Offiziere und Beamte gibt es genug. Warum soll ein Eulenburg nicht einmal Musiker von Beruf sein?" Später sagte mir der Kaiser, nochmal darauf zurückkommend, drohend: "Daß du mir den Jungen nicht überanstrengst!"

Nun, dafür ist gesorgt. Aber Sigwart macht so staunenswerte Fortschritte, daß man wirklich wie vor einem Rätsel steht.

Allmählich fanden sich die Mittagsgäste ein. Zu dem Gefolge des Kaisers (die bereits genannten Herren) kamen die drei österreichischen Herren des Ehrendienstes. Dann von der Botschaft Lichnowskv, Schönburg , Hülsen und Frau. Dazu Ratibors) und Graf Monts . Schließlich Fürst Constantin Hohenlohe, der Obersthofmeister am Wiener Hof.

Um 1 Uhr wurde das Dejeuner gemeldet. Der Kaiser führte Augusta, ich Gräfin Hülsen, wir waren 25 Personen.

Nach dem Frühstück langer Cercle.

Nachmittags fuhr ich in die Burg und blieb beim Kaiser, der ein wundervolles Quartier mit alten Gobelins auf Goldfadengrund bewohnte. Um ½7 Uhr war Diner von etwa 30 Personen in der Burg. Die beiden Kaiser, einige Erzherzöge und Prinz Arnulf von Bavern. Außerdem der bekannte spanische Marschall Martinez Campos, der im letzten Frühjahr den Krieg gegen Marokko führte. Ich saß dem Kaiser Franz Joseph gegenüber, neben Constantin Hohenlohe.

Es war Aschermittwoch. Hohenlohe sagte mir, daß alles streng fastete und daher das Menu schwierig sei. Es gab daher nur etwa 12 Gänge! Wieder ein herrlicher Blumenflor auf dem Tisch. Meist Orchideen in großen, flachen, goldenen Schalen.

Um ½8 Uhr Aufbruch zur Bahn. Auf dem Bahnhof waren meine Frau und Gräfin Hülsen die einzigen Damen. Kurze Unterhaltung mit beiden Kaisern und um 8 Uhr Abreise Kaiser Wilhelms.

KAISERGEBURTSTAG UND EIN DUELL

TAGEBUCHNOTIZEN.

27. Januar 1896.

Am 27. Januar um 1 Uhr findet das übliche prunkhafte *Dejeuner dinatoire* bei mir statt. Das gesamte Botschaftspersonal mit Damen und alle in Wien anwesenden Reichsdeutschen "von Distinktion" sind geladen. Ich habe dadurch (trotz meiner langen Festrede) doch eine Freude gehabt: neben meiner alten Freundin Fürstin Gabi Hatzfeldt sitzen zu können.

Meine Diener und Jäger in Gala, unser schönes Sandelsches Tafelservice und die großen Vermeille-Tafelaufsätze aus der Erbschaft Onkel Fritz Eulenburgs schmückten den Tisch. Die Tafelmusik machte die Kapelle des Infanterie-Regiments Erzherzog Karl Nr. 3, die über mein Lied "Die Tanne" eine erschreckende Paraphrase spielte.

Um 6 Uhr feierliches Herrendiner in der Burg bei Kaiser Franz Ioseph mit einer Anzahl von Erzherzögen. Ich habe den Ehrenplatz neben dem Kaiser, der ein Glas Champagner auf das Wohl unseres Kaisers stehend leert. Ich bemühe mich, die stets bei solchen Kaiserdiners waltende feierliche Stille an der Tafel, die den armen Kaiser noch mehr langweilt als das Diner selbst, heiter zu stimmen und erzähle ihm lustige, harmlose Dinge. (Denn es macht mir fast noch mehr Freude, den armen, gütigen, alten Mann in seinem tragischen Schicksal heiter zu sehen, als ihm selbst vielleicht Heiterkeit wohlzutun vermag!) Mit meiner Erzählung von dem Duell der Prinzessin Karl hatte ich allerdings einen fast zu starken Erfolg, denn der liebe alte Herr hörte nicht mehr auf zu lachen, und die stummen Hofschranzen und feierlichen Generäle wußten gar nicht, wie sie sich angesichts dieser kaiserlichen Heiterkeit zu benehmen hatten. Ich sah ringsum lauter halbverzerrte, stumm grinsende Gesichter, denn ich hatte selbstverständlich die Geschichte in diskretem, leisen Hofton mitgeteilt. So blieb den armen Lauschenden das Duell ein Geheimnis – und sie freuten sich nur neugierig, "Se. Majestät so heiter gesehen zu haben".

Nachschrift.

(Zum 27. Januar 1896. Diner in der Burg.)

Ich wurde gebeten, meine Erzählung, die den alten Kaiser so sehr erheitert hatte, mitzuteilen und folge der Aufforderung in nachstehendem:

Feldmarschall Prinz Friedrich Karl, der Sohn des sehr groben (wohl eigentlich brutalen) Prinzen Karl von Preußen, Bruder Kaiser Wilhelms I., war ein sehr gebildeter Herr und tüchtiger Kavallerieführer – doch maßlos heftig, wie sein Vater. Seine Mutter, Prinzessin Marie von Weimar, geb. 1808, hatte "an Goethes Brüsten Weisheit getrunken", wie man (sehr irrtümlicher Weise) behauptete, denn die gute Prinzessin war leider, leider – sehr dumm . Goethe hatte im übrigen tatsächlich die Erziehung dieser Prinzessin und ihrer sehr klugen Schwester Augusta, der Gattin Kaiser Wilhelms I., "geleitet".

Die arme Prinzessin Marie bewegte sich meist mit schönen französischen Phrasen und sehr komplizierten deutschen Ausdrücken in der Berliner Gesellschaft, die darin eine Quelle für schlechte Witze hatte, die niemals versiegte. So befand sie sich denn auch in einem ziemlich hilflosen, "beschränkten" Zustand zwischen ihrem groben Gatten und dem heftigen Sohne.

Da an dem preußischen Hof die Sitte eingerissen war, Königinnen und Prinzessinnen zu Chefs von Regimentern zu machen (was mir stets verrückt erschien), so hatte schließlich der damalige "König" Wilhelm den höchsten, brennendsten Wunsch seiner Schwägerin, der Prinzessin Karl, erfüllt und sie zum Chef eines reitenden Artillerie-Regiments ernannt.

Die arme, alte Prinzessin geriet durch ihre Stellung als Chef in eine Art Ekstase und hing sich, wo es nur irgend möglich war, das Achselstück mit der Nummer ihres Regimentes an. Auch hatte sie sich eine Art Generalschnüre machen lassen, die sie an dekolettierten Kleidern (und wohl auch an malerischen Schlafröcken) trug. Sie sprach nun viel von militärischen Dingen und las die Rangliste abends im Bett. Auch über Taktik und Strategie phantasierte sie. Mit besonderer Vorliebe aber stellte sie Betrachtungen von kolossaler Torheit über "Ehrengerichte" und die "Pflichten des Offiziers" an.

Eines Tages hatte sie ihren Sohn, den Prinzen Friedrich Karl, empfangen und sich – wie das öfters der Fall war – mit ihm gestritten. Hierbei geriet der heftige Prinz in eine sich immer steigernde Wut. Er war sehr "ausfallend" gegen die arme Mutter geworden, die völlig hilflos war.

Aber als der Prinz sie verließ, bäumte sich in ihr plötzlich der "Chef des Artillerie-Regimentes" auf. Sie fühlte, wieviel Offiziersehre sie im Leibe hatte, die zu schwer gekränkt worden war, um nicht nach Vergeltung, Tilgung der Schmach und Rache zu schreien. Sie ließ ihren Hofmarschall rufen, den alten Grafen Luchesini, teilte ihm mit, daß sie als Chef ihres Artillerie-Regiments von dem General Prinz Friedrich Karl tödlich beleidigt worden sei und es ihrer Offiziersehre schuldig wäre, den Prinzen vor die Pistole zu fordern. Sie beauftragte den Hofmarschall, dem Prinzen diese Forderung zu überbringen.

Der Hofmarschall war sprachlos – aber mußte gehen, da der Ehrenzustand des Chefs des Artillerie-Regiments ein unumstößlicher war.

Soviel ich mich erinnere, legte sich nun der König als oberster Kriegsherr ins Mittel. Es wurde nicht geschossen. Aber die beiden Generäle "schnitten" sich längere Zeit.

Arme Prinzeß! – sie war sonst immer gütig und liebenswürdig – auch zu mir, als ich während meiner Leutnantszeit bei großen und kleinen Festen am Berliner Hofe meinen Pflichten als Tänzer nachkam.

Die gütige Prinzeß hinterließ testamentarisch ihr berühmtes Kollier großer grauer Perlen ihrem Artillerie-Regiment, wohl mit der Auflage, daß der Kommandeur das Kollier bei Paraden zu ihrem ewigen Andenken tragen solle! – Ihr Sohn aber zahlte den Wert der Perlen an das Regiment, woraus eine Stiftung gemacht wurde.

MILLENIUM IN BUDAPEST

Budapest, Mai 1896.

Die Magyaren, deren reiner Stamm wohl mongolisch ist und die unter ihrem ziemlich mythischen Führer Arpad in der Zeit zwischen 850 und 900 Ungarn erobert hatten, das damals einen Bestandteil des fränkischen Reiches bildete, hatten vor einiger Zeit entdeckt (die Urkunde wird vielfach angezweifelt), daß die Begründung der magyarischen Herrschaft, d. h. also die Gründung des Königreichs Ungarn in das Jahr 896 fällt. Demnach konnte Ungarn 1896 das tausendjährige Bestehen des ungarischen Reiches feiern – eine Gelegenheit, die sich das lebhafte Volk nicht entgehen lassen konnte. Denn viel Glanz konnte entfaltet, viel Reichtum gezeigt, viel Fremde konnten angelockt, viel Zeitungen vollgeschrieben, manche "gute Geschäfte" konnten angeknüpft werden – und vor allen Dingen war ganz Europa dadurch genötigt, von Ungarn, dem "tausendjährigen Reich hoher Kultur und größester Zukunft" Notiz zu nehmen. Daß sich dabei sehr viele Leute in Schulden stürzen und manche Familien sich aus Eitelkeit ruinieren würden, war gewissen Leuten gleichgültig.

Mögen diese, nicht übermäßig freundlichen Worte über Ungarn im Hinblick auf die ungeheure Mache des Millenniums hier stehenbleiben! – meine Achtung vor Ungarn soll dadurch nicht gemindert werden. Ich wünschte von Herzen, daß das staatsmännische Empfinden, der opferfreudige Patriotismus und die urwüchsige Kraft, die diesem Volke innewohnt, in gleicher Form Deutschland zu eigen wäre. Denn zerspalten in Parteihader und partikularer Kleinkrämerei steht Deutschland politisch national tiefer als Ungarn. Nicht aber militärisch. Wir führen ein schärferes Schwert, ein Schwert in Erfahrung und Schulung geschliffen. Tapfer aber ist der Ungar auch wie der Deutsche, – soweit er nicht als Slawe oder Jude einen Pseudo-Magyarennamen trägt.

Mit den vorstehenden Bemerkungen will ich die ungeheure Millenniumsmache entschuldigen. Sie wird jedenfalls in meiner Erinnerung einen festen Platz behaupten, denn alles, was in mir an Kunst, Schönheitsgefühl und malerischem Empfinden ruhte, wurde durch das, was ich während der Millenniumstage in Pest erlebte, aufgerüttelt und aufgeschüttelt, mich oft zu Bewunderung, ja zu Begeisterung hinreißend.

Keine Stadt der Welt eignet sich besser für große Schaustellungen als Pest und Ofen. Die großen, breiten Avenuen und Straßen in Pest, die breite, imposante Brücke über die herrliche Donau und darüber, alles krönend, die kaiserliche Burg, die alte Mathiaskirche und die Palais der Magnaten in Ofen sind einzigartig schön und großzügig. Dazu das lebhafte Farbenbild der Volkstrachten, die mit Pietät gepflegt werden und sich dank ihrer Bequemlichkeit und dem Nationalstolz der Bevölkerung erhalten werden, ebenso wie die glänzenden, in allen Farben und in Gold und Edelsteinen strahlenden Festtrachten des Adels und Bürgerstandes. Denn nur im nationalen Verkehr entstellt sich der Ungar durch einen Frack, in dem er dank seiner schwarzen Haare und der oft kühn geschnittenen Nase in die beneidenswerte Lage gerät, für einen reichen Bankier aus Irgendwo gehalten zu werden. Andererseits sind wieder reiche Bankiers in Budapest in der glücklichen Lage, sich nach ihrer

Magyarisierung z. B. Baron Hirz von Nagy Posek nennen zu können (nachdem sie vorher Isaak Hirsch aus Posen hießen) und sich alsdann die prächtige rote, gelbe, blaue oder grüne Atlas-Galatracht mit Goldstickerei anzulegen, auch den krummen Säbel umzuschnallen und auf die glänzenden schwarzen Haare – ein wenig auf das rechte Ohr gedrückt - die hohe Lammfellkappe mit einem Reiherbusch zu setzen. So gleicht sich im Leben alles aus, besonders wirksam in Ungarn, mag es sich auf Säbel, Beine und anderes mehr beziehen. Dem Fremden fallen solche Details nicht auf. Es wirkt auf fremde Augen nur die Farbe, der prächtige Stoff, das Malerische der Tracht, die Gesamtbewegung auf dem großartigen Hintergrund Budapests und der Donau.

Ich war am 1. Mai 1896 mit meiner Gattin von Wien nach Pest aufgebrochen. In meiner Begleitung befanden sich Prinz Lichnowskv, Sekretär Kistler, mein Leibjäger, ein Diener und zwei Kutscher nebst Pferden und Galawagen. Alles logierte im Hotel Royal.

2. Mai 1896.

Es findet die Eröffnung der auffallend schönen Ausstellung statt, deren Mittelstück die genaue Nachbildung der alten Burg des ersten Königs Ungarns, Stephan, ist, die sich inmitten eines Teiches sehr malerisch ausnimmt. In der Nähe sind dort auch die Gräber sowie die angeblichen Funde nachgebildet, aus denen sich die älteste Geschichte der Magyaren als Eroberer Ungarns ergeben soll.

Als Vertreter des *Deutschen Reiches* wurden mir überall die größten Ehren erwiesen.

Bei dem offiziellen Rundgang durch die Ausstellung, die in jeder Hinsicht sehenswert und geschmackvoll arrangiert war, litt man sehr durch die Hitze, und bisweilen entstand unbequemes Gedränge, wobei dann in ungarischen Worten der Vorstand des Komitees entsetzlich schimpfte. Leider verstand ich kein Wort davon, denn bei keiner Gelegenheit lernt man Land und Leute besser kennen, als wenn geschimpft wird. Jedes Volk wendet dabei seine besonders lieben Worte an. Die ungarische Sprache brachte mich häufig in diesen festlichen Tagen zur Verzweiflung, besonders weil die Schriftsprache mit keinerlei anderer europäischen Sprache Verwandtschaft hat.

An einem der durch Dejeuners, Diners, Soireen, Bälle und andere Lustbarkeiten und Schaustellungen überreichlich angefüllten Tage fand ich, in mein Hotel zurückgekehrt, auf dem Tisch eine Einladungskarte, natürlich in ungarischer Sprache. Ich studierte daran herum und glaubte zu meinem Schrecken zu entdecken, daß es sich um ein Diner handle, das in kaum einer Stunde stattfinden würde. Auch meine Frau war sehr erschreckt, ich beschloß schnell, zu dem Markgrafen Palavicini, einem ungarischen Großgrundbesitzer, zu gehen, der in demselben Hotel über uns logierte.

"Um Gottes willen, lieber Graf", rief ich ihm zu, "sagen Sie mir, wo wir heute dinieren sollen? Es scheint, daß wir kaum noch Zeit haben, dazu Toilette zu machen!" Ich reichte ihm die Karte.

"In diesem Fall brauchen Sie allerdings keine Toilette zu machen", sagte er, "die Karte zeigt die Eröffnung der Rindviehausstellung an und ladet zum Besuch derselben ein."

"Ach so!" sagte ich laut und setzte hinzu: "Ich bitte vielmals um Entschuldigung, daß mein unerhörter Mangel, die ungarische Sprache nicht zu sprechen, Anlaß zu

Verwechslungen geben mußte, die mir nach dem unendlich liebenswürdigen Empfang, der mir zuteil wurde, peinlich sind!"

Palavicini war vernünftig genug, diese kleine Spitze lächelnd anzuhören, ohne pikiert zu sein. Da er aber in Wien sein großes Palais hat und dort mehr lebt als in Pest, empfand er selbst den Unfug peinlich, der jetzt mit der "Nationalsprache" getrieben wurde.

An einem der Festtage wurde im großen Opernhause die Oper "Tell Wilmosch" gegeben . Die Handlung spielte in den Karpathen, und der alte Melchthal starb rührend in einer Pußte, von Hirten, die ihre weißen Hemden als echte Patrioten über die Hosen gezogen hatten, herzlich beweint und besungen.

An Gräfin Eulenburg (Mutter).

Pest, 4. Mai 1896.

Ich denke inmitten dieses unerhörten Trubels so viel an dein stilles Leben in Mühlbad. Aber es ist doch merkwürdig interessant. Das Gala-Theater am 2. Mai, die große Messe in der Mathiaskirche zu Ofen am 3. Mai früh brachten eine solche Entfaltung von prachtvollen Kostümen, Schmuck und Farben, wie man es sich nicht träumen lassen kann.

Gestern, am 3. Mai, war die Gala-Auffahrt zu der Mathiaskirche oben in Ofen. Herrlich! Welche Equipagen! Welche Pracht an Wagen, Livreen, Pferden, und welche Farben!

In der Kirche waren alle Damen in Nationaltracht, mit Edelsteinen überladen. (Es haben die Kleider bis 10 000 Gulden gekostet!)

Gestern, am 3. Mai, war auch ein pompöses Diner bei Graf Géza Szápáry, dann Ball bei Graf Tassilo Festetics.

Heute ist Gratulation bei dem Kaiser und der Kaiserin mit Auffahrt im Galawagen zur Burg, Diner bei dem Handelsminister, Rout bei Graf Louis Apponyi – und so geht es weiter! ...

Ich habe absolut nicht begriffen, wozu man eigentlich dem Kaiser gratulieren soll? Daß ein gewisser Arpad, von dem er nicht abstammt, vor 1000 Iahren Ungarn erobert hat, kann kein Gratulationsobjekt sein, daß dem alten Kaiser das ganze Millennium ein Greul ist, dürfte ebensowenig zum Gratulieren geeignet sein, und der Kaiserin erst recht nicht, daß sich ganz Ungarn amüsiert und der Kaiser nicht, ist auch kein Grund, gerade ihm zu gratulieren, daß ihm aus seiner Kasse diese Festlichkeiten nebst der Deckung unerhört hoher, daraus hervorgehender Schulden mindestens eine Million kosten, ist schließlich doch auch nicht geeignet, ihm einen Glückwunsch auszusprechen. Genug – man gratulierte dem armen Mann, und er nahm freundlich diesen Glückwunsch entgegen, ohne zu sagen: "Schafskopf".

Mich selbst zog der alte Kaiser in eine so lange politische Konversation, daß alle Gratulanten in weitem Kreise um uns herum wahrscheinlich den Eindruck hatten, es sei unnötig. Leider war es aber durchaus nicht unnötig und auch durchaus keine Gratulation, in keiner Hinsicht eine Gratulation, denn auch mir gegenüber wäre trotz der mir bei dieser festlichen Gelegenheit überall erwiesenen hohen Ehrungen und Auszeichnungen eine Gratulation durchaus nicht angebracht gewesen, denn in Berlin war gerade in diesen Tagen politisch wieder einmal der Teufel los: drohende Minister-

und Kanzlerkrise. Zwischen all dem Trubel – essen, trinken, fahren, schwatzen, aus- und anziehen, repräsentieren, gratulieren, hofieren – nahm das Depeschieren und Berichteschreiben überhaupt kein Ende. Ich kann nur sagen, daß ich seither Arpad hasse, der das ganze Millennium verschuldet hat.

Und doch gab es wohl kaum etwas Wunderbareres, Schöneres als die große Messe (die wahrscheinlich auch für Arpad zelebriert wurde – für wen sonst?). Von der ungarischen Rede, die der Fürst-Primas von Ungarn, Kardinal Vaszary, hielt, verstand ich natürlich keine Silbe.

Der Zauber dieser kirchlichen Feier begann mit der Auffahrt in Galawagen des gesamten ungarischen Hochadels über die Donaubrücke und den steilen Weg hinauf bis zum Portal der uralten, in grauem Stein reich gebauten, gotischen Kirche des heiligen Mathias. Jedem der schönen Wagen in allen Farben und gezogen von reichgeschmückten Pferden, entstiegen, tatsächlich strahlend im Glanz von Edelsteinen, die Kirchgänger, von denen heute wohl kein einziger einen wirklich frommen, andächtigen Gedanken gehabt haben dürfte, und niemals ist wohl auch je in der alten, ehrwürdigen Mathiaskirche derart umhergeguckt und geäugt worden wie heute.

Auf der breiten Erhöhung des Hochaltares in den alten, dunklen, gotischen, feierlichen Chorstülen saßen regungslos die Erzbischöfe und Bischöfe des Primates von Gran, die hohe funkelnde Mitra auf den alten ernsten Köpfen und den breiten, von Goldstickerei steifen Mantel um die Schultern. Vor dem mit brennenden Kerzen und Blumen geschmückten goldenen Altare knieten und standen Ministranten und Chorknaben in ihren roten Gewändern. An dem Rand der Erhöhung des Hochaltares aber stand, die in Edelsteinen funkelnde hohe Mitra auf dem Haupt, in seinem reichsten bischöflichen Kleide, die hohe hagere Gestalt des Kardinals Fürst-Primas von Ungarn, Vaszary. Aus dem bleichen, schmalen, bartlosen Gesicht flammten die in Begeisterung glühenden Augen, während er die harten Laute der ungarischen Sprache mit leidenschaftlicher Betonung hervorstieß – dem Nichtverstehenden ein ganz seltsamer Eindruck von nachdrücklicher Gewalt. Er sprach lange: es soll schön gewesen sein, wohl ein Hohes Lied der ungarischen Mission unter den Völkern der Erde.

In der erhöhten Hofloge neben dem Hochaltar saß der Kaiser mit allen Erzherzögen, die Kaiserin mit den Erzherzoginnen. Die ersteren alle in ihrer roten, reich mit Gold gestickten ungarischen Generalsuniform, den pelzverbrämten Mantel über der Schulter. Die Erzherzoginnen in ungarischer Nationalfestkleidung der Magnatenfrauen, strahlende Diamantenkronen auf dem Kopf, von dem der lange, weiße Schleier niederwallte. Die Samt- und Goldbrokatkleider mit den langen Ärmeln waren übersät von Edelsteinen. Der Glanz und die Farbenpracht ließen die Gesichtszüge verschwimmen, was durchaus zu verschmerzen war.

So, wie der blendende Glanz der erhöhten Hofloge wirkte, so wirkte noch bei weitem stärker das Gesamtbild des Schiffes der Kirche, denn die gleiche strahlende Pracht der Magnaten-Gewänder, der Edelsteine, nach vielen Millionen an Wert, trat hier als eine einzige, funkelnde Masse zwischen den silbergrauen, hochstrebenden Pfeilern des Domes in Erscheinung. Sehr auffallend hob sich daraus das Bild Augustas hervor, in ihrem weißen, goldgestickten Kleide, ohne Schleier, aber das hohe Diamanten-Diadem auf dem blonden Haar und das breite, weiße Ordensband mit den blauen Randstreifen des Theresienordens von der rechten Schulter bis zur linken Hüfte tragend – wie ein seltener, edler Vogel zwischen einer bunten, leuchtenden Papageienschar.

Doch noch eine andere, einzelne Figur fiel in der bunten Schar auf: der von oben bis unten – mit Kappe, Handschuhen und Schuhen – purpurrote Kardinal Schlauch, mein guter Freund, der neben mir saß. Der Kardinal, der seine Residenz in Großwardein hat, gehörte nicht zu der Gran-Diözese, die heute mit dem Primas Vaszary zelebrierte, so saß er bei den Gästen, und ich erfreute mich an seiner Nachbarschaft. Er ist ein überaus seiner, hochgebildeter Mann, kein Fanatiker, wie Vaszary, eher ein Kirchenpolitiker, doch über den Parteien stehend. Etwa von der Färbung meines berühmten Freundes Xaver Kraus von der Universität Freiburg. Mit keinem katholischen Kirchenfürsten vermochte ich so offenherzig zu reden wie mit Schlauch. Wir verstanden uns innerlich, stets ohne Schärfen, Verbindung suchend und findend. Aber der Kardinal, der alles sah, alles beobachtete und doch genötigt war, den kirchlichen Vorschriften während der heiligen Handlung der Messe zu folgen, war heute ein wenig zerstreut. Und wer war es wohl heute nicht während dieser unerhörten Festlichkeit? Meist mußte er neben mir knien, sein rotes Käppchen saß ihm lose auf dem Hinterkopf. Auf der Bank hinter sich hatte er einen jüngeren Geistlichen im lila Gewand postiert, der, wenn es gewisse Momente der Meßhandlung geboten, dem Kardinal das Purpurkäppchen (das an dem Scheitelpunkt ein kleines Zäpfchen hatte, um es fassen zu können) abnehmen und schnell wieder aufsetzen mußte. Schlauch, der oft lange zu knien genötigt wurde, war heute sehr zerstreut. Wohl blickte er während des Kniens in das aufgeschlagene Gebetbuch, aber er stellte doch dabei hin und wieder "weltliche" Beobachtungen an. (Gott wolle es dem wirklich frommen Mann verzeihen!) "Finden Sie nicht, daß die Gräfin Géza Andrassy in der ungarischen Tracht entzückend aussieht?" fragte er mich leise. (Er hatte vollkommen recht, sie war entzückend.) Er sagte auch, daß die Gräfin Franziska Carolyi heute nicht *en beau* sei. Aber das fand ich nicht. Sie war blaß, aber ihre wunderbar edlen Züge, ihre königliche Gestalt in dem Glanz ihrer Magnatentracht und umleuchtet von einem Meer strahlender Diamanten, war ein Bild, das man nicht vergessen konnte. Nein, hier saßen und standen die eigentlichen Königinnen des alten Ungarn – nicht in der Hofloge, wo die verlegen-ungeschickten Gestalten der Damen des Kaiserhauses verkleidet thronten.

In diesem Augenblick aber geschah etwas Merkwürdiges: es schien ein roter Vogel über mir zu fliegen. Ich blickte schnell zurück. Der Begleiter des Kardinals war allzu hastig gewesen, hatte wohl auch den richtigen Augenblick für die Entfernung des Purpurkäppchens verpaßt, kurz, das Käppchen war ihm hoch aus der Hand geflogen. Ich sah, während es eilig dem Verbrecher zurückgereicht wurde, einige schmunzelnde und einige sehr ernste Magnatengesichter. Dann saß das Käppchen wieder still auf dem Hinterkopfe des in sein Andachtsbuch versunkenen Kardinals, der keine Ahnung von dem roten Vogel hatte, während sein priesterlicher Begleiter mit dem bischöflichen Range völlig fassungslos schien.

Über allen Eindrücken des Zaubers dieser Messe, die sich wohl kaum jemals zu solchem Bilde der Schönheit und des Glanzes wiederholen wird, bleibt jedoch der tragische Eindruck einer unter tiefem schwarzen Schleier verborgenen hohen Frau bestehen – der Kaiserin Elisabeth. Umgeben von dem bunten strahlenden Glanz des versammelten "Erzhauses" in der erhöhten Loge, saß diese verschleierte, vollkommen schwarze Gestalt. Profan ausgedrückt: wie ein Tintenfleck auf einem sehr schönen bunten Gemälde. Immer wieder zogen die Blicke unwillkürlich zu dem schwarzen, regungslosen Bilde.

Die Kaiserin liebte Ungarn (mehr als Österreich), und man liebte sie deshalb hier, wo sie – nur zu viel! – zu Pferde gesessen hatte. Bei dem größten Feste Ungarns wollte sie deshalb als Königin nicht fehlen, und man rechnete es ihr hoch an, daß sie, die kein Fest besuchte, gekommen war. Aber sie kam – schwarz. Seit der furchtbarsten Stunde ihres Lebens, als ihr einziger Sohn, Kronprinz Rudolf, Selbstmord – und Mord beging, waren sieben Jahre verflossen. Sie hatte ein Gelübde getan, die Trauer niemals abzulegen. Und so ragte denn in das hohe bunte Fest, welches jedes Ungarherz höher schlagen ließ, das furchbare Schicksal dieser Kaiserehe wie ein schwarzes Memento hinein.

Weder bei dem Diner bei Graf Géza Szápáry, wo man zum Schluß auf goldenen Tellern und mit edelsteinbesetzten Messern und Gabeln aß, noch bei dem prunkvollen Fest auf der Ofener Burg, noch bei dem lukullischen Diner bei dem Ministerpräsidenten Baron Bánffy, noch bei den verschwenderischen Bällen im Parkklub und im National-Kasino, bei Routs, Dejeuners und im Theater wich das schwarze Bild im Zaubergarten der großen Messe zu St. Mathias von mir: das schwarze Memento mit seiner furchtbaren Predigt.

WILHELMSHÖHE, ISCHL UND ZARENBESUCH IN WIEN

(TAGEBUCHBLÄTTER FÜR DIE FAMILIE.)

Kiel, an Bord der "Hohenzollern",

Wir liefen beim Donner der Kanonen und Nebelwetter im Kieler Hafen ein, während ich unten im Salon der Kaiserin mit Cuno Moltke ein altes Lied von mir durchsah.

Kaum vor Anker gegangen, erschienen Prinz Heinrich, der Erbgroßherzog von Oldenburg und der Herzog von Holstein (Schwager des Kaisers). Ein großer Tisch wurde hergerichtet, und man setzte sich zusammen bis 12 Uhr in eifriger Unterhaltung, deren Kern sich um den Untergang des "Iltis" an der chinesischen Küste drehte. – Der Erbgroßherzog von Oldenburg war mit seiner Tochter auf der "Lehnsahn" eingetroffen und wollte eine Fahrt in die Ostsee machen, – dabei in Neuhäuser Augusta einen Besuch abstatten. Ich sagte, daß die Prinzeß gut bei uns wohnen könne. Er – und die Prinzeß, die ich am folgenden Morgen sah – freuten sich sehr darauf und baten mich, sie anzumelden.

31. Juli 1896.

Früh erschienen wieder die Prinzen zum Essen um 9 Uhr. Die kleine Prinzessin auch, und ich zeigte ihr das Schiff. Ich sprach viel mit Prinz Heinrich, der charmant sein kann, wenn er will. Sein Naturell ist sehr englisch. Um 11 Uhr war allgemeines großes Lebewohl-Sagen auf dem Schiff, und um ¼12 fuhren wir bei leichtem Regen zum Bahnhof.

Um ¾12 begann die Fahrt nach Wilhelmshöhe. Ich war vor dem Essen eine halbe Stunde beim Kaiser in dienstlichen Angelegenheiten. Wir aßen um 1 Uhr bei glühender Hitze, und der Kaiser las mit uns bis ½5 Uhr Zeitungen, dann zog sich jeder zurück. Ich schrieb politische Berichte.

Um 8 Uhr trafen wir in Wilhelmshöhe ein. Die Kaiserin und alle Prinzen waren auf dem Bahnhof. Durch eine endlose "Hurrah" rufende Menge ging es hinauf zu dem göttlich schönen Schloß und Park. Ich war hingerissen davon, und wer sich aus dieser wunderbaren Luft, die trotz Hitze erfrischend und kühlend war, fortbegibt, um anderswo noch bessere zu suchen, begeht eine Torheit. Wenn ich Kaiser wäre, ginge ich sicherlich nicht fort von hier. Allerdings würde ich die Grenzen der Absperrung gegen ein zudringliches Publikum etwas weiter stecken.

August Eulenburg und Knesebeck waren im Schloß. Ich hatte eine prächtige Wohnung mit reizendem Salon und schönem Blick auf den Wald. Diese herrliche Stille! –

Um 9 Uhr Souper mit den Majestäten. Wir unterhielten uns über allerhand wichtige Dinge. Ein großer Stuck- und Marmorsaal, von dem man direkt auf die weite Säulenterrasse tritt nach der Seite von Kassel, ist mit Teppichen belegt und mit den schönsten, aus dem Schlosse zusammengesuchten Empire-Möbeln (braun mit Bronze) mit roter, blauer und gelber Seide bezogen, möbliert worden.

1. August 1896.

Ich wurde durch den Jubel der kleinen Prinzen geweckt, die auf dem Platz vor dem Schloß Rad fuhren.

Um 12 Uhr ging ich mit dem Kaiser allein im Park spazieren. Herrlicher Sonnenschein, wunderbare Bäume – ich war hingerissen von soviel Schönheit. Wir begegneten nur wenig Menschen auf dem Wege zum kleinen Tempel auf der rechten Höhe, also gegenüber der Löwenburg. Mir wird diese Promenade sehr denkwürdig bleiben, sehr entscheidend für vieles wird sie sein. Wie war der Kaiser gütig, klug, einfach und klar. Ich hatte das Gefühl, daß wir uns noch näher traten als zuvor.

Um 1 Uhr Diner *en famille* mit den Prinzen. Der kleine Kronprinz machte eine lebhafte Unterhaltung mit mir. Lustig, kindlich und schnell von Auffassung. Nach dem Essen packte der Kaiser seine Geschenke aus Norwegen für die Kinder aus. Das Prinzeßchen sah reizend in der lappländischen Tracht aus. Auf der Terrasse spielte ich mit den Prinzen Ball, dann schlug die Scheidestunde.

Ich fuhr mit Dr. Leuthold zur Bahn nach Kassel und mit Lunker , der zu seiner Frau nach der Schweiz fährt, bis Friedelhausen, wo der Schnellzug für mich hielt.

Schwerin war auf der Bahn. Es regnete. Er sah entsetzlich elend aus. Im Schloß fand ich Louise Schwerin und die reizenden drei Kinder. Nach einem leider nur zu kurzen Aufenthalt von wenigen Stunden bei den lieben Freunden in dem schönen Friedelhausen brachten mich beide Schwerins bis Gießen. Dort fuhr ich verspätet ab und hatte in Frankfurt eine große, höchst fatale Aufregung wegen meiner verschwundenen Handtasche mit allen meinen wichtigen politischen Papieren! Im letzten Augenblick fand sie sich. Ich hatte sie beim Umsteigen zwei Beamten übergeben, die damit verschwanden.

Ich hatte mir überlegt, daß ich die Nacht in Aschau sein könnte, wo einen Besuch zu machen ich mir längst vorgenommen hatte. Und welche Freude machte ich meinem guten Kistler damit. Er holte mich abends von Prien ab und brachte mich in sein reizendes Elternhaus, das an Wiesen unter Birnbäumen in dem von herrlichen Fels- und Waldbergen umrahmten Tal gelegen ist. Ich schreibe diese Zeilen in dem hübschen Fremdenzimmer des ersten Stockwerkes. Vater Kistler ist leider total verändert, er ist ein magerer, kranker, alter Mann geworden. Ich fürchte, daß sein Leiden unheilbar ist. Wir aßen in dem hübschen Eßzimmer zu Abend.

3. August 1896.

Ich verlasse morgens Aschau und treffe unterwegs Bülow , der vom Semmering kommt, um mich zu sehen. Wir fahren zusammen nach Hallstadt, wo wir in dem entzückenden Hotel Seeauer, nach nicht endenwollenden politischen Gesprächen, nächtigen. Leider regnet es.

4. August 1896.

Morgens fahre ich allein nach Aussee, wo mich die alten Hohenlohes sehr freundschaftlich empfangen. Die Fürstin nicht ohne Stichelei, denn ihr Mann hat ihr natürlich mehr von der scheußlichen Kanzlerkrise erzählt, als gut war. Die Unterhaltungen sind ganz unbeschreiblich schwierig, und was ich erreichte, wohl genug, um zufrieden zu sein. – Jedenfalls mehr Konzession an den Kaiser, als ich erwartet hatte, aber ich war wie zerschlagen. Die ewigen Krisen und Schwierigkeiten, durch die ich gegensätzliche Naturen lotsen soll, um Frieden zu halten, – dazu die große Sehnsucht nach den Meinen – das zermürbt mich schließlich ganz, und ich war bei der Rückkehr nach Hallstadt mehr tot als lebendig. Lange kann es so nicht weitergehen, meine Kräfte und Spannkraft lassen sichtlich nach.

5. August 1896.

Morgens fahre ich nach Ischl.

Aus einem Brief an den Kaiser.

Wien, 7. August 1896.

... Kaiser Franz Joseph wollte mich um 12 Uhr am 5. August empfangen, und ich fuhr bei strömendem Regen zur kaiserlichen Villa, wo mich Flügeladjutant Graf Alberti empfing und direkt zum Kaiser führte. Se. Majestät lud mich in seinem Arbeitszimmer sofort ein, Platz zu nehmen, und begann nach Ew. Majestät Ergehen, nach dem Befinden Ihrer Majestät, der Kaiserin und dem Verlauf der Reise zu fragen und sprach mit der innigsten Teilnahme von dem traurigen Schicksal der tapferen Besatzung der "Iltis". Dann ging der Kaiser sehr schnell auf die Politik über . – Die übrige Unterhaltung betraf gleichgültige Dinge. Über die russischen Pläne bezüglich des Wiener Besuches habe ich bereits telegraphisch berichtet.

Nach der Audienz, die etwa eine Stunde währte, machte ich den anwesenden Mitgliedern der kaiserlichen Familie meine Aufwartung und besuchte Fürstin Dietrichstein (sehr russisch). Sie ist voller Aufregung über die Wiener Entrevue. Da ihr Sohn, Graf Albert Mensdorff, bei der Botschaft in Petersburg ist, weiß sie allerhand Klatsch. Die Anstrengungen des Botschafters Liechtenstein, eine Verständigung mit Rußland herbeizuführen, konnte man aus den Erzählungen der Fürstin herausriechen.

Albert Mensdorff, der ein ganz gescheiter Mensch ist, der Augapfel der Mutter, und als Enkel einer Koburg-Gotha in London als Verwandter behandelt wurde (aber als Sohn des Ministers Mensdorff von 1866, Preußen nicht liebt), hat von der Kaiserin Alix auch besondere Gnadenbeweise erhalten, und das macht die alte dicke Dietrichstein halb verrückt vor Russenglück. Ihr ältester Sohn ist mit einer Dolgorouki verheiratet. Übrigens ist in Wien der Gedanke, den Zaren in Schönbrunn zu logieren und zu amüsieren, aufgegeben – wie die Dietrichstein sagt: aus Angst vor einem Attentat – wie ich glaube, weil Lobanow es unbequem findet, hin und her fahren zu müssen. Die Fürstin glaubt, ebenso wie der Kaiser, daß die Zarin nicht guter Hoffnung ist.

Um 3 Uhr fand das Diner in der Villa statt. Es geht sehr harmlos bei diesem Sommeraufenthalt zu, denn der Kaiser stand an der Haustür, als ich kam, und plazierte mich auch selbst bei Tisch. Gäste waren Prinz Leopold von Bayern mit Gemahlin (älteste Tochter des Kaisers) und zwei Söhnen. Der älteste 16jährige verlegen im Frack, der jüngere rothaarige verlegen ohne Frack. Erzherzogin Valerie (zweite Tochter des Kaisers) – ganz außerordentlich guter Hoffnung, Hofdame Festetics, Baronin Limpök, Hofdame der Prinzessin Gisela, Graf Paar (Generaladjutant), Graf Bellegarde (Obersthofmeister der Kaiserin) und zwei Flügeladjutanten. Die Kaiserin zeigte sich nicht. Es wurde wieder namenlos schnell serviert. Der Kaiser wird immer ungeduldiger beim Essen. Ich erzählte bei andächtiger Stille unsere Walfischjagd, mußte dann Prinzessin Gisela unterhalten – was mir entsetzlich mühsam war, denn trotz ihrer 40

Jahre ist sie noch immer verlegen wie ein Backfisch aus einem Pensionat und errötet, wenn man ihr sagt, daß man Pflaumen gern ißt.

Nach dem Diner amüsierte sich der Kaiser sehr über meine Schilderung unseres Abenteuers mit den Franzosen in Norwegen , dann wurde ich entlassen, das Fest hatte sein Ende.

Ich fuhr nun zu der berühmten Frau Kathi Schratt (ich weiß, daß man dafür sehr dankbar ist). Ich unterhielt mich vortrefflich mit der charmanten Dame. "Wie ist jetzt Ihre Tageseinteilung?" fragte ich sie. – "Um 5 Uhr stehe ich auf", erzählte sie, "dann gehe ich in die Ischl ein Bad nehmen, nachher – gegen 7 Uhr – kommt der Kaiser zum Frühstück und bleibt bis gegen 10 Uhr. Ich begleite ihn bis zur Villa. Darnach ruhe ich und esse, und um 3 Uhr gehe ich mit beiden Majestäten – mag es regnen oder nicht - auf die Berg', 3-4 Stunden lang. Da können Sie glauben, daß ich gern um 8 Uhr zu Bett geh'."

Damit hatte mein Aufenthalt in Ischl sein Ende erreicht ...

TAGEBUCHNOTIZEN.

Wien, 13. August 1896.

Mein Nervenzustand wird immer bedenklicher. Ich habe abends ein recht nettes Diner bei Goluchowski und erkläre ihm, daß ich morgen abreise, worüber er entsetzt ist, denn die politische Lage ist allerdings nicht rosig. Aber er sieht doch ein, daß ich körperlich nicht weiter kann.

15. August 1896.

Ich treffe in Berlin ein und zeige mich niemand. Einer politischen Quälerei auf dem Auswärtigen Amt wäre ich nicht gewachsen. Gott! – Wie ich diese Giftbude hasse!

Neuhäuser bei Königsberg, 21. August 1896.

Das waren 4 herrliche Tage! Meine Augusta, meine glücklichen Kinder, meine Mutter, am schönen stillen Strande der Ostsee, ohne Bekannte, wir unter uns! Welch ein innerer Abgrund trennt mich von der Welt, in der ich offiziell stehe – stehen muß – einem Gebot der Freundschaft folgend und der Pflicht gegenüber dem Vaterlande.

23. August 1896.

Ich treffe nachmittags in Wien ein und habe viel Arbeit.

Das verödete Wien mit seinem Staub und Wind auf der Ringstraße und die Gluthitze in der inneren Stadt sind unerträglich – die Heimkehr in die riesige leere Botschaft ohne Frau und Kinder ist noch unerträglicher. Es ärgern mich auch alle die aufgeregten Gesichter der Hofschranzen, die nach der Stadt gefahren sind, um die Ankunft des Zarenpaares vorzubereiten.

Aber noch mehr ärgern mich *les chers collegues*, – alle ihre mit Mist geladenen politischen Flinten, die nicht losgehen, und alle die gespitzten diplomatischen Eselsohren, in die der einzige Schlauberger, Fürst Lobanow, ihnen blauen Dunst blasen wird.

24. August 1896.

Nachmittags fahre ich nach Baden, wo ich einen höchst gemütlichen Abend bei Bernhard Bülows verbringe, die voller tiefer Dankbarkeit für mein Beschwören der Krise in Berlin sind .

Wien, 31. August 1896.

Die Zarentage brachten mir unendliche Arbeit. Ich kam gar nicht zur Besinnung.

Ich schrieb mich am 27. August beim Zaren ein und besuchte Nigra, wo plötzlich Lobanow erschien. Er bekam eine Art Herzkrampf und war 10 Minuten ganz konfus, sprach von politischen Dingen, die durchaus nicht für meine Ohren berechnet waren – so daß ich gehen wollte. " *Mon Dieu, c'est Vous.!*" rief er aus, " *je croyais voir Radolin*". Er machte mir einen merkwürdigen Eindruck.

Ich schrieb sofort nachher einen Bericht darüber nach Berlin und sagte, daß ich ihn für sehr ernst krank hielte – für einen Todeskandidaten, was andere durchaus nicht fanden.

Am Abend des 27. August war große Gala-Oper. Eine Überfülle von Diamanten. Alle Fürstinnen Österreichs waren angekommen – neugierig und vergnügungssüchtig. Ich saß mit dem türkischen Botschafter zusammen. Von Botschafterinnen waren die Monson und die Kapnist erschienen.

Die Kaiserin sehr reizend, doch vielleicht nicht so hübsch, als ich erwartet hatte, in Rosa mit herrlichen Diamanten und Rubinen, ein hohes, ganz glattes Diadem in Form des russischen Kakoschnik.

Am 28. früh hatte ich einen langen Besuch von Lobanow. Es ging ihm besser, aber er hatte einen ganz merkwürdigen Blick. Später kam auch Goluchowski zu mir. Es wurde viele und interessante Politik geredet.

Ich aß bei Lichnowsky . Abends war Gala-Hofkonzert, wie es Augusta zur Genüge kennt.

Ich hatte eine lange Unterhaltung mit dem Zaren, der Kaiserin von Rußland und dem Kaiser Franz Joseph. Alle waren sehr liebenswürdig. Der Zar sagte, daß, wenn er mich auch nicht persönlich, so doch längst gut kenne und knüpfte vieles an diese Bermerkung. Die Kaiserin sprach von meiner Musik, die ihr sehr bekannt sei, sie schien etwas verlegen, sah aber in Hellgrün, übersät mit Diamanten und Perlen und wieder mit einem Kakoschnik-Diadem aus großen Diamanten, die geradezu unheimlich strahlten, sehr schön oder besser besagt, lieblich aus.

Es herrschte große Hitze. Das Konzert, auf das, wie immer, niemand achtete, war herrlich. Unsere Musikfreundin Miß Walker sang wunderbar. In der Pause fanden die Vorstellungen statt, bei denen die Fürstinnen, welche in der Erwartung der Vorstellung bei der Kaiserin ehrfurchtsvoll rückwärts traten, alle ohne Ausnahme den Zaren mit der Kehrseite anliefen, was jedesmal eine energische Intervention vom ehrendienstlichen Fürsten Lobkowitz zur Folge hatte.

Erzherzog Franz Ferdinand hatte es sich in leidenschaftlicher Russenliebe nicht nehmen lassen, zu erscheinen. Kaiser Nikolaus war sehr verlegen, machte aber recht gut Cercle. Seine immer zur Seite ausweichenden Blicke sind nicht angenehm und machen den Eindruck der Falschheit. Sieht er die Menschen wirklich an, so erscheint er freundlich. Sein ganzes Wesen war matt und ermüdet.

Kaiser Franz Joseph sprach mir seine besondere Freude über das anscheinende Verbleiben des Fürsten Hohenlohe im Amte aus.

Er fand wohl den ganzen Besuch gräßlich (wie ich annehmen muß) und saß wie ein russisches Opferlamm zwischen den Majestäten aus Petersburg.

Damit war der Zarenbesuch beendet, dem eine Wolke von politischen Berichten folgte.

31. August 1896.

Heute früh kommt die Nachricht, daß Lobanow auf dem Wege von Wien nach Kiew im Coupé gestorben ist!! – größte Aufregung in der ganzen politischen Welt. Seine Politik war uns wenig freundlich, und wir sollen daher nicht allzu laut klagen. Ich hatte ihn persönlich gern und stand ihm freundschaftlich nahe – vermochte daher immer noch verhältnismäßig günstig zu wirken. Aber welche Verlegenheit für den jungen Zaren! Wer wird Lobanows Nachfolger? Das ist die Frage!

Er ließ übrigens Augusta noch bestens grüßen – das muß ich ausrichten – als seinen letzten Gruß aus seinem geräuschvollen Leben.

Mit dem Tode Lobanows, der nach meinem Bericht über seine Gesundheit erwartet werden mußte, hat sich das Bild russischer Politik wesentlich verändert. England verlor an ihm einen unerbittlichen Feind, der bei der Anglomanie der russischen Majestäten ein gutes Gegengewicht war. Das fällt in diesem Augenblick angesichts des Besuches der russischen Herrschaften in England schwer in die Wagschale.

Ich bin aus diesem Grunde der Ansicht, daß wir bis auf weiteres alles vermeiden müssen, was die englisch-russischen Beziehungen erleichtern könnte.

FÜRSTIN PAULINE METTERNICH

EINE ERINNERUNG

AUCH ENTHALTEND: ZWEI - KAISER - MANÖVER IN UNGARN.

VORWORT

Fürstin Pauline Metternich gehört zu den Frauen, von denen in der großen internationalen Welt zu der Zeit der Herrlichkeit Napoleons III. und der Kaiserin Eugenie viel gesprochen wurde. Und das pflegt auf eine Dame kein gutes Licht zu werfen, wenn man sie bei solchen Betrachtungen in den großen Pariser Modekorb schleudert, mit allen den Frauen zusammen, die das Wetter in der Welt der Mode machen: Mehr oder minder Flittergold und Zierpuppen von leichten Sitten.

Was aber bedeutet das Urteil der großen Welt? nichts anderes, als wenn kurzsichtige Leute nach einer Scheibe schießen.

Fürstin Pauline aber gehörte zu den Erscheinungen der großen Modenwelt nur insofern, als es die von Geist und Lebenslust übersprudelnde junge Dame einst belustigte, auch ihrerseits Mode zu machen. Und warum sollte sie nicht das unermeßliche Talent des Schneiders Worth "entdecken", der, dank ihrer Intervention zu einer internationalen Größe, gewissermaßen zu dem Herrscher der Modewelt wurde?

Es gibt aber in der großen Mode-Welt zwei völlig und scharf voneinander getrennte Arten der Eleganz: Die Eleganz der vornehmen Frau und die Eleganz der Demimonde. Es ist nicht zu leugnen, daß sich diese beiden Frauen-Arten in der Pariser Gesellschaft nahe berühren. Sie sind sich aber niemals in der Fürstin Pauline Metternich begegnet, denn diese war und blieb trotz ihres sprühenden Temperamentes, ihrer Freiheit des Wortes und ihres beweglichen Mienenspiels der Inbegriff einer vornehmen Frau. Es war ihr Verstand und ihr sprudelnder Geist, der die Äußerlichkeiten des Lebens nur zu einem Werkzeug machte.

So war und ist diese merkwürdige Frau, mit der mich das Schicksal einst zusammenführte, und der ich in Dankbarkeit als Freund diese Zeilen weihe.

Philipp Eulenburg.

I. FÜRSTIN PAULINE IN MERAN UND DIE GEBURT IHRER MEMOIREN. 1896.

Fürstin Pauline Metternich war als die einzige Tochter und Erbin des berühmten ungarischen Grafen Sandor, dessen Reitkunststücke und Abenteuer in der ganzen Welt bekannt waren, 1836 geboren und hatte 1856 den Fürsten Richard Metternich, Sohn und Erben des berühmten Staatskanzlers geheiratet, der fast während der ganzen

Dauer des zweiten napoleonischen Kaiserreichs Österreich als Botschafter in Paris vertrat.

Fürstin Pauline, voll Verstand und geistreicher Beobachtungsgabe, hatte sich in Paris durch ihren Geist und Witz, vielleicht auch durch ihre Toiletten – und vielleicht auch durch eine Art Exzentrizität – schnell eine derartige Stellung an dem napoleonischen Kaiserhofe gemacht, daß bald ohne sie gesellschaftlich nichts unternommen wurde. Alles war originell, was sie erdachte, dazu stand ihr eine ganz ungewöhnliche Energie für die Ausführung ihrer Unternehmungen zu Gebote. Es gab tatsächlich eine Zeit, da in Paris – und darum fast überall in der großen Welt – von Fürstin Pauline gesprochen wurde.

Schön war sie nicht. Doch sah man immer nur ihre leuchtenden, großen, braunen Augen, die voller Übermut und Spott, fragend und durchbohrend dem Menschen bis tief in sein Innerstes blickten. In ihnen lag der ganz ungewöhnliche äußere ausdrucksvolle Reiz ihres Wesens, der durch die zündende Art ihrer Konversation und die Treffsicherheit ihrer Bemerkungen ganz außerordentlich wirkte.

Als ich sie in Wien kennenlernte, kamen wir uns schnell nahe. Es wurde eine gute Freundschaft daraus, und ich habe durch sie viel gehört und viel erfahren, und zwar nicht nur aus politischen Zeiten der Vergangenheit, denn ihre Mutter war die Tochter des berühmten Staatskanzlers Metternich , in dessen Hause die junge Pauline aufwuchs, sondern auch von dem Hofe Napoleons III. Am lebhaftesten waren immer ihre Pariser Erzählungen.

Bald nach dem Antritt meines Wiener Postens, 1894, hatte Fürst Richard einen Schlaganfall gehabt. Die Fürstin ging nur wenig aus, doch suchte ich sie an ihren Empfangstagen im Palais Metternich auf.

Als 1895 der Fürst starb, hatte sie für den Winter die Villa "Praderhof" in Meran-Obermais gemietet, da sie um ihrer Trauer willen nicht in Wien bleiben wollte.

In ihrer Villa Praderhof langweilte sie sich entsetzlich, und als ich am 6. Januar 1896 in Meran erschien und mich, statt sie zu besuchen, krank in mein Bett legte, war sie fassungslos. Wir schrieben uns Billetts – doch das genügte nicht. Kaum, daß ich mich auf einem Sofa befand, erschien sie und erfrischte nicht nur mich, sondern auch meine Mutter, die den Winter in Meran verlebte, durch ihre Lebhaftigkeit und Originalität.

Damals schlug ich ihr vor, die stille Zeit im Praderhof zu benutzen, um ihre Memoiren zu schreiben. Sie lachte mich aus, behauptete, das hätten ihr schon andere Leute geraten. Sobald sie aber mit ernstem Gesicht begonnen habe: "Ich, Pauline, geboren 1836" – sei sie von einem Schauder der Langeweile überfallen worden und habe endgültig darauf verzichtet, die Welt "anzureden".

Ich sagte ihr, daß man es anders anfangen müsse: man solle Episoden aus seinem Leben schreiben, deren Erinnerung Freude mache, oder die so interessant seien, daß man kaum erwarten könne, das Ereignis, das Problem, den gehabten Eindruck niederzuschreiben. Sie habe mir oft spaßhafte, geistvoll lustige und zugleich interessante Erlebnisse derart packend erzählt, daß, wenn ich Zeit gehabt hätte, ich diese selbst niedergeschrieben hätte. Das sei nun ihre Aufgabe: die Episode zuerst, dann die Episoden gesammelt aneinandergefügt nach den Jahren der Erlebnisse oder nach anderen Gesichtspunkten, etwa gruppiert um Persönlichkeiten oder um historische Ereignisse. Denn beginnt man mit Lust eine Erinnerung niederzuschreiben, so folgt mit Lust die zweite und dritte – und schließlich sei die Form gefunden, um auch Notwendig-Alltägliches ohne Unlust zu schreiben und einzureihen, wo es unumgänglich erscheint.

Die Fürstin wurde nach diesem Vorschlag sehr nachdenklich und versprach mir schließlich auf meine dringende Bitte, einige solcher "Episoden" niederzuschreiben und sie mir zur Einsicht zu schicken. Sie möge deutsch oder französisch schreiben, – wie es ihr in die Feder flösse – ich wolle ihr ehrlich mein Urteil sagen, doch dürfe sie weder die Audienz bei der Königin Christine von Spanien in Paris noch andere Erlebnisse, die schließlich durch ihre Komik das Verdienst hätten, den Leser heiter zu stimmen, in ihren Aufzeichnungen vergessen.

Die Fürstin begann, sich über meinen Vorschlag zu amüsieren. Ganz allmählich nahm der einsame "Praderhof" eine neue Färbung an. Sie sah sich in Gedanken an ihrem Schreibtisch sitzen, von dem sie weit über das herrliche Merantal blickte, formend und bildend, was ihr lebhafter Geist und das wunderbare Gedächtnis ihr zu schreiben gebot – und versprach mir, zu beginnen.

Und die Fürstin hielt treulich ihr Versprechen. Hin und wieder schickte sie mir oder gab sie mir Episoden, die zum Teil ungewöhnlich reizvoll geschrieben waren.

Aus der reichhaltigen Korrespondenz mit meiner Freundin Metternich will ich hier einige Briefe anfügen, die ihre "Memoiren" betreffen und zugleich eine bessere Charakteristik der merkwürdigen – von Bismarck so gehaßten Frau - (die es ihm mit gleicher Münze zurückzahlte) – darstellen, als ich sie in den vorstehenden Worten zu geben vermochte.

BRIEFE DER FÜRSTIN PAULINE METTERNICH-SANDOR AN GRAF PHILIPP EULENBURG

Obermais-Meran, den 3. Februar 1896

Besten, allerbesten Dank, lieber Graf, für die gütige Erinnerung und Zusendung des "armen Hopser" ! Wenn Karl und Thora wüßten, daß die dereinst im Himmel oder in der Hölle thronenden und wohnenden Frösche zuerst von gewissen Leuten verspeist werden – von mir in erster Reihe –, was für erstaunte Gesichter würden sie erst da machen!

Ich habe öfters mein Glück bei Ihrer lieben Mutter versucht, leider war sie und ist sie bis jetzt nicht wohl genug, um Besuche empfangen zu können. – Wir sind aber in Korrespondenz, und gestern erst erhielt ich zu meiner Freude ein liebenswürdiges Billettchen aus dem Leichterhof, in welchem sich die gute, vortreffliche Gräfin entschuldigte, daß sie die beiden Exemplare vom "Hopser" mir zu schicken vergessen hatte. Ich weiß auch, daß Sie Diners bei schönen Schauspielerinnen mitmachen und daß man reizende Erzählungen, welche aus Ihrer Feder geflossen sind, nach einem solchen Diner zu hören bekommen hat!

Ich glaube, bester Graf, daß Sie mir deshalb geraten haben, meine Erlebnisse aufzuzeichnen, weil Ihnen nichts leichter erscheint, als allerhand hübsche Geschichten aufs Papier zu bringen und Sie nicht begreifen können, daß es Menschen gibt, die dumm genug sind, das, was sie mit eigenen Augen gesehen und was sie in ihrem Leben erfahren haben, nicht ganz einfach erzählen können, wo es Ihnen doch ein leichtes ist, gleich so mir nichts, dir nichts eine Geschichte zu erfinden! – Ich glaube, meine Memoiren würden allen Leuten eine furchtbare Enttäuschung sein – man würde sagen: " *Elle a très mal vu, elle a très mal entendu et très mal raconté*!" Nun, ich will es im Laufe des Sommers versuchen, einige Aufzeichnungen zu machen. Vielleicht gelingen mir einige – (nicht wohlwollende) – Porträts, denen ich aber dann jene meiner Freunde folgen lassen würde, die in einem Brillant-Feuerwerk erglänzen würden!

Sehen Sie, lieber Graf, das hält mich davon ab, meine Eindrücke niederzuschreiben, daß, wenn ich nicht von der Leber frei heraussprechen kann, diese Eindrücke keineswegs meine Eindrücke sind! ...

Ich will Hiebe und Lob austeilen, wie es mir gefällt – dann erst bin ich es, die spricht! – Und spreche ich frei, so verletze ich und dagegen sträubt sich mein christlicher Sinn sowie mein Anstandsgefühl! – Zwischen Memoiren oder Eindrücken und einem Pamphlet ist die Demarkationslinie schwer festzustellen!

Ich schreibe Ihnen bei einer herrlichen Witterung! Gestern hatten wir 27 Grad in der Sonne! Wir sind gebraten von der Gilf-Promenade zurückgekommen!

Bitte grüßen Sie mir herzlichst die Gräfin, empfehlen Sie mich Ihrer Schwiegermutter und bleiben Sie mir treu freundschaftlich gesinnt.

(gez.) P. Metternich.

Obermais-Meran, 18. Februar 1896.

Das war wieder so einmal recht liebenswürdig und aufmerksam von Ihnen, mein bester Graf, daran gedacht zu haben, mir die Nachricht vom Tode Constantin Hohenlohes sogleich mitzuteilen ! Ich sage Ihnen tiefgerührten Dank für Ihre liebe, gütige Erinnerung.

14. Februar 1906.

Der erste Obersthofmeister des Kaisers, Prinz Constantin Hohenlohe (Bruder des Herzogs von Ratibor, des Reichskanzlers und des Kardinals) stirbt. Ein schwerer Verlust für Kaiser Franz Joseph, dessen Freund er durch alle traurigen Zeiten seiner Regierung war. Auch ich verliere mit ihm einen sehr guten Bekannten, der mir stets mit vollem Vertrauen entgegenkam und mir auch in politischer Hinsicht oft gefällig war.

15. Februar 1896.

Ich besuche die Fürstin Constantin und begebe mich allein in das Sterbezimmer, wo der Fürst still und friedlich in seinem Bett mit dem großen, rotseidenen Vorhang den letzten Schlaf schläft. Glücklich lächelnd, als habe er niemals in seinem Leben gelitten, als träume er von irgendeiner großen Seligkeit. Ich war plötzlich so tief von diesem Anblick des Friedens ergriffen, daß mich eine unsagbare Sehnsucht ergriff, es möge nun auch mein Leben entsetzlicher, qualvoller Unruhe und erschütternder Verantwortung enden – ich möge nun auch so still schlafen können wie er. Ich vermochte mich kaum von diesem Bilde tiefen Friedens zu trennen und riß mich gewaltsam los, um nicht in dem mir immerhin nicht eng befreundeten Hause der Dienerschaft aufzufallen. Als ich wieder hinaustrat und in meinem Wagen durch die hastende Menge fuhr, legte sich mein Leben und Schicksal in seiner ganzen Schwere wie eine fürchterliche Last auf mich – mein beneidetes Leben! Ach, wüßten sie alle, die mich beneiden, daß ich sie beneide, die solchem Glanz Fernstehenden, still Abgegrenzten.)

Der Dahingeschiedene war ein Ehrenmann – seinem Kaiser treu ergeben. Leider hatte die Seele nicht Platz, in dem kleinen Körper groß zu werden!

Auf diese, Ihnen gegenüber offen gemachte Bemerkung frage ich mich nochmals, ob ich denn wirklich daran gehen soll, meine Memoiren zu schreiben? ...

Und nun zum Schluß die Frage: wann sieht man Sie wieder in Meran? – Vielleicht im kommenden Monat? Dann machen Sie einmal mit uns die reizende, himmlische Promenade von hier nach Labers durch einen entzückenden Kastanienhain, durch welchen man auf samtweichem Moose dahinschreitet und die prächtige Luft in vollen Zügen einatmet! Nein, Sie glauben gar nicht, wie es da oben schön ist; ich bilde mir ein, den Weg entdeckt zu haben und fürchte mich nur immer zu erfahren, daß ihn vor mir irgendein Pfadfinder schon begangen hat!

Ich verschweige die Entdeckung bis zu Ihrer Ankunft! Bitte empfehlen Sie mich herzlichst der lieben guten Gräfin und empfangen Sie, lieber Graf, die gern erneuerte Versicherung meiner freundschaftlichen Gesinnungen.

(gez.) P. Metternich.

Meran, 16. April 1896.

Sie werden es bitter bereuen, mein bester Graf, mich zur Schriftstellerin haben machen wollen, denn heute sende ich Ihnen wieder einen Aufsatz. Nur wird diesmal Ihr deutsches Herz erbeben, denn er ist in französischer Sprache verfaßt – und wenn ich hinzufügen werde, daß ich lieber französisch als deutsch schreibe, dann sehen Sie mich am Ende gar nicht mehr an, d. h. nein – Sie verbitten sich einfach die Fortsetzung meiner schriftstellerischen Tätigkeit!

Nun, der nächste Aufsatz wird wieder deutsch sein und will ich in demselben vom König Ludwig von Bayern erzählen und Ihnen sagen, wie es kam, daß wir uns kannten, ohne uns zu kennen, und wie merkwürdig mein Verhältnis zu dem unglückseligen königlichen Träumer war! – Im Anhange werde ich die Briefe des Königs hinzufügen, das kann ich aber erst tun, wenn ich bei mir in Ungarn auf dem Lande bin, weil ich daselbst meine Autographen-Sammlung habe. Wäre es Ihnen möglich, mir anzugeben, auf welche Weise ich meine kleinen Notizen und Erinnerungen kopieren lassen könnte, ohne mich etwa der Gefahr auszusetzen, daß der Kopist indiskret wäre und ich eines schönen Morgens eine meiner Aufzeichnungen im "Tagblatt" zu lesen bekäme! – Ich kann diese flüchtig hingeworfenen Aufsätze nicht *a la longue* in losen Bogen herumliegen lassen, obendrein ist das große schwarzgeränderte Briefpapier miserabel und bricht – also bitte, geben Sie mir einen Rat, an wen soll ich mich wenden? Wo finde ich den verläßlichen Kopisten?

Die Geschichte, welche in Fontainebleau passierte, ist authentisch – sie ist ein wenig zweideutig, aber dumme Prüderie ist nie meine Sache gewesen, und wenn ich mich einmal entfalten werde, da wird es fürchterlich werden!

Ich muß Ihnen ein bißchen Angst machen, damit Sie meiner Schreibseligkeit halt gebieten, sonst folgt eine Aufzeichnung der andern und Sie Unglücklicher sind das Opfer eines Blaustrumpfes geworden! Entsetzlich!

Sie haben jetzt eine furchtbar bewegte Zeit durchgemacht, bester Graf, und fürchte ich, daß Ihre Gesundheit darunter zu leiden gehabt haben mag!

Jetzt geht es aber demnächst wieder los, und Sie müssen "Millennium schwindeln". – Ich beneide Sie nicht darum, das weiß Gott.

Den 28. d. Mts. dampfe ich nach München ab und halben Mai treffe ich in dem geliebten Paris ein, welches ich, trotz Bourgois, Combes, Mesureur und allen offiziellen Schuften, wie sie auch heißen mögen, noch immer in mein Herz schließe, – denn das Wort bleibt ewig wahr: " *On végète partout mais on ne vit qu'à Paris*!" Da pulsiert ewig frisches Leben, da hört und sieht man stets Neues und Anziehendes, da thront der Geschmack, da lernt man Rede und Antwort stehen, dort entdeckt man sein klein bißchen Verstand und findet Mittel und Wege, daraus Kapital zu schlagen.

Und nun leben Sie wohl, bester Graf! – Hier steht alles in vollster Blüte – ich fürchte, daß dem in unserm Wien nicht so ist!

Treu freundschaftlich ergeben (gez.) P. Metternich.

Meran, 27. April 1896.

Diesmal ist es kein "Sträußchen", sondern nur der wärmste und herzlichste Dank für Ihre lieben Zeilen. Dieser Dank wendet sich in erster, ja allererster Reihe dem treuen, aufrichtigen Freunde zu, welcher mir mit den so unendlich klugen und wohlgemeinten Ratschlägen zur Seite steht. Ich werde dieselben pünktlich und gehorsamst befolgen.

Wie können Sie glauben, daß ich Ihnen nicht die Berechtigung zugestehe, mit mir offen und frei zu sprechen?

Offen und frei über alles – ich bitte Sie selbst darum und würde es geradezu als einen Verrat an der Freundschaft ansehen, wenn Sie es nicht tun würden.

Sehr stolz bin ich, daß Sie, bester Graf, meine bescheidenen Aufsätze nicht zu unbedeutend und schlecht finden! – Wenn ich von Politik sprechen soll, da finden Sie mich aber ratlos! Vielleicht zeigt mir Lady Blennerhasset den Weg, den ich einschlagen soll. – Obwohl Fürst Bismarck mir die Ehre angetan hat, mich als politisch einflußreiche Persönlichkeit zu hassen, so kann ich Sie versichern, daß ich mich niemals mit Politik anders als *parlando* befaßt habe und deshalb wenig oder selbst gar nichts weiß von allem, was unter meiner "Regierung" als Botschafterin vorgefallen ist. Ich wollte nichts wissen, um ohne Rückhalt sprechen zu können und meinen Sympathien und Antipathien freien Lauf zu lassen. – So habe ich mir erlaubt, die Italiener immer zu verachten und den Fürsten Bismarck zu hassen – christlich zu hassen, denn wäre er unter meinen Augen dem Ertrinken nahe gewesen, hätte ich ihn zu retten getrachtet – und wenn ich über Ereignisse sprechen sollte, welche politischer Natur wären, so würde ich mich nicht zurechtfinden können!

Ich habe mir meine Erinnerungen etwa so gedacht: Ein Kunterbunt von Erzählungen, Anekdoten und Porträts von Zeitgenossen. Ich werde mir Lady Charlottes Rat erbitten und Ihnen dann darüber schreiben.

Gestern machte ich meinen Abschiedsbesuch im Leichterhof und fand die Damen im Garten gemütlich Kaffee trinkend. Ihre Tante geht also nach Pistyan – das ist ein prächtiger Gedanke – sie kann nichts Besseres tun, denn meines Erachtens ist Pistyan ein Wunderbad im vollsten Sinne des Wortes.

Baronin Heß war als Muse entzückend in Erscheinung und Sprache. Der Erfolg unserer Feste war ein in jeder Beziehung glänzender. Die Rein-Einnahme wurde endlich festgestellt und beläuft sich auf rein 17600 fl. Die Ausgaben dagegen belaufen sich auf 4400 fl., so daß die Proportion eine ganz gute ist. Die Meraner sind überglücklich ...

(gez.) P. Metternich.

9. Mai 1896.

... Dürfte ich Sie ersuchen, mir die beiden Aufsätze nach Paris zu schicken, wohin ich morgen abreise? Hotel Métropolitain rue Cambon. – Ich muß sie dem Freunde Bussiére, der ein Purist ist, unterbreiten, denn ganz sicherlich wimmeln sie an Fehlern in der Sprachwendung. – Würde mein guter unvergeßlicher Mann noch leben, so wäre er der berechtigtste Korrigierer, denn wenig Franzosen beherrschen so ihre Sprache, wie er es tat.

Denken Sie nur, daß einmal des Abends in den Tuilerien ein *dicté* gemacht wurde: das sogenannte "*dicté de l'Académie*", das unglaublich schwer ist und an der alle Akademiker selbst scheitern! Kaiser Napoleon machte 47 Fehler, Kaiserin Eugenie an die 60, ich etliche 40, Octave Feuillet 23, Alexander Dumas 19 und mein Mann 3! - -

Alles war sprachlos, und er wurde als " *le plus français des français*" proklamiert.

Sie sind gewiß von den Pester Festlichkeiten ebenso ermüdet als entzückt heimgekehrt! – Ich bedaure Sie, noch einmal hinabdampfen zu müssen – das ist denn doch des Guten ein bißchen zuviel! Also morgen geht's nach Paris. Ich gedenke bis gegen halben Juni dort zu verweilen und werde vielleicht von da aus nach England hinüberfahren, um Kaiserin Eugénie zu besuchen. Schreiben Sie mir nach Paris – nicht wahr? Tausend herzliche Grüße in Eile. Die nächstfolgenden Aufsätze gehen wieder direkt an Sie ab!

(gez.) P. Metternich.

Bajna, 6. September 1897.

Also nicht zu sehr enttäuscht? – Das eine freut mich unendlich, nämlich, daß Sie meinem geliebten, unvergeßlichen Großpapa durch meinen armseligen Aufsatz näher gekommen sind und begreifen, was er für ein edler, lieber, treuer, ehrlicher, famoser, gemütlicher, vornehm -denkender Mann war! – Das weiß ich, daß, wenn Sie ihn kennengelernt hätten, Sie ihn geliebt und verehrt haben würden, so wie es übrigens alle getan haben, die mit ihm jemals zusammengekommen sind. Denken Sie sich, bester Graf, der Glückliche, er war unwiderstehlich einnehmend und nie – ich sage nie ist es geschehen, daß jemand, der mit ihm verkehrt hatte, von ihm nicht entzückt gewesen wäre! Und doch gab er sich, weiß Gott, keine Mühe zu gefallen! – Daß ich zu oft den Namen des "Großpapa" nenne, wundert mich nicht im mindesten, denn erstens schreibe ich, ohne schreiben zu können, und zweitens habe ich die abscheuliche Gewohnheit, das Geschriebene nicht zu überlesen, und das aus dem einfachen

Grunde, weil ich es dann gewiß zerreißen würde. – Bitte, bitte, korrigieren Sie! – Sie sind ja "der Mitschuldige"! Folglich ist es an Ihnen, meine Fehler gutzumachen.

Denken Sie sich, daß Kardinal Schönborn, welcher mir ein gnädiger Gönner und Freund ist, vor einigen Tagen in einem Briefe *á propos* eines ihm von mir empfohlenen, sehr interessanten Buches *"Le royaume de la rue St. Honoré (Mme. Geoffrie et ses amis)"* schreibt: "Haben Sie denn nie Porträts geschrieben – Sie sollten es tun ..."

Wie merkwürdig, daß nun auch ihm die Idee gekommen ist, welche Sie vor 2 Jahren mir bekanntgegeben haben und der ich, dank Ihres Zuredens, gefolgt bin.

Und bei meinem letzten Aufenthalte in Paris, da kam eines Abends Graf d´Haussonville zu mir, und als wir über allerhand Dinge sprachen und uns miteinander unterhielten, stellte er an mich die Frage: *"Au fait pourquoi n'écrivez-vous pas vos souvenirs?"*

Und so geschieht es denn oft im Leben, daß ein Gedanke plötzlich in mehreren Köpfen beinahe zu gleicher Zeit auftaucht – woher mag das kommen? Ist das am Ende auch mit "Mystizismus" verwandt?

Was mystische Vorkommnisse im Leben meines verstorbenen Vaters betrifft, so habe ich diesbezüglich nie etwas erfahren. Nur die Geschichte der durchgehenden Pferde ist allerdings geheimnisvoll.

Ich werde den Kanonendonner von Totis herüber hören und mich freuen, Sie in der Nähe zu wissen. Vergessen Sie nicht die Telegraphen-Station oder vielmehr die Adresse "Sarisap Fürstliche Verwaltung" und sagen Sie mir, wann Sie kommen und von wo aus Sie kommen, ob von Bieske oder von Gran! Auch bitte ich um Angabe der Stunde.

Legen Sie mich Ihrem allergnädigsten Herrn und Kaiser zu Füßen.

(gez.) P. Metternich.

Der vorstehende Brief, der mich bereits versenkt in ein Meer von Depeschen in Wien erreichte, die sich auf das große ungarische Kaisermanöver bezogen, zu dem auch Kaiser Wilhelm geladen war, bildet den Übergang zu geräuschvollen Tagen, die ich in Ungarn auf der bekannten Herrschaft Totis des Grafen Franz Esterhazy mit den beiden Kaisern verlebte. Die Nähe von Bajna, des großen Sandorschen Besitzes der Fürstin Pauline, aber ließ in mir den Wunsch wach werden, sie nun auch als ungarische Magnatin in ihrem Heim kennenzulernen, und so stellte ich ihr meinen Besuch in Aussicht.

Bevor ich jedoch hiervon Mitteilung mache, schalte ich die Schilderung meiner Erlebnisse während der ungarischen Manövertage ein, die eine Folie für die Heimat meiner Freundin bilden sollen: Ungarn mit allen seinen Reizen, das trotz der hohen Kultur seiner hohen herrschenden Klassen, ein Abgrund von deutscher Wesensart und Volkskultur trennt.

Ich lasse hier zunächst als allgemeine Übersicht über die sehr geräuschvollen Tage, die ich nunmehr in Gesellschaft der beiden Kaiser, Wilhelm und Franz Joseph in Ungarn verlebte, ein Telegramm und den Wortlaut eines "offiziellen" Programmes folgen, das jeder Teilnehmer an den Manövern in Ungarn erhielt.

Von Oberhofmarschall Graf August zu Eulenburg.

Schloß Homburghöhe, 6. Sept. 1897. Telegramm:

Seine Majestät erwartet Dein Einsteigen in Wien, Staatsbahnhof, am 12. September, mittags 12 Uhr 20 Minuten. Ankunft in Totis erfolgt erst nachmittags 4 Uhr. Wegen Hirschpürsche in Totis ist bejahend geantwortet, doch zweifle ich, ob es dazu kommt. Ein Dejeuner beim Generalkonsul besser zu eliminieren, da Hitze zu groß. Hier guter Verlauf bei zweifelhaftem Wetter.

(gez.) A. Eulenburg.

Programm.

Manöver bei Totis im September 1897. Sonntag, den 12. September. Totis.

Nachmittags 4 Uhr: Allerhöchste Ankunft Seiner Majestät des Deutschen Kaisers und Königs von Preußen. Empfang am Bahnhofe durch Seine kaiserliche und königlich apostolische Majestät, die dienstfreien Herrn Erzherzöge, den zugeteilten Ehrendienst, den Obergespan und Vizegespan und die Spitzen der Lokalbehörden. (Marsch-Adjustierung, Zivil: Gala.)

Fahrt ins Allerhöchste Absteigequartier (Schloß Totis). Vor demselben versammeln sich die *in loco* befindlichen dienstfreien Offiziere und Militärbeamten. Aufstellung einer Ehrenkompanie. (Marsch-Adjustierung.)

Montag, den 13. September. Totis. Manöver des 4. und 5. Korps.

Dienstag, den 14. September. Totis. Manöver des 4. und 5. Korps.

Mittwoch, den 15. September. Totis-Mohács. Manöver des 4. und 5. Korps.

Nachmittags 4 Uhr: Abreise Seiner kaiserlichen und königlich apostolischen Majestät nach Mohács, woselbst die Allerhöchste Ankunft am 16. September um 2 Uhr 30 Minuten früh erfolgt.

Nachmittags 4 Uhr 15 Minuten: Abreise Seiner Majestät des Deutschen Kaisers und Königs von Preußen nach Mohács. Allerhöchste Ankunft daselbst am 16. September um 2 Uhr 45 Minuten früh.

Ihre Majestäten haben außer den vorstehenden Empfängen jeden weiteren Empfang und jede Abschiedsaufwartung Allergnädigst abzulehnen geruht.

Das Gefolge Kaiser Wilhelms bestand ziviliter aus:

Oberhofmarschall Graf August Eulenburg
Stabsarzt Dr. Ilberg
Geheimer Kabinettsrat Dr. von Lucanus
Geheimer Hofrat Abb
Botschafter Graf Philipp Eulenburg
Kanzleisekretär Kistler.
Das militärische Gefolge:
Chef des Hauptquartiers General von Plessen.
Flügeladjutanten: Oberst von Scholl
Oberst Graf Klinkowström
Major Graf Cuno Moltke
Major von Boehn.
Chef des Militärkabinetts: General von Hahnke.
Abteilungschef: Oberst von Villaume.

Geheime Hofräte: Mielenz
Schulz.
Chef des Generalstabes: General Graf Schliefen.
Hauptmann im Generalstab von Volkmann.
Oberstallmeister: Graf von Wedel.
Militärattaché bei der Botschaft in Wien: Oberst Graf von Hülsen-Häseler.
Ehrendienst bei Kaiser Wilhelm:
General Graf Üxküll
Kommandierender General in Wien Oberst Pfeiffer
Major Fürst Schönburg-Hartenstein.
Ordonnanzoffiziere: Rittmeister Graf Starhemberg
Hauptmann Graf Stürgkh
Oberleutnant Graf Meran.

Die "Sitzliste" des Diners in dem großen Kaiserzelt an den Abenden 12., 13., 14., 15. September liegt mir vor: es sind 65 Personen!

Es bedarf nun zur Vervollständigung des Bildes meines Verkehrs während der genannten Tage der Aufzählung der österreichisch-ungarischen Notabilitäten, die sich in der Begleitung und dem Gefolge Kaiser Franz Josephs befanden.

An Erzherzögen waren anwesend:

1. Der alte Erzherzog Rainer (ganz unzweifelhaft der gebildetste, klügste und liebenswürdigste aller Erzherzöge überhaupt), den ich während dieses meines Aufenthaltes in Totis viel zu sprechen die Freude hatte.

2. Der Erzherzog Eugen, bezüglich dessen ich in Verlegenheit komme, ein Urteil zu fällen, da ich nicht weiß, ob ich sagen soll: schön – aber dafür unbedeutend, oder: unbedeutend – aber dafür schön.

3. Der alte Erzherzog Joseph (Sohn des berühmten Erzherzogs Palatin, der 1848 bei dem ungarischen Aufstand eine große Rolle spielte). Er ist weder berühmt, noch Palatin, noch überhaupt in der Lage, eine Rolle zu spielen, da ihm jegliche Fähigkeiten hierzu fehlen. Er ist nur Ungar, was er durch einen mit ungarischer Bartwichse in die Höhe gedrehten Schnurrbart äußerlich markiert. Sein Dialekt ist (wenn man ihn überhaupt und nach großen Bemühungen zu hören bekommt), ungarisch-deutsch; gehackt gesprochen, herausgestoßen. (Der Inhalt ist auch danach, und man tut klüger, den Erzherzog nicht zum Sprechen zu bringen.)

Aus dem Gefolge des Kaisers sind als sehr liebenswürdige und kluge Leute zu nennen: Der Generaladjutant Graf Paar (der allerdings wenig spricht, was in seinem mitteilsamen Vaterlande auffällt), der Feldzeugmeister, Vorstand der Militärkanzlei Baron Bolfras und der Chef des Generalstabes Baron Beck.

Eingeladen war – (und erregte einiges Erstaunen) – der Chef des russischen Generalstabes General Obrutschew.

Natürlich hatten sich auch alle Militärattachés der fremden Mächte zu der großen Schaustellung der ungarischen Streitkräfte eingefunden, unter denen besonders der Serbe, Oberstleutnant Maschin durch seine Eleganz auffiel , während der Japaner Major Ohara weniger durch seine O-Haare als durch seine O-Beine Aufsehen erregte.

Eine der wichtigsten Persönlichkeiten bei dieser militärischen Zusammenkunft war unzweifelhaft – der Wirt. Das war der Majoratsherr von Totis, Graf Franz Esterházy, vermählt mit einer Prinzessin Lobkowitz. Er ist ein höflicher und liebenswürdiger Mann.

Ein wunderbar schöner und interessanter Besitz ist sein Totis, das er 1885 von seinem Onkel, dem auf allen Rennplätzen Europas bekannten Grafen Niky Esterházy, ererbt hatte.

An Gräfin Augusta Eulenburg – (Sandels).

Totis (Ungarn), 13. September 1897.

Hoffentlich treffen Dich diese Zeilen wieder bei bester Gesundheit an. Wäre nur erst das Manöver in Liebenberg vorüber und Ihr hättet Ruhe. (Ein Wunsch, den auch Graf Esterházy stumm in seinem Herzen trägt.)

Büdi schrieb mir einen sehr lieben Brief, für den ich herzlichst danke. Er schreibt mir jetzt immer so schön gründlich über allerhand Sachen, die mich interessieren.

Gestern also stieg ich mit Hülsen und Kistler, nebst Emaunel , in den Kaiserzug. Der Kaiser war frisch und sah so wohl aus, wie ich ihn lange nicht gesehen habe. Er war gütig wie immer. Ich mußte sofort bei ihm allein bleiben und allerhand erzählen. Das Frühstück im Hofwagen fand um 1 Uhr statt. Das ganze Hauptquartier, dazu der (uns sehr gefährliche) Generalstabschef der Russen, Obrutschew, als Gast des Kaisers und des Kaisers Franz Joseph. (!) Nach dem Frühstück hatte ich wieder ein Gespräch mit dem Kaiser allein.

Um 4 Uhr: Ankunft in Totis. Schönstes, warmes Wetter. – Zum Empfang Kaiser Franz Joseph und die Erzherzöge Reiner, Eugen und Joseph auf dem Bahnhof. Tausende von Menschen in den reich geschmückten Straßen.

Totis selbst ist über alle Begriffe großartig und schön, an einem blauen, schönen See liegend. Ein altes Kastell krönt den Ort. Außerdem ein Schloß mit vielen Nebengebäuden, ein Theater, ganze Straßen von kleinen Beamtenhäusern (ein solches, sehr elegantes, bewohne ich). Auch ein entzückendes kleineres Schloß in dem riesigen Park – kurzum, dieses Totis ist ein ganz merkwürdiger Ort.

Ich legte mich recht ermüdet bald für eine Stunde nieder und besuchte dann Cuno Moltke, der sehr glücklich über seine Kommandierung nach Wien ist. Später fuhr ich mit meiner Hofequipage zu der Schloßherrin, Gräfin Esterházy, geb. Prinzessin Lobkowitz.

Um 7 Uhr war großes Diner in einem Zelt am See. Lauter Militärs. Lucanus und ich wie 2 Raben unter lauter – (ich hätte fast gesagt: Papageien). Ich saß zwischen Erzherzog Rainer – meinem alten Gönner – und General von Kriegshammer vom Generalstab. Nach dem Essen, das einen sehr "feldmäßigen" Anstrich hatte, fand großer Kriegsrat statt, von Beck geleitet.

Dann Besichtigung des riesigen, mit Jagdtrophäen geschmückten Saales, der zugleich Reitbahn ist; eine Schöpfung von Onkel Niky Esterhazy, der in die Klasse der "pathologischen Rennonkels" gehörte. Auch die andern Räume des Schlosses wurden besichtigt, sowie das Theater, das ganz reizend ist. Schließlich blieb ich mit Kaiser Wilhelm, Erzherzog Eugen und etwa 12 Herren bis 1 Uhr zusammen am Tisch biertrinkend sitzen.

13. September 1897.

Heute vormittag ist alles hinaus zum Manöver gefahren oder geritten. Ich werde jetzt mit Lucanus die leidigen Ordensverleihungen besprechen. Ein ganzer Koffer voll solchen "Glückes" ist mitgenommen worden, und wieviel leere Knopflöcher und Soldatenbrüste hoffen, bangen, zittern jetzt "in schwebender Pein" in dem Gedanken an diesen Koffer. Eitelkeit - dein Name ist Mensch! Aber sie wird nicht eingestanden.

Um 1 Uhr frühstücke ich elender Zivilist bei Gräfin Esterházy *en famille.* Sie ist wirklich freundlich und gut. –

Mit tausend Grüßen den geliebten Kindern Dein alter treuer Philipp.

13. September 1897.

Am Nachmittag kehrten die beiden Kaiser mit dem ungeheuerlichen Gefolge vom Manöver zurück, innerlich und äußerlich schwitzend.

Ich suchte nach der Rückkehr den Kaiser auf, da mir allerhand Depeschen zugegangen waren, die einer schnellen Erledigung bedurften. Dann fand allgemeine Ruhe und allgemeines Baden statt, für das Totis ein Paradies ist. Denn der ganze Untergrund dieser Gegend ist warm. Fast alle Quellen enthalten warmes Wasser von der Temperatur, die man für ein warmes Wannenbad braucht. So befinden sich auch fast in jedem Haus Steinwannen oder sogar Bassins, in die das warme Wasser wie eine Quelle rinnt und daraus abläuft. In meiner Villa (dem Haus eines höheren Beamten von Totis, das, wie fast alle Gebäude nur aus dem Parterregeschoß besteht), befindet sich an einem hübschen, von einer Mauer umgebenen Gärtchen eine Art Sommersalon. In der Mitte dieses Salons ist ein kleines Bassin von rötlichem Marmor eingelassen, das mit silberklarem Wasser angefüllt ist. Es plätschert Tag und Nacht das angenehm laue Wasser hinein – geradezu herrlich! Doch hat diese Wasserfülle in dem Hause den Nachteil, daß es dieses recht feucht macht.

Auch das Wasser des schönen blauen Sees, der etwa so groß ist wie "die Lanke" in Liebenberg ohne die Bucht am Borgwall, ist nicht kalt. So gedeihen denn darin die Fische vorzüglich. Friert daher einmal ein Fisch, so braucht er nur an eine warme Quelle zu schwimmen. Ich denke mir, daß im Paradiese ähnliche Vorrichtungen angebracht gewesen sind.

Abends fand wieder das große "feldmarschmäßige" Diner auf einfachen weißen Tellern und mit Zinnbechern in dem großen Zelte am See statt. Wieder hörte man am Schluß des Bratens (es gibt leider keine Mehlspeise) plötzlich die Stimme des alten Kaisers Franz Joseph laut: "Ich bitt' um Ruhe!" – und nach dem plötzlichen Verstummen des großen militärischen Gemurmels, breitete wieder der Chef des Generalstabes vor dem Platz der beiden Kaiser eine große Manöverkarte aus, auf der so viel ungarische Ortsnamen stehen, daß einem fast schwindlig wird.

Es begann die Disposition für den nächsten Tag, von der kein Deutscher – das Geringste verstand. Gottlob blieb der deutsche Kaiser nach Schluß dieses interessanten Vortrags heute abend nur kurze Zeit mit Erzherzog Eugen und einigen Herren sitzen, er war müde. Der österreichische Kaiser hatte bereits während Becks "Disposition" öfters genickt. Ob das Zustimmung bedeutete, lasse ich dahingestellt. Jedenfalls ging er "unmittelbar" nach Schluß zu Bett.

14. September 1897.

Auch dieser Tag brachte allerhand Kurzweil – denn auch Langeweile bringt bei gewissen Konstellationen eine Kurzweil zutage. Doch wurde die Fahrt nicht zur Kurzweil, die ich mit meinem verehrten und verschlagenen Freunde und Gönner Lucanus um 10 Uhr in das Manöverterrain unternahm. Wir kehrten nach 12 Uhr zurück, nachdem wir ungefähr da gewesen waren, wo sich das Manöver nicht abspielte, denn als wir endlich jenseits eines Flusses allerhand wild aufgeregte Adjutanten herumreiten sahen und einige ungarische Soldaten in fürchterlich engen hellblauen Hosen sich vor den Adjutanten hinter Büschen versteckten – fanden wir keine Brücke.

Heimgekehrt, hatte ich kaum Zeit, mir meinen schwarzen Überrock anzuziehen, um noch rechtzeitig in das kleine Schlößchen im Park zu gelangen, wo ein "intimes *Dejeuner dinatoire*" bei Esterhazys stattfinden sollte. Die beiden Kaiser hatten das sehr berechtigte Gefühl, den "Wirten" von Totis (die sich in geradezu ungeheuerliche Unbequemlichkeiten gestürzt hatten), eine "Höflichkeit" zu erweisen.

Das Schlößchen ist im Grunde nichts anderes als ein runder, ziemlich kleiner Eßsaal mit ein paar kleinen Zimmerchen daneben und darüber. Es liegt in reizender Lage in dem schönen Park bei alten Bäumen und ist in der Zeit Louis XVI. erbaut. An den Wänden des runden Sälchens befinden sich auf Konsolen Vasen. Durch große Glastüren blickt man hinaus in den Park. In dem runden Sälchen steht nur ein runder Tisch, der fast ebenso groß ist wie das Sälchen selbst und nur Platz für die Stühle läßt.

Die Gesellschaft war, wie man bei solchen Gelegenheiten zu sagen pflegt, "klein, aber gewählt": das Ehepaar Esterházy, die beiden Kaiser, die Erzherzöge Rainer und Joseph, der russische Chef des Generalstabes Obrutschew und ich – 8 Personen. Für diese 8 Personen war aber der runde Tisch zu groß. Die *Vis-à-vis* saßen ungefähr an der gegenüberliegenden Wand, und ohne daß die Diener auf allen Vieren auf dem unendlich breiten runden Tisch herumgekrochen wären, hätte derselbe unmöglich dekoriert werden können, denn ein Hinüberreichen der Blumenvasen- und körbe bis zu dem Zentrum des Tisches war schlechterdings ausgeschlossen.

Die zu Tod verlegene Gräfin (der ich gestern völlig vergebens Mut zugesprochen hatte), saß zwischen den 2 Kaisern und trug zugleich die volle Verantwortung für jedes aufgetragene Gericht. Die arme gute Seele! – wie leid tat sie mir in ihrer ungeheuren Ehrung. Ich bin überzeugt, daß am Schluß dieser fürchterlichen Aufregung sie "weinte vor Schmerz und vor Freude."

Ich saß zwischen Erzherzog Joseph und Obrutschew, der eine gewisse reservierte Haltung einnahm und sich wohl immer nur überlegte, "wie, wo und warum" man die Österreicher am besten "verdreschen" könne.

Kaiser Wilhelm und ich machten – soweit es bei der Entfernung über den Tisch möglich war – die Konversation ganz allein. Gräfin Esterházy antwortete stets freundlich "ja" oder "nein", Graf Esterházy aber wurde von blauen und roten Ängsten gehoben, daß irgendein fürchterlicher Zwischenfall eintreten könne. Er erhob sich mit einem tiefen Atemzug der Erleichterung, als die Tafel beendet war und er den Majestäten die Zigarren anbieten konnte. Der alte Kaiser Franz Joseph gehört zu den stummsten und daher weisesten Monarchen, Erzherzog Joseph aber zu den so tiefen Schweigern, daß er jedesmal erschrickt, wenn man ihn anredet. Doch nicht etwa, weil er tiefen Problemen gedankenreich nachspürte, sondern weil er an nichts denkt. "Wo liegt Ew. Kaiserlichen Hoheit Schloß Alesuth?" fragte ich z. B.... Er sah mich erschreckt an und sagte nach einigem Nachdenken: "Szehr weit!" "Aber doch an der Bahn?" fragte ich unerschrocken weiter. "Szehr wenig", sagte er mit einer Betonung und einem Blick, als habe Galilei von der Erde gesagt: "und sie bewegt sich doch!" "Ich höre, daß Sie viel und sehr gute Hirsche in Alesuth haben", fuhr ich fort, um ihm eine Freude durch meine Wissenschaft zu machen. "Szehr!" sagte er und nickte eine Weile befriedigt mit seinem erzherzoglichen Kopfe. Ich bemerkte, daß Kaiser Wilhelm mit lachenden Augen zu mir hinübersah. Er hatte schon seinerseits zuviel vergebliche Konversationsangriffe auf den Erzherzog gemacht, um sich nicht darüber zu amüsieren, wenn ich immer von neuem versuchte, diesen bombensicheren Gehirnkasten zu stürmen.

Das kleine Dejeuner war trotz solcher Intermezzos ganz gemütlich. Auch Obrutschew nicht übel, – wenn man von den Pariser Theatern sprach. Das Essen war vortrefflich, das Schlößchen reizend, der Park schön und Esterházys trotz aller Sorgen und Verlegenheiten sympathische und natürliche Menschen. Aber über den Erz-Joseph habe ich noch manchesmal mit dem Kaiser lachen müssen – mein Gott, welcher Geist!

Nachmittags hatte ich wieder einen längeren Vortrag bei Kaiser Wilhelm - nebst Unterhaltung über die Tageseindrücke. Abends fand das übliche große Souper in dem Zelt am See statt, doch nicht ganz ohne Konvulsionen. Ich saß links vom Kaiser Franz Joseph, Kaiser Wilhelm rechts von ihm und zu meiner Linken Graf Esterházy. Dieser hatte sich, verlockt von dem köstlichen Mondschein über dem See, eine musikalische Überraschung ausgedacht. Vier seiner Jäger (in der ungarischen Nationaltracht als grüne Husaren mit gelben Stiefeln und kühner Mütze mit Adlerfeder geschmückt) bliesen auf Waldhörnern Lieder-Quartette, während sie in einer mit Lampions geschmückten Gondel auf dem See hin- und hergerudert wurden. Das klang sehr reizend, besonders wenn sie sich, wie anfangs, in der Ferne hielten. Bei den Wendungen des Bootes schwollen oder schwanden die Töne und schwebten sehr lieblich über dem See.

Selbstverständlich lauschte die große militärische Manövergesellschaft nicht einen Augenblick auf diese Musik, sondern schwatzte unentwegt. Ich glaube, der gute Esterházy war erfreut, daß ich ihm öfters über den Zauber dieser Waldhörner auf dem Wasser sprach.

Jetzt flüsterte ein Offizier dem Kaiser Franz Joseph ins Ohr, daß die "Befehlsempfänger der Korps angelangt seien." Der Kaiser nickte, und es traten, mit den Notizbüchern in der Hand, die vier Hauptleute (oder Majors) nebeneinander mit militärischem Gruß in das Zelt.

"Meine Herren, ich bitte um Ruhe", sagte der alte Kaiser. Alles verstummte, der Generalstabschef Baron Beck erhob sich, breitete die Karte auf dem Tisch aus, und begann.

Aber was war in die Quartett-Bläser gefahren? Sie kamen langsam – immer blasend – näher.

"Ge–stern – noch auf – ho–hen Ro-o-ssen" – bliesen sie langsam und laut, "heu–te durch – die Brust – ge–scho–o–ssen" – (noch langsamer und noch lauter).

Baron Beck verstärkte nun auch seine Stimme, aber es half nichts. Die Jäger bliesen.

Der arme Esterházy geriet in Fieber. Dann aber sprang er auf, seine Tischserviette in der Hand, und zwei ungarische Hausfreunde – Offiziere – schlossen sich ihm an. Sie stürzten fort an das Ufer und winkten mit den Servietten in der Richtung "fort von dem Zelt". Aber die Bläser sahen nur eine kaiserliche Anerkennung in dem Winken und kamen blasend immer näher.

Gottlob, jetzt schweigen sie! – doch nein, nur eine Minute, und es ertönt (wohl alles zu Ehren Kaiser Wilhelms) wiederum das deutsche Volks-Soldaten-Lied!

"Mor–gen–ro–ot! – Mor–gen–ro–ot!" klang es ganz langsam und noch lauter als vorher.

"Der rechte Flügel", schrie Baron Beck, den Zeigefinger heftig auf die Karte drückend, "steht bei Felsö-Galla."

"Leuch–test – mir–ir – zum frü–hen To–od", blies das Quartett.

Ich konnte mich nicht halten vor der Komik dieser Situation. "Der Becksche Parademarsch", sagte ich zu Kaiser Franz Joseph ziemlich laut, um verstanden zu werden, "ist im Tempo etwas zu langsam genommen."

Der alte Kaiser, dem die Situation nicht angenehm war, lachte auf diese Bemerkung zu meiner Freude. Kaiser Wilhelm aber, der meine ziemlich freche Bemerkung auch gehört hatte, verlor darüber ganz die Fassung, bückte sich vornüber und lachte, daß er sich schüttelte.

Jetzt sah ich den Grafen Esterházy in ein kleines Boot springen, das in der Nähe lag. Ein ungarischer Bauer ruderte ihn, sich hin und her werfend, als hinge sein Leben davon ab. Im Mondschein sahen die beiden Insassen wie schwarze Silhouetten aus, nur die große weiße Serviette leuchtete hin und wieder hell auf, wenn der ganz verzweifelte Graf einen neuen Versuch machte, das Quartett zu bändigen.

Dann hörte man auf dem See fürchterlich schimpfen – und dann war alles still. Die Lampions verlöschten– es stand nur der weiße Mond über dem stillen See.

"Meine Herren", sagte der alte Kaiser laut mit ziemlich starker Betonung, "ich bitte um Ruhe."

Und, als habe Gott-Vater aus den Wolken gesprochen, so plötzlich entstand eine lautlose Stille.

"Der rechte Flügel", wiederholte nun Exzellenz Beck in ruhigem Ton, "steht bei Felsö, und ..."

usw.

(Es folgte der Kriegsplan.)

Graf Esterházy hatte sich leise wieder neben mir auf seinen Stuhl geschoben, und ich drückte ihm zulächelnd unter dem Tisch verständnisvoll die Hand. Er erwiderte den Druck, sah aber noch ganz erschüttert aus. Erst nachdem der alte Kaiser sich am Schluß des gewaltigen Kriegsplanes erhoben, der gesamten Gesellschaft eine Verbeugung gemacht und von Kaiser Wilhelm bis an seinen Wagen begleitet worden war, fand ich Gelegenheit, dem armen Grafen zu sagen, daß der Kaiser keineswegs ergrimmt gewesen, sondern sogar "gelächelt" habe, als das "Morgenro–ot" begonnen hatte. Ich könne ihm nur versichern, daß der reine Klang des Quartetts der Waldhörner auf dem Wasser geradezu entzückend gewesen sei."

"Sie sind halt ein Musiker", sagte der Arme wehmütig, "aber ich hatte mir die Sach' doch anders gedacht!"

Kaiser Wilhelm winkte mir. Sein Wagen war vorgefahren, und ich sollte ihm noch im Schloß Vortrag halten.

Aber sobald der Wagen davonrollte, brach er in ein lautes Gelächter aus. "Du bist doch ein unglaublicher Mensch", rief er aus. "Daß du dem alten Herrn, der gar nicht wußte, was er angesichts der blasenden Gondel machen sollte, den "Beckschen Parademarsch" versetztest, hat mir beinahe einen Erstickungsanfall verursacht. Denn ich konnte doch nicht – sowieso schon mit dem Lachen ringend – neben dem alten Kaiser laut herausplatzen! – es war fürchterlich!"

"Doch aber wunderschön", erwiderte ich. "Denn solche Situationen wie der feierliche Kriegsrat vor dem obersten Kriegsherrn in Verbindung mit dem traurigen Morgenrot-Quartett, das Esterházy mit einer Serviette vergeblich im Mondschein von einem See verjagen will, schickt uns nur ein gütiger Gott. Ich werde dieses Ouartett niemals vergessen."

"Ich auch nicht", sagte der Kaiser.

15. September 1897.

Ich kam gestern abend nach meinem Vortrag bei dem Kaiser erst gegen 1/2 12 Uhr nach Hause und legte mich todmüde in mein feuchtes Bett neben der plätschernden Bassinstube. Aber ich schlief herrlich – leider nur bis 3 Uhr morgens, denn es erschien der nette Esterházysche Güterdirektor Schmidt, ein Reichsdeutscher, ziemlich geräuschvoll bei Emanuel, und beide bemühten sich, mir den Schlaf zu vertreiben, um die verabredete Pirschfahrt auf Rothirsche zu machen.

Zunächst fuhren wir in einer Esterházyschen Equipage, dann in einem Bauernwagen über Stock und Stein, dann gingen wir zu Fuß. Ein Revierjäger hatte sich dazu eingefunden, und ich fragte Herrn Schmidt, ob es einer der Bläser vom gestrigen Abend sei. Als er bejahte, bat ich Schmidt, ihm zu sagen, daß ich begeistert gewesen sei. Ich selbst sei Musiker und wisse zu beurteilen, was sie geleistet hätten. Die beiden Kaiser seien ganz beglückt gewesen.

Der Mann strahlte über sein ganzes gebräuntes Gesicht mit dem hochgewichsten Schnurrbart und stammelte einen ungarischen Dank, der so klang, als ob er Holz hackte.

Das Jagdterrain ist ein mit Eichenwald bedecktes Gebirge. Drei Hirsche waren zu hören, eine sehr gute Stimme dabei. Es gelang, diesen anzupirschen, ich hatte einmal sogar schon angelegt, als ein Schuß in einiger Entfernung fiel und der Hirsch absprang. Mein Jäger fuhr zusammen und sprang mit einem ungarischen rauhen Fluch gleichfalls ab und verschwand.

"Das ist das verdammte Manöver", sagte der nette Schmidt wütend. "Wie soll man sich vor all den Soldaten mit ihrer Jagdpassion schützen? – ja, unsere Pirsche ist natürlich aus. Der Graf wird schön böse sein, es lag ihm soviel daran, Sie zu Schuß zu bringen!"

Kurz darauf, während wir durch das Gehölz an einem weiten Abhang mit großen Lichtungen schritten, fiel wieder ein Schuß in einiger Entfernung. Wir blieben stehen und äugten aufmerksam nach dem Tal hin, wo der Schuß gefallen war. Einen Augenblick nur sahen wir, weit unten, einen blauen Soldaten durch die Büsche springen.

"Na, gesund ist er", sagte Schmidt – "zu schade!"

Aber ich war doch leidlich zufrieden, daß wir ohne Mordtat aus dem Revier kamen. Dem Jäger – Waldhornisten – bestellte ich einen Gruß mit einem fürstlichen Geldgeschenk und gelangte nach einer guten halben Stunde in mein feuchtes Bett.

16. September.

Ich halte Vortrag bei dem Kaiser, der mich schimpfend über eine vergebliche Pirsche auf starke Hirsche empfing. "Statt eines gewissen, ganz starken Hirsches trafen wir eine Infanterie-Patrouille in dem Walde an! So etwas kann wirklich nur hier passieren!"

"Ach nein!" antwortete ich, "bei einem Manöver in Liebenberg formierten sich die Patrouillen – und sonstige Teilnehmer – zu einer regelrechten Schützenkette und trieben den Häsener Wald, während die Liebenberger Schonungen an den Lankebergen von den Gegnern ebenso behandelt wurden. Ein Offizier erzählte mir lustig: "Auf dem Feld dazwischen sah es aus wie im zoologischen Garten." Bei dieser Gelegenheit seien (wie meine Jäger erzählten) verschiedene Hasen (und anderes) geschossen worden, was mir nicht leid tat, da sie den Herren Offizieren gut geschmeckt haben werden. Ich fragte mich nur, wo die scharfen Patronen herkamen? Denn bei einem Manöver pflegte nicht scharf geschossen zu werden."

Der Kaiser wurde sichtbar sehr ärgerlich.

"Weshalb hast du mir das nicht gemeldet?" sagte er schnell.

"Weil Ew. Majestät noch gar nicht regierten. Es war 1886 oder 1887."

"Ach so!" sagte er mit Erleichterung. "Na, unter meiner Regierung käme so etwas auch nicht vor."

(Der arme Kaiser! – ich war im Begriff, ihm zu erzählen, daß sich fast derselbe Vorgang unter seiner Regierung vor einigen Jahren wiederholt habe, als sich eine große Manöver-Schlacht auf demselben Terrain abspielte!)

Nach diesem "Vortrag" begab ich mich zu Kaiser Franz Joseph, um mich für die Verleihung des Großkreuzes des St. Stephans-Ordens zu bedanken. Daß der sonst so ordenskarge alte Kaiser mir schon jetzt seinen höchsten Orden, den er zu geben hat, verlieh, war ein Zeichen seiner ganz besonderen Huld, und darum war es mir auch Bedürfnis, ihm schnell persönlich meinen Dank auszusprechen. Er war reizend in seiner Güte und Freundlichkeit und sagte mir viele nette Sachen.

Des Morgens während des Manövers war er sehr schlimm mit dem Pferde gestürzt. Aber der alte, nun 67 Jahre zählende Herr ist gewandt wie ein junger Mann. Er lachte nur darüber, als ich davon sprach.

Um ½2 Uhr fand das Diner in dem gestern abend so freundlich "angeblasenen" Zelte statt, und hierauf erfolgte die große Abreise mit einem Abschiednehmen von so viel Menschen, daß sich meine Hand unter soviel Druck näßte.

Kaiser Franz Joseph reiste nach Pest, Kaiser Wilhelm nach Bellye zur Hirschjagd bei Erzherzog Friedrich. Da Hofstaatssekretär Schwerin erkrankt war, mußte mein Sekretär Kistler zur Aushilfe mit dem Kaiser nach Bellye fahren. Letzterer sagte mir scherzend: "Das ist mir lieb, dann kann ich alle politischen Sachen mit ihm besprechen." Kistler war beglückt.

Esterházys baten mich, noch einige Tage zu bleiben. Aber das hätte noch gefehlt, den Armen nach diesen anstrengenden Tagen auf dem Halse sitzen zu wollen, während sie doch nur die Sehnsucht hatten, sich auf ihre Sofas zu legen und in Dankbarkeit, daß es nun zu Ende war, *"Uff!"* zu sagen. Ich fuhr mit dem Gefolge Kaiser Franz Josephs bis zu der Station Biczké, um bis zu der Ankunft Kaiser Wilhelms in Pest am 20. September bei meiner Freundin Fürstin Pauline Metternich in ihrem Schloß Bajna zu bleiben.

Schloß Bajna.

Die Fürstin schrieb mir:

Bajna, 13. September 1897.

Das ist herrlich! – Sie kommen! – Ich kann Ihnen nicht genug sagen, wie unendlich ich mich freue, Sie hier zu begrüßen, und wie dankbar ich Ihnen bin, daß Sie Ihr Versprechen halten! – Also die Herfahrt: .... entweder Biczké oder über Füretö-Almás. Wenn es bis übermorgen stark regnen sollte, dann müßte ich raten, letzteren Weg zu nehmen, da der von Biczké bis Pusta Gyarmath geradezu miserabel und unfahrbar wird, so daß selbst die ungarischen Beamten, welche auf ihre Wege stolz sind, erklären, "da sei es gefährlich!" Es liegen keine Kommoden in den Geleisen, aber es gibt dafür Löcher, die mehr Abgründen ähnlich sehen!

Nachts dürfen Sie keineswegs fahren. Ich schicke Ihnen einen kleinen Jagdwagen mit ungarischem Kutscher. In Gyarmath, d. h. an der Grenze meines Besitzes, werde ich Sie empfangen *"weather permitting"*.

Für Ihr Gepäck wird ein uneleganter Leiterwagen in Bereitschaft stehen. Den Diener – d. h. Ihren Diener – nehmen Sie auf den Bock zu sich. – Selbstverständlich bringen Sie die obligate Mordwaffe mit, denn vielleicht gelingt es, Sie mit einem Kapital-Hirsch zusammenzubringen! –

Bitte machen Sie sich auf kein Liebenberg gefaßt – Bajna ist nicht schön und recht altmodisch eingerichtet. ...

(gez.) P. Metternich.

Die Fahrt nach Bajna war allerdings unglaublich! Diese Wege! Und in einem rasenden Tempo über alles hin. Ich mußte mich festhalten, um nicht aus dem leichten Jagdwagen hinausgeschleudert zu werden, und wunderte mich, daß nicht alles in Trümmer ging. Es mag wohl noch etwas von der Tradition des seligen Grafen Sandor in den Kutschern und Pferden sitzen.

Der Kutscher, ein älterer Mann mit Schnurrbart, die buntbestickte schwarze Weste über dem breiten weißen Hemd mit den flatternden Ärmeln und dem kleinen, schwarzen, flachen, runden Hut auf die Seite gedrückt, hielt die 4 Dunkelbraunen ganz kurz, und seine Aufmerksamkeit war großartig. Als wir durch ein Loch sausten, so daß ich fast aus dem Wagen flog und rief: "Das ist gerade noch einmal so abgegangen!"

antwortete er, ohne sich umzuwenden, in seinem harten Ungarisch-Deutsch: "Mocht nix, Euer Gnaden Exzellenz-Herr! – kenn ich alle Löcher auf Herrschaft gaanz genau."

Auf der Pusta Gyarmath, in einem reizenden Jagdschlößchen, begrüßten mich die Fürstin und Tochter Clementine (Clemy) auf das herzlichste, und nachdem ich einen kleinen Imbiß eingenommen hatte, ging es weiter – in demselben Tempo. Ich hatte das Gefühl, daß es der Fürstin gar nicht schnell genug ging! – aber sie hatte recht, als sie mir schrieb: "Nachts dürfen Sie keinesfalls fahren." Ich wäre nachts allerdings lebendig nicht in Bajna angelangt. Heute aber landeten wir heil vor dem Schlosse mit den 4 dampfenden, schweißübergossenen Braunen.

Das Schloß trägt, wie alle älteren ungarischen Schlösser, die ich gesehen habe (wenn sie nicht eine mittelalterliche Burg sind), einen nüchternen, kahlen, aber vornehmen Charakter. Es ist groß, und eine imposante Treppe führt zu dem ersten Stockwerk, wo (im Treppenhaus) das Reiterbild des Vaters der Fürstin, des berühmten Grafen Sandor, in Lebensgröße prangt. Von hier tritt man in die Wohnräume, die gleichfalls den Charakter der dreißiger Jahre tragen. Nur ihren eigenen Salon hat die Fürstin mit dem Sinne der Behaglichkeit, die sie verbreitet, wenn man sich um sie schart, hergerichtet.

Der Garten ist nicht groß, doch immerhin der Größe des Schlosses entsprechend. Man fährt durch ein Portal in diesen Garten, um zu dem Schlosse zu gelangen.

Das Portal ist jenes, an das sich eine unvergleichliche Erinnerung an die beste und intimste Freundin der Fürstin, Gräfin Melanie Pourtalès, geb. *de Buissière* (aus dem Elsaß) knüpft.

Sie möge hier einen Platz finden, um so mehr, da uns der Schwiegersohn der schönen Gräfin Melanie, Baron Berckheim (Militär-Attaché bei der französischen Botschaft in Wien) empfing, der in Bajna zum Besuch weilte und die Gedanken auf die schöne Gräfin Melanie lenkte.

Diese war nach jahrelangem Bitten und immer gestörten Verabredungen endlich nach Bajna gekommen, und Fürstin Pauline hatte in dem genannten Portale ein großes weißes Schild anbringen lassen, auf dem die lakonische Inschrift prangte: "Endlich!" Als aber Gräfin Melanie längere Zeit in Bajna geweilt hatte, und zwar länger, als sie ursprünglich beabsichtigte, erfolgte die Abreise. Der ungarische Gärtner, der kein Deutsch verstand, hatte von der Abreise der Gräfin vernommen und als besondere Aufmerksamkeit den Willkommen- Gruß wieder an dem Portal angebracht, was bei der Abfahrt die Fürstin mit Entsetzen bemerkte.

Baron Berckheim (aus einer badischen Familie stammend, die im Elsaß begütert ist) beißt (wohl gerade, weil er einen deutschen Namen trägt) den Franzosen mehr heraus, als nötig, doch ist er unleugbar liebenswürdig und wurde bald ganz gemütlich badisch-elsässisch, als er sah, daß es mir auch nicht im Traume jemals einfiel, ein Botschafter-Gesicht zu machen.

Außer Berckheim war nur der Hausarzt der Fürstin, ihr Sekretär Janichary (ein recht angenehmer, gebildeter Mensch), und der gute, alte Herr von Marcowich anwesend.

Marcowich hat den Vorzug, von jedermann sympathisch gefunden zu werden, ohne daß er es nötig hat, seinen alten Mund zu öffnen. Mir sind in meinem Leben hin und wieder solche gesellschaftlichen Glückspilze begegnet, und es taucht vor solchen Erscheinungen in meinem Gedanken immer das Wort der Heiligen Schrift von den Vögeln unter dem Himmel auf: "Sie säen nicht, sie ernten nicht, sie sammeln nicht in die Scheunen, und unser himmlischer Vater ernähret sie doch." Marcowich trifft man überall bei Diners, Soupers und in angenehmen Salons, aber wenn die Vögel unter dem Himmel "piep" sagen, so hält auch das Marcowich nicht einmal für nötig. Wie gesagt: Jeder findet ihn angenehm und sympathisch – und so auch ich. Man drückt ihm die Hand, er lächelt gütig, und man freut sich, ihm die Hand gedrückt zu haben.

Wir machten eine Promenade durch den Garten und die grandiosen Sandor-Ställe (in denen allerdings nicht in jedem Stand ein Pferd wieherte wie zu Sandors Zeiten und auch keines wie damals zitterte und erschrak, als wir eintraten), immerhin waren es genug, um durch alle Löcher der Herrschaft Bajna geschleppt werden zu können.

Das Diner war vortrefflich und der Tisch mit Blumen so reizend und elegant geschmückt, daß man sich daran hätte satt sehen können, wenn nicht die weichen, zarten, grünen Maiskolben, mit frischer Butter serviert, zum ersten Male in meinem Leben vor mir erschienen wären – die höchste Delikatesse Ungarns – und meine volle Aufmerksamkeit in Anspruch genommen hätten.

Bis um 11 Uhr saßen wir schwatzend in dem gemütlichen Salon meiner gütigen Freundin zusammen.

Es waren angenehme, sanfte Ruhetage nach der stürmischen Bewegung und dem Menschengewirr in Uniform, das sich in Totis um zwei Kaiser wie um zwei Sonnen zu bewegen schien. Auch Sternschnuppen hatten nicht gefehlt – von der Sonne losgelöste Erzherzöge, die mir (berlinisch gesprochen) sehr "schnuppe" waren.

GRAF SANDOR.

Nicht darf ich jedoch Bajna verlassen, ohne ein Wort über den berühmten Vater seiner berühmten Tochter Pauline zu sagen, denn der Name des Grafen Moritz Sandor (1805–1878), des letzten männlichen Sprosses seines uralten Magyarischen Stammes, und seiner Herrschaft mit dem Schlosse Bajna, ist untrennbar mit der Geschichte Ungarns verknüpft. Wenn auch Graf Sandor nicht als großer Staatsmann oder Kriegsheld gefeiert werden kann, so doch in einem Sinn, der dem ritterlichen, tapferen Charakter, mit einem Zug in das Abenteuerliche, Phantastische, dieses Volkes entsprach, das durch Jahrhunderte im Kampfe mit den Türken gelebt hatte und sich dadurch persönlichen Mut und ritterliche Eigenschaften erwarb, die es über alles stellte, unleugbar verbunden mit einem, dem Orientalen sich nähernden Charakterzug.

Graf Sandor hatte keine Gelegenheit, an einem Kriege teilzunehmen. Er lebte in der großen, friedlichen Pause nach den napoleonischen Kriegen. So entwickelte sich seine Eigenschaft größter Unerschrockenst zu einer Waghalsigkeit und Tollkühnheit, wenn er zu Pferde saß, die man fast mit Wahnsinn bezeichnen könnte. Ganz Ungarn belachte ihn jedoch nicht um seiner phantastischen, oft auch theatralischen Streiche willen. Der Deutsche würde ihn lediglich einen "verrückt gewordenen Kunstreiter" genannt haben. Dem Ungarn aber war er ein Held.

Mir war er noch etwas anderes. Denn es handelt sich in diesem Fall nach meiner Ansicht um die Einwirkung gewisser, dem Grafen innewohnender Kräfte auf das Pferd, die ich magnetisch nennen will, da mir der entsprechende Ausdruck für das fehlt, was sich in der Gewalt des Grafen über das Pferd darstellt, nämlich einer Macht, die über das hinausgeht, was die sogenannte "hohe Schule" in der Reitkunst bedeutet, d. h. die vollkommene Erziehung des Pferdes zu absolutem Gehorsam. Über den Vater meiner Freundin Metternich ein Wort zu sagen, wenn ich seine Tochter zu schildern mich bemühte, schien mir aber auch aus dem Grunde angezeigt, weil sich vieles in dem Wesen und der Eigenart der Tochter – in erster Linie ihre furchtlose Energie und schnelle Entschlußfähigkeit – aus dem Charakter des Vaters herleiten läßt .

Ich sagte, daß die Reiterkunststücke und Abenteuer des Grafen in der ganzen Welt bekannt waren. Darum wäre die Aufzählung gewisser Reit-Abenteuer hier vielleicht überflüssig, um so mehr, als sich in der Liebenberger Bibliothek ein Album bildlicher Darstellungen aus dem Reiterleben Sandors befindet, die von einem ihn begleitenden Maler historisch festgelegt wurden.

Doch hier will ich zwei seiner "Kunststücke" erwähnen, die mir durch Personen bestätigt wurden, die sie in ihrer Jugend erlebten – und auch seine Tochter sich des Eindrucks, den diese tollkühnen Abenteuer auf sie machten, sehr wohl aus ihren Jugendjahren zu erinnern wußte.

Das eine dieser "Kunststücke" war das Reiten des Grafen über die Donau bei Eisgang. Das Eis, das in einem sehr harten Winter die Donau bei Pest überzogen hatte, brach auseinander und setzte sich, in große und kleine Schollen auseinanderberstend, langsam in Bewegung. Graf Sandor ließ einen Rappen satteln, der besonders "geschickt" war und ritt neben der großen Schiffsbrücke her, die damals Ofen mit Pest verband, von Scholle zu Scholle springend über den Fluß! Auf der Brücke hatten sich Hunderte von Menschen eingefunden, die mit Entsetzen dem tollkühnen Schauspiel folgten und zum Schluß dem "Nationalhelden" brausend zujubelten.

Ein zweites "Kunststück" vermag das erste noch dramatisch zu ergänzen.

In dem Palais Sandor auf dem Burgplatz in Ofen (heute das ungarische Ministerium des Äußeren) führt eine breite Treppe von dem Flur in das erste Stockwerk, wo sich ein saalähnlicher Raum in der Mitte befindet. Von diesem führt eine Glastür auf einen schmalen langen Balkon. Ich habe öfters in dem Raume bei meinen Besuchen des ungarischen leitenden Staatsministers geweilt.

Graf Sandor sagte eines Tages seinen Freunden, er werde sie mittags auf dem Burgplatz begrüßen. Man fand sich zahlreich ein, da man irgendein "Kunststück" erwartete – doch wohl kaum eine Begrüßung in der Form, wie sie stattfand. Er kam auf den Burgplatz gesprengt, das große Portal seines Palais wurde geöffnet, und er verschwand hoch zu Roß darin. Plötzlich erschallte oben vom Balkon eine Stimme. Auf seinem Rappen sitzend, von dem schmalen Balkon aus, auf dem er kaum mit dem Pferde Platz findet, schwenkt er grüßend den Hut. Alles jubelt ihm zu. Wie aber kommt er von dem Balkon, auf dem er das Pferd nicht wenden kann, hinaus und die Treppe hinunter, die man zur Not wohl zu Pferd hinaufklettern kann? Da erschallt ein allgemeiner Schreckensruf auf dem Platz. Sandor läßt sein Pferd hoch aufbäumen –

und während es, gleichsam in der Luft über dem Balkon schwebend auf den Hinterbeinen steht, wirft er es in dieser Stellung herum und verschwindet durch die Tür in dem Zimmer. Es vergehen nur wenige Minuten. Das Portal wird geöffnet, und Sandor, freundlich die jubelnde Menge grüßend, galoppiert über den Platz und die stille Straße hinab zur Donau, um spazierenzureiten.

Diese Beispiele mögen genügen, um den Mut, die Entschlossenheit – und die waghalsige Reitkunst Sandors kennenzulernen. Es blieb für mich jedoch immer die Frage offen, welche Kräfte mitwirkten, um die unerhörte Gewalt des Grafen über das Pferd zu erklären, denn mit Geschicklichkeit und Gewalt allein ist es nicht getan, was Sandor wagen konnte. Es könnte mich fast auf den Gedanken an eine Überleitung seiner momentanen Willensabsichten auf das Pferd bringen – was ich natürlich für Unsinn halte. Aber daß irgendeine Kraft hierbei im Spiele war, die ich, da mir eine andere Bezeichnung fehlt, mit dem landläufigen Ausdruck bezeichnen wollte, unterliegt keinem Zweifel. Weshalb gehen unter gewissen Reitern alle Pferde, und warum unter gewissen anderen Reitern, die sich größere Mühe geben und alle Gesetze der Reitkunst befolgen, "gehen" sie nicht? Aus meiner kavalleristischen Zeit erinnere ich mich eines Leutnants von Freier, der bei den I. Garde-Ulanen stand, er bändigte jedes noch so unbändige Pferd in allerkürzester Zeit, ja, brachte solche Pferde dahin, sich auf sein Zureden und Berühren niederzulegen.

Auf eine gelegentliche, diesbezügliche Frage antwortete mir Fürstin Pauline in ihrem Briefe vom 6. September 1897: ... "Was mystische Vorkommnisse im Leben meines verstorbenen Vaters betrifft, so habe ich diesbezüglich nie etwas erfahren. Nur die Geschichte der durchgehenden Pferde ist allerdings geheimnisvoll."

Ich komme auf diese geheimnisvolle Geschichte zurück, will jedoch vorher noch erwähnen, daß mir die Fürstin in Bajna, gelegentlich eines Besuches der dortigen Stallungen, eine sonderbare Tatsache mitteilte.

Diese großen Stallungen waren zur Lebenszeit ihres Vaters mit Pferden angefüllt – jetzt bargen sie nur Gespanne, die die Fürstin während ihres Sommeraufenthaltes benötigte. Sie erzählte mir, daß, sobald ihr Vater in den Stall trat, sämtliche Pferde nicht nur stets zu zittern begannen, sondern auch ein "gewisses Geschäft" verrichteten. Blieb der Graf längere Zeit in dem Stalle, so beruhigten sich die Tiere allmählich, aber sie gerieten alle in Transpiration.

Diese höchst merkwürdige Einwirkung, die bis zu einem gewissen Grade die Bestätigung dessen ist, was mir Nachdenken verursachte, steht nun wohl auch mit dem Ereignis in Zusammenhang, das die Fürstin in ihrem Brief erwähnte, und das sie mir in Bajna nicht ohne Widerstreben und sehr ernst mitteilte.

"Der schwarze Wagen", so begann die Fürstin, "der den Sarg meines Vaters bei seiner Beisetzung zu der Gruft führen sollte, stand vor dem Schlosse. Sechs schwarzbehangene Rappen waren davorgespannt. Man trug den Sarg aus dem Schloß und hob ihn auf den Wagen. Wir standen tieftraurig dabei. Doch in dem Augenblick, als der Sarg auf dem Wagen niedergestellt war, bäumten sich alle sechs Pferde zugleich hoch auf, und zu unserem namenlosen Entsetzen stürmten sie in rasender Karriere mit dem Wagen und dem Sarg auf der Straße dahin! – Niemand vermochte zu folgen, bis auf einige Reiter, die im Wirtschaftshofe hielten und herbeigerufen wurden. Die sonst vollkommen ruhigen Pferde waren wie von einem furchtbaren Schrecken ergriffen, kein Aufhalten war möglich – nach einer rasenden Fahrt von länger als einer halben Stunde brach alles in einer Waldlisiere zusammen. Die Pferde gestürzt, der Wagen in Trümmer – Gottlob, der Sarg unversehrt!"

Die Fürstin war, trotz ihrer Tapferkeit und Energie sehr bleich geworden, und wir schwiegen beide eine Zeitlang bei unserm Gang im Garten.

Ich will nun gewissermaßen als Quittung über meine gesellschaftliche Tätigkeit in Bajna – einen lieben Brief meiner Freundin folgen lassen, der einen beredten Ausdruck für die Gesinnung, die Liebenswürdigkeit der seltenen Frau darstellt, die in der großen Welt während einer langen Reihe von Jahren eine sehr bedeutende Rolle spielte und nun hier als das Ideal einer liebenswürdigen Hausfrau, fernab von allem Getriebe dieser Welt in tiefer ungarischer Abgeschiedenheit, ihre Wesenheit enthüllt.

Bajna, 19. September 1897.

"Die schönen Tage von Aranjuez sind vorbei" ... Nach all der Fülle von Güte, Liebenswürdigkeit, Freundschaft und Geist, welche Sie, bester Graf, wie aus einem Füllhorn auf uns herausschüttend zurückgelassen haben, kommen wir uns heute sehr arm und vereinsamt vor.

Es drängt mich, es Ihnen zu sagen und Ihnen zu danken für all das, was Sie uns gewesen sind! – Ihr leider nur zu kurzer Aufenthalt wird mir unvergeßlich bleiben und erweckt nur den lebhaften Wunsch, daß solches Zusammensein bald wieder ermöglicht werde.

Es versteht sich von selbst, daß Sie mir nicht auf diese Zeilen antworten, denn in dem Trubel, in welchem Sie jetzt leben, verlangt meine Freundschaft, daß Sie mich genug kennen, um überzeugt zu sein, daß Ihr Schweigen jetzt nicht als Gleichgültigkeit ausgelegt werden wird, Sie schreiben mir, wenn Sie an einem Orte angelangt sind, wo Sie der Ruhe pflegen können. An die entfernte Freundin zu denken und oft zu gedenken, darum bitte ich Sie aber. Nochmals Dank – tausendfachen Herzensdank!

(gez.) P. Metternich.

KAISERFESTE IN BUDAPEST. 1897.

TAGEBUCHNOTIZEN.

19. September 1897.

Bei Tagesgrauen verließ ich das gastliche Schloß und wurde auf dem Weg nach Station Biczké bei dem "Überfahren" des ersten großen Loches, das der Viererzug galoppierend "genommen" hatte, derart in die Höhe geschleudert, daß mir der Schlaf verging und mich meine schmerzenden Lippen, in die ich mich bei dem Anprall gebissen hatte, warnte, das nächste Loch nicht im Halbschlaf zu "nehmen".

In Pest empfing mich Bernhard Bülow auf dem Bahnhof, und wir tauchten sofort in das Schlammwasser der Politik hinein, in dem sich doch wohl eigentlich nur Krebse und Blutegel wohl fühlen können. Bülow ist allerdings nicht ganz dieser Ansicht. Hoffentlich wird er bei den seiner wartenden Aufgaben nicht allzubald zu dieser meiner Ansicht bekehrt werden.

Es begann für uns in Pest sofort die Erfüllung gesellschaftlicher Formen durch Visiten bei den zum Empfange der beiden Kaiser zusammengeströmten Staatsmännern und Mitgliedern des ungarischen Hochadels: Recht mühsam war es und schließlich doch nur ein verlorener Tag, soweit nicht dazwischen die Unterhaltungen mit Bülow eingeschaltet waren.

20. und 21. September 1897.

Ich lasse die Unruhe dieser beiden Tage in der Form des Programmes der Feierlichkeiten folgen, wie mir solches zugegangen war. Auf Schritt und Tritt hatte ich als hier akkreditierter Botschafter dem Kaiser zu folgen und meine Augen und Ohren überall offen zu halten.

PROGRAMM FÜR DEN AUFENTHALT SEINER MAJESTÄT DES DEUTSCHEN KAISERS UND KÖNIGS VON PREUßEN IN BUDAPEST.

(Aufgestellt von dem K. ungarischen Oberhofmarschallamt.)

20. September 1897. Vormittags: Ankunft Seiner Majestät des Deutschen Kaisers aus Bellye am Ostbahnhofe.

Empfang am Bahnhof durch Seine K. und K. apostolische Majestät und die durchlauchtigsten Herren Erzherzöge usw.

Empfang in der Hofburg durch die durchlauchtigsten Frauen Erzherzoginnen usw.

Adjustierung: Gala (preußische Uniform) mit dem Bande des preußischen Ordens-Großkreuzes.

Toilette der Damen: Morgentoilette ohne Hut.

Nachmittag: Besichtigungen.

5 Uhr: Allerhöchste Tafel. (Die Herren vom Militär: Dienst- oder Inhaber-Uniform: Herren vom Zivil: im Frack.

Toilette der Damen: demi montant.

8½ Uhr abends: Soiree bei Hofe. (Die Herren in Gala ohne Bänder, ohne Dienstabzeichen; die Damen in Balltoilette.)

21. September 1897. Vormittags: Besichtigungen.

Mittag: Fahrt zur Margarethen-Insel. Dejeuner dortselbst.

5 Uhr nachmittags: Gala-Diner. Die Herren in Gala (preußische Uniform) mit Dienstabzeichen, mit Band; Damen: dekolletiertes Kleid mit Schmuck.

8 Uhr abends: Fest-Vorstellung im Operntheater. (Herren: Parade-Kopfbedeckung, Damen: Soiree-Toilette.)

9½ Uhr abends: Rundfahrt zur Besichtigung der Beleuchtung.

10 Uhr abends: Abreise Seiner Majestät des Deutschen Kaisers.

(Keine Aufwartungen.)

Ein solches Programm lautet selbstverständlich und einfach, aber in Wirklichkeit ist es hart durchzukämpfen, wenn man sein eigenes Ich noch nicht verloren hat.

Der Anblick solcher Festes-Serien blendet zuweilen als Schaustück. Erlebt man sie oft – wie ich – so wirken sie auf den nachdenklichen Menschen, der sich selbst nicht verlor, wie ein Narrenstück. Und zwar deshalb, weil man, in amtlicher Figur mitwirkend, völlig als Individualität verschwindet. Es bleibt eben nur das Kleid und die Form, und das Bewußtsein dieser Transformation beleidigt das Selbstgefühl, d. h. den natürlichen Menschen. Nur der Monarch selbst empfindet als der Mittelpunkt, als der Ausgangspunkt der gesamten Schaustellung seine Individualität als solche. Aber die zur Schau gestellte Unterordnung in entsprechender Kleidung, Haltung und Gruppierung hat etwas Herabwürdigendes. Man muß jedoch solche Reflexionen während eines Hof-Gala-Festes strengstens vermeiden, denn tauchen sie auf, so muß man als überzeugungstreuer Mann nach Hause gehen.

Daß man mir von allen Seiten zu dem Stephan-Orden gratulierte, war mir fatal. Mir behagte nur der Gedanke, daß diese ungewöhnliche, hohe Auszeichnung ein Ausdruck dafür war, daß der alte, mich stets rührende Kaiser mich persönlich gern hatte, mir volles Vertrauen schenkte und ich dadurch meinem Vaterlande zu nützen vermochte. Die Art, wie er mir in Totis darüber sprach, mußte mich tief rühren, und das war meine Freude an diesem Orden. Aber ich sah weit genug, daß mir der Neid nur Feinde durch diese Auszeichnung machte.

Oh, welch ein Glatteis ist ein Hofparkett!

Zur Charakteristik der Kaisertage in Pest füge ich schließlich noch einige Zeilen aus einem Briefe hinzu, den ich an meine Gattin richtete:

"Am 19. September 1897, nach der Ankunft in Pest, frühstückte ich mit Bernhard Bülow und Lichnowskv im Hotel. Dann machten wir eine Spazierfahrt und Visiten, und um 5 Uhr fand ein entsetzlich heißes und wenig angenehmes, rein militärisches Diner bei dem kommandierenden General, Prinz Lobkowitz statt. Nachher machte ich einen kurzen Besuch bei Ratibors und fuhr dann in den Klub.

Fanny Ratibor war aufgeregt, falschfreundlich. Er machte sich hier wenig beliebt als Generalkonsul. Sie gehen im Oktober auf ihren neuen Posten als Gesandter nach Weimar. Das arme Weimar – wie wird es Fanny durcheinander hetzen!

Bernhard ›als Staatssekretär‹ war ganz in seinem Fahrwasser: klug, geschickt, angenehm. Der Kaiser, froh ihn zu haben, kam während des Aufenthaltes in der Burg mehreremal hinauf zu ihm und mir, alles fröhlich besprechend. Wie groß ist der Unterschied zwischen Bülow und Marschall – aber wie ungerecht war die Beurteilung Marschalls durch den Kaiser! – das darf man nicht vergessen. Bernhard wird sich bald – sehr bald – an das Neue gewöhnen, nur nicht die armen Frauen: Marie Bülow und ihre Mutter.

Am 20. September 1897, nach dem großen Empfang des Kaisers, seinen Besuchen und einigen Besichtigungen, frühstückte ich mit dem Gefolge bei ihm in der Burg. Dann mußte ich Orden austragen an die Minister usw. Ich kam mir wie ein glückspendender Engel des Himmels vor!

Um 5 Uhr fand eine kleinere, ziemlich langweilige Hoftafel statt. Von ½7 bis ½8 Uhr saß ich, in Politik versenkt, mit dem Kaiser bei Bülow.

Um 8 Uhr begann das große Hoffest in dem Saal, den du kennst. Es war entsetzlich heiß! Der Kaiser machte Cercle bis ½11 Uhr, sprach wohl mit 100 Menschen und begeisterte alles durch seine Liebenswürdigkeit. Ich hatte eine lange, unendlich interessante Unterhaltung mit meinem verehrten Kardinal Schlauch.

Der Anblick des Festes mit den prächtigen ungarischen National-Kostümen war sehr schön. Graf Louis Appony (der ungarische Oberhofmarschall) hatte einen Tag vor den Festen seine alte Mutter verloren und erschien nur "im Dienst" und ohne Gattin. Der Kaiser besuchte die Gräfin sowie Gräfin Goluchowska.

Nach dem Fest war "Bier-Abend" bei unserem Kaiser in kleinem Kreis. Alles war aufgelöst vor Hitze. Erst um ½1 Uhr kamen wir zu Bett.

Der Anblick der erleuchteten Stadt, oben von der Burg aus, mit der Spiegelung der vielen 1000 Lichter in der breiten Donau war ein zauberhafter Eindruck.

Am 21. September 1897 wurde der schöne Parkklub schon früh um ½10 Uhr besichtigt. Dann das Parlamentsgebäude. Ich fuhr mit Bülow und drückte mich unterwegs nach Haus, um zu arbeiten.

Das Wetter am 21. war Gott sei Dank etwas kühler und darum der Verkehr in Uniformen weniger unappetitlich.

Um 5 Uhr fand ein riesiges Galadiner in dem großen Saale der Burg statt. Ich saß zwischen Gräfin Aladár Andrássy-Wenckheim und Gräfin Tassilo Festetics-Hamilton – rechts vom Kaiser Franz Joseph. Das waren sehr angenehme Nachbarinnen.

Die Rede des Kaisers war tatsächlich ein Meisterwerk. Er erregte unerhörte Begeisterung. Die Ungarn weinten vor Rührung und Stolz, und der alte Kaiser war so bewegt, daß er sich kaum fassen konnte. Wie begabt ist der Kaiser! Er diktierte mir und Bülow diese Rede (weil man durchaus den Toast vorher zum Druck haben wollte), ohne ein Wort zu ändern, ganz fließend – und hatte sich nichts aufgeschrieben. Dabei enthält die Rede sehr feine und abgepaßte Wendungen. Wir waren beide voller Anerkennung, und der Kaiser freute sich über unsern Enthusiasmus wie ein Kind, so einfach nett und schlicht. Diese Mischung von glänzendem Verstand und schlichtem Wesen ist eine seltene Erscheinung.

Nach der Galatafel wieder langer Cercle – dann, um 8 Uhr, Fahrt durch die herrlich erleuchtete Stadt zu der Oper. Einzelne Akte aus ungarischen Opern wurden leidlich gut gegeben. Der Zuschauerraum bot einen prächtigen Anblick.

Die Fahrt nach der Galaoper zur Bahn war großartig. Herrliche Beleuchtung und unendliche "Eljen"! Wir waren alle recht müde, als wir endlich gemütlich im Kaiserlichen Sonderzug beim Abendessen saßen, um die weite Fahrt direkt nach Rominten (!) zu unternehmen.

(gez.) Philipp.

FÜRSTIN PAULINE UND KAISER WILHELM. 1895.

Es führt mich der ungarische Erfolg Kaiser Wilhelms in meinen Gedanken zu seiner ersten Begegnung mit der Fürstin Pauline, deren Urheber ich war. Denn der Kaiser war neugierig. Er hatte viel von der berühmten Frau gehört – hielt sie für eine gefährliche "Preußenhasserin" und war einigermaßen erstaunt, sie in meinem Freundeskreise zu wissen.

Die Gelegenheit bot sich, als Kaiser Wilhelm zu dem Begräbnis des Erzherzogs Albrecht 1895 in Wien erschien (was viele Leute erstaunte), und er bei der "tiefen Trauer" des Hofes es vorzog, den Abend bei seinem Botschafter zu verbringen. Ich habe diesen interessanten Abend in dem Kapitel "Erzherzog Albrechts Tod" geschildert.

Ich greife hier nur zurück auf einige Briefe, die ich 1895 an Kaiser Wilhelm schrieb, nachdem die Bekanntschaft mit der Fürstin bei mir gemacht war. Der Kaiser war begeistert von ihr und überschüttete sie mit Liebenswürdigkeiten. Die Briefe berühren aber auch den Tod des Fürsten Metternich, der für die Fürstin in vieler Hinsicht schmerzlich war. Besonders auch wegen ihrer Schwägerin, der Gattin des "neuen" Fürsten Lothar, geb. Gräfin Zichy, die sich nun als die "Regierende" in der Familie ausspielt und der gehaßten Pauline jeden denkbaren, unfreundlichen Schabernack antat.

AUS BRIEFEN AN KAISER WILHELM.

1.März 1895.

... Ew. Majestät können sich denken, daß Fürstin Pauline Metternich außer sich vor Glück über die Photographie Ew. Majestät ist. Sie stand ganz unter dem Eindruck von dem Verkehr mit Ew. Majestät und konnte nicht genug in ihrer originellen, akzentuierten Art davon erzählen. Sie war eben entzückt von Ew. Majestät! Daß der Abend bei mir so gut abgelaufen war, beglückte sie, aber sie hatte gar nicht das Bewußtsein, "Besonderes" geleistet zu haben, Fürstin Hatzfeldt behauptete, "Pauline hat sich sehr gemäßigt". Ich fand sie gerade amüsant genug.

Leider wurde die arme Fürstin heute nacht von dem Unglück betroffen, ihren Mann zu verlieren. Man fand ihn tot im Bett. Ich sah den Fürsten noch gestern an unserer Tür, wo er seit 3 Monaten täglich im Vorbeigehen Erkundigungen nach dem Befinden meiner schwerkranken Schwiegermutter einzog. Abends war ich mit der

Fürstin noch bis 12 Uhr bei einem Diner bei Baron Nathanael Rothschild. Er hat ein herrliches Haus und Kunstschätze, die sich ein Christ natürlich nicht anschaffen kann. Das Diner war fabelhaft und doch ohne protzig zu sein – es gab allerdings so komplizierte Gerichte, daß ich nicht weiß, was es war.

Nach dem Essen fand ein Konzert der Hauskapelle auf lauter berühmten Instrumenten statt: Amati, Stradivari usw. Ein geradezu entzückender Klang. Fürstin Metternich war ausgelassen lustig, und wir amüsierten uns köstlich. Dann ging sie nach Haus – und zwei Stunden darauf starb der Fürst.

8 Monate später.

Wien, 17. November 1895.

Euerer Majestät beehre ich mich anliegend einen Brief der Fürstin Pauline Metternich zu überreichen, den sie unmittelbar, nachdem ich ihr das Bild Ew. Majestät gab, verfaßte. Sie war in Ungarn und kehrte vor einigen Tagen nach Wien zurück. Ew. Majestät hätten sich unterhalten, wenn Sie den Eindruck gesehen hätten, den dieses Geschenk machte. Mit ihrer ganzen amüsanten Lebhaftigkeit erging sie sich in Entzücken über den Gedanken, den das Bild enthält und sprudelte über in Freude.

Am Abend traf ich sie noch einmal bei Goluchowskis , wo ich mit meiner Frau war. Nur Ministerpräsident Graf Badeni war außer uns anwesend. Da wurde die Unterhaltung über das Bild fortgesetzt, das sie stolz mitgebracht hatte. Dieser Abend war sehr spaßhaft. Die Fürstin erzählte von dem französischen Hof und einem Besuch schottischer Herzöge, die im Nationalkostüm nach dem Diner in Compiègne Billard spielten, während die Kaiserin und sie auf dem niedrigen Sofa gesessen und zugesehen hätten. Die Fürstin machte die Stellungen nach, welche die Schotten in ihrem Nationalkostüm bei dem Spiel und bei einer schwierigen Lage der Bälle eingenommen hätten, es war unwiderstehlich komisch. Badeni, ein ernster, aber sehr sympathischer Mann, dem ich zum ersten Male begegnete, kämpfte erst würdevoll gegen den Ton ausgelassener Heiterkeit, bis er schließlich rettungslos in unser Gelächter einstimmen mußte.

Zum Schluß erklärte die Fürstin, es sei ein Unglück für Österreich, daß sie kein Mann geworden sei, ihre Rednergabe würde die Welt in Erstaunen gesetzt haben. Sie illustrierte diese Ansicht durch eine Rede gegen Lueger , die sie mitten in der Stube stehend, improvisierte. Die Einfälle, die sie hatte, waren unglaublich – aber schließlich wurde ihr die Sache ernst, und mit flammenden Augen und mit lauter Stimme sprach sie so erstaunlich gut und politisch richtig, daß Badeni ganz nachdenklich wurde. Leider verläßt die Fürstin in diesen Tagen wieder Wien für den ganzen Winter. Sie will nicht in "tiefer" Trauer hier bleiben und geht in den Süden. Ich bin sehr betrübt darüber....

Fürstin Pauline über Bismarcks Tod. – Ungarische Räuber! 1898.

Ich kehre mich nun – wiederum ein Jahr später meiner Freundin Metternich zu, für deren Charakteristik der nachfolgende Brief ein sehr wertvolles Dokument bildet.

Oettingen , 2. August 1898.

Nachdem ich weiß, daß Sie jetzt heimgekehrt sein müssen, lieber Graf, halte ich es nicht länger aus – ich muß wissen, was Sie treiben, was Sie machen, wie es Ihnen geht. Seit meiner und Ihrer Abreise von Wien habe ich kein Sterbenswörtchen auch nur von

Ihnen gehört – doch eines habe ich erfahren, daß Sie mit dem Kaiser, *envers et contre tous,* die Nordlandreise mitgemacht haben: offen gestanden hat mich diese Nachricht nicht erfreut, weil ich hoffte, daß Sie nach der Karlsbader Kur längere Zeit der Ruhe in Liebenberg pflegen würden! Sie hätten sich die Reise ärztlich verbieten lassen sollen und einmal wirklich ausspannen!

Jetzt ruft Sie Bismarck zurück. – "Ich hätte nicht daran gedacht" (wie es im Liede heißt), daß Bismarck das je tun würde! Daß ich ihn nicht beweine, glauben Sie mir aufs Wort – und daß viele meinem Beispiel folgen werden, ist auch unzweifelhaft. Er war eine Geißel Gottes. – Was mich an diesem Manne empört, das ist sein kolossaler Zynismus. In den jetzt erscheinenden zahllosen Nekrologen zitiert man so manches von ihm, was geradezu verabscheuungswürdig ist – so z. B. eine Geschichte von einer Quinze-Partie mit dem Grafen Blome. An und für sich ist vielleicht nichts daran, aber es gibt Einblicke in den Charakter des Betreffenden, die keineswegs denselben als schön und edel erscheinen lassen. – Haben Sie das Porträt gelesen, welches Bismarck von Graf Thun, seinem einstigen Kollegen beim Bundestag in Frankfurt gemacht hat? Rücksichtslos über alle Maßen. Solche Porträts werde ich nicht schreiben.

Apropos von Schreiben bin ich eben daran, meine Eindrücke während des Krieges (im Jahre 1870) zu notieren, besser gesagt, meine Erlebnisse. Ich glaube nicht, daß ich sie Ihnen zu lesen geben werde. Sie sind wohl sehr objektiv – allein doch nicht objektiv genug, um gewisse Dinge zu hören ... ich bin es nicht und würde es einem Freunde sehr verargen, wenn mir derselbe etwas vorlesen wollte, worin er Kritik über Österreich übt. Sie sollen mir nichts verargen, und nachdem Sie wissen, daß ich diese bescheidenen Aufzeichnungen für mich und für den engsten Freundeskreis aufbewahre, so können Sie mir auch nicht böse sein, wenn ich mich frei äußere.

Eigentlich hätte ich es gar nicht nötig gehabt, Ihnen zu erzählen, daß ich jetzt diese Aufzeichnungen gemacht habe, allein ich finde, es wäre ein Verrat an Ihnen gewesen, es Ihnen zu verheimlichen, und so wissen Sie es und machen nichts dergleichen.

Mein Freund Nat ist in Cowes bei den Regatten und wird sich demnächst mit einigen Freunden auf der "Veglia" nach Petersburg begeben! – Diese Idee wäre mir nie gekommen! – Den Sommer will ich in Gottes freier Natur, nicht aber in Städten verbringen.

Den 30. bis 31. gehe ich nach Bajna, wo Sie mich hoffentlich mit Ihrem Besuche wieder erfreuen und diesmal einen Kapitalhirsch schießen werden!

Zum Schlusse soll ich Ihnen alles Schöne von Oettingens ausrichten und gleichfalls von Clementine, welche, wie Sie wissen, zu Ihren großen Freundinnen zählt.

Tausend herzliche Grüße von Ihrer treuen Freundin

(gez.) P. Metternich.

An Fürstin Pauline Metternich.

Wien, 12. August 1898.

Verehrte liebe Fürstin, Ihr Brief ist ein Strom von Freundlichkeit, der sich auf den eben erst wieder genesenen Freund erfrischend und belebend ergießt! Ich will Ihnen auch sagen, weshalb er mich so ganz besonders freudig stimmte:

Ich bin kränker gewesen, als ich es sagen mochte. Nicht nur habe ich körperlich schwer gelitten, sondern mehr noch moralisch durch viel Sorgen und Verdruß....

Nach eisigkalter Nordfahrt traf uns in Bergen die Nachricht vom Tode Bismarcks – und wir eilten in grausiger Schnellfahrt nach Kiel und Friedrichsruh an den Sarg des merkwürdigen Mannes - vor dessen Tod ich verstumme. Aber einer guten Freundin, die selbst ehrlich schrieb (und mir in aller Ruhe die Aufzeichnungen von 1870 geben kann), will auch ich ehrlich sagen, daß mir der Tod des großen Mannes keinen Schmerz verursachen konnte. Ich habe um seinetwillen viel Leid erfahren. Darum schweigt das persönliche Herz. Aber ich wäre kein Deutscher, wenn ich nicht stolz auf das wäre, was er leistete. Ihn gekannt zu haben, bleibt mir daher eine große Erinnerung.

Wenn ich im September irgend Zeit habe, komme ich natürlich zu Ihnen in Ihr herrliches Bajna. Vielleicht glückt es uns dann doch noch einige "arme Leut'" – penje lenje – zu begegnen, die nichts von uns verlangen als einen Hammel und einen Gulden ....

Notiz zu vorstehendem Brief.

Ich hatte bei meinem letzten Besuch bei der Fürstin auf ihrem Schloß Bajna verschiedene Ausflüge mit ihr auf ihre Güter gemacht und öfters auf meine Frage, ob sich wohl in ihren Wäldern oder auf ihrem Besitz noch bisweilen Räuber zeigten, die sehr ausweichende Antwort erhalten, "daß das Märchen seien". Eines Tages fuhren wir nach einem am Walde gelegenen Vorwerk, wo uns der Inspektor, ein braver alter Ungar in herrlichem Ungarisch-deutsch die Honneurs machte, während wir Kaffee tranken. Ich tat wieder die Frage nach Räubern. "Reiber!" rief der brave Alte lachend aus, "sind keine Reiber, – sind penje lenje – arme Leute." "Inwiefern arme Leute?" – kommen solche armen Leute öfters her?" fragte ich in gleichgültigem Ton. "Vor paar Monate letztes Mal. Saßen dort, unter Brücke." "Unter der Brücke? – weshalb unter der Brücke?" fragte ich einigermaßen erstaunt. "Waren drei mit Flinten", fuhr der unverbesserliche Ausplauderer fort, "kam einer dann sehr bitten, wollte einen Hammel haben – waren hungrig, sehr hungrig." "Und Sie gaben ihm den Hammel?" – "Natürlich gab ich Hammel. Waren so dankbar – haben mich immer von Brücke gegrüßt. Sind arme Leite, sehr arme Leite", fügte er mit einem kummervollen Gesicht hinzu.

Die Fürstin saß wie auf Kohlen und trank schnell ihren Kaffee aus. "Sehen Sie", sagte sie mir französisch, als wir auf dem leichten Pirschwagen mit vier ungarischen "Juckern" bespannt und von einem Kutscher im Nationalkostüm mit fliegenden weißen Hemdärmeln über alle tiefen Löcher des Weges dahinflogen, "so sind diese Alten! Aber er ist ein braver Mann mit Familie, der auch wohl ehrlich ist. Ich kann ihn doch wohl wegen eines Hammels nicht fortjagen! Diese penje lenje sind Deserteure, die sich ihr Essen suchen. Das kommt wohl vor – hat aber kaum etwas zu bedeuten."

Ich setzte diese Konversation nicht fort. Die Fürstin Metternich fühlte sich als Gräfin Sandor in ihrem Nationalstolz ein wenig verletzt. Wir fuhren nun auch bald wieder durch das Tor in den Schloßpark von Bajna, wo sich sicherlich keine penje lenje aufhielten.

WIENER KARNEVAL

Wien, Januar 1898.

Karneval ist überall der gleiche: dieselben zerstreuten Mienen, dieselben Toiletten, dasselbe Geschwatze und Geschwitze. Der Luxus ist international. Die gesellschaftlichen Formen sind es auch. Will man ein Charakteristikum herausziehen aus dieser sich so absolut gleichenden Gesellschaft der großen Städte, so würde man die Wiener "Hof-Gesellschaft" etwa "vornehm – aber entsprechend mittelmäßig" nennen können.

Eine vornehme Gesellschaft wie die hiesige, wo die großen Herren es *chic* finden, halb nonchalant, halb töricht zu erscheinen, vielleicht, um durch einen (vorher präparierten) plötzlichen Geistesblitz denjenigen zu verblüffen, von dem sie annehmen können, daß er sie durchschaut haben könnte, ist sonderbar. Wird es einmal *chic* werden, etwas gelernt zu haben? Das erleben wir sicherlich nicht.

Diese vornehme Nonchalance hat jedoch etwas Gemütliches und ist nicht mühsam.

Ich erfrische mich nach solchem Verkehr an Freund Berger, an Graf Wilczek, Fürstin Pauline Metternich, Frau Malwine von Dutschka, an der urwüchsigen Klugheit der alten Fürstin Gabi Hatzfeldt – und Gott sei Dank bietet mir mein eigenes Heim vorläufig noch das sicherste Refugium vor Verflachung....

BALL BEI MIR.

Die Saison begann am 6. Januar 1898 mit einem Ball bei mir. Man fand ihn "glänzend, elegant und animiert". Ich fand ihn "lustig", weil meine älteste Tochter Adine – nun ballfähig geworden – ihn eröffnete und sich göttlich amüsierte. Die Geschwister saßen oben in der Loge des Saales und folgten mit kritischen Blicken der Schwester, deren Aussehen, Haltung und Wesen jedoch der schärfsten Kritik widerstand und der gesamten Wiener Welt einen vortrefflichen Eindruck machte. Alles kam, "mir zu meiner Tochter zu gratulieren" – (als ob der erste Ball das Leben bedeute!!) – und ich wurde damit offiziell in das Register der "alten Papas" geschoben. Aus diesem Grunde ließ ich mich nicht erweichen, länger als bis 1 Uhr tanzen zu lassen, denn ich gebe vier Bälle und sehe nicht ein, wozu ich bis um 5 oder 6 Uhr als nächtliche Jammergestalt über das Parkett schleichen soll?

Die Erzherzöge Rainer und Ludwig Victor kamen. Die vier neu auftauchenden Erzherzoginnen sollten erst auf dem Hofball ihren Einzug in die "Welt" halten. Vortänzer sind auch bei mir die netten jungen Leibgardisten, Graf Ceschi a Santa Croce und Graf Meran. Beide machen ihre Arbeit recht flott und geschickt.

Meine, zum Besuch bei mir weilende Mutter schrieb in ihr Tagebuch:

6. Januar 1898.

Die obere Festwohnung wird mit Blumen dekoriert. An 400 Einladungen sind ergangen für 4 Donnerstage. Wer kommt, ist ungewiß. Ich gehe abends um 9 Uhr hinauf, die Säle zu sehen. Die Attachés sind schon im Tanzsaal und die zwei Vortänzer. Adine sieht niedlich aus, weiß, mit Rosen vorgesteckt; Brillantenhalsband.

Der Büffettisch ist mit Rosen dekoriert, alles sehr festlich. Dann gehe ich mit Fräulein von Prittwitz und den Kindern hinauf in die Loge. Es kommen viele Gäste und es wird sehr eifrig getanzt. Unzählige Herren. Um 11 Uhr gehe ich herunter mit Karl und Tora und Mademoiselle. Am Schluß des Balles um 2 Uhr kommt Filly noch zu mir.

HOFBALL.

11. Januar 1898.

Es sieht in Wien stets bunt und lustig aus. Heute aber soll ein Posten in Schönbrunn in der Nacht auf die weiße Frau (!!) – geschossen und der von ihm gerufene Offizier nach ihr mit dem Säbel gestochen haben. Mehr kann man wirklich nicht verlangen! Die Stadt Wien erzählt es sich, und die tanzende Jugend zittert im Gedanken an die deshalb drohende Hoftrauer. (Ich wußte bisher nicht, daß auch hier diese weiße Dame bisweilen spazierengeht.) Es zitterten bei diesem Ereignis auch fünf Erzherzoginnen, die gestern zum erstenmal auf dem Hofball tanzten: zwei Töchter Karl Ludwigs, zwei Toskanas, davon eine Tochter Immaculata (Schwester des verschollenen Orth), eine Tochter Friedrichs, dazu eine kleine Cumberland. Keine besonders hübsch, aber alle frisch und appetitlich. Manche schöne Frau war zu sehen – weniger hübsche Mädchen und der Durchschnitt der Offiziere ist mangelhaft. Die Garde in Berlin sieht ganz anders aus . Die hiesigen Offiziere tanzen "mittelmäßig", denn die Haltung ist etwas zu "leicht". Der Kaiser machte mir eine abfällige Bemerkung darüber. Er sagte, daß man zu seiner Zeit besser getanzt habe. Ich bemerkte dazu, daß in Berlin der Kaiser schlecht tanzende Offiziere nach Hause schicke, was Kaiser Franz Joseph sehr praktisch fand. Er machte eine Bemerkung, aus der hervorging, daß nach solchen Prinzipien der Ball hier hätte abgebrochen werden müssen.

Ich hatte eine ganz konfuse Quadrille mit der Kronprinz- Rudolf-Witwe Stephanie zu tanzen, *vis-à-vis* der Herzogin von Cumberland.

Es ist sehr angenehm, daß durch die Vorstellung des Herzogs von Cumberland an Kaiser Wilhelm bei dem Begräbnis Erzherzogs Albrechts 1895 das Eis gebrochen und nun, nach 32 Jahren, ein *Modus vivendi* geschaffen wurde. Man braucht sich um das Haus Hannover nicht mehr herumzudrücken. Ich erfülle die "Gesellschaftspflichten" gegenüber diesen Herrschaften, – ohne intim zu werden.

Zu essen gab es nichts. Zu trinken nur jene berühmte Bouillon der Kaiserin Maria Theresia – und Tee, den man mühevoll in einem weit abgelegenen Salon erhält. Ich muß gestehen, daß mir die Genügsamkeit der hiesigen jungen Herren wirklich imponiert. Sie verlangen nichts als "einen Tee" und "eine Limonad'"

BEI DEN ENGLÄNDERN.

Der englische Botschafter gab als nächster einen Ball in den zu engen Räumen des Botschafterpalais, und man stieß sich erhitzt herum.

Bei dem Souper gab es Konfusionen. Der baumlange Sekretär, Mr. Findlay , fragte mich: "Weshalb haben Sie sich hergesetzt?"

"Weil Sie mir gesagt haben, daß ich mich rechts von der Erzherzogin Otto setzen soll."

"Wo sitzt die Erzherzogin Otto?" fragte er weiter.

"Links von mir."

"Ooh!!" rief er.

Die Herzogin mußte laut lachen.

BALL AM HOF.

Es folgte der "Ball am Hof", die zweite der einzigen großen Festlichkeiten, welche alljährlich in der Burg veranstaltet werden. Dabei ist die Gesellschaft kleiner und die Damen zeigen ihre größte Eleganz. Man soupiert an kleinen Tischen. Meine Tochter Adine amüsierte sich herrlich.

Der Kaiser machte Cercle und hatte lange Unterhaltungen mit mir über Kreta, die Dreyfuß-Sache und anderes mehr. Erzherzog Otto fehlte, da er krank an Influenza war. Die Erzherzöge Rainer, Eugen und Sohn Toskana waren anwesend. Schon um 12 Uhr wurde der Ball abgeblasen.

BALL BEI MIR.

Zu dem zweiten Ball bei mir am 20. Januar 1898 fanden sich von hohen Herrschaften Kronprinzessin Stephanie, Erzherzog Ludwig Victor, Großherzogin von Toskana mit Tochter und zwei Söhnen, der Herzog und die Herzogin von Cumberland mit Tochter ein. Das Fest begann um 9 Uhr und schloß um 2 Uhr, etwa 300 Personen, 80 Paare.

Die Anwesenheit der Cumberlands bei mir auf der deutschen Botschaft war das Ereignis des Tages. Daß ich in dieser Hinsicht den Ton von gesellschaftlicher "Schieberei" beseitigen konnte, war wohl gut. Aber ich muß mich sehr scharf auf der Grenze halten, um nicht unrealisierbare Hoffnungen zu erwecken. Sie waren sehr höflich und freundlich, gingen aber vor dem Souper fort, – ich vermute aus Angst, nicht als "Majestäten" bei dem Souper placiert zu werden. Denn diesen Rang gibt man ihnen am hiesigen Hofe durchaus. Die Tochter ist sehr hübsch und scheint ein allerliebstes Mädchen zu sein.

Kronprinzessin Stephanie, die in den Räumen der Botschaft zuletzt den Kronprinzen Rudolf gesehen hat, tanzte wie ein Wasserfall von Anfang bis zu Ende und jagte den tobenden Schlußgalopp mit Graf Larisch derartig im Saal herum, daß ich mich energisch weigerte, sie vor einer halben Stunde Abkühlung herauszulassen. Eine merkwürdige Frau!

Sie gab uns bald darauf einen charmanten musikalischen Abend in dem Salon, in dem der Kronprinz seinerzeit aufgebahrt wurde. Als Wirtin ist sie sehr liebenswürdig; versteht es auch gut, die Künstler freundlich zu stimmen. Mr. Ben Davis, ein bekannter englischer Sänger, sang auffallend gut. Sie setzte ihn und die hübsche Sängerin Frau Forster mit mir an ihren Tisch zum Souper. Als Obersthofmeister hat sie jetzt Graf Koloniewski, einen recht liebenswürdigen Galizier mit einer Riesenfrau, die wie ein eingeheizter roter Kachelofen aussieht.

ORDENSSCHMERZEN.

Graf Casimir Leyden (der stets unglücklich verliebte), einzige Bruder meiner verehrten Freundin Lady Charlotte Blennerhasset, ist ein recht kluger Mensch, wenn auch nicht auf der Höhe seiner Schwester – (was allerdings keine Herabminderung seiner tüchtigen Fähigkeiten bedeutet, da ich nicht viele Männer kenne, die bezüglich Verstand und Kenntnissen sich mit Lady Charlotte hätten messen können). Casimir, der ein liebenswürdiger, guter Mensch ist, war unlängst deutscher Gesandter in Bukarest geworden. Seine alte, einst berühmt schöne Mutter (geb. von Weling), wollte die Freude haben, ihren über alles geliebten Casimir als Chef der Mission in seiner Amtstätigkeit zu sehen, und rastete nun, auf dem weiten Wege von München nach Bukarest, bei uns in Wien mit Tochter Charlotte und ihrem Casimir.

Nun wollte der Zufall, daß gerade während der kurzen Anwesenheit der Familie Leyden bei uns ein sehr großer *Rout* stattfand, bei dem, wie bei allen solchen Veranstaltungen, "ganz Wien" sich einfand. Ich machte dem guten Casimir, der bei mir wohnte, selbstverständlich den Vorschlag, sich die Wiener Gesellschaft anzusehen, worauf er jedoch nur zögernd einging, – obgleich ihn die Begegnung mit allen "Größen" Wiens interessieren mußte. "Ich habe", sagte er mir, "während meiner Urlaubsreise keine Orden mitgenommen, und ohne Orden..." Aber ich schlug seine Bedenken mit den Worten nieder: "Das tut nichts zur Sache. Suchen Sie sich aus meinem Ordenskasten irgendein Großkreuz heraus, da Sie als Gesandter doch wohl ein solches besitzen, ist der kleine ›Irrtum‹ zu entschuldigen."

Casimir lachte und suchte sich abends aus meinem großen Kasten einen Stern heraus. Es war der Stern "Heinrich des Löwen" aus Braunschweig, dessen himmelblaue Emaille ihn bestochen hatte. Jedoch richtete er an meinen Leibjäger nicht die Frage, welchen Landes der Orden sei.

Casimir unterhielt sich vortrefflich auf dem *Rout* – und mein guter Vetter und Freund, Graf Eberhard Dohna, der zu derselben Zeit wie Familie Leyden unser Hausgast war, gleichfalls. Dieser hatte sich – selbst ziemlich fremd in Wien – viel mit Casimir beschäftigt und sagte mir nach der Abreise der Familie Leyden: "Ich finde Casimir recht angenehm, aber ich hätte ihn nicht für so albern gehalten, mir weiszumachen, daß er so viel Orden besitze, daß er nicht einmal wisse, welchen Ordensstern er trage!" "Halt!" - rief ich lachend aus, "Casimir hat nur gesagt: er wisse nicht, welchen Orden er angesteckt habe. Mehr hat er nicht gesagt."

"Nun", gab Eberhard zu, "das mag sein. Aber man kann doch nur behaupten, daß man nicht wisse, welchen Orden man trage, wenn man geradezu zahllose Orden besitzt."

"Wie kommst du überhaupt auf Casimirs Orden?" fragte ich Eberhard.

"Ich stand bei Leyden, und da mir sein merkwürdiger blauer Ordensstern aufgefallen war, den ich niemals früher gesehen hatte, so fragte ich ihn danach. Er guckte herunter, faßte den Stern an und sagte dann: "Der Orden? Ach ja, der Orden. Ich weiß wirklich nicht, welcher Orden es ist." Dann sprach er von anderen Dingen und tat so, als ob es ihm völlig gleichgültig sei. Ich muß gestehen, es ist doch nicht gerade gleichgültig, ob man ein Großkreuz hat oder nicht . Ich muß wirklich sagen, daß ich diese Geschichte mindestens "albern finde".

Nun aber war es mit meiner Zurückhaltung zu Ende. Ich klärte Eberhard auf, und wir lachten beide über Heinrichs des Löwen blauen Emaille-Stern. Aber ich mußte auch über die Verlegenheit des guten Casimir lachen, der Eberhard nur ganz oberflächlich kannte und dem einzugestehen, daß er sich mit einem fremden Orden schmücke, peinlich gewesen war.

Mir würde es nicht peinlich gewesen sein, einen kleinen Ordensbetrug einzugestehen, da ich bezüglich der Orden sehr "freie" Ansichten habe. Ich erinnere mich nur einmal, bezüglich eines Ordens, einen Wunsch ausgesprochen zu haben. Das war, als ich an einem preußischen Halsorden "krankte". Ich gebrauche dieses Wort, weil mit dem ewigen Anlegen eines Halsordens derartige Unbequemlichkeiten verbunden sind, daß ich geradezu wütend über den Zeitverlust durch derartige Lächerlichkeiten wurde. Als daher einst der allmächtige Kabinettsrat Herr von Lucanus meiner eiligen Toilette unterwegs in der Bahn mit dem Kaiser anwohnte, und immer wieder das Band rutschte, und immer wieder die Sache schief wurde, sagte ich ihm verzweifelt, er möge mir bald die höhere Klasse dieses roten Vogels besorgen, denn ich würde noch verrückt werden, wenn ich mit diesen Bändern am Halse weiter zu tun hätte! Er lachte sehr über meine Wut und muß wohl dem Kaiser etwas gesagt haben, was diesen amüsiert hatte, denn ich erhielt bei irgendeiner nächsten Gelegenheit die "höhere" Klasse, was mich nun andererseits wieder verstimmte, denn bei meiner Abneigung gegen derartige "Auszeichnungen" war es mir unangenehm, infolge meines "Wutanfalles" selbst ein Wort für einen Orden gesprochen zu haben!

Meine Verachtung für diese menschliche Eitelkeit war infolge von Erfahrungen eingetreten, die ich auf dem Ordensgebiete gemacht hatte. Hier einige Beispiele:

Ich traf einst den Zeremonienmeister Herrn von R.... in Berlin Unter den Linden, der wie eine schiefe Bohnenstange vor mir auftauchte. "Sie sehen leidend aus", sagte ich, "waren Sie ernstlich krank?" – "Haben Sie nichts davon gehört?" lautete die Gegenfrage, "die Geschichte mit dem Braunschweigischen Orden hat mich ganz entsetzlich mitgenommen!" – Da er anzunehmen schien, daß jedermann diese Ordensgeschichte kenne, fragte ich nicht weiter, erkundigte mich aber an anderer Stelle: Der unglückliche Mann hatte die dritte Klasse dieses Ordens erhalten und nicht die zweite. Auch waren seine starken Bemühungen, diese zweite Klasse eingetauscht zu erhalten, gescheitert. Das gab ihm den Rest – er lag einige Wochen krank.

Der zweite Fall war vielleicht noch eindrucksvoller. Ich ritt im Feldzug 1870 als Leutnant einsam im Norden von Paris, um einen Befehl zu überbringen, und holte einen Rittmeister der Landwehr, Herrn von P ... ein, der den gleichen Weg ritt wie ich. Nach stundenlangen, sehr langweiligen Gesprächen begann er von Orden zu sprechen. "Der vornehmste Orden, den ich kenne", sagte er, "ist der Malteser-Orden, ich hoffe ihn zu erwerben."

"Sind Sie nicht Protestant?" fragte ich, da nur Katholiken den Malteser-Orden erhalten dürfen.

"Allerdings", antwortete er völlig ruhig, und setzte, wie selbstverständlich hinzu: "Ich bin Protestant, aber ich habe natürlich die Absicht überzutreten."

Der dritte Fall war ein Kuriosum in anderer Beziehung. Ein Herr von X., das älteste Mitglied des österreichischen Landtages, 92 Jahre alt, ließ sich bei mir in der Botschaft melden. Er war allerdings noch merkwürdig rüstig, aber sein Anliegen setzte mich in Erstaunen: er hatte gelegentlich der Ordenregulierung einst den Kronen-Orden 3. Klasse erhalten; sein höchster Wunsch sei die 2. Klasse dieses Ordens. Ob ich ihm diese wohl verschaffen könne? Ich fragte ihn natürlich nicht, ob er diesen Halsorden im Himmel tragen wolle, sondern sagte, daß ich mir Mühe geben wolle, ihm diese Auszeichnung zu verschaffen. Als er freundlich grinsend hinaushumpelte, erfaßte mich ein Gefühl des Entsetzens: 92 Jahre lang Ordensschmerzen! – welcher Dornenweg! Friedensorden betrachte ich als Unfug. Nur der Krieg und die persönliche Tapferkeit im Feuer darf ein Wahrzeichen erhalten.

BEI DEN SPANIERN

Die spanische Botschaft ist noch unendlich viel enger als die englische. Darum konnten die liebenswürdigen Marquis' Hoyos, die nun leider dem neuen Regime in Madrid zum Opfer fallen, nur einen *Rout* mit Musik geben. Es war haarsträubend heiß, und eine Sängerin schrie wie am Spieß.

Aber für Jeden fanden die liebenswürdigen Leute ein freundliches Wort. Der Marquis hat eine merkwürdige Art, mit großer Geschwindigkeit französisch zu sprechen, ohne diese Sprache zu beherrschen, und hat sich daher durch allerhand lustige Entgleisungen in der Wiener Gesellschaft beliebt gemacht.

Ich fragte ihn einst, ob seine Familie in Spanien, so wie seine Vettern in Österreich, großen Grundbesitz hätte?

" *Ah non*", antwortete er mir schnell, " *car en Espagne les femelles héritent aussi*". (Er wollte sagen, daß in Spanien auch die Frauen bei der Erbschaft von Grundbesitz des Adels beteiligt sind.)

Auf dem Eise ließ er sich der Fürstin Montenuovo, die Schlittschuh lief, vorstellen, obgleich er ihr bereits vorgestellt war. Die liebenswürdige Frau sagte ihm, daß sie bereits die Freude gehabt habe, ihn kennenzulernen. " *Ah pardon, Madame*", rief er aus, " *je vous avais seulement vue en grande costume de la nuit.*" Das war (wie ich hoffe) die Ball-Toilette gewesen.

Zum Souper sollte ich eine junge Erzherzogin führen – eine Immaculata –; der türkische Botschafter war in derselben Lage bezüglich einer Annunciata, der er jedoch noch nicht vorgestellt war. Ich sagte ihm, er solle sich dicht hinter mir halten, und wir würden uns dann durch das Gedränge der Gesellschaft bis in die Nähe der hohen Dame quetschen, wo ich die Vorstellung über nehmen könne. Nach einer Viertelstunde waren wir dicht bei den Erzherzoginnen angelangt. Ich machte eine Verbeugung und sagte zu der Erzherzogin Annunciata:

"Permettez – moi, Madame, de vous présenter l'Ambassadeur de la Turquie", – mit einer Handbewegung halb hinter mich weisend, da ich Nedim-Bei dort wähnte. Plötzlich aber stand der dicke Nuntius Taliani neben mir, der mit einer abwehrenden Handbewegung rief: *"Pas ça! pas ça"*

Ich hatte in dem entsetzlichen Gedränge den Türken verloren. Nun gab ich das Gefecht auf und führte die arme Erzherzogin, die mit ihren frommsten Empfindungen und dem Herausplatzen kämpfte, schnell davon.

Wir setzten uns an einen kleinen Tisch, und es erschien dazu die riesengroße Herzogin von Beaufort, geb. *Princesse de Ligne*. Freundlich lächelnd ließ sie sich auf ein goldenes Rohrstühlchen nieder, das sofort unter ihrem so bedeutenden Körpergewicht in tausend kleine goldene Stückchen zerbrach. Es erdröhnte der Saal. Sie blieb lächelnd am Boden sitzen, denn sie wußte, daß sie ohne Hilfe nicht aufstehen konnte. Vier Lakaien unter Führung des vor Verlegenheit spanisch sprechenden Hausherrn, Don Isidor Hoyos, griffen ihr unter die ungeheuren Arme und setzten sie blaurot auf einen Fauteuil.

Diese Herzogin gab am nächsten Abend einen sehr schönen Ball. Der Herzog (der Franzose, Belgier und Österreicher zugleich ist) hat ein Palais und lebt den Winter hier, weil ihm die anderen Vaterlande zu demokratisch sind. Er ist Antisemit und glaubt deshalb auch an die Schuld des unglücklichen Dreyfuß. Seine Tochter ist ein nettes, aber wenig hübsches Mädchen. Im vorigen Jahre hatte sie auf dem Ball der Eltern niemand zum Kotillon engagiert. Das ist leider für den Genre der hiesigen jungen Herren sehr bezeichnend. Nonchalance!

DINERS

Die Diners bei den Erzherzögen Ludwig Victor und Otto nehmen auch einen Platz in der Gesellschaft ein. Ludwig Victor zerfließt in Liebenswürdigkeit für meine Frau und mich. Ich weiß wahrhaftig nicht, wodurch wir diese Aufmerksamkeiten hervorgerufen haben, – ich weiß auch nicht, wie lange sie dauern werden. Denn er ist wie eine alte nervöse Dame, die plötzlich schnappt, nachdem sie lange freundlich gelächelt hat.

Erzherzog Otto gibt sich entschieden Mühe, die Last seiner hohen Stellung würdig und freundlich zu tragen. Bei dem Diner von 40 Personen, das er heute gab, war er wirklich sehr liebenswürdig. Die gute Erzherzogin (Tochter des Königs Georg von Sachsen) ist über jedes Lob erhaben und würde als Kaiserin das Glück des Landes machen.

Fürstin Pauline Metternich hat ihr neues, kleines Palais bezogen und gibt gemütliche Diners. Vor einigen Tagen hatten wir das "Einweihungsdiner": Berger.

Wilczek, Rothschild und Maler Felix. Sie war klassisch amüsant – etwas scharf im Urteil über die hiesige Gesellschaft, was diese ihr gelegentlich wiedergibt.

Alles war entzückt von dem Prinzen Heinrich von Preußen, der liebenswürdig war, so gut aussieht und sich anerkennenswerte Mühe beim Cercle gab. Das fiel allerdings sehr auf gegenüber den jungen Erzherzögen, die nebeneinander stehen und, als einzige Betätigung ihres Zusammenhanges mit der Hofgesellschaft, befreundeten Damen Gesichter schneiden – (was natürlich auch andere Sterbliche bemerken müssen). Fürstin Pauline Metternich ist so wütend über diesen Mangel an Formen und Erziehung, daß sie mir mit einer Art Wutgeschrei sagte: "Kaiser Wilhelm und ich, wir sollten einmal die Höfe in Ordnung bringen! In 8 Tagen wäre alles geschehen – und ich versichere Sie, hier würde weder die Affäre Chotek , noch die Heirat der Kronprinzessin , noch das Gesichterschneiden der Erzherzöge auch nur eine Stunde andauern. Auch flögen 200 Beamte mit 10000 vertrockneten Pasteten, die man uns seit Jahren bei den Hofbällen die Unverschämtheit hat, zu servieren, zu den Fenstern der Burg heraus!"

Ich habe der Fürstin gesagt, daß Kaiser Wilhelm gern mittäte, aber daß die Nonchalance und der Mangel an Pflichtgefühl der modernen Zeit eine Hydra sei, mit der selbst ein Herkules - (auch wenn er Pauline hieße), – heute schwer fertig werden könnte.

DIE AMERIKANER

Der hiesige amerikanische Gesandte heißt Mr. Tripp. Er hat eine blasse, kleine, alte Frau mit einem Diamanthalsband und eine blasse Stieftochter mit vielen Zähnen. Es sind brave Leute. Er spricht nicht eine Silbe französisch oder deutsch und ist der Schrecken Goluchowskis, welcher nicht englisch versteht und jeden Mittwoch handelspolitische Auseinandersetzungen von Mr. Tripp während des diplomatischen Empfanges anhören muß, die er mit Lächeln beantwortet, während Tripp nicht eine Miene verzieht. Nimmt der Tonfall Tripps den Charakter einer Frage an, so sagt Goluchowski sehr laut: "Bitte schriftlich", was dann Tripp zu verstehen scheint.

Die Familie Tripp sitzt bei allen diplomatischen Diners nur pagodenhaft am Tisch und ist deshalb nicht leicht zu plazieren.

Nun hatte sie auch der belgische Gesandte, le Baron de Borchgrave, zu Tisch geladen. Er gibt vorzügliche Diners und erzählt nachher immer eine gewisse Anekdote von Äpfeln, über die auch stets wieder gelacht wird, obgleich sie gar nicht komisch ist. Als er aber, einige Tage vor dem Diner, tief in sein Placement versank, wurde ihm klar, daß es unmöglich sei, die Familie Tripp einzureihen. Überall stieß er an Nachbarn, welche seinem Diner fluchen würden, wenn sie sich neben der Familie Tripp langweilen müßten. Schließlich wurde ihm klar, daß nur eine Sache möglich sei: die Familie Tripp wieder auszuladen. Er nahm deshalb seinen Zylinderhut und fuhr zu den Amerikanern, die er schweigsam zusammensitzend fand.

Mr. de Borchgrave war bezaubernd liebenswürdig – auf französisch, denn er spricht nicht englisch – er erzählte sogar die Geschichte "mit den Äpfeln" und bat dann in den schönsten Wendungen der französischen Sprache die Familie Tripp, ein anderes Mal zu kommen. "Durch ein unglückliches Zusammentreffen könne er ihr nur so unangenehme Nachbarn geben, daß er sich erlauben würde, sie demnächst einmal besser zu plazieren."

Die Familie, welche freundlich verständnisvoll zugehört hatte, sagte sehr gütig lächelnd: *"Very well"* und sogar *"Merci"*, begleitete Mr. de Borchgrave bis an die Treppe und soll nachher eine lange Beratung darüber abgehalten haben, was eigentlich der Gesandte gewollt habe? Soviel die Familie überhaupt verstanden hatte, schien es sich um Äpfel gehandelt zu haben. Dieses versicherte wenigstens die Tochter, die sich früher einmal mit der französischen Sprache beschäftigt hatte.

Mr. de Borchgrave aber, stolz über seine diplomatische Gewandtheit, lud eilends noch drei Gäste ein, machte ein neues, sehr glückliches Placement, und der Abend des Diners nahte.

Er stand in der Nähe des Eingangs. Einige Gäste waren erschienen, da öffnete sich die Tür und – freundlich lächelnd trat die Familie Tripp ein.

Mr. de Borchgrave war zumute, als rühre ihn der Schlag. Der Tisch, ja der Saal war so eng besetzt, daß nicht daran zu denken war, die Familie zu setzen. Die Amerikaner aber, welche nicht die Worte des Wirtes verstanden, begriffen doch sehr wohl, daß ihm bei ihrem Anblick schlecht geworden sei. Es dämmerte ihnen auf, daß "p *ommes*" doch vielleicht etwas anderes als Äpfel bedeute, und während noch der erschütterte Wirt mit dem Sekretär nach der Möglichkeit rang, einen Katzentisch für die Tochter und zwei Sekretäre zu beschaffen, machte die Familie Tripp vor der Blässe und Erstarrung des Wirtes kurz kehrt und schritt sehr betrippst die Treppe hinunter, abweisende Gebärden gegen den Hausherrn machend, welcher oben die Hände rang, so betrippst, daß die ankommenden Gäste, denen die ernste Familie begegnete, den sehr berechtigten Eindruck hatten, daß oben etwas Fürchterliches oder der Familie Tripp selbst etwas Unsagbares passiert sei.

Unten war aber der Wagen mit dem Diener und den Mänteln der Familie Tripp bereits fortgefahren. Erst nach längerem dekoltierten Aufenthalt in der Portierloge war es möglich, Wagen und Mäntel per Telephon herbeizuschaffen.

Oben aber sah der Baron de Borchgrave bereits im Geist Antwerpen durch die Amerikaner besetzt und sein blutiges Haupt bei dem Festmahl der Eroberer durch Miß Tripp auf einer goldenen Schüssel der Mutter darreichen.

Nach Verhandlungen, welche sich der Öffentlichkeit entzogen haben, soll die Sache durch Vermittlung eines befreundeten Dolmetschers aufgeklärt worden sein, und man spricht nun von einem Diner bei Mr. de Borchgrave, wo rechts von ihm Mrs. Tripp, links Miß Tripp und ihm gegenüber Mr. Tripp gesessen haben.

BOTSCHAFTER GRAF NIGRA

Als ich 1894 meinen Posten in Wien antrat, fand ich als ältesten Kollegen – sowohl an Jahren als an Dauer der Vertretung seines italienischen Vaterlandes in Wien – den Grafen Constantin Nigra. Er war 1827 in Villa Castelnova bei Turin geboren und Botschafter in Wien seit dem Jahr 1885.

Wir waren uns von unserem ersten Begegnen an gegenseitig sympathisch, und ich meine, daß es der künstlerische Zug unseres Wesens war, der darin anklang.

Politisch war Nigra eine viel zu markante, erfahrungsreiche, ja, berühmte Persönlichkeit, um mich, der dem Alter nach sein Sohn hätte sein können, für vollwertig ansehen zu können. Wenn er dieses nach einer gewissen Zeit tat, so wird es wohl das Intuitive in meiner Natur gewesen sein, das ihn dazu bewog, mich "ernst" zu nehmen. Denn wie sollte ich mich jemals in bezug auf Erfahrung mit ihm messen können? Alles war glänzend, was er äußerte und arbeitete. Klug, abgeklärt, präzis – und doch der künstlerischen Freiheit nicht entbehrend.

Sein politisches Schicksal war allerdings reich genug, um mit Erfahrung, Geist und Charakter einen "ganzen Mann" gestalten zu können.

Schon 1848, als Student, hatte Nigra – einer Savoyer Familie entsprossen, und eng mit dem Königshause (damals sich "Sardinien" nennend) verbunden – gegen Österreich gefochten.

Infolge der durch König Carlo Alberto seinem Lande gegebenen Verfassung (ein Beispiel, das der Kirchenstaat und Toskana nachahmten), war in den österreichischen Kronländern Norditaliens eine Revolution ausgebrochen, die 1849 die österreichische Armee unter Feldmarschall Radetzky in der Schlacht bei Custozza niederwarf.

König Carlo Alberto, der das gesamte Italien "befreien" wollte, wurde gezwungen, abzudanken, und sein Sohn Victor Emanuel trat an seine Stelle.

Unmittelbar nach Beendigung dieser Krisen, d. h. seit Beginn der fünfziger Jahre, war bereits Nigra in Beziehungen zu seinem berühmten Landsmann aus Savoyen, dem Grafen Cavour, getreten.

Zunächst hatte sich Nigra als junger Mann journalistisch und auch belletristisch betätigt, und es waren besonders die Volkslieder seines engeren Vaterlandes, die ihn anzogen. Damals schon begann er sie zu sammeln und zu erklären, bis sie in seinem Alter, und während der Ruhe seines Wiener Aufenthaltes in jenem, für sein Vaterland bedeutsamen Werk *"Canti popolari del Piemonte"* ihre Kodifizierung erhielten. Es rührte mich, wie er mir mit jener Wärme, die der Künstler nach Vollendung eines großen Werkes für dieses Kind empfindet, diese Lebensarbeit überreichte. Ich fühlte mich bewegt, denn ich bemerkte, daß er mein tiefes Verständnis für die Tatsache empfand, daß er dieses Werk höher einschätzte, als alles, was er politisch geleistet hatte. Und das war wahrlich viel!

Hatte er wohl unrecht? – Das werden spätere Generationen zu beurteilen haben, denn wenn auch Nigras Name in der Zeitgeschichte der Aufrichtung des Königreichs Italien stets genannt werden wird, so dürfte er doch immer erdrückt durch die Namen Victor Emanuel und Cavour erscheinen, und vielleicht gar durch den Namen des Abenteurers Garibaldi. Ich meine darum, daß seine *"Canti popolari del Piemonte"* seinen Namen fester halten werden in der Kulturgeschichte seines Vaterlandes, als seine politischen Berichte aus der Zeit seiner politischen Tätigkeit es vermögen.

Cavour aber hatte bald die außergewöhnlichen Fähigkeiten Nigras erkannt, die sich bei den Verhandlungen, die zu dem Friedensschluß in Paris 1856 (nach der Liquidierung des Krimkrieges) führten, besonders glänzend bewährten. Seitdem blieb er Cavours "rechte Hand", und nahm an der Einigung Italiens, die infolge des Krieges

Napoleons und Victor Emanuels gegen Österreich 1859 nach der Schlacht bei Solferino und dem Frieden von Zürich erfolgte, politisch tätigsten Anteil. Österreich verlor damals die Lombardei, die mit den Monarchien von Neapel, Toskana, Parma und Modena in dem geeinigten italienischen Königreiche aufging.

Ich wiederholte hier allbekannte Dinge, doch nur, um meines verehrten Freundes Nigra Wirksamkeit zu beleuchten, die mit dem gewaltigen Erfolge der Politik Cavours untrennbar verschmolzen war. Daß aber Cavour nach dem Friedensschlusse 1860 seinen begabtesten Mitarbeiter als Gesandten nach Paris schickte, wo von dem großen "Helfer" Italiens, Napoleon III., die europäische Politik gemacht wurde, ist begreiflich. Es war auch natürlich, daß Napoleon nach seinen Erfolgen in Italien Nigra in sehr bemerkenswerter Weise auszeichnete, wie es auch nicht wieder verwunderlich war, daß Kaiserin Eugenie an der geistvollen Unterhaltung des interessanten Italieners ganz besonderen Gefallen fand, der, groß, schlank und blond, mit seinen brennenden Augen den Menschen in die Seele sah. Langobardenblut von den Savoyer Bergen, das in Italien für die schönste Rasse gilt.

Die Jahre 1860 – 1876, die Nigra in Paris verlebte, zählen zu den interessantesten seines reichen Lebens, und so führte uns oft unsere Unterhaltung an den Seinestrand.

Eines Tages erzählte ich Nigra ein Abenteuer aus Paris während des Krieges 1870: Ich war während der Kämpfe der Versailler Truppen mit der Kommune im Frühling 1871 – sehr leichtsinniger Weise! – in Zivilkleidung von unsern Vorposten aus in die brennende Stadt während der Bürgerkämpfe geschlichen. Diese Erzählung veranlaßte Nigra, mir seine Erlebnisse bei dem Zusammenbruch des Kaiserreiches nach der Kapitulation von Sedan mitzuteilen.

In der fürchterlichen Kopflosigkeit, die nach dieser Katastrophe in Paris eintrat erfolgte die Proklamation der Republik. Merkwürdigerweise aber hatte dabei niemand an die Kaiserin Eugenie gedacht, die sich in den Tuilerien befand. Dort nun hatte man völlig den Kopf verloren – alles war auf und davon in der Angst, von dem erregten Volke massakriert zu werden. Nigra erzählte: "Mir kam plötzlich der Gedanke: was wird aus der Kaiserin? Die unglückliche Frau wird nicht wissen, was sie nach dem Verlust des Thrones, der Gefangenschaft des Kaisers und bei der drohenden Gefahr seitens der aufgebrachten Bevölkerung für ihre Sicherheit tun soll. Ich nahm einen Fiaker, fuhr sofort nach den Tuilerien, und zwar zu einem Seiteneingang, durch den man zu den Gemächern der Kaiserin gelangen konnte. In dem Korridor angelangt, war alles wie ausgestorben. Dann sah ich ein weibliches Wesen, dem ich mich bemerkbar machte. Es war eine Kammerjungfer der Kaiserin, die mich erkannte. Ich sagte ihr, sie solle mich der Kaiserin melden, die mich auch sofort allein empfing. Sie trug ein einfaches Promenadenkleid und suchte kleine Sachen zusammen, die sie einpacken wollte. Ich sagte ihr, sie müsse sofort die Tuilerien verlassen, man könne nicht wissen, was sich von einem Augenblick zum andern ereignen werde. Die Kaiserin antwortete ziemlich ruhig und gefaßt. Ich sagte ihr, daß mein Fiaker unten bereit sei und sie nur zu befehlen habe, wohin sie fahren wolle. Ich gab ihr den Arm, als wir die Treppe hinabschritten. Der Kutscher erkannte sie nicht, da sie nicht nur sehr einfach gekleidet war, sondern auch einen dichten Schleier trug. Ihr war bei dem Gedanken an eine Flucht nach England nur ihr Zahnarzt Mr. Evans eingefallen. Ein ruhiger, anständiger

Mann, der sie seit Jahren behandelte und ihr, wie sie meinte, sehr ergeben sei. In seiner Wohnung könne sie sich vorläufig verbergen. Wohl ging es in der Stadt unruhig her, aber niemand wendete den Kopf nach dem Fiaker. Wir stiegen unerkannt aus, ich zahlte den Kutscher und begleitete die Kaiserin hinauf zu Evans, der gottlob zu Hause war und einigermaßen erschreckt, die Kaiserin zu sehen, die er in seinen Salon geleitete. Ich hatte meine Mission erfüllt – eine Menschenpflicht wie eine andere, und bat die Kaiserin, mich zu entlassen."

Das war die Erzählung Nigras. Es ist bekannt, daß Evans die Kaiserin an die Küste brachte und sie in einer englischen Schaluppe über den Kanal nach einem kleinen Küstenplatz Südenglands geleitete.

Meine letzte Erinnerung an die Tuilerien war eine andere: Als ich jenen abenteuerlichen Besuch während der Kommune in Paris machte, stand das herrliche Gebäude als eine rauchende Ruine vor mir. Die hohen grauen Dächer eingestürzt, die geschwärzten Essen ragten empor, und durch die starrenden Fensteröffnungen qualmte Rauch. Der Eindruck war sehr ergreifend, denn, als ich mich im Herbst 1869 auf dem Wege nach Biarritz in Paris aufhielt, stand ich auch vor den Tuilerien auf demselben Platz. Vor dem hohen Gittertor, das die Tuilerien von dem öffentlichen Jardin des Tuileries trennte, hielten zwei Posten zu Pferde Wache – in der prächtigen Uniform der *Gardes à Cheval*, und auf der dahinter liegenden Gartenterrasse, die sich an das Schloß lehnte, ging der Kaiser in eifrigem Gespräch mit einem Begleiter, beide in Zivil, auf und nieder.

Doch noch eine andere Episode wurde zwischen Nigra und mir erörtert. Eine viel besprochene, kommentierte, schließlich sagenhaft umwobene Episode: Der Auftakt zu dem Kriege 1870. Nigra erzählte mir, er habe aus dem Munde des alten Kaisers eine ganz genaue Darstellung des Vorganges mit Benedetti in Ems erhalten, als er, 1876 zum Botschafter in Petersburg ernannt, Kaiser Alexander II. in Ems aufsuchte, und bei dieser Gelegenheit äußerst liebenswürdig auch von Kaiser Wilhelm aufgenommen worden sei. Er hatte sich unmittelbar nach der genauen Darstellung des Vorganges an Ort und Stelle durch den Kaiser, eine Aufzeichnung gemacht, und war nun gern bereit, mir eine Kopie davon zu geben.

Ich ließ diese Aufzeichnung (die von Nigra *m. p.* gezeichnet ist,) in dem Liebenberger Archiv deponieren. Sie wird auch jetzt noch ihren historischen Wert behaupten . Eine Kopie, die ich meinerseits außerdem anfertigen ließ, sandte ich am 1. März 1895 an den Kaiser.

Waren die Anknüpfungspunkte auf politischem Gebiete schon reichhaltig genug, wenn Nigra und ich uns sahen, so waren sie kaum minder zahlreich auf literarischer Basis. Meist suchte ich ihn in seiner Botschaft auf, weil ich bei mir zu leicht Störungen erlitt. Der Betrieb in meiner Botschaft war ein sehr wesentlich stärkerer als bei meinem Freunde Nigra. Abgesehen von dem größeren gesellschaftlichen Kreise, in dem ich lebte, und den Anforderungen, die meine Familie mit Frau und sechs sehr lebhaften Kindern an mich stellten, jagten sich Depeschen und Eingänge aller Art vom Morgen bis zum Abend. Der einsame Nigra aber, der getrennt von seiner Gattin lebte, hatte damals wohl Grenzreibereien zwischen Tirol und Italien und einige andere Kalamitäten auszugleichen, sich sonst jedoch in den neunziger Jahren leidlich ruhiger politischer Stimmung bezüglich Österreichs zu erfreuen. Ich fand ihn daher meist in dem Palais Lobkowitz am Josephsplatz (das Italien als Botschaftspalais gemietet hatte), behaglich in seinem Arbeitszimmer arbeitend, doch zufrieden, wenn ich ihn stören kam, um mit ihm über tausend und abertausend Dinge zu sprechen, die oft sehr fern von unseren dienstlichen Aufgaben lagen.

Zu den vielen Studien, denen sich Nigra hingab, gehörte auch die Genealogie der regierenden Häuser. Er verfolgte durch Generationen die Allianzen der herrschenden Familien, sie nach ihren geistigen Fähigkeiten und ihrer körperlichen Beschaffenheit auf die Wirkung von "Inzucht" prüfend. Es ist Tatsache, daß Nigra auf die Töchter des "Königs" von Montenegro hinwies, um jegliche Inzuchtfragen im Hause Savoyen auszuschalten und frisches Blut einer jungen Bergrasse herbeizuführen. Ob er damit Glück haben wird? Die Zukunft soll es uns lehren.

Eines Tages fand ich Nigra vertieft in alte Stammtafeln. *"Regardez bien, cher ami"*, rief er mir zu, *"voilà la filiation de l'Empereur François Joseph du Pape Alexandre Borgia constatée!"* "Durch das Haus Ferrara, via Lucrezia Borgia, wie ich annehme", erwiderte ich.

"Ja, auch noch auf anderem Wege kann ich es nachweisen", fuhr er fort. "Glauben Sie, daß der Kaiser es weiß?"

"Vielleicht, aber wir können ihn danach fragen. Meinerseits finde ich den Titel ›Apostolischer König‹ fast darauf hinweisend", sagte ich scherzend.

Nigra lächelte in seiner feinen Art. "Auf diesen Einfall kann tatsächlich nur ein Protestant kommen! Aber sagen Sie mir: würde es den Kaiser interessieren?"

"Dem Kaiser dürften nur Sie davon sprechen. Und zwar als Katholik. Würde ich als Protestant ein solches Thema berühren, so würde man es als grimmen Spott betrachten und meine Abberufung wegen "Unverschämtheit" verlangen. Sie aber können als Katholik und akademischer Forscher die Sache ernst behandeln und bei einem langweiligen Hoffest den armen Kaiser dadurch auf ›bessere‹ Gedanken bringen."

Ich erinnere mich, daß bei einer solchen genealogischen Erörterung der Leibjäger Nigras den Fürsten Lobkowitz meldete, den Besitzer des Palais.

Der gutmütige Fürst trat ein, und ich konnte es mir nicht versagen, im Laufe unserer Unterhaltung die Frage an ihn zu richten, ob ihn der Gedanke verletzen könnte, daß ein Monarch unter seinen Ahnen einen Papst habe? Der sehr päpstliche Fürst sah mich mit grenzenlosem Erstaunen an und sagte, etwas verletzt: "Das könnte doch höchstens Garibaldi sein!" Auf diese wunderliche Rechtfertigung – (oder was sonst ihm in seinem Kopf herumgespukt haben mochte) – war keine Erwiderung zu finden. Ich erklärte nur bescheiden, daß ich mich soeben mit Papst Alexander VI. Borgia beschäftigt habe, der, bevor er Papst wurde, "weltlich" und auch verheiratet gewesen sei.

Nigra unterbrach die Unterhaltung, um sich nach dem "Biliner Wasser" – einer Quelle mit ganz leichter Karlsbader Wirkung – (und einer großen Einnahmequelle für Lobkowitz als Herren der Herrschaft Bilin) zu erkundigen. Nigra trank seit Jahren jeden Morgen sein Glas Biliner und hatte zu seinem Verdruß gehört, daß die Quelle plötzlich versiegt sei. "Wie sieht es damit aus?" fragte er den Fürsten, "ist es Tatsache, daß die Quelle verloren ist?"

"Nein, nicht ganz", sagte der gute Mann, "wir haben das Glück gehabt, unmittelbar daneben eine andere Quelle zu finden, so daß der Betrieb keine Störung erleidet."

"Mit denselben Bestandteilen wie die alte Quelle?" fragte ich.

"Nein", antwortete er, "aber sehr ein gutes Trinkwasser."

Dieses Bekenntnis einer reinen Seele rührte mich tief, und Nigra sagte, als Lobkowitz ging: *"Ce bon prince est d'une simplicité céleste; – mais je crois pourtant faire mieux de renoncer dorénavant à mon bon verre de Bilin le matin. La proximité de cette nouvelle source excellente pourrait avoir des effets surprenants – ou bien aucun effet."*

ZUM TODE DES KRONPRINZEN RUDOLF

Die Personen, welche bei dem Tode des Kronprinzen Rudolf in Meierling anwesend waren, sind – soweit sie den höheren Kreisen angehören – durch Wort gebunden, über den wahren Sachverhalt nicht zu sprechen. Den wenigen Dienern wurde durch viel Geld Schweigen auferlegt. Sie wurden zum Teil ins Ausland geschickt, wie der vielgenannte, Wiener Lieder singende Fiakerkutscher des Kronprinzen.

Ich konnte daher nur von einem intimen Freunde eines Beteiligten etwas erfahren, der diesem gegenüber in einer schwachen Stunde das Geheimnis gelüftet hatte. Wie ich erwartete, war die Katastrophe viel einfacher gewesen, als die Phantasie der aufgeregten Bevölkerung sie ausmalte.

Der Kronprinz hatte allein um 1 Uhr mit Graf Josef Hoyos gefrühstückt. Er war aufgeregt, klagte über Kopfschmerzen und zog sich bald zurück. Für den nächsten Morgen 8 Uhr war eine Jagd angesagt.

Die junge Baronin Vetzera befand sich bereits in Meierling, was jedoch die Herren der Begleitung erst nachmittags erfuhren.

Am nächsten Morgen um 7 Uhr kam der Kammerdiener des Kronprinzen zu Graf Hoyos mit der Mitteilung, daß die Türe des Schlafzimmers verschlossen sei und er vergeblich klopfe. Es müsse ein Unglück geschehen sein. Um 6 Uhr habe der Kronprinz noch geläutet und ihn mit einer Bestellung für den Fiaker fortgeschickt. Er bäte den Grafen, zu kommen und seinerseits zu klopfen und zu rufen.

Graf Hoyos kam nach einiger Zeit mit Widerstreben. Dann fand sich Prinz Philipp Coburg dazu. Man brach die Türe auf und fand die beiden Leichname entkleidet zusammen im Bett. Prinz Coburg brach ohnmächtig zusammen. Man berührte die Toten nicht.

Der Leibjäger des Kronprinzen behauptete, sie seien beide vergiftet, denn wenn er Raubzeug vergiftet habe, so sei auch den Tieren soviel Blut aus dem Mund geflossen.

Man schloß die Türen, und Graf Hoyos fuhr nach Wien, wo er dem General-Adjutanten Graf Paar die Nachricht brachte. Dieser ging zum Hofmarschall der Kaiserin, Baron Nopcza, welcher ihr die fürchterliche Mitteilung machte.

Die Kaiserin sagte dem Kaiser, was geschah, und dieser rief Graf Hoyos zu sich.

Bis dahin glaubte man, daß sich beide Tote vergiftet hätten. Jetzt bekam der Leibarzt Widerhofer den Auftrag, sofort nach Meierling zu fahren und den Befund festzustellen.

Unterdessen drangen Gerüchte nach Wien, es sei ein Totschlag an dem Kronprinzen verübt, während bisher von Vergiftung geredet worden war. Graf Hoyos hatte dem Kaiser das Anerbieten gemacht, auszusagen, er habe den Kronprinzen aus Versehen auf der Jagd erschossen.

Widerhofer konstatierte, daß der Kronprinz zuerst die Vetzera durch einen Schuß aus der Pistole in den Kopf getötet habe. Der Kronprinz hielt dabei den Kopf des Mädchens, und die Kugel zerschlug ihm, aus dem Kopf heraustretend, zwei Finger seiner linken Hand. (Deshalb wurden seine Hände bei der Aufbahrung gegen allen Gebrauch unter der Decke verborgen.) Erst nach längerer Zeit – wahrscheinlich nach einigen Stunden – hat der Kronprinz sich selbst durch einen Schuß aus der Pistole in den Mund getötet. Daß der Kronprinz längere Zeit vorher den Mord beging, ist an dem Zustande der Leichen festgestellt worden.

Widerhofer ordnete die Einsargung an. Der Onkel des Mädchens, Alexander Baltazzi, und dessen Schwager, Graf Stockau, wurden telegraphisch nach Meierling gerufen und brachten in der Nacht die Leiche des Mädchens in einem Wagen fort zur Beerdigung.

Widerhofer brachte die Nachricht an den Kaiser, daß Mord und Selbstmord vorläge. Deshalb ließ man dem Gerücht von der Vergiftung freien Lauf und machte auch keine Anstalten, den unglaublichen Legenden entgegenzutreten, die sich bildeten.

Mit der vorstehenden Darstellung schrumpfen Legenden zusammen, die allerdings wohl selten in der Geschichte geeigneteres Terrain für phantastische Blüten gefunden haben dürften, wie Blüten ohne Wasser. Aber es blieben immer noch seltsame Dinge übrig, die keine Legende waren.

Zwei Gerüchte hielten sich lange genug und wollten immer nicht weichen, obgleich eine ganze Reihe von Jahren ins Land gezogen sind seit jenem fürchterlichen Ereignis vom 30. Januar 1889.

Der Kronprinz sollte einem Attentat aus Eifersucht zum Opfer gefallen sein. Ein kaiserlicher Revierjäger aus Meierling, dessen Gattin der Kronprinz verführte, sei durch das Fenster eingestiegen und habe den Kronprinzen, der sich zur Wehr setzte, erschossen. Bei diesem Kampf habe der Kronprinz auch jenen "Schuß in die Hände erhalten, der die Veranlassung war, daß bei der Aufbahrung die Hände versteckt worden seien". "Die Vetzera sei bei diesem Kampf aus Versehen erschossen worden oder habe sich aus Verzweiflung selbst entleibt."

Die zweite seltsame Legende ist die Behauptung, daß der Kronprinz ein Opfer des Vatikans oder auch der Jesuiten geworden sei. Wäre der Vatikan der Anstifter gewesen, so stehe es damit im Zusammenhang, daß der Kronprinz Atheist gewesen sei und eine große Gefahr für die katholische Kirche werden mußte. Von seiten der Jesuiten würde er aber umgebracht worden sein, wenn er sein Programm in einem Anfall von Reue verraten hätte. "Jedenfalls habe sich ein Leichenwagen auf dem Wege nach Meierling unterwegs befunden, der vor dem Mord bestellt sein mußte; im Ort Meierling aber sei niemand gestorben."

Zu der ersten Legende gab der Kronprinz genügend Anlaß. Sein ausschweifendes Leben ebnete dergleichen Gerüchten den Weg.

Die zweite Legende findet ihre Begründung in der Tatsache, daß der Kronprinz ein "Freigeist" war und mit seinen Ansichten über die Kirche nicht hinter dem Berge hielt – wenn er mit intimen Freunden sprach. Und die mögen nicht immer diskret gewesen sein.

In Ergänzung der authentischen Tatsachen möchte ich noch einiges andere "Tatsächliche" hinzufügen.

Der Kronprinz war geistig nicht normal. Seine Liederlichkeit und seine Ausschweifungen überschritten die Grenzen der Vernunft, und in diese Extravaganzen spielten seltsame Selbstmordgedanken hinein. Er hatte nicht nur einer, sondern meines Wissens zwei Damen der Halbwelt, mit denen er verkehrte, ganz ernsthaft den Vorschlag gemacht, zusammen aus dem Leben zu scheiden – sich zu erschießen, was diese Damen mit einigem Erstaunen ablehnten.

In diesen seltsamen Ausschreitungen lag unzweifelhaft eine erbliche Belastung von Mutterseite. Die Mutter der Kaiserin, Ludowika von Bayern, war die Schwester der Mutter des Kaisers Franz Joseph, Sophie von Bayern. Und nicht genug: Der Vater der Ludowika, König Max I. und die Großmutter ihres Mannes (des Herzogs Max von Bayern) waren Geschwister. Das stellt sicherlich einen Herd der Inzucht dar, der bis zu einem gewissen Grad das Drama von Meierling beleuchtet. Aber anscheinend hatte die katholische Kirche bei allen diesen Ehen wohl weidlich das tonsierte Haupt geschüttelt, aber schließlich doch immer Dispens erteilt.

Der Vater der Kaiserin war der Chef der herzoglichen Linie und ein derartig "sonderbarer" Herr durch sein ganzes langes Leben hindurch, daß man sich über die "Sonderbarkeiten" seiner zahlreichen Kinder durchaus nicht wundern darf.

Ich unterstreiche diese bayerische Erbschaft, die sich auf das Gehirn des österreichischen Enkelsohnes niedersenkte, aus dem Grunde, weil sie bei der furchtbaren Katastrophe von Meierling erdrückend auf die unglückliche Kaiserin Elisabeth wirkte

Was die unglückliche Frau und Mutter quälte und sie momentan in Anfälle von Verzweiflung stürzte, war der Vorwurf, den sie sich machte, schuld an der Katostrophe des Sohnes zu sein, "da sie durch das Haus Bayern das grauenhafteste Unglück über das Haus Österreich gebracht habe". Sie trug bis zu ihrem Tode durch Mörderhand schwarze Trauerkleider.

Was nun zunächst die kaiserlichen Eltern nach der Kenntnis der Katastrophe in größte Bestürzung versetzte, war der Umstand, daß Mördern und Selbstmördern das kirchliche Begräbnis verwehrt ist – und dieser Selbstmörder und Mörder war der Erbe des Kaiserhauses Österreich!!

Es blieb dem armen Kaiser nichts anderes übrig, als an den Papst ein endloses Telegramm zu richten, in dem er ihm von allem Kenntnis gab. Die Annahme von geistiger Umnachtung während der schrecklichen Tat veranlaßte den Papst, sofort Dispens zu erteilen.

Doch noch ein Anderer, von dem in diesem Drama wenig die Rede ist, hatte eine schwere, ja grauenvolle Aufgabe zu erfüllen – und er trug wenig Schuld an der fürchterlichen Entwicklung einer Liebesgeschichte, die in ihren Anfängen nicht anders war als tausend und abertausend andere. Das war der mütterliche Oheim Mary Vetzeras, Alexander Baltazzi.

Die Baltazzis, Söhne aus guter griechischer Familie, sehr reich, und auf dem Gebiet des Rennsports in Österreich und Ungarn und darüber hinaus bekannt, waren von der Kaiserin Elisabeth stark protegiert worden. Sie hatte sie in Ungarn (das sie stets bevorzugte) viel bei den Reitjagden gesehen und nach Wien gezogen. Sie kauften deshalb wohl auch den schönen Besitz des Grafen Stockau (der eine Schwester Baltazzi heiratete), Napajedl bei Wien, wo sie eine bedeutende Rennpferdezucht einrichteten.

Ich habe die Brüder Baltazzi kennengelernt, doch berührten sich unsere Interessen so wenig, daß die Unterhaltung niemals in Fluß kommen konnte. Auch traten sie nach der Katastrophe von Meierling sehr zurück und mieden Wien. Baronin Vetzera, die Mutter des schönen jungen Mädchens mit den großen braunen Augen und dem unleugbar griechischen Typus, das es Kronprinz Rudolf "angetan" hatte, war eine zweite Schwester der Brüder Baltazzi.

Nachdem nun Dr. Widerhofer die Todesursache und Todesart der beiden unglücklich Liebenden festgestellt hatte, wurde Alexander Baltazzi nach Meierling gerufen, und man beriet, was mit der Leiche seiner Nichte zu geschehen habe. Denn es sollte verschwiegen werden, daß überhaupt ein weibliches Wesen in die Katastrophe verflochten sei, und es handelte sich darum, die Leiche unbemerkt von Meierling fortzuschaffen. Aber wohin? Wie und wo sollte und konnte sie begraben werden?

Es wurde beschlossen, daß Alexander Baltazzi in einem Mietswagen oder Fiaker, dessen Kutscher durch eine bedeutende Geldsumme zum Schweigen gebracht werden müsse, in der Nacht die Leiche seiner Nichte nach dem einige Stunden von Meierling entfernten kleinen Kloster Heiligenkreuz bringen sollte, wo die Mönche den Auftrag von dem Kardinalerzbischof erhalten würden, die Tote sofort zu beerdigen.

Alexander Baltazzi sprach kaum jemals von der grauenvollen Fahrt mit der Leiche seiner Nichte in dem Wagen, die angekleidet darin saß, um bei etwaiger Beobachtung des Wagens für lebend gehalten zu werden. "Kein Entsetzen gäbe es, das an das heranreichte, was er gelitten habe", so hatte er sich damals ausgesprochen.

Graf Josef Hoyos, der zur Berichterstattung in der Burg erschienen war, flehte den Kaiser an, ihm zu gestatten, daß er die Legende verbreiten dürfe, er habe den Kronprinzen auf der Jagd erschossen. "Er würde Österreich verlassen und niemals wiederkehren, um den Eindruck seiner vermeintlichen Tat zu bestätigen. Der Kaiser wies dies edle Anerbieten zurück mit dem Hinweis auf die Unmöglichkeit, ein Geheimnis zu bewahren, das so viele Zeugen gehabt habe. Aber er zeichnete den Grafen für seinen Opfermut aus, machte ihn zum Geheimen Rat und verlieh ihm hohe Orden.

Ein seltsames Geschehnis will ich schließlich hier mitteilen, das gewissen Leuten wohl nur ein Lächeln entlocken wird. Da es sich jedoch meiner Erinnerung aufdrängt, während ich von Kronprinz Rudolfs Ende "Authentisches" berichte, soll es dennoch seinen Platz hier erhalten.

Ich besuchte meinen Freund Graf Hans Wilczek auf seiner Burg Kreuzenstein und wir hielten uns nach der Besichtigung seiner dortigen Sammlungen in seinem, zu der Herrschaft Kreuzenstein gehörenden Schlosse Seebarn auf.

In einem Salon bemerkte ich auf einer Kommode einiges Stückwerk chinesischer Art und fragte, was es zu bedeuten habe, denn in der hochkünstlerischen Umgebung Wilczeks war ich gewohnt, nur Wertvolles zu sehen.

"Das hat seine eigene Geschichte", sagte Wilczek ernst, "doch will ich sie dir als meinem verständnisvollen Freunde mitteilen.

Und er begann: "Du weißt, daß ich mit Kronprinz Rudolf eng befreundet war. Ich stellte ihn als ›Begabung‹ sehr hoch, denn er war klug und durchaus befähigt, ein bedeutender Monarch zu werden. Unter seiner Sinnlichkeit stand er leider wie unter einer Tyrannis – aber das geht ja vielen so und erklärt ebenso die zahllosen Dummheiten, die kluge Leute oft begehen, – also auch bisweilen uns selbst Vorkommnisse, die uns unerklärlich dünken.

Ich stand, wie du weißt, dem Kronprinzen besonders nahe nach einer Jagdreise mit ihm in Spanien, als wir herrliche Sumpfjagden am Guadalaquivir machten, die aber schließlich in Studien spanischer und maurischer Kunst aufgingen.

Du weißt auch, wie schwer ich unter seinem schrecklichen Tode litt!

Als ich ihn in der Burg tot wiedersah, – ich war ganz allein im Zimmer, in dem man ihn nach der Überführung von Meierling niedergelegt hatte, – stand ich händeringend, ganz verzweifelt vor ihm und in meinem Schmerze klagte ich laut und sagte schließlich:

"Ach, kannst du mir kein einziges Wort mehr sagen?" In diesem Augenblick, wie eine Antwort, gab es in dem kleinen chinesischen Schränkchen, neben dem ich stand, einen lauen Krach, so daß ich mich erschreckt danach umsah. Dann war alles still, und ich verließ das Zimmer mit dem seltsamen Gefühl, als habe ich eine Art Antwort erhalten – einen Laut der Verbindung zwischen ihm und mir vernommen.

Bald nach der Beisetzung des Kronprinzen in der Kapuzinergruft wurde an die intimen Freunde des Verstorbenen auf Befehl des Kaisers die Frage gerichtet, ob sie irgendeinen besonderen Gegenstand aus dem Nachlasse des Kronprinzen wünschten? Mir fiel sofort das chinesische Schränkchen ein, und ich bat darum – gleichviel ob es dem Kronprinzen gehörte oder kaiserliches Eigentum sei. Man gewährte mir die Bitte ohne viel zu fragen und ich stellte das Schränkchen in meinem Zimmer in Seebarn auf.

Doch ereignete sich der seltsame Vorgang, daß das erstemal, als ich in dem Raume, in dem das Schränkchen stand, von Kronprinz Rudolf sprach, bei Nennung seines Namens derselbe Laut wie damals an seinem Totenlager so energisch und plötzlich ertönte, daß wir uns erschreckt anblickten.

Nun aber setzte sich dieses Phänomen fort! Auch im Beisein anderer Persönlichkeiten – besonders aber in Gegenwart meiner Frau, und dieser wurde es so unheimlich, daß sie es vorzog, nicht mehr das Zimmer zu betreten, in dem das "verzauberte" Schränkchen stand.

Ich gestehe, daß mir selbst die Sache unheimlich wurde. Wie sollte ich mir den rätselhaften Vorgang erklären?

Nicht etwa aus Furcht, sondern aus Rücksicht für meine Damen, und besonders, um zu vermeiden, daß sich an meinen Freund Rudolf eine Legende von Teufelsspuk und dergleichen mysteriösen Dingen knüpfen könnte, beschloß ich, das Schränkchen in Flammen aufgehen zu lassen. Ich brachte es in den Park, errichtete einen kleinen Scheiterhaufen und nach kurzem Bemühen sank es unter Krachen und Prasseln in Asche und Schutt.

Hier vor dir liegen einige kleine Metallreste, – die nicht mehr krachen."

"Willst du etwa davon etwas nehmen?" fragte er mich?

Und ich steckte ein verkohltes kleines Bronzefigürchen zu mir, das sich nun unter meinen Liebenberger Andenken befindet und wohl in die Vergessenheit so vieler Dinge sinken wird, die sich an alte Gegenstände knüpft.

Wer wird, wenn er das Figürchen in seine Hand nimmt, ahnen können, daß es neben dem toten Kronprinzen Rudolf stand und daß der alte Wilczek die zierliche Behausung, an der es befestigt war, angesichts der berühmten Burg Kreuzenstein an der Donau verbrannte, so wie man einst Hexen verbrannte?

Im Geiste sehe ich vor mir, wie mein alter Freund Wilczek, sich dabei in seiner feierlichen Art verbeugend ein Kreuz schlägt – doch nicht um des Spukes willen, sondern in Erinnerung an seinen Freund Rudolf, der tot und stumm bei seinen Ahnen in der Kapuzinergruft ruht.

"MORD" (KAISERIN ELISABETH)

Gastein, 10. September 1898.

Ich befand mich seit dem 23. August mit meiner Mutter in Gastein, wo wir, wie schon seit einer Reihe von Jahren, in dem "Weißen Hirschen" wohnten.

Ich ruhte am 10. September nachmittags in meinem Zimmer, als mein Leibjäger eintrat und mir meldete, daß der hiesige Post- und Telegraphenverwalter mich in einer dringenden Angelegenheit zu sprechen wünsche. Das war mir unangenehm, denn was konnte die dringende Angelegenheit anders sein als eine traurige oder meine Kur störende Nachricht. Er würde sicherlich nicht selbst gekommen sein, wenn es nicht irgendwie "brannte".

Der Mann trat blaß und aufgeregt ein und begann eilig sprechend: "Ew. Exzellenz wollen gnädigst verzeihen – aber es ist schrecklich! – ich kann es gar nicht sagen – Ew. Exzellenz werden begreifen, es ist eine so entsetzliche Geschichte! – man kann nicht glauben, daß es möglich ist ..."

"Mein Gott!" rief ich außer mir, "so sagen Sie doch, was geschehen ist!"

"Ermordet! – ermordet! – ja ist es denn möglich! ..."

"Ja, wer denn? – der Kaiser? – der deutsche Kaiser?"

"Ihre Majestät die Kaiserin ist ermordet!" – kam es endlich heraus, und er blieb mit einem weitaufgerissenen Mund plötzlich verstummt vor mir stehen und starrte mich an.

"Die Kaiserin Elisabeth?" rief ich entsetzt.

Er nickte nur und sagte dann ruhiger: "Grad' ist die Nachricht eingelaufen, und ich hab' geglaubt, Ew. Exzellenz als dem zunächst beteiligten in Gastein eigenhändig die Trauernachricht untertänigst überbringen zu müssen."

"Was wissen Sie Näheres?" fragte ich.

"Ihre Majestät ist in Genf von einem Italiener erstochen worden – mehr weiß ich nix."

Wien, 11. September 1898.

Schon am nächsten Morgen um 10 Uhr, am 11. September, verließ ich mit meiner Mutter Gastein, traf gegen 3 Uhr im Wagen in Lend ein und befand mich abends ¾10 Uhr in der Botschaft in Wien.

Die Aufregung in Wien war eine ungeheure. Überall wehten schwarze Fahnen, und auf den Gassen der inneren Stadt wogten die Menschen hin und her.

Mir war nur bekannt gewesen, daß sich die Kaiserin in Caux (auf der Höhe über Montreux am Genfer See) befand, und zwar in Gesellschaft der Hofdame Gräfin Sztáray und des Sekretärs Christomanos, eines sehr gebildeten Griechen, für den sie (wie man sagte) ein "kleines Tendre" hatte. (In der Hauptsache war er es gewesen, der die Kaiserin in Korfu zu dem Bau des "Achilleion" veranlaßt hatte.) Von Caux aus war der Ausflug nach Genf unternommen worden, doch befand sich leider Christomanos nicht bei der Kaiserin, sondern nur die Hofdame. Immerhin wäre es möglich gewesen, das Attentat des Anarchisten Lucheni zu verhindern, wenn ein Mann sich in der Begleitung der Kaiserin befunden hätte.

Was mir über den entsetzlichen Vorfall in Wien bekanntgeworden war, berichtete ich telegraphisch an den Kaiser. Nähere Nachrichten liefen erst an den folgenden Tagen ein, und ich teilte diese schriftlich mit. So auch in folgendem Briefe an den Kaiser.

Wien, 13. September 1898.

Ew. Majestät Entschluß, zu der Leichenfeier der Kaiserin hierherzukommen, begrüße ich wärmstens. Das ganze Volk vom Höchsten bis zum Niedrigsten ist so tief erschüttert, daß ich in allen Augen die Frage las: Wird der beste Freund unseres armen Kaisers auch kommen?"

Ich habe schon Ew. Majestät alle Details telegraphiert, erlaubte mir auch zu sagen, daß der Empfang am Bahnhof, solange die Kaiserin noch nicht begraben ist, vielleicht besser vermieden würde.

Es scheinen ziemlich viel Gäste zu kommen. Man plant nach dem Begräbnisse ein kleines Familiendiner, aber fürchtet dabei für den Kaiser, unmittelbar nach der erschütternden Feier, die Anstrengung. Da wäre in Wien wohl die Zeit, daß Ew. Majestät den alten Herren bitten, sich vertreten zu lassen.

Den Vorschlag, daß Ew. Majestät bei mir ein Essen einnehmen, vermag ich nicht zu machen, aus Rücksicht für Kaiser Franz Joseph, der bei der kurzen Anwesenheit Ew. Majestät es doch vielleicht peinlich empfinden würde, wenn der deutsche Kaiser die Hauptmahlzeit nicht in der Burg einnähme.

Über den entsetzlichen Mord bringen die Zeitungen so viel Details, daß ich nichts Neues darüber berichten kann.

Die gestern eingetroffene Urkunde über den Befund der Todeswunde ergibt tatsächlich, daß das spitze Instrument das Herz von oben nach unten vollständig durchbohrt hat. Die Wunde war neun Zentimeter lang. Daß die Kaiserin und Gräfin Sztáray davon nichts gemerkt haben, klingt geradezu unglaublich und ist doch wahr. Die Kaiserin hat nur die Empfindung gehabt, mit der Faust geschlagen zu sein und überhaupt nicht empfunden, das Opfer eines Mordes zu sein.

Der Tod der Kaiserin hat für das Land insofern jetzt gerade eine politische Bedeutung, weil durch die Einstellung aller Jubiläumsfeierlichkeiten, welche noch das ganze Jahr fortdauern sollten , die dadurch geförderte Stärkung und Kräftigung des monarchistischen Gedankens Einbuße erleidet.

Ich lasse dahingestellt, ob der anarchistische Mord etwa diesen Zweck verfolgt hat.

.... (gez.) Philipp Eulenburg.

Die Tage nach meiner Rückkehr waren nicht gerade geeignet, als Nachkur nach Gastein gelten zu können. Aus der Götterluft der Berge, bei dem wunderbar erfrischenden Wasserfall, war ich in die Staubatmosphäre und Hitze des sommerlichen Wiens plötzlich versetzt. Dazu erwartete mich bei der durch das entsetzliche Ereignis sehr gespannten innerpolitischen Lage nicht nur gehäufte Arbeit, sondern auch ein Kaiserbesuch im eigenen Hause!

Meine Erwägung, daß es bei dem kurzen Aufenthalt des Kaisers am 17. September – dem Tage der Beisetzung der armen Kaiserin – kaum möglich sein werde, den Kaiser als Gast in der Botschaft zu sehen, hatte nicht gefruchtet. (Und ich gestehe, daß diese Erwägung nicht vollkommen selbstlos ausgesprochen war. Denn mein ganzer Hausstand war für den Sommer aufgelöst. Nicht nur befand sich meine Familie in Liebenberg, sondern mit ihr Diener, Kutscher, Pferde – und, was in diesem Fall das Schlimmste war: mein fast weltberühmter Koch, der Römer Herr Cechi, war beurlaubt und hielt sich tief in Ungarn auf einem mir unbekannten Schlosse auf, wo er eine Gastrolle gab und nicht aufzufinden war.)

Die Benachrichtigung, "daß Se. Majestät am 17. mittags in Wien eintreffen, sich in die Burg begeben, sodann an den Beisetzungsfeierlichkeiten teilnehmen und alsdann mit Gefolge bei Ew. Exzellenz um 6 Uhr speisen würden", traf mich in einer sehr hilflosen Lage und erinnerte an den völlig überraschenden Besuch beider Majestäten in Liebenberg im Oktober 1896, als das ganze Schloß mit Gästen angefüllt war, die die Hochzeit meines Neffen Kalnein mit meiner Nichte Eulenburg feierten. Damals war alles voll – und dieses Mal war alles leer. Aber gottlob war meine Dienerschaft und Umgebung an derartige Überraschungen gewöhnt. Mein tüchtiger Haushofmeister und mein treuer, ruhig überlegender Leibjäger, in Verbindung mit dem als Aushilfsdiener fungierenden Kanzleidiener, traten sofort in die Schranken, während mein gewandter Sekretär Kistler für die Bestellungen sorgte. Jedenfalls war ohne Ausnahme meine ganze Umgebung eifrig beflissen, mich angesichts meiner sehr angegriffenen Gesundheit mit allen Kräften zu unterstützen, auch zeigten sich die Herren meiner Botschaft, besonders in seiner großen Anhänglichkeit der gute Lichnowsky, sehr hilfsbereit.

So wurde denn der Ausweg gefunden, das meine gesamten Privaträume des Parterres der Botschaft eingemottet und verschlossen bleiben und der Empfang in den großen offiziellen Räumen des ersten Stockwerkes stattfinden sollte. Es wurde gebohnert und geputzt und aus einem der ungemütlichen seidenen Prachträume durch Verschieben der Möbel ein gemütlicher Rauchsalon hergerichtet. Das Diner aber wurde bei dem berühmten Restaurant Sacher bestellt, das ein paar Köche in meine Küche zu schicken hatte.

Die bewußte Benachrichtigung von dem "kaiserlichen Überfall" war am 15. September eingetroffen. Es blieben also für die angegebenen Vorbereitungen nur knappe zwei Tage, doch fesselte mich soviel Arbeit an mein Arbeitszimmer, daß ich dem Getobe und Gescheuere äußerlich und innerlich fernblieb und am 17. morgens das fertige Werk meiner Getreuen, die es mir mit stolzem Lächeln zeigten, eine "angenehme Überraschung" darstellte.

16. September 1898.

Das nachfolgende kaiserliche "Handschreiben" vom heutigen Tage an den Ministerpräsidenten Graf Thun gebe ich um seines ergreifenden Inhaltes willen hier wieder. Es geht durch dieses Dokument (dessen Verfasser mir unbekannt ist, denn der alte Kaiser dürfte wohl nur einige Ausdrücke daran verändert haben) ein Zug von süddeutscher Wärme, der mich tief berührt.

An meine Völker!

"Die schwerste und grausamste Prüfung hat Mich und Mein Haus heimgesucht. Meine Frau, die Zierde Meines Thrones, die treue Gefährtin, die Mir in den schwersten Stunden Meines Lebens Trost und Stütze war, an der Ich mehr verloren habe, als Ich auszusprechen vermag, ist nicht mehr. Ein entsetzliches Verhängnis hat sie Mir und Meinen Völkern entrissen, eine Mörderhand, das Werkzeug des wahnsinnigsten Fanatismus, der die Vernichtung der bestehenden gesellschaftlichen Ordnung sich zum Ziel setzt, hat sich wider die edelste der Frauen erhoben und in blindem, ziellosem Hasse das Herz getroffen, das keinen Haß gekannt und nur für das Gute geschlagen hat.

Mitten in dem grenzenlosen Schmerze, der Mich und Mein Haus erfaßt hat, angesichts der unerhörten Tat, welche die ganze gesittete Welt in Schauder versetzt, dringt zunächst die Stimme Meiner geliebten Völker lindernd zu Meinem Herzen. Indem Ich Mich der göttlichen Fügung, die so Schweres und Unfaßbares über Mich verhängt hat, in Demut beuge, muß Ich der Vorsehung Dank sagen für das hohe Gut, das mir geblieben ist: für die Liebe und Treue der Millionen, die in der Stunde des Leidens Mich und die Meinen umgibt. In tausend Zeichen von nah und fern, von hoch und niedrig hat sich der Schmerz und die Trauer um die gottselige Kaiserin und Königin geäußert ....

Aus der unwandelbaren Liebe Meiner Völker schöpfe Ich nicht nur das verstärkte Gefühl der Pflicht, auszuharren in der Mir gewordenen Sendung, sondern auch die Hoffnung des Gelingens. Ich bete zu dem Allmächtigen, der Mich so schwer heimgesucht hat, daß er Mir noch die Kraft gebe, zu erfüllen, wozu Ich berufen bin. Ich bete, daß er Meine Völker segne und erleuchte, den Weg der Liebe und Eintracht zu finden, auf dem sie gedeihen und glücklich werden mögen.

Schönbrunn, 16. September 1898.

Franz Joseph."

Zum Andenken an die Kaiserin stiftet der Kaiser den "Elisabethorden", der nur an Frauen verliehen werden soll.

Tagebuch. 17. September 1898.

Mittags 1 Uhr traf Kaiser Wilhelm auf dem Nordbahnhof ein. Ich war ihm bis Lundenburg entgegengefahren. Einen Empfang seitens des hiesigen kaiserlichen Hauses hatte unser Kaiser in Rücksicht auf die Trauer abgelehnt. Es waren hier nur die ihm zugeteilten österreichischen Offiziere anwesend: Feldzeugmeister Prinz Lobkowitz (aus Budapest), Flügeladjutant Oberstleutnant Fürst Dietrichstein und der Chef des österreichischen Husarenregiments Kaiser Wilhelm, Oberst Ströhr. Nach sehr freundschaftlicher Begrüßung fuhr der Kaiser mit Prinz Lobkowitz in die Burg, ich in die Botschaft zurück.

Die feierliche Überführung der toten Kaiserin in die Kapuzinergruft hatte um 3 Uhr begonnen. Ich brauchte nicht anwesend zu sein, da Kaiser Wilhelm selbst erschienen war und ich ihn daher nicht zu vertreten hatte. Doch fuhr ich zu meinem französischen Kollegen, dem Marquis de Reverseaux, von dessen Palais aus ich den Trauerzug sah, der allen Pomp der altspanischen Etikette zeigte, die immer noch seit Kaiser Karl V. am hiesigen Hofe gilt. Unbeschreiblich großartig, schwarz und trauerhaft. Nicht minder ernst die Haltung des Volkes: man sah fast nur schwarze Kleider und Schleier. Wer sollte aber auch nicht ergriffen werden, wenn der auf hohem, schwarzem Katafalk mit wehenden, schwarzen Straußenfedern ruhende Sarg nahte, in dem eine so elend ermordete Kaiserin lag? Sie stand lebhaft vor mir in ihrer Schönheit, ihrer Freundlichkeit, wenn sie in ihrer flüsternden Art so liebenswürdig mit mir sprach.

Ihr war es schlimmer ergangen als der bayerischen Prinzessin Elisabeth, ihrer Tante, nach der sie ihren Namen erhielt, der Gattin Friedrich Wilhelms IV. Denn als der böse Sepheloge am Schloßportal in Berlin auf den König schoß, der neben der Königin Elisabeth im Wagen saß, flog die Kugel durch ihren Hut, ohne sie und den König zu verletzen.

Die Berliner sangen nachher ein Leierkastenlied, das die Schandtaten des Attentäters schilderte. Das Lied enthielt auch die denkwürdige Strophe:

"Und er schoß der Landesmutter
Durch des Hutes Unterfutter."

Als der Attentäter in Begleitung eines Polizeioffiziers in einem Wagen nach Spandau fuhr, um hingerichtet zu werden, und Herr Sepheloge schauernd sagte: "Mich friert", gab der liebenswürdige Berliner Offizier ihm die vielbesprochene Antwort: "Sie haben gut reden! – Sie brauchen wenigstens nicht zurückzufahren."

(Ich möchte wohl wissen, weshalb mir diese dumme Geschichte in einem Augenblick einfällt, wo ich tiefernst bin? Wohl dieselbe körperliche Reaktion, wie das "Lachen am unrechten Platz".)

18. September 1898.

Kaiser Wilhelm traf gestern um 6 Uhr in der Botschaft ein, begleitet von seinem Gefolge und den zu ihm kommandierten österreichischen Offizieren.

Wir betraten das Vestibül, wo sich auch der alte Reichskanzler, Fürst Hohenlohe, eingefunden hatte, der es sich nicht hatte nehmen lassen, dem alten Kaiser Franz Joseph sein Mitgefühl zu zeigen. Er war gestern von Aussee eingetroffen. Auch Bernhard Bülow war vom Semmering gekommen.

Das Diner verlief vielleicht "zu munter" im Verhältnis zu der Trauer, die alle Anwesenden zusammengeführt hatte. Über den Tisch ging die Konversation hin und her, als ob wir ein Fest feierten. Wahrscheinlich benahmen sich die alten Deutschen schon ebenso bei ihren Totenmahlen.

Um 8 Uhr meldete man mir, daß einige der deutschen Fürsten angelangt seien, denen ich für den Abend meine Salons zur Verfügung gestellt hatte. Ich schickte eilend zwei meiner Sekretäre zum Empfang derselben hinunter. Das Placement war folgendes:

Legationssekretär von Stumm Graf Eltz, Attaché

Flügeladjutant Freiherr von Berg Stabsarzt Dr. Ilberg

Österreichischer Oberst Ströhr Flügeladjutant von Böhn

Chef des Militär-Kabinetts von Hahnke Chef des Zivil-Kabinetts von Lucanus

Österreichischer Botschafter (in Berlin) von Szögyeny Feldzeugmeister Prinz Lobkowitz

Der Kaiser Ich

Minister des Äußern Graf Goluchowski Fürst Hohenlohe, Reichskanzler

Staatssekretär Bernhard von Bülow Österreichischer Flügeladjutant Fürst Dietrichstein

Chef des Hauptquartiers General von Plessen Graf August Eulenburg, Oberhofmarschall

Botschaftsrat Prinz Lichnowsky Flügeladjutant Graf Cuno Moltke

Legationssekretär Prinz Schönburg Freiherr von Romberg, Legationssekretär

Es waren so viele hohe Herren von allen Ländern Europas zur Kondolenz in Wien erschienen, daß die ganze Burg besetzt war. Das ganze Haus Bayern zählte zur Familie, der König von Sachsen als intimer Freund und Vetter Kaiser Franz Josephs ebenfalls. Die Könige von Rumänien und Serbien waren bei ihren Gesandten, wie auch die Kronprinzen von Italien und Griechenland und der Großfürst Alexis.

Die anderen hohen Herren erschienen aber fast alle bei mir, soweit sie nicht schon abends Wien wieder verlassen wollten, und das waren wenige. Es erschienen nach und nach, von den Herren der Botschaft gemeldet:

Herzog Nicolaus von Württemberg,
Erbgroßherzog von Baden,
Erbgroßherzog von Oldenburg,
Erbgroßherzog von Sachsen-Weimar,
Christian, Herzog von Schleswig-Holstein,
Erbgroßherzog Adolf von Mecklenburg-Strelitz,
Erbprinz von Hohenzollern,
Herzog von Sachsen-Altenburg,
Prinz Reuß XXIV.,

Prinz Wilhelm zu Schaumburg-Lippe,
Prinz Albrecht zu Schaumburg-Lippe.

Alle waren mir gut bekannt, zum Teil sogar gute Freunde, doch war es nicht leicht, allen besonders freundlich zu begegnen, da ich zunächst die Pflicht hatte, mich dem Kaiser zu widmen. Aber sie begriffen das, ebenso mein Verschwinden mit dem Kaiser, den ich zur Bahn begleiten mußte. Er kehrte um 9 Uhr mit dem gesamten Gefolge nach Potsdam zurück.

Als ich heimkehrte, fand ich die ganze Fürstengesellschaft rauchend an dem schönen Büfett, das ich für sie hatte richten lassen, und alle sehr gut gestimmt.

Ein einzelner regierender oder erbprinzlicher Herr ist schon bis zu einem gewissen Grade (wenn man nicht eng mit ihm befreundet ist) mühsam, aber als Dutzendware auftretend, mehr als ermüdend. Doch will ich mit diesen Bemerkungen den Herren nicht zu nahe treten, die sich gegen mich stets liebenswürdig benahmen. Gott segne sie und ihr Land!

Aus einem Schreiben an Kaiser Wilhelm.

(Geheim.) Wien, 19. September 1898.

... Ich mußte in diesen traurigen Tagen auch Frau Kathi Schratt ein Wort der Teilnahme sagen und benutzte den gestrigen Abend, um eine Spazierfahrt nach Hitzing zu machen. Dort hatte ich mich telephonisch angesagt und fand die liebenswürdige Wirtin allein. Die Villa, die soviel Reize birgt, macht an der Straßenseite der Gloriettgasse einen schlichten Eindruck. Durchschreitet man das Tor, so glaubt man in einem Schlößchen auf dem Lande zu sein. In Hufeisenform, nur aus Parterregeschoß bestehend, ist der Garten durch ein hohes eisernes Gitter von dem Gebäude getrennt. Herrliche alte Bäume neigen sich über das alte schöne Eisenwerk in den sauber gehaltenen Hof.

Frau Kathi hatte mir einen Tee bereitet, und ich mußte mich in den Stuhl setzen, "in dem Se. Majestät immer sitzt". Sie war in Trauer und sah reizend aus. Als ich ihr sagte, es sei mir ein Bedürfnis, ihr auszusprechen, daß ich innigsten Anteil an dem Verlust nähme, der auch sie so besonders hart getroffen hatte, brach sie in Tränen aus. Es waren keine Schauspielertränen, sondern echte, gute Tränen. "Sie wissen ja nicht, was ich verloren habe", sagte sie.

Dann begann eine lange vertrauliche Unterhaltung, in der sie mir ein sehr klares Bild des Privatlebens des Kaisers und der Familie nach der eingetretenen Katastrophe gab. "Ich spreche sehr aufrichtig zu Ihnen", sagte sie mir, "weil ich weiß, daß Sie es gut mit mir meinen und daß Sie den Kaiser wirklich lieb haben."

"Mir ist es so entsetzlich hart ergangen, nachdem wir uns einige Tage vor dem Tode der Kaiserin oben in Naßfeld (bei Gastein) trafen. Ich war von dort nach Zell am See gekommen, wo ich mit meiner Freundin Eisenlechner übernachtete. In dieser Nacht vom 9. zu dem schrecklichen 10. September hatten wir beide den furchtbaren Traum, von einer schwarzen Gestalt mit einem Dolch verfolgt zu werden. Auch wurde ich das Bild eines großen Leichenwagens nicht los. Meine Freundin, von bösen Ahnungen geängstigt, reiste ab. Ich blieb und wollte den Aberglauben niederkämpfen – aber es war vergeblich. Gegen Abend erhielt ich das Telegramm von dem Morde und reiste noch in der Nacht nach Wien. Den Kaiser sah ich vormittags – es war ein furchtbares Wiedersehen! Er hatte mir so lieb geschrieben – ich will Ihnen den Brief zeigen."

Sie holte mir zwei Briefe. Der erste, den der Kaiser mit merkwürdig klarer, fester Hand am Abend des 10. geschrieben hatte, lautete (wohl wörtlich, da ich ihn mir genau merkte) :

Schönbrunn, 10. September 1898.

"Theuerste Freundin, daß auch Sie nach Wien geeilt sind, freut mich sehr. Mit wem könnte ich besser über die geliebte Verklärte sprechen als mit Ihnen? Ich bin morgen um 11 Uhr vormittag frei. Kommen Sie nicht durch den Garten, sondern durch die Kammer.

Ihr aufrichtig ergebener

Franz Joseph."

Der zweite Brief war von der bekannten Freundin und Vorleserin der Kaiserin, Frau von Ferenczi. In demselben jammert die arme Person über ihr beiderseitiges Schicksal. "Ich wende mich in meinem Schmerz an die geliebte ›Wahlschwester‹ der unvergeßlichen Kaiserin" – so schreibt die Ferenczi. (Frau Kathi sagte mir, daß die Kaiserin sie so zu nennen pflegte.)

Noch vor dem Kaiser war Frau Kathi den Erzherzoginnen Valerie und Gisela begegnet. Beide waren ihr weinend in die Arme gesunken (was mir auch von anderer Seite bestätigt wurde).

"Die geliebte Kaiserin hatte noch über mich mit den Töchtern gesprochen", sagte sie, "und der Kaiser wiederholte mir, daß ich das ›Vermächtnis‹ der armen Kaiserin sei! Wohl wollte die Erzherzogin Valerie den Kaiser gleich ganz zu sich nach Wallsee nehmen, die Minister sollten stets hinaus zum Vortrag kommen, aber Se. Majestät sagte mir: ›Das ertrüge ich nicht! Was soll ich in Wallsee machen?‹ – Es hätte vielleicht der Familie der Erzherzogin besser so gepaßt, aber die denken nicht an den armen Kaiser."

Dann ging die Unterhaltung auf die letzte Lebenszeit der Kaiserin über. "Sie wollte durchaus den Tod", erzählte Frau Kathi. "Sogar die Ermordung, denn als ich einst von der Notwendigkeit polizeilicher Bewachung sprach, sagte die Kaiserin: ›Was täte es denn, wenn man mich umbrächte? Das wäre mir lieb und kein Schade!‹ - Gar nicht lange vor ihrer letzten Abreise ging ich mit den Majestäten im Garten spazieren. Da fing die Kaiserin scherzend an, von ihrem Tode zu sprechen. ›Ach, da wäre niemand so, als der Ritter Blaubart froh‹ sagte sie. Der Kaiser war ganz ärgerlich und sagte: ›Geh, red' nicht so.‹"

"Dann hat die Kaiserin auch alles Schreckliche aufgezählt, was in der Familie geschehen war."

Von den letzten Augenblicken der Kaiserin erzählte Frau Kathi die genauen Details, die ihr der Kaiser und Gräfin Sztáray mitgeteilt hatten. "Als der schreckliche Mensch stach, fiel sie wie ein Stock gerade hintenüber an die Erde. Aber niemand hatte den Stich bemerkt. Gräfin Sztáray und der Fiakerkutscher hoben die Kaiserin auf und putzten ihr das Kleid ab. ›Es ist nichts‹, sagte die Kaiserin und verlangte zum Schiff weiterzugehen. Dort sank sie sofort zu Boden und blieb auch am Boden liegen, bis sie der Kapitän und andere die Treppe hinauf auf das Promenadendeck trugen und auf eine Bank legten.

Dort erst machte die Gräfin Sztáray die Taille auf und entdeckte auf dem Hemde einen lichten Blutfleck, nicht größer als ein halber Gulden: im Fleisch eine ganz kleine Wunde. Sie sagte dem Kapitän jetzt, daß die Kranke die Kaiserin sei, und man wendete zurück. Die Kaiserin erwachte und fragte nur: ›Was ist denn geschehen?‹ Dann fiel sie wieder in Ohnmacht.

Man trug sie, als das Dampfboot wieder am Kai angelegt hatte, auf einer Tragbahre von Kissen nach dem Hotel. Unterwegs röchelte sie zweimal. Das war der Tod. Arzt und Priester kamen zu spät! Sie lebte nicht mehr, als sie im Hotel eintraf!"

Meines Dafürhaltens ist es jetzt das beste, daß der Verkehr des Kaisers mit seiner Freundin nicht gestört werde. Wenn man versuchte, den alten Herren in seinen Gewohnheiten zu stören, so würde er einfach körperlich und geistig versagen. Es wäre nach allen diesen Erschütterungen ein gefährliches Experiment.

Der Einfluß Frau Kathis ist kein gefährlicher. Sie ist den Deutschen warm und gut gesinnt.

Psychologisch ist die hiesige Kaiserfamilie allerdings interessant. Wer die Persönlichkeiten nicht alle in ihrer Eigenart kennt, wird dieses eigentümliche Verhältnis zwischen Kaiserpaar, Schauspielerin und Töchtern nicht begreifen.

"DIE SCHRATT"

EIN KAISERLICHES FREUNDSCHAFTSIDYLL.

Von der "Schratt" ist während der Dauer von nun mehr als 15 Jahren in Wien mehr die Rede gewesen als von irgendeiner anderen Persönlichkeit, welchem Stande und welcher Stellung sie auch angehört haben mochte.

Kathi Schratt war ein liebes bildhübsches Naturkind aus kleinbürgerlichem oberösterreichischen Hause, das mit seiner lieblichen Art zu sprechen als Darstellerin bäuerlicher Rollen zu den ersten Künstlerinnen ihres Berufes gezählt werden konnte. Sie gewann das Herz der Kaiserin Elisabeth bei allerhand Wohltätigkeitsvorstellungen, und diese zog sie zunächst als Vorleserin in ihren Verkehr. Um dieses Faktum zu erklären, bedarf es des Hinweises, daß die Kaiserin mit ihren Schwestern und Brüdern fast ohne Erziehung und ohne besondere Schulbildung in Oberbayern zu Possenhofen am Starnberger See und in Tegernsee aufgewachsen war. Daß ferner ihr infolge des ungezwungenen Verkehrs in ihrer Kinder- und Jugendzeit der Umgang mit der gemütlichen, gutherzigen Landbevölkerung als etwas Selbstverständliches erschien. Es ging so weit, daß sie sich im Grunde nur behaglich in solchen Kreisen fühlte und daß daher die Art des Verkehrs der Geschwister untereinander, ihrer Sprechweise, auch diese Formen trug. Kaiser Franz Joseph hatte sich selbst so sehr daran gewöhnt, daß sogar Persönlichkeiten, die durch Zufall Gespräche *en famille* zwischen dem Kaiser und der Kaiserin und seinen Schwägerinnen im Gasthof von Straubinger zu Feldafing belauscht hatten, nicht im mindesten einen Unterschied in Ton und Inhalt mit der Art der Landleute des Gebirges entdecken konnten. So kann es mir auch nicht auffallen, daß die Kaiserin einen besonderen Gefallen an "der Kathi" fand. Ich verstehe es durchaus. Denn Kathi war, abgesehen von dem Zauber ihrer kindlichen Schönheit, ihrer herrlichen Farben, ihres wundervollen glänzenden Goldhaares, ihrer großen gütigen, blauen Augen, ein "herzensguter Kerl", immer freundlich, heiter, harmlos, half jedem, soviel sie konnte, und wußte allerhand Geschichten originell zu erzählen. Ihrem Ruf aber war nicht das geringste Böse nachzusagen.

Da sich die Kaiserin allmählich mit dem Kaiser und seinen Staatsgeschäften zu langweilen begann, kam sie auf den Einfall, mit Kathi zum Kaiser zu gehen – und schließlich oft und öfters *à trois* mit dem Kaiser zu speisen.

Das ist die Geschichte des Entstehens der rührenden Freundschaft zwischen "Der Schratt" und dem alten Kaiser, dem sie die Zeit bei Tisch und Spaziergängen im Park von Schönbrunn durch ihr freundliches Geplauder vertreibt.

Kathi hatte jedoch einmal eine Dummheit gemacht. Das war, als sie ihre Hand einem ungarischen Baron Kiß, der ihr anscheinend gut gefallen hatte, zum Ehebund reichte. Denn dieser stürmische Ungar verwickelte sich und sie in allerhand törichte Spekulationen und wurde ihr immer unbequemer. Er fand eines Tages eine entsprechende Anstellung als Konsul in einem überseeischen Lande. Kathis Sohn glich mit seinem schwarzen lockigen Haar dem Vater, war aber ein guter harmloser Junge.

Als ich 1894 nach Wien kam, war die Freundschaft mit Frau Kathi so weit vorgeschritten, daß sie ein hübsches Haus in Hitzing bei dem Schönbrunner Park besaß und eine kleine Villa bei Ischl. Der Kaiser, der jeden Morgen zwischen 2 und 3 Uhr aufsteht und um ½5 Uhr frühstückt, kommt häufig zu dieser Stunde zu der Baronin, wo er seinen Kaffee und seine warme Speise findet. Alle Leute müssen dann sauber angezogen sein, und Frau Kathi erzählt ihm beim Frühstück, was es Neues gibt. Die Tageseinteilung des Kaisers ist allerdings für andere Sterbliche schwer zu ertragen.

Für den Nichteingeweihten trägt ein Umstand den Charakter einer gewissen Komik, daß der Kaiser bei Frau Schratt ihren, sie in finanziellen Fragen beratenden Freund, einen älteren Mann, Herrn Palmer, kennenlernte (jüdischen Ursprungs), der als Vorstand einer großen Bank die Geldgeschäfte der Frau Baronin besorgte – und daß der Kaiser mit diesem und Frau Kathi gern eine Partie Tarock spielte. Palmer hatte bei einer Begegnung dem Kaiser gut gefallen. Weshalb eigentlich sollten diese drei nicht eine Partie Tarock miteinander spielen? Allerdings glaube ich, daß die Zusammensetzung der Teilnehmer ein Kuriosum genannt werden kann. Übrigens waren die Beziehungen Palmers zu Frau Kathi völlig einwandfrei. Der ältere Mann, der sich ihrer väterlich annahm, trug, wie ich glaube, richtig beobachtet zu haben, eine sentimentale, treue, hoffnungslose Liebe für Kathi in seinem alten Herzen. Er gehörte überhaupt zu den sentimentalen Vertretern seiner Stammesgenossen. Kathi verkehrte achtungsvoll scherzend mit ihm, und er lächelte traurig, wahrscheinlich auch dann, wenn er wieder einmal die in Unordnung geratenen Finanzen Kathis zu ordnen hatte.

Ich lernte Palmer bei Frau Schratt kennen, der, seit er mit dem Kaiser Tarock spielte, eine gewisse geheimnisvolle politische Miene aufgesetzt hatte, die mich oft lachen machte, denn der Kaiser sprach niemals Politik mit ihm. Mit Frau Kathi hingegen öfters, und ich gestehe, daß ich bisweilen durch sie mit dem Kaiser sprach – in kurzen Fragen und Antworten: ob ihm dies und jenes lieb oder nicht lieb sei. Frau Kathi hingegen bat mich stets, wenn ich sie besuchte oder sonst traf: "Bitte schön, schaun's, erzählen's mir a lustige Geschichten für Se. Majestät!" und ich gab mir Mühe, ihr den Gefallen zu tun, denn bei den täglichen Spaziergängen ging wohl oft genug der guten Frau der Atem aus.

Wie sehr vertraut aber das Verhältnis zwischen den Dreien: Kaiser, Kaiserin und Kathi war, wird wohl am deutlichsten durch die Tatsache beleuchtet, daß in der schrecklichsten Stunde dieses kaiserlichen Ehelebens, als Kronprinz Rudolf Mord und Selbstmord beging, die Kaiserin Frau Kathi zum Kaiser holte, weil ihre Kraft allein versagte. Und als die arme Kaiserin Elisabeth ermordet wurde, war es wieder die Schratt, die dem unglücklichen alten Kaiser als treue Stütze zur Seite stand, – von den Töchtern herbeigeholt.

Das ist "die Schratt" – auf die ich mein Leben lang kein böses Wort werde kommen lassen. Sie war der Tvpus eines ehrlichen braven oberösterreichischen Naturkindes. Deshalb wirkte sie auch auf der Bühne so überaus stark in solchen Rollen.

Ich will aber noch mehr zu ihrem Ruhme sagen: In ihrem Charakter lag unleugbar auch ein edler vornehmer Zug. Ich habe nicht häufig bei Damen der sogenannten "großen Welt" diesen Zug so sein vertreten gesehen, als bei "der Schratt".

AUS PRIVATBRIEFEN AN KAISER WILHELM II.

Wien, 29. Dezember 1896.

... Der Kaiser feierte das Fest bei der Erzherzogin Valerie und der Prinzessin Leopold. – Frau Kathi Schratt hatte Ferien, denn die Kaiserin ist in Biarritz. Die Freundschaft zwischen letzterer und ihr ist eigentlich noch fester als die zwischen dem Kaiser und Frau Kathi. Wenn jetzt Dinge an sie herantreten, – und es tritt vieles an sie heran! – (Dinge, welche der Kaiser erfahren soll, und Frau Kathi hat den Animus, daß es ihn ärgern könnte), so spricht sie erst mit der Kaiserin darüber und berät, wann und wie es gesagt werden kann. Es ist ein ganz sonderbarer Zustand! Wie ich höre, drängen sich alte Freunde der Frau Kathi mehr und mehr vor, und dieser Einfluß macht sich bei der Hofverwaltung unangenehm fühlbar. Baron Kiß – Kathis Mann – ist auch eine Unbequemlichkeit. Man hat ihn nach Venezuela gebracht, wo er sich entsetzlich langweilt. Er hat den dringenden Wunsch, nach Europa zurückzukommen, was um so erklärlicher ist, als man ihm alle Schulden bezahlt hat. Es wäre klüger gewesen, dieses zu unterlassen.

Ich sehe die Schratt selten, um nicht in den Verdacht zu kommen; Politik "hinten herum" zu machen. Sie ist wirklich eine ganz charmante, einfache, nette Person. Im Theater herrscht sie natürlich unumschränkt, und man kriecht auf allen Vieren, wenn sie kommt, der Intendant nicht ausgeschlossen. Leider hat sie einen Zahn auf die berühmte Hohenfels, die Gattin Baron Bergers . Darunter leidet der arme Mensch sehr und hat die Idee, Wien den Rücken zu kehren.

Die Kaiserin macht in letzter Zeit dem Kaiser und Frau Kathi Sorgen. Man hat heimlich einen Arzt nach Biarritz gesandt, weil sie nichts ißt, lahm wurde, dabei immer am Strande spazierte und schließlich erklärte, nicht nach Cap Martin kommen zu wollen. Das war dem Kaiser zu arg. Ietzt hat man sie aber für eine gewisse Sorte von Beefsteaks begeistert, und seitdem lauten die Nachrichten besser. Sie will nun auch Mitte Januar nach Cap Martin fahren.

Wien, 4. Februar 1897.

... Während die Politiker rechnen – bzw. sich verrechnen – und die Gesellschaft in einen Karnevalstaumel geraten ist, der mir stärker als üblich erscheint, spielt hinter den Kulissen der Politik und Gesellschaft die Idylle weiter, die man "Frau Kathi" nennen kann. Es hat sich in dem äußeren Verkehr des Kaisers mit seiner Freundin nichts geändert. So trägt derselbe auch immer noch den Charakter außerordentlicher "Anständigkeit". Der platonische Charakter der Beziehungen hat durch nichts eine Änderung erfahren. Immer noch beginnen die Briefe mit der Anrede "Hochgeehrte, gnädige Frau". Und doch hat das Verhältnis seit einiger Zeit eine andere Form angenommen.

Wenn der Kaiser auch in Frau Kathi nicht das besitzt, was man im allgemeinen unter dem Begriffe einer Maitresse zu verstehen pflegt, so ist die Wirkung dieses Verhältnisses doch eine ähnliche nach außen geworden. Die gutmütige Frau Kathi, die sich sonst nach Möglichkeit dem Andrängen ihrer Umgebung erwehrte, ist darin müde gemacht, und es treten Einflüsse auf, die früher nicht zu bemerken waren.

In ganz direktem Zusammenhange hiermit aber steht das "Altwerden" des Kaisers, das mir seine nächste Umgebung (wie Graf Paar und andere) berichtete. Auch ich habe es in einem Nachlassen der Haltung bemerkt. Die Widerstandsfähigkeit des Kaisers hat nachgelassen, und er merkt es nicht, daß er mehr unter den Einfluß der Frau Kathi gekommen ist als früher. Die politischen Kreise munkeln von Einflüssen, die sich sogar in dieser Hinsicht Geltung verschaffen, und zwar scheint Ungarn den Weg zu Frau Kathi gefunden zu haben ....

Ich habe konstatiert, daß Herr von Doezy, Sektionschef im Auswärtigen Ministerium, ein Ungar, bei ihr mehr aus- und eingeht als früher. Ob er die Vermittlung ungarischer Interessen besorgt, weiß ich nicht genau. Aber er steht in engen Beziehungen zu dem berühmten Redakteur Falk des Pester Lloyd – dem gräßlich wie eine Wasserleiche ansehenden Manne. Aus einer sehr guten Quelle erfuhr ich zu meiner Uberraschung, daß die ungarische Hofdame der Kaiserin, Gräfin Festetics, jenen Zusammenhang herstellt und Frau Kathi in die gewünschte Richtung schiebt. Die Gräfin ist eine sehr gescheite Person und lebt still in der Burg.

Der Zusammenhang zwischen der Kaiserin und Frau Kathi ist ein sehr enger. Bei der Kaiserin holt sich Frau Kathi oft Rat, wenn eine schwierige Bitte an den Kaiser gebracht werden soll. Das dürfte sich wohl in der Hauptsache auf Ungarn beziehen. Die Kaiserin überhäuft dafür Frau Kathi mit kleinen Aufmerksamkeiten. Da aber Frau Kathi sehr abergläubisch ist, so spielen kleine Amulette, kleine und große Schweine von Metall und Porzellan dabei eine große Rolle. ...

An den kleinen Essen bei Frau Kathi mit Sr. Majestät nehmen neuerdings bisweilen die beiden hübschen Schauspielerinnen, Frau Reinhold-Devrient und Fräulein Kallina, teil, *pour varier les plaisiers*. Frau Kathi ahnt nicht, welche Schlangen sie an ihrem Freundschaftsbusen pflegt! Beide jungen Damen waren, ehe sie an die Hofbühne kamen, also fast noch Kinder, Geliebte von Greisen. Sie müssen für die hohen Jahre eine besondere Anziehungskraft haben. Ich scheine noch nicht in den richtigen Jahren zu sein: ich finde sie ganz niedlich, aber zu frech und abgefeimt. Bei den kleinen Diners denke ich sie mir wie zwei junge Katzen, während Frau Kathi als eine etwas alternde, edle, englische Hühner -Hündin dabei sitzt.

Es kann nur langweilen, wenn ich von dem Burgtheater erzähle, das gänzlich von Frau Kathi, bzw. von Frau Devrient und Fräulein Kallina, geleitet wird. Da geht wirklich alles drunter und drüber. Georg Hülsen, der zu meiner Freude einige Tage hier war, konnte sich nicht darüber beruhigen. Leider wird unser guter, geistvoller Baron Berger stark davon betroffen, weil seine Gattin, Frau von Hohenfels, von Frau Kathi und ihrem Anhang verfolgt wird. Allerdings ist die Hohenfels eine fatale Person: launisch, arrogant und intrigant. Der arme Berger leidet sehr unter dieser "großen Künstlerin".

Die sich steigernde Stimmung in hohen und aristokratischen Kreisen gegen Frau Kathi ist bemerkenswert, als Symptom dafür, daß es nicht mehr ist wie es war – und das der Kaiser alt wird.

Wien, 20. Juni 1897.

... Hier drängt leider die Lage langsam immer mehr dem klerikalen Fahrwasser zu. Ich habe darüber berichtet, konnte aber nicht folgendes schreiben, daß ich ganz geheim erfuhr ... Die Erzherzogin Valerie hat allmählich den Verkehr mit Frau Schratt aufgegeben. Sie hat diesen Verkehr aber erst fallen lassen, als sie sicher fühlte, den Vater sich dadurch nicht etwa zu entfremden. Der Grund, der Schratt entgegenzutreten, ist in dem Beichtvater der Erzherzogin, dem sehr genialen, aber sehr gefährlichen Pater Abel, zu suchen, der Jesuit ist. Da Frau Schratt (auch die Kaiserin) ungarische Attachen haben und deshalb gegen Lueger, d. h. gegen die Christlich-Sozialen sind, hat Pater Abel versucht, die Erzherzogin von der Schratt zu trennen und durch sie auf den Kaiser zu wirken, wenn er allein bei ihr ist, was jetzt häufig der Fall ist. Es führen die Fäden der zunehmenden Wendung des Kaisers zu den Klerikalen auf diesen Verkehr mit der Tochter. Pater Abel feiert heimliche Triumphe. Natürlich bedeutet eine solche Wendung keineswegs eine Abwendung von der Schratt, die dem Kaiser für den persönlichen Verkehr unentbehrlich ist. Es zeigt sich nur darin, daß der alte Herr mehr und mehr in Abhängigkeit gerät und in diesem Falle der Einfluß der Tochter stärker geworden ist als derjenige der Freundin.

Diese Dinge haben sogar auf das sonst so zärtliche Verhältnis der Kaiserin zu ihrer Tochter eingewirkt. Die Kaiserin ist intimer denn je mit der Schratt, und es geht nicht mehr gut zwischen ihr und der Erzherzogin Valerie.

Ein sonderbares Leben in diesem apostolischen Kaiserhause!...

Wien, Dezember 1897.

... Das einzige Mal, daß sich Frau Kathis Einfluß politisch und tatsächlich sehr bedeutend bemerkbar machte, war bei Veranlassung der bösen "Sprachenverordnung" in Böhmen, die durch den Ministerpräsidenten Grafen Badeni erlassen war. Diese Frage nahm allerdings bedenkliche und aufregende Formen an, und ich will hier nur kurz das Folgende darüber sagen:

Am 5. April 1897 war eine "Sprachen-Verordnung" in Böhmen erlassen, die den Zweck hatte, die Feindseligkeiten zwischen Deutschen und Tschechen zu verhindern oder doch zu mildern. Hiernach sollten bei den Behörden und Gerichtsstellen die Verhandlungen in derjenigen Sprache geführt werden, in welcher die erste Eingabe gemacht war.

Es ergab sich also daraus, daß in tschechischer Sprache verhandelt werden muß, wenn in den absolut deutschen Teilen Böhmens ein Tscheche irgendeine Eingabe macht.

Die Gegensätze zwischen den Nationalitäten hatten sich sofort nach dieser Sprachenverordnung sehr verschärft und die Verhandlungen in dem Abgeordnetenhaus zu Wien wurden andauernd stürmischer. Besonders hervorgerufen durch den Deutsch-Böhmen Wolf, der der ganz linksstehenden deutschen Partei angehört und ein bösartiger Debatter ist.

Ende Juli versuchte Ministerpräsident Graf Badeni vergeblich, eine Einigung herbeizuführen, und die Unruhe in ganz Böhmen wächst seitdem.

Im September findet ein Duell zwischen Badeni und Wolf statt, weil letzterer von Badenis "Schufterei" sprach.

Im Oktober wird der Antrag von den Nationaldeutschen gestellt, Badeni in Anklagezustand zu versetzen.

Am 26./27. November kommt es zu wilden Prügelszenen im Abgeordnetenhause und zu heftigen Zusammenstößen auf den Straßen in Wien und Graz. In Wien muß am 27. November Militär einschreiten. Am 28. November entläßt der Kaiser den Grasen Badeni und ernennt Baron Gautsch zum Ministerpräsidenten.

Es spielt in diese politische Situation Frau Kathi hinein, Herr Palmer ist ein Gegner Badenis. Darum hat in dem Augenblick, als der Kaiser von Wallsee (dem Schloß an der Donau, das er der Erzherzogin Valerie schenkte), zurückkehrte und hier totale Zerfahrenheit fand, Frau Kathi gewirkt und den Rat Goluchowskis und Bánffys) unterstützt, sich von Badeni zu trennen. Ich möchte glauben, daß der Rat der beiden Minister nicht darauf hinzielte, die sofortige Entlassung Badenis zu befürworten (denn beide Herren hatten politisches Einsehen genug, um eine Kapitulation vor der Gasse vermeiden zu wollen), sondern das Haus zu schließen und durch einige Handlungen des Grafen Badeni der kommenden Regierung die Möglichkeit einer Existenz zu geben.

Aber der Kaiser war bereits umgestimmt und überstürzte den Abschied, weil er in starke Unruhe versetzt war – und zwar durch Frau Kathi Schratt. Er hatte schon, vom Westbahnhof kommend, nicht den gewohnten Weg durch die Mariahilfer-Gasse genommen, sondern war über den Maria-Theresien-Platz gefahren. Ich lasse dahingestellt, von welcher Seite ihm dieser ängstliche Rat kam. Tatsächlich war in der Mariahilfer-Gasse keine Volksansammlung, und niemand wußte, daß er kam.

Frau Schratt aber saß zitternd zu Hause, während die Tumulte immer größer wurden. Sie wußte sehr wohl, daß in der Menge die Auffassung mehr und mehr Boden gefunden hatte, daß der Kaiser alt und schwach geworden und eigentlich nur noch auf sie höre. Sie sah bereits im Geiste das Volk ihre Wohnung stürmen und schielte unruhig nach den Laternen-Pfählen auf der Straße. Sie erinnerte sich vielleicht auch der Episode des Jahres 1848, wo das wütende Volk von der Kamarilla hörte, die an allem Schuld sei und in der Überzeugung, daß die "Kamarilla" die Maitresse des Kaisers Ferdinand sei, einen Sturm auf die Burg unternahm.

Frau Kathi hatte wohl nur den einen Gedanken: jene aufgeregte Menge zu beschwichtigen. Und ein Mittel, das augenblicklich wirken mußte, war die sofortige Entlassung Badenis.

So sahen wir ihn denn plötzlich verschwinden, in einem Augenblick, wo er sicherlich nicht verschwinden durfte. Das verhinderte aber nicht einmal, daß der Mob und die Sozialdemokraten in den Vorstädten "Herrn Schrattenbach" Pereats brachten.

Wer nun nach der Entlassung Badenis an den groben Ungeschicklichkeiten schuld ist, die auf der Straße begangen wurden, weiß ich nicht. Ich vermute, daß auch Statthalter Graf Kielmannsegg einigermaßen den Kopf verlor. Er sagte mir selbst, daß er eine Revolution befürchtet habe und dieser Ansicht bei Badeni Ausdruck gegeben habe. Das heißt mit anderen Worten, daß mit allen Mitteln abgewiegelt werden sollte. Hierdurch erklären sich allein die fast unglaublichen Vorgänge, daß die Polizisten den

Verkauf von Extrablättern unterstützten, welche die Entlassung Badenis meldeten und Sorge trugen, daß sie im Volke richtige Verbreitung fanden.

Der Menge, welche nach dem Landgericht zog, um den Abgeordneten Wolf, der dort inhaftiert war, zu befreien, wurde auch von den Polizeiorganen sofort mitgeteilt, daß bereits Order eingetroffen sei, Herrn Wolf zu entlassen. Daß ein unglücklicher Gendarm zu Pferde, das auf dem Asphalt zu Fall kam, von der Menge buchstäblich mit Steinen totgeschlagen wurde, ist verschwiegen worden.

Frau Kathi hatte allerdings in diesem Fall ein leichtes Spiel gegenüber dem Kaiser, weil dieser sein Leben lang die fixe Idee hatte: durch eine Revolution sein Ende zu finden – "weil er durch eine Revolution zum Kaiser erhoben worden sei".

Die jetzt recht bedenklich gewordenen Gegensätze in Böhmen (die im übrigen stets vorhanden sein werden), waren allerdings das törichte Werk Badenis, d. h. wohl eigentlich nur seiner törichten Berater, denn er selber war weder dumm noch antideutsch. Für die Tschechen hatte er jedenfalls keine Sympathien –, denn die Polen wollen in der Burg herrschen und finden dort stets den tschechischen Hochadel auf ihrem Wege.

Momentan aber war nun Badeni der " *Croc mitaine*" für alle Deutschen geworden, besonders die liberalen Deutschen, zu denen Herr Palmer und Frau Kathi gehören.

Wien, 25. März 1898.

... Die Taktik der Frau Kathi, nach der ungarischen Intrige auf den Semmering zu flüchten und selbst bei Rückkehr des Kaisers nach Wien nicht anwesend zu sein, hat sich als richtig bewährt. Es scheint, daß der Verkehr mit der Erzherzogin Valerie, welche ihrem Vater gegenüber stets ein etwas befangenes, fast verlegenes Wesen zeigte, dem hohen Herrn auf die Dauer nicht genügte. Das lustige Geplauder von Frau Kathi über die großen und kleinen Miseren der Kulissenwelt, über die Hunderln und die Vögerln und die Haushaltsereignisse seiner Freundin hat ihm gefehlt. Weder die Dichtungen noch die ewigen Kinderstubenangelegenheiten der Tochter fesseln ihn. Er braucht auch die Attraktion der schönen Weiblichkeit Frau Kathis, über die er in unschuldvollster Weise gebietet. Kurz und gut: es ging nicht länger ohne sie. Das scheint auch die Kaiserin behauptet zu haben, die bereits zweimal Ärgernisse ähnlicher Art, wie die jetzt eingetretenen, ausgeglichen hat.

Das Resultat ist, daß die kleinen Diners bei Frau Kathi, die Spaziergänge und das Hin und Her von Billets wieder nach alter Weise begonnen haben. Der Sturm hat sich gelegt.

Wien, 6. Januar 1899.

... Hier hat nach dem stillen Intermezzo der Weihnachtswoche der Kampf "Aller gegen Alle" wieder begonnen, und aus der tosenden See ragt nur als ruhige Insel die Idylle des kaiserlichen Privatlebens hervor. Es ist eine alte Wahrheit, daß in den hohen Jahren menschlichen Lebens einerseits die Empfindungsfähigkeit sich abstumpft, andererseits der Gedanke den Greis beherrscht: es kann ja lange nicht mehr dauern. So ist denn auch Kaiser Franz Joseph so völlig über den Verlust der Kaiserin hinaus, daß sich die Umgebung wun*dert, wie dieses grauenvolle Ereignis so wenig Spuren hat hinterlassen können. Aber Spuren hat es dennoch hinterlassen, nur eben nicht eine zerbrochene Existenz oder trostlosen Schmerz und fassungsloses Hinbrüten. Denn in das behagliche Leben des Kaisers, das sich zwischen der Tochter mit ihren Kindern und der Freundin Kathi teilt, hat sich der alte kirchliche Geist geschlichen, der durch alle Zeiten die alternden Fürsten des Hauses Österreich in der Burg gefangennahm.

Die Werkzeuge, deren sich die Kirche bedient, sind sehr verschiedenartige. Katharina von Österreich – wie man die gute Frau Kathi nennt, – ist es nicht. Im Gegenteil. Sie gehört nach Tradition und Naturell in das liberale deutsche Lager, zu dem gemütlichen, künstlerischen Wien, das deutsch redet, denkt und alles Ausländische (wozu auch die unbequemen ungarischen, tschechischen, italienischen und sonstigen Dialekte gehören), perhorresziert. Die bedrohliche Nähe der frommen, klerikalen Gesellschaft, welche jetzt mit dem Ministerium Thun am Ruder ist, läßt Frau Kathi nur um so fester an ihrer gemütlichen bürgerlichen Wiener Art hängen. Aber – sie wagt sich gegenüber dieser Art politisch nicht hervor. Damit zeigt sie viel Klugheit, denn es fragt sich, ob sie nicht bei der in der Burg und bei der Regierung herrschenden Stimmung unterliegen würde, wenn sie als "Gegenströmung" bemerkbar würde. So hat sich auch ihr alter Freund Palmer, der Tarockpartner des Kaisers, vorsichtig zurückgezogen und weder er noch Frau Kathi sind den dringenden Bitten, im Interesse der Deutschen Österreichs zu intervenieren, zugänglich gewesen, die in letzter Zeit von verschiedenen Personen ausgesprochen worden sind.

Es ist diese schroffe Ablehnung symptomatisch sehr interessant: sie spricht für die Bedeutung, die jene feudal-tschechisch -polnische Richtung angenommen haben muß. Denn es ergäbe sich, wie früher, so leicht die Gelegenheit für Frau Kathi oder Herrn Palmer, dem Kaiser Dinge aus dem Alltagsleben Wiens oder Böhmens zu erzählen, welche die Lage grell beleuchten und den alten Herrn zum Nachdenken anregen könnten. Denn der Kaiser nimmt fast immer noch das erste Frühstück in der Villa Schratt ein. Von Schönbrunn geht er nur 10 Minuten durch den Park bis an die Pforte, die das Gärtchen von diesem trennt. Auch macht er täglich seine Nachmittagspromenaden mit der Freundin. Bisweilen, gegen Abend, findet sich dann wohl auch Herr Palmer in dem eleganten Salon Frau Kathis ein. Aber, wie gesagt: "Man will den armen Herrn, der soviel Ärger und Sorgen hat, nicht auch bei diesem gemütlichen Verkehr mit Politik langweilen."

Von unzweifelhafter Bedeutung für die "andere" politische Richtung ist der viel weniger harmlose Verkehr des Kaisers mit der Tochter geworden. Erzherzogin Valerie mit Gatten und Kindern hat das Schloß von Schönbrunn bezogen, um dem Vater nahe zu sein. Aber merkwürdigerweise ist der Umgang der Tochter mit dem Vater gar nicht der harmlose, kindliche, wie man anzunehmen geneigt ist. Trotz aller Begabung und trotz allen Verstandes, den die Erzherzogin unzweifelhaft besitzt, die sie zu einer anziehenden Erscheinung machen, kann sie ein Gefühl der Scheu nicht überwinden, das ihr der Kaiser als solcher einflößt. Sie wird dadurch nicht amüsanter – und da der alte Herr nicht zu den Unterhaltenden gehört, so trägt dieser Verkehr den Stempel größter Langeweile.

Es dürfte diese Langeweile nicht dadurch gemindert werden, daß die Erzherzogin ihren Vater durch allerhand Sorgen, das ewige Seelenheil der ermordeten Kaiserin betreffend, quält. Das nicht fortzuschaffende Faktum, daß die Kaiserin auf dem Wege vom Dampfboot zum Gasthaus starb und weder beichten konnte, noch versehen wurde, ängstigt die fromme Tochter auf das Furchtbarste und dürfte wohl von dem Jesuiten-Pater Abel, dem Beichtvater, benutzt werden, um auch auf den Kaiser zu wirken. Allerhand fromme Unternehmungen, die mir als Protestanten in ihren Zwecken und Wirkungen schleierhaft sind, werden in Szene gesetzt. Ein ganzer Apparat ist losgelassen, der den alten Herrn teils beschäftigt, teils nachdenklich macht, teils langweilt, der aber schließlich wohl den Zweck der Kirche erreicht, ihn stärker in Anspruch zu nehmen als bisher. Es ist mir bekannt, daß sogar recht streng-kirchliche Herren diese Geschichten für "zu viel" halten. Die Damen meinen natürlich, daß es noch nicht genug sei, und dazu dürfte wohl Pater Abel auch gehören.

AUS ZWEI BRIEFEN AN DEN STAATSSEKRETÄR B. V. BÜLOW.

Wien, 10. Januar 1899.

... Gestern war ich zum Diner bei Frau Kathi Schratt geladen. Ich ging nur für eine Stunde am Abend hin und traf Oberhofmeister Fürst Rudolf Liechtenstein, Marquis Baqueham (den letzten Statthalter in Graz), Herrn Palmer, Hofkapellmeister Mahler, Komiker Tewele, Ehepaar Devrient, Gräfin Nora Fugger-Hohenlohe, Gräfin Westphalen (eine geborene Schauspielerin) und Komtesse Bubna – die unter anderem Namen am Burgtheater spielt.

Frau Kathi war in Hoftrauer mit prachtvollen Perlen, machte reizend die Honneurs in ihrer schönen Wohnung.

Ich benutzte ein Tête-à-tête mit ihr, um sie auf die gegenwärtige Lage anzureden. Sie war außer sich über die Haltung des Kaisers, der rund heraus erklärte, nur mit Thun die politische Situation besprechen zu können. Er höre nur diesen, – Beck, Goluchowski bisweilen – und diese alle seien erfüllt von Haß gegen die Deutsch-Nationalen und redeten nur in der Richtung, in der ja leider der Kaiser selbst sich bewege. Sie wisse nicht, wie sich diese Lage ändern könne und sei äußerst besorgt. Sie erzählte mir auch, daß Doczy bei ihr die größten Anstrengungen gemacht habe, um sie zu bewegen in deutschem Sinne zu wirken, aber sie habe ihm nur sagen können, daß die Lage ganz aussichtslos sei und sie leider nichts vermöge.

Ich stellte ihr nunmehr sehr deutlich die Gefahren dar, welche bei einer Fortführung des jetzigen Systems drohten und gab ihr einige Schlagwörter mit auf den Weg, den sie ja so häufig an der Seite des alten Herrn im Schönbrunner Park wandelt – aber ich erwarte leider nicht viel Wirkung davon.

1. Februar 1899.

... Ich erfahre soeben aus sonst stets zuverlässiger Quelle, daß eine Wiedervermählung des Kaisers Franz Joseph angebahnt sei. Die zukünftige Kaiserin soll die jüngere Schwester der Königin von Portugal und der Herzogin von Aosta sein. Im März, nach Ablauf der Trauer, soll die Absicht des Kaisers bekanntgegeben werden und die Hochzeit noch vor dem 70. Geburtstage des hohen Herrn gefeiert werden.

Bis jetzt traten alle diese Heiratspläne nur als Gerücht auf. Jetzt gewinnen sie anscheinend mehr Hintergrund...

Aus Briefen an Kaiser Wilhelm II.

Wien, 20 Februar 1899.

... Da mein Verkehr, meine Gesellschaft, meine Äußerungen usw. überwacht werden , so muß ich auch danach handeln und meine Rede in die Form kleiden, die nötig ist, um diejenige Wirkung zu erzielen, die wir haben wollen – und leider nicht erreichen, weil die Herren Kaizl , Kramarz und Genossen das große Wort – und die Intrige führen! Ich kann daher noch weniger als sonst die gute Schratt besuchen. Man würde den Verkehr in einer Weise ausbeuten, die weder uns noch Kaiser Franz Joseph dienlich wäre.

Daß ich aber gestern Frau Kathi einen Besuch abstattete, nachdem sie mich letzthin eingeladen hatte, war völlig unverfänglich, weniger aber unsere Unterhaltung.

Die gute Frau klagte in allen Tönen: es sei unerträglich, die ärgerliche Politik verstimme den Kaiser entsetzlich, niemals eine gute Nachricht, er sei so unglücklich, daß er schon öfters gesagt habe: "Es wird erst besser, wenn es mit mir aus ist."

"Jessas Maria", hat Frau Kathi gesagt, "das ist aber a Red! – da wirds ja grad toll!" – aber der Kaiser sagt, "es sei gar nicht mehr auszuhalten, und er gäbe sich doch soviel Mühe und arbeite soviel. Er könnte halt niemand recht machen!"

Frau Kathi hat dann von der Notwendigkeit gesprochen, daß der Kaiser doch auch hin und wieder einen anderen höre als Thun allein und immer nur Thun. Er habe wohl einmal zugehört, was der Palmer ihm sagte, aber alles bliebe doch beim alten.

Nachher brach sie gegen Thun los, "der nicht einmal das täte, was der Kaiser ihm austrage". So habe der Kaiser ihm schon vor 4 Wochen gesagt, er solle einmal mit Singer (von der "Neuen Freien Presse") sprechen (der ihr, Frau Kathi, gesagt habe, daß er alles tun wolle, was der Kaiser befehle), aber Thun habe ihn noch nicht gesehen. Das hätte nicht geschehen können, wenn die Kaiserin noch lebte, da hätte auch nicht die ungarische Krise eintreten können.

Von den Besuchen des Fürsten Schwarzenberg beim Kaiser sprach Frau Kathi nicht. Der sieht aber tatsächlich den Kaiser öfters, und in manchen Kreisen legt man diesen Audienzen eine gewisse Bedeutung bei. Ich glaube nicht, daß viel Ernsthaftes dabei gesprochen wird, doch schwimmt Schwarzenberg in dem Thunschen Fahrwasser und dürfte daher dessen Richtung verstärken.

Ich erwähnte nun das Familienleben in Schönbrunn, Erzherzogin Valerie und ihre Kinder. Frau Kathi sagte, daß dieser Verkehr dem Kaiser gerade die Zeit seiner Spaziergänge am Nachmittag raube, aber er ließe sich nicht bestimmen, dieses zu ändern, obgleich Professor Wiederhofer ganz unglücklich deswegen sei. "Man hat's halt gewollt", sagt der Kaiser, "da ist nix zu machen."

"Der Kaiser ist halt zu gut", meint Frau Kathi. "Statt daß er seinen Tag wieder anders richtet, trägt er lieber die Last."

In der Tat steht der Kaiser unter dem Zwang dieses Familien-Verkehrs, der ihn ebenso langweilt wie die anderen.

Nichts Fürchterlicheres soll es geben, als die Familiendiners, wo alles feierlich herumsitzt, niemand den Mund aufmacht und nachher ein steifer Cercle stattfindet wie unter Fremden. Der Kaiser kann gar nicht erwarten, daß er wieder hinauskommt.

Ähnliche Empfindungen hat er im engeren Kreise der Familie seiner Tochter. Aber "er tuts halt".

"I glaub net", sagt Frau Kathi, "daß's mi weg hab'n wollen". Sie meint, daß sie gar nichts von Intrigen gegen sie bemerkt habe. Aber Palmer wisse davon etwas und darum habe sie kürzlich dem Kaiser davon gesprochen. Der wollte gleich den Palmer fragen. "Aber", hat er gesagt, "möglich is schon, daß die was wollen, aber i will nix".

"Passens auf" – fuhr Frau Kathi fort – "hat der Palmer mir gesagt, wenn's recht freundlich wer'n – die andern – dann is halt recht z'gfärlich." "Und, passens auf", erzählte sie weiter, "letzthin hat der Ludwig Victor mir g'schrieben, weil er ein Gedicht von mir habn wollt, und dann hat er mir eine Broschen g'schickt! Als i des Sr. Majestät verzählt hob, hat er glei gsagt: ›Mei Bruder!!? – Jesses, i setz mi untern Tisch!‹ – und i hob gsagt, da setz i mi glei auch zu Eu'r Majestät!"

Frau Kathi glaubt nicht an die Wirkung der Intrigen, die sie hauptsächlich bei Erzherzog Franz Salvator sucht – mehr wie bei der Erzherzogin Valerie. Doch darin irrt sie.

Daß der Einfluß der Tochter und der Schwägerin Marie Therese vorhanden ist, scheint mir unumstößlich. Doch weniger jetzt in der Gegnerschaft zu Frau Kathi als in klerikalem Sinne.

Die Schratt in ihrer stets mir gegenüber zunehmenden, offenen, vertraulichen Art (denn sonst ist sie sehr vorsichtig!) erzählte mir, daß der Kaiser unter diesem "frommen Druck" zu leiden habe. Dreimal hat er bereits in diesem Jahre gebeichtet (jetzt sind wir im Februar), und sonst beichte er nur dreimal während des ganzen Jahres!

"Mein Gott", rief sie, "und was wollns denn beichten, Majestät?" hob i gfragt. "So ein lieber guter Herr hat ja gar nix zum beichten! Hab'ns denn so viel Sünd'?" – "Ja", hat der Kaiser gsagt, "wollns denn nit, daß i mi bess'r auf meine alten Tag?" – I hob gsagt, "das wohl – aber Eu'r Majestät hab'n ja halt gar nix zu beichten!"

Diese kleine Episode zeigt mehr als die gute Frau Kathi ahnt – und gibt auch manche Erklärung für den Zusammenhang mit Thun, der sich gesellschaftlich ganz zurückzieht, nicht mehr in den Klub geht und auch mehr beichtet als früher.

Die große Frage blieb für mich das Heiratsprojekt. Frau Kathi sprach nicht davon; ich wartete lange. So begann ich denn im Zusammenhang mit den Palmerschen Sorgen davon zu sprechen und fragte, was sie davon wisse? "Nichts", sagte sie. "Man wird Ihnen auch zuletzt davon sagen", erwiderte ich. "Ja, das schon", sagte sie, "aber ich merke halt doch. Wenn Se. Majestät was druckt, da gehts halt immer beim Redn so im Kreis herum – bis's halt raus ist. Und bis jetzt hat er halt noch gar net herumgedruckt."

Frau Kathi glaubt eben nicht daran, vielleicht auch nicht, weil es ihr fatal ist. Aber ich habe auch Näheres nicht gehört.

Daß irgend etwas in dieser Hinsicht geschmiedet wird, steht fest. Doch mag es wohl damit sein, wie mit den Intrigen gegen die Schratt, wozu der Kaiser sagte: "Möglich is schon, daß die was wolln – aber i will nix!"

Und dennoch kann, wenn die tatsächlich an Einfluß zunehmenden Beichtväter sich mit der Familie verschwören und eine Frage der Pflicht und des Wohles des Vaterlands daraus machen, der Kaiser schwach werden – trotz Frau Kathi. Daß aber der Kaiser vorläufig nicht "herumdruckt", ist allerdings ein gutes Zeichen.

Ich habe dabei natürlich die Ehe Orleans oder eine solche Ehe im Auge, die den alten Herrn in totale Abhängigkeit der Kirche oder uns Feindlicher Strömungen bringt. Sonst hätte ich ja durchaus nichts dagegen, wenn der hohe Herr schließlich noch der Linie Karl Ludwig ein Schnippchen schlüge.

Kann letzteres aber nicht geschehen, so ist Frau Schratt für uns bei weitem das Beste. Ich habe aus diesem Grunde auch meine Beziehung zu ihr so freundschaftlich gestaltet, und der Kaiser nimmt das sehr hoch auf....

Wien, 8. März 1899.

... Frau Schratt teilte mir gestern auf einem Feste bei mir folgendes mit:

Sie hatte am Morgen den Kaiser gesehen und ihren gewohnten Spaziergang mit ihm gemacht. Die Unterhaltung streifte das Thema "Stadtklatsch", und Frau Kathi sagte, daß der Glaube an eine beabsichtigte Wiederverheiratung des Kaisers in immer weitere Kreise dringe. Der Kaiser lachte und meinte, es sei wohl ein Witz, den sie erzähle. "Nein", habe sie gesagt, "auch ganz ernsthafte Kreise sprechen davon: sogar Graf Eulenburg hat mir erzählt, wie sehr man sich mit dieser Frage beschäftigt."

Der Kaiser sagte ihr: "Da Sie heute den Grafen sehen, so sagen Sie ihm ganz im Vertrauen, in meinem Auftrage, daß ich mich nicht wieder verheiraten werde."

Diese Mitteilung hat natürlich angesichts der nicht zur Ruhe kommenden Gerüchte großen Wert – (auch das Faktum, daß der Kaiser Frau Kathi mit dieser Mitteilung beauftragte, entbehrt nicht des Interesses!).

Natürlich kann man nun mit größerer Ruhe der Entwicklung dieser Frage entgegensehen, die allerdings wohl trotz der Äußerung des Kaisers bestehen bleibt. Ich bemerke eine immer stärkere Tätigkeit in dieser Richtung seitens der Kirche und des Kaiserhauses. Der Gesichtspunkt der Nachkommenschaft ist mehr in den Hintergrund getreten. (Ich weiß nicht, welche Erwägung plötzlich hierin Wandel geschaffen hat, nachdem noch vor kurzem die Möglichkeit im Vordergrund stand!) Man betont die Notwendigkeit einer Kaiserin, welche repräsentiert und Menschen sieht, die Notwendigkeit eines stärkeren Hervortretens des Hofes als Gesellschaftsmittelpunkt. Ich möchte bei dieser Betonung doch Erzherzogin Marie Therese und Erzherzog Ludwig Victor vermuten.

... Das Fest, welches die Veranlassung wurde, mir die so interessante Mitteilung Frau Kathis zu bringen, fand zu Ehren der Künstler statt, die sich an dem großen Konzert zugunsten des deutschen Hilfsvereins beteiligten. Ich lud dazu alles ein, was mir sonst aus Künstlerkreisen bekannt war. Dazu eine Anzahl Damen der hohen Aristokratie, welche Fühlung zu ihnen haben, wie Fürstin Croy, Fürstin Hatzfeldt, Gräfin Wydenbruck usw. Es waren wohl 80–100 Personen anwesend, die zuerst herumstanden, wie die Götzenbilder auf einem siamesischen Kirchhof. Dann aber goß der Champagner Leben hinein, und es entstand eine für Wien ganz ungewöhnliche

Vertraulichkeit des Verkehrs zwischen den Kasten, welche die hiesige Gesellschaft trennen und die wahrhaftig an Indien erinnern. Man hörte das volltönende Organ des alten Sonnenthal durch das Lachen der Damen hindurch, und kleine jüdische Klavierspieler rauchten mit Fürstin Croy lange braune Zigarren. Dann hatte sich Herr Sistermann mit dem Studium meiner Lieder in einem leeren Zimmer beschäftigt und erklärte mir, er wolle trotz des eben absolvierten Konzertes davon singen. Es klangt wirklich schön. Dann trat Miß Walker, die Altistin der hiesigen Oper, ein und sang zur Begeisterung der Gesellschaft ebenfalls Lieder von mir. Sie hat eine wunderbare Stimme. Mich störte nur ein schwarzes Schönheitspflästerchen auf ihrem Busen, auf das man, wie auf einen Magnet, hinblicken mußte. Erst nach 1 Uhr war der Schluß des Festes.

Wien, 13. Oktober 1900.

... Von besonderem Interesse ist die Entwicklung der Dinge, welche man hier "den Bruch zwischen dem Kaiser und der Schratt" nennt.

Die Dinge liegen so, wie ich vermutete: Frau Kathi hat durch das Burgtheater, das sich bettelnd und quälend an ihre Gutmütigkeit hing, durch das täglich früh um 6 Uhr "fertig zum Empfang des Kaisers beim Frühstück sein" und durch kontinuierliche Geldverlegenheiten die Nerven total verloren. Sie konnte nicht weiter. So gab sie das Burgtheater auf und reiste zu längerer Erholung in die Schweiz, aber ihr hoher Gönner schreibt ihr täglich einen Brief und hat ihr erlaubt, um sich zu schonen, stets nur telegraphisch darauf zu antworten! Also wird das klatschsüchtige Wien, das jetzt die lächerlichsten und dümmsten Dinge über die "Trennung" erfunden hat, in einiger Zeit wohl wieder von einer Versöhnung sprechen müssen.

Ich höre, daß Prinzeß Gisela, auch Rudolf Liechtenstein und die nächste Umgebung des Kaisers alles tun, um Frau Kathi zu halten, welche die einzige Erholung für den alten Herrn bedeutet. Erzherzogin Valerie soll allerdings grollen, aber, auch sie hat jetzt keine Trennungsversuche gemacht, so wird mir aus guter Quelle versichert.

Inwieweit eine sehr lange Trennung psychologisch auf den alten Herrn wirken könnte, lasse ich dahingestellt. Dazu wird es aber Frau Kathi wohl nicht kommen lassen....

Wien, 22. Oktober 1900. ... Das anliegende Inserat aus der Neuen Freien Presse:

Kathi
kehre zurück – alles geordnet – zu
Deinem unglücklich verlassenen
Franzl.

macht viel Gerede. Es ist in der Tat sehr frech. übrigens wird Frau Kathi in nächster Zeit hier zurückerwartet...

Tagebuchnotiz.

6. Dezember 1900.

Da Baron Berger in seiner Eigenschaft als Dramaturg des Burgtheaters eine Dienstreise nach München gemacht hatte, und ich erfahren hatte, daß Frau Kathi dort eingetroffen sei, schrieb ich ihm eilend dorthin, er solle mir die eigentlichen Gründe ihrer Verstimmung mitteilen und versuchen, sie zu einer Rückkehr nach Wien zu bewegen.

Ich erhielt darauf von ihm den nachfolgenden Brief:

München, 4. Dezember 1900.

Euer Durchlaucht! In größter Eile fasse ich das Ergebnis der Unterredung mit der bewußten Dame zusammen. Über die Ursache der Kränkung, die sie empfindet, sprach sie sich in folgender drastischer und urwienerischen Weise aus: "Jeder kleine Bub' läßt sich gutwillig den Wurschtl (Hanswurst), an dem er seine Freude hat und mit dem er spielt, nicht wegnehmen, er schlagt wenigstens nach denen, die ihm sein geliebtes Spielzeug wegnehmen. Er aber tut das nicht."

Verstimmt ist sie, wie sie aus dem Theater entfernt wurde. Sie hatte ihr Entlassungsgesuch eingebracht, hielt es aber für abgetan nach einer Besprechung mit dem Fürsten Liechtenstein, der ihr gesagt haben soll: "Also, Ihr Gesuch existiert nicht mehr, Sie kommen zurück, wann Sie wollen...." usw. Nach einiger Zeit aber war das Gesuch – zustimmend erledigt.

Seit dem Tode einer allerhöchsten Dame hätte überdies eine Nuance gefehlt, die bis dahin alles anders, vornehmer gestaltet hatte. – Sie würde, wenn ihr gewisse Genugtuungen geboten würden, wohl sogleich zurückkehren. Aber man würde ihr von 4 Personen, die sie mir genannt hat, wohl keine opfern. Auf meine Bemerkung, Gott habe sich statt des Isaak mit einem Schaf als Opfer begnügt, und irgendein Schaf würde man ihr gern opfern, meinte sie, ein Schaf tue es nicht, sie wolle den Isaak. Nennen kann ich die 4 Isaaks nicht, deren eine Person eine Dame ist. Sie hält die 4 für beteiligt an der gegen sie gerichteten Intrige.

Resultat: Die Aufopferung eines Gegners würde sie zurückführen. Dieses Resultat entnehme ich einem Wirrsal von ernst- und scherzhaften Hin und Widerreden.

Die Äußerung Ew. Durchlaucht, die ich ihr hinterbrachte, hat sichtlich Eindruck auf sie gemacht. Ich würde es mir zutrauen, wenn ich Zeit und ein Mandat hätte, sie zurückzubringen.

In tiefer Ergebenheit (gez. Berger.

Wien, 22. Dezember 1900.

Frau Schratt boudiert immer noch, und zwar hauptsächlich, weil der Kaiser ihr durch seine Haltung nicht genug Freundschaft gezeigt habe, als der Ansturm der Schwarzen stattfand. Sie verlangt jetzt als Bedingung der Rückkehr vier Opfer. Ich weiß nur zwei davon: eine bösartige, schwarze Hofdame der Erzherzogin Valerie und einen Hofrat im Obersthofmeisteramt. Vielleicht begnügt sie sich mit einem.

Die Bemühungen, sie zur Rückkehr zu bewegen, sind sehr große, und es interessieren sich immer mehr mächtige Leute dafür, weil der Kaiser augenscheinlich schwer darunter leidet, traurig und verstimmt ist. Die Umgebung macht mir Andeutungen, die recht kummervoll lauten. Paar sagt mir, daß die Melancholie, die auf dem Verkehr mit dem Kaiser ruhe, geradezu niederdrückend sei. Er nannte mir nicht die Affäre Schratt als Grund, aber Liechtenstein sprach ganz offen mit mir. Er spricht auch mit dem Kaiser davon, der ganz sonderbar hilflos gegenüber dieser Wendung der Dinge ist. Er scheut sich wohl vor jener gewünschten Abschlachtung, aber ich glaube, daß, wenn er nur guten Willen zeigte, und sich nicht hinter allerhand Rücksichten verkröche, die gekränkte Schratt sich mit einem Ziegenbock als Opfer begnügen würde. So aber verbringt er seine Zeit zwischen der Arbeitsmappe und einem tödlich langweiligen, konventionellen Verkehr mit dem Hofe. Eine wahrlich entsetzliche Existenz!

Unterdessen ist Frau Kathi von der Schweiz nach München gefahren, wo Prinzessin Leopold sie sehr freundlich empfing und im Sinne des "Ausgleichens" mit ihr verhandelte. Besonders warm aber tritt für die Rückkehr Gräfin Trani ein. Diese hat mir aber durch ihren Eifer einen Plan verdorben.

Ich hatte einen beliebigen Vorwand gesucht, um nach München zu fahren. Dort wollte ich der bösen Frau Kathi sehr ernst ins Gewissen reden. Als ich im Hotel vorsprach, war der Vogel ausgeflogen! Gräfin Trani hatte sie schleunigst nach Rom zitiert, um ihr bei der Zumauerung der heiligen Jubiläumstür zu helfen. Ich habe darauf einen Brief geschrieben – ein Meisterstück von Überredungskunst zu schmieden versucht! Unter anderem sagte ich, daß ich darauf rechnete, sie im Januar in Wien zu sehen, da ich es für unmöglich hielte, daß sie ihren lieben, alten Kaiser, dem sie soviel Dank schulde, das neue Jahr ohne Gratulation beginnen lasse. Mit Frauen ist ja im allgemeinen nicht leicht verhandeln, mit Schauspielerinnen fast unmöglich.

Wie ernst man diese Dinge ansieht, zeigt die Haltung der Erzherzogin Valerie. Liechtenstein erzählt mir, daß sie angesichts der Wirkung der Trennung auf den Vater jetzt ganz für die Rückkehr der Schratt sei.

Das wäre der augenblickliche Stand dieser Sache, die tatsächlich ebensoviel Bedeutung für unser Bündnis durch die Wirkung auf die Gesundheit des Kaisers hat, als auf die gesamte politische Lage in Österreich. Davon hatte ich eingehend berichtet.

Die vertrauensvolle Aussprache des Kaisers Franz Joseph mit mir enthält doch manches, was uns beruhigen kann. Doch ist man niemals in diesem Lande vor Überraschungen sicher, und zwar vor unangenehmen.

Aus Briefen an Kaiser Wilhelm ll.

Wien, 18. Januar 1901. ... Frau Kathi ist zu der größten Freude des Kaisers vor einigen Tagen eingetroffen, und ich habe ihr einen Besuch gemacht, der unter ihren Tränen und ihrem Lachen abwechslungsvoll verlief. Die Dame ist noch immer schwer gekränkt und Argumenten von Vernunft schwer zugänglich, denn sie sagt zum Schluß, wie die meisten Frauen: "Aber es ist doch so, wie ich gesagt habe!"

Im wesentlichen zürnt sie dem Kaiser selbst. Er hebe nicht den Arm, um sie zu schützen. Früher sei die Kaiserin für sie eingetreten, jetzt habe sie keinen Schutz. Der Kaiser könne sich nicht entschließen, ein einziges energisches Wort für sie zu sprechen. Ich habe ihr erwidert, daß ich ihr Empfinden verstünde. Eine temperamentvolle Frau, welche liebt, verlange absolut das gleiche Temperament von dem Objekt ihrer Liebe und gerate in Raserei über den sogenannten Mangel an Liebe des andern. Ich nehme nach ihren Äußerungen an, daß sie den Kaiser wirklich "liebe", aber sie könne mit dieser Liebe den Kaiser nicht zu einem feurigen Jüngling machen. Der Schrank, der dort stehe, könne z. B. nicht gehen, denn er ist eben ein Schrank. Der Kaiser täte sicherlich alles für sie, soweit es seine Individualität vermöchte, aber was solle er eigentlich tun, da sie gar nicht klar wisse, was sie wolle. Sie solle mir präzisieren, was sie wünsche?

Frau Kathi gab mir recht – sie wisse eigentlich nicht, was sie wolle, denn daß der Kaiser "anders" werde, sei leider nicht möglich. Ich erwiderte, sie könne wohl Schutz verlangen gegen Angriffe und Beleidigungen durch Personen, die zu dem Hofe gehörten. Das werde man gewähren, aber sie müsse ihre Wünsche präzisieren. Wie sollten der Kaiser und die kaiserliche Umgebung wissen, was sie zu tun haben, wenn sie nur "brumme" und sich in Schweigen hülle? Ich wisse, daß man nach der schlechten Wirkung ihrer Abwesenheit selbst in Kreisen, die sonst feindlich waren, ihr Bleiben wünsche. Man habe Angst vor einem Regierungswechsel und wolle alles tun, um das kostbare Leben des Kaisers soweit Menschen es vermögen, zu verlängern und ruhig zu gestalten.

Frau Kathi machte hierauf die Bemerkung: "Ich will nicht ins Theater zurück, aus dem man mich hinausgeärgert hat, ich will auch sonst gar nichts - mich haben überhaupt im Leben nur die Überraschungen gefreut."

Ich sagte ihr, daß dieses ja immerhin ein Wunsch sei, über den sich reden ließe. Dann sprach ich ihr sehr ernst ins Gewissen und schonte sie nicht, sprach von Undankbarkeit und Rücksichtslosigkeit, die einer treuen Landestochter nicht zieme.

Sie klagte mir dann unter Tränen all das Unrecht vor, das ihr durch den Hof, die Erzherzogin Valerie und die Geistlichkeit zugefügt sei und rief aus: "Er (der Kaiser) schaut zu und läßt sich das gefallen – und ich soll nix dazu sagen!"

Von dem Wiedersehen mit dem Kaiser erzählte sie mir alle Details: "Gut und lieb wie immer war er, aber immer hat er gesagt: "Sein Sie aber bös'!" – "Ja", ha' ich gesagt, "bös bin i und ich werd' auch sag'n warum". - "Lassen's doch das!" hat er immer g'sagt, aber i hab g'sagt: "Nein, Majestät, wenn zwei Freunde miteinander reden, so müssen's sich halt aussprechen, und i geb' net nach!"

Ich habe Frau Kathi gesagt, daß sie den alten Herrn nicht gar zu sehr mit solchen Aussprachen "sekkieren" möge. Im übrigen würde sie an mir einen guten Freund behalten, denn ich hätte nur das Interesse des Kaisers im Auge. Ich vermöge ihr auch zu sagen, daß mein allergnädigster Kaiser, der stets ein Bewunderer ihrer Kunst auf der Bühne gewesen sei, durchaus mein Auftreten im Interesse des Kaisers billige.

Sie brach darauf erneut in Tränen aus und sagte: "Bitte schön, küssen's Sr. Majestät die Händ' von mir. Ja, i weiß genau, daß solche G'schichten in Berlin gar net möglich wär'n!"

Ich konnte auf diesen Entrüstungsschrei nur zustimmend antworten – allerdings in einem etwas anderen Sinne als die gute Frau Kathi.

Von der Unbeholfenheit und Schwerfälligkeit der kaiserlichen Umgebung kann man sich allerdings keinen Begriff machen. Liechtenstein war bereits bei mir und hat verschiedentlich gefragt, was man um Gottes willen machen solle? Er sehe ein, daß, wenn Frau Kathi sich nicht halten ließe, der Kaiser binnen allerkürzester Zeit den Jesuiten völlig in die Arme fiele. Rudolf Liechtenstein ist "Freidenker" und den Jesuiten sehr feind, doch zeigt er dieses Antlitz nicht jedem.

Ich vermochte nur als guter Freund zu sagen, daß keine Summe hoch genug sei, um die bös' gewordene Frau zu beschwichtigen. Er solle sich der Geschichte des berühmten geistreichen Prince de Ligne erinnern, welcher vor der Kaiserin Katharina in Petersburg behauptete, jede Frau ohne Ausnahme sei durch Geld zu kaufen. " *J'espère que vous faites une exeption pour moi!*" sagte die Kaiserin. " *Représentez-vous, Madame, la somme de 3 Millions roubles en argent*", erwiderte Ligne, und die Kaiserin sagte lachend: " *C'est beaucoup!*"

Ich werde nun jetzt, nachdem ich die Freude Frau Kathis an Überraschungen festgestellt habe, Liechtenstein einen entsprechenden kostspieligen Vorschlag in diesem Sinne machen, denn er war bei ihr völlig ratlos. Es sei wirklich kaum zu glauben. Ich würde mich anheischig machen, die Sache in einigen Stunden zu regeln, aber ich bin bis an die äußerste Grenze meiner Einflußnahme gegangen und kann nicht weiter gehen.

Jedenfalls halte ich die Sache für eine wesentliche und wichtige politische Angelegenheit, da der Schrecken des Kaisers über den Ausfall der Wahlen in radikaler Hinsicht ein großer ist. Treten die Jesuiten in den Vordergrund, so nützen sie die "veränderte" Stimmung im Lande aus und treiben den alten Herrn ganz sicher so tief in den Beichtstuhl, daß er nicht mehr hinausfindet...

Wien, 13. März 1901.

... Der Eigensinn von Frau Kathi Schratt macht dem alten Kaiser viel Sorgen. Sie fährt unruhig herum, gibt vor, hier und dort zu tun zu haben. Wünscht allerhand Stellungen, wie Vorleserin Sr. Majestät" (was ja *Maitresse en titre* bedeuten würde), und spielt sich auf die gekränkte Freundin. Immerhin ist sie klug genug, den Kaiser nicht zu langweilen. Sie macht sich nur "rar" und kommt immer wieder her. Das ist schließlich nicht so schlecht, denn der arme alte Herr freut sich dann bei jeder Rückkehr "unbändig".

Man hat hier in der Stadt behauptet, daß dieses "Sichrarmachen" bedeute, den Kaiser zu einer Ehe zu bewegen. Das ist natürlich Unsinn. Aber in Rom war der Vatikan in größter Aufregung, als Frau Schratt mit Gräfin Trani erschien. Man hat zuerst die Audienz beim Heiligen Vater unter allerhand Ausflüchten hingehalten. Der Papst glaubte ernsthaft an eine Bitte für definitive Lösung der getrennten Ehe Kiß–Schratt, um den Kaiser heiraten zu können. Als man erfuhr, daß nichts als eine gewöhnliche Audienz verlangt wurde, hat man Frau Kathi sehr gnädig empfangen. So erzählte mir kürzlich Obersthofmeister Rudolf Liechtenstein....

Wien, 30. November 1901.

... Es wird erzählt, daß Frau Kathi Schratt ein Engagement in Amerika angenommen hat. Wie sie sagt: aus unüberwindlichem "Berufsgefühl". Man will ihr anscheinend viel Geld zahlen. und sie ahnt nicht, wie die Reklame für sie ausfallen wird. Ich nehme an, daß auf Riesenaffichen in New York das Bildnis des guten Kaisers neben dem ihren zu sehen sein wird. Hoffentlich wird man hier das Verständnis für die Gefahr einer solchen Reise haben und lieber die Kosten auf die Promenaden in Schönbrunn umschreiben, die nach wie vor stattfinden.

Aber das Tempo ist langsamer geworden. Dazu ist Frau Kathi noch eigensinnig und spielt sich immer noch als die Gekränkte auf. Doch muß es wohl nicht zu schlimm sein, da der Kaiser nicht die Laune verlor.

Die früher fast täglich stattfindenden Frühstücke, morgens um 6 Uhr bei der Freundin sind allerdings abgestellt, weil sie bestimmt erklärte, nicht vor 9 Uhr freundlich sein zu können. Das begreife ich ...

Schlußbemerkung.

Frau Kathi ist nicht nach Amerika gefahren. Der große Gelderwerb, der mit allerhand neuen Schulden in Zusammenhang stand, konnte schließlich auf andere Weise bewirkt werden – und wurde bewirkt.

Denn als ich, nach erneuter schwerer Erkrankung, 1902, meinen Wiener Posten verließ, war sie die glückliche Eigentümerin eines großen vierstöckigen Hauses am Eingang der Mariahilferstraße, das ein "Millionen- Objekt" war.

Man darf bei ihren Schuldennöten jedoch nicht vergessen, daß sie Baronin Kiß war, einen herangewachsenen, großen, schwarzhaarigen Sohn Kiß besaß, der ein feueriger Ungar mit allen Passionen dieses seltsamen Landes war, hinter dem noch (wenn auch ziemlich verborgen, so doch noch sehr lebendig und bedürfnisvoll) dessen Vater stand, also zwei Herren, die den Geldbeutel Kaiser Franz Josephs mit Recht für sehr groß hielten. Allerdings liebte Frau Kathi nur den Sohn, aber war dieser von seinem Vater zu trennen? Es waren also nicht nur die Bibelots der Auktionen, wo alte Kommoden, Uhren und Kanapees gekauft werden mußten, die an dem Geldbeutel Frau Kathis zehrten, es stand auch "die Familie" hinter ihr, und es standen neben ihr auch die Freundinnen vom Theater, die Kolleginnen, welche der "berühmten Schauspielerin Katharina Schratt" Lorbeerkränze flochten in vielen Worten und Gedichten, unter Tränen der Rührung und Begeisterung, und auch Lorbeerkränze *in natura*, oft von einer Größe, die fast den Eingang ihrer Haustür versperrte, wie ich mich öfters selbst überzeugen konnte.

Frau Schratt, die unleugbar "eine Größe" in ländlichen Stücken nach Art der "Lorle" von Charlotte Birchpfeifer war, versagte in anderen Rollen, die sie aber mit Vorliebe spielte. Es ging so weit, daß sie in einem Stück auftrat, in dem sie die Rolle der Kaiserin Maria Theresia gab. (Es ging das Gerücht, Kaiserin Elisabeth habe ihr dazu ein echtes Prunkkleid der berühmten Kaiserin geliehen.) Diese Ausführung (die sich nicht im Burgtheater bewerkstelligen ließ, sondern in einem anderen Theater Wiens), war trotz der Lorbeerkränze ein großer Mißerfolg, und die "Taktlosigkeit" empörte den Hof, der im Grunde doch selber dahinter stand.

Wie sollte sich zu diesen Schwierigkeiten die Intendanz – und schließlich der Kaiser selbst stellen? Die entstandenen Gegensätze im Burgtheater waren geradezu unüberbrückbar.

Unser freundschaftlicher Verkehr aber blieb nunmehr auf die guten Grüße beschränkt, die unsere gemeinschaftliche alte liebe Freundin, Frau Aline Bach, Schwägerin des einst so berühmten Schauspielers Döring in Berlin, vermittelte.

Mein Nachfolger auf dem Wiener Botschafterposten 1902 vermochte den vertrauensvollen Verkehr, den ich in Frau Kathis sympathischem Hause aufrecht gehalten hatte – (trotz der Überwachung durch das Ministerium Thun) – nicht fortzusetzen.

Daß ich jemals mit Frau Kathi große auswärtige Politik gemacht hätte, trifft nicht zu, das verbot sich schon aus dem Grunde, weil ihr das Verständnis hierzu völlig fehlte. Es handelte sich für mich auch lediglich nur darum, dem alten Kaiser den Rücken zu stärken, gegenüber der stets drohenden Gefahr, die ich katholische Politik nennen will und gegenüber jener Politik, die die mächtigste feudale österreichisch-böhmische Partei vertritt.

In dem alten gütigen Kaiser aber erweckte ich durch meinen vertraulichen Verkehr mit Frau Kathi gewissermaßen ohne jeglichen Druck das Gefühl, daß Deutschland diese seine Freundschaft nicht mißverstand.

Der Tod der Kaiserin Elisabeth war für diese Fragen eine gefährliche Klippe, die ich aber doch zu bewältigen vermochte. Sodann wurde "die Krise im Burgtheater" zu einer zweiten Klippe. Beide Ereignisse nahmen schließlich eine für uns friedliche Wendung.

Nachschrift 1918.

Bis zu seinem am 21. November 1916 erfolgten Tode hat uns Kaiser Franz Joseph seine Bundestreue bewahrt. Seine "fixe Idee", daß er, der durch eine Revolution zum Kaiser erhoben wurde, auch durch eine Revolution seinen Thron verlieren werde, hat den Charakter einer gewissen Berechtigung erhalten. Sein Tod war mit dem Weltkrieg und der Revolution eng verbunden – der Zusammenbruch erfolgte sehr bald, nachdem er seine Augen für immer schloß. Der junge Kaiser Karl war nur ein flüchtiger Schein über dem Thron seines edlen Vorgängers gewesen, über dem Thron, der unter furchtbaren Konvulsionen der Völker des alten Habsburger Zepters, nun tatsächlich unter der von Kaiser Franz Joseph geahnten Revolution zusammenbrach.

Der junge Kaiser Karl aber zeigte einen edlen Charakterzug, als er an das Todesbett des alten Kaisers, das seine Familie umgab, die treue Freundin Kathi rief, die dem alten Herrn in den schweren Jahren des Weltkrieges unwandelbar in der besten Art oberösterreichischen Volkstums treu zur Seite geblieben war.

PEST IN WIEN!

Mehr als alles regt die Wiener begreiflicherweise jetzt die Pest auf, die infolge der Bazillen-Experimente verschiedene Opfer forderte. Ich aber möchte wohl wissen, weshalb man für schweres Geld auf Staatskosten Ärzte nach Indien zu Forschungen schickt, wenn diese hier in Wien Pestbazillen-Kulturen anlegen?

Hoffentlich wird die Krankheit lokalisiert. Es fehlte nur noch für dieses ominöse Jubiläumsjahr, daß die Pest sich hier weiterverbreitete! Es ist geradezu haarsträubend, daß man einen im Laboratorium an der Pest erkrankten Mann nicht dort an Ort und Stelle internierte, sondern ihn in das allgemeine Krankenhaus brachte!!

Aber was man hier tut, ist oft unüberlegt. Auch folgendes ereignete sich dieser Tage:

Ein Arzt geht ein Mikroskop kaufen. In dem Laden befinden sich die üblichen kleinen Gegenstände, zwischen zwei Glasplatten, um die Schärfe zu prüfen: das Hinterbein einer Fliege, das Vorderbein eines Flohes usw. Plötzlich schreit er auf: "Das ist ja ein Pestbazillus! wie kommen Sie dazu?" Der Käufer war ein Spezialist für Bazillenforschung.

Der Händler sagt, daß das sein Geheimnis sei, worauf der Arzt erklärt, er werde ihn zur Anzeige bringen.

Die Polizei erscheint und der Kaufmann sagt, daß der Aufseher des Laboratoriums ihn mit dergleichen Dingen versehe. Der Aufseher gesteht und die Anklage wird erhoben. Das Gericht erhebt Anklage auf Diebstahl. Einer der Richter erklärt, man müsse bei Diebstahl den Wert des Objektes feststellen. Es ergeht die Anfrage an den Direktor des Laboratoriums: "Welchen Wert hat ein Pestbazillus?" Die Antwort lautet: "Keinen".

Die Verhandlung wird aufgehoben, da kein Diebstahl vorläge, denn ein wertloser Gegenstand entbehre der Begründung für den Begriff Diebstahl.

Wohl wird der Aufseher entlassen, aber alles bleibt beim alten. Auch die Tatsache, daß mit Pestbazillen in Wien gehandelt wird.

Ich las die Verhandlungen im Beiblatt der "Neuen Freien Presse", doch fand sich von keiner Seite irgendein Kommentar dazu. Anscheinend waren die Wiener durchaus mit ihren Richtern, Ärzten und Aufsehern einverstanden.

Ich war in den Tagen, als eine Krankenwärterin an Pest gestorben war, mit dem Statthalter Graf Kielmannsegg in den Donauauen zur Jagd. Er erzählte mir, daß man den an Pest erkrankten Aufseher in einem Zimmer des Hospitals niedergelegt habe, das zwischen zwei Hörsälen liegt. Sämtliche junge Studierende haben den Kranken besichtigt, bevor sie das Hospital verließen!!

Der gute Graf lachte über die kolossale Dummheit, die in dem Hospital herrsche.

Ich war rücksichtsvoll genug, ihn nicht daran zu erinnern, daß ihm selbst seit der vielen Jahre seiner Statthalterschaft das Hospital und dessen Organisation unterstellt sei.

Die Aufregung über die Pest teilt sich auch bereits anscheinend den Nachbarländern mit. Ich erhielt heute ein Telegramm aus Breslau des Inhaltes: "Ich wollte meine Hochzeitsreise nach Wien machen. Kann die geehrte kaiserliche Botschaft mir dazu raten? Antwort bezahlt."

Ich mußte natürlich antworten: "Durchaus ratsam", denn hätte ich als offizielle Behörde abgeraten, so würde sogar in Breslau eine Panik ausgebrochen sein. Allerdings war ich auch innerlich überzeugt, daß er nicht jetzt an der Pest sterben werde.

GRAF TASSILO FESTETICS

Unter den Persönlichkeiten, denen ich nach Antritt meiner Stellung als deutscher Botschafter in Wien bald näher trat, nahm Graf Tassilo Festetics einen von mir bevorzugten Platz ein.

Einer der reichsten und größten Grundbesitzer Ungarns, hatte er sich in internationalem Verkehr vielseitige Kenntnisse erworben, die seine natürlich liebenswürdigen Umgangsformen in angenehmster Weise vertieften. Sein Äußeres war eher das Bild eines Engländers. Schlank und blond, mit freundlichem Lächeln und gütigen Augen, erschien er mir wahrscheinlicher in seinem eleganten

Gesellschaftsanzug, als in der reichen ungarischen Magnatentracht von braunrotem Samt mit der Goldstickerei und den wundervollen Edelsteinen auf Mantelagraffe, Säbelgehänge und glitzernden Knöpfen, in der ich ihn bei Hofe sah.

Graf Tassilo hatte, abgesehen von der Schwäche für England und englischen Rennsport, dem er mit einem erstaunlichen Luxus an Pferden und ihren Stallungen huldigte, – Stallungen, die an fürstliche Schlösser erinnerten, – eine zweite Schwäche, das war – der erste, vornehmste und eleganteste Mann Ungarns sein zu wollen. Und das war ihm ungefähr gelungen.

Mich aber störte beides nicht, denn Tassilo Festetics war viel zu fein gebildet, um in dem genannten Sport untergehen zu können. Wohl erfreute ich mich auch an seinem herrlichen Schloß Keszthely am Plattensee, an seinen schönen Sachen, an seinem eleganten Palais in Pest und Wien, seinen Jagden – aber der Schwerpunkt blieb die Unterhaltung mit ihm über die weltbewegenden Fragen, die politischen Persönlichkeiten Europas – und schließlich über die Politik Ungarns und Deutschlands, die uns beide sehr lebhaft berührte.

Es ist selbstverständlich, daß Tassilo eine vornehme Frau heiratete. Ich möchte hinzufügen: selbstverständlich eine vornehme Engländerin.

Das aber vollzog sich nicht ohne Schwierigkeiten.

Lady Mary war die einzige Tochter des Herzogs von Hamilton, ersten Pairs von Schottland, auch Herzogs von Brandon in England und Herzogs von Chatelherault in Frankreich, der 1843 die Tochter des Großherzogs Karl von Baden und der schönen und berühmten Stephanie geheiratet hatte. Stephanie Beauharnais war die Nichte der Josephine Beauharnais, die in zweiter Ehe Kaiser Napoleon l. heiratete. Es ist bekannt, daß der Kaiser für die Nichte Stephanie eine besondere Vorliebe hatte, sie adoptierte und mit allen Rechten und Vorteilen einer kaiserlichen Prinzessin ausstattete.

So war denn ohne Zweifel Lady Mary eine der vornehmsten Töchter Englands, deren Äußeres auch dieser Vornehmheit entsprach: ein edler englischer Tvpus mit französischem Einschlag – sehr anziehend, wohl schön zu nennen, und liebenswürdig, angenehm in ihrem Wesen.

Es war durchaus erklärlich, daß Tassilo Festetics Mary liebte, die er auf dem Rennplatz zu Baden-Baden bei ihren Verwandten und im Palais ihrer Mutter daselbst kennenlernte. Es war auch durchaus erklärlich, daß er sie heiraten wollte.

Die Schwierigkeit lag jedoch darin – daß sie bereits verheiratet war! Und zwar mit dem Erbprinzen von Monaco. Dazu waren beide Eheleute katholisch und die Ehe daher nicht zu trennen, wenn nicht irgendein Auskunftsmittel dafür gefunden werden konnte.

Die Erbprinzessin glaubte es durch heimliche Flucht aus Monaeo bewerkstelligen zu können. Sie bestieg, von einer Freundin begleitet, den Pariser Schnellzug – als habe sie die Absicht, nur einen kleinen Ausflug zu machen, und der Kondukteur hatte ihr die Tür eines Kupees geöffnet. Als aber der Pfiff der Lokomotive ertönte und der Zug sich in Bewegung setzte – blieb der letzte Wagen, in dem die Fürstin sich befand, stehen! Der Fürst schien von der beabsichtigten Flucht Kenntnis erhalten und Vorsorge dagegen getroffen zu haben.

So ging es denn nicht auf diesem Wege, auf dem Wege über den Papst ging es aber besser. Die Kirche annullierte die Ehe.

Auf diese Weise war man denn allen Wünschen gerecht geworden, auch dem Wunsch, die Hindernisse zwischen einer Ehe Tassilo-Mary fortgeräumt zu haben.

Ich kann nicht leugnen, daß ich die von mir sehr verehrte Gräfin Mary bis zu einem gewissen Grade verstanden habe, daß sie Tassilo dem nun regierenden Herrn von Monaco, Carlo III. Honorius, vorgezogen hatte. Ich lernte diesen im Eismeer kennen, wo er nördlich der Lofoten mit seiner, für Tiefseeforschung eingerichteten Nacht "Alice" (der er diesen Namen zu Ehren seiner zweiten Gattin, geb. Alice Heine, Tochter des großen Pariser Bankhauses, verwitwete Herzogin von Richelieu gab), aus 5000 Meter Tiefe unwahrscheinliche Krabbentiere heraufzog. Er hatte zu dieser Forschung einen französischen, einen englischen, einen deutschen und einen italienischen Gelehrten an Bord und sah selbst unendlich gelehrter und professoraler, trockener und unschöner als seine Kollegen aus.

Verehre ich auch persönlich den Professor Carlo III. Honorius sehr, so meine ich doch, daß die Ehe mit meinem Freunde Tassilo in jeder Hinsicht mehr den Empfindungen der verehrten Gräfin Mary entsprechen mußte. Und sie bewährte sich darin als ausgezeichnete Gattin und treue Mutter.

Den immer wiederholten Bitten des liebenswürdigen Paares hatte ich endlich nachgegeben, als ich mich im November 1897 entschloß, sie in ihrem Schloß Keszthely in Ungarn zu besuchen und dort zu jagen.

Das am Plattensee gelegene großartige Schloß entzückte mich – nicht etwa, weil es die Dimensionen eines königlichen Sitzes hat, sondern weil es eine Fülle interessanter Dinge birgt und der Empfang, der mir zuteil wurde, überaus herzlich war.

Dort fand ich während langer Fahrten mit dem Grafen Tassilo zur Jagd und bei Besichtigung des herrlichen Besitzes Gelegenheit, mich wieder einmal gründlich mit ihm auszusprechen.

Aus einem Brief an Kaiser Wilhelm vom 30. November 1899.

... Ich mußte mit Szell angesichts der trotz aller Bemühungen des Kaisers noch unendlich schwierigen Lage in Österreich sprechen.

Da man in Wien meinen Besuch in Pest nicht übermäßig liebt, fuhr ich schon am nächsten Morgen nach Keszthely zu Tassilo Festetics, um zu jagen.

Es ist wirklich ein herrlicher Besitz. Ich lege alleruntertänigst eine Postkarte mit einer Ansicht des Schlosses bei. Dazu sind die Besitzer mit ihren netten Kindern unendlich liebenswürdig und angenehm.

Natürlich würde ein Besuch Ew. Majestät die größte Freude erregen. Wenn Ew. Majestät denselben mit einem Besuch in Wien verbinden, so würde dieser Aufenthalt auf dem Lande in Ungarn (unter Vermeidung eines Besuches in Pest, wo der Empfang vielleicht zu stürmisch warm ausfallen könnte), gerade das Rechte sein, eine kleine Anregung in Freundschaft. Vorher würde, wenn Erzherzog Friedrich, der große Verluste an Hirschen durch die letzte Überschwemmung hatte, Gödöllö ganz ensprechend sein.

Doch das ist *cura posterior.* Tassilos sind, wie gesagt, glücklich – werden aber zu niemandem davon sprechen, ehe nicht die Sache eine bestimmte Form angenommen hat.

Wir jagten in kleinem Kreise (5 Schützen – lauter Ungarn) auf Fasanen, Hasen und Hühner. Das Wetter war herrlich, wie die Jagd, so daß man noch einigermaßen den Zustand völliger Nacktheit der braunen Zigeunerbuben begriff, die ihre Winterquartiere in Erdhöhlen bezogen haben und wie eine Rotte Indianer mit Gekreisch hinter den Juckerzügen herstürzten, wenn wir vorüberfuhren. Auch sollen dort in der Nähe noch "arme Leute" sein, die mit Flinten herumlaufen und Hammel verlangen.

Abends, nach dem vortrefflichen Diner, spielten die Zigeuner, und die Jugend tanzte. Die jüngste Tochter stellte sich mitten unter die braunen Leute und spielte das Cymbal mit einer erstaunlichen Meisterschaft. Ein reizendes Bild! Schließlich behauptete Gräfin Mary, die Zigeuner müßten gehen, es finge an, schlecht zu riechen. Ich hatte es noch nicht gemerkt. Dafür aber war mir ein Floh auf die Hand gesprungen, den ich schnell in einem Glase Limonade ersäufte. Ich hütete mich, Gräfin Mary den Mord zu gestehen. Sie würde die Zigeuner sofort aus dem Schlosse gejagt haben – und die netten Töchter, die eben Czardas tanzten, wären untröstlich gewesen.

Diese Gegensätze von musizierenden Floh-Zigeunern und dem musterhaft und großartig – im englischen Stil und Luxus – gehaltenen Schlosse sind höchst originell und anziehend.

BADEN – CUMBERLAND

EINE POLITISCHE HOCHZEITSGESCHICHTE MIT SCHWIERIGKEITEN.

Prinz Max von Baden tritt plötzlich in meinen dienstlichen und persönlichen Interessenkreis durch seine Absicht, die Tochter des Herzogs von Cumberland zu heiraten, und ich bin doppelt gespannt zu sehen, wie sich die komplizierte Frage lösen wird. Das heißt, wie ich sie lösen werde. Dem Prinzen bringe ich viel Sympathie entgegen.

Ich lernte ihn in Karlsruhe und Baden-Baden kennen. Er ist der Vetter meiner Freundin, der Kronprinzessin von Schweden, die ihn wie einen Bruder liebt – er ist der einzige Vetter den sie hat und dieser ist, da des Erbgroßherzogs Ehe kinderlos blieb, der einzige Erbe des Hauses Baden. Natürlich war meine Freundschaft mit der Kronprinzessin das Band, das sich nun auch zwischen dem Prinzen und mir knüpfte.

Die Schwierigkeit für des Prinzen Absicht lag in dem Umstand, daß sich das Haus Hannover seit 1866 immer noch im Kriegszustand mit Preußen befand! Wohl hatte die Zeit so weit glättend gewirkt, daß der Herzog von Cumberland bei einer Begegnung mit dem Kaiser in dem Palais des Erzherzogs Albrecht (als dieser alte Feind begraben werden sollte), die Höflichkeit zeigte, sich dem deutschen Kaiser – (ich will ausdrücklich sagen: nicht dem König von Preußen) – vorzustellen. Aber das bewies durchaus nicht soviel, wie der Kaiser glaubte – denn nach wie vor blieb der ganze Verwandten- und Freundeskreis der Cumberlands, das Haus Dänemark, England und Rußland (da die Schwester dieser Herrscherinnen die Herzogin ist), dem Hause Preußen feindlich. Es blieb also der Familienkreis bestehen, der seine politische Nahrung von der größten Feindin Preußens, der im vorigen Jahr verstorbenen Königin von Dänemark, geb. Prinzessin von Hessen erhielt: denn ihre Kinder waren der König von Dänemark, die Kaiserin von Rußland, die Prinzessin von Wales und die Herzogin von Cumberland.

Die Allgemeinheit pflegt über den Verlust von Ländern lediglich politisch zu denken, und ich habe niemals bis auf den heutigen Tag von Deutschen über die 1866 entthronten Familien von Hannover, Hessen und Nassau anders als giftig sprechen hören. "Das sind unsere Feinde", heißt es. Ich möchte wohl wissen, was alle diejenigen, die gehässig über jene Familien reden, sagen und tun würden, wenn ein Stärkerer ihnen ihr Landgut, ihr Haus, auf dem sie und ihre Vorfahren durch Jahrhunderte saßen, fortgenommen hätte?

Jedenfalls bleibt es ein guter Charakterzug des Kaisers, eine Versöhnung mit den vom Schicksal schwer betroffenen Familien anbahnen zu wollen, und ich werde gern alles tun, um eine Ehe zwischen Prinz Max und der kleinen Cumberland zustande zu bringen, wenn ich ein Entgegenkommen von Cumberlands bemerken sollte. Davon ist jedoch bei der schroff ablehnenden Haltung des Herzogs in jeder politischen Frage, oder bei solchen, die auch nur einen politischen Beigeschmack haben, keine Rede.

Eine Verbindung mit dem Preußen eng verbundenen Hause Baden, (der Großherzog stand 1866 mit Preußen gegen Hannover) trägt aber sogar einen starken politischen Anstrich, und große Vorsicht ist geboten, um nicht durch eine Ablehnung den Bruch zu vergrößern, statt ihn zu mildern.

VON PRINZ MAX VON BADEN.

KARLSRUHE, 26. OKTOBER 1899.

Hochverehrter, lieber Graf! Empfangen Sie meinen besten Dank für Ihr freundliches Telegramm. Gern hätte ich Sie gebeten, mich bei sich zu empfangen, ich halte es aber unter den obwaltenden Umständen für geeigneter, Ihnen zuerst zu schreiben und Ihnen mit der Bitte um absolute Diskretion eine Frage vorzulegen.

Wenn ich auch nicht das Glück gehabt habe, oft mit Ihnen zusammenzutreffen, so glaube ich doch, daß wir uns besser kennen und verstehen, als manche, mit denen wir täglich zu tun haben. Und dann besteht ja ein Bindeglied zwischen uns, welches allein schon zu gegenseitigem Vertrauen rechtfertigt. Die Kronprinzessin von Schweden hat mir gesagt, wie freundschaftlich Sie Anteil genommen haben an meinen letzten Schicksalen, und wie Sie sich wohl gefreut haben, daß ich frei geworden bin von einer Schlimmes verheißenden Verbindung.

Um über eine neue mit Ihnen zu reden, komme ich heute zu Ihnen, sicher, bei Ihnen Verständnis zu finden für die Lage, in der ich mich befinde.

Von Tullgarn kommend, habe ich mich einen Tag in Kopenhagen und vier Stunden in Bernsdorff aufgehalten. Dort traf ich die Familie des Herzogs von Cumberland, und eine seiner Töchter hat mir gut gefallen, wie mir überhaupt die dänische Familie, namentlich in den Kindern der Töchter des Königs sehr sympathisch ist.

Ich habe hiervon mit den großherzoglichen Herrschaften gesprochen, und diese sehen nur Schwierigkeiten, politische Verwicklungen und Nachteile für mich daraus. Der Großherzog geht so weit, einen solchen Schritt als Bruch meinerseits mit Sr. Majestät dem Kaiser zu charakterisieren.

Uber meine Gefühle diesem gegenüber brauche ich mich wohl nur auf unser letztes Gespräch zu berufen und füge hinzu, daß ich seitdem nur Gutes, weit über Verdienst – denn Liebe und Anhänglichkeit zählen nicht darunter – von ihm erfahren habe, und daß die Kette der Dankbarkeit, die mich an ihn fesselt, unzerreißbar geworden ist. Auch würde es meine erste Sorge sein, mit dem Kaiser über meine Absicht zu reden und mich seiner Unterstützung zu versichern. Treu kann ich ihm ja doch nur dienen und wertvoll ist ja meine Anhänglichkeit doch nur dann, wenn ich frei bin und frei erzählen kann.

Meine Bitte an Sie ist nun folgende: Würden Sie die große Güte haben mir zu schreiben, was Sie über die Möglichkeiten einer Verbindung mit dem hannöverschen Hause denken, welche Garantien in den Persönlichkeiten liegen, und ob Sie denken, daß ich den Kaiser freundlich zu stimmen vermag.

Ich kenne die Schwierigkeiten der Lage ziemlich vollständig, ich sehe aber auch die Möglichkeit versöhnlicherer Wirkung. Warum den alten Groll auf die junge Generation ausdehnen, warum nicht durch Verbindungen der Töchter in Deutschland weiteren Racheplänen der Welsen eine Berechtigung mehr entziehen, und das Haus Hannover auf diese Weise versöhnen. Wenn der Herzog sich entschließen könnte, erst eine seiner Töchter nach Deutschland zu verheiraten, so wäre der Weg zu einer Verständigung angebahnt und die persönliche Liebenswürdigkeit Sr. Majestät würde hierin der Hauptfaktor sein. Einer so bereiten, das Gute liebenden Natur, wie die unseres Kaisers ist, müßte eigentlich eine Versöhnung dieser Art lieb sein, denn die Härten des Jahres 1866 sind doch für den Sieger leichter zu vergessen als für den Vertriebenen und Entthronten. Das ist meine Möglichkeitsrechnung. Vielleicht rechne ich mit idealen Zahlen. Mich auf den rechten Weg zu führen, vertraue ich mich Ihnen an. Als Botschafter in Wien werden Sie die Persönlichkeiten und die bewegenden Faktoren kennen, als Freund des Kaisers wissen, ob Aussicht auf Erfolg vorhanden ist, und Ihr Wohlwollen für mich wird Ihnen sagen, ob Sie mir zureden oder abraten sollen.

Wenn ich mir überlege, ob ich Sie bitten sollte, mit Sr. Majestät von dieser Angelegenheit zu sprechen, so hält mich der Gedanke davon zurück, daß ich ihm am besten mein Vertrauen beweise, wenn ich zuerst und als Einzigster in dieser Sache das Wort ihm gegenüber ergreife. Ihre Orientierung wird mir aber vom höchsten Wert sein. Zu besonderem Dank würden Sie mich aber verpflichten, wenn es Ihnen möglich wäre, bald zu schreiben, da meine Entscheidungen über Reisen usw. davon abhängen, was Ihr Brief enthalten wird. Ich weiß, ich verlange sehr viel und muß mich wohl sehr auf die Kronprinzessin berufen, um mich zu entschuldigen.

Ihr geht es nicht gut. Sie leidet beständig am Arm, an der Gicht oder den Nerven, und ihre Stimmung ist die traurigste. Wer da helfen könnte?! Wir haben fast alle Ihre Lieder zusammen durchgenommen, und in den mir gänzlich unbekannten Weihnachtsliedern entdeckte ich zwei herrliche: "Jesaias" und "Die Heiligen Drei Könige".

Doch nun zum Schluß. Ich weiß, ich verlange viel und nehme Ihre Güte ungebührend in Anspruch. Warum ich es zu tun wage, werden Sie besser fühlen, als ich es zu sagen vermag. Wie dem auch sein mag, ob etwas daraus wird oder nicht, Sie werden zu dem beigetragen haben, was man als mein Schicksal bezeichnen kann, und dieses muß sich ja erfüllen. "Was ist, muß sein, was wird, muß werden. – Ein jedes Ding hat seine Zeit. Und was Du wirkst auf dieser Erden – Das wirkst Du für die Ewigkeit".

Leben Sie wohl, mein lieber Graf, und erhalten Sie mir Ihr freundliches Wohlwollen, wie ich es bisher empfunden habe, und seien Sie versichert der herzlichen Anhänglichkeit Ihres ganz ergebenen

(gez.) Prinz von Baden.

NOTIZ.

November 1899.

Nachdem Prinz Max – zu seinem Heil – der Großfürstin- Braut den Laufpaß gab, jammert das ganze Haus Baden in Todesangst, daß es erlöschen könnte. Prinz Max will unter dem Eindruck dieses Jammers (besonders seiner Mutter), schnell durch eine andere Verlobung das Unglück wieder gutmachen. Das ist unzweifelhaft "nett" von ihm. Da aber nach dem russischen Schrecken die Zukünftige 1. eine deutsche Prinzeß, 2. hübsch, 3. klug, 4. angenehm und 5. reich sein soll, so hat er kein leichtes Spiel. Da die sehr nette Prinzeß Feo – bei weitem die angenehmste Schwester der Kaiserin – keine Gnade vor seinen Augen gefunden hat, so ärgert sich der Kaiser über Prinz Max und erschwert diesem die Situation.

AUS EINEM BRIEF AN DEN KAISER.

Wien, 15. November 1899.

... Daß mein harmloser Freundschaftsbesuch in Baden Veranlassung zu einem Sturm in der Presse wurde, kennzeichnet zur Genüge die Torheit – auch die Boshaftigkeit – dieser Presse-Familie, die sich und andere mit Dreck bewirft, und deren Mitglieder alle unter einer Decke schlafen.

Zuvörderst fuhr ich von Berlin nach Köln, sprach dort auf dem Bahnhof meinen Rendanten aus Hertefeld, aß bei Fürst Hatzfeldts im Schloß Schönstein a. d. Sieg – einem merkwürdig interessanten, alten Räubernest – und langte dann in Baden an, wo ich im Schlosse abstieg. Die Herrschaften waren sehr munter und wirklich rührend gut für mich. Die Großherzogin von einer solchen Geschäftigkeit, daß sie mich während eines Vormittags, einmal im Parterre, einmal im zweiten, einmal im dritten Stock und einmal im Garten empfing. Der Großherzog in seinem langen, schwarzen, predigerartigen Zivilrock sah dazu noch ernster aus als gewöhnlich – und sprach deshalb vielleicht noch düsterer als sonst.

Ich war aber glücklich, die lieben, gütigen Herrschaften so wohl zu finden, die wahrhaftig ein leuchtendes Beispiel für Pflichterfüllung und Wohlwollen sind. Ich wünschte, daß andere Fürstenhäuser nach diesem Vorbild handelten, statt darüber zu spotten.

Prinz Max, der sehr offen mit mir ist, geht auf Freiers Füßen und will durchaus bald heiraten. Ich habe, was ich konnte, für Prinzessin Feo gewirkt, aber wenn auch keine Ablehnung, doch vorläufig allerlei Überlegungen gefunden. Jedenfalls wird er demnächst einmal nach Dresden fahren. Seine Mutter war noch ganz auseinander über das Scheitern der russischen Projekte und verhält sich gegenüber allen anderen Gedanken des Sohnes völlig passiv....

VON PRINZ MAX VON BADEN.

Karlsruhe, 25. Januar 1900.

... Ich bin vor Weihnachten in Berlin gewesen, habe Se. Majestät den Kaiser, den Reichskanzler und Bülow gesprochen und weiß das was man dort für möglich und wünschenswert hält. Ich bin mit meinem dortigen Aufenthalt und mit dem Ergebnis meiner Gespräche zufrieden, mehr hatte ich nicht zu erwarten gewagt, und das große Vertrauen, das man mir entgegenbrachte, hat mich überaus wohltuend berührt.

Andererseits ist auf meine durch die Großfürstin Constantin gestellte politische Anfrage eine rein menschliche Antwort geworden, die darin gipfelt, daß es selbstverständlich sei, daß die Frau dem Manne folgt, wohin ihn seine Pflicht ruft, daß ferner eine deutsche Heirat als möglich und nur von einer Neigung abhängig angesehen werde. Mir genügt dies auch wieder, und ich fühle etwas wie Beschämung, daß die Antwort so menschlich klang und von Menschen kam, die wirklich so empfinden.

Hier glaube ich nun, genügte dieser Ton nicht. Drum will ich eben selbst sehen und urteilen, und dann kann die politische Frage von anderen gestellt werden. Dies ist die Lage.

Was das Persönliche betrifft, so brauche ich wohl nicht zu sagen, wie sehr es mich freut, Sie in Ihrem Heim wiederzusehen, und wie ich hoffe, eine oder die andere stille Stunde bei Ihnen verleben zu dürfen. Ich treffe Mittwoch früh ein und will im Hotel Imperial absteigen.

Da ich doch überall hingehen muß, wo Begegnungen möglich sind, so werde ich eben offiziell auftreten müssen und mich beim Kaiser melden. Mein Wunsch wäre, eben nur das Nötigste mitzumachen und womöglich nicht jede Nacht bis zum frühen Morgen zu festen. Mit Ausnahme meiner Kusine Festetics kenne ich nur die Kronprinzessin, Erzherzog Otto und Frau, Erzherzog Franz Ferdinand und Eugen und Erzherzogin Marie Therese.

Ich weiß, daß ich an Ihnen einen wohlwollenden und weisen Mentor haben werde, was mir das Gefühl angenehmer Sicherheit gewährt.

Das einzige, was meine jetzige Abreise trübt, ist der Umstand, daß ich die Kronprinzessin von Schweden verfehle, welche am 3. hier eintrifft. Sie hat Enormes geleistet, und ich bin überzeugt, daß ihre Überwindung gesegnet sein wird, denn sie hat sich durch ihr mütterliches Gefühl leiten lassen.

Und nun leben Sie wohl für heute und auf baldiges gutes Wiedersehen. Ich bleibe stets in herzlicher Verehrung

Ew. Durchlaucht treu ergebener

(gez.) Prinz Max.

Karlsruhe, 29. Januar 1900.

Verehrter; lieber Fürst! Das ist wirklich schade, daß Sie gerade in den ersten Tagen meines Wiener Aufenthaltes nicht da sind. Ich hoffe von Herzen, daß es kein schweres

Leiden ist, das Sie verursacht, Ihre verehrte Mutter nach Meran zu begleiten, und wünsche von Herzen, daß ihr der Aufenthalt guttun möge.

Gesellige Verpflichtungen halten mich bis Mittwoch hier fest, an welchem Tage ich abreisen will, um am Donnerstag früh 6 Uhr 45 in Wien anzukommen.

Gern hätte ich meine Abreise Ihretwegen verschoben, aber da ich höre, daß am 6. ein Hofball ist, so möchte ich die Gelegenheit nicht versäumen, diesen mitzumachen. Sie würden mich daher zu großem Dank verpflichten, wenn Sie das Notwendige vorher mit Prinz Lichnowsky verabredeten, damit ich mich bei S. M. dem Kaiser melden könnte und die erforderlichen Besuche abmachte. Dies zeitraubende Geschäft wird meine ersten Tage in Anspruch nehmen. Da ich die Cumberlandschen Herrschaften schon kenne, denke ich, daß ich ihnen einfach meinen Besuch machen kann oder Karten in ihrer Abwesenheit hinterlassen.

Wenn Sie nicht andere Bestimmungen treffen, so werde ich die Uniform nur offiziell, sonst Zivil tragen.

Ich wäre sehr dankbar, wenn keiner Ihrer Herren sich inkommodierte, mich von der Bahn abzuholen. Die unhöflich frühe Stunde verbietet das schon von selbst. Ich bin begleitet von meinem Jugendfreund und jetzigen Ordonnanzoffizier Freiherrn von Holzing- Bergstätt, dem Sohn des Oberstallmeisters und der Oberhofmeisterin, und solcher Eltern wert.

Sollte es Ihre Abreise erlauben, würde ich sehr gern auf einen Augenblick zu Ihnen kommen und bitte, mir eine Weisung in das Hotel Imperial zukommen zu lassen.

Ich bedauere, der freundlichen Einladung mit Festetics nicht folgen zu können und möchte Ihnen für diese Liebenswürdigkeit besonders danken.

In freudiger Erwartung, Sie bald wiederzusehen, bin ich stets Ew. Durchlaucht herzlich ergebener

(gez.) Prinz Max.

AUS EINEM BRIEF AN DEN KAISER.

Wien, 17. Februar 1900.

... Einen anderen Schwärmer für Ew. Majestät sehe ich jetzt viel, den Prinzen Max von Baden. Er, der offen eingesteht, früher viel gegen Ew. Majestät gesprochen zu haben, ist ein tiefer und überzeugter Freund geworden, der nicht nur mir gegenüber, sondern überall für Ew. Majestät mit einer Herzenswärme eintritt, die mich geradezu beglückt.

Ich habe den Eindruck, daß er die älteste Tochter Cumberland heiraten wird und will mich angesichts der Wichtigkeit, einen Erben für die Krone Baden zu erhalten, nicht zu sehr in die mancherlei Schwierigkeiten versenken, die diese Allianz mit sich bringen wird. Wir haben diese Frage öfters erörtert. Nachdem ich im Herbst in Baden die politische Seite in krassesten Farben geschildert hatte (denn ich wünschte mir den Prinzen als Gatten der Prinzeß Feodora), so lasse ich jetzt angesichts einer Ehe im allgemeinen die Sache laufen. Die junge charmante Prinzessin aus dem Hause Hannover wird völlig korrekt gegenüber Berlin sein und jeglicher Intrige fern bleiben, dafür möchte ich einstehen. Cumberlands sind in ihrer Häuslichkeit wahrhaft vornehme und ruhige Leute.

Prinz Max hat allerdings allerhand Rosinen im Kopf in bezug auf Versöhnung mit Preußen, Verzicht usw. Dieser Optimismus dürfte sich legen. Eine Art *Modus vivendi amicalis* ist alles, was zu erwarten ist. Heute besuche ich einen Ball bei Cumberlands. Das ist ungefähr die einzige Berührung, welche die Botschaft hat....

AN GRAF BÜLOW.

Wien, 28. Februar 1900.

Liebster Bernhard, die Zeitungen sprechen von Besuchen Sr. Majestät in Wilhelmshaven usw. Da es mir daran liegt, den Inhalt dieser Zeilen möglichst bald an Se. Majestät gelangt zu sehen, schreibe ich an Dich mit der Bitte um Mitteilung bei nächster Gelegenheit.

Es handelt sich um Prinz Max von Baden, dessen Verlobung unmittelbar bevorstehend zu sein scheint. Du weißt, daß ich seinerzeit in Baden alle nur denkbaren Argumente gegen diese Heirat vorgebracht habe – nicht weil mir die Schwierigkeiten unüberwindlich erschienen, sondern weil ich wollte, daß mir Prinz Max, den ich sehr gern habe, bei einem etwaigen Festhalten an dem Plane nicht einst den Vorwurf machen könnte, ich hätte ihn nicht eindrucksvoll genug auf die tatsächliche Sachlage aufmerksam gemacht.

In dieser Weise habe ich auch hier weitergesprochen – angesichts des sichtlich zunehmenden Interesses an der charmanten Prinzessin. Nachdem nun bei den letzten Bällen Prinz Max vier Kotillons mit der Prinzessin getanzt hat und er mir versichert, daß er jeden Tag mehr den Eindruck gewinne, daß man mit der jungen Dame glücklich werden müsse, meine ich, daß der Entschluß zur Verlobung so gut wie gefaßt ist.

Gestern besprachen wir wieder eingehend die Lage der Dinge, und dabei wurde folgendes festgelegt: eine Ehe mit der Tochter Cumberland ist nur denkbar, wenn die Prinzessin fest entschlossen ist, absolut – auch in politischer Hinsicht – der Richtung des Prinzen zu folgen: wenn ein volles Einverständnis auch bezüglich der Beziehungen des Prinzen zu Sr. Majestät herrscht und jegliches Hervortreten in welfischem Sinne vermieden wird.

Ich habe dem Prinzen gesagt, daß, ehe seine Anfrage erfolgt, ich durch eine Mittelsperson diese politische Basis an den Herzog in seinem Namen gelangen lassen könne. (Durch den Statthalter Grafen Kielmannsegg, den ich intim kenne und durch den ich bisweilen schon Fragen, den Verkehr zwischen der Botschaft und Cumberlands betreffend, geordnet habe.)

Natürlich ist dem Prinzen die entstehende politische Lage nicht gemütlich. Großherzog und Großherzogin klagen in allen – ihnen ja sehr geläufigen – Trauertönen. Die Mutter hat die russische Braut noch nicht verschmerzt und hält sich völlig gleichgültig, der deutsche Botschafter – d. h. ich – nimmt eine Haltung voller Reserven ein – kurz, dem guten Prinzen hängt der Himmel nicht voller Geigen, sondern voller Baßposaunen. – Des Menschen Wille ist sein Himmelreich!

Nicht unerwähnt darf ich lassen, daß bei der häufigen Erörterung der Braunschweigischen Erbfrage – in der der Prinz gewisse Hoffnungen für eine schließliche Einigung der Cumberlands mit Preußen zu haben scheint – ich einen sehr ablehnenden Standpunkt eingenommen habe unter Hinweis auf die Notwendigkeit eines Verzichtes auf die Krone Hannover (woran Cumberlands nicht denken) und auf die tatsächlichen Schwierigkeiten für Preußen. Diese gipfeln darin, daß einerseits durch einen welfischen Herzog in Braunschweig die welfische Propaganda in dem nahen Hannover unbequeme Formen annehmen würde, andererseits die liebe Verwandtschaft in England trotz aller Loyalität des Herzogs, an der ich wahrhaftig nicht zweifle, festeren Fuß fassen würde, als uns das lieb sein könnte. Wir haben gerade genug unfreundliche Höfe in Deutschland.

Der Prinz versteht diesen Standpunkt durchaus. Aber er glaubt, verheiratet, in bezug auf den Verzicht gut wirken zu können, und hat allerdings dabei den Gedanken, daß sich nach einem Verzicht die Lage der Cumberlands bezüglich der Erbfolge in Braunschweig ändern müsse.

Er hat auch noch einen anderen Gedanken: die pekuniäre Lage, die sich für den Herrn Schwiegersohn sehr günstig bei einem solchen Verzicht gestalten würde. Natürlich sprach er dieses nicht aus.

Der Herzog hat mit ihm von seinem Verkehr mit den preußischen Beamten in Hannover gesprochen und dabei geäußert, daß er die Rücksicht und Höflichkeit derselben nur rühmen könne und nicht die geringste Klage habe. Dann ist die Frage des Verzichts gestreift worden. Der Herzog hat dabei bemerkt, daß die Krone Preußen für diesen Fall eine Anzahl von Millionen herauszahlen werde, was natürlich nicht bestimmend auf seine Entschlüsse im Hinblick auf den Verzicht sein könne – im Gegenteil. Prinz Max hat erwidert er begriffe, daß der Herzog, ebenso wie Kaiser Wilhelm, Träger der Geschichte seines Hauses bleiben müsse.

Ich habe vermieden – und werde natürlich weiter vermeiden – jemals mit dem Herzog dieses heikle Thema zu berühren, obgleich er mich und meine Frau mit ausgesuchter Höflichkeit behandelt, wo wir uns treffen.

Die beiliegende Notiz aus der "Neuen Freien Presse" ist natürlich unwahr. Ich war mit Frau und Töchtern und den Herren der Botschaft (natürlich in Zivil) zum Ball. Damit ist mein Verkehr wohl abgeschlossen. Falls ich noch später einen großen " *rout*" oder im Frühling einen Ball gebe, so werde ich Cumberlands dazu einladen.

Ich bitte Dich nun, falls Se. Majestät oder Du noch etwa Wünsche in der Frage der Verlobung hätten, mir telegraphisch dieselben zugehen zu lassen, denn Freitag ist der Prinz bei mir, und ich vermute, daß er bis dahin ziemlich entschlußreif sein wird. Erhalte ich keine Nachricht, so nehme ich an, daß Se. Majestät mit meiner Haltung einverstanden ist und den guten Prinzen in die Arme der wirklich charmanten Prinzessin laufen lassen will....

Von Prinz Max von Baden.

(Notiz) Wien, 3. März 1900.

Freundlichstes persönliches Entgegenkommen des Herzogs von C., bei absolut unbeeinflußter Wahlfreiheit der Tochter, die nichts weiß.

Politisch verweist er den Großherzog auf den Brief mit Promemoria, den er bei Regelung des Welfenfonds nach Berlin schrieb, wo stehen soll, daß er nichts gegen den preußischen Staat unternehmen werde.

Besuch in Berlin für Tochter selbstverständlich, als Garnisonstadt anfänglich nicht erwünscht, aber Tochter anheimstellen.

Selbstverständlich ist, daß ich in Braunschweig-Hannoverscher Frage meiner Pflicht folgen soll, stets unbeeinflußt. Gesamtresultat also wohl gut. Auf morgen Wiedersehen. Herzlich grüßend dankbarst Ihr

(gez.) Prinz Max.

Von Graf Bülow. (Telegramm in Ziffern.)

Privat. Berlin, 3. März 1900.

Besten Dank für interessanten Brief. Hinsichtlich der Heiratsangelegenheit Baden – Cumberland betonte unser allergnädigster Herr, daß er festhalten müsse an seinem von Anfang an eingenommenen Standpunkt, nämlich, daß die Prinzessin unter entschiedener Abwendung von allen welfischen Velleitäten auch hinsichtlich

Braunschweig sich voll und ganz auf den Standpunkt des neuen Reiches, der Integrität der preußischen Monarchie wie der persönlichen Beziehungen des Prinzen zum Kaiser stellen müsse. Herzlichen Gruß

(gez.) Bülow.

Von Admiral von Eisendecher (Preuß. Gesandter in Baden).

Karlsruhe, 5. März 1900.

Die Angelegenheit des Prinzen Max v. B. beschäftigt hier die Gemüter natürlich sehr. Alles, was man von der jungen Prinzessin und deren Familie hört, klingt außerordentlich günstig. Wenn in persönlicher Beziehung alles stimmt, wäre es sehr bedauerlich, falls die Sache an politischen Bedenken scheitern sollte. Bei den hiesigen Herrschaften stehen solche Bedenken anscheinend immer noch im Vordergrunde, während die Prinzessin Wilhelm in dieser Richtung kaum Besorgnisse hegt. Das mir in engstem Vertrauen mitgeteilte Gerücht, nach welchem die Absicht bestehen soll, vor einer eventuellen Heirat den Herzog zu gewissen schriftlichen Erklärungen oder Versprechungen zu veranlassen, kann ich nicht glauben. Es wäre das meines Erachtens für den Prinzen eine höchst fatale Verlegenheit. Wenn die Prinzessin ja sagt und der Vater zustimmt, so sind damit, meine ich, die nötigen Garantien gegeben, denn beiden können die Voraussetzungen und Konsequenzen der Verbindung nicht verborgen sein.

Es würde mich im höchsten Grade interessieren, zu hören, wie Sie jetzt nach Ihren persönlichen Eindrücken über die Angelegenheit denken, vielleicht finden Sie Zeit zu einer kurzen Antwort, für die ich Ihnen aufrichtig dankbar wäre.

Sie wissen, der Prinz steht mir als wirklicher Freund nahe, er erzählte mir s. Zt., wie Se. Majestät der Kaiser in sehr huldvoller, wohlwollender Weise die Wiener Reise sanktioniert habe, daraufhin hielt sich der Prinz berechtigt, diesen ersten wichtigen Schritt zu unternehmen, und allem Anschein nach liegt jetzt die Wahrscheinlichkeit eines gegenseitigen persönlichen Einverständnisses mehr und mehr vor, man möchte deshalb doppelt lebhaft wünschen, daß nicht noch unvorhergesehene politische Weiterungen entstehen, wie es z. B. das eben erwähnte Gerücht andeuten würde.

Nun, jedenfalls ruht die ganze Angelegenheit bei Ihnen als dem Eingeweihten und Vertrauten nach beiden Seiten, in den allerbesten Händen, das ist auch für den Großherzog und die Großherzogin hier eine sichere Beruhigung.

Mit besten Grüßen meiner Frau und der Bitte, uns der Frau Fürstin, leider noch als Unbekannte, empfehlen zu wollen, bin ich in alter Verehrung Ihr ganz ergebener

(gez.) v. Eisendecher.

An den Großherzog von Baden.

Wien, 7. März 1900.

Ew. Königliche Hoheit wollen mir gnädigst vergeben, daß ich mir jetzt erst über die Angelegenheit des Prinzen Max ein Wort zu sagen erlaube.

Genau orientiert über die Ansichten Ew. Königlichen Hoheit und der Frau Großherzogin und wissend, daß Ew. Königliche Hoheit über meine eigene Stellungnahme seit meiner Aufwartung in Baden – die mir in leuchtendem Andenken geblieben ist – Bescheid wußten, habe ich angenommen, daß Ew. Königliche Hoheit von dem Ernst überzeugt seien, mit dem ich die Führung der Angelegenheit als Vertreter des deutschen Reiches – und damit auch im Besonderen Ew. Königlichen Hoheit betrieben habe.

Dem Prinzen habe ich wahrlich an nüchterner, fast harter Darstellung der politischen Seite der Angelegenheit nichts erspart! Ich war ihm dieses auch menschlich schuldig. Ich empfinde sehr warm für diesen selten begabten und liebenswürdigen Herrn. Darum durfte ich mich nicht der Chance eines Vorwurfs aussetzen, wenn etwa in Zukunft sich ernstere Dinge politisch einstellen sollten, als ich es in Erwägung gezogen hätte.

Ich habe mit dem Prinzen genau die Schritte und Worte überlegt, ehe er sie tat und sprach. Ich habe mit ausdrücklicher Genehmigung des Prinzen – alle diese Schritte und Worte nach Berlin und Sr. Majestät dem Kaiser gemeldet. Alles, was geschehen ist, entsprach genau den Anschauungen, die Se. Majestät über die Behandlung der Angelegenheit haben, und ich kann Ew. Königlichen Hoheit die Versicherung geben, daß die bezüglichen Akten für alle Zeit ein glänzendes Zeugnis für die Loyalität, die deutsche Gesinnung und das reife, überlegte Wesen des lieben Prinzen ablegen werden. Sie werden aber auch ein Zeugnis ablegen von der loyalen Gesinnung und dem vornehmen Wesen des Herzogs von Cumberland.

Nachdem anscheinend die Ehe des Prinzen mit einer Tochter dieses Hauses nicht zu vermeiden war – (und ich glaube, daß man aus psychologischen Gründen nicht in der Lage war, den Widerstand über eine gewisse Stärke hin auszudehnen, denn glücklich und gesegnet ist meistens eine Ehe nur bei einer starken Willensbetätigung der Gatten) – so möchte ich doch nun auch die guten Seiten hervorheben, die diese Ehe haben wird. Davon ist zwischen Ew. Königlichen Hoheit und mir, angesichts der politischen Schwierigkeiten, bis jetzt nicht die Rede gewesen.

Die Prinzessin ist, wenn auch vielleicht die weniger hübsche der drei Schwestern, doch die anziehendste. Ihr schönes, gütiges und kluges Auge, ihre vornehme Gestalt und Art, nehmen einen jeden unwillkürlich für sie ein. Ihr einfacher, häuslicher Sinn und der Zusammenhang mit einem Elternhaus, an dem gute deutsche Sitte und Art heimisch ist, geben dem lieben Prinzen eine Garantie für häusliches Glück und für Anerkenntnis in der engeren Heimat. Das sind große und wichtige Errungenschaften! Was aber den Verkehr und die Beziehungen zwischen den Häusern Baden und Cumberland betrifft, so hege ich nicht den geringsten Zweifel, daß die Diskretion, die vornehme, zurückhaltende Art der herzoglichen Familie Ew. Königlichen Hoheit keinerlei Ungelegenheiten bereiten wird.

Mit der Bitte, Ihrer Königlichen Hoheit der Frau Großherzogin meine untertänigste Empfehlung gnädigst ausrichten zu wollen, verharre ich in Dankbarkeit und treuester Anhänglichkeit ...

(gez.) Fürst Philipp Eulenburg-Hertefeld.

An Prinzessin Wilhelmine von Baden , Herzogin von Leuchtenberg.

Wien, 8. März 1900.

Ew. Kaiserlichen Hoheit darf ich untertänigst ein Wort über Prinz Max sagen: der Verkehr mit der so liebenswürdigen, reizenden Prinzessin Marie Louise hat den lieben Prinzen in eine immer zufriedenere, sichere Stimmung gebracht.

Ich habe – psychologisch gesprochen – den Eindruck, daß der Prinz gefunden hat, was er suchte.

Hinter diesem menschlichen Glück müssen wohl alle Bedenken zurücktreten, die sich politisch etwa noch erheben sollten. Doch auch diese Seite geht einer leichteren Lösung entgegen als man erwarten konnte.

Ich habe das Gefühl, daß das Mutterherz Ew. Kaiserlichen Hoheit eine reiche Befriedigung nach soviel Leid und Sorge haben wird, und ich bin voller Glück darüber. ......

(gez.) P. Eulenburg-Hertefeld.

AUS EINEM BRIEF AN DEN KAISER.

Wien, 9. März 1900.

... Die Verlobung des Prinzen Max wird kaum sofort nach Verständigung mit den Eltern proklamiert werden. Diese verlangen die Entscheidung der Tochter nach längerer Bekanntschaft. Ich meine, die Sache wird verhältnismäßig glatt gehen. Prinz Max hat sich als loyaler deutscher Prinz und treu zu Ew. Majestät stehend benommen. Das muß man rühmend anerkennen.

Nicht jeder hätte den Mut gehabt, so offene Sprache mit dem Herzog von Cumberland zu führen, da man leicht gewärtig sein konnte, ihn zu verletzen.

Die junge Prinzessin ist ganz charmant und hat alle Eigenschaften, den Prinzen glücklich zu machen. So muß man wohl *bonne mine* zu diesem Spiel machen...

(gez.) Philipp Eulenburg.

VON GROßHERZOG FRIEDRICH VON BADEN.

(Eigenhändiger Brief.)

17. März 1900.

Mein verehrter Fürst. Von ganzem Herzen danke ich Ihnen für Ihren werten Brief, dessen so späte Beantwortung. Ich Sie bitte mit Nachsicht beurteilen zu wollen. Ja, Dank sage ich Ihnen ganz besonders für

die Veranlassung Ihres Briefes; denn Sie haben als wahrer Freund gehandelt mit Rat und Tat, mit Voraussicht und Fürsorge. Diese Hilfe hat viele Sorgen gehoben und manche Hemmnisse geebnet bis zu einem Maße, das nur wir in kleinem Kreise in der ganzen Bedeutung des Wertes beurteilen können. Die Dankesworte erscheinen mir ungenügend gegenüber der Freundschaft, die Sie uns bekundet haben – aber Sie fühlen mit mir, was ich damit sagen will, das innige Verständnis zwischen uns ist entscheidend.

Der Beistand, den Sie meinem Neffen gewidmet haben, ist zum Glück auf fruchtbaren Boden gefallen, und hat Kraft und Entschlossenheit hervorgerufen. Ich bin sehr erfreut von Ihnen zu vernehmen, daß Sie den lieben jungen Mann so günstig beurteilen. Er hat in der Tat erfolgreich gehandelt, und nunmehr wünschte ich nur, daß die letzte Entscheidung bald nachfolgen möge. – Diese Entscheidung nehmen wir nun ganz von dem Gesichtspunkt des persönlichen Glücks und hoffen, daß dies den Liebenden in reichem Maße zuteil werde. – Die politische Seite ist durch das sehr schätzenswerte Verhalten des Herzogs von Cumberland und durch die Bekundung seiner Gesinnung wesentlich erleichtert. Er hat die sehr positiven und rückhaltlosen Fragen in einer Weise beantwortet, welche sogar Hoffnung gibt, mit der Zeit eine engere Vereinigung mit den beliebenden Verhältnissen zu erreichen. Freilich ist das Entgegenkommen unseres Kaisers ein so schätzenswertes Gut, daß der Herzog mit Zuversicht erfüllt sein muß.

Ich habe inzwischen alle die Dokumente gelesen, deren ich mich nicht erinnern konnte, und daraus neue Zuversicht geschöpft. Auch bezüglich der öffentlichen Auffassung sind diese Dokumente eine werte Hilfe zu weiterer Aufklärung.

Ihre Schilderung, vereint mit derjenigen meines Neffen bezüglich der Persönlichkeit der Prinzessin und des Familienlebens des Cumberlandschen Hauses, sind prächtige Bilder von Herzengüte und edler Gesinnung die schönsten Garantien für die Zukunft.

Ich darf Sie heute zum erstenmal schriftlich als "Fürst" ansprechen! Die hohe Auszeichnung, welche unser Kaiser Ihnen dadurch gewährte, und das Vertrauen, welches er damit öffentlich bekundete, erfüllen mich mit besonderer Freude und Genugtuung. Sie dafür zu beglückwünschen, ist mir eine werte Pflicht, und ich tue es mit dem damit verbundenen Dank für die erfolgreiche Tätigkeit, mit der Sie als deutscher Botschafter meinem Hause treu und liebevoll beigestanden sind. Bewahren Sie auch ferner diese freundschaftlichen Gesinnungen

Ihrem sehr ergebenen

(gez.) Friedrich Gr. v. Baden.

Schlußbemerkung.

Wien, 30. März 1900.

Es hat wohl selten ein Diner größeres Aufsehen erregt, als das Verlobungs-Diner Baden – Cumberland, das ich in der deutschen Botschaft am 30. März 1900 gab.

Seit der für Hannover so unglücklichen Schlacht von Langensalza 1866 (an der der Herzog von Cumberland – damals Kronprinz von Hannover – teilnahm), war es das erstemal, daß der Kronprätendent von Hannover auf deutschem Boden (in der deutschen Botschaft) bei dem Vertreter des deutschen Kaisers und Königs von Preußen als freundlicher Gast mit Gattin, Sohn und Tochter ein freundschaftliches Mahl an einem preußischen Tische einnahm.

Ich hatte dem Prinzen Max von Baden, der es brennend wünschte, daß das Haus Cumberland mir eine höfliche Dankbarkeit erweise, gesagt, wie sich solches vielleicht ermöglichen ließe: ich würde das Diner in meinem Privat-Eßsaal und in meinen Privaträumen geben, nicht in den offiziellen Festräumen der Botschaft, wo das große Kaiserbild hängt. Keinerlei Österreicher – mit Ausnahme der badischen Verwandten Fürstenberg und Festetics – würden eingeladen werden, und außer meinen Töchtern nur die Herren meiner Botschaft, die nichts anderes als meine Adjutanten seien. Im übrigen aber bäte ich, daß meine Dienerschaft in Gala erscheinen dürfe (denn diese trüge meine Farben und Wappen), es wäre also alles inoffiziell.

Mit diesen Modalitäten fand man sich gern ab.

Man fühlte sich sogar außerordentlich gemütlich, die Herren rauchten und schwatzten, die Damen lachten und freuten sich – und so war tatsächlich dieses Verlobungsdiner ein sehr gelungenes Familienfest geworden.

Ich brachte die Gesundheit des "hohen" Paares sehr herzlich und ohne jeden Redeschwung aus. Man stieß fröhlich die Gläser aneinander, und das Brautpaar sah sich dabei glücklich-verlegen an.

Der Herzog hat sich sehr wohl bei mir gefühlt, wie mir Max von Baden versicherte, und ich wurde in dem Gefühl froh, daß, wenn das rein Menschliche in freundlichem Sinne und innerlich zum Ausdruck kommen darf und kann – alle politischen Flöten verstummen. Hier aber endete ein schwieriges, politisches, mühevolles Problem nunmehr auf gut deutsch: mit einem kolossalen Mahle. Möge es nun auch meinem lieben Hause Baden "wohl bekommen"!

"UMSONST"

EINE POLITISCHE ARBEIT GEGEN UND FÜR DEN THRONFOLGER ERZHERZOG FRANZ FERDINAND

EINFÜHRUNG.

In einem von mir an Kaiser Wilhelm II. am 21. August 1897 gerichteten Brief sage ich am Schluß meiner Betrachtungen über die komplizierte innere Lage Österreichs und die schwankende Gesundheit des nun 67 Jahre alten Kaisers Franz Joseph:

"Ich möchte auch – im Hinblick auf eine Überraschung, die uns der plötzliche Tod Kaiser Franz Josephs bereiten könnte – in Erwägung stellen, einen Kurier stets fertig zu halten, der sofort nach Petersburg fahren könnte. Wir hätten, wenn ein solches Ereignis einträte, keine Minute Zeit zu verlieren, *um das Prävenire zu spielen – vor Erzherzog Franz Ferdinand, der bis in die tiefsten Knochen Russe ist ....*"

Angesichts dieser drohenden Möglichkeit, die unsere gesamte bisherige Bündnispolitik über den Haufen werfen müßte, sah ich meine wesentlichste politische Aufgabe darin, den "russischen" Erzherzog dem deutschen Bündnis zu gewinnen, bevor der alte Kaiser die Augen für immer schloß.

Diese Aufgabe schien mir zunächst unüberwindlich, denn der Erzherzog wich mir geflissentlich aus. Er glaubte in Berlin Kränkungen erfahren zu haben, die ihm absichtlich, nicht etwa versehentlich, zugefügt seien, um ihm zu markieren, "daß wir mit seiner Haltung unzufrieden seien".

Wir waren allerdings mit ihm "unzufrieden" – und hatten allerdings auch allen Grund dazu, denn es hängt sich an jeden Thronfolger die Partei der Mächtigen, d.h. der mit der Politik des Herrschers Unzufriedenen, der Ehrgeizigen, Ruhmsüchtigen, Eiteln, Mißgünstigen, die mit dem vorschreitenden Alter des Herrschers selbst älter werden und ungeduldig feststellen, daß ihre Zeit der Wünsche verstreicht, ihre besten Lebensjahre, ihre Kraft im Warten sich verzehrt und sich schon die jüngere Generation hinter ihnen ansammelt, um zu ernten, was sie als ihr "Recht auf Ernte" beanspruchen.

Das habe ich unter dem "alten Kaiser" in Berlin erlebt, wo hinter der Maske grenzenloser Verehrung in manchen Kreisen sich der Haß ansammelte.

In Wien war es nicht anders, und das Berliner Schreckgespenst mit dem Kaiser, der es fertiggebracht hatte, 91 Iahre alt zu werden, stellte sich immer drohender vor die Phantasie der Wiener Wartenden, da Kaiser Franz Joseph sich unleugbar einer guten Gesundheit erfreute und unter Umständen, ebenso wie der alte Kaiser Wilhelm, die Nachfolger noch 25 Jahre lang an der Nase herumführen konnte.

Stand jedoch in Berlin hinter dem Thronfolger "nur" die liberale Partei, die deutsch war und deutsche, "wenn auch liberale" Wünsche hatte, so berührte in Wien die Frage der Erbschaft nicht nur politische Parteien, sondern Sonderbestrebungen von *Völkern.* Es rangen in Wien Deutsche, Ungarn und Slawen um die Macht der Zukunft, und der

Thronfolger bildete, je nach der Seite, der er sich zuwendete, gegenüber Deutschland einen Feind oder einen Freund. So war er, gekränkt durch unvorsichtige Äußerungen Kaiser Wilhelms, noch mehr, noch fester an die Seite der Tschechen gedrängt worden, als er ohne dieses zu ihnen mit seiner "privaten Sympathie" gehörte. Das bedeutete also nichts mehr und nichts weniger als die Tatsache, daß der Thronfolger Österreich-Ungarns nach Rußland orientiert war und zugleich Deutschland, nach der Nichterneuerung des Rückversicherungsvertrages im Jahre 1890, die Brücken nach Petersburg abgebrochen hatte.

Unser Bündnis mit Österreich schwebte daher auf den Atemzügen des alten Kaisers Franz Joseph. Eine furchtbare Gefahr drohte uns von seinem Thronfolger, und ich sah keine Verbindung, die ich zu einem Erzherzoge finden konnte, der dem deutschen Botschafter nun schon durch mehrere Jahre auswich, ihn nur bei den beiden, von mehr als tausend Personen besuchten Hofbällen im Winter durch eine kühle Verbeugung beehrte.

Ich wußte sehr wohl, welche Gefahr uns mit dem Augenblick drohte, da Kaiser Franz Joseph seine Augen für immer schloß: die Koalition Österreich-Rußland-Frankreich mußte uns erwürgen. *Alles stand für uns auf dem Spiel*, wenn ich nicht diesen harten, bösen und klugen Erzherzog gewann, der unnahbar, ja feindlich dem Vertreter des deutschen Kaisers gegenüberstand, des Kaisers, von dem er, in seiner nervösen Empfindlichkeit und maßlosen hochmütigen Eitelkeit, sich tödlich beleidigt fühlte. Und um so mehr war es notwendig, ihn zu gewinnen, als für ihn durch seine Stiefmutter, die intrigante "Deutschhasserin" Erzherzogin Marie Therese, Eheverbindungen gesucht wurden, die uns auch feindlich waren. Das Projekt einer Ehe mit der Prinzessin Helene von Orleans war gottlob schon 1894 an dem starken Eigenwillen des Erzherzogs gescheitert.

AUS BRIEFEN DES DEUTSCHEN BOTSCHAFTERS FÜRSTEN PHILIPP ZU EULENBURG UND HERTEFELD.

An Kaiser Wilhelm ll.

Wien, 6. Januar 1899.

... Die Beziehungen des Kaisers zu seinen Neffen Franz Ferdinand und Otto haben sich in der letzten Zeit eher verschlechtert als verbessert. Er kann beide nicht leiden. Die schlechte Meinung, die er von ihnen hat, ist so weit in das Publikum gedrungen, daß vor einigen Tagen wieder das törichte Gerücht durch Wien lief, der Kaiser habe die Erbfolge zugunsten seiner Tochter (!), der Erzherzogin Valerie, tatsächlich geändert.

Erzherzog Otto tritt, nachdem sein Bruder sich wieder zu den Gesunden zählen läßt, auffallend zurück. Da ihm jedwedes ernstere Gespräch oder alles, was auch nur im Entferntesten an einen Zwang erinnert, ein Greuel ist, so ist ihm dieses Zurücktreten ein wahrer Genuß.

Erzherzog Franz Ferdinand spielt eine allgemein verstimmende Rolle. Niemand weiß genau, wie er denkt, aber man hat eine schlechte Meinung von ihm – nach wie vor. Die Ungarn hassen ihn, und die (von Wien ausgehenden) Versuche, das schlechte Verhältnis als gebessert darzustellen, haben keine Wirkung. Jetzt soll er auch plötzlich deutsch-freundlich geworden sein. Daran glaube ich noch nicht, wenn es auch Probst Marschall, der Beichtvater des Hauses Karl Ludwig, einem Bekannten von mir gesagt hat. Höchstens könnte diese vermeintliche Änderung eine prinzipielle Wendung gegen alles das bedeuten, was der Kaiser tut. Andererseits ist der Erzherzog jetzt wieder eng mit Franz Thun befreundet, nachdem diese Freundschaft während der Zeit des Amtierens des Grafen als Obersthofmeister des Erzherzogs infolge der beliebten Wutausbrüche des hohen Herrn gelitten hatte. Während der letzten Lebenstage der Gräfin Franz Thun hat der Erzherzog noch *à trois* häufig dort gegessen und nachher Tarock gespielt. So dürfte vielleicht der Gedanke, den Grafen Thun einst an die Stelle Goluchowskis , des Verhaßten, zu setzen, wieder in dem Kopfe des Erzherzogs lebendig geworden sein.

Wenn ich nun schließlich melde, daß die Erzherzöge mit dem größten Teil der reichen Wiener Gesellschaft die Flucht ergriffen haben, um in Abbazia, Meran oder an der Riviera die ihrer Komplexion zusagende Zerstreuung zu finden und der unerträglichen schwarzen Trauer in Wien den Rücken zu wenden, so habe ich über die Personalia, die hier die erste und entscheidende Rolle spielen, alles gesagt, was wohl zu sagen wäre.

Daß Erzherzog Ludwig Victor der hiesigen Gesellschaft den Wunsch ausgesprochen hat, täglich irgendwo mit sechs älteren Damen zum Essen geladen zu werden, solange die Trauer dauert, dürfte wenig in Erstaunen setzen. Seine Gedanken sind so absolut alten Damen homogen, daß man sich nur immer von neuem über seinen Schnurrbart und die Generalsuniform wundern kann ...

An Staatssekretär B. von Bülow.

Wien, 26. Mai 1899.

Mein lieber Bernhard, es erscheint mir notwendig, dich vor Ankunft des österreichischen Thronfolgers in Potsdam über alles das aufzuklären, was dieser Fahrt vorangegangen ist. Du hast wohl die Güte, Sr. Majestät das mitzuteilen, was allerhöchstdenselben interessieren könnte. Ich weiß nicht, wo ein Brief von mir den Kaiser in diesen Tagen erreichen würde.

Der beabsichtigte Besuch des Erzherzogs in Potsdam wurde in ein gewisses geheimnisvolles Dunkel gehüllt. Das lag daran, daß Franz Ferdinand die Absicht hatte, incognito zu seiner Schwester Württemberg zu fahren. Da aber der Erzherzog genötigt war, seine Reise anzuzeigen, erklärte Kaiser Franz Joseph, daß der Erzherzog nur nach Potsdam fahren könne, wenn er sich bei Sr. Majestät melde . Da dieses ganz und gar nicht der Zweck dieser Fahrt war, so ventilierte der Erzherzog nun die Möglichkeit, überhaupt nicht nach Potsdam zu reisen. Hierin wurde er auf das Lebhafteste von der Erzherzogin Marie Therese unterstützt, während die zufällig aus Anlaß der Enthüllung des Albrecht-Monuments anwesende Schwester Württemberg für den Besuch plädierte.

Der Grund einer deutschen Gegnerschaft der Erzherzogin Marie Therese ist in erster Linie in religiösen Fragen zu suchen. Sie ist, wie bekannt, fanatisch katholisch und konstruiert sich in ihrer Scheuklappenpolitik einen großen Kampf, der durch die

Gegensätze des verbissenen, leidenschaftlichen, streng-katholischen Franz Ferdinand zu unserem protestantischen Kaiser eingeleitet, einen Triumph des katholischen Österreich herbeiführen soll.

Die recht gescheite und durch den Verkehr mit dem sehr vernünftigen Manne in deutsche Interessen gezogene Schwester (Württemberg) des Erzherzogs gleicht nach Möglichkeit die Schwierigkeiten aus, ohne sie doch überwinden zu können. Ich zweifle nicht daran, daß sie, politisch von uns benutzt, Gutes wirken kann; doch darf man hierbei niemals vergessen, daß sie, sehr katholisch und im Grunde ihres Herzens österreichisch, nur mit großer Vorsicht und unter Schonung ihrer angeborenen Heiligtümer verwendet werden kann.

Der Gegensatz zwischen dem Erzherzog Franz Ferdinand und unserm Herrn ist deshalb ein kaum zu überwindender, weil maßloser Hochmut die alte Weltanschauung des Erzherzogs niemals in Einklang zu der modernen Anschauung unseres Kaisers bringen kann. Das tief religiöse Gefühl unseres Kaisers, welches eine Art Brücke zu einer mehr objektiven katholischen Natur, wie sie sich in Kaiser Franz Joseph darstellt, bildet, stellt sich dem Erzherzog mehr als das Ketzertum eines Philipp von Hessen gegenüber Karl V. dar.

Der Erzherzog äußert deshalb in vertrautem Kreise unverhohlen seine antipathischen Empfindungen gegen das Wesen unseres Kaisers, zollt jedoch der geistigen Befähigung desselben Anerkennung, und auf dieser letzteren Basis wäre eine Art Verständigung denkbar, wenn man dem Erzherzog zugleich die größtmöglichen Ehren in Berlin erweist.

Er hat eine Bemerkung unseres Herrn noch nicht vergessen, die ihn fürchterlich tief verletzte. Es war jener Empfang auf dem Bahnhof in Berlin vor einigen Jahren, wo Se. Majestät dem Erzherzog sagte: "Bilde dir nicht ein, daß ich zu deinem Empfang gekommen bin – ich erwarte den Kronprinzen von Italien."

In der außergewöhnlich hochmütigen Natur des Erzherzogs ist der Stachel dieser "Beleidigung" geblieben. Herzog Albrecht von Württemberg, sein Schwager, sagte mir hier, daß diese Geschichte jetzt vergessen sei – "so gut wie vergessen".

Eine andere Bemerkung des Kaisers hat ebenso getroffen und ist augenscheinlich benutzt worden, um die Kluft zwischen den beiden Herren zu erweitern. Seine Majestät hatte bei der letzten Anwesenheit in Pest nach dem vertrauten Verkehr mit dem Erzherzog die Bemerkung gemacht: "Ich habe gar nicht geglaubt, daß Franz Ferdinand so gescheit wäre." Der Erzherzog, dem man diese Bemerkung wiedererzählte, ist blaß vor Wut geworden und sagte: "Hielt er mich denn für einen Trottel?"

Ich kann nur konstatieren, daß Seine Majestät nach einer Familientafel in Pest zu mir sagte: "Ich wußte gar nicht, daß der Erzherzog so amüsant erzählen konnte – er war wirklich ganz charmant." Aber leider sitzt die erste Version noch immer ganz fest, und ich fürchte, daß meine eifrigen Bemühungen, jene Worte als eine böswillige Verdrehung darzustellen, fruchtlos geblieben sind.

Ich zähle diese beiden Geschichten auf, weil sie symptomatisch für die eigentliche Stimmung sind. Nicht diese Geschichten vermochten diesen Gegensatz hervorzurufen: Hochmut und Neid sind die eigentlichen Krankheitserreger, und die Tatsachen werden diese Bazillen nicht beseitigen. Ein starkes Deutschland mit einem genial beanlagten Herrscher sind ein zu gutes Kulturfeld für die bösen Charakter-Bazillen, die den Erben der Habsburger Krone beherrschen.

Alle Bemühungen, ihn zu gewinnen, werden daher nur eine schwache Wirkung haben. Aber eine Art praktische Beurteilung aller Fragen wird an dem recht gescheiten Erzherzog nicht ganz abgleiten, und hierzu gehört auch der Weihrauch eines sehr glänzenden Empfanges.

An die Schilderung der Persönlichkeit des Thronfolgers möchte ich noch ein paar Worte über seine Politik anknüpfen.

In den Rahmen aller frondierenden Thronfolger gehört auch Franz Ferdinand. Wie er *niemals* das vergißt, was seine Eitelkeit verletzte, so wird er niemals vergessen, daß törichte Ärzte und ungeschickte Hofbeamte ihn während seiner letzten Krankheit zu den Toten legten, während er noch Lebenskraft genug besaß, um sich zu erholen. Er vergißt niemals Goluchowski, daß dieser ihn damals als *quantité négligeable* behandelte. Deshalb ist Franz Ferdinand politisch immer da zu finden, wo die Gegner Goluchowskis stehen. Während Goluchowski seine Reden für eine Annäherung an Rußland hielt, also im Sinne des Erzherzogs, schwieg Franz Ferdinand in politischer Hinsicht und machte den Grafen nur persönlich lächerlich. Letzteres setzt er auch jetzt unentwegt fort. Er hat deshalb nicht nur lediglich seinem Schwager Albrecht von Württemberg mit Genugtuung erzählt, daß unser allergnädigster Herr ihm gesagt habe: "Goluchowski ist ein Esel."

Als die Schwenkung der hiesigen inneren Politik nach der tschechischen Seite eine Fülle von Schwierigkeiten in der Monarchie zeitigte, stellte sich der Erzherzog auf die deutsche Seite, und Graf Thun, sein alter Freund, wußte es sehr geschickt einzurichten, daß die Schuld der politischen Wirrnis von seinen Schultern auf Goluchowski abgelenkt wurde. Jetzt, wo die Politik des Kaisers Franz Joseph sich von den übermütig gewordenen Tschechen abwendet, sucht Franz Ferdinand dieses Faktum gleichfalls gegen Goluchowski auszubeuten, indem dieser als unselbständig und unter deutschen (meinen) Einfluß geraten hingestellt wird. Hierzu hilft Thun, der mich unbequem findet. Von hier geht auch eine gegen mich gerichtete Aktion aus, welche bezweckt, die Kluft zwischen Franz Ferdinand und Deutschland zu verbreitern, nachdem man sich von der Vergeblichkeit der Erschütterung des Vertrauens des Kaisers Franz Joseph zu mir überzeugt hatte. Thun lehnt sich, sinkend, mehr an den Thronfolger an.

Aehrenthal, der ganz im Fahrwasser Thuns schwimmt – wenn er auch dessen Fähigkeit als Staatsmann verurteilte –, hat z.B. das Märchen verbreitet, ich spräche mich hier ungünstig über Franz Ferdinand aus. Dieses Märchen ist Franz Ferdinand hinterbracht worden. Ich brauche wohl nicht erst zu erklären, daß ich mich gehütet habe, zu Österreichern meine Meinung über den Thronfolger zu äußern!

Die Mißerfolge, die Goluchowski bei seinen Bestrebungen hatte, sich Rußland zu nähern, und die allein darin liegen, daß ein polnischer Ministerpräsident Österreichs in Rußland niemals ehrlich genommen wird, haben die Partei seiner Gegner vergrößert und gefestigt. Denn Goluchowski findet, trotz seiner katholischen Frömmigkeit, die Ultramontanen auf seinem Wege, die gegen den Dreibund Sturm laufen. Was ihn hält, ist das Vertrauen seines Kaisers. Wir würden einen Fehler begehen, wenn wir ihn trotz seiner verschiedenen Schwächen jetzt nicht unterstützten, wo die russische, antideutsche Partei ziemlich stark ist. Der Vorteil für uns liegt darin, daß Goluchowski wegen des Hasses von Franz Ferdinand nicht vor dieser russisch-feudalen-antideutschen Partei kapitulieren kann.

Um die komplizierte und nicht immer leicht zu durchschauende Lage noch zu verwirren, hat Franz Ferdinand die Südslawen (Slowenen, Kroaten, Dalmatiner) während seiner letzten Reise im Süden, wenn auch nicht gerade aufgehetzt, so doch sehr aufgeregt. Es zeigen sich dort seitdem starke russische Sympathien, und das "Königreich Slowenien" tritt mehr und mehr in den Vordergrund. Mit dieser Reise hat Franz Ferdinand Ungarn einen perfiden Streich gespielt. Ich weiß nicht, ob das in Pest richtig gewürdigt wird. Er hat eigentlich damit die slawische Frage in Ungarn aufgerollt Seinem Charakter traue ich zu, daß er dieses mit Bewußtsein tat. Ob er den Gedanken an die slawische Transformation der Habsburgischen Monarchie - worüber ich gelegentlich berichtet habe - in sich trägt, lasse ich dahingestellt. Ich halte es nicht für ausgeschlossen, daß er derartigen Plänen zugänglich gewesen ist, indem man ihm die Rache für 1866 in dem slawischen Kleide als aussichtsvoll im Anschluß an Rußland und Frankreich dargestellt hat.

Ich habe dir, lieber Bernhard, zugleich mit der hohen Persönlichkeit, die du in diesen Tagen in Berlin sehen wirst, die gesamte politische Lage in Österreich-Ungarn – mit der Franz Ferdinand so eng verknüpft ist – dargestellt. Es ist damit vielleicht mein Zweck erfüllt, die Bedeutung des Thronfolgers genau zu schildern.

Nach nun bald fünfjähriger Anwesenheit in Wien stehen mir so intime und so mannigfache Quellen zu Gebot, daß ich dir das vorstehende Bild wohl ganz genau geben konnte. Es ist ernst genug, und die Bedeutung des alten Kaisers Franz Joseph tritt uns – kaum in diesen Zeilen erwähnt – deutlicher daraus entgegen, als aus der eingehendsten Schilderung seiner eigenen Persönlichkeit, seines Denkens und Wirkens ...

An Kaiser Wilhelm ll.

Wien, 30. November 1899.

... Tassilo Festetics erzählte mir viel Interessantes. Die drohende Ehe des Erzherzogs Franz Ferdinand mit Gräfin Chotek regt die Leute fürchterlich auf. Eigentlich glaubt jeder, daß sie zustande kommt. Zu Tassilo hat der Erzherzog im Frühjahr in Keszthely (wo er in drei Tagen 75 starke Böcke geschossen hat) gesagt: "Wenn ich die Ehe meines Bruders Otto sehe, so will ich nur eine Herzensehe oder gar keine schließen." Nachher im Sommer ist seine Liebe zu einer Leidenschaft geworden (was ihn aber durchaus nicht abgehalten hat, in Pest sich alle schönen Tingel-Tangel-Damen kommen zu lassen, so daß selbst die Pester " *jeunesse dorée*" entsetzt war!). Letzteres erzählte mir der nette älteste Sohn von Louis Apponyi (und der Gräfin Margarete Seherr). Dieser war zwei Jahre Adjutant in Wien bei Erzherzog Ludwig Viktor gewesen und behauptet, es sei unbeschreiblich, wie verhaßt alle Erzherzöge in Ungarn seien. Man achte und liebe nur den alten Kaiser – und ließe Erzherzog Josef sein törichtes Leben. Sonst niemand.

Die Möglichkeit, daß Erzherzog Franz Ferdinand die Chotek einst zur Kaiserin machen wolle, ziehen alle gleichfalls ernsthaft in Erwägung, während ich aus der Nähe des Erzherzogs Otto (seines Adjutanten) weiß, daß dieser wieder mehr mit der Eventualität, Kaiser zu werden, rechnet, und daraufhin nachdenklich immer ein Glas Kognak nach dem andern trinkt.

Gräfin Mary sagte mir mit einem ziemlich scharfen Gesicht: "Huldigen werden wir einer Kaiserin Chotek nicht!" Ich begreife das....

Notiz.

Wien, Februar 1900.

Die Gefahr, den Thronerben Österreichs, der völlig von russischen Sympathien erfüllt war, in schroffstem Gegensatz zu Kaiser Wilhelm zu sehen, war immer noch groß. Schlösse jetzt der alte Kaiser seine Augen, so würden wir uns sofort gegenüber einer Koalition Österreich – Rußland – Frankreich sehen. So stand es – und es galt, den Thronfolger mit Kaiser Wilhelm ernstlich und tatsächlich zu versöhnen, womöglich ein freundschaftliches Verhältnis zwischen den beiden Naturen herzustellen, die beide von einer übermäßig hohen Einschätzung ihrer Macht, ihres Geistes, ihrer Befähigung auf allen Gebieten erfüllt waren, ja, von ihren Anschauungen in einem Maße überzeugt waren, daß sie, im Gegensatz zueinander, nur unheilvoll wirken mußten, wenn der alte Kaiser starb.

Aber wie war der Erzherzog "anzupacken", der mir sehr absichtlich auswich? Er vermied meine Nähe bei den Hoffesten, und wo sich sonst eine Gelegenheit fand, ihm zu begegnen. Eine Mittelsperson war nicht zu finden. Meine Freunde, die ich mit einer Mission zur Herstellung besserer Beziehungen hätte betrauen können, befanden sich in der Umgebung und bei der "Partei" des Kaisers Franz Joseph. Dieser Partei aber stand der Erzherzog feindlich gegenüber, denn er wußte nur zu genau, daß der Kaiser ihn nicht liebe. Das waren für mich fast unüberwindliche Schwierigkeiten, und doch war ich mir bewußt, daß die Aufgabe dieser Versöhnung zur Zeit wichtiger war als alle andern, recht komplizierten Fragen der Politik, die durch die verschiedenen Strömungen in der Wilhelmstraße mir überdies nicht gerade leicht gemacht wurden.

So stand es seit einigen Jahren und quälte mich noch bei Beginn 1900. Sollte es mir nicht in der gegenwärtigen Saison gelingen, den Erzherzog bei irgendeiner Gelegenheit zu "stellen", so mußte ich wohl alle Hoffnung aufgeben, denn die Intrigen seiner Freunde gegen mich nahmen stetig zu. Würde mir jedoch die Möglichkeit geboten, ein einziges Mal den Erzherzog in eine Unterhaltung zu verwickeln, so war ich meiner Sache gewiß. Mir ist selten ein Fisch durch meine Netze gegangen, der eitel war. Und Eitelkeit ist die unbewußte lange Nase vieler Fürsten und Herrn aus regierendem Hause.

Aber es stand in den Sternen geschrieben, daß diese Stunde schlagen sollte. Es war auf dem großen Hofball in der Burg im Januar. Eine Welle von bediademten Fürstinnen, denen ich mich *conversando*: widmete, warf mich, gedeckt durch einen dicken Pfeiler des Saales, plötzlich neben den Erzherzog, der, ziemlich eingedrängt durch eine Gruppe Tänzer, an der anderen Seite des Pfeilers stand.

Ich machte ihm eine ehrfurchtsvolle Verbeugung, die er höflich erwiderte, – und sagte ihm, "daß ich glücklich sei, ihm zu begegnen, da es mich lange schon drücke, ihm nicht sagen zu können, wie unendlich mich das von ihm veröffentlichte Werk über seine Weltreise interessiert, ja begeistert habe". Das genügte, das Eis war gebrochen. Er sprach – er sprach sogar viel. Ich schwärmte von seinem Aufenthalt in Indien – er noch mehr und schüttelte mir freundschaftlich die Hand, als das Fest schloß.

P. E.-H.

AN STAATSSEKRETÄR B. VON BÜLOW.

Wien, 15. Januar 1900.

Lieber Bernhard! Es ist Dir vielleicht erinnerlich, daß ich Dir von Treibereien in Wien sprach, die darauf gerichtet waren, einen Gegensatz zwischen mir und Erzherzog Franz Ferdinand zu konstruieren. Ich kann mir sehr wohl denken, daß einer gewissen deutschfeindlichen Partei, die in Böhmen bei den Feudalen ihren Hauptsitz und ihre Freunde in dem Triumvirat Nuntius, Kapnist und Reverseaux hat, meine feste Stellung unbequem ist. Die Kundgebungen aufrichtiger Freude über den hohen Gnadenbeweis Sr. Majestät für mich am Neujahrstage , die immer noch nicht ruhen und wirklich sehr unerwartete Dimensionen angenommen haben, geben vielleicht die Erklärung, weshalb jene Gesellschaft mir übel will.

Es war nicht ungeschickt, mir womöglich in dem Erzherzog und allen denjenigen, die sich bei der Häufung der Jahre des alten Kaisers Franz Joseph der neuen Sonne bereits zugewendet haben, eine Gegenpartei zu konstruieren. Es gelangte sogar einmal an mich das Gerücht, man habe dem Erzherzog hinterbracht, daß ich mich in abfälliger Weise in Wien über ihn geäußert habe. Wenn ich auch eine so kolossale Ungeschicklichkeit niemals begangen habe, so wäre ja bei dem sehr eitlen und über seine Stellung als Thronfolger empfindlich wachenden hohen Herrn die Wirkung solcher Mitteilung ziemlich eindrucksvoll gewesen. Ein gewisses Ausweichen des Erzherzogs, der von allen Botschaftern nur Kapnist zu kennen schien, mußte mir auffallen.

Es war mir deshalb lieb, bei dem letzten Hofball eine Gelegenheit gefunden zu haben, den Erzherzog durch ein Gespräch zu fesseln und ihn durch den Inhalt desselben aus einem Ideenkreise zu ziehen, der ihn möglicherweise gefangenhielt. Das ist mir vollkommen gelungen. Der Brief des Erzherzogs, den ich heute erhielt – zu meiner großen Überraschung – zeigt mir, daß jedes Mißtrauen gewichen ist, ... aber der Brief zeigt auch, daß jene Mißverständnisse, die eine Zeitlang den Erzherzog in eine, unserem allergnädigsten Herrn entgegengesetzte Richtung trieben, nun definitiv beseitigt sind.

Ich halte das für eine glückliche Wendung, weil es uns möglicherweise eine Überraschung erspart, wenn Kaiser Franz Joseph einmal plötzlich die Augen für immer schließen sollte. Der leidenschaftliche, aufbrausende und zu unüberlegten Handlungen neigende Charakter des Erzherzogs hätte uns bei andauernder Verstimmung gegen Se. Majestät vor ein ganz plötzliches Abschwenken vom Dreibund nach Rußland und Frankreich stellen können.

Jetzt liegt die Sache anders. Der Erzherzog empfindet, wenn auch nicht Liebe, so doch Bewunderung für Se. Majestät. Ich habe den Erzherzog auf seine Weltkenntnis, seine überseeischen Erfahrungen angeredet und diese Eigenschaften in Parallele zu der Weltpolitik unseres Herrn gebracht. Das Band, das auf dieser Basis fortgesponnen wird, reißt nicht so leicht. Ihn "groß" zu fassen, ist das Sesam zum Öffnen der Tür des Hauses, welches so viel explosible, gefährliche Stoffe enthält.

Den Erzherzog nach Möglichkeit heranzuziehen und ihn mit Ehren, Aufmerksamkeiten zu überschütten (leider ist er hier nicht Admiral, denn alles, was auf dem Seegebiet für ihn in Berlin geschehen könnte, würde am meisten wirken!), das ist wohl vom Standpunkt unserer Politik richtig und nötig, so lange wir noch an die österreichisch-ungarische Monarchie glauben. Ein Thronerbe, dessen Charakter unzuverlässig (und dazu rachesüchtig) ist, kann nur durch das gefesselt werden, was seiner Eitelkeit schmeichelt und ihm Spaß macht. Mit anderen Argumenten kann man nicht operieren.

P.S. Leider ist bezüglich der Affaire Chotek immer noch dieselbe Unklarheit wie bisher. Der Erzherzog will die Gräfin nicht aufgeben, der Kaiser wird täglich empfindlicher. Selbst gute Freunde des Erzherzogs wissen nicht mehr, was sie glauben sollen. Ich hoffe, daß die Sache sich, wie so viele andere, lösen wird.

... Das Ministerium Körber ist soeben gebildet worden und soll am nächsten Sonnabend vereidigt werden. Ich habe es unter dem Siegel absoluter Verschwiegenheit (*nota bene!*) erfahren. Witek, Hartel, Welsersheim sind dabei ...

I. ANLAGE ZU DEM BRIEF AN BÜLOW VOM 15. JANUAR 1900.

An Erzherzog Franz Ferdinand.

Wien, 11. Januar 1900.

Ew. Kaiserliche Hoheit hatten die Gnade, mir zu gestatten, die Reisebriefe meines verstorbenen Onkels, des Ministers Graf Fritz Eulenburg aus Ost-Asien überreichen zu dürfen. Es gewährt mir dieses eine ganz besonders große Freude, nicht nur, weil ich aus Ew. Kaiserlichen Hoheit interessantem Reisewerke das Bewußtsein geschöpft habe, daß eine so fein beobachtende und weitsehende Natur Freude aus dem Beginn der Handelsverbindungen zwischen Mittel-Europa und Ost- Asien haben wird, sondern weil unsere letzte Unterhaltung in glänzender Weise den Geist bestätigt hat, der durch Ew. Kaiserlichen Hoheit interessantes Werk weht.

Ich gestehe, daß es lange schon mein Wunsch gewesen ist, Ew. Kaiserlichen Hoheit meine Bewunderung für das Werk auszusprechen, welches dem Geiste desjenigen entsprossen ist, der einst berufen sein wird, eines der mächtigsten und schönsten Reiche der Erde zu leiten, und darum werde ich mich auch stets jener Unterhaltung mit Freude erinnern.

Aber noch etwas anderes hat mich glücklich gemacht: das verständnisvolle Zusammenklingen auf dem Gebiete der großen Weltinteressen zwischen Ew. Kaiserlichen Hoheit und Sr. Majestät dem Kaiser Wilhelm, jener weite Zug, der sich nicht irremachen läßt durch die kleinen Miseren elender Interessen- und Partei- Politik.

Ich erblicke darin ein gutes Wahrzeichen für das neue Jahrhundert – vielleicht das beste der neuen Zeit!

In diesem Sinne bitte ich Ew. Kaiserliche Hoheit, an meine treue Förderung zu glauben und mir die Bitte zu gestatten, daß Ew. Kaiserliche Hoheit stets über meine Kräfte verfügen mögen.

... (gez.) Fürst Eulenburg-Hertefeld.

II. ANLAGE ZU DEM BRIEF AN BÜLOW VOM 15. JANUAR 1900.

Von Erzherzog Franz Ferdinand. (Eigenhändig.)

Eckartsau, 13. Januar 1900.

Ew. Durchlaucht! Gestern erhielt ich das Reisewerk, sowie Ihren so freundlichen Brief und beeile mich, Ew. Durchlaucht hierfür meinen herzlichsten und wärmsten Dank auszusprechen. Schon beim ersten flüchtigen Durchblättern konnte ich mit Freude konstatieren, daß so viele Plätze, die ich von meiner Weltreise aus kenne, von Ihrem Onkel berührt wurden und die Beschreibung seiner Reise eine äußerst interessante und lebhafte ist.

Ich war ungemein geschmeichelt, daß sich Durchlaucht für mein Reisewerk interessierten und dasselbe gelesen haben, es ist ja nur ein ganz anspruchsloses Tagebuch, ich wollte es ursprünglich gar nicht der Öffentlichkeit übergeben, und nur dem Drängen einiger Freunde gab ich endlich nach, diese Notizen auch dem großen Publikum zugänglich zu machen.

Sehr glücklich bin ich auch, daß Durchlaucht bei unserem kurzen Gespräche Gelegenheit hatten zu bemerken, daß ich in allen Fragen, welche die großen Weltinteressen berühren, mich in vollkommener Übereinstimmung mit Ihrem allergnädigsten Herrn, dem Kaiser, befinde.

Se. Majestät, Kaiser Wilhelm, dessen Energie und Tatkraft mir immer die größte Bewunderung einflößt, ist aber auch stets besonders gnädig und herablassend für mich, und bei den Gesprächen, die er die Gnade hatte, mit mir zu führen, erfüllte es mich mit besonderer Freude, daß Höchstdieselben sich so eingehend mit mir aussprachen.

Meinen Dank wiederholend, verbleibe ich mit den herzlichsten Grüßen Ew. Durchlaucht aufrichtig ergebener

(gez.) Eh. Franz.

III. ANLAGE ZU DEM BRIEF AN BÜLOW VOM 15. JANUAR 1900.]

An Erzherzog Franz Ferdinand.

Wien, 14. Januar 1900.

Ew. Kaiserliche Hoheit wollen mir gnädigst vergeben, wenn ich meiner großen Freude über Ew. Kaiserlichen Hoheit so gütiges Schreiben einen vielleicht etwas breiteren Ausdruck gebe, als die kostbare Zeit Ew. Kaiserlichen Hoheit es verträgt.

Ew. Kaiserliche Hoheit sprechen Sich so offen und der Beziehungen zwischen Ew. Kaiserl. Hoheit und Sr. Majestät dem Kaiser, meinem allergnädigsten Herrn, so warm gedenkend aus, daß ich es wage, auch ganz offen in meinen tiefgefühlten und aufrichtigen Dank ein Wort einzuflechten, welches dazu beitragen kann, fördernd zu wirken. Fördernd dasjenige, was ich als treuster – ja leidenschaftlicher – Freund des herrlichen Österreich auch mit Leidenschaft vertrete: die Freundschaft zwischen dem mächtigen Erben der habsburgischen Krone und Kaiser Wilhelm – zwischen den zwei selten aufgeklärten und weitblickendsten Fürsten, die Europa besitzt.

Es gibt in Österreich (auch in Deutschland) Leute, die ein Interesse gezeigt haben, trennend auf die Beziehungen Ew. Kaiserl. Hoheit und mir, dem Vertreter des deutschen Kaisers, einzuwirken.

Ich wage es, Ew. Kaiserl. Hoheit zu bitten, Insinuationen in dieser Hinsicht stets auf das richtige Niveau der Verleumdung hinunterdrücken zu wollen, wenn solche an Ew. Kaiserl. Hoheit herantreten sollten. Als Edelmann wäre es unwürdig, Politik gegen einen hohen Herrn in Ew. Kaiserl. Hoheit Stellung zu machen. Als Diplomat so ungeschickt, daß man mich fortjagen müßte.

Nein, ich wiederhole meine ausgesprochene Bitte mit großer Wärme: Betrachten Ew. Kaiserl. Hoheit mich als jemand, der es für eine seiner schönsten Pflichten hält, den Interessen Ew. Kaiserl. Hoheit im Interesse seines kaiserlichen Herrn und seines Vaterlandes dienen zu können.

... (gez.) Fürst Eulenburg-Hertefeld.

AN KAISER WILHELM II.

Wien, 17. Februar 1900.

... Die leidige Angelegenheit Franz Ferdinand – Chotek ist immer noch in der Schwebe. Nachdem ich in der letzten Zeit eher den Eindruck hatte, die Sache verliefe sich im Sande, erfahre ich jetzt, daß der Kaiser und Erzherzog Rainer (letzterer wohl nur aus allgemeinem Interesse) sich eingehende Gutachten über die Thronfolgerfrage im Hinblick auf eine solche Ehe von den namhaftesten Juristen eingefordert haben. Dieses ist ein Faktum.

Der Erzherzog ist, nachdem er in persönlichen Kontakt mit mir getreten ist, von größter Liebenswürdigkeit und Offenheit. Wünschen möchte ich nur, daß der hohe Herr mehr Vertrauen verdiente. Aber er redet jeden Tag anders und steckt überall seine Finger hinein, so daß niemand auf ihn baut und niemand ihn ernst nehmen will. Die Hauptsache für uns ist, ihn für die Eventualität und den Augenblick des Thronwechsels zu gewinnen. Ew. Majestät haben dieses ja nun glänzend gelöst. Der Erzherzog schwärmt jetzt für Ew. Majestät ...

Wien, 22. März 1900.

... Ich hatte die Gelegenheit, nach langer Pause Frau Kathi Schratt vertraulich zu sprechen. Da mir bekannt geworden war, daß mich das Ministerium Thun als "gefährlich" überwachen ließ und ich mir dachte, daß diese Überwachung vielleicht zu einer Gewohnheit der hohen Polizei geworden sein konnte, so hatte ich ein sehr langes

Intermezzo in meinem Verkehr mit Frau Kathi eintreten lassen. Es war besser so für mich und für sie.

Ich fand die gute Frau recht nervös, aber tiefer eingeweiht in alle den Kaiser betreffenden Dinge als jemals zuvor. Sie weiß, daß ich in Anbetracht der deutschen Richtung, der sie angehört, ihren Verkehr mit dem armen alten Herrn billige und ihm von Herzen diese einzige Erholung gönne. Darum ist sie von einer grenzenlosen Offenheit mit mir.

Sie sagte mir über die Vorgänge im Kaiserhaus folgendes: "Der Kaiser ist durch die Heirat der Kronprinzessin sehr nervös geworden. Die Sache war ihm äußerst unangenehm, dann war ihm die Trennung leid, – aber schließlich wurde ihm das ewige Hinausschieben, das Getratsch und Gerede ganz unerträglich. Es ist gut, daß die Sache *tant bien que mal* jetzt ein Ende hat.

Mit Erzherzog Otto geht es trotz aller kleinen Ärgernisse noch leidlich. Er ist wenigstens gutmütig und rücksichtsvoll gegen den Kaiser.

Bezüglich des Erzherzogs Franz Ferdinand ist der Zustand völlig unerträglich. Nachdem die häufigen Versuche, den Kaiser zu einer Zustimmung zu der Ehe mit Gräfin Chotek zu bewegen, immer fehlschlagen, hat der Erzherzog neuerdings fromme Seiten aufgezogen. ... Der Kaiser ist noch fest, aber er fängt an zu schwanken. Wenn man immer wieder kommt, so sagt er schließlich ja. Das war das Prinzip der Kaiserin Elisabeth. Und mit der Frömmigkeit kann man jetzt mehr bei ihm ausrichten als bisher."

"Ich habe", fuhr Frau Kathi fort, "dem Kaiser erzählt, daß der Propst Marschall mir stets gesagt habe, dem Erzherzog sei nicht zu trauen, wenn er den Frommen spiele.... Der Kaiser fängt aber an, den frommen Faxen Glauben zu schenken, und er quält sich Tag und Nacht mit der Sache."

Soweit die Schratt. Ich muß nun folgendes dazu ergänzen: Vor einigen Tagen hat der Erzherzog der alten Hofdame aus dem Karl Ludwigschen Hause, Gräfin Stolberg, gesagt, er werde noch in dieser, jedenfalls aber in der nächsten Woche die Gräfin Chotek zu Dresden morganatisch heiraten. Sie werde wohl, wie seine eventuellen Nachkommen, den Titel einer Herzogin von Konopich bekommen. (Der Name seiner Herrschaft in Böhmen.) Auf den Thron verzichte er *nicht*. Die Söhne Ottos würden sukzedieren. Er habe nichts dagegen, wenn die Gräfin Stolberg dieses erzähle. Auch von anderer Seite erfahre ich, daß in der Tat der Erzherzog jetzt heiraten wolle.

Ich halte mich für verpflichtet, Ew. Majestät vorstehendes zu melden, ohne jedoch die Garantie für die Wahrhaftigkeit der Mitteilung des Erzherzogs an Gräfin Stolberg übernehmen zu können. Kein Mensch traut dem Erzherzog ein wahres Wort zu. Aber nach den Mitteilungen der Frau Schratt scheint jedenfalls die Sache in eine ernstere Phase getreten zu sein, und wenn er eingewilligt haben sollte, die Gräfin morganatisch zu heiraten, so ist damit vielleicht der Widerstand des Kaisers beseitigt worden.

Ich bin allerdings vollkommen davon überzeugt, daß der Erzherzog sich innerlich, in dem Falle einer solchen Ehe, vorbehält, die Gräfin nach seiner Thronbesteigung entweder zur Kaiserin zu machen – oder fortzujagen, falls ihm etwas anderes in den Sinn käme.

Kurz und gut – es kann einem bei dem Einblick in diese Interna der kaiserlichen Familie, welche der einzige Kitt zwischen allen Nationalitäten der Habsburger Monarchie bildet, übel und angst und bange werden.

In einem dienstlichen Bericht hatte ich gestern eine Bemerkung über die stark zunehmende kirchliche Richtung des Kaisers gemacht....

30. März 1900.

... Gestern besuchte mich Ministerpräsident Körber. Er begegnet mir stets vertrauensvoll und schüttete mir nun sein Herz über die schwierige innere Lage Österreichs aus. Zum Schluß sagte er mir, daß ihn auch die Eheprojekte des Erzherzogs Franz Ferdinand quälten. Das sei eine Beunruhigung aller Kreise, die in geradezu erschreckender Weise das dynastische Gefühl untergrabe und verletze. Er, Herr von Körber, sei zu der Überzeugung gekommen, daß es notwendig geworden sei, ein Ende zu machen, wie dieses auch ausfallen möge.

"In eine morganatische Ehe, die als *fait accompli* dem Lande mitgeteilt werde, würde sich die Bevölkerung leicht finden, da die Succession durch die Söhne des Erzherzogs Otto feststehe. Wenn also der Erzherzog in seinem entsetzlichen und gefährlichen Eigensinn bei der Absicht beharre, die Gräfin zu heiraten, so sei eben eine Sinnesänderung nicht mehr zu erwarten. Ein Verbot des Kaisers werde daran nichts ändern, höchstens die Ehe aufschieben und den unerträglichen Zustand verlängern.

Noch eine andere Erwägung käme in Frage: Schlösse Kaiser Franz Joseph – was Gott noch lange verhüten möge – die Augen, ehe die Sache geregelt sei, so werde ohne jeden Zweifel der Erzherzog die Gräfin zur Kaiserin machen, während nach eingegangener morganatischer Ehe bis zum Regierungsantritt manches andere geschehen sein würde. Jedenfalls werde aber die Erhebung der morganatisch angetrauten Frau zur Kaiserin gar nicht mehr in Erwägung gezogen werden. Der nahe Termin der Hochzeit, den der Erzherzog einigen alten Damen mitgeteilt habe, sei wohl ausgeschlossen. Aber man würde jetzt mit gewissen Eventualitäten rechnen müssen."

Ich habe natürlich eine völlig passive, zuhörende Rolle bei diesen Mitteilungen gespielt, die mir – wenn auch ganz vertraulich gemacht – aus dem Munde des Ministerpräsidenten einerseits wie eine Vorbereitung auf ein zu erwartendes Faktum, andererseits wie ein Hinhorchen auf meine Meinung aussahen.

Interessant dabei ist folgendes: Propst Marschall, der Beichtvater und – so erfolgreiche! – Erzieher des Erzherzogs, hat gestern unseren Sekretär Baron Romberg gefragt, ob er authentisch wisse, wie Ew. Majestät über eine eventuelle Ehe des Erzherzogs mit Gräfin Chotek dächten? Er, Propst Marschall, wolle nicht gern direkt an mich gehen, aber es sei ihm wertvoll zu wissen, wie Kaiser Wilhelm wirklich darüber dächte. Romberg hat gesagt, "daß er nicht orientiert sei".

Ich habe ihm folgendes zur Mitteilung an Marschall gesagt: "Der Propst könne sich an seinen zehn fetten Fingern abzählen, wie Kaiser Wilhelm dächte. Aber unter keinen Umständen könne der deutsche Kaiser in einer so heiklen Familienangelegenheit des Habsburger Hauses und des Habsburger Staates eine Meinung äußern, welche als Einflußnahme gedeutet werden könne."

Ich habe Romberg diesen Auftrag mit den Worten motiviert: "daß, wenn der Erzherzog trotz alledem heirate, er eine entgegenstehende Kundgebung des deutschen Kaisers diesem niemals vergessen werde. Das aber könne von weittragenden Folgen für die späteren Beziehungen der beiden Reiche sein.

Würde aber der Erzherzog nicht heiraten oder daran verhindert werden, so würde er ein gutes Teil der Schuld dem deutschen Kaiser zurechnen und auch dann diese Haltung nicht vergessen. Es käme also nur Schädliches heraus, wenn der Kaiser sich irgendwie äußere."

Der Fühler des dicken Marschall ist nicht weniger interessant als die Mitteilung Körbers. Es unterliegt somit keinem Zweifel, daß die Sache in ein "brenzliches" Stadium eingetreten ist ...

... den 2. April 1900.

... Ich kann leider nur berichten, daß die Eheangelegenheit des Erzherzogs Franz Ferdinand sich anscheinend den Formen der Unabwendbarkeit nähert.

Propst Marschall wirft die Flinte ins Korn und hat die für seine geistliche Stellung sonderbare Äußerung getan: "Wenn der Erzherzog immer von Heiraten oder Totschießen spricht, so solle er lieber zur Pistole greifen!" Der gute Propst hat allerdings für den Fall dieser Ehe wenig Freundlichkeit als Erzieher zu gewärtigen.

Die Wünsche, Ew. Majestät zu einer Meinungsäußerung, beziehungsweise zu einer Einflußnahme auf den Erzherzog zu bewegen, werden von verschiedenen Seiten laut, aber von Kennern des Erzherzogs als eine äußerst gefährliche Maßregel im Hinblick auf die Zukunft angesehen. So, wie ich bereits in meinem letzten Brief Ew. Majestät meine Ansicht darüber aussprach. Ich lasse nirgends einen Zweifel bestehen, daß Ew. Majestät, wie ein jeder zur Monarchie gehörende Mann, die morganatische Eheschließung eines Thronfolgers nur verurteilen könne ...

BOTSCHAFTER FÜRST EULENBURG-HERTEFELD AN MINISTERPRÄSIDENT VON KÖRBER.

Wien, 25. April 1900

Hochverehrte Exzellenz. Als Sie die Güte hatten, mich kürzlich aufzusuchen, berührten Sie die Möglichkeit einer morganatischen Eheschließung des Erzherzogs Franz Ferdinand und sprachen die Ansicht aus, daß, wenn diese Ehe stattfinden sollte, eine baldige Heirat der Unruhe vorzuziehen wäre, in welcher man sich diesbezüglich jetzt hier allgemein bewege. Ich habe nun diese Ansicht auch von anderer Seite aussprechen hören und halte es demnach für nicht ausgeschlossen, daß in der Tat die Sache diese Wendung nimmt.

Angesichts solcher Lage möchte ich Sie nochmals ausdrücklich bitten, meine Ihnen diesbezüglich vertraulich und objektiv gemachten Äußerungen als ganz persönliche zu betrachten.

Ich vermag als Vertreter meines allergnädigsten Herrn ebensowenig wie Allerhöchstderselbe selbst eine Stellung zu der Angelegenheit zu nehmen, die eine viel zu interne österreichische, ja habsburgische ist, um eine offizielle oder auch nur offiziöse Äußerung eines fremden – wenn auch befreundeten – Monarchen oder seines Vertreters dulden zu können.

(gez) Philipp Eulenburg.

AN KAISER WILHELM LL.

Wien, 22. Mai 1900.

... Je näher diese Katastrophe rückt, desto unheimlicher wird die Stimmung in der Gesellschaft und im Lande. Ein jeder empfindet den Schlag, der der Monarchie versetzt werden soll.

Zum erstenmal sprach Goluchowski ernsthaft und sehr aufrichtig mit mir über diese Frage, deren Berührung ich absichtlich vor ihm vermieden hatte. Er leugnete früher gegenüber jedermann alles, um Diskussionen aus dem Wege zu gehen, die nur peinlich gewesen wären. Dabei mußte mir nun seine in tiefstem Vertrauen gemachte Äußerung auffallen, daß das aufgeregte Benehmen des Erzherzogs ihn und die Minister Körber und Szell beunruhige. Ein normaler Mensch im Alter des Erzherzogs könne sich nicht so maßlos und sinnlos gebärden. Selbst bei großer Liebe und Leidenschaft hielte man doch gewisse Schranken ein. Er, der Minister, wolle mir als guter Freund (um Gotteswillen nicht amtlich!) zugestehen, daß er an den Beginn einer tuberkulösen Gehirnkrankheit glaube.

Das hat mir natürlich einen gewissen Eindruck gemacht. ... "Man kann nur Gott auf Knien bitten, daß dieser Mensch sterbe", sagte mir Fürstin Pauline Metternich, "damit die Schmach Österreich erspart bleibe, die er der Monarchie und dem Lande zufügt." So denken die meisten.

Daß der Kaiser aber nicht die Energie gefunden hat zu erklären: "Du hast die Wahl: entweder die Krone oder die Chotek!" – bleibt mir ein Rätsel. Hätte dann der Erzherzog die Krone darangegeben, so hätte er sich nicht umgebracht, weil er für das geliebte Weib leben wollte. Hätte er die Chotek geopfert, so hätte er sich auch nicht umgebracht, denn er will ja leben, um Kaiser zu werden. Es ist ganz sonderbar, "aus Angst vor einer Katastrophe nach Art des Kronprinzen Rudolf" nachzugeben und das Mittel in der Hand zu haben, die Ehre der Krone zu retten.

In diesem Lande ist eben alles anders wie bei uns, und für die Erziehung ist dieses Land und diese Dynastie zu alt....

NOTIZ FÜR MICH.

26. Mai 1900.

DIE EHE FRANZ FERDINAND.

Die staats- und familienrechtlichen Folgen für das Haus Österreich bezüglich einer Ehe des Thronfolgers mit der Gräfin Chotek trugen einen so komplizierten Charakter, daß bei einem plötzlichen Ableben des bejahrten Kaisers Vorgänge zu erwarten waren, die auch unser Bündnis tiefer berühren mußten, als die Allgemeinheit sie erwarten konnte. Davon war ich überzeugt und wendete deshalb den Vorgängen, die diese Liebesgeschichte zeitigte, eine viel eingehendere Aufmerksamkeit zu, als sie der unbeteiligte Politiker für erforderlich geachtet hätte. Es lag dieser meiner Aufmerksamkeit eine ähnliche Veranlassung zugrunde als diejenige, die ich der Frau Kathi Schratt zuwendete, denn auch dieser Einfluß – ob er blieb oder ging – warf Schatten oder Licht auf unser Bündnis, über das ich zu wachen hatte.

Mehr noch als mich mußte der erste Beamte Österreichs, d. h. der Ministerpräsident Herr von Körber, durch diese Vorgänge beunruhigt werden, denn ihm fiel die Rolle des Wächters über das Staatswohl zu, nachdem der Kaiser, ermüdet und dauernd belästigt, die Genehmigung zu der Eheschließung erteilt hatte – unter der Bedingung, daß die Krone Österreich dadurch in keiner weise tangiert oder alteriert werde. Der Ministerpräsident allein hatte daher die staatsrechtlichen Wirkungen der Sache zu prüfen, von denen weder der Hof selbst noch die hohen Hofchargen eine Ahnung hatten. Es hat mich oft belustigt, die Urteile aus diesen Kreisen zu hören, Unsinn, der mir in salbungsvoller "unumstößlicher" Form vorgetragen wurde.

Ich befand mich bei alledem in der schwierigen Lage, als Botschafter – wenn auch einer verbündeten, so doch fremden Macht – nicht in die Interna Österreich-Ungarns eingreifen zu sollen. Doch warf ich eines Tages solche Gepflogenheiten über Bord, da ich glaubte, das Vertrauen des klugen Herrn von Körber genügend erworben zu haben, um nicht durch "indiskrete" Fragen zu verletzen oder gar mich einem *Refus* auszusetzen. Ich stand ihm politisch nahe, er gehörte der deutsch-liberalen Partei an, die ohne jeden Rückhalt fest zu dem deutschen Reiche stand.

Unsere Besprechung in dem Ministerium des Innern – (dem von Prinz Eugen von Savoyen, "dem edlen Ritter", erbauten herrlichen Palais) – trug einen ebenso offenherzigen als vertraulichen Charakter, und Herr von Körber teilte mir alle Details der Verhandlungen mit, die zwischen den Regierungsorganen und dem Erzherzog stattgefunden hatten.

Anscheinend hatte der Erzherzog stark mit Drohungen operiert. Sich selbst totschießen war noch das Geringere. Bei der Zügellosigkeit seiner Leidenschaften und der Heftigkeit, die den Verkehr mit ihm sehr erschwerten, war es keine Kleinigkeit, einerseits ihm gegenüber Maß zu halten, andererseits zu erreichen, was dem Staat kein Unheil zufügen konnte.

Auf die Krone zu verzichten, kam für den ehrgeizigen Mann, der sich das Reich nach seiner Laune modeln wollte, nicht in Frage. Aber nun die Stellung seiner, des einstigen Kaisers, Gattin? Weshalb wollte der Kaiser nicht die uralte tschechische Familie der Chotek zu einer ebenbürtigen erheben? Die ungarische Verfassung sah überdies Ebenbürtigkeit der Königin nicht vor, usw.

Der Kaiser war von dem Verzicht auf den Thron allmählich abgegangen. Er wollte sich mit der morganatischen Ehe abfinden. Doch unter keinen Umständen sollten die Nachkommen ein Anrecht auf den Thron haben.

Darin lag schließlich jetzt die größte Schwierigkeit und der härteste Kampf, den der unglückliche Körber auszufechten hatte. Nicht etwa, weil der Erzherzog sich nicht einverstanden mit der morganatischen Ehe erklärt hätte, sondern weil die Form der schriftlichen Verpflichtung derart geschickt verklausuliert war, daß sich allerhand Hintertüren darin befanden, durch die er schlüpfen konnte. Es war der katholische Klerus, der in dieser Hinsicht mit äußerst geschickten Jesuiten arbeitete, um sich die unvergängliche Dankbarkeit des einstigen Kaisers zu sichern.

Aber Körber blieb hart und war in diesem Punkt nicht zu erweichen.

"Die Urkunde, in der der Erzherzog auf alle Rechte seiner Nachkommen bezüglich des Thrones verzichtet", sagte mir der Minister, "ist so unumstößlich, daß ihm die Hände völlig gebunden sind. Er kann vielleicht einmal seine Gattin und seine Kinder zu Herzögen machen – niemals aber ihnen einen Thron geben."

"Und Ungarn?" fragte ich.

"Ungarn kann nur pragmatisch von dem Hause Österreich beherrscht werden, und das Haus Österreich bedarf der Ebenbürtigkeit, um zu regieren oder auch nur, um Erzherzog zu werden."

"Und wenn sich Ungarn staatlich von Österreich trennt - eine Personalunion eintritt und die Gattin des Königs von Ungarn eine Chotek sein darf?"

"Das ist ein Fall, der sich praktisch schwer durchführen ließe", antwortete Herr von Körber, dem sichtlich die ungarische Frage nicht behagte. "Übrigens hat der Erzherzog seine Verzichterklärung für Gattin und Kinder eidlich bekräftigt im Beisein von gewichtigen Zeugen. Er würde in eine schlimme Lage kommen, wenn er in irgendeiner Form dem Eide entgegentreten wollte."

"Das gebe ich zu", erwiderte ich, "doch würde die Aufrollung der ungarischen Selbständigkeit eine Erschütterung von sehr schwerwiegendem Charakter sein. Das deutsche Bündnis z. B. wäre dadurch bedroht. Ich möchte Ihnen auch noch andere Fragen vorlegen, die mich bedrücken – und die ich selbstverständlich gegen niemand in Erwägung gezogen habe, sie Ihnen gegenüber zu erwähnen, erscheint mir jedoch als eine Pflicht.

Was würde eintreten, wenn der Erzherzog, Kaiser geworden, den Papst anruft und ihm sagt: Ich fühle mein Gewissen bedrückt. Ich habe heilige Versprechungen meiner Gattin gegeben und bin unter den Zwang gestellt worden, ein Dokument zu unterschreiben und eidlich zu bekräftigen, durch welches ich dem heiligen Eide gegenüber meiner Gattin eidbrüchig geworden bin. Ich bitte den Heiligen Vater, mich von dem Eide zu entbinden, den ich unter einem Zwang geleistet habe.

Oder noch etwas anderes: Was würde eintreten, wenn der Erzherzog, Kaiser geworden, mit einer großen liberalen Geste erklärte: es bedrückt mich, daß das Kaiserliche Hausgesetz niemals der gesetzlichen Volksvertretung vorgelegt worden ist. Ich lege es hiermit zur Sanktion vor. Wenn er aber zugleich durch eine (arrangierte) Interpellation verschiedene Paragraphen als "antiagiert" und "fast ungesetzlich" darstellen läßt, dem Volk seinen Willen unterordnen will und erklärt: Ich hebe hiermit das Hausgesetz auf (wozu er das Recht hat) und werde ein neues vorlegen. In diesem Hausgesetz ändert er alsdann die Ehebestimmungen in einer seinen Wünschen entsprechenden Weise."

Herr von Körber war so aufrichtig, mir zu sagen, daß er an einen solchen Schritt allerdings nicht gedacht – überhaupt niemand gedacht habe. Darum müsse er hoffen, daß auch bei einem Thronwechsel niemand daran denken werde, "denn wir sind hier nicht so nachdenklich wie Sie."

Ich lachte und meinte, daß es mich eitel machen könne, auf Dinge aufmerksam gemacht zu haben, die einer Persönlichkeit wie ihm nicht in den Sinn gekommen seien, doch könne ich aus vollem Herzen ihm die Versicherung geben, daß ich glücklich sei, einen Mann von seiner Bedeutung in diesen für die Monarchie so schwierigen Zeiten an der Spitze der Regierung zu sehen. Ich hätte früher andere Herren auf seinem Posten gesehen, mit denen ich wahrlich nicht gern die gegenwärtige Krise durchlebt haben würde.

Im übrigen hätte ich die Absicht, dem Erzherzog nach Erledigung der Hemmnisse seiner Eheschließung einen chaleureusen Gratulationsbrief zu schreiben, um nicht nur meinen, sondern besonders auch Kaiser Wilhelms freundschaftlichen Standpunkt ihm gegenüber festzulegen.

Das staatsrechtliche Faktum der durch Kaiserliche Bestätigung rechtskräftig gewordenen Ehe des Thronfolgers nähme auch für uns die Form eines österreichischen inneren Staatsaktes an, gegen den selbst die leiseste Einwendung zu erheben eine grobe politische Ungeschicklichkeit darstellen müsse.

Die Regierung werde daher mit unserer Haltung zufrieden sein können. P. E.-H.

AN ERZHERZOG FRANZ FERDINAND VOR SEINER VERMÄHLUNG MIT GRÄFIN SOPHIE CHOTEK.

Wien, 26. Juni 1900.

Ew. Kaiserliche Hoheit haben mir gnädigst gestattet, mich bei besonderen Gelegenheiten in aller Offenheit an Hochdieselben zu wenden.

Das tue ich heute unter dem Eindruck einer Entscheidung, welche dasjenige zu glücklichem Abschluß bringt, was Ew. Kaiserliche Hoheit Herz und Gemüt so lange tief erfüllte und Ew. Kaiserliche Hoheit wahrlich schwere Prüfungen auferlegt hatte.

Ich würde es für zudringlich halten, wenn ich lediglich Ew. Kaiserlichen Hoheit das Mitgefühl für Ew. Kaiserlichen Hoheit Kampf, Ringen und Sieg aussprechen wollte – ich denke mir, daß viele auf einen solchen Gedanken verfallen könnten. Nein, es liegt mir daran, vor Ew. Kaiserlichen Hoheit offenherzig den Standpunkt festzustellen, den ich während der vielen Kämpfe der letzten Zeit einzunehmen allein für richtig hielt und der von Sr. Majestät dem Kaiser, meinem allergnädigsten Herrn, ausdrücklich gebilligt worden ist. Ich habe bei mehrfachen Versuchen, die auf Umwegen und ohne den Ursprung klar erkennen zu lassen, an mich herantraten, mich zu einer Meinungsäußerung in bezug auf die Pläne Ew. Kaiserlichen Hoheit zu bewegen, in sehr entschiedener Weise erklärt, daß ich es als einen Eingriff in die Rechte Ew. Kaiserlichen Hoheit und der Krone Österreichs betrachte, igendeine Stellung zu der Angelegenheit zu nehmen.

Ich habe daher auch in Berlin, gelegentlich des Besuches Sr. Majestät des Kaisers Franz Joseph, in so positiver Weise ausgesprochen, daß jegliche Besprechung der Frage durchaus inopportun sei, daß in der Tat nicht ein Wort darüber gefallen ist.

Es war allein meine größte Sorge, Ew. Kaiserlichen Hoheit nicht, in welcher Form es auch sei, in den Weg zu treten, sondern ängstlich über das zu wachen, was ein kostbares Gut nicht nur der verbündeten Völker, Österreichs und Deutschlands, sondern ganz Europas ist: die Freundschaft zwischen Ew. Kaiserlichen Hoheit und Kaiser Wilhelm.

Ich hoffe, daß diese meine Haltung nicht entstellt worden ist, denn ich habe leider in dieser Hinsicht schon merkwürdige Dinge erleben müssen.

Das Glück aber, das Ew. Kaiserliche Hoheit gewonnen haben, kann nur wärmstes Mitgefühl und innige Wünsche bei denen erzeugen, welche Ew. Kaiserlichen Hoheit Wert erkannten und Ew. Kaiserlichen Hoheit Wohl im Auge haben. In diesem Sinne wage ich es, Ew. Kaiserlichen Hoheit meine Huldigung und meinen Glückwunsch untertänigst darzubringen.

Haben aber auch Erwägungen prinzipieller Art meinen kaiserlichen Herrn bisweilen besorgt gemacht, so können doch Ew. Kaiserliche Hoheit versichert sein, daß das edle große Herz Kaiser Wilhelms niemals einen anderen Standpunkt als den meinen einnehmen wird, wenn es sich um Ew. Kaiserliche Hoheit Glück und Ruhe handelt.

(gez.) Philipp Eulenburg.

VON ERZHERZOG FRANZ FERDINAND.

(Eigenhändig.) Wien, 28. Juni 1900.

Empfangen Ew. Durchlaucht meinen lebhaften Dank für die herzlichen Worte, die Sie in Ihrem Schreiben vom 26. anläßlich eines Ereignisses an mich richteten, welches für mich den Inbegriff des Glückes bedeutet.

Besonderen Wert verleiht Ihren Worten der Umstand, daß Sie volles Verständnis für das bekunden, was ich zu ertragen hatte und was mich geleitet hat. In der Tat ist es mir nur nach jahrelangem Ringen, nach schweren Kämpfen, nach Erduldung manch bittrer Stunde, dank der Gnade Gottes und der väterlichen Güte Sr. Majestät des Kaisers beschieden gewesen, an das Ziel meiner Wünsche zu gelangen.

Wenn mich die unerschütterliche Ausdauer, mit der ich dem selbstgesteckten Ziele zugesteuert bin, auch nicht einen Augenblick verlassen hat, so schreibe ich dies der Zuversicht zu, daß ich in der Verbindung, deren Eingehung mir nunmehr ermöglicht ist, nicht nur die Befriedigung des innigsten Herzenswunsches, sondern auch eine Bürgschaft für jene dauernde innere Ruhe und Zufriedenheit finden werde, welche ich für unentbehrliche Voraussetzung eines, der Erfüllung ernster und verantwortungsvoller Pflichten gewidmeten Lebens halte deshalb ist, was ich mir errungen, so unendlich kostbar.

Daß meine Pläne nicht von vornherein auf allseitiges Verständnis und auf ungeteilte Zustimmung zu rechnen haben würden, habe ich, als in der Natur der Sache gelegen, vorhergesehen, ebenso, daß mannigfache Versuche von den verschiedensten Seiten gemacht würden, auf die Entscheidung über mein Schicksal unzukömmlichen Einfluß zu nehmen.

Immerhin hat mich, was ich in dieser Hinsicht erfahren mußte, mitunter überrascht, ohne daß ich mich jedoch hätte dadurch von meinem Wege abbringen, oder auch nur in meinem Urteile beirren zu lassen.

Es gereicht mir zu ganz besonderer Genugtuung, in den Worten Ew. Durchlaucht die volle Rechtfertigung jener Erwartungen finden zu können, die ich Ew. Durchlaucht von Anfang an entgegengebracht habe. Tatsächlich habe ich keinen Augenblick einen Zweifel in mir darüber aufkommen lassen, daß Ew. Durchlaucht in einer mich so nahe berührenden Angelegenheit stets den allein richtigen Standpunkt einnehmen und auch vertreten werden.

Es verpflichtet mich dies Ihnen gegenüber zu lebhaftem Danke.

Die Glückwünsche Ew. Durchlaucht gewinnen für mich außerordentlich an Bedeutung, weil Sie dieselben in Verbindung bringen mit der für mich so überaus wertvollen

Freundschaft, welche Se. Majestät Kaiser Wilhelm und mich verbindet. Ich schätze mich glücklich, die gnädige Gesinnung Sr. Majestät gegen mich, sowie dessen edlen, ritterlichen Sinn genau zu kennen; ich habe daher auch mit Zuversicht darauf gebaut, daß eine Angelegenheit, welche für mich Glück und Zukunft bedeutet, bei Sr. Majestät dem gnädigen Interesse begegnen würde. Ich nehme die dankbaren Gefühle, welche ich bisher für Se. Majestät empfunden, in mein neu zu begründendes Heim hinüber, in welchem jene Gefühle eine Stätte treuer Pflege finden werden.

Indem ich meinen herzlichen Dank wiederhole; bleibe ich mit den herzlichsten Grüßen Ew. Durchlaucht aufrichtiger

(gez.) Erzherzog Franz.

NACH DER EHESCHLIEßUNG.

An Kaiser Wilhelm II.

Wien, 22. Oktober 1900.

... Von hier kann ich Ew. Majestät berichten, daß der Einfluß der Fürstin Hohenberg sich zum ersten Male in sehr prägnanter Weise gezeigt hat.

Erzherzog Franz Ferdinand, der völlig mit Franz Thun gebrochen hatte, und zwar so, daß er einem Vetter Thuns die Bemerkung machte: "Die Kluft zwischen mir und Franz Thun ist für alle Zeit unüberbrückbar", hat sich mit ihm ausgesöhnt auf Betreiben der Fürstin Hohenberg, deren Schwester mit dem Bruder des Grafen Franz verheiratet ist. Es soll demnächst ein Besuch des Erzherzogs und der Fürstin in Teschen stattfinden, wo der böhmische Adel der letzteren besondere Huldigungen bereiten will. In diesen Kreisen ist infolge der Wendung der Dinge bereits das Programm für die Zukunft fertig: Krönung als König von Böhmen und eine Art Sonderstellung der Gemahlin, welche aus altem böhmischen Geschlechte stammt. Das kann ja recht hübsch werden! ...

NOTIZ.

Wien, 14. April 1901.

Kronprinz Wilhelm machte dem Kaiser Franz Joseph seinen ersten offiziellen Besuch. Bezüglich seines hiesigen Auftretens und geselligen Verkehrs war mir von seinem Vater völlig freie Hand gegeben. So veranlagte ich den Kronprinzen, nach seinem Besuch bei Kaiser Franz Joseph direkt und zuerst zum Belvedere zu fahren und den Erzherzog Franz Ferdinand zu besuchen. Daselbst sich aber auch persönlich bei der Fürstin Hohenberg melden zu lassen.

Ich schrieb abends nach der großen Galatafel in der Burg an Kaiser Wilhelm, um ihm den Erfolg seines Sohnes mitzuteilen. Ein Erfolg, der sich besonders darin äußerte, daß er bei dem großen Ball, den ich gab und zu dem auch Kaiser Franz Joseph und die ganze kaiserliche Familie erschien, der Kronprinz *jeder* tanzenden jungen Dame bei dem Kotillon einen Strauß brachte, denn alle Mütter Wiens gerieten darüber in helle Begeisterung.

Von dem andern und wohl bedeutsamsten Erfolge teilte ich in dem Brief an Kaiser Wilhelm diesem folgendes mit:

"Wegen des Besuches bei der Fürstin Hohenberg kam abends unmittelbar nach der Galatafel Erzherzog Franz Ferdinand mit den Worten auf mich zugestürzt: ›Ich bin tief gerührt und dankbar für den Besuch, den der Kronprinz meiner Frau abgestattet hat! – und vergesse ihm das nicht. Ja, er weiß, was recht ist, – ein Fremder! – und hier versteht man es nicht! Ich bin sehr, sehr dankbar!‹"

Ich wußte genau, daß dieses die von mir so mühevoll hergestellte Freundschaft zwischen Kaiser Wilhelm und dem Erzherzog für alle Zeit sichern werde. P. E.-H.

An Reichskanzler Graf Bülow.

Karlsbad, 11. Mai 1901.

... Der Ausfall, den der Abgeordnete Kramarcz in der Reichsrats-Sitzung machte, die sich mit der Eheschließung des Erzherzogs Franz Ferdinand zu beschäftigen hatte, ist in vieler Hinsicht interessant. Es wird allerdings dem gewandten Tschechen nicht glücken, den Erzherzog zu irgendeiner öffentlichen Betätigung seiner russischen Sympathien zu bewegen. Durch den glänzenden und freundschaftlichen Empfang, der ihm jetzt in Deutschland durch den Kaiser bereitet wird, sind diese in letzter Zeit mehr in den Hintergrund getreten. Doch wird die Auslassung des Herrn Kramarcz den Erzherzog zu allerhand Betrachtungen anregen, die besser unterblieben wären. Jedenfalls wird die tschechische Zustimmung zu seinem, ihm von seiten der Regierung so sehr verübelten Auftreten in der Los-von-Rom-Bewegung unvergessen bleiben und einen Eindruck hinterlassen, den Dr. Kramarcz beabsichtigt.

Es ist mir aufgefallen, daß einige Tage vor der bewußten Reichsratssitzung von privater Seite eine Mitteilung an mich gelangte, wonach sich der Erzherzog (der gern und viel Briefe schreibt) auf Kosten Deutschlands in bewundernder Weise über Rußland zu einem Bekannten geäußert haben soll. Ich will dieser Mitteilung jedoch keine allzu große Bedeutung zumessen, weil ich den Zusammenhang nicht kenne und die Mitteilung mir auch darauf berechnet schien, den Erzähler in interessantem Lichte erscheinen zu lassen.

Von größerem Interesse war es mir, zu hören, daß eine politische Persönlichkeit sich kurz vor jener Sitzung über meine Tätigkeit in Wien sehr abfällig geäußert habe, indem sie mir den Vorwurf machte, ich mischte mich zu sehr in die inneren Verhältnisse Österreichs und meine Abberufung könne nicht lange auf sich warten lassen.

Ich erkenne daraus dieselbe Clique, welche, fast gleichzeitig mit den Äußerungen des Herrn Kramarcz im Reichsrat, meine Ernennung zum Botschafter in Paris in die Wiener Presse lancierte.

Da die böhmischen Feudalen den Fall Thuns immer noch nicht verschmerzen können, bringen sie allerhand alte Geschichten in einem Augenblick vor, wo die Klerikalen, dank der Initiative des Thronfolgers, Vorstöße machten...

AN KAISER WILHELM II.

Wien, 30. November 1901.

... Die Fürstin Hohenberg begleitete den Erzherzog Franz Ferdinand bis Dresden. Ich sprach sie bei der Abfahrt des Erzherzogs nach Berlin, der anscheinend sehr glücklich über die Einladung nach der Göhrde war. Massentötungen liebt ja der hohe Herr über alles, und die Jagd spielt in diesem Leben eine große Rolle. Fast so groß wie die Messe. Ich erinnere mich dabei des gemeinschaftlichen Kirchenliedes, das König Friedrich Wilhelm I. vor dem Aufbruch zur Jagd mit seinen Gästen sang. Das ist 170 Jahre her. Aber ich höre, daß die Messe hier auch häufig vor dem Aufbruch zur Jagd besucht wird.

... Fürstin Hohenberg gewinnt an Ansehen und Einfluß. Ich schrieb vor langer Zeit, daß ich sie, trotz gegenteiliger Ansicht der Wiener Gesellschaft, für sehr schlau hielte. Das Prototyp der Frau als solche. Darin habe ich mich nicht geirrt. Sie operiert mit "Bescheidenheit" und hat großartige Erfolge. Man beginnt überall von ihrer "korrekten Haltung", von ihrer "rücksichtsvollen

Art", von ihrer "einfachen Freundlichkeit" zu sprechen, – und von den Beichtvätern, die ich nicht die Ehre habe zu kennen, dürfte sie warm empfohlen werden...

Ich war zwei Tage bei Betka und Roman Potocki zur Jagd in Lançut (Galizien). Dort war das Ehepaar Franz Ferdinand-Hohenberg soeben gewesen und hatte alle Herzen gewonnen. Betka , die eine kluge Dame ist, konnte mir nicht genug die "Geschicklichkeit" der Fürstin rühmen, deren Bescheidenheit und Einfachheit alles begeistert habe. Ich glaube, daß Fürstin Hohenberg jetzt schwankt, ob sie Kaiserin oder Heilige werden will. Vorderhand hat sie wohl das letztere in Aussicht genommen...

In Lançut machte das schlechte Wetter einen Strich durch die Rechnung, es war unmöglich, in dem tiefen Boden zu jagen. Wir fuhren hinaus, gaben aber dann alles auf. Dafür habe ich mir zwei Tage lang herrliche Sachen angesehen, die eine Urgroßmutter, Fürstin Lubomirska, der französischen Revolution und Paris entfliehend, in Lançut angehäuft hat. Bronzen, Bilder, Porzellan in großen Massen. Alles aber mehr mit dem Verständnis des Luxus als der Kunst hübsch aufgestellt und gruppiert. Die Fremdenzimmer äußerst bequem. Ein jedes mit einem Bad versehen. Die alte Mutter Potocki hat gesagt: "Ich bewohnte immer ein großes, schönes Schloß, – ich verstehe nicht, weshalb Roman daraus eine Badeanstalt gemacht hat." ...

SCHLUßWORT.

Nachdem die Ehe Franz Ferdinands " *tant bien que mal*" in Wien verdaut war, redete mich Körber darauf an, daß die Freundlichkeiten in Berlin für den Erzherzog Franz Ferdinand und die Fürstin Hohenberg eine wahre Beruhigung auch für ihn, den Minister, seien. Ich sagte ihm, daß sein mir während der Schwierigkeiten bewiesenes Vertrauen Erwiderung verdiene und führte folgendes aus:

Drei bedeutende Gefahren verkörperten sich in der zu Brutalität neigenden Figur des Erzherzogs Franz: 1 . sein Haß gegen Kaiser Wilhelm, 2. seine Neigung zu Rußland und für ein Bündnis mit dem Zaren gegen Deutschland, 3. seine Abhängigkeit von der katholischen Kirche und daher seine Zugänglichkeit für vatikanische Politik.

Wenn es mir glückte, Nr. 1 in Liebe und Vertrauen zu wandeln, so werde Nr. 2 keine Gefahr mehr darstellen und Nr. 3 abgeschwächt werden. Ich könne dem Minister versichern, daß es eine Art Kunststück gewesen sei, zunächst eine Verbindung zwischen dem Erzherzog und mir (der ihm als Vertreter Kaiser Wilhelms widerwärtig war) herzustellen und sodann das gute Einvernehmen zwischen den beiden hohen Herren zu schaffen. Ich wolle ihm auch gestehen, daß ich dieses ganz wesentlich der Fürstin Hohenberg verdanke, die ich als ein Objekt dem Kaiser Wilhelm darstellte, das, mit Freundlichkeit und Rücksicht behandelt, zu einer engen Verbindung zwischen ihm und dem Erzherzog führen müsse. Herr von Körber wisse, daß diese Politik glänzende Früchte getragen habe. Es sei jetzt, komme nun was wolle, bis auf weiteres unser Bündnis festgefügt, denn der Erzherzog, früher mir fast den Rücken wendend, begegne mir jetzt mit einer geradezu "berückenden" Freundlichkeit und schwärme für Kaiser Wilhelm.

Herr von Körber sagte mir soviel angenehme Dinge über die Verdienste, die ich mir durch diese erfolgreiche Operation für Österreich erworben habe, daß ich feige genug war, ihm nicht zu sagen, daß ich alles nur für Deutschland tat.

DAS ENDE.

Liebenberg 1915.

Mit meinem Austritt aus dem Dienst waren auch meine persönlichen Beziehungen zu dem Erzherzog- Thronfolger beendet. Hatte ich das Bewußtsein, während der Dauer meiner amtlichen Tätigkeit in Wien politisch erfolgreich im Interesse meines Vaterlandes gewirkt zu haden, so gipfelte doch in meinem Versöhnungswerk zwischen Kaiser Wilhelm und dem feindlichen Erzherzog gewissermaßen dieser Erfolg. Ich glaube aussprechen zu dürfen, daß der Erfolg einem anderen nicht beschieden worden wäre, denn es spielte zuviel "Beiwerk" in dieser überaus schwierigen Lösung hinein, das der Zufall in meiner Persönlichkeit vereinigt hatte.

Dauernd waren sich nach meinem Versöhnungswerk die beiden hohen Herren nähergekommen. Ihr gegenseitiges Vertrauen schloß jegliche Verstimmung zwischen Deutschland und Österreich aus, und russisch-französische Einflüsse waren seitdem in Wien völlig geschwunden.

Aber, wie so oft im Leben schwindet, was Menschengeist in Vermessenheit eigener hoher Einschätzung für "vollkommen" betrachtet, vor dem Eingriff dämonischer Gewalten. So sind die Namen des Erzherzogs Franz Ferdinand und seiner Gattin in fürchterlicher Tragik für alle Zeiten der Weltgeschichte eingereiht worden, und all ihr Ringen um das "Glück", wie all mein Ringen, das Vaterland vor Gefahren zu bewahren, war nichts als ein aufflammendes Strohfeuer, das schnell in ein kleines unscheinbares Aschenhäufchen zusammensank. Verweht sind alle Spuren großer menschlicher Leidenschaften sowie treuer, mühevoller Arbeit. Wahrlich, es dürfte weniges so eindrucksvoll die absolute Nichtigkeit jeglicher menschlicher Bemühungen darstellen als der Inhalt der hier wiedergegebenen Notizen und Briefe.

Die nachfolgende kurze Depesche, die der Signalruf für die unsagbare Qual des Völkerringens war, sagt mehr als ich mit Tausenden von Worten zu sagen vermöchte. Sie schließt das hier geschilderte Drama und hebt den Vorhang für die große Tragödie der Menschheit. Philipp Eulenburg-Hertefeld.

WOLFFSCHES TELEGRAMM-BUREAU.

Sarajewo, 28. Juni 1914.

Der bei den Manövern in Bosnien weilende Erzherzog -Thronfolger Franz Ferdinand und seine Gemahlin, die Herzogin von Hohenberg, sind heute vormittag bei der Abfahrt vom Rathause von einem älteren Gymnasiasten Princip aus Crahovo durch mehrere Schüsse aus einer Browningpistole ermordet worden. Das erste, von einem Mann namens Gabrinowitsch aus Tochinze bei der Fahrt des Erzherzogpaares zum Rathause durch eine Bombe versuchte Attentat war mißglückt. Es handelt sich zweifelsohne um Anschläge politischer Natur, die ihren Ursprung aus der in Bosnien betriebenen großserbischen Propaganda genommen haben.

GRAF HANS WILIZEK

Hans Graf von Wilczek, geb. 7. Dezember 1837. Fideikommißherr, erbliches Mitglied des österreichischen Herrenhauses und Reichsrates, Dr. jur. hon. c., Geh. Rat, Ehren-Mitglied der Akademie der Wissenschaften, Ritter des Goldenen Vlieses und des Schwarzen Adlerordens, Ehrenbürger der Stadt Wien usw. usw. vermählt 1858 mit Emma, Gräfin Emo-Capodilista, geb. 18. August 1833.

Wenn ich den Namen Wilczek höre, schreibe oder lese, so überkommt mich stets ein Gefühl des Stolzes – den Grafen Hans Wilczek meinen Freund nennen zu können. Unter vielem, das mir mein Leben in Wien an wertvollen Errungenschaften brachte, steht die gute Erfahrung vornan, einer Persönlichkeit ins Herz blicken zu dürfen, an der ich nichts auszusetzen habe.

Will ich hier auch Dinge erwähnen, die den Namen Wilczek in allen Ländern der Donaumonarchie bekannt gemacht haben, so kann ich berichten, daß er in der Schlacht von Königgrätz 1866, da er als Freiwilliger in seinem Regiment diente, seinen schwerverwundeten Hauptmann weit vor der Front im ärgsten preußischen Kugelregen holte, ihn auf seine Schulter lud und zu der Truppe brachte. Ich will auch erwähnen, daß er die Nordpolexpedition von Payer mitmachte, Eisbären schoß und Franz-Joseph-Land in Besitz nahm, daß er in Wien die berühmte "Rettungsgesellschaft" gründete (und fast ganz mit eigenen Mitteln erhielt), ich will vor allem erwähnen, daß er die weit über die Grenzen Österreichs hinaus bekannte Burg Kreuzenstein wiederherstellte, und zwar nach eigenen Forschungen und Plänen.

Es ist nicht zuviel gesagt, wenn ich Wilczek als einen der besten Kenner der Gotik bezeichne. Der Wiederaufbau dieser herrlichsten aller Burgen auf einem Berggipfel an der Donau bei Korneuburg wird durch alle Zeiten ein Schulbeispiel für gotische Baukunst bleiben, sowohl als Profanbau, als auch kirchlicher Bau, sowohl was Festräume, als auch was Wohnräume nebst allem Zubehör betrifft.

Es gehört zu meinen schönsten Erinnerungen, wenn ich mit Wilczek von Wien nach Kreuzenstein fuhr und mich mit ihm in die Schätze der Burg vertiefte, andachtsvoll in der zauberhaften Schloßkapelle weilte und seinen Erzählungen lauschte, unter welchen Abenteuern er die angehäuften gotischen Schätze in allen Ländern Europas erworben hatte, was allerdings nur ihm als eindrucksvolle Persönlichkeit und zugleich als Herr eines sehr großen Vermögens möglich war. Denn vieles vermochte er nur zu erwerben, wenn er z. B. Klöstern fromme Stiftungen machte, die irgendeinen gotischen Gegenstand besitzen, der, wie er sagte, zu irgendeiner besonderen Stelle der Burg "gehörte".

Kann ich jemals vergessen, wenn ich mit Wilczek in der unbeschreiblich stimmungsvollen Kapelle dem Orgelspiel seiner Tochter, Gräfin Elisabeth Kinsky, lauschte – und wir dann hinauf in das kleine Türmerzimmer stiegen, wo man, wie in einer Laterne, über der Burg und dem herrlichen Donautale schwebt und wir dort oben ein Frühstück einnahmen, auf uralten Tellern, mit gotischen zweizackigen Gabeln die Fleischbrocken balancierend?

Kann ich es vergessen, wenn wir nach seiner Besitzung Seebarn bei Kreuzenstein fuhren und in dem schönen alten Herrenhause bei der gütigen alten Gräfin und Tochter Elisabeth rasteten und durch die Gänge und Räume schritten, an deren Wänden wohl alle alten Kupferstiche, die der selige Riedinger jemals von sämtlichen jagdbaren Tieren – zu vielen Hunderten zeichnete oder verzeichnete, hängen? Wenn wir dann hinüber zur Burg durch das fruchtbare Land und durch die Höfe fuhren, in deren großen Gebäuden die gotischen Vorräte lagerten, die Wilczek in aller Herren Länder gesammelt hatte? Da war das eine Haus angefüllt nur mit gotischen Bettstellen, ein anderes nur mit Türschlössern usw. Ich fragte ihn, was er mit diesen unerhörten Massen von Türschlössern und Beschlägen zu machen beabsichtigte, denn soviel Türen würden zehn Kreuzensteins nicht aufweisen, um alles anzuwenden, "Jede Tür", antwortete er mir, "hat ihren ganz eigenen Charakter. Der Raum, in dem sie angebracht ist, desgleichen. Die Schlösser und Beschläge müssen sich der Stimmung absolut anschließen, die in dem Raume herrscht. Da muß man häufig 50 probieren, ehe das Gefühl der Einheit befriedigt wird." Diese "zarte" Empfindung ist nun allerdings durch solche Möglichkeiten zu wählen in der ganzen Burg zum Ausdruck gebracht. Die "Echtheit" ist durch das ungeheuerliche Material zu einer fast zwingenden Gewalt des Eindrucks einer herrlichen, großen, gotischen Einheit erhoben worden. Das aber war es auch, was mein künstlerisches Innere zu einer Begeisterung für Kreuzenstein erhob, wie sie kaum durch irgendeinen anderen Eindruck jemals entfacht worden ist.

Ich glaube, daß Wilczek sich freuen müßte, wenn er genau wüßte, was er mir mit Kreuzenstein gegeben hat. Etwas wirklich Vollkommenes wird immer ein fühlendes Herz und einen kultiviertem Geist begeistern. Hier trägt nun noch meine Spezial-Leidenschaft dazu bei: eine interessante Burg, das Kleid höchster Vollendung – und der Herr dieser Burg und Herrschaft, die von Baner im 30jährigen Krieg zerstört, nun zu unsagbarer Schönheit wiedererstand, ist mein Freund.

Und welcher Freund! – in seinem Verkehr empfand ich stets den Eindruck einer Stärkung und einer Erquickung zugleich. Wilczek gehört zu den seltenen Männern, die niemals eine Empfindung verschleiern, weil sie sich deren keiner zu schämen haben. In ihm geht Freundschaft und Kraft Hand in Hand: ethische Empfindung, Kunst-Enthusiasmus und hohes künstlerisches Können, geeint mit kraftvollem, energischem Leben – und trotz aller Ideale tiefe Achtung, ja Bewunderung für den Geist, der Maschinen schafft. Ein Mann, der in der Kapelle zu Kreuzenstein seinen Kopf und seine Knie in schlichter Frömmigkeit vor seinem Gott beugt, – und darüber gar vergißt, daß er selbst der Schöpfer dieses herrlichen Denkmals war.

Ein Tvpus für den "ausgeglichenen Menschen", der beste Mann, den Österreich hat.

Gäbe es einen Staat wie Wilczek ist: ausgeglichen, stark und gut, tapfer und weich, klug und gerecht, Künstler und Krieger, so wäre es wert, für diesen Staat zu leben. So wie es mir wert dünkt, zu leben, wenn man einen solchen Freund besitzt.

NACHSCHRIFT.

Liebenberg, Juni 1920.

Es sind viele Iahre vergangen, seit ich die vorstehende Erinnerung meinem teuern Freunde Wilczek widmete. Jahre des Krieges – und Jahre des Umsturzes. Es steht eine fremde Welt vor mir, und die Marksteine der Tradition, zu der ich gehöre, sind zerbrochen – denn ich bin 1847 geboren. Ich blicke mit Wehmut zurück zu dem Aufstieg Preußens, das ich als mein tapferes, wenn auch kleines – königliches Vaterland von Kindheit an bis zu dem Kriegsjahre 1866 verehrte, ich blicke auch mit tiefer Wehmut zurück auf Preußens Aufstieg bis zum deutschen Kaiserreich und mußte nun den Abstieg des Jahres 1918 erleben – ihn mit meinen alten Augen sehen, die einst im Glanz seines Ruhmes leuchteten.

Und mein treuer Freund Wilczek, der noch 10 Jahre weiter zurückblicken kann als ich, der seinen Kaiser von Österreich in Glanz und Ruhm noch vor dem Jahre 1848, noch als Herr über die Lombardei und Venetien sah, blickt nun auf ein Trümmerfeld des großen Reiches auf zahllose Sprachengebilde kleiner Staaten, die sich befehden und neiden. Von dem alten österreichischen Kaiserstaat ist nichts geblieben als eine seltsame Erinnerung, von der die Väter nun den Kindern erzählen.

Das hat ihn getroffen mit 81 Jahren, wie es mich mit 71 Iahren in Deutschland traf!

Doch hatte ihn vorher noch etwas anderes getroffen, das ihn tief erregen mußte: ein Brand zerstörte im zweiten Jahre des Weltkrieges, 1915, einen Teil seines herrlichen Kreuzenstein! Dohlen hatten sich Nester in einem der zahlreichen Rauchfänge über den Dächern gebaut, und von dem Reisig dieser Nester war Geäst hinunter auf eine Feuerstelle gefallen. Der Brand in dem Raum wurde erst entdeckt, als es schwierig war, Herr des Feuers zu werden. Die unersetzliche Bibliothek mit ihrem herrlichen Tafelwerk und den angrenzenden Räumen gingen in Flammen auf, ehe Rettung nahte.

Ich hatte meinen Freund Wilczek seit Jahren nicht gesehen, und ich dachte mir, daß es ihn doch wohl erfreuen würde, zu lesen, was ich ihm zu Ehren schrieb – ehe der Sensenmann an sein Bett trat. So gab ich denn meiner "Gegenschwieger", der Gräfin Mathilde Stubenberg, Mutter meiner lieben Schwiegertochter, als sie Liebenberg nach einem längeren Besuch 1920 verließ, meine Aufzeichnung nach Österreich mit. Sie sollte diese an die Tochter Wilczeks, Gräfin Elisabeth Kinsky, für den Vater geben.

Es verging manche Woche, ehe bei den unerhört schwierigen Postverhältnissen, die den Briefverkehr zwischen Deutschland und dem in einzelne Teile zerfallenen Österreich hemmen, die Sendung landete und die Antwort eintraf.

Das war ein Brief der Gräfin Elisabeth Kinsky, sodann eine Anzahl großer Photographien aus Kreuzenstein, die die Brandstellen wiedergeben, und schließlich ein Brief von der Hand meines alten Freundes.

Ich lasse hier die beiden Briefe folgen, die nun den Abschluß meines Erinnerungsblattes bilden und die Gestalt meines treuen, alten Freundes lebendig vor unsere geistigen Blicke stellen.

VON GRÄFIN ELISABETH KINSKY, GEB. GRÄFIN WILCZEK.

Smolenice, Slowakei (ehemals Ungarn), 17. Mai 1920.

Lieber Fürst Eulenburg.

Ihre inhaltsschwere Sendung wurde mir hierher nachgeschickt, wo ich mich von schwerer Pflege meiner teuren Mutter, der es gottlob wieder gut geht, erhole.

Es war sehr lieb von Ihnen, daß Sie mir die Freude geben wollten, Papa Ihre Aufzeichnung zu senden, und danke ich Ihnen vielmals dafür, ebenso wie für die unverdient lieben Worte, die Sie über mich darin erwähnen.

Ja, was ist alles geschehen, seitdem wir uns zum letztenmal gesehen! – Wenn wir auch den Kopf hoch halten und uns nicht niederdrücken lassen, unsere Herzen sind ja doch gebrochen!

Papa ist tätig und fleißig wie immer und gibt uns ein herrliches Beispiel. Der Zusammenbruch hat aber auch diesen Riesen erschüttert, mehr als seine Jahre. – Durch die mißlichen Verkehrsmöglicheiten kann er auch sein Kreuzenstein viel seltener besuchen. Dort ist Gott sei Dank alles in Ordnung. Die Spuren des Brandes sind verwischt und nur mehr dem Kenner bemerkbar. Das Interesse für die Burg steigt beim Publikum von Jahr zu Jahr. Sogar der Bolschewismus würde dort vielleicht haltmachen.

Bitte, lieber Fürst Eulenburg, sagen Sie der Fürstin meine herzlichsten Grüße.

Mit nochmaligem herzlichen Dank Ihre ergebene

(gez.) Elisabeth Kinsky.

VON GRAF WILCZEK.

Wien, 9. Juni 1920.

Lieber, edler Freund.

Ich erinnere mich nicht, daß mich ein Schreiben je so erfreut hat als das Deinige vom 13. Mai, welches deine liebe Gegenschwieger mir aus Liebenberg zu bringen die Güte hatte.

Nur kann ich die Empfindung nicht bekämpfen, daß ich den Inhalt Deines Briefes noch höher stellen würde, wenn er nicht mir gälte. Mir sagt er zuviel Gutes und stellt mich zu hoch, denn ich denke und fühle und wirke stets so, wie alle von gleicher Art, und Du stellst mich um einen Grad höher als die anderen.

Um auf Deinen Brief zurückzukommen und auf die alten schönen Zeiten auf Burg Kreuzenstein, – so tritt die Genauigkeit deines Gedächtnisses in fast unwahrscheinlicher Form zum Ausdruck. Daraus kann ich auch wohl ersehen, welch tiefen Eindruck die Arbeit meines Lebens Dir dort gemacht haben muß.

Ich gebe ja zu, daß sie mir im großen ganzen gelang, doch hätte ich manches anders und besser machen können. "Man arbeitet nur dann richtig, wenn man von Uberschätzung fern bleibt und nie ganz zufrieden ist mit seiner Arbeit."

Das hat auch das Gute mit sich gebracht, daß ich noch in der Lage bin, Hand an die Arbeit zu legen und zu verbessern, – eine große Hilfe in schweren Augenblicken der jetzigen Zeit, über dieselben hinüberzukommen.

Ich glaube, daß ich das letztemal die Freude hatte, bald nach der Rückkunft meiner Hilfsaktion in Messina Dich zu sehen – und das sind schon viele Jahre.

Gar oft dachte ich an dich und gar wenig nur hörte ich von Dir und den Deinen. Es kamen die schweren Zeiten, und ich hoffte, wenn die besseren kommen würden, Dir wieder einmal nähertreten zu können. In den Leidens- und Umsturzzeiten öffnet oft ein Wiedersehen, eine Begrüßung, alte Wunden. Jedenfalls sind unsere Wunden in Österreich tiefer, – Deutschland ist stärker, geeinter und wird gewiß wieder erstehen. Österreich ist ganz zerstückt und wird sich nicht wiederfinden können. Die Menschen sind schwach und klein – gedanken- und energielos. Ich schäme mich, ein Österreicher, ein Wiener zu sein. Wir haben alle unsere Ideale verloren, ein Chaos von Begriffen und Anschauungen umgibt uns.

Wenn ich den Kopf hoch halte, so ist es mir nur dadurch möglich, daß ich in der Vergangenheit lebe, auch bin ich zu alt, um für die Gegenwart zu leben und in derselben zu kämpfen. Bald wird ja das Jenseits kommen, und dort die Ruhe. Im Jenseits kann sich ja nichts verändert haben.

Zu diesen Zeilen gebe ich eine traurige Beilage. Einige Aufnahmen der Brandzerstörung von Kreuzenstein. 5000 Gegenstände, mit der Burg lebende Teile derselben, und ihre Sammelgeschichte gingen dabei im Jahre 1915 verloren, - sie zogen als Flamme und Rauch himmelwärts.

Ich hatte so viele Gegenstände gesammelt, daß das Verlorene ersetzt und die Lücken ausgefüllt werden konnten. – Doch ich werde mein ganzes Leben des Verbrannten nie vergessen, immer noch sehen und fühlen.

Meiner Familie geht es Gott sei Dank physisch ziemlich gut und vermehrt sie sich stattlich. Wir sind schon an die 23 Urenkel angelangt. Vor dem Feinde hatte ich einige Verwundete und Gefangene, doch kamen sie durch Gottes Gnade wieder alle zurück.

Ich selbst fuhr mit einem Spitalzug, den die Wiener Rettungsgesellschaft aufstellte, während des Krieges an die Fronten.

Darf ich Dich nun bitten, der für mich stets so ausnehmend guten und gnädigen Fürstin meine wärmsten Grüße zu Füßen zu legen und allen Deinen lieben Kindern, die meinem Herzen so wie Du nahestehen, alles Gute und Liebe zu vermelden.

Dich sein ganzes Leben warm verehrender Freund

(gez.) Wilczek.

KAISER WILHELM II. UND HOUSTON STUART CHAMBERAIN

Oktober 1901.

Nachdem Kaiser Wilhelm "Die Grundlagen des 19. Jahrhunderts" Houston Chamberlains kennengelernt hatte, beherrschte ihn mehr noch als bisher die durch den geistig so hervorragenden Mann verkündete "Mission des Deutschtums". Es erhielt aber dadurch seine schon vor der Thronbesteigung in ihm ausgeprägte Überzeugung von einer geistigen Mission des deutschen Kaisers auf der Basis persönlicher Macht neue Nahrung.

Die geistige Welt des Kaisers hatte uns einst zusammengeführt und bildete das Band, das uns zu Freunden machte. Die persönliche Macht desselben, als er Kaiser geworden war, hatte mich jedoch an seinen Reichswagen gespannt, und was von meinen Gaben dem Kaiser und dem Reich als Arbeit dienen konnte, machte er nutzbar: das war die "künstlerische Intuition", wie ich es nennen will, und diese, praktisch in einem Amt verwertet, war wohl in dem diplomatischen Berufe an ihrem Platz.

Rein menschlich empfunden wurde jedoch meine Künstlernatur aus der Möglichkeit freier Entwicklung in eine Art Knechtschaft gezwungen, wie ich es auch niemals anders betrachtet und empfunden habe. Und menschlich blieb trotz dieser Knechtschaft die aufrichtige Freundschaft, die, durch die reiche Natur des Kaisers befestigt, sich in die Ketten des Staatsdienstes zwingen ließ. Rein geistig betrachtet blieb jedoch dieser Zwang dauernd ein seelisches Leiden, das mit der Zunahme körperlicher Erschöpfung unter der Last der realen Arbeit für Kaiser und Reich sich häufig zu Formen der Unerträglichkeit steigerte.

Immer blieb mir, als dem so gearteten Freunde, die Pflicht, dem Kaiser dennoch geistig und künstlerisch "etwas zu sein". War es meine Musik und mein dichterisches Können gewesen, solange nicht die politische Arbeit sich als ein Mehltau auf diese Blumenwelt langsam niedersenkte, war es später doch stets noch mein Bestreben, dem mehr und mehr mit einer Art explosiver Leidenschaft sich den persönlichen Machtfragen zuwendenden Kaiser seine geistigen Ideale zu erhalten. Aber schließlich, fast erstickt in der Umklammerung des grimmen Tintenfisches "Politik", vermochte ich eigentlich nur noch der in dem Andrange der Macht- und Tagesfragen sich erschöpfenden Kaisergestalt durch meinen von Vaterseite ererbten Humor die Wolken von der Stirn und dem Gemüt zu streichen. Und das schien mir gegenüber meiner tiefempfundenen Freundesmission herzlich wenig zu sein.

Immerhin blieb ich wachsam und verfehlte niemals die Gelegenheit, um meiner "geistigen Mission" treu zu bleiben. Hatte ich z. B. bemerkt, daß dem Kaiser eine abseits des immer steiniger und rauher werdenden Pfades der Politik stehende geistige oder künstlerische Gestalt durch ihr Werk Eindruck gemacht hatte, so suchte ich diesen Eindruck nach Möglichkeit zu verstärken.

Die Anregung, die der Kaiser durch Houston Chamberlains "Grundlagen" empfangen hatte, war eine starke gewesen, so erschien es mir wichtig, die Funken des Interesses für eine geistig und sittlich so hochstehende Gestalt, wie sie Chamberlain darstellte, zu einer brennenden Flamme zu schüren.

Chamberlain hielt sich damals in Wien auf. Ich teilte ihm mit, daß der Kaiser eine besonders große Freude an seinen "Grundlagen" habe und daß es mich freuen würde, mit ihm darüber zu sprechen. Er suchte mich bald auf und ich erwiderte seinen Besuch.

Hierbei trat deutlich in Erscheinung, daß ihm die Gestalt des Kaisers und seine Förderung deutschen nationalen Lebens sehr interessierte, und meine Anregung, eine persönliche Begegnung zwischen ihm und dem Kaiser zu ermöglichen, fand lebhaften Widerhall.

Ich beschloß, Chamberlain für einen Besuch in Liebenberg während der Anwesenheit des Kaisers zu gewinnen und machte ihm diesen Vorschlag brieflich, als die Tage des kaiserlichen Besuches festgestellt waren. Der Kaiser stimmte meinem Vorschlag natürlich begeistert zu.

Houston Stewart Chamberlain an Fürst Philipp Eulenburg-Hertefeld.

Schloß Schorn, 18. Oktober 1901.

Erlaucht! Seit einigen Wochen zu Besuch bei Graf und Gräfin Zichy in Schorn bei Berchtesgaden, erhielt ich Ihr so sehr gütiges Schreiben vom 13. Oktober erst aus Wien nachgeschickt, und zwar mit weiterer Verspätung, da ich den Brief erst bei meiner Rückkehr von einem Ausflug ins Gebirge vorfand. Die Verzögerung der Antwort wollen Sie freundlichst entschuldigen.

Erlauben Sie mir, Ihnen zunächst, hochgeehrter Herr Fürst, meinen wärmsten Dank auszusprechen sowohl für die Ehre Ihrer Einladung, wie auch ganz besonders für die liebenswürdigen Worte, in die Sie sie kleiden. Fast beschämen Sie mich, da ich nur allzu gut weiß, welche Kluft den Künstler von seinen Werken scheidet, wogegen

Sie – und auch Se. Majestät der Kaiser – auf mich persönlich übertragen, was zum Teil Über- und Außerpersönliches ist.

Trotz Ihrer großen Güte hätte ich in diesem Augenblick Ihrer Einladung nicht zu folgen gewagt, wenn ich nicht den Wunsch des Monarchen als einen Befehl empfände, dem man unter jeder Bedingung gehorcht. Nicht allein ist das "Eremitische" in mir stark entwickelt, so daß ich Gesellschaft nur in kleinen Dosen vertrage, sondern es hat sich in den letzten Monaten eine gichtische Erkrankung gezeigt, gegen deren weiteres Fortschreiten ich ein sehr strenges Regime gebrauche und die mir den gezwungenen Aufenthalt in Gesellschaft unter Umständen zu einer physischen Qual und Gefahr gestaltet. Es handelt sich um eine, die Nieren betreffende Affektion und ich sage Ihnen das ganz freimütig schon heute, Herr Fürst, da ich überzeugt bin, daß Sie mit freundlichem Feingefühl es verstehen werden, einige Rücksicht auf diese Tatsache zu nehmen. Im übrigen beabsichtige ich - *deo volente* – gesund und munter und mit sorgfältigem Verstecken aller physischen Gebrechen an Ihrer gastlichen Tafel zu erscheinen.

Sollten Sie die Gelegenheit haben, Se. Majestät den Kaiser schon im Voraus meines ehrfurchtsvollen Dankes zu versichern, so wäre ich Ihnen sehr verpflichtet.

Darf ich Sie bitten, der Frau Fürstin den Ausdruck meiner Verehrung zu übermitteln.

Empfangen Sie bitte, hochverehrter Herr Fürst, den Ausdruck meiner verehrungsvollen Ergebenheit.

(gez.) Houston Stewart Chamberlain.

VON HOUSTON STEWART CHAMBERLAIN.

Wien, Blümelgasse 1, 23. Oktober 1901.

Erlaucht! Mit dem ergebensten Dank bestätige ich den Empfang Ihrer beiden gütigen Briefe vom 17. und 22. dieses Monats. *Deo volente*, und falls keine Gegenmeldung von Ihnen eintrifft, werde ich also Montag, den 28. Oktober, 4,46 nachmittags, auf der Station Löwenberg eintreffen. Wenn das Fuhrwerk meinen Koffer aufnehmen kann, ist das die Hauptsache, ich selber nehme freudig mit jedem Beförderungsmittel fürlieb.

Daß ich von meinem Leiden sprach, tut mir fast leid, es gibt eben schmerzhafte Krisen, wo man sich schwach und mutlos fühlt. Doch mein Arzt war heute sehr optimistisch und hatte gegen die Reise nichts einzuwenden, und ich selber fühle mich trotz häufiger Schmerzen recht munter. Reden wir also nicht mehr davon. Bei Zichys hat ja auch nie die mindeste Störung stattgefunden.

Mit dem wiederholten Ausdruck meines wärmsten Dankes verbleibe ich, hochverehrter Herr Fürst, Ihr verehrungsvoll und ganz ergebener

(gez.) Houston S. Chamberlain.

Es begannen nun die Vorbereitungen für den Kaiserbesuch in Liebenberg, dem sich einige Jagdtage anschließen sollten, auch wenn sich der Bestand des Wildes nach den Manövern, die sich auf Häsener und Liebenberger Terrain abgespielt hatten, nicht genau feststellen ließ. Die Störungen durch das Manöver waren ganz ungeheuerliche gewesen.

Meine Mutter, die nun ihr 77. Lebensjahr erreicht hatte, erklärte, nicht die Kräfte zu haben, um diesen Trubel im Schlosse zu ertragen und begab sich nach Berlin, wo sie stets in dem Hospiz St. Michael in der Wilhelmstraße abstieg, das ein vortrefflicher und ruhiger Gasthof ist. Denn das Wort "Christliches Hospiz" verscheuchte jedweden Gast, der sich in Berlin amüsieren wollte und auch diejenigen, die sich für zu "hohe" Geister hielten, um sich auf derartigen "christlichen Unsinn" einlassen zu können. Meinerseits kann ich (die Letzteren besonders) nicht anders als mit dem Prädikat "Schafskopf" bezeichnen. Denn so oft ich in St. Michael abstieg, wenn meine gute Mutter dort wohnte, habe ich mich daselbst vortrefflich gut versorgt und gebettet befunden – auch wohltuend das Verbot jedes Trinkgeldes und die mäßigen Preise bemerkt. An den Andachten, die besonders Sonntags für die Gäste stattfanden, teilzunehmen, lag keine Veranlassung vor, wenn der Gast nicht einen solchen Wunsch in sich verspürte.

Die Hauptfrage für den erwarteten hohen Besuch in Liebenberg bildete die Unterkunft der Gäste, die alle mit den Jahren in Rang und Stellung erhoben und auch mit den Jahren bequemer geworden waren, ohne Diener nicht mehr leben zu können behaupteten. Das verdoppelte fast die Anzahl der Betten. Doch auch die Beköstigungsfrage trat dieses Jahr stark hervor, da, unmittelbar an den Kaiserbesuch angeschlossen, noch die erwartete Jagdgesellschaft logiert, gefüttert und getränkt werden mußte.

Die "Bespeisung" der zu erwartenden 70 Personen würde nicht allzu schwierig gewesen sein, wenn eine Tafel für die "Herrschaften", eine für die Beamten und eine für die Dienerschaft zu richten gewesen wäre. Davon aber war natürlich keine Rede. Wurde die herrschaftliche Tafel in zwei aufgelöst, da die jüngsten Kinder nebst Erzieherin und Hauslehrer nicht an der großen Tafel mit dem Kaiser teilnehmen sollten, so lösten sich die beiden anderen in etwa 7–8 Tafeln auf. Denn ich habe die traurige Erfahrung gemacht, daß die Rangordnung bei Beamten und Dienerschaft eine bei weitem kompliziertere und empfindlichere ist als an irgendeinem Hofe. Die feinen Unterschiede zwischen Chiffreur, Sekretär, Privat-Sekretär, Rendant, Haushofmeister, – sowie Kammerdiener, Leibkutscher, Jäger, Leibjäger usw. usw. bilden eine Welt von erschütternden Feinheiten, die ich in ihrer ganzen Tiefe erst begriffen habe, als ich einst die Etiquettenfrage am Hofe der byzantinischen Kaiser studierte. Krieg, Friede, Gift, Totschlag und ewige Rache brütet über diesen Fragen und mir ist die Psychologie der Dynastien zu Byzanz wiederum erst zu völliger Klarheit geworden, als ich hören mußte, weshalb von meinen Untergebenen z. B. Nr. 1 nicht mit Nr. 7, 6 hingegen mit 2, 3 aber unter keinen Umständen mit 12, ebenso wie 5 nicht mit 8, 11 nicht mit 4 verkehren oder gar sprechen kann oder darf – auch bezüglich des Grüßens. (Wer zuerst die Hand hebt, wie tief man den Hut eventuell abnehmen, heben oder nur lüften darf.) Ja, das Leben ist ein sehr komplizierter Vorgang!

TAGEBUCH.

27. Oktober 1901.

Nach der Ankunft des Kaisers in Löwenberg, wo ich ihn erwartete, fuhren wir im Halbwagen nach Liebenberg. Der Schloßhof war hübsch erleuchtet. Große Begrüßung im Flur. Ich führte den Kaiser hinauf in seine Zimmer. Um ½ 8 Uhr begaben wir uns zum Souper.

Bei Tisch sehr lebhafte Unterhaltung. Dann wurde im Saal Billard gespielt, bis gegen 10 Uhr. Später wurde Musik gemacht, der der Kaiser mit gespannter Aufmerksamkeit zuhörte. Tora und Sigwart spielten Klavier und Harmonieflöte. Dann sang Fritz-Wend hübsch wie immer, von Tora begleitet, meine Lieder "Liebessehnsucht" und "Adlerlied". Zum Schluß improvisierte Sigwart sehr schön. Um ½ 12 Uhr geleitete ich den Kaiser in seine Zimmer.

28. Oktober 1901.

Nach dem ersten Frühstück, das wir gemeinsam mit dem Kaiser (ohne Damen) im Eß-Saal einnahmen, wurde eine Reihe von Lyckis Ölbildern, Studien nach der Natur, betrachtet, die mit Recht die Bewunderung des Kaisers erregten. Sodann machte der Kaiser den Vorschlag, bei dem schönen klaren Wetter einen Spaziergang zu unternehmen, und es freute mich, ihm und den Gästen den neuen "Parkweg" zu zeigen. Wir gingen bis zur Lanke und kehrten auf dem Parkwege durch die Kappe zurück. In der schönen Herbstfärbung war das ein Genuß, der die ganze Gesellschaft, besonders auch den Kaiser erfreute.

Nach der Rückkehr waren dienstlich-politische Sachen eingetroffen, die ich mit dem Kaiser zusammen oben in seinem Zimmer erledigte.

Dann fand das zweite Frühstück um 1 Uhr statt, bei dem es sehr lustige Konversation gab.

Das Placement bei jeder Mahlzeit zu variieren, ist nicht leicht, denn unter den Gästen gibt es häufig Leute, die ängstlich über ihre Würde wachen und einen tödlichen Haß gegen den Hausherrn in ihrem empfindsamen Herzen aufsteigen lassen, wenn nicht ihrer "Bedeutung" die entsprechende Würdigung zu Teil wird.

VON REICHSKANZLER GRAF BÜLOW. TELEGRAMM.

Berlin, 28. Oktober 1901.

Ich treffe um 4,46 in Löwenberg ein. Leider kann meine Frau mich nicht begleiten, da ihre Mutter mit Fieber zu Bett liegt und sie dieselbe nicht verlassen darf.

(gez.) Bernhard.

Es tat mir sehr leid, Marie Bülow vermissen zu sollen, auch daß die Hoffnung, meine berühmte Freundin Donna Laura Minghetti mit ihr in Liebenberg begrüßen zu können, scheiterte. Immerhin war die Kehrseite vielleicht die nützlichere, denn die Ankunft Chamberlains mußte so sehr das Interesse des Kaisers in Anspruch nehmen, daß schließlich die Damen vielleicht nicht genügend von der Huld des Kaisers bestrahlt worden wären. Und für wenige Dinge auf Erden sind Frauen so empfindlich, als wenn ihnen, nach ihrer Ansicht, zu wenig Beachtung durch eine anwesende notable Persönlichkeit erwiesen wird, – ich muß allerdings bezweifeln, daß es nicht der glühenden Beredsamkeit und glänzenden Begabung Donna Lauras geglückt wäre, den Kaiser vorübergehend aus den geistigen Armen Chamberlains zu reißen.

Nach einer Stunde Ruhe, die sich der Kaiser nach dem Essen gönnte, fuhren die Wagen vor, um eine gemeinsame, längere Spazierfahrt zu machen. Alle Damen begleiteten uns und wir verteilten uns in 8 Wagen, die letzteren drei von meinen Kindern kutschiert. So fand die ganze Gesellschaft Platz und fuhr in bester Stimmung durch das Dorf und den alten Fahrweg zu der Lanke, wo wir den Borgwall umkreisten und dann zu der Alexandrinenhöhe hinaufstiegen. Das Wetter war herrlich und die Beleuchtung auf dem See sehr schön.

Oben fanden wir ein großes Feuer von Wacholderstrauch vor, das die Jägerei angezündet hatte, darin waren Kartoffeln in der Asche gebraten. Dazu gab es guten Punsch. Es war ein malerisches, hübsches Waldfest. Nach langem Aufenthalt und vielen Scherzen fuhren wir zurück.

Während unserer Abwesenheit war der Reichskanzler eingetroffen, und zwar mit Chamberlain. Er empfing uns im Flur, Chamberlain wurde in der Bibliothek vom Kaiser begrüßt. Das war für beide ein großer Augenblick, und der Kaiser rührte mich in seiner Dankbarkeit, daß ich ihm diese Bekanntschaft vermittelt hatte.

Zunächst aber gab es eine längere politische Besprechung zwischen dem Kaiser, Bülow und mir, oben in dem Salon des Kaisers. Dann wurde Toilette gemacht, und das Diner begann.

Unser Wiener Küchenchef "Signore Cecci" hatte sich wieder selbst übertroffen wie die Feinschmecker August Eulenburg, Eberhard Dohna, Moltke und Varnbüler behaupteten.

Die Unterhaltung war sehr lebhaft und ging meist über den Tisch von dem Kaiser hinüber zu Bülow, Chamberlain und mir.

Nach dem Essen wurde zunächst wieder von den Kindern musiziert. Doch war die Dauer nicht so lang wie gestern, denn der Kaiser, brennend in Spannung, sich mit dem so grenzenlos und mit vollem Recht von ihm bewunderten Verfasser der "Grundlagen des 19. Jahrhunderts" auszusprechen, stellte sich rauchend mit ihm abseits von der übrigen Gesellschaft und hörte und sah nun während des ganzen Abends nichts anderes als Chamberlain. Ich hatte mich anfangs an der Unterhaltung beteiligt, aber ich wurde nach einer Stunde zerstreut: die gänzliche Ausschaltung der anderen Gäste war mir nicht angenehm. Ich bemerkte bei einigen sogar ein "militärisches Mißbehagen" gegenüber der kaiserlichen Vertiefung mit einem "beliebigen Zivil- Schriftsteller (noch dazu Engländer)", den ich nach Liebenberg geschleppt hatte, "wohin er, Gott weiß, nicht gehörte".

Schließlich sah ich, daß Müdigkeit und eine gewisse Lahmheit sich auf die vor dem großen Kamin versammelten Herren senkten – es war fast 12 Uhr geworden. So trat ich zu dem Kaiser, der sich gerade tief in der Erörterung einer verwickelten religiösen Frage befand, und dabei immer noch auf seinen festen Hohenzollern- Beinen stand, – (genau die Beine des alten Kaisers und die Beine seines Vaters, mit dem ich in meiner

Münchener Zeit einmal von Nürnberg bis München in seinem Salonwagen stehend über Politik sprach!) – und ich sah Chamberlain leise wanken.

"Ew. Majestät wollen mir verzeihen, wenn ich Sie bitte, den Damen und Herren gestatten zu wollen, daß sie sich zu Bett legen", sagte ich. – Er blickte schnell auf die Uhr.

"Oh! – es ist ja bald 12 Uhr!" rief er aus, "da ist es allerdings Zeit schlafen zu gehen! – Nun, wir haben morgen noch Zeit, unsere Unterhaltung fortzusetzen", sagte er, zu Chamberlain gewendet, und empfahl sich in seiner liebenswürdigen Art der Gesellschaft.

"Noch etwas", sagte er mir, als ich ihn die Treppe hinauf zu seinen Zimmern begleitete, "telegraphiere bitte an Harnack, daß er morgen kommt. Chamberlain kennt ihn nicht, und unser Gespräch führte uns auf ein paar Fragen, über die uns Harnack Aufklärung geben kann."

Den 29. Oktober 1901.

Der Kaiser erschien wieder pünktlich um ½9 Uhr zum Frühstück, aber Chamberlain fehlte. Ich erkundigte mich nach seinem Befinden, da er gestern abend recht blaß war. Er war im Begriff hinunterzugehen, machte mir aber einen so kläglichen Eindruck, daß ich ihn bat, sein Frühstück oben in seinem Zimmer einzunehmen.

"Ich habe es niemals ertragen können, lange zu stehen, so hat mich der gestrige Abend etwas angegriffen", sagte er. "Ich würde allerdings dankbar sein, wenn ich noch ein wenig ruhen dürfte."

"Das soll so gründlich sein, daß Sie einer neuen kaiserlichen Konversation getrost entgegengehen können – dafür werde ich sorgen", erwiderte ich, und Chamberlains große Augen leuchteten in Dankbarkeit. "Sie haben unendlich viel studiert, aber noch keine königlichen Beine", fuhr ich fort. "Züchtung und Vererbung liegt auf diesem Körperteile auch. Durch eine lange Reihe von Generationen haben die Fürsten und Herrscher mehr gestanden als andere Sterbliche. Bei jeglichem Verkehr stehen sie. Nur ganz *en famille* und bei Tisch sitzen sie. Keinem Menschen ist es angenehm, der einzige zu sein, der sitzt. Das Leben der Fürsten besteht aber daraus, unaufhörlich Menschen zu empfangen, – es ist ihnen eine Gewohnheit geworden, Feierlichkeit um sich zu verbreiten, und dazu ist das Stehen notwendig, – im Sitzen liegt eine gewisse Gemütlichkeit, die dem Herrscher-Wesen nicht ansteht. Dieses "Stehen- Können" ist tatsächlich angezüchtet, und ich habe an allen Höfen, ohne Ausnahme, diese Dauerbeine angetroffen."

Chamberlain lachte über mein Studium und blieb einen Teil des Vormittags in seinem Zimmer.

Dem Kaiser sagte ich, daß ich Chamberlain durch die lange stehende Konversation ermüdet gefunden und ihm einen Vortrag über die Kraft kaiserlicher Beine gehalten habe.

"Mein Gott", rief der Kaiser in seiner ihm angeborenen Freundlichkeit aus, "weshalb hat er mir denn nicht gesagt, daß er müde sei?"

"Hat Ew. Majestät wohl jemals ein Mensch gesagt: ›Wollen wir uns nicht lieber setzen?‹" erwiderte ich.

"Darauf besinne ich mich nicht – aber ich werde jetzt dafür sorgen, daß Chamberlain sich setzt."

Nun schlug der Kaiser vor, einen Spaziergang in die Kappe zu machen. Das Wetter war wiederum klar und schön.

Professor Harnack traf vormittags ein, während Reichskanzler Bülow und ich mit dem Kaiser in die hohe Politik getaucht waren.

Um 12 Uhr fand sich alles in der Bibliothek zusammen, und mit der dem Kaiser eigenen Lebhaftigkeit begann er sofort nach der Begrüßung Chamberlains und Harnacks die Erörterung der dogmatischen Fragen, um derentwillen Harnack zitiert worden war – natürlich wieder ohne sich zu setzen.

Dieses Mal aber trat ich mit der Meldung hervor, "daß das Essen angerichtet sei" – und man sprang von der Dogmatik zu den Leistungen der Küche über.

Der Nachmittag gestaltete sich in dem Rahmen einer gemeinsamen Unterhaltung bei dem Kamin in der Bibliothek sehr interessant, – doch ging es zwischen den Beteiligten: dem Kaiser, Chamberlain, Harnack, Bülow und mir zu hochwissenschaftlich, historisch, politisch, dogmatisch usw. her, um nicht einen Teil der übrigen Gesellschaft aus der Nähe verschwinden zu sehen. Es wurde ihnen "ungemütlich" dabei – und ich bedauerte, daß nicht ein Stenograph diese Unterhaltung fixieren konnte.

Der Kaiser führte, wie gewöhnlich, das Wort – und zwar recht gut, denn er spricht immer eindringlich und sicher.

In Harnack entstand ihm der scharf und logisch dozierende Professor als ein Gegner, dessen geistreiche Bemerkungen und tiefes Wissen – doch in einer geschmeidigen Form gesprochen – eindrucksvoll wirkten.

Chamberlain ist mehr mit seinem Feuergeist und seinen eine Welt ausdrückenden Augen und Blicken die Natur des Gelehrten, der sich lieber schreibend mitteilt als auf einem Katheder. Er war – wenn auch der Tiefste, und dessen Bemerkungen das Innerste und Wesentlichste trafen, doch eher der Schweigsamste in dieser Runde. Bülow hatte wenig Gelegenheit, um als Redner zu glänzen, aber sein vieles Wissen trat doch genug in Erscheinung. Es ging, wie gesagt, ganz ungewöhnlich interessant her an dem alten Kamin, der schon so manches erlauscht hat.

Es wurde bei diesen Gesprächen fast die Nachmittagsruhe vergessen. Doch lehrte mich nach einiger Zeit ein Blick auf Chamberlain, daß es Zeit sei, diese anzuregen. Ich erhielt von ihm einen dankbaren Blick, als ich den Kaiser mahnte, an seine (des Kaisers) Ruhe zu denken und dieser dem Appell folgte.

Die Ruhe dauerte eine gute halbe Stunde. Die große Spazierfahrt zu dem Papensee war aufgegeben. Es sollte ein gemeinsamer Spaziergang um 4 Uhr unternommen werden, zu dem sich die gesamte Gesellschaft einfand. Der Kaiser hatte eine Vorliebe für den neuen Parkweg gewonnen. Dorthin wurden die Schritte gelenkt und er zog dabei, was mir sehr lieb war, die Herren in sein Gespräch, die, wie Varnbüler, Eberhard Dohna, Werthern usw. wohl nicht zu seinem Gefolge gehörten, doch aber hinter der in diesen Tagen herrschenden Wissenschaft zurückgetreten waren.

Etwa um ½6 Uhr waren wir heimgekehrt, und in dem Bibliotheksaal mußten die Kinder musizieren. Dann aber war der Kaiser wieder zu Chamberlain und Harnack getreten, und nochmals wurde "die Mission des Deutschtums" von den verschiedenen Gesichtspunkten aus beleuchtet, bis ich dem Kaiser meldete, daß die Uhr ½7 geschlagen habe und das Diner um 7 Uhr von ihm gewünscht sei.

Hiermit nahte der Kaiserbesuch seinem Ende, der, durch die Begegnung des Kaisers mit Chamberlain eine ganz besondere Weihe trug und mich sehr zufriedengestellt hatte –(was allerdings nicht die Meinung der Umgebung – auch nicht der Jugend war, denen die ethische Mission Deutschlands weniger wichtig war als die Gegenwart des Kaisers – wie er redete, lachte, rauchte, saß und stand).

Das interessierte auch besonders Fritz-Wends vortrefflichen Instruktor, Professor Kabisch, dem ich die Freude gemacht hatte, ihn zu dem letzten Kaiserdiner zu laden und der in gehobenster Stimmung von Johannisthal nach Liebenberg geeilt war.

Nach dem Abendessen gab es noch eine ruhige halbe Stunde am Kamin mit dem Kaiser und den Meinen, denn die Andern, die für ihre Abreise sorgen mußten, hatten den Saal verlassen.

Ich fuhr mit dem Kaiser später zur Bahn. Vor dem Schloß und bis zur Chaussee glänzte Fackelbeleuchtung. Zwei berittene Gendarmen begleiteten den Wagen.

Der Kaiser konnte mir nicht genug danken für die Freude, die ich ihm durch die Vermittlung der Bekanntschaft Chamberlains bereitet hatte. Er stand vollkommen unter dem Zauber dieser Persönlichkeit, die er durch das gründliche Studium seiner "Grundlagen des 19. Jahrhunderts" genauer kannte als irgendein anderer der Anwesenden. Und Chamberlains persönlicher Eindruck hatte das Bild gerechtfertigt, das sich der Kaiser in seinen Gedanken von ihm gemacht hatte, auch wenn dieser in dem Verkehr mit ihm bei weitem nicht so mitteilsam gewesen war als der Kaiser selbst.

Ich hatte zur Erinnerung an diese Begegnung Beide gebeten, ihre Namen in das der Liebenberger Bibliothek gehörende Exemplar der "Grundlagen" einzuzeichnen, was mir gern gewährt wurde.

Nach der Beendigung dieses besonders bedeutungsvollen kaiserlichen Besuches trat nun meine Kinderschar gewissermaßen in ihr Recht. Es schlossen sich an die Kaisertage unmittelbar, d. h. nach einem "Ruhetag", drei Jagdtage, die ich sehr genossen habe, denn es war das erstemal, daß mein lieber Ältester, Fritz-Wend, die Leitung und Anordnung der Jagd auf sich genommen hatte und mit der ihm eigenen Gewissenhaftigkeit und Umsicht durchführte.

Auch waren zu meiner eigenen Freude liebe treue Jugendfreunde erschienen, deren Kinder zum Teil nun auch zu der Freundschaft der meinigen gehörten.

Unter ihnen leider nicht mein lieber Georg Hülsen, der vortreffliche Intendant des Hof-Theaters in Wiesbaden, der schon zum Kaiserbesuch erwartet worden war. Er war recht ernsthaft erkrankt, und zwar wohl hauptsächlich infolge der unerhörten Intrigen, die seitens meiner alten "Freunde", des Fürsten Richard Dohna und des Generalintendanten Graf Bolko Hochberg gegen ihn in Szene gesetzt waren. Intrigen, die sich sogar gegen mich richteten in der abenteuerlichen Annahme, daß *ich* Hochberg zu stürzen beabsichtige, um Hülsen an dessen Stelle zum Generalintendanten zu machen. (!) Und sie mußten doch wissen, daß es der Kaiser war, der den ungewöhnlich für den Beruf des Intendanten begabten Georg Hülsen nach Berlin an diese Stelle setzen wollte.

Es waren harte Erfahrungen, die ich in jener Zeit machen mußte, denn nichts lag mir wohl ferner, als meine Hand zu Machenschaften gegen Freunde zu bieten, mit denen ich seit Jugendzeit eng verbunden war. Das sind eben Begleiterscheinungen eines so reichen Lebens wie das meine es war.

An dem folgenden Tage lief eine Depesche Chamberlains an mich ein, der, von dem Kaiser nach dem Neuen Palais eingeladen, dort einen Abend verbracht hatte.

Von H. St. Chamberlain.

Berlin, 31. Oktober 1901.

Soeben aus Potsdam zurück nach herrlichen Abendstunden gestern mit beiden Majestäten und gnädigster Verabschiedung heute früh. Nochmals Ihnen und der Frau Fürstin innigsten Dank.

(gez.) Houston Chamberlain.

NACHSCHRIFT

Im engsten Zusammenhang mit der Begegnung des Kaisers und Chamberlains in Liebenberg am 28. und 29. Oktober 1901 stehen die nachfolgenden Briefe. Sie sind untrennbar von dem interessanten Verkehr und den Gesprächen zwischen den beiden genannten Persönlichkeiten, an denen teilzunehmen mir ein Genuß war.

Als ich auf meinen Posten Anfang November nach Wien zurückgekehrt war, brachte mir Chamberlain zwei Briefe an den Kaiser, die er mich bat, an dessen Adresse gelangen zu lassen.

Die sehr unleserliche Handschrift Chamberlains veranlaßte mich, ihn zu bitten, eine Kopie in Maschinenschrift dem Originale beifügen zu dürfen. Auch bat ich ihn, eine mich besonders interessierende Stelle für mich zurückbehalten zu dürfen, was mir freudigst bewilligt wurde.

Später, als ich die Antwort des Kaisers Chamberlain überbrachte, bat ich ihn, mir als Andenken und zu der Vervollständigung seiner mir überlassnen schriftlichen Bemerkungen auch von diesem Briefe eine Abschrift anfertigen lassen zu dürfen. Er ging gern darauf ein, um so mehr, als ich den Kaiser von meiner Bitte verständigt hatte.

Diese Korrespondenz enthält sehr viel Wertvolles. Mich persönlich erfreute es auch, dies Schriftstück des Kaisers im Wortlaut zu besitzen, nachdem sich bei der Überlastung seines Lebens der briefliche Verkehr zwischen uns schließlich – und zwar schon seit einer Reihe von Jahren – fast nur in der Form abspielte, daß ich schrieb und er telegraphisch antwortete. Die Depeschen wurden schließlich auch ganz generell zu seinem Ausdrucksmittel im Fernverkehr. Ich möchte fast sagen, sein Leben überhaupt gestaltete sich depeschenartig.

Immer habe ich das bedauert, denn der Kaiser vermag, – ebenso wie er eine glänzende Rednergabe besitzt, auch gut zu schreiben. Und davon gibt uns sein nachfolgender Brief ein wertvolles Beispiel, trotz der charakteristischen

Ausdrucksweise, die vielleicht an einigen Stellen als "Schönheitsfehler" zutage tritt. Andererseits dürfen aber gerade charakteristische Merkmale in einem Stil nicht fehlen, so daß man hier auch von Schönheitsfehlern nicht sprechen sollte. Der Inhalt dokumentiert jedenfalls eine Gesinnung, die eines deutschen Kaisers würdig ist und ihn in dem Lichte zeigt, das mir, seinem Freunde, wohltut.

Auf diesen Briefwechsel bezieht sich ein Brief, den ich meinerseits an den Kaiser richtete. Ich lasse diesen zunächst hier folgen, da der Inhalt auf eine Persönlichkeit Bezug nimmt, die nicht viel genannt und bekannt ist: Chamberlains erste Gattin.

An den Kaiser.

Wien, 30. November 1901.

Ew. Majestät beehre ich mich – den Bitten Chamberlains nachgebend – zwei Briefe anliegend zu überreichen, die er mir vor einigen Tagen brachte. Er las mir den langen Brief vor, weil er nicht wußte, ob er es wagen dürfe, ein so umfangreiches Schriftstück an Ew. Majestät zu senden. Es enthält der Brief so große Schönheiten und Wahrheiten, daß Ew. Majestät große Freude daran haben werden – nachdem er abgeschrieben sein wird. Denn die Handschrift ist, gelinde gesagt, mühsam.

Ich habe gestern Chamberlain in seinem unendlich bescheidenen Heim besucht. Vier Treppen hoch wohnt er, von Büchern umgeben und von einer weißhaarigen alten Frau bewacht, die seine eigene ist, aber eigentlich an Fafner erinnert, der vor dem Nibelungenhort lagert. Doch ist sie anscheinend intelligent. Von Freunden Chamberlains wird sie sehr geachtet und verehrt. Ich kann ihr vor der Hand nur die Verehrung einer Antiquität weihen. Sie sprach mit einer Bewunderung von ihrem "Schatz", die den geistigen Unterschied der beiden Naturen nur um so deutlicher hervortreten läßt. Frau eines berühmten Mannes oder Mann einer berühmten Frau zu sein, ist eine ziemlich mühsame Kunst.

... (gez.) Philipp Eulenburg.

Aus einem Briefe Houston Stewart Chamberlains an Kaiser Wilhelm II. .

Wien, 15. November 1901.

... Ew. Majestät und alle ihre Untertanen sind in einem Heiligtum geboren, die meisten unter ihnen ahnen es freilich nicht, weil man das Tägliche – wie die Strahlen der alles Leben spendenden Sonne – nicht beachtet. Ich aber mußte einen langen, mühsamen Weg zurücklegen, ehe ich das Heiligtum auch nur von weitem erblickte, und dann noch kostete es Jahre heißer Arbeit, ehe ich seine Stufen betreten durfte. Darum schaue ich nur mit Schrecken auf meine Vergangenheit zurück; denn habe ich auch das, was man eine glückliche Kindheit nennen muß, gehabt, für meine Anlagen konnte es kein wahres Glück außerhalb des Deutschtums geben, und ich zittere, wenn ich daran denke, wie spät ich mit der deutschen Sprache in Berührung kam und daß ich sie leicht gar nicht kennengelernt hätte. Denn es ist meine innige Überzeugung – gewonnen durch jahrelange Studien, gewonnen in jenen feierlichen Stunden, wo die Seele mit dem Göttlichen um Erkenntnis ringt, wie Jakob mit dem Engel – daß das moralische und geistige Heil der Menschheit von dem abhängt, was wir das Deutsche nennen können. In jener "moralischen Weltordnung", von der Ew. Majestät in

Liebenberg öfters sprachen, bildet augenblicklich das deutsche Element den Angelpunkt, *le pivot central*. Die Sprache ist es, die uns unwiderleglich davon überzeugt, denn Wissenschaft, Philosophie und Religion vermögen heute keinen Schritt weiter zu machen, außer in der deutschen Sprache. Und das Dasein dieser Sprache belehrt uns über etwas, woran die Erscheinungen des täglichen Lebens uns sonst nicht immer glauben lassen möchten: daß in diesem Volke die höchsten Fähigkeiten vereint sind, höhere als anderwärts. Sprache und Volksseele sind gegenseitig bedingend – bedingt; jede wächst aus der andern hervor, hier ist weiteres Emporblühen möglich, solange beide leben und ineinander greifen; bei den Romanen sind beide tot; bei den andern Germanen (ich denke namentlich an England) hat schon seit lange eine Entzweiung begonnen, dank welcher die Sprache nach und nach stumm wird, (das heißt, ein bloßes Medium für die praktische Verständigung, nicht ein Element, aus welchem neue Gebilde geprägt werden könnten) und die Seele infolgedessen nach und nach ihre Schwingen einbüßt und sich nur mehr wie ein Wurm auf dem Bauche weiterschleppt. Und weil die deutsche Seele unlösbar an die deutsche Sprache geknüpft ist, so ist denn auch die höhere Entwicklung der Menschheit an ein mächtiges, sich weit über die Erde hinausstreckendes, das heilige Erbe seiner Sprache überall behauptendes und andern aufzwingendes Deutschland gebunden. Die positive Realpolitik des deutschen Reiches, welche gewiß gar nicht zu nüchtern und *matter of fact* sein kann, bedeutet darum doch – wenigstens in meinen Augen – etwas anderes als die Politik anderer Länder. Der Angelsachse hat, von jenem Standpunkt einer moralischen Weltordnung aus betrachtet, sein Erbe verwirkt – ich spreche nicht von heute, ich schaue in die Jahrhunderte hinaus; der Russe ist nur die neueste Verkörperung des ewigen Tamerlanreiches, nimmt man ihm sein deutsches Kaiserhaus, so bleibt nur eine in sich zerfallende *matière brute*; auf den Deutschen allein baut heute Gott. Das ist die Erkenntnis, die sichere Wahrheit, die schon seit Jahren meine Seele erfüllt, um ihr zu dienen, habe ich meine Ruhe geopfert, für sie will ich leben und sterben. "Richard Wagner", die "Grundlagen des 19. Jahrhunderts" und das "19. Jahrhundert" (wenn ich mich dazu entschließen kann), die "Worte Christi", "Immanuel Kant", – und manches, was – so Gott will – folgen soll, der – nicht von Haß gegen die Semiten, sondern von Liebe gegen die Germanen eingegebene – Kampf gegen das zerfressende Gift des Judentums, der Kampf gegen den Ultramontanismus, gegen den Materialismus, der Versuch, die transzendentale Erkenntnislehre aus dem Besitz einer Gelehrtenkaste in einen Besitz jedes gebildeten Deutschen zu verwandeln, das Bestreben, die Religion aus syrisch-ägyptischen Fetzen loszuwinden, damit die reine Kraft des Glaubens uns eine, wogegen das Nachgeplappere sklavischer Superstitionen uns heute nur trennt; dazu später – wenn ich's erlebe – die völlige Umwandlung unserer Auffassung des Lebensproblems, wodurch sich unsere Naturwissenschaft auf einmal und zum erstenmal in Harmonie mit unserer deutschen Philosophie und Religion finden wird, das heißt, daß wir endlich eine wahre Weltanschauung besitzen werden – – – das alles bedeutet für mich ein Schaffen und ein Kämpfen im Dienste des Deutschtums. Denn wahrlich, es handelt sich um gar wichtige Dinge, und hat der moralische Weltordner den Deutschen zu seinem Werkzeug erwählt, so muß dieser in der Erfüllung der gottgegebenen Pflicht ganz aufgehen, sich ganz darin verzehren. Und ist "das

Deutsche", wie ich vorhin sagte, der Angelpunkt, auf dem die Zukunft des Menschengeistes ruht, so ist der jetzige Augenblick, das jetzige Jahrhundert – ich meine es – der Angelpunkt der Weltgeschichte. Jetzt heißt es: *to make or to mar.*

Es gibt Epochen, wo Geschichte gleichsam auf dem Webstuhle weiter gewoben wird, gerade oder schief, geschickt oder ungeschickt, doch immerhin so, daß Kette und Schuß gegeben und im wesentlichen gebunden sind; dann aber kommen Zeiten, wo zu einem neuen Gewebe die Fäden erst eingetragen, die Art des Stoffes und das Muster erst bestimmt und durch zweckmäßige Anordnung gesichert werden. In einer solchen Zeit stehen wir heute. Die Bildung des Deutschen Reiches im Jahre 1870 bedeutet zunächst nicht einen Anfang, sondern ein Ende. Jetzt kommt entweder ein "neuer Kurs" (wie Ew. Majestät vorlängst erkannte), oder gar nichts; und in letzterem Falle hat Deutschland versagt und geht langsam unter, von den Wellen eines yankeyisierten Angelsachsentums und eines tatarisierten Slawentums ereilt und ertränkt. Jetzt ist der Augenblick, wo Zukunft aufgebaut wird. – – – Wie steht aber ein armer, machtloser, vereinzelter Privatmann solchen Erkenntnissen gegenüber da? Und gar ein sogenannter "Ausländer"! Wollte er in politische Konjunkturen sich leitartikelnd mischen, so würde er sich zu den vom Grafen Bülow so trefflich verhöhnten Bierbankpolitikern gesellen. In das Schweigen der Studierstube ist er verbannt, seine einzige Waffe die Feder. Und andererseits, wie konnte ein solcher Geschichte studieren, ohne die Überzeugung zu gewinnen, daß die Zukunft der deutschen Sache an das Geschlecht der Hohenzollern gebunden ist? Wie wäre es möglich, das politische Chaos des heutigen reichstäglichen Reiches zu erblicken, ohne zu fühlen, daß nur hier seine Hoffnung Boden findet? Wohl ist das ganze deutsche Volk mit seiner unvergleichlichen Sprache der Quell jener Kraft, ohne welche die Hohenzollern selber nichts wären, doch das politische Heil, jenes Gestalten der äußeren Geschichte, ohne welche die innere Bestimmung nicht zur Erfüllung gelangt, kann nicht vom Volke bewirkt werden. In einer äußerst schwierigen Weltlage ist der einzige Trumpf, den das deutsche Volk in den Händen hält, der Besitz des Hohenzollernhauses. Nur die planmäßige Organisation bis ins letzte Detail, nicht – wie bei den Angelsachsen – die ungebundene Freikultur des losgelösten Individuums, kann Deutschland zum Siege verhelfen. Die politische Massenfreiheit hat abgewirtschaftet; dagegen kann Deutschland mit der Organisation noch alles erreichen, alles! Hierin vermag es ihm keiner gleich zu tun. Und an der Spitze dieser Organisation steht als erster Deutscher der König von Preußen.

Können Ew. Majestät sich nun vorstellen, mit welchen Gefühlen ein Mann, der solche Überzeugungen als freie Errungenschaft, als seines Lebens Leben im Busen trägt, die Hand dieses ersten Deutschen in der seinen gehalten hat. Auch hier mag ich keine Worte mehr beifügen; was ich fühlte, war mehr als Dank und etwas anderes als Glück. ......

(gez.) H. St. Chamberlain.

Kaiser Wilhelm an Houston Stewart Chamberlain .

Neues Palais, 31. Dezember 1901.

Mein lieber Herr Chamberlain!

Sie haben leider vollkommen recht, wenn Sie in dem Anfange Ihres packenden und ergreifenden Briefes der Vermutung Raum geben, daß ich wohl nicht über die "Upanischads" und andere Indo-Arische Bücher Bescheid wisse, noch über die in denselben enthaltenen schönen Aussprüche der Weisen über die Herrscher! Ich gestehe meine Unwissenheit offen ein und bitte um Gnade! *Here you have me at a disadvantage!* Aber es war auch Anfang der 70er Jahre kein Mensch vorhanden, gerade unter meinen Lehrern nicht, der auch nur im entferntesten solche Kenntnisse aufgewiesen, kurz, solche "Kultur" gehabt hätte! Wir quälten uns durch 1000 Seiten Grammatik, wir wandten sie an, und gingen mit ihrer Lupe und Seziermesser an alles heran von Phidias bis Demosthenes, von Perikles bis Alexander und gar an unsern lieben großen Homer! Und während aller der hundertfachen Zerlegungsoperationen, die ich an den Erzeugnissen der Hellenen vornehmen mußte, von wegen der "klassischen Bildung", da bäumte sich mein Herz in mir auf, das auch in mir so lebendige Gefühl für Harmonie schrie in mir auf: "Das ist es doch nicht, das kann es nicht sein, was wir aus dem Hellenentum für die Förderung des Germanentums brauchen!" – Und das noch dazu unmittelbar nach und unter dem gewaltigen Eindruck des Krieges 1870, der Siege des Vaters und Großvaters! Diese hatten das Deutsche Reich zusammengeschmiedet, da hätten wir Jungens, das fühlte ich instinktiv, einen anderen Lauf unserer Vorbereitung bedurft, um nun die Arbeit in dem neuen Reich fortzusetzen. Da wäre unserer schwerbedrückten Jugend ein Befreier wie Sie vonnöten gewesen!, der die Indo-Arische Quelle uns erschloß, aber niemand kannte sie!

Und nun mußte all das Urarische-Germanische, was in mir mächtig geschichtet schlief, sich allmählich in schwerem Kampfe hervorarbeiten. Kam in offene Gegnerschaft zum "Althergebrachten", äußerte sich oft in bizarrer Form, oft formlos, weil es mehr als dunkle Ahnung oft unbewußt in mir sich regte und sich Bahn brechen wollte. Da kommen Sie, – mit einem Zauberschlage bringen Sie Ordnung in den Wirrwarr, Licht in die Dunkelheit, Ziele, wonach gestrebt und gearbeitet werden muß, Erklärung für dunkel Geahntes, Wege, die verfolgt werden sollen zum Heil der Deutschen, und damit zum Heil der Menschheit! Sie singen das hohe Lied vom Deutschen und vor allem von unserer herrlichen Sprache und rufen dem Germanen bedeutsam zu: "Laß ab von deinen Streitigkeiten und Kleinlichkeiten, Deine Aufgabe auf der Erde ist: Gottes Instrument zu sein für die Verbreitung Seiner Kultur, Seiner Lehren! Darum vertiefe, hebe, pflege Deine Sprache und durch sie Wissenschaft, Aufklärung und Glauben!" Das war eine Erlösung! So! nun wissen Sie, mein lieber Mr. Chamberlain! was in mir vorging, als ich Ihre Hand in der meinen fühlte!

Lassen Sie mich Ihnen von tiefster Seele danken für dieses kostbare Juwel, welches Sie mir in Briefform übersandten! Wer bin ich, daß Sie mir danken? Doch nur ein armselig Menschenkind, das versucht, ein gutes Instrument für unsern Herrgott da droben zu werden. Das hat zur Folge, daß man das Menschenkind nicht verstehen will, kann oder mag und ihm daher vor allem das Leben so sauer zu machen sich bemüht als möglich, weil es eben ganz anders ist und ganz anderes will, wie bisher die und das "Althergebrachte" und "Landläufige"!

Nein! Fürwahr, danken wir Ihm dort oben, daß Er es mit unsern Deutschen noch so gut meint, denn Ihr Buch dem deutschen Volke und Sie persönlich mir sandte Gott, das ist bei mir ein unumstößlich fester Glaube. Sie sind von Ihm zu meinem Bundesgenossen erkoren und ewig danke ich Ihm, daß Er es getan. Denn Ihre gewaltige Sprache packt die Leute und bringt sie zum Denken und natürlich auch zum Streiten, Angreifen! Was schadet es! – Der deutsche Michel wird wach, und das ist für ihn gut, dann paßt er auf und leistet etwas, und wenn er einmal zu arbeiten angefangen, dann leistet er eben mehr wie alle andern. Seine Wissenschaft in seiner Sprache ist eine Riesenwaffe, und es muß immer daran gemahnt werden! Denn "Vernunft" – *i. e. common sense* – und "Wissenschaft" sind unsere gefährlichsten Waffen, zumal im Kampfe gegen die Totenmacht von *"Ubiquitous"* Rom. Dann, wenn durch Sie die germanischen Katholiken erst in den offenen Konflikt zwischen Germanen und dem "Katholem", also "Römer", bekommen sind, dann sind sie "erwacht" und "Wissende" geworden, dessen, was die Beichtväter ihnen verbergen möchten, daß sie in schmachvoller Knechtschaft gehalten sind für "Rom" als Instrument gegen "Deutschland". Also *"Eritis sicut deus, scientes bonum et malum"*. In dieser Hinsicht ist doch eine Bewegung zu bemerken, und Ihr Buch hat rasenden Absatz in den Kreisen gefunden, gottlob!

Erst für mich allein, dann an die um den Weihnachtstisch versammelten Meinigen habe ich Ihren herrlichen Brief vorgelesen unter lautlosem Schweigen und tiefer Ergriffenheit aller Stände und Geschlechter, und die Kaiserin läßt Ihnen auch innigen Dank und Gruß sagen!

Und nun Gottes Segen und unseres Heilands Stärkung zum neuen Jahr 1902 wünsche ich meinem Streitkumpan und Bundesgenossen im Kampf für Germanen gegen Rom, Jerusalem usw. Das Gefühl, für eine absolut gute, göttliche Sache zu streiten, birgt die Gewähr des Sieges! Sie schwingen Ihre Feder, ich meine Zunge, schlage auf meinen Pallasch und sage trotz aller Angriffe und Nörgeleien: Dennoch!

Ihr treu dankbarer Freund

(gez.) Wilhelm II. R.

P.S. Der Verkehr Harnacks bei mir hat "orthodoxe" protestantische Pfarrer und Kreise arg geängstigt. Das ist unseren Damen zu verstehen gegeben worden: diese haben denn auch Soireen, wo "positive" Herren waren, besucht! Mein Grundsatz "Nur keine Voreingenommenheit" ist den Leuten unbequem. Übrigens hat Harnack seine "Liegezeit", um Ihr Werk zu lesen, als eine erzwungene hingestellt! Ich bezweifle es, die Idee ist zu professorenhaft wahrscheinlich!

Houston Stewart Chamberlain an Philipp Eulenburg-Hertefeld.

Wien, Blümelgasse 1, 5. Januar 1902.

Hochgeehrter Herr Fürst, eine Pflicht der Courtoisie erfülle ich, indem ich Ihnen den Brief Sr. Majestät des Kaisers mitteile, zugleich werden Sie darin ein Zeichen meiner Verehrung und Dankbarkeit erblicken.

Nur Ihnen aber teile ich ihn mit, sonst keinem Menschen. Sobald ich den Brief gelesen hatte, entschloß ich mich, nicht allein ihn streng für mich zu behalten, sondern auch meinen intimsten Freunden gegenüber von seiner Existenz kein Wort zu erwähnen.

Sie sehen, in welchen warmen Ausdrücken Se. Majestät zu mir spricht und von mir spricht: daß mich dies innig beglückt und hebt, daß er alles Beste in mir weckt und ermuntert – warum sollte ich es leugnen? Doch Sie, mein hochverehrter Gönner, Sie wissen genau, wie ich der Welt gegenüberstehe und wie unendlich schwer – fast unmöglich – es mir wird, mit ihr auszukommen, wobei seit früher Jugend jener Gedanke mir immer verführerisch nahe steht: "Du brauchst sie nicht – sie braucht höchstens Dich."

Was ich seit Berlin an Gemeinheit seitens der lieblichen Presse und an Vulgarität und Indiskretion seitens sonst distinguierter Leute erfahren habe, hat mich in einen Abgrund hineinblicken lassen. Die Begegnung konnte ich ja nicht verheimlichen, es lag nicht bei mir. Doch jetzt beabsichtige ich, mich mit aller Energie zu schützen.

Mein Verhältnis zum Kaiser ist mir ein heiliges, und ich will es innerhalb jener dreifachen Ringmauern des Herzens hüten, wo ich mit Stolz und Argwohn das mir Heilige als Unnahbares bewache. Gleichviel, ob es bei diesem einmaligen Briefwechsel bleibt oder ob der allerhöchste Herr mich auffordert oder auffordern läßt, ihm wieder zu schreiben. Des Kaisers Vertrauen will ich nicht bloß innerlich, sondern auch äußerlich würdig sein, damit wehre ich mich zugleich meiner eigenen Haut.

Ich hoffe, mein Dankschreiben ist nicht zu lang? Das Briefschreiben ist halt bei mir von jeher eine Leidenschaft, ich kann's besser als das Sprechen. Jetzt habe ich's aus Zeitmangel so ziemlich aufgegeben, doch fällt's mir immer noch schwer, sobald ich auf Sympathie rechnen zu können glaube, die Feder nicht mit mir nachschleppen zu lassen.

In der Hoffnung, daß diese Zeilen Sie wieder wohlauf antreffen, mit den verbindlichsten Grüßen Ihr verehrungsvoll ergebener

(gez.) Houston S. Chamberlain.

P. S. – Ich hielt mich für verpflichtet, den kaiserlichen Brief sofort zu beantworten, d. h. dafür zu danken; doch liegt es bei Ihnen natürlich, meine Zeilen zurückzubehalten, bis Sie die Mitteilung für opportun halten.

Es tat mir neulich so leid, auf Ihr Befragen: wie ich es fertig gebracht hätte, meine sehr despotischen Nerven zu bändigen, den Witterungseinflüssen z. B. nicht mehr so unterworfen zu sein usw. – nichts antworten zu können. Seither dachte ich manchmal darüber nach. Unter anderem scheint mir dieses eine beachtenswert: ich habe früher viel Musik getrieben, mindestens täglich ein paar Stunden, – dazu Oper und Konzert. Nach und nach hab' ich's ganz ausgegeben und glaube, daß dies sehr beruhigend gewirkt und namentlich die Qualität des Schlafens gebessert hat. Musik regt an, aber auch ab. Die angespannte Erregung des Pathos stellt große Ansprüche an die Physis. Wogegen Goethe und Naturwissenschaft wie lindernder Balsam auf das Nervensystem wirken. Dazu käme bei Ihnen noch ein weiterer Umstand: der plötzliche Übergang aus größter Selbstbeherrschung des kühl und scharf beobachtenden Diplomaten in den vollen Rausch des freien und wahrhaftigen – dazu ganz eigenen und um so hinreißenderen – Affektes. Solche plötzlichen "Temperaturänderungen" sind besonders anstrengend .

(gez.) H. S. Chamberlain.

Houston Stewart Chamberlain an Philipp Eulenburg-Hertefeld.

Wien, Blümelgasse 1, 25. Januar 1902.

Hochgeehrter Herr Fürst, mein Aufsatz über "katholische Universitäten" dürste für Sie nicht ganz ohne Interesse sein, ich überreiche ihn als Eisenbahnlektüre für irgendeine sich bietende Gelegenheit.

Ein zweites Stück lege ich bei, weil ich aus sehr vielem, was Se. Majestät der Kaiser zu mir sprach, fast voraussetzen zu können glaube, daß gerade diese neue Arbeit auch für ihn Wert haben könnte. Einige von den bezogenen Texten aus Evangelien u. dgl. sind doch nicht dem Laienpublikum gegenwärtig, auch die genauen Zahlenangaben bezüglich des französischen *"Instituts catholiques"* sind, glaube ich, noch nicht in die Öffentlichkeit gelangt.

Doch können nur Sie – nicht ich – beurteilen, ob eine Mitteilung möglich und wünschenswert ist. Ich lege nur für alle Fälle ein Exemplar bei. – (Da diese Nummer nur meinen Aufsatz enthält, ist Anstößiges jedenfalls nicht vorhanden!)

Übrigens habe ich Ihre gütige Warnung betr. "Die Fackel" durchaus nicht vergessen, nur war ich dem Verleger gegenüber verpflichtet, nach dem ersten Artikel auch diesen zweiten zu geben. Jetzt aber hat die Sache ein Ende.

Für die mir durch Graf Kayserling übermittelten Grüße usw. sage ich aufrichtigen Dank. Ich meinerseits lebe in emsigster Zurückgezogenheit.

Ich bitte – als Beweis Ihrer freundschaftlichen Gesinnung – ja keine Beantwortung dieser Sendung für nötig zu halten. Höchstens wenn Sie meinem Boten den Brief des Kaisers an mich übergeben wollten, wäre ich sehr verpflichtet ...

(gez.) Houston S. Chamberlain.

Mein Onkel, der Feldmarschall, liegt in hoffnungslosem Zustand. Das Geschenk des Kaisers wird die letzte große Freude seines tatenreichen Lebens gewesen sein.

H. S. Ch.

NACH SIEBZEHN JAHREN

Fürst Philipp zu Eulenburg an Houston Stuart Chamberlain .

Liebenberg, 18. März 1919.

Verehrter Herr Chamberlain,

es gibt wenige Menschen in Deutschland, zu denen meine Gedanken soviel in der entsetzlichen Zeit eilen, die wir jetzt durchleben, als zu Ihnen. Wenn auch der Verkehr zwischen uns seit Jahren unterbrochen ist, so wurde doch in mir ein so tiefes Mitgefühl mit Ihren seelischen Leiden wachgerufen, daß ich – wenn auch krank und elend – mich zu diesen Zeilen aufraffen mußte.

Ich gehörte stets zu denen, die tiefinnerlich mit Ihnen verbunden sind und daher auch die Wandlung, die sich in Ihnen von der angelsächsischen Geburt zu der *"fine fleur"* des Deutschtums vollzogen hat, nur als einen durch Ihre Natur bedingten Vorgang ansehen konnten. Ich will es präziser ausdrücken: indem ich Sie empfinde als den Kristall, der sich elementar aus einem allgemeinen Grundstoff herausbildete.

Denn Ihre Erkenntnis formte sich aus einem internationalen Empfinden. Wer aber so gerungen hat wie Sie, muß unter dem Erleben dessen, was wir jetzt tragen sollen, zu einem Märtyrer im tiefsten Sinne des Wortes werden.

Man spricht von einer Krone des Märtyrers – Sie tragen sie. Mögen Sie den Glanz, der von einer edelsteingeschmückten Krone ausgeht, auch innerlich empfinden, denn das Ewige leuchtet darin.

Aus dem ersten Briefe, den Sie an den unglücklichen Kaiser Wilhelm schrieben und der durch meine Hand ging, habe ich mir als ein Andenken eine Stelle kopiert, die mich besonders tief bewegte. Sie sprechen darin von der deutschen Sprache und gelangen zu folgendem Ausspruch:

Wien, 15. November 1901.

... "Und ist ›das Deutsche‹, wie ich vorhin sagte, der Angelpunkt, auf dem die Zukunft des Menschengeistes ruht, so ist der jetzige Augenblick, das jetzige Jahrhundert – ich meine es – der Angelpunkt der Weltgeschichte. Jetzt heißt es: *to make or to mar*.

Es gibt Epochen; wo Geschichte gleichsam auf dem Webstuhle weitergewoben wird, gerade oder schief, geschickt oder ungeschickt, doch immerhin so, daß Kette und Schuß gegeben und im wesentlichen gebunden sind, dann aber kommen Zeiten, wo zu einem neuen Gewebe die Fäden erst eingetragen, die Art des Stoffes und das Muster erst bestimmt und durch zweckmäßige Anordnung gesichert werden. In einer solchen Zeit stehen wir heute. Die Bildung des Deutschen Reiches im Jahre 1870 bedeutet zunächst nicht einen Anfang, sondern ein Ende. Jetzt kommt entweder ein ›neuer Kurs‹ (wie Ew. Majestät vorlängst erkannte) oder gar nichts, und in letzterem Falle hat Deutschland versagt und geht langsam unter, von den Wellen eines yankeyisierten Angelsachsentums und eines tartarisierten Slawentums ereilt und ertränkt. Jetzt ist der Augenblick, wo Zukunft aufgebaut wird." ...

Als ich vor kurzer Zeit bei dem Ordnen alter Briefe auch diese Notiz fand, wurde ich durch Ihr seherisches Wort tief ergriffen, und meine Gedanken, die in dem jetzigen Erleben mich mehr denn je in einem grenzenlosen Mitleiden zu Ihnen zogen, zwangen mich zu diesen Zeilen.

Die "Organisation", die sich Ihnen als die Mission der Hohenzollern in Preußen-Deutschland darstellt, scheint schließlich an dem totalen Versagen des Deutschen auf dem Gebiete der Politik gescheitert zu sein. Das, was seinen Ausdruck in der "deutschen Sprache" fand – deren Wert Sie so meisterhaft in jenem Briefe an den Kaiser schilderten –, liegt in seinem Wesen zu weit ab von dem Begriff der Politik – die lediglich der Ausdruck spekulativen Verstandes ist –, um nicht in der Entscheidungsstunde zu versagen.

Doch ist andererseits auch die Organisation an der Gestalt Wilhelms II. gescheitert. Sein stets edles Wollen zerbrach an dem Mangel der klaren Bewertung des "Tatsächlichen", und eine Lücke in seiner unleugbaren Genialität zeigt sein völliger Mangel an Menschenkenntnis. Denn mehr oder minder ist er an seiner Umgebung gescheitert, die ihn klug beherrschte, indem sie ihm niemals widersprach. Die auch diejenigen beseitigte, die gegenüber dem Herrscher den Mut besaßen, ihm offen entgegenzutreten, wo es die Pflicht erheischte. Seine Umgebung sah die Mission des deutschen Kaisers lediglich in der Entfaltung von Macht, deren Anreizung auf eine kraftvolle Natur nur wirken konnte wie das Überheizen einer Maschine ohne Ventil.

Ich selbst habe jener Organisation der Hohenzollern bewundernd – niemals feindlich, wohl aber leidend – gegenübergestanden. Das militärische Gewand dieser Organisation, das mehr und mehr gespanntere Formen annahm, mußte eine Natur wie die meine zugrunde richten, denn diesem Räderwerk war mein Rad ein Hemmnis. Die Mittel, dasselbe zu entfernen, trugen den Stempel einer mittelalterlichen Folter und Hexenverbrennung. Es fehlte dabei auch nicht die Unschuld des "Verbrechers". Er starb – weil er schwieg. Aber es gibt ein "Schweigen für das Vaterland", das viel härter ist als das Sterben für dasselbe. Meine Henkersknechte waren das Judentum, das mit meinen Neidern ein Bündnis schloß, um den Lindwurm "Idealismus" zu erschlagen.

Auch Sie, mein hochverehrter Herr Chamberlain, werden nun für das Deutschtum schweigend leiden – doch nicht sterben. Denn wenn eine Auferstehung des Deutschtums noch einmal über den Sternen beschlossen werden sollte, so waren Sie sein Prophet! Der Prophet eines Deutschlands, das der gepanzerten Organisation der Hohenzollern entwachsen, aus einem Schmelzofen der Schande als Phönix aufsteigt. Glauben Sie daran in Ihrem seltsam seherischen Geiste – oder nicht mehr?

Ich vermag es kaum. Ich hoffe nur noch auf eine Wiederbelebung von etwas geordnetem, engen Politischen, doch zugleich weitem, geistig Innerlichen, das mir gewissermaßen als ein Vermächtnis blieb. Denn ich stand in meiner Kinderzeit und frühen Jugend noch in dem Kreise meiner hochgebildeten Großeltern und deren Freundschaft – nach den Freiheitskriegen. Es war noch das Leben der Goethe- und Schiller-Zeit, das mich erhebend in dieser Generation umflutete und jetzt sehnsuchtsvoll anlächeln will in der Wildnis der Gegenwart. Meine Phantasie malt mir wieder ein äußerlich beschränktes und innerlich weites Deutschtum geistigen Lebens, befruchtet aus dem Blütenstaub der deutschen Kultur, deren äußere Form nur einen Wechsel erlitt. Denn wenn wir eine Blume welken sahen, ging doch nicht ihre Art verloren.

Ihre Werke, ihr Geist, sind solche unvergänglichen Keime, und in Ihren schweren Leiden wird Sie dieses Bewußtsein über das Grauen der Tage ohne Sonnenstrahl erheben.

Damit tragen Sie jetzt ein desseres Los als diejenigen, die nur über den Untergang Deutschlands zu klagen vermögen.

Der Tod ist doch nur die Trennung der Materie von dem Geist. Ich sehe hier wohl auch einen Tod – doch auch hier die Trennung der Materie von dem Geist, dem Sie sichtbar, fühlbar angehören werden über das hinaus, was jetzt sich Ihnen als Hemmung in der bittersten Gestaltung entgegenstellt.

Doch ich meine, daß ich nun genug schrieb. Ich weiß Sie auch körperlich leidend und habe wohl über Gebühr Ansprüche an Ihre Kräfte gestellt – so wie ich auch meine Kräfte überspannte, die mir nur in kurzen Zeitabschnitten noch zur Verfügung stehen.

Meine Familie, die Ihnen gegenüber von denselben Gefühlen des Mitleidens und der Bewunderung getragen wird, trägt mir sehr herzliche Grüße für Sie und Ihre verehrte Gattin auf.

Wir leben eng vereint in dem alten Liebenberg – das Ihnen ein treues Andenken bewahrt hat –, eng vereint schwer leidend unter dem Verlust unseres herrlichen Sigwart , dessen Genius uns immer noch erscheint, als wolle er trösten. Ich vermag mich – auch noch von anderen Todeswunden getroffen, die der furchtbare Krieg mir schlug – schwer zu erheben. Doch vermochte mein grausames Schicksal mich nicht zu zerbrechen. Es gibt einen Gott, der über allem Leid und aller Freude, über Recht und Unrecht steht und richtet!

Schließlich darf ich Sie wohl bitten, Ihrer verehrten Gattin meine besten Grüße ausrichten zu wollen. Ich denke mich oft in die hohen Aufgaben hinein, die sie in so edler Form erfüllt – Ihnen helfend und tröstend zur Seite stehend und ihrer Mutter hilfreich die Beschwerden des Alters erleichternd. Wollen Sie bitte auch Ihrer Frau Schwiegermutter sagen, daß es zu dem Besten gehört, was mir das Leben gewährte, in einem freundschaftlichen Verkehr mit ihr gestanden zu haben und daß ich mich bis an mein Lebensende stets ihrer in Dankbarkeit erinnern werde. Auch Ihrem Schwager bitte ich einen herzlichen Gruß von mir bestellen zu wollen.

(gez.) Philipp Eulenburg-Hertefeld.

Houston Stewart Chamberlain an Fürst Philipp zu Eulenburg.

Bayreuth, 29. März 1919.

Eure Durchlaucht

haben mir eine ebenso große Überraschung wie Freude gemacht durch das ausführliche und so sehr gütige Schreiben vom 18. d. M., ich bitte meinen wärmsten Dank annehmen zu wollen.

Leider befinde ich mich in einer noch schlimmeren Lage als Sie, mein Fürst, da ich nicht allein unfähig bin, Bleistift und Feder zu handhaben, sondern auch nur mit beträchtlicher Mühe zu sprechen vermag, wodurch das Diktieren sehr beschränkt wird. Es ist mir daher unmöglich, eine entsprechende Erwiderung auch nur ins Auge zu fassen, vielmehr müssen diese Zeilen auf eine nachsichtige Aufnahme als bloßes Zeichen der dankbaren Übereinstimmung rechnen dürfen.

Wie Sie, so denke auch ich voll tiefster Teilnahme an unseren gemeinsamen hohen Freund und Gönner. Sehr häufig träume ich von Ihm und sehe Ihn stets voll Pläne und Tätigkeit zur Beförderung von wissenschaftlichen und industriellen Unternehmungen – also vollkommen lebenswahr. Sein tragisches Schicksal hat Er vor Gott sicher nicht verdient, da Er immer nur das Beste gewollt und sein verhängnisvollster Fehler – die Unfähigkeit, Menschen zu beurteilen – kein moralischer ist.

Ich selber habe mich infolge meines Leidens veranlaßt gefunden, Zuflucht in weiter Ferne zu suchen – nämlich in den allerersten Anfängen christlicher Zeitrechnung. Äußerlich herrschten den unserigen diametral entgegengesetzte Zustände, nämlich ununterbrochene Ordnung und Sicherheit der Person und des Besitzes – es ist eigentlich beschämend für unsere Zeit, wenn man bedenkt, daß damals ein unbewaffneter Mann unbehelligt von Kleinasien durch Mazedonien und Illyrien nach Rom und zurück reisen konnte, was bei uns schon seit Jahrhunderten undenkbar wäre –, aber innerlich näherte sich der chaotische Zustand merklich dem heutigen, und es wirkt großartig, ja überwältigend, wenn man die Macht eines bloßen

Gedankens, eines Traumes erlebt, wie er aus kleinen Anfängen emporwächst und den Zusammenbruch eines Riesenreiches nicht bloß überlebt, sondern auch dessen Besieger besiegt. Wir Heutigen besitzen keinen Maßstab, um das zu beurteilen, was unmittelbar vor uns vorgeht, der Tag macht uns blind für das Gestern und das Morgen. Aus jenen Fernen aber gewinnt man die Überzeugung, daß viel größere Dinge im Werden sich befinden mögen, als die heutigen Machthaber sich träumen lassen. Unsere Feinde haben das geordnete Europa zerschlagen und zu einem Chaos umgewandelt. Mit teuflischem Instinkt haben sie die unruhvollsten Elemente, die niemals haben Staaten bilden können – die Polen und die Tschechen – begünstigt und damit ein Ferment ewigen Aufruhrs in das Herz Europas gesenkt. Doch Gott wird noch mächtiger als sie sich erweisen, und niemand kann voraussagen, wie teuer dieser Frevel den Feinden Deutschlands zu stehen kommt.

Hier muß ich heute unterbrechen, da die Ermüdung mich dazu zwingt, und füge nur nebst meinem wiederholten innigsten Dank die Bitte hinzu, allen hochverehrten Ihrigen empfohlen zu werden, als stets eingedenk der in Wien und Liebenberg genossenen Stunden.

Womit ich verbleibe

Euer Durchlaucht gehorsamer und herzlichst ergebener

(gez.) Houston Stewart Chamberlain.

Mein Mann wünscht, daß ich Ihnen, verehrter Fürst, persönlich sage, wie herzlich uns alle Ihr gütiges Gedenken bewegt und erfreut hat. Meine Mutter trägt mir die treueste Erwiderung in dankbarer Erinnerung auf, und mein Bruder und ich schließen uns verehrungsvoll an.

(gez.) Eva Chamberlain.